道德原理
道德学引论

THE PRINCIPLE OF MORALITY

AN INTRODUCTION TO MORALITY

李建华 著

社会科学文献出版社
SOCIAL SCIENCES ACADEMIC PRESS (CHINA)

名家推荐

人性是道德的基础，不讲人性就是不讲道德，道德学就是研究如何优化人性并使之趋善避恶的学问。《道德原理——道德学引论》深化了我的"人性是道德的第二土壤"的观点，明确提出"人性是道德的第一土壤"，更具理论的彻底性和坚定性。道德学是人性趋善之学，伦理学是利益平衡之学，这种思路具有开拓性意义。

——中南大学哲学系　曾钊新教授

"道德"与"伦理"两概念古义相通，中西一如。然，自近世英国休谟等人开始，尤其经遇德国古典哲学大师黑格尔《法哲学原理》的着意分梳，二者以意蕴义理的分辨逐渐彰显，惜专门主题性研究尚不多见。李建华教授《道德原理——道德学引论》一书聚焦于此。作者以道德之"存在—价值—内化—外释—演化"为主线，层层递进，析理立论，同时通过与伦理（学）、美德论等诸理论类型比较分析，在理论逻辑演绎和历史暨类型学比较之交叉建构中，证成一种严格意义上的道德学，是一部极富理论抱负和思想创建的学理著述。

——清华大学哲学系　万俊人教授

人无德不立。道德是人性最灿烂的明珠，道德学也因此成为人学研究中的灿烂明珠。李建华教授的《道德原理——道德学引论》基于真实的人性，深入探讨了道德的存在、道德的价值、道德的内化、外释与演化，把道德理论建立在人学的基础上，真正使道德回到了"人"，建构了有"人"、成"人"的道德理论，为教育实现立德树人的根本任务提供了理论依据和价值导引。

——南京师范大学道德教育研究所　冯建军教授

李建华

湖南桃江人，哲学博士，教育部"长江学者"特聘教授，享受国务院政府特殊津贴专家，武汉大学、浙江师范大学教授，浙江师范大学国家治理研究院院长，中南大学公共管理学院荣誉院长。现任中国伦理学会常务副会长、国家哲学社会科学基金规划评审专家、国家出版基金学术评委、中国伦理学会青年工作者委员会名誉主任、教育部教学指导委员会马克思主义理论类专业教指委委员（2018-2022）、湖南省伦理学会会长等职；曾任国务院学位委员会第七届学科评议组（哲学）成员、湖南省社会科学界联合会副主席、湖南城市学院党委书记、教育部文化素质教育教学指导委员会委员、教育部公共管理类专业教学指导委员会委员等职。主要从事伦理学、政治哲学、道德学、思想政治教育等研究，主持国家哲学社会科学基金项目5项，在《中国社会科学》《哲学研究》等发表学术论文500多篇，其中120多篇被《新华文摘》《中国社会科学文摘》《高等学校文科学术文摘》和中国人民大学复印报刊资料中心转载；出版了《道德情感论》《道德心理学》《现代德治论》《趋善避恶论》《官员的道德》《走向经济伦理》《行政伦理学》《国家治理与政治伦理》《公共治理与公共伦理》《伦理与事理》《成人与成事》等30多部著作，获省部级以上科研教学奖励40多项。

谨以此书献给父亲李吉贤先生和母亲莫靖珍女士

自　序

我从事伦理学学习、教学与研究近四十年。当学生或从事其他学科研究的朋友问我"伦理学是研究道德问题的学问，为什么不叫道德学"时，我真的有些茫然。是呀，研究经济的叫经济学，研究政治的叫政治学，研究法现象的叫法学，研究物理现象的叫物理学，如此等等，而研究道德的却叫伦理学，当然无法理解。每逢提问，我自然会按"常识"尽力去解释，伦理与道德是如何等义或近义的，"伦理学"是如何从日文翻译过来引进中国的，伦理学又称道德哲学，是哲学的二级学科，等等。其实，我知道，这些"约定俗成"的种种理由，解释起来多少有些勉强和乏力，甚至连我自己都说服不了。不踏实终归不踏实，就这样经历了无数次的反思，无数次的迷惑，无数次的再反思。也许诚如休谟所言："对于那些可以提交人类理性法庭的最重要的问题，我们现在仍然愚昧无知。"我们有理由相信，学术史上传续的种种"常识"也许真的出了问题，只是大多数人不愿意去细究，即使细究也不愿意去表达而已。"原理"就是最普遍的、最一般的、最基本的道理，也可谓"常理"。道德不仅仅是行为规范，更是深植于我们生命体内的一种流动，所以，我大胆地把这本研究"道德运行"的著作命名为《道德原理——道德学引论》，也许会显得有些不太合时宜，或者多此一举，但实属长期认真思考的结果，是对还是错，留给大家去讨论和批评，学术本应该如此。

1937年4月，商务印书馆出版了温公颐先生的《道德学》一书，这应该说是国内第一本道德学著作了。作者称，他的这本著作基本上是以英国马肯荣（John S. Mackinzie）之《道德学教本》（*A Manual of Ethics*，1929）为蓝本的。他在"自序"中对书名做了说明："本书标题为'道德学'，实即普通'伦理学'，然不沿用通名而特标'道德学'者原因有二。第一，余于民国二十二年任国立北平师范大学道德学一科讲演时，该科已用是名，余当时为省手续计，编印讲义，仍沿用之，未加改易。第二，余以为'伦理'与'道德'名异而实同。'伦理'意指人与人相处之群的道理，而'道德'一词亦然。"① 可见，温公颐先生觉得伦理与道德没有区别，"道德学"与"伦理学"互用没有什么关系，只是沿用了"道德学"的传统罢了。温公颐先生用"道德学之旨归、道德之心理及社会要素、道德标准和道德生活"四个部分建构了他的道德学体系。这是我见过的体系最完备的道德学，非常受启发。如果温公颐先生的理由是成立的，那么，目前我国大部分伦理学教材或专著都可以称为"道德学"，因为除了在导论部分的章节中出现"伦理"字眼，其他所有章节的标题几乎全是以"道德"为内容。

给我道德学研究提供学术动力和灵感的还有英国著名哲学家大卫·休谟。他在《人性论》一书的"引论"中，认为一切科学与人性总是或多或少的有些关系，任何学科不论与人性离多远，总会通过这样或那样的途径回到人性，并特别提到了逻辑、道德学、批评学和政治学。他说："逻辑的唯一目的在于说明人类推理能力的原理和作用，以及人类观念的性质；道德学和批评学研究人类的鉴别力和情绪；政治学研究结合在社会里并且相互依存的人类。在逻辑、道德学、批评学和政治学这四门科学中，几乎包括尽了一切需要我们研究的种种重要事情，或者说一切可以促进或装饰人类心灵的种种重要事情。"② 可见，道德学在他的思想体系中占有十分重要的地位。休谟的《人性论》分"论知性、论情感、道德学"三卷，而且他研究知性和情感是为研究道德学做铺垫的，可以说他的人性理论就是道德学，由此开创了基于人性中的情感要素而形成的自然主义道德哲学，与康德基于理性要素的理想主义道德哲学，一起成为影响至今的两大道德哲学主流。我在研究道德情感问题时，深受休谟的影响，这也成了写作道德学著作的动因之一。其实，康德在《道德形而上学原理》中，也曾提及相同的思想。他认为，关于自然规律的学问称为物理学，关于自由规律的学问称为伦理学。前者是自然学说，后者是道德学说。人们可把以经验为依

---

① 温公颐：《道德学》，商务印书馆，1937，第5~6页。我的学生江梓豪在台湾访学期间，帮我购到此书。
② 〔英〕大卫·休谟：《人性论》，关文运译，商务印书馆，1983，第7页。

据的哲学称为经验哲学,而把按先天原则来提出自己学说的哲学称为纯粹哲学。单纯的形式上的纯粹哲学就是逻辑学,当它被限制在知性的一定对象上的时候就是形而上学。形而上学又有两种:自然形而上学和道德形而上学。伦理学和物理学一样既有经验的部分,也有理性的部分,经验部分称为实践人学,理性部分称为道德学。康德把伦理学区分为实践人学与道德学,不过这里的"道德学"是在道德哲学意义上使用的。康德凭借道义论奠定了自己的地位,但也由此遭到了许多批评,这种批评无非来自两个层面:一是直接针对其狭义伦理学即道德学的形式主义和先天主义特征;二是针对广义伦理学即至善学的神学特征。在这里,我无意讨论康德伦理学的缺陷,但他对伦理学的广义与狭义之分是有一定道理的,起码看到了伦理学与道德学的差异性。康德在《纯粹理性批判》中,对于"至善理想作为纯粹理性最后目的之规定根据",提出了三个问题:(1)我能够知道什么?(2)我应该做什么?(3)我可以希望什么?他认为对第二个问题的回答就是道德学的内容。同样,康德在《逻辑学讲义》中,把上述三个问题扩展为四个问题:(1)我能够知道什么?(2)我应该做什么?(3)我可以希望什么?(4)人是什么?这些问题分别由形而上学、道德学、宗教学、人类学来回答。可见,道德学在康德的理论视域中属于狭义伦理学。

国内学者唐代兴先生在其《伦理学原理》中对"道德学"有过思考。他初步区分了伦理学、道德学和美德学,认为伦理是指遵循自然之理而把原本是自然的人造就成文明的人的一种生存方式,对这种生存方式的理性观照和整体拷问,就是伦理学。对于"人伦理地生活何以实现"问题的展开必然要建构道德学和美德学。道德学要讨论三个问题:在日常生活中人的行为合道德何以可能?人的日常行为应该合什么样的道德?人的日常行为如何才可做到合道德?第一个问题涉及道德哲学,第二个问题涉及道德规范,第三个问题涉及道德应用,而道德学的核心问题是道德规范问题,所以道德学其实就是规范伦理学。与道德学不同,美德学则围绕舍利执爱原理的建构和实施而展开,因为美德是对道德的超越,道德使人成其为人,必须有限度地求利。[1]

---

[1] 参见唐代兴《伦理学原理》,上海三联书店,2018,第1~15页。

同时，还需要说明的是，自进入伦理学领域学习和研究以来，我一直关注的是道德心理学和政治伦理学（政治哲学）研究，按照李泽厚先生的说法，这是伦理学的主干，①有时甚至为自己的学术观念感觉颇为得意。后来我发现，道德心理学是道德哲学的基础，但道德哲学包含不了道德心理学，政治哲学则是现代伦理学的重点。现代社会不但出现了伦理的断裂，按照法国哲学家莫兰的说法，主要是个人伦理、社会伦理与人类伦理之间的断裂。同时，也出现了伦理与道德的分离，不但二者的互释功能减弱，而且出现了互反现象，即在一些特殊场域或事件中，出现了"道德的不伦理"和"伦理的不道德"的情况。因此，把道德作为一种独立完整的文化现象加以研究，使道德学与伦理学相对分离，应该是时候了。

本书是我长期思考道德问题的思想结晶，其中不少想法已经见诸相关报刊或著作。在以往的研究中，我发表过一些零散的道德哲学、道德心理学、道德社会学方面的文章，现重新构架，纳入其中，形成相对完整的体系。我的学术工作，历来遵循的是"专题—专论—专著"的路数，我认为这不是所谓的"重复发表"，而是思想的不断成熟化和系统化，何况学术史上的许多经典作品也都是以一些"先期论文"为主干来奠基的。特别是比较成熟的论文作为本书的内容时，也就没有进行文字上的"再处理"了。所以在成书之际，我要特别向刊载过相关学术成果的报刊表示衷心感谢。书中的个别章节是师生合作的成果，是让学生"练手"的产物，有的内容涉及我指导的研究生的学位论文，但一定是经过我在观点提出、框架厘定和文字把关后公开发表的，达到了一定的学术水准，我对此负完全责任，在此向参与过研究的弟子们表示感谢。教学相长，师生一体，取长补短，共同发展，是现代师生成长之道。

伦理学出身的我，写出一本《道德原理——道德学引论》作为一生的学术总结之一，自觉有些不周全。如果时间和精力允许，我会完成《人伦至理——伦理学导论》和《物由其理——事理学初论》的写作。在中国传统文化和日常生活中，"伦理"与"事理"、"成人"与"成事"是不可分

---

① 参见李泽厚《伦理学纲要续篇》，生活·读书·新知三联书店，2017，第26页。李泽厚先生在这里画了一个"伦理学总览表"，不但对伦理与道德进行了区分，而且认为伦理主要偏政治哲学，而道德主要偏道德心理学。

的，并且"成事"是根本，光讲究"成人"是不够的。我出版过一本时评集《伦理与事理》和一本道德生活对话录《成人与成事》，也无非是想表达自己对"三理"的初步看法。在将要出版或完成的"三论"中尽量厘清"道理"、"伦理"与"事理"及其关联，姑且也叫"三部曲"吧。特别是《人伦至理——伦理学导论》是要尽快写完的，因为我想在这本书中重新界定伦理学的研究对象，提供初步的思想框架，否则，大家会以为《道德原理——道德学引论》仅仅是前书的替代品而已。我当然知道，这种强制"分离"，会引来学术上的质疑甚至批评，因为，也许在理论假设上可以分离而实际生活本身却难以分离，这也是我思考了许多年才动笔的原因。如何让伦理与道德"合"起来，可能也只能通过"事"了，让"事理"成为"道德"与"伦理"的"合题"，这种思维逻辑虽显牵强，但有总比没有好。如果大家还是难以理解与接受，姑且仍然可以将道德学看作伦理学的"别名"，这不妨碍我们对道德现象的整体把握，除非你真正地放弃了"伦理学是研究道德问题的学问"这一传统共识。其实，达成共识并不是学术的最终目的，真理才是学术追求的目标，因为共识并不等于真理，共识有时就是一种错误的"集体意识"，"真理往往掌握在少数人手里"，而真正的科学发现就是勇于打破常识。

感谢湖南省有关部门和领导的理解与关爱，感谢湖南城市学院师生的宽厚，让我有机会在接近"耳顺之年"顺利回归教学、专心学术；感谢中南大学对我的精心培养和长期支持；感谢浙江师范大学为我提供了宽松的学术环境和优良的学术条件。感谢弟子施佳通读了初稿，并对注释格式进行了调整。感谢责任编辑周琼女士的支持与帮助，特别是她雷厉风行的办事风格和细致认真的工作态度，令我感动。

本书为浙江师范大学田家炳德育研究中心成果、浙江师范大学重点建设项目（重要科研奖项培育）成果、浙江省哲学社会科学领军人才培育课题成果、中国人民大学伦理学与道德建设研究中心政治伦理研究所成果。

学术无涯而人生有限，把有限的生命投入无限的学术事业中，注定会留有遗憾，但我喜欢，并且无怨无悔，因为遗憾性甚至悲剧性的存在才是"最崇高、最深刻的形式"，更接近生命本身，更接近活着的我以及死后的我。

目 录

导　言　道德学何以可能 / 1
  一　道德的存在样态与运行 / 1
  二　道德究竟是如何起源的 / 8
  三　道德学及其解惑功用 / 16
  四　道德学的研究方法 / 21

❖ 第一部分　道德存在

第一章　伦理与道德 / 27
  一　相通与相异：伦理和道德的本义 / 28
  二　互释与自解：伦理与道德的纠缠 / 35
  三　性分与际分：伦理与道德的侧向 / 41

第二章　人性与道德 / 50
  一　"人性是什么"与"人性应当是什么" / 50
  二　人性与道德关系的复杂性简化 / 57
  三　人为什么需要道德——一种类型学分析 / 64
  四　基于真实人性的道德学意味着什么 / 74

1

第三章 自我与道德 / 82

　　一　自我的要义、社会本质及三个层面 / 83

　　二　道德的自我形成与自我的道德边界 / 89

　　三　自我的道德如何向社会的伦理延伸 / 97

第四章 善恶与道德 / 104

　　一　善与恶：道德的独特性 / 105

　　二　作为价值观的友善 / 111

　　三　道德恶的本质是什么 / 115

　　四　我们面临的善恶困惑 / 120

　　五　对待恶的历史主义态度 / 124

　　六　为什么从善比从恶难 / 129

❖ 第二部分　道德价值

第五章 道德自由 / 135

　　一　道德自由为何种自由 / 135

　　二　道德必然，该如何面对 / 143

　　三　道德自由的三个向度 / 152

第六章 道德权利 / 162

　　一　道德同样要讲权利 / 162

　　二　道德权利与法律权利的差异 / 167

　　三　道德权利与道德义务的非对等性 / 173

　　四　正当性界面：主要道德权利 / 178

第七章 道德尊严 / 198

　　一　理解人的尊严的主要维度 / 198

　　二　道德尊严的特性及其展开 / 205

三　道德尊严不排斥应有惩罚 / 213
　　四　道德赏罚何以可能 / 222

第八章　道德幸福 / 229
　　一　作为价值存在的道德幸福 / 229
　　二　道德幸福是创造出来的 / 237
　　三　道德幸福与美好生活向往 / 243
　　四　面对人类灾难的道德幸福 / 250

❖ **第三部分　道德内化**

第九章　道德榜样 / 261
　　一　榜样、道德榜样及其他 / 261
　　二　道德榜样的意义在于示范 / 267
　　三　榜样的力量并不是无穷的 / 273
　　四　如何提振道德榜样的影响力 / 278

第十章　道德模仿 / 286
　　一　一种特殊的道德学习方式 / 286
　　二　道德模仿的机制 / 290
　　三　效亲—尊师—看官—习典 / 295
　　四　道德模仿中的移情机理 / 298

第十一章　道德心理 / 305
　　一　道德心理结构 / 305
　　二　认知的清晰 / 313
　　三　情感的体验 / 319
　　四　意志的磨砺 / 325

第十二章　道德态度 /332

　　一　道德态度：由知到行的准备 /332

　　二　道德挫败对道德态度的影响 /337

　　三　道德态度的测量方法 /346

第十三章　道德习惯 /354

　　一　道德习惯成就道德自然 /354

　　二　道德习惯养成的心理机制 /359

　　三　道德习惯培育的社会条件 /365

第十四章　道德人格 /373

　　一　道德人格的内涵 /373

　　二　道德人格的功用 /380

　　三　道德人格的塑造与提升 /387

　　四　人格分裂的道德整合 /394

❖ 第四部分　道德外释

第十五章　道德效力 /405

　　一　道德规范的影响力 /405

　　二　道德效力的基本特性 /412

　　三　道德效力的发生条件 /419

　　四　"道德无效"现象批判 /427

第十六章　道德服从 /433

　　一　规范压力下的道德自觉 /433

　　二　道德服从何以可能 /445

　　三　道德服从的功能及其量度 /456

第十七章　道德控制 / 469

一　一种特殊的社会控制方式 / 469

二　道德控制的度 / 478

三　道德控制的社会心理承受力 / 496

第十八章　道德宽容 / 509

一　道德宽容，何种宽容 / 509

二　道德宽容的实现 / 529

三　道德宽容的现代价值及其限度 / 544

❖ 第五部分　道德演化

第十九章　道德适应 / 555

一　道德适应：平衡与创造 / 555

二　道德适应何以可能 / 565

三　道德适应的衍化逻辑 / 574

第二十章　道德空间 / 583

一　道德空间的特性 / 584

二　道德空间的维度 / 593

三　道德空间的"立法" / 602

第二十一章　道德连接 / 611

一　"大断裂"时代的道德复杂性 / 611

二　多重复杂性与道德连接 / 619

三　道德断裂的文化特征 / 625

四　连接与规训：道德学的功能 / 631

第二十二章　道德继承 / 636

一　道德继承，何种继承 / 636

二　道德继承的基本属性 / 646

三　道德基因与道德继承 / 655

第二十三章　道德变迁 / 663

一　从适应性看道德变化 / 663

二　成功例证：改革开放的道德价值 / 669

三　陌生人社会的道德性状 / 675

四　道德的预测功能 / 684

五　"世道"与"人心" / 690

结语　守护道德"乌托邦" / 696

参考文献 / 700

Contents

Introduction: How Moral Science is Possible / 1

    1. The Existence and Operation of Morality / 1

    2. How did Morality Originate / 8

    3. Moral Science and its Function of Solving Puzzles / 16

    4. Research Method of Moral Science / 21

❖ Part One: Moral Being

Chapter One: Ethics and Morality / 27

    1. Similarities and Differences: The Original Meaning of Ethics and Morality / 28

    2. Mutual Interpretation and Self-interpretation: The Entanglement of Ethics and Morality / 35

    3. Natural Differences and Fortune Differences: The Sideways of Ethics and Morality / 41

Chapter Two: Humanity and Morality / 50

    1. "What is Human Nature" and "What Should Human Nature be" / 50

    2. Simplification of the Complexity of the Relationship between Human Nature and Morality / 57

    3. Why do People Need Morality—A Typological Analysis / 64

    4. What does Ethics Mean Based on Real Humanity / 74

Chapter Three: Self and Morality / 82

    1. The Essence of Self, Social Essence and Three Levels / 83

    2. Self-formed Morality and Self-moral Boundary / 89

    3. How does Self-morality Extend to Social Ethics / 97

Chapter Four: Good, Evil and Morality / 104

    1. Good and Evil: The Particularity of Morality / 105

    2. Friendliness as a Value / 111

    3. What is the Nature of Moral Evil / 115

    4. The Moral Confusion We Face / 120

    5. Historicist Attitude towards Evil / 124

    6. Why is it Harder to do Good than Evil / 129

❖ Part Two: Moral Value

Chapter Five: Moral Freedom / 135

    1. What Kind of Freedom is Moral Freedom / 135

    2. Morality is Inevitable, How to Face it / 143

    3. Three Dimensions of Moral Freedom / 152

Chapter Six: Moral Rights / 162

    1. Morality must also Talk about Rights / 162

    2. The Difference between Moral Rights and Legal Rights / 167

    3. The Non-equivalence of Moral Rights and Moral Obligations / 173

    4. The Legitimacy Interface: The Main Moral Right / 178

Chapter Seven: Moral Dignity / 198

    1. Understanding the Main Dimensions of Human Dignity / 198

    2. The Characteristics of Moral Dignity and its Development / 205

    3. Moral Dignity does not Exclude Due Punishment / 213

    4. How is Moral Reward and Punishment Possible / 222

Chapter Eight: Moral Happiness / 229

    1. Morality as a Moral Value / 229

    2. Moral Happiness is Created / 237

    3. Moral Happiness and Longing for a Better Life / 243

    4. Moral Happiness in the Face of Human Disasters / 250

❖ Part Three: Moral Internalization

Chapter Nine: Moral Models / 261

    1. Role Models, Moral Models and Others / 261

    2. The Meaning of Moral Model is to Demonstrate / 267

    3. The Power of Role Models is not Infinite / 273

    4. How to Boost the Influence of Moral Models / 278

Chapter Ten: Moral Imitation / 286

    1. A Special Way of Learning / 286

    2. The Mechanism of Moral Imitation / 290

    3. Learn from Relatives-Respect the Teacher-Follow the Officials-Learn Classics / 295

    4. Empathy in Moral Imitation / 298

Chapter Eleven: Moral Psychology / 305

    1. The Structure of Moral Psychology / 305

  2. Cognitive Clarity / 313

  3. Emotional Experience / 319

  4. Tempering of Will / 325

Chapter Twelve: Moral Attitudes / 332

  1. Moral Attitude: Preparation from Knowledge to Action / 332

  2. The Impact of Moral Setbacks on Moral Attitudes / 337

  3. Moral Attitude Measurement Method / 346

Chapter Thirteen: Moral Habits / 354

  1. Moral Habits Achieve "Moral Nature" / 354

  2. The Psychological Mechanism of Moral Habit Formation / 359

  3. The Social Conditions for the Cultivation of Moral Habits / 365

Chapter Fourteen: Moral Personality / 373

  1. The Internal Unity of Qualifications, Specifications and Character / 373

  2. The Function of Moral Personality / 380

  3. The Shaping and Promotion of Moral Personality / 387

  4. Moral Integration of Split Personality / 394

❖ Part Four: External Interpretation of Morality

Chapter Fifteen: Moral Effectiveness / 405

  1. The Influence of Moral Norms / 405

  2. The Main Characteristics of Moral Effectiveness / 412

  3. The Conditions for Moral Effectiveness / 419

  4. Criticism on the Phenomenon of "Moral Invalidity" / 427

Chapter Sixteen: Moral Obedience / 433

  1. Subject Consciousness under the Pressure of Moral Standards / 433

2. How is Moral Obedience Possible / 445

3. Moral Obedience Function and its Measurement / 456

Chapter Seventeen: Moral Control / 469

1. A Special Way of Social Control / 469

2. Degree of Moral Control / 478

3. The Social Psychological Tolerance of Moral Control / 496

Chapter Eighteen: Moral Tolerance / 509

1. Moral Tolerance, What Kind of Tolerance / 509

2. The Realization of Moral Tolerance / 529

3. The Modern Value of Moral Tolerance and its Limits / 544

❖ Part Five: Moral Evolution

Chapter Nineteen: Moral Adaptation / 555

1. Moral Adaptation: Balance and Creation / 555

2. How is Moral Adaptation Possible / 565

3. The Evolutionary Logic of Moral Adaptation / 574

Chapter Twenty: Moral Space / 583

1. The Characteristics of Moral Space / 584

2. The Dimension of Moral Space / 593

3. "Legislation" of Moral Space / 602

Chapter Twenty-one: Moral Connection / 611

1. Moral Complexity in the Era of "The Great Disruption" / 611

2. The Cultural Characteristics of Moral Fracture / 619

3. From Moral Disruption to Moral Connection / 625

4. Connection and Discipline: The Function of Moral Science / 631

Chapter Twenty-two: Moral Inheritance / 636

    1. How to Understand Moral Inheritance / 636

    2. The Basic Attributes of Moral Inheritance / 646

    3. Moral Genes and Moral Inheritance / 655

Chapter Twenty-three: Moral Changes / 663

    1. Viewing Moral Change from Adaptability / 663

    2. Successful Example: The Moral Value of Reform and Opening up / 669

    3. Moral Traits in Stranger Society / 675

    4. The Predictive Function of Morality / 684

    5. "Ways of the World" and "Public Sentiments" / 690

Conclusion: Guarding the Moral "Utopia" / 696

Main References / 700

导　言　道德学何以可能

中国社会正处于转型的关键期,我把它表述为"从传统到现代"与"从现代向后现代"的双重转型。这势必会导致各种矛盾频出,各种问题叠加,社会整合能力减弱,无不表现出一种断裂性,其中伦理与道德的断裂就是统一价值观失效与社会道德失序的表现,对此我们必须理性审度并提出应对策略。现代伦理与道德断裂的根本原因不在于其"本义稀释",而在于社会流动铸成的伦理"新空间"中道德难以起作用。在当代中国,道德之"应当"于伦理现实中根本行不通,难以找到应证;同样伦理关系难以体现道德精神,我们无力在一个临时的陌生人空间形成由道德整合而成的伦理精神及其规约。伦理与道德的断裂,一方面要强化"伦理连接",拓展现代伦理学的功能;[①] 另一方面,要重新审视道德及其运行规律,使其成为这个时代的精神"基座",使专门的道德学研究成为必要与可能。

一　道德的存在样态与运行

道德学能否成立,首先面临的问题就是如何看待作为道德学研究对象的道德现象及其运行体系,而现行道德哲学研究对此似乎有诸多忽视,如何客观描述道德存在样态问题就是其中之一。究其原因大体有二:一是认为道德存在问题不成其为问题,认为道德本身是客观存在的,对现行理论表现出一种特有的满足;二是认为道德样态难以把握,因为道德存在于"人心",道德秩序是一种心灵秩序,无法直观描述。于是,以"伦理学"名义出现的道德哲学体系在认识道德现象时,不同程度地出现了"自以为

---

① 李建华:《伦理连接:"大断裂"时代的伦理学主题》,《浙江社会科学》2019年第7期。

是"的武断，导致了无可奈何的普遍认可和接受，以至于千篇一律的"伦理学"教科书不断出现，但对作为自己研究对象的"道德现象"却少有深究。当然，也不乏一些勇敢的探索者提出过富有创见的构想，但终因是一家之言的探索，而难以获得普遍认可。社会道德建设的现实任务从理论和实践上都对道德理论体系问题的深入探讨提出了紧迫的要求。我们从"道德是行为规范的总和"过渡到"道德是一种特殊的社会现象"，这不能不说是认识上的进步，但对"道德现象"本身的认识就"仁智各见"了。在此，我们基于道德复杂性现实，运用系统方法，立足于对道德现象的动态把握，展示道德运行的基本原理，这就是"存在—价值—内化—外释—演化"的开放性视景。道德的这种演进不仅仅是各要素之间的"内循环"周转，而且是整体性的"螺旋式"上升过程。

道德学的建立首先依赖于它的研究对象——道德的系统结构。有了系统的道德和道德的系统，才有我们称为"社会道德"的现象。不能成为系统的道德的东西，就无法进入道德学视域，就不能成为道德学的研究对象。正因为有了客观存在的道德系统，才有对这种道德系统的认识以及在此基础上的理论提升。也正是基于这样的认识，我们才可以说"道德学是关于道德问题的理论的系统化和科学化"。由此可见，道德学体系内容的展开是对道德系统内容的再现，有什么样的道德系统，就会有什么样的道德学范式，二者不可分割。

系统是事物内部各要素相互作用的复合体。当我们用系统观点来分析道德现象时，就意味着道德是有多种内部要素的结构体，同时这个结构体同外部事物进行能量交换，由此而在社会文化大系统中共生。基于系统本身的多元性要求，当对同一事物进行不同层面的系统分析时，就会出现事物内部要素的多种组合，即出现不同形态的系统。对事物进行动态分析，就会出现动态系统；对事物进行静态分析，就会出现静态系统。静态系统是共时性分析的结果，是某一事物在某一时刻的"定格"或"截面"，它是区别、比较、量度事物的前提，是认识事物性质的逻辑起点，展现的是事物的即时性、同一性、可直观性。动态系统是历时性分析的结果，是预示事物发展的前提，展现的是事物的变动性、中介性、过程性和丰富性。

目前，国内学界对道德现象存在多种划分法，但基本都沿袭了苏联的教科书，趋于一致的是"三分法"。有人把道德现象分为道德意识现象、道德规范现象和道德活动现象，也有人把道德分为道德意识现象、道德关系现象和道德活动现象。现行伦理学教科书基本上都是按照上述三分法把伦理学理论体系分为道德基本理论、道德规范、道德活动三大部分。在理论篇主要论述道德的本质、道德的功能、道德的起源、道德基本原则、主要规范、道德范畴和社会生活中的四大道德要求（职业道德、家庭美德、社会公德、个人品德）。在活动篇主要论述道德教育、道德评价、道德修养等个体或群体道德活动。这种伦理学体系布局确实突出了伦理学研究的主要问题，同时也印证了由认识到实践的马克思主义认识论在道德生活中的正确性，认识逻辑和理论逻辑达成了统一。这也是这种伦理学体系影响深广的主要原因。姑且不论现行伦理学基本上没有把"伦理"纳入其中，而是用"道德"取而代之，就其现有研究也存在两个明显不足。第一，缺少中介环节研究，宏观研究偏多而微观研究不够。由于我们首先把道德定位于社会意识形态层面，由此展开伦理学的体系结构和基本理路，即从道德的社会历史本质、社会功能和社会普遍价值导向来阐述社会道德现象（理论的、规范的和实践的），就宏观把握而言，有其合理性。但从道德理论的一般性阐发，何以会引出社会主义的道德规范体系？人们对这些道德规范的遵守何以可能？以至于我们所列的几种道德活动是不是对所述道德规范的践履？对上述问题无法作答，使三类道德现象成了孤立存在的东西。同时，"对道德伦理现象的社会性本质和整体性价值意义的强调，多少使这一特殊现象的另一面——道德伦理的个体性、内在主体性和特殊价值取向的多元性——受到忽略，以致使其所提供的一些伦理原则规范缺乏主体内化的理论力量而置于客观化形式、外在约束性地位，不易为道德个体所自觉认同和践履"[①]。第二，由于立论基点和服务目标都是意识形态，原本不限于此的伦理学体系内容缺乏应有的张力和必要的弹性，导致对现实道德生活关切不够。为了体系而抑制内容的黑格尔式的教训是深刻的。任何一种理论体系只有向社会生活保持开放式容纳，才能保持其生命力，

---

① 万俊人：《伦理学新论》，中国青年出版社，1994，第242页。

才有丰富多彩的内容。新科学技术革命的发生、社会主义市场经济体制和社会主义法治体系的建立，使我们的道德生活发生了巨大变化，社会上出现了许多新的道德问题，需要我们认真加以研究，将其纳入道德研究的理论体系。但由于体系本身缺乏必要的开放性，许多道德问题，诸如生命道德、生态道德、经济道德、政治道德、网络道德等，都没有在伦理学教科书中得到充分体现，至少是反映得不够、不充分，道德的生活气息和时代气息未能得到应有反映，适应不了时代发展的要求，道德理论教科书变得越来越枯燥无味，甚至成为"说教"而遭人反感。

在确认"道德学就是研究道德发生、发展及其演化规律的科学"这一理论判断的真实性前提下，应立足于道德自身的变化规律，试图对道德学的构建提出一种新思路。一个较为完整又具有开放性的道德学体系应由五个部分构成——道德存在、道德价值、道德内化、道德外释、道德演化，是涉及道德哲学、道德人类学、道德心理学、道德社会学、道德进化学等学科知识的有机"汇聚"。

道德存在（moral existence）是道德学研究的起点。任何一种具体的道德学所面对的道德都是既定的，首先必须研究它的由来、存在的合理性、存在的方式等，这是道德学应解决的首要问题。道德何以会发生？这是道德学研究中的难题之一，以往我们对此所做的发生学意义上的道德社会学分析不太令人满意。如果我们把发生学研究同非发生学研究结合起来，广泛吸收文化人类学、遗传学、心理学等成果，进行综合性研究，也许会更接近真理。道德与伦理究竟是什么关系？如何在互释的基础上进行区分？道德与人性的关系是什么？人性究竟如何决定道德？道德的"承载体"是什么？是个体还是群体抑或兼而有之？道德与自我是什么关系？为什么需要道德？对这些问题的回答决定了道德存在的主体、缘由与样态。同时，道德的存在是一种价值性存在，是以善与恶为标志的，或者说善与恶的问题是道德学的基本问题，我们将之归为存在论范畴，无非想说明道德存在是一种善恶的存在，是道德现象区别于其他一切文化现象的根本特征，由此说明人类道德不是天生的，一切道德先验论的主张都与本书格格不入。

道德价值（moral values）研究道德的存在意义问题，即道德对人、社会和人类有何实际价值。鉴于我们对道德学研究领域的限定，在本书中我们仅仅讨论道德的个体价值：道德自由、道德权利、道德尊严和道德幸福。因为道德的社会（群体）价值必须通过道德的个体来实现，或者说，道德于社会（群体）有益是首先通过个体并最终落实于个体。道德自由是充分体现道德个体价值的重要范畴，这意味着道德于人而言不是约束，而是通过对道德必然性的认识获得自由。道德自由不仅仅是一种行为上的自由，更是一种精神上的自由，是一种"从心所欲而不逾矩"的境界。自由与权利是不可分的，而传统义务论伦理学认为道德是不能讲权利的，只有义务，但我们认为权利是道德主体确立的社会前提，这集中体现为人格权、生命权、财产权等。有了自由与权利，自然就会获得道德上的尊严，道德尊严是人之为人的根本，是个体间相处的前提，因为它包含了承认与他尊。道德尊严也是人的精神支柱，而不是弱者的"安慰品"，具体可表现为做人的气节与骨气，也是德何以可"立"的缘由。道德一定可以给人带来幸福，道德幸福不是物质上的满足感，也不是一般意义上的德福一致，而是为了他人或社会牺牲自身利益时获得的满足感。付出而需要回报不是幸福，那只是交易。当然付出不需要回报是崇高的表现，但不等于社会可以不给回报，前者是道德问题，后者是伦理问题，相反，一个好的社会一定是让好人有好报的社会。

  道德内化（moral internalization）是道德学研究的重要环节。道德内化面临的首要问题是道德接受，即个体怎样面对外来道德的影响，其中就有道德信息的选择、道德气氛的感染、道德言行的模仿等活动，同时需要道德认知、道德情感、道德意志等因素的参与，道德习惯的养成和道德人格的形成是道德内化的标志。道德内化不是生硬的道德规范的强行"植入"，而是要学有榜样，道德榜样是道德原则规范要求的生动"标本"，是时代道德精神的集中体现。道德模仿是"学习"道德的开始，也是道德社会化的"自发阶段"，尽管如此也离不开健全的道德心理结构。道德态度是道德内化的关键因素，因为它是从道德认知到道德行为的过渡环节，此所谓"态度决定一切"。道德内化的目的是形成良好的道德行为习惯，道德人格是这种习惯的根本"定型"，表明道德由他律向自律的转化，表明道德内化的基本完成。这些问题为道德心理学研究提供了广阔的视野与舞台。但是，道德仅成为个人的心理财富，化为个体德性是不够的，它必须作用于社会，成为社会历史发展进程中的"合力"之一。所以，当个体德性表现于外时，就具有了社会（群体）道德的意义，这就使道德学要研究个体德性的外释（或外化）问题，从而进入道德社会学领域。

道德外释（moral ex-release）要解决道德由内到外的条件和机制问题。一个具有良好道德品性的人，如果没有合适的环境，是难以产生善举的。社会上见死不救、见难不帮的现象，不见得都说明大家是良知泯灭的，而是环境的恶劣远远超出了人的德性所能触及的范围，这就需要道德本身的效力。当然既定的道德行为规范的实施效力也至关重要，否则就会产生大量道德无效现象。有效力的道德当然要服从，道德服从是一种"心悦诚服"，是具有高度的道德自信与道德自觉。道德的实施也是一个系统工程，需要社会方方面面的支持与参与，而不仅仅是一些社会良知代表的呐喊，尤其是当人们对道德的热忱远远比不上对物质财富和名誉地位的狂热时，道德实施的社会制度化措施就显得非常必要。但社会的道德控制仅仅是社会控制的一种手段，如何把握好控制的度，充分考虑社会心理的承受能力，也是伦理学应关注的问题，因为道德控制的不及或过度都不利于社会的正常发展。以上问题实际上也构成了道德社会学的研究内容。由个体德性作用于社会生活各个方面，就会使整个社会道德生活发生变化，形成一种相对稳定的道德生活方式。这种道德生活方式随着历史的发展和社会的进步会逐渐显出不适应性和落后性，人们亟须对未来的道德生活有所预测，以便及时调整生活方式，以主动的道德生活姿态迎接新的道德生活的到来，这就产生了道德学中的道德变化研究。

道德演化（moral evolution）是对未来社会道德生活发展趋势的一种理性思虑，它立足于道德发展规律和现实道德生活，为未来道德生活提供一种可供选择的价值模式。演化心理学表明，只有引起人类行为变化的心理机制才具有适应性，而适应性机制的产物本身不需要具有适应性。道德适应是个体进入社会场域或由一种共同体生活进入一个新公共体，面临道德上的不适，需要做出调整，这是价值观念和行为方式的调整。道德适应只是解决了道德的纵向流变问题，而道德是在一定的空间中变化的，所以谈道德演化首先离不开道德空间。道德空间有物理与心理、向前与向后、存在与虚拟等多个维度，这些都是道德演化的场所和对象本身。当代道德生活的发展趋势是道德的断裂，无论是道德主体间的断裂还是道德内容的断裂，强化道德的连接功能是当代道德学的重要使命。如果从复杂性看道德发展，其实并没有我们想象的那么美好，个体道德心理的发展随着道德增强技术的运用，已经不存在我们所理解的规律了。但这不影响我们对人类未来发展的自信心，也不影响我们对道德的自信心。这就需要有道德预测，没有前景预测，就难免处于被动地位，对新的道德革命就准备不足。新的道德革命本质上还是道德继承，文化（或文明）史上的千古哀唱为什么总是"道德沦丧，人心不古"？是否意味着道德从来没有进步过？其实所谓道德进步无非是衡量的参照系前移或更新，"向前看"是"道德进步"的参照。只有着眼于未来，才能正确估价传统伦理道德的合理性，才能充分利用已有道德资源为新道德服务，才能有健康的道德新生活。这种预测的道德生活一旦真正实现，就成为一种新的道德存在，成为新一轮道德生活的起点，人类道德发展的进程就在这种螺旋式上升中显示出来，道德也因此获得了丰富的内容和全新的品质。我们也许可以抛弃道德进步主义，但绝对不能抛弃道德"乌托邦"。

道德存在、道德价值、道德内化、道德外释、道德演化看似独立存在，其实是一个整体，是一根"链条"上的一个"环节"，形成了"内循环"，但又不是"封闭式"，不但每个环节都是开放地吸取外界信息与能量，而且整体"链条"呈"螺纹式上升"，并形成新的"内循环"。当我们把"道德存在"作为思考道德问题的逻辑起点时，是作为"静止"的"既成物"，是发生学意义上的"开始"，是存在论意义上的"此在"，道德哲学要观照它。"道德价值"无疑是对道德存在理由与意义的"内生"，也是与其他社会意义形态"竞位"的"看家本领"，这是道德价值的内容。道德的客观存在与有意义，并不是道德的目标，而需要内化为人的心理积成，转变为人的行为习惯，这是道德心理学要考虑的问题。在一个正常健康的社会里，光有"好心人"是不够的，个人的道德能量必须充分释放出来，需要有好的社会环境，这就是道德社会学。道德本身不会凝固，它有自身的变化趋势，新的社会历史条件会提供道德变化的新内容与新方式，从而使其变成一种新的"道德存在"，这样周而复始，形成了人类道德变化的独特景观，并构成了道德发展（进化）学的对象。这种对社会道德现象的开放式把握与全景式观照，就是道德学的独特之处，也是其成立的理由。道德学看似体系庞大，实为道德生活几个关键点的"连接"。

二　道德究竟是如何起源的

道德的存在样态与运行，必须要解决的前提性问题是，道德是如何产生（发生）的。道德的起源问题是道德的根本问题之一，不同的道德起源观决定着不同的道德理论，因而，探究道德的起源对于把握道德规律、解释道德现象具有非常重要的理论意义和现实意义。我们必须在分析各种道德起源成说的得失和吸收其他学科新成果的基础上，找到道德具有客观实在性的生理基础和基因基础，如果没有发自基因信号的道德情感的基础，道德这种主要靠内心自觉来实现又没有外部强制力作为保障的软"规范"将不可能。[①]

关于道德的起源，古今中外的思想家们围绕道德究竟是先验的独立于人类经验的，还是人类经验认知的发明创造这一主线争论不休。西方传统伦理学由此形成了道德超验主义和经验主义之间的分裂，进而形成了道义论（义务论）自律论和功利论（目的、结果论）他律论两大阵营，前者相信道德戒律先天地存在于人类经验之外，相信道德价值的独立性，无论它们来自上帝与否，对任何有理性的人来说都是不证自明的；后者认为道德来自人类经验，有着知识论基础，道德价值来自人本身，而无论上帝存在与否。经验主义主张的根源可以追溯到亚里士多德，包括中国传统的性恶论和性无善恶的观点，它的现代起源是休谟、边沁等人的哲学思想。而超验主义源于传统的天启道德观和宗教伦理，以及中国传统的性善论，现代起源最具代表性的是康德和莫尔的观点。

超验主义伦理学不管是从主观唯心主义还是客观唯心主义的立场出发，以严密的逻辑把道德描绘得神圣崇高却没有现实的物质基础和科学证据，常常在活生生的现实中变得苍白无力。而经验主义（功利主义）伦理

[①] 关于道德起源的部分内容，请参见李建华、冯昊青《道德起源及其相关性问题》，《中南大学学报》（社会科学版）2007年第3期。

学却无情地剥去了道德超功利的神圣外衣，使道德成为人类为了生存而实施的功利计算的策略或软弱无力的同情心的表现。但功利主义伦理学难以使人信服地理解和解释人类历史和现实中那些不计利害功过的崇高而伟大的道德情感及行为，以及尊老爱幼的普通道德现象。超验主义的伦理学常常在它高贵的成功之处有着可悲的失败表现，始终在理论和逻辑中打转，缺乏实证研究和论证，最终将道德来源归于先验的上帝或神的意志，常常为殖民征服、专制制度和种族屠杀做激情辩护，甚至制造和培养道德的伪道士。功利主义使道德在失却崇高的功利算计中堕落，道义论使道德在崇高中变得虚无。

马克思主义者认为劳动是人类道德起源的第一个历史前提，道德伴随着人类社会的开始而出现。[1] 在马克思主义者看来，道德作为一种社会意识形态，是社会经济关系的产物，根源于人类社会的物质生活条件之中，是物质利益关系的反映。一方面，道德产生于物质生活资料生产和再生产的需要；另一方面，道德产生于人类自身生产和再生产的需要。一言以蔽之，即道德是为适应人类社会生存发展的需要而产生的，是在社会生产劳动的基础上逐渐形成的；而社会分工的产生，则是道德形成的关键。这便是马克思主义关于道德起源的基本观点。这种观点虽然比较正确地解释了道德起源的基础和一般过程，坚持了唯物辩证地考察道德起源的基本方向，然而，这种观点只是指出了道德起源的社会经济基础，它强调人在道德起源中的主观能动性以及人的道德活动的主体意识性和目的性，而忽视了对人类道德起源的生物学、心理学考察。[2]

现代生物学家认为道德是生物界"物竞天择"的生物面对环境适应性选择不断进化的结果，这种被称为社会达尔文主义的观点以生物进化论来说明人类道德的起源。他们认为道德源于动物的社会本能，道德乃是动物的互助精神、合群感等社会本能的延续和复杂化。达尔文认为，道德观念原本发生于社会本能。[3] 克鲁泡特金进一步说："我们不得不承认我们的善

---

[1] 阿奎：《道德的起源——重读马克思〈1844年经济学哲学手稿〉》，《上海青年管理干部学院学报》2004年第3期。
[2] 彭柏林、赖换初：《道德起源的三个视角》，《哲学动态》2003年第11期。
[3] 参见〔英〕达尔文《人类的由来》，潘光旦、胡寿文译，商务印书馆，1983，第156页。

恶之观念以及我们关于'至上善'的推论也都是从自然界中借来的。"① 这种道德起源说把人的道德看成是动物本能或者是从动物本能直接转化来的，它忽视了人的主观能动性，以及道德的社会本质，抹杀了人的道德活动的主体意识性和目的性，以及道德与本能的本质区别。但是，它的优点是指出了人的道德活动同动物本能活动的共通性以及进化的连续性，看到了人类道德活动与动物的本能活动有着相似的活动机制，看到了动物的互助本能活动中蕴含着人类道德活动的萌芽，这为我们探索道德起源指明了方向。

我们认为道德是人的道德，因此考察研究道德的起源不能仅仅局限于道德领域，必须紧紧把握住"人"这一关键因素和核心。而人是生物进化和社会演化的结果，人既是生物的人，也是社会的人，二者不可割裂。因此，探索道德的起源必须从生物学和社会学的进路入手。现代大量生物学和社会学的研究成果表明，人类道德的形成既是生物进化与环境共同演化的结果，也是人类为了生存发展而有意识地自觉创化的结果，即道德是生物演化和人类创化相结合的产物，其既有客观实在的生理基础和自演化机制，也有具备人的主体意识性和目的性的创化机制。

道德的形成是生物进化与环境演化以及人类自觉创化的结果。从哲学的观点看，道德是一个关系范畴，本质上是人与人之间的一种特殊关系，单独的、脱离他人的个人是无所谓道德的。因此，道德产生的第一个基础应该是"人"进化成为社会人，从而具有了相互依存的本能需要，也可以叫作"亲社会本能"。人类祖先的合群性本能乃是人类道德起源的生理前提，在有机体适应环境的过程中，具有有益性状的个体会生存下来并继续繁殖，而没有这种性状的，就会在生存斗争中被淘汰，这种有益性状就是进化必须要选择和遗传的，是基因和环境互动的结果。人所特有的、与其他动物区别开来的道德情感、品行的自然根据存在于不同地域、种族甚至与世隔绝的种族中，具有大部分共同的道德情感和品行。而正是由基因决定的道德情感构成了道德的基础，使道德成为可能。这些道德情感的部分雏形也存在于某些动物所具有的合群性本能即社会本能中（例如，在同伙

---

① 〔俄〕克鲁泡特金：《伦理学的起源和发展》，巴金译，上海平明书店，1941，第24页。

的交往中寻求快乐、彼此提示危险、用各种方式维护和帮助同伙等)。在达尔文看来,人类的祖先类人猿也在自然进化中获得了这类"社会"属性,原始初民又继承了人类祖先的"社会"属性。人作为个体是弱小的,人为了生存繁衍必须相互合作形成社会,这是生物适应性进化的结果。人类学和考古学的研究表明人的群体首先是在血亲之间形成的,进而为了抗拒恶劣的生存环境,血亲"家族"之间实现了合作,形成了更大的群体。群体的形成是生物进化的结果也是环境选择的结果。首先,这种血亲群体性的"人",必然形成群体依赖的本能心理,这是基因进化使然,这种心理为道德的产生奠定了生理和心理基础。其次,为了维系这种血亲群体内部和血亲群体之间的合作以及共同利益与依赖关系,以便更好地生存繁衍,人们必然要选择,进而设计并制定一些共同遵循的"规范",这便是道德产生的理性基础和社会基础。对血亲成员依恋的这种群体本能不仅仅表现在人身上,在自然界许多动物身上也有表现,许多具有群体性本能的动物离开群体或失去群体中其他成员后会显得悲伤而焦躁,看到群体的其他成员受到攻击会主动应战,生物界这样的例子不胜枚举。为了生存而相互合作、相互帮助的现象在一些动物身上也有表现,足以说明合作、互助、利他是生物进化的自然结果,具有基因基础。这种群体本能的相互依赖、合作、互助、利他是道德起源的本能(基因)基础,但这种本能还不是道德。

当人进化到有了自觉的意识时,那些相互依赖、合作、互助、利他行为的本能心理会演化为人的道德心理、道德情感和道德品质,进而会有意识地将那些为了维系群体生活和群体合作需要的本能行为上升为自觉的规范和意识、行为,如此道德便产生了。因此,道德起源于人的群体性生活的本能需要和为生存而合作的需要,是生物进化和环境演化的结果,也是人类自觉创化的结果。由此可见,道德既是内生的,也有外生的,内生的部分源于人性的群体性心理,是生物长期进化形成基因信号的结果,具有生物实证的基础,以及道德规范得以产生和实现的人性基础。可以想见的是,内生的道德是生物进化和环境共同促发的,而外生的道德却是人类为了生存发展而有意识地自觉创制的(创化的)。从道德产生的始因可看出,无论是内生的还是外生的道德都有一个共同目的即为了人的生存,并且能使其很好地生存下去，即过好生活。正如蒂洛所言，人们为了能更好地生活，必须确立和遵循一定的道德原则，这些原则鼓励人们相互合作，使人们不必担心被伤害、被偷窃、被欺骗和被欺诈等，这些原则的确立和遵循，不仅是为了自己，也是为了别人。因此，"道德的产生是由于人类（生存发展和过好生活）的需要，由于认识到以合作的和有意义的方式共同生活的重要性，……坚守道德原则，能使人们尽可能生活得和平、幸福、充满创造性和富有意义"①。可以想象，孤独的个人是没有好生活甚至也活不下去的。一个人如果离开群体，或看到群体其他成员受到伤害或死亡，会由于群体性生活的人性需要得不到满足而痛苦，同时一个人如果离开群体也会因生存能力下降而感到痛苦或死亡。道德的内生和外生可以很好地解释不记功过的道德行为和功利的道德行为。抛却世界观的不同，道义论近似于对内生（演化）道德的阐释，义务论则近似于对外生（创化）道德的阐释，二者都只看到道德现象的一个方面，而不能反映道德现象的全貌。

人类为了调节群体（社会）内部的关系，从而设计（创制，包括认可并规范一些本能行为）出一系列的道德规范，不难理解，这也是大多数伦理学家，特别是功利主义伦理学家和具有唯物主义立场的伦理学观点。而作为人性内生道德的观点却不太容易被接受，现代生物学研究不可辩驳地证明了这一本质和规律。我国伦理学家曾钊新对人性内生道德做过有益探索，他提出了"人性是道德产生的第二土壤"②的论断，而现代生物学研究表明利他是基因与环境演化的结果，是生物适应性进化的必然产物，合作和利他将增强基因对环境的适应和繁衍能力。现代生物学有两种解释利他主义进化模式的理论：一种是基因选择论，该理论认为遗传进化是在基因层次上实现的，所有生物体只不过是基因实现其遗传频率最大化的武器，为了使遗传频率最大化，基因可以使某一个具体的生物体采取自杀性的利他主义③；另一种是群体选择论，认为遗传进化是在生物种群的层次上实现的，当利他主义有利于种群利益时，这种行为特征就可能随着种群利益的最大化而得以保存和进化，最后形成基因信号。这两种理论对利他主义具

---

① 〔美〕J.P.蒂洛：《伦理学》，孟庆时、程立显译，北京大学出版社，1985，第30页。
② 曾钊新：《人性论》，中南工业大学出版社，1988，第156页。
③ 〔美〕理查德·道金斯：《自私的基因》，卢允中等译，吉林人民出版社，1998，第43页。

有同样的解释力。美国桑塔费学派跨民族、跨地域的"最后通牒实验"（给两人1000美元，由其中一人来分，如果对方对分配无异议则按分配各得所分，如有异议则由实验者收回，二人一无所得，实验结果表明大部分人接受对半分，否则宁愿不要也不同意，低于三七开的分配则无人接受，即便300美元相当于其一年的收入）证明，人性存在"强互惠"、不计成本的"利他性惩罚"的正义感等道德情感。现代脑科学研究也表明人类具有与生俱来的道德情感，而我国学者丁航、汪丁丁做了大量的研究论证，为人性内生道德提供了大量的证据，他们认为"善良、宽容、同情、利他，包括疾恶如仇等这些构成人类道德的主要品质是人类自身长期演进以及人类的生存环境（包括自然环境和社会环境）自然选择的最终结果。从这个意义上说，人类的道德禀赋与人类的其它生存品质（包括自我保护意识、功利计算、自利的本能等）都具有同样的客观属性，它们都是深深植根于我们的遗传基因中的、使我们的个体生命和种群生命'最大化'的有力武器"[①]。正是这些客观存在的由遗传基因决定的道德情感使道德成为可能。可以想象如果没有这些客观存在的由遗传基因决定的道德情感的保障，道德的实现只能像法规一样靠外在的暴力，那么道德将被法规取代。这种先天的基因使然的道德情感就如同康德所言的"自由意志"。

  内生和外生的道德可以在人的有意识的活动中实现转化，内生的道德可以被人有意识地外化为规范，外生的道德可以通过后天的教育和熏陶内化。道德规范经过长期的教育、熏陶和遵循形成惯性行为，进而成为稳定的品格和心理便实现了内化，从而主导着人们的善恶观念。这是道德教化的作用依据和意义所在，也是文化演化的力量。人们对自己发乎本性、性格使然的习惯性行为，是不会计较功利得失的，因而是超功利的，实现形式主要靠内心与生俱来的道德情感。这也是道义论反驳功利论最有力的论据。而那些未被内化为稳定的道德品质的，为了社会、群体需要而创化的道德则主要靠监督、社会舆论等外部的他律及个体的理性来实现。如果抛弃功利论和义务论、自律论和他律论的本体论的根本冲突，他们的某些观点就可以此实现统一。义务论、自律论只看到了内生道德和内化道德不计功利的"自由意志"

[①] 叶航：《ESS与人类道德的起源》，《经济学消息报》1999年4月23日，第4版。

的表现形式，而不承认外生道德及其目的性、功利性、他律性；功利主义或目的论者只看到外生道德的目的性、功利性、他律性，而忽视了内生道德的超功利性和自律性。正如马克思主义伦理学所认为的，道德是目的与效果的统一、自律与他律的统一，也是义务和功利的统一。

道德的演进与宗教、法律、制度等强制性规范有着不可分割的关系。从进化论和人性论的观点看，人性是丰富的，不单只有合作、互助、利他心理，生存也不只有合作一种策略，人性里还有自私等丰富的不利于道德实现的内容，而竞争和"搭便车"也是生存的策略，这些事实说明道德的遵守将不会是普遍的，特别是对那些外生（创造）的道德律令的自觉遵从更难以普遍化。因此，对道德的实现和对道德律令的遵从光靠自律是不够的，还需要外部力量的他律，即靠群体其他成员的监督，制定一些惩罚不道德行为的措施，同时将群体共同道德规范灌输给不知或不从者。但是，随着群体社会的扩大，成员之间的监督常常因信息不对称而失效，因而道德具有风险性，道德的实现需要找一些更有效的监督方式，于是道德开始与图腾崇拜及宗教联姻。图腾崇拜及宗教产生于人对大自然的无知，以及对无知力量的恐惧，赋予道德以图腾和宗教的神秘或神灵力量，可以克服道德因信息不对称导致的监督失效并通过人们对神灵的恐惧和崇拜得以补救；道德规范由此变成了来自神秘力量或神灵的命令，人们害怕因不遵守道德而受到无处不在的神灵或神秘力量的惩罚，所以不敢违背道德，从而为道德找到了终极力量和价值。宗教主张的因果循环、善恶有报赋予道德以保证力量，而全知全能的上帝是道德的最终评判者，天国的美妙和地狱的阴森恐怖是对为善者的鼓励和为恶者的惩罚。可以说宗教幻想的图景也就是道德幻想的图景。道德和图腾崇拜特别是与宗教的联姻，使道德沉溺其间，不可自拔，"因果循环""善恶有报"的宗教伦理观深深地影响了人类道德观念、心理以及道德理论的发展，许多超验主义的伦理学家错误地将道德的起源归结为神灵或神秘力量。甚至"上帝死了"后，许多伦理学家、思想家不无悲哀地发出"如果没有上帝道德何以可能"[1] 的疑问和

---

[1] 何怀宏：《假如没有上帝，道德如何可能？》，《南昌大学学报》（社会科学版）1999年第1期，第3~5页。

"没有上帝一切皆有可能"[1]的悲叹。

如果说道德与图腾崇拜及宗教的联姻是道德向神性的演化，那么道德向现实世界的演化就是向制度和法律的演化。随着人类社会的发展和人对自然界及自身认识水平的提高，宗教对人的控制力逐渐减小，而且因果报应和善恶有报毕竟缥缈遥远，对现世的惩戒作用有限。为了维护现实的有序发展，甚至是统治阶级的利益，人们必然要采取一些更具现实性和可操作性的道德实现方式来弥补宗教和道德控制之不足，一些道德规范和律令首先就逐渐演变为礼仪制度和法律。制度和法律以国家暴力为保障具有更大的惩罚性和威慑力，且更具现实性、可操作性，可以更好地规避道德风险，促进合作及社会有序发展，同时更强有力地保护共同体的利益和"好生活"，这也是法律、制度这些由暴力保障的规范在许多领域取代道德成为独立发展的调整人们关系的显赫规范的原因。

道德演化成法律、制度后便不再是道德。调整社会关系、控制社会、维护社会存在和发展的规范便出现了新的表现形式——法律、制度。那么这时候道德为何还能存在呢？原因有四。第一，道德是法律和制度的价值基础和价值向度，它指引着二者的方向，评判其善恶价值。法律、制度虽然靠国家暴力来实现，但没有道德基础的法律和制度将难以实行或长久，因为其与人们与生俱来的道德情感相悖，势必遭到广泛的抵制。历史上一个不该忽视的现象是：政权的更迭总是始于道德败坏、奸佞横行，整个社会系统失去了公平正义的道德基础，统治者失去了执政的正当性。第二，道德弥补了法律和制度的不足，在二者不能或还未涉足的地方发挥着社会作用。第三，道德在调整社会关系方面的简化功能。道德发挥社会作用的成本远远低于法律和制度发挥其社会功能的成本，法律和制度要发挥作用是需要大量社会成本的，而道德的自觉使人们各安其分以至无须花费多少成本就可以使社会趋向和谐。第四，道德满足人性需要，是实现人的好生活的必要条件。这一点非常重要，人性是道德内生的土壤，道德是人性的重要内容，人性中天然存在对道德不计功利和目的的需求。人既是理性

---

[1] 〔俄〕陀思妥耶夫斯基：《卡拉马佐夫兄弟》，耿济之译，人民文学出版社，1981，第112页。

的，也是情感的，人在一个没有情感的世界中无法生存，在一个没有道德，只有功利计算的世界中，也谋求不到幸福。人需要活在道德的环境里，没有道德感的人性是残缺的人性，是没有荣辱、羞耻和恩义的人性。不难想象，一个没有荣辱感、羞耻感和恩义感的人是没有好生活的，生活在没有道德的世界里的人绝对也没有好生活。同样，没有了道德情感，完全在理性计算之下的道德将变成利益博弈的权宜之计，道德将失去存在的根基，而被其他刚性规范所取代。

三　道德学及其解惑功用

基于对道德存在与起源的发生学把握，就要思考"道德学是什么"的问题，以及道德学对于解决目前伦理学中诸多理论困惑有什么助益。"哲学是一种特殊的活动，它的特点之一是对它难以下定义或简单界定。事实上，它对不同时候、不同地的不同人，意味着颇为不同的东西。"[1] 但哲学思维的最大益处也在于，当我们对某一事物很难确定"是什么"时，不妨先采取"它不是什么"的方式来确定其范围与边界，对道德学的把握，我想用这种致思的方法。

道德学首先不是伦理学。伦理学是研究伦理实体及其关系调节的理论体系。伦理实体以家庭、社会、国家、世界为主，同时包括其他社会组织、处于人际境遇中的个人和临时性公共场合。在这些伦理实体间发生的关系就是伦理关系，就是伦理学要调节的对象，以公平、正义、和谐等作为价值原则，并以具有强制性的制度形式出现，从而实现社会秩序的优化。道德学是研究道德现象及其发生发展的理论体系，是关于道德问题的学问，要研究从道德存在到道德内化再到道德社会化的全过程运行。这是以伦理与道德的区分为前提的。道德主体以社会上的个人为主，其道德关系主要是个体间关系，以自由、权利、尊严和幸福为价值呈现，将良心、义务、责任作为主要的作用机制。

道德学也不是道德哲学，二者是整体与部分的关系，换言之，道德

---

[1] 〔英〕D. D. 拉斐尔：《道德哲学》，邱仁宗译，辽宁教育出版社，1998，第1页。

哲学是道德学的重要组成部分，但不等同于道德学。"道德哲学是关于规范和价值，关于是非善恶的观念，关于应该做什么不应该做什么的哲学探究。"[①] 如果我们把哲学分为知识哲学与实践哲学两大类的话，道德哲学肯定不属于实践哲学，因为"在直截了当的意义上，它肯定不是实践的探究"[②]，而是注重推理的有效性。即使道德哲学探讨了"我们应该如何生活"这样的柏拉图问题，也没有单一的肯定性回答，它"并不能给你一个决定。它能做的是消除一些混乱，澄清一些模糊"，"所以，不要期望道德哲学来解决生活的实际问题，或成为你可以依靠的支柱"[③]。道德学是一个由道德哲学、道德价值学、道德心理学、道德社会学与道德发展（进化）学所组成的知识体系，是理论知识与实践知识的有机统一体。

道德学显然也不是美德学（美德论）。表面观之，道德学与美德学没有差别，但是，"与道德学不同，美德学探讨则围绕舍利执爱原理的建构和实施展开"[④]。道德学当然要研究道德规范问题，通过规范引导人们服从道德他律，通过自律机制把外在的道德变为行为习惯并内化为品格，即人品。而人要行美德，就必须具有良好的道德自律的品质，必须有自我克制的能力，所以美德体现的是无目的的合目的性，行美德的方法只能是道义论的方法。[⑤]"美德的内在生成方式，是涵养德性；美德的行为敞开方式，是个性自由和性情生活，其基本行动方式是无私奉献与自我牺牲。"[⑥] 显然，美德学仅仅是道德学的研究内容之一，侧重于具体的目的论证，如勇敢、同情、怜悯、友爱、慷慨、感恩、敬畏、博爱、节制等，既强调其规范意义，又不认同其是外在规范，所以规范伦理学与美德论经常处于纠纷之中。

道德学如果能独立存在，有助于消解目前伦理学中的某些争论，其中最重要的莫过于目的论与道义论之争。道德目的论是先将某种善的理念视

---

① 〔英〕D.D.拉斐尔：《道德哲学》，邱仁宗译，辽宁教育出版社，1998，第10页。
② 〔英〕D.D.拉斐尔：《道德哲学》，邱仁宗译，辽宁教育出版社，1998，第11页。
③ 〔英〕D.D.拉斐尔：《道德哲学》，邱仁宗译，辽宁教育出版社，1998，第12~13页。
④ 唐代兴：《伦理学原理》，上海三联书店，2018，第13页。
⑤ 唐代兴：《伦理学原理》，上海三联书店，2018，第13页。
⑥ 唐代兴：《伦理学原理》，上海三联书店，2018，第13页。

为理所当然的、预先存在的，然后根据善来解释高尚行为的理论，在这时善具有绝对意义，是优先于正当的，对于善的价值的认同就可以指导我们的行为。伦理学史上对应这种观点的有快乐主义、功利主义、伦理利己主义、德性伦理学等。道德目的论的主要特点是具有明显的效果论倾向，强调道德经验的证实，具有强烈的道德乌托邦色彩。道德目的论从结果看目的，有一定的合理性，比较接近我们的日常思维模式，也是对认知负责任的致思方法，但最大的诟病就在于目的往往无法完全符合结果表征。如功利主义的理性计算就带有明显的经验实证色彩，整体的考虑与个体的计算根本无法达成统一，无法促成道德行为主体幸福或快乐的实际效应。加上道德目的论只用善与恶来进行道德评价，关注的只是道德价值本身，而没有考虑"正当与不正当""合理与不合理"的问题，常常就陷入道德理想主义，特别是德性伦理学的窠臼，将德性作为国家社会建构的终极目标和依据，最后形成"道德理想王国"。与此相反，道义论认为，人的行为意义和道德性质不在于达成目的或体现某种内在价值，而是它所具有的伦理正当性，正当是优先于善的。正当性与目的善是不同的，前者意味着他者的评价，意味着是社会公共性的，意味着任何个人所信奉的道德原则具有社会普遍的合法有效性，意味着进入了伦理领域，而后者仅仅是道德的自我领域。可见，道义论强调符合道德原则就意味着行为的规范化，道义论与规范伦理学总是紧密联系在一起；强调符合道德原则的行为之所以具有普遍正当性，是因为道德原则本身对人们的权利和义务关系做了恰当的规定。可见，道义论的主要特点是：以社会整体利益的公正分配为道德考量目标，对规范有效性的评价是普遍主义的，普遍性规范是建立在理性契约之上的道德共识也是最低限度的行为要求、伦理秩序主义、道德动机论。

不难看出，目的论与道义论的主要分歧体现在三个方面：第一，二者对道德价值的定位明显不同，目的论主张善优先于正当，而道义论主张正当优先于善；第二，二者价值取向不同，目的论主张个体主义，而道义论主张整体主义；第三，二者对道德评价的主要依据认识不同，目的论主张动机论，而道义论注重效果论。如果再深入一层就会发现，其实目的论与道义论的最大区别在于前者侧重于道德，而后者侧重于伦理。

如果我们区分不了道德与伦理，就无法理解目的论与道义论的不同。如果没有一种介于传统美德论与现代伦理学之间的过渡性知识体系，目的论与道义论则难以统一，而这种过渡性知识体系就是道德学。道德学是介于美德论（学）与伦理学之间的理论类型，以此实现道德与伦理的统一、善与正当的统一、个人与整体的统一、动机与效果的统一、个体善与共同善的统一。

目的论与道义论的分歧集中为一点就是善与正当何者优先的问题。其实，"善与正当的关系也只是在现代的语境中才真正成为一个重大问题，而这又是与现代语境所具有的两个根本特征相关的，即，多元的合理善观念，自由制度以及与之相伴的个体自由的权利的确立"[①]。也就是说，只有在现代社会才出现了道德与伦理的断裂，出现了目的论与道义论、美德伦理学与规范伦理学、自由主义与共同体主义等伦理学的难容与对立。尽管弗兰克纳用"混合的义务论"、布兰特用"规则功利主义"来试图调和这些对立，非常有意义，但相对于不同的道德类型、道德层次而言，并没有看到道德与伦理在现代社会中的分离与断裂，也没有站在道德与伦理"既分离又统一"的立场来考虑问题，调和效果不理想。道德学的创设正好可以完成这一使命。在此意义上，道德学的专门化与独立化是现代伦理学发展的客观要求和必然趋势。在传统社会，固然会有关于善恶观念、美德选项等方面的分歧，但没有自由制度和自由权利框架，从而不会导致道德与伦理的解体，人们在善恶观念和美德遵循上可以基本达成一致。假如传统美德与现代的伦理原则是对应的，那么，正当原则与善观念在传统社会一定是和谐的，也不会发生明显的争议。进入现代社会之后，多元的善观念不断出现，传统美德的适应性空间不断萎缩，社会生活不断被公共化和整体化的同时，个体意识反而增强，善与正当的和谐关系被打破了，并且成了一个真正棘手的问题。传统的伦理学理论已经无法解决这些矛盾，需要有新的复杂性道德思维。目前，我们就是通过道德学的思想方式来强化道德的伦理化与伦理的道德化，使之不断靠拢，达成和谐统一。可以说，道德学与其说是一门独立的学科，还不如说是基于道德复杂性的一种思维方

---

① 杨伟清：《正当与善——罗尔斯思想中的核心问题》，人民出版社，2011，第9页。

式，这种方式的核心就是在美德与伦理、个体与整体之间搭建桥梁。

法国伦理学家埃德加·莫兰认为，"个人道德意识将个体—社会—种属联系起来"，"所有对伦理的关注都应当看到，道德行为是一种连接的个体行为：与他人连接，与社区连接，与社会连接，直到与人类种属连接"[①]。人要充分支撑起人类身份的三个维度——个人身份、社会身份和人类身份，尤其是要诗意地度过一生。复杂性伦理所设想的是，善中可能包含着某种恶，恶中可能包含着某种善。同时，正义中有非正义，非正义中有正义，不要求以善恶二元的视角看待世界，要抛弃处罚式的复仇。埃德加·莫兰认为，实施道德行为是一件复杂的事情，因为造成恶的最大因素之一是自以为拥有善的信念，或自信被善拥有，这导致了不可计数的屠杀、迫害及宗教战争，还有国家之间的和国内的战争。正是自认为行善的信仰成为恶的一大起因，但其出发点并不是恶，而是由于缺乏理性或是信仰过度，即狂热。所以，在莫兰的复杂性伦理思维中已经实现了伦理与道德的相互照应。他主张，共同体伦理"拥有"每个个体，每个个体也拥有共同体伦理。在传统社会中，共同体伦理以本身的支配力被人们接受；而在现代社会中，它只是以偶然或不均等的方式表现出来。当代个人自我中心主义及利益关系的发展瓦解了传统的互助关系，使互助/责任的问题，即伦理问题变得异常突出。同时，家庭共同体在缩小（大家庭的衰亡），并被扰乱（破裂、离婚、代沟）。目前存在于大国内部的社群主义被用来维系集体认同，却没有唤醒高于个体的共同体意识，出现了有伦理无道德的现象。在此，重建自我道德是非常必要的，以便通过个体觉悟的途径重新找到责任，而当代最严重的问题正是自我道德的欠缺。社会越复杂，对个体和群体的约束就越少僵化、越少压力，从而使整个社会都能从个体策略、动议中受益。但是过度的复杂性会使社会联系松懈，摧毁一切约束，而极端的复杂性则会在无序中自我消解。一个高度复杂的社会应该不仅通过"公正之法"，还应通过公民个体的道德责任和良知来保证其和谐。社会越是趋于复杂化，对自我道德的需求就越迫切。这就是基于复杂性思维的当代道德学的建构之路。

---

① 〔法〕埃德加·莫兰：《伦理》，于硕译，学林出版社，2017，第35页。

四　道德学的研究方法

美籍奥地利生物学家贝塔朗菲在创立所谓的"一般系统论"时，着重强调了系统的动态性。他认为一切生命现象本身都处于积极的活动状态，动态是系统保持静态的前提。系统的相关性强调的是各要素之间的空间分布，而动态性强调的是系统随时间推移所发生的变化。这种变化主要表现在两个方面：一是系统内部诸要素的结构，其分布位置不是固定不变的，而是随时间推移而不断变化；二是系统都具有开放性，且总是在不断地同外界进行物质、能量、信息的交换。我们强调道德是一个动态系统，不是指道德作为一种历史文化形态的前后承继关系，而是指道德在某一特定的社会历史时期的运作过程。从动态性去看道德系统，在此基础上建构道德学时应遵循下列方法论原则。①

第一，共时性与历时性相结合的分析方法。各种道德系统都应表现为相互联系的两个方面——共时性和历时性。因为道德系统乃是一个紧密联系的整体，因此它需要对统一的结构进行分解，也就是把具体的、现实的存在化整为零，化为一定浓缩的瞬息间的"截面"，这是一种共时性的要素分析，上述道德的静态系统就是这种分析方法的结果。但是，除此之外，还应当用历时性分析通过说明道德系统的变化及运作过程使之成为一体。道德系统的变化至少也从两个方面表现出来：一方面是道德系统现有功能的发挥，以及通过良心、义务、责任的调节机制自我再现的能力；另一方面是道德系统的发展，道德的新品质的发生、发展和成熟，这种新品质导致从一种道德系统转化为另一种道德系统，从而引发道德生活革命。这种具有新品质的道德系统随着时代的变化和历史的发展又将被新的道德系统所代替，道德系统由此通过各自的整体单向性使道德在整体上形成一个自我演化的历史过程。因此，在考察道德系统时至少要从结构要素、功能表现、运作轨迹三个方面同时进行研究。这样才能在建构道德学体系时避免对道德现象进行系统的"平面式"描述和"条块分割"。

---

① 魏磊、李建华：《伦理学研究方法新探》，《学习与探索》1986年第3期。

第二，宏观研究与微观研究相结合的方法。在对社会道德的宏观把握上，历史唯物主义是其他任何伦理学流派都难以比肩的。没有这种宏观的整体性把握，道德就失去了社会文化背景，失去了存在的客观基础。然而，在对复杂的道德现象进行深层结构的把握时，这种宏观描述就难以胜任，而亟须引进微观研究方法。道德在社会意识形态层面上，是受社会物质生活条件制约的，通过规范的形式作用于人的行为，从而达到维护整体利益之目的。在此意义上，道德同法律无任何区别。但道德之所以是道德不在于它作为社会意识形态的共性，而在于它在发生发展和作用方式上的特殊性。道德是怎样起源的？人为什么遵守道德？人是不是天生的"自律"？我们所设计的一整套道德规范是否具有普遍的合理性？我们的道德在何种层次和何种程度上是可以被接受的？种种问题，都需要用微观研究的方法来解决。如果我们把道德现象作为一个动态系统来认识，就会发现道德存在的不同层次以及各层次间的连接点，就会发现其由存在到内化再到外化的复杂过程，就会有进行微观研究的理性自觉，这样，我们的道德学理论就有丰富的可能。

第三，单一研究与交叉研究相结合的方法。我国伦理学体系的封闭性，严重地阻碍了对道德现象研究工作的深入和拓展。作为道德学研究对象的道德是一个开放系统，它必须同外部事物交换能量和信息，才能保证其自身的良性运行，才能维持其生命力。任何一门学科的研究过程，都构成某种信息流的活动系统，输入和输出应是双向的。这就意味着道德学研究一方面要大量吸收相关学科的研究成果为我所用，另一方面要用自身的理论去影响其他学科。一门学科成熟、先进与否的标志之一，就是看其内容和方法能否影响其他各门学科。我们的道德研究在吸收其他学科的研究成果方面做得不够，同时道德学对其他学科也几乎无影响。市场经济和外来文化的撞击，使原有的道德研究理论体系面临着挑战，人们普遍感到已有的道德理论教科书难以适应现代社会生活的需要。当其他社会科学站在时代前列勇敢地正视和贴近社会现实时，道德理论研究也不妨跳出自我的小圈子，以开放的心态，同其他学科进行交流以弥补自身远离社会生活之不足。一门学科的信息流作用于另一门学科的对象，形成新的信息流，并催生新的学科。当代道德理论研究发展的一个趋势就是道德理论广泛运用于社会生活，即所谓"应用伦理学"

的兴起，它反映了当代道德理论研究对现代社会生活的普遍关切与投入，也是道德学自身新的生长点。如经济道德、生命道德、生态道德、教师道德、政治道德等研究正在兴起，并取得了可喜的成果。但这些成果并没有及时纳入现有的道德理论研究，从而使其缺乏应有的生活气息。当代道德理论的交叉研究应注意两个基本问题：一是交叉点，二是侧重点。交叉点是两门学科的"共域"，是交叉学科建立的前提，如法律与道德在利益基础、存在形式、价值追求等方面都有交叉，从而使法律道德学的建立成为可能。同时，在任何一个交叉点上都可以产生两门学科，如在经济与道德的交叉上可以产生经济道德学和道德经济学。道德学在交叉研究时的侧重点应是道德学而非其他学科。

　　第四，现实研究与预测研究相结合的方法。特定时代的道德理论总是对特定时代现实的道德生活的反映。现实的道德既是传统道德的未来，又是未来道德的过去。所以，就社会历史的流变性而言，现实的道德总是具有一种中介性和可变性。加之，道德的现实存在与其他社会存在不同，它总是具有一种超前的理想性，道德总是激励人们以超脱"实然"而趋于"应然"的方式存在着，"应然"就是一种未来的理想性指向，人们习以为常的东西根本用不着道德来规范。道德的历史变动性和道德存在的理想特性，决定了伦理学研究中道德预测研究的重要性。不可否认，道德学要立足现实，关心现实，解决现实社会中的道德问题，但不等于依附于现实，为现实作辩护的工具。道德学缺少一种高瞻远瞩的理性的预测精神，总是尾随于现实之后，使得我们对社会道德问题的解释和解决总是显得难以自圆其说和力不从心。这种教训是深刻的。人们不会忘记，在改革开放初期，当西方的伦理思潮扑面而来的时候，我们茫然不知所措；当市场经济的浪潮一浪高过一浪时，我们才开始研究道德建设的对策。事实证明，我们习惯了的对症下药的经验主义方法，在道德建设方面已越来越力不从心。就社会控制而言，预测性措施远远高于对策性措施。有人对中国伦理生活大趋势做过预测，姑且不论这种预测的对错，起码看到了预测研究在道德理论研究中的意义。难以理解的是这种研究方法没有得到大家的认同和推广，相反还招致了不少非难。对于一个随参数变化而变化的道德系统来说，没有预测研究就能保持良性运行，实在令人生疑。

第一部分

道德存在

提示语：存在即实在或实存，以追求存在的完善为指向。道德存在就是道德的实在性、实存性和实体性，这种实在性与实体性源于人性自身，也是解释道德价值及其合法性的最终依据。每一特定时代的人们所面临的道德都是客观存在的，每个人来到世界上最先接受的就是道德规训。但道德的存在不是"孤立"的，而是"依存性"的。从相似性来讲，道德与"伦理"最近；从特定性来讲，道德是人性的体现；从承载性来讲，道德依赖个体"自我"；从呈现性来讲，道德就是善恶生活。存在论角度的道德是规范性与自我性的统一，是价值创造与价值形态的统一，是美德与伦理的统一，是善与恶的统一，是智识与生活的统一。

第一章 伦理与道德

区分伦理与道德是限定道德现象的首要任务，也是道德学研究的逻辑起点。[①] 当代道德问题的争论和理论分歧为何如此激烈，其根本原因（或特征）是"道德论证或伦理学概念上的无公度性（conceptional imcommensurability），非人格性的合理论证（impersonal rational arguments）的所谓合理性寻求及其与概念无公度性的明显矛盾，各种道德或伦理学概念之广泛的历史起源的多样性（a wide variety of historical origins）及其相互对立"[②]。英国伦理学家齐格蒙特·鲍曼在其《后现代伦理学》导言中开宗明义："正如题目所表明的那样，本书是关于后现代伦理而不是关于后现代道德的研究。"[③] 这是否意味着我们一直奉行的"伦理学是关于道德问题的学问"这一传统说法受到了前所未有的挑战？是否意味着道德会淡出伦理学的视野？是否意味着伦理学与道德学[④]必然"分家"？这些担忧其实根源于对伦理与道德这两个核心概念的理解及二者在当代分野趋势的日益明朗化。从西方学术史来看，尽管黑格尔、康德、莫兰等思想家对"伦理"与"道德"做过区分，并在使用边界上非常严格，但其通行的做法是"互用"，在理解上模棱两可，随意混用，甚至直接等同，或者当我们想区分又怕难以把握时，干脆用"伦理道德"或"道德伦理"概而论之。这一方面导致了伦理学和道德学在理论论证上的内部混乱（如功利论与道义论之

---

① 李建华：《伦理与道德的互释及其侧向》，《武汉大学学报》（哲学社会科学版）2020年第3期。
② 〔美〕A.麦金太尔：《谁之正义？何种合理性？》，万俊人等译，当代中国出版社，1996，序言第5页。
③ 〔英〕齐格蒙特·鲍曼：《后现代伦理学》，张成岗译，江苏人民出版社，2003，第1页。
④ 我主张用"道德学"概念而不用"道德哲学"概念，后者只是前者的一部分，道德学是包含道德哲学、道德心理学、道德社会学、道德知识学、道德进化学在内的完备的学术体系，另专文论述。

争），一方面使伦理学研究领域越来越窄，造成对相关学科知识的高度依赖，如离开了法学、政治哲学、经济学、社会学、心理学等相关知识的支撑，伦理学知识的自我供给几乎是难以保证的，道德哲学除了"善""恶"概念之外几乎难以形成独立的概念体系。对于"伦理""道德"概念的历史性混乱，20世纪初西方伦理学兴起过一场致力于概念精确化和判断逻辑化的分析伦理学运动，先后对"正当""善""恶""良心""责任""义务"等概念进行过划界与定义。但迄今为止，"伦理"与"道德"两个核心概念的混乱状态，无论在西方还是中国学术话语中仍然没有得到根本性解决。[①] 对"伦理"与"道德"概念的明辨精析与系统梳理，消除对二者的认知困惑，提升伦理学与道德学概念的公度性，在伦理学与道德学面临新发展的历史时刻就显得特别重要。

一　相通与相异：伦理和道德的本义

在中国语境中，伦理就是伦之序，礼（理）之分。"伦理"一词是"伦"与"理"二字的组合。古代对"伦"的诠释主要有三重含义[②]。其一，"伦"者从"人"从"仑"，许慎《说文解字》训"伦"为"辈也"，"伦"即指人与人之间的辈分次第关系。由"辈"之一义引申出"类""比""序""等"等含义，"人群类而相比，等而相序，其相待相倚之生活关系已可概见"[③]。其二，"伦"通"乐"，如《礼记·乐记》中称"乐者，通伦理者也"，强调音乐与伦理、美与善的相通性。其三，"伦"同"类"，如郑玄注"伦理"曰："伦，类也，理之分也。"强调"伦"的本质是一种"类"的"分"。根据黄建中先生的考察，"伦"有集合关系之义、对偶关系之义以及联属关系之义，指人类群体相待相倚的各种关系。"理"的本义是治理、规则，如《说文解字》曰："理，治玉也。"现代汉语对"理"有了更多的引申，如物质之理（纹理）、人文之理（道理）、

[①] 尧新瑜：《"伦理"与"道德"概念的三重比较义》，《伦理学研究》2006年第4期。
[②] 尧新瑜：《"伦理"与"道德"概念的三重比较义》，《伦理学研究》2006年第4期。
[③] 黄建中：《比较伦理学》，山东人民出版社，1998，第21~22页。

科学之理（物理）、行为之理（管理）等①，后由此引申出条理、规则、道理、治理、整理等多种含义。一般而言，"理"是指事物和行为当然的律则和道理。"伦"与"理"二字合用形成"伦理"，指处理人伦关系的道理或规则。最早将"伦"与"理"联用的例证，见于《礼记·乐记》中的"乐者，通伦理者也"。可见，伦理的要义在于和谐有序，乐理之通于伦理的地方恰恰在于和合和谐，黄建中先生由此认为"伦理义蕴甚富，指归在和，语其封畛，既可兼赅道德人生"②。伦理的本义可以归纳为以下几点。第一，人伦，伦理只发生在人的世界及其秩序中，与人之外的世界无关；第二，关系，伦理一定发生在主客关系之中，没有关系的地方没有伦理；第三，秩序，人伦关系一定以某种秩序呈现，如君君、臣臣、父父、子子；第四，规范，伦理一定是应该或不应该的规范性说明。

在西方语境中，从词源上说，伦理起源于希腊文"ethic"，这个词最初表示习惯恒常的住所、共同的居住地，《荷马史诗》便是如此来描述的，如海德格尔就曾指出，在赫拉克利特那里"伦理"一词的最初含义就是"寓所"。后来经过不断演绎，虽然可以理解为风俗、性格、品质等，但并不具有伦理的意味。有学者认为，根据现代观点，西方的伦理概念较中国传统的伦理概念的不同在于一开始就有了原始的、朴素的理性特征。③"伦理"（ethic）及"伦理学"的概念最初都是由亚里士多德通过改造古希腊语中的"风俗"（ethos）一词所创立的。因"道德"（moral）一词源于罗马词"moralis"，罗马人在征服希腊后，翻译希腊人的伦理一词时，经常就用"moralis"来表示，而"moral"又源于"mores"，主要指"传统风俗""习惯"等意思，即都是用来说明人养成的习惯品质，指向人类对社会文化、生活方式的认同与遵循，这也是后来伦理与道德互释互用的主要原因。其实，亚里士多德创造过一个新名词"ethika"，也就是人们后来所说的伦理学。亚里士多德认为，伦理学就是追求个人的善与幸福，政治学则是求得社会的善与幸福，如果我们对伦理与道德做严格的区分，亚里士

---

① 《现代汉语小词典》，商务印书馆，1980，第329页。
② 黄建中：《比较伦理学》，山东人民出版社，1998，第21页。
③ 尧新瑜：《"伦理"与"道德"概念的三重比较义》，《伦理学研究》2006年第4期。

多德所认为的伦理学反而像道德学，而政治学反而可以理解为伦理学。可见，在西方语境中，伦理同样包含了人伦之序及其规范的意思，只不过因与道德混用，在风俗之外增加了德性、品质的意味。只有到了黑格尔那里才开始严格区分伦理与道德，并把后者看成前者的前提条件，由此形成了"由道德入伦理"的思想路径，但本质上二者还是互释的，对伦理的科学理解完全取决于对道德的理解。

在汉语中，"道德"也是一个组合词。尽管《辞海》将"道"归结为16种语义，但主要是道路、法则和宇宙本体三种。[①]《说文解字》称"道，所行道也"，"道"原指由此达彼的道路，道是有方向和两边的，循道而行才不会迷失方向并抵达目的地；韩非子《解老》称"道者，万物之所然也，万理之所稽也"，引申为宇宙万物生成变化的总法则，由此"道"逐渐引申出正确规则之义；《老子》曰："有物混成，先天地生。寂兮寥兮，独立而不改，周行而不殆，可以为天下母。吾不知其名，字之曰'道'。"这里的"道"就具有了"所以然"的味道，与"理"共同形成"道理"。"道"作为一个哲学范畴，意指天地之"本原"和万物运动演化之原始规则，并有"天道""地道""人道"之分。"天道"是自然万物的演行法则，"人道"是人生活依存、活动交往、处理人事的规则，如果人事规则违背了天道就是"不地道"。"德"字含义颇多，殷商时期，甲骨文中的"德"字后被写作"徝"，金文写作"悳"，前者是正直行为之意，后者是正直心性之意。后来两种写法统一为"德"，"德"同时含有正直行为和正直心性之义。由于正直的行为就是合乎人道的行为，即德行，正直的心性就是具有人道的心性，即德性，加之"德"自商至周，一直与"得"字通，逐渐有"得道"之意。目前所知最早的"道""德"联用，是《史记·夏本纪》所记载的约四千年前的皋陶之语："信其道德，谋明辅和。"可见"德"与"道"存在极为密切的关系，二字联用后形成的"道德"既有"德行与德性的规范"之意，也有"符合规范的德行和德性"之意。在中国的特殊语境中，"得"使道德既具备了道的形上性质，也具有了功利主义层面的实践功能，又因"德""得"相通，道德较之西方语境有了

---

① 尧新瑜：《"伦理"与"道德"概念的三重比较义》，《伦理学研究》2006年第4期。

更大的解释空间。这样，我们可以把中国语境中的"道德"简单归纳为以下三点。第一，得道为德，即得到并遵守"道"就是"德"；第二，德得相通，即守德是为了得，而得必须守德；第三，道为德体，即无论是作为德性之道德还是作为规范之道德都是"道"的体现。

在西方，"道德"一词是古罗马思想家西塞罗把亚里士多德著作中的"风俗"改译成拉丁语的形容词，用以表示国家生活的道德风俗与人们的道德品性。古希腊先哲之"mose""ethos"二词之理式用法庶几近之，然而他们虽多以"礼仪""风俗""习惯"等概念释义于"道德""伦理"，却同时赋予后者以"近神而居""幸福生活""本真存义"等诸多义理，从而将关乎道德伦理之研究界定为"幸福之学"（亚里士多德）、"伦理秩序"之问（苏格拉底、柏拉图）。西方古时的"伦理""道德"由"风俗""风尚"演变而来，中国古时"伦理""道德"的同义之处在于人际交往规范。两者看似相差颇大，其实不然，因为习俗、风俗中就包含有大量的人际交往规范。因而，中西方语境中的"伦理""道德"在词源学含义上是相通的。

从词源上分析，伦理与道德都被用来描述人在行为活动中养成的习惯品质，其本义的相通性基本有三：第一，都是源于风俗、习惯；第二，都是对人的行为的某种规范；第三，都同时体现为人的品质或德性。在三种共通性中，风俗习惯是基础，规范是核心，德性是表现，又因三者难以截然分开，导致混用，伦理与道德的难舍难分就可想而知了。了解伦理与道德本义的相通性，关键是正确认识其自然习俗性。

首先，伦理或道德都是通过自然习俗获得的，是人们在日常生活和各种社会活动中所形成的相对稳定的品质或品性，这种稳定性就是规范的有效性根源。人在社会活动中，不仅仅是面对自己，更重要的是面对他人及与他人的交往，久而久之会积累某些有益的东西，即中国传统道德文化中的"得"，彼此之"得"加深了人与人之间的理解与共情，具有了"内在善"的价值，值得人们去追求。同时，人们对这种"善"的追求并不是为了达到某种活动之外的目的，这就是"善本身"或"目的善"。

其次，伦理或道德源于风俗习惯并不意味着可以自发产生（或发生），而要经过学习与实践，即每个人或共同体所面对的既定伦理或道德都是"先在"的，只有通过后天努力才能获得，以至于后来的道德先验论都是对伦理或道德本义的"背离"。荀子就强调"化性起伪"的作用，特别是圣人之德必须通过修炼才能达成，"圣人化性而起伪，伪起而生礼义，礼义生而制法度"①。因为人要"群"而又具备"知"的能力，学习伦理道德是可能的，"心虑而能为之动谓之伪"②，就可以"正利而为""正义而行"。亚里士多德也曾认为，自然形成的东西是不可能改变的，但不是所有不可变的东西都是习惯，"自然赋予我们"接受某种品质的能力，但形成什么样的品质却是出于习惯。"我们的德性既非出于本性而生成，也非反乎本性而生成，而是自然地接受了它们，通过习惯而达到完满。"③

最后，虽然任何生于习惯的品质都不反乎自然，但并不是所有出于习惯的品质都合乎伦理或道德，因为品质有好有坏，坏的习惯叫"恶习"或"恶性"，这是反伦理、反道德的。可见，从本义上讲，伦理或道德是指形成于好习惯的品质或品性，而不像现代人所理解的那样，道德本身还包含着道德的与不道德的（恶）。换言之，最初意义上的伦理或道德就是指合乎伦理的或道德的，就是"善"，这也是亚里士多德将生于习惯的优良品质称为"道德德性"的原因，伦理或道德就是"善"的代名词，好的品质通过好的行为形成好的习惯，甚至可以倒过来说，好的习惯就是通过好的行为形成的好品质。"我们做公正的事情才能成为公正的，进行节制才能成为节制的，表现勇敢才能成为勇敢的。"④

也许人类道德生活的初始状态是比较简单的，即个体生活与共同体生活的同一或同构，使道德生活与伦理生活没有实质性区别，特别是在汉语语境中，伦理与道德互用或连用成为一种习惯。但是 ethic 与 moral 毕竟是两个情形不同的术语，虽然对两个概念的差异化使用做学术史的梳理比较困难，但做些横断面的相对区分是非常必要的，哪怕存在学术风险。

---

① 《荀子·性恶》。
② 《荀子·正名》。
③ 苗力田主编《亚里士多德全集》第 8 卷，中国人民大学出版社，1994，第 27 页。
④ 苗力田主编《亚里士多德全集》第 8 卷，中国人民大学出版社，1994，第 28 页。

第一章　伦理与道德

伦理虽然也是规则性的，但偏重于（抑或主要是）调节个人与他人、个人与社会、个人与类之间的关系，其价值态度和立场是在相互关系中形成的，追求一种和谐的境界。道德或美德主要是个体对自我的道德要求与规范，"应当如何"或"正当"是个人与自己内心的对话，使自己成为一个善良之人，虽然自己跟自己也发生了道德关系，但这是基于主客同一的，不同于一般的伦理关系。在中国古代文化语境中，道德更具有"顿悟"等人文倾向，偏重于个体生命的内在体悟。所以，伦理是关系性概念，无关系则无伦理，而道德是个体性概念，现之于社会关系则需伦理的介入。在此意义上，"伦理"是"道德"的下位概念或二级概念。[1]

道德的自我性、主体性特点，也使道德带有明显的主观性和不可共享性，道德只属于自己的精神世界，特别是当自己受到良心谴责或心灵安慰时，往往是闭门思过或"独乐乐"。伦理正好相反，伦理是客观的，是在相互关系中产生的，是交互主体性作用的结果，不会因个人好恶而改变性质，相对于道德，带有明显的可公度性和可共享性。所以，黑格尔把道德看作自由意志的主观精神的形式[2]，而把伦理看成主观精神与客观精神的统一，统一体是家庭、市民社会、国家等客观存在的伦理实体。

道德在本质上是自律的，而伦理偏重于他律。基于本身的自主性特征，道德常常对自己发出"我应当如何"的价值指令，而伦理因是双方或多方关系的角逐，需要有超越任何一方利益的行为规则，伦理的指令常常是"你们应当如何"或"大家应当如何"，这就伦理主体而言具有某种外在制约性。当然，当伦理规则被普遍接受并自觉遵守时会表现出自律的特点，但其基础是他律性的。而道德始终专注于对自己的要求，但当道德没有成为自我需要时，也是一种他律性的强制，道德的约束作用只能通过自觉自律来实现，正是在此意义上，马克思才讲"道德的基础是人类精神的自律"[3]。

道德作为一种人生态度，总是以善恶观念去评价自我与他人，是一个重自我完善的价值指向，也表现为目的性价值与实践性目的。如在中国儒

---

[1] 尧新瑜：《"伦理"与"道德"概念的三重比较义》，《伦理学研究》2006年第4期。
[2] 〔德〕黑格尔：《法哲学原理》，范扬、张企泰译，商务印书馆，1982，第111页。
[3] 《马克思恩格斯全集》第1卷，人民出版社，1995，第119页。

家观念中，人只有通过道德才能完善自我和社会，要成为一个真正的人、完人与圣人，就必须进行道德修炼。道德甚至成了人格的唯一特征，成为社会伦理的目的，而"伦理是道德人格生存的路径"，"道德的尺度是德性的善，反面是恶；伦理的尺度是正确、正当、是，反面是错误、失当、非"①。可见，道德所关注的是善（反之为恶），而伦理关注的是正义（反之为非正义）。甚至在道德上为善的东西，可能在伦理上是非正义的，如道德上的忠诚可能会助推专制。所以，道德更具有主体、个体的意味，而伦理更侧重于人与事的关系，这就是我们常说"某人有道德"而不说"某人有伦理"的原因。

道德往往是绝对原则性的，而伦理则是相对情境性的。因为道德是个体性承载，道德律令具有"元价值"的属性，同时具有普遍性约束力，不会因个体、个别、个性而改变其要求，如传统道德"仁、义、礼、智、信"和当下的"爱国、敬业、诚信、友善"都是具有普遍意义的刚性要求。因伦理是关系性承载，伦理关系又是场域性的，会因时、因地、因情有所不同。如"不说谎"是一条伦理规则，源于"诚实"的道德要求，但医生经常会善意地"说谎"，国家保密人员不能"讲真话"。美国伦理学家约瑟夫·弗莱彻的"境遇伦理学"列举了许多伦理情境性的例子。

另外，道德本身包含了"道德的"与"不道德的"两个层面，即善与恶，但在日常使用中常常提到"道德"就是"道德的"，不包含"不道德的"评价，如"道德理想"中的"道德"是指"道德的"理想而非"不道德的"理想。但当我们提到"伦理"的时候，就只是指"合乎伦理的"这一层，不包含"非伦理"和"反伦理"，如"伦理主体"中的"伦理"就是具有伦理性的主体，而不是反伦理的主体。

上述六个方面的相对区分也许不全面，更谈不上精确，但不同论域中准确使用"伦理"还是"道德"，无论对于伦理学和道德学研究，还是对于具体的道德生活实践，都是非常有意义的，也是非常紧迫的。即便难以使二者"泾渭分明"，但在分辨基础上的互释，也不失为一种严肃而谨慎的办法，许多思想家对此都有过尝试。

---

① 廖申白：《伦理学概论》，北京师范大学出版社，2009，第22页。

二 互释与自解：伦理与道德的纠缠

如果说，从古代文本的语义出发，或者从学术史的演进过程来看，"伦理"与"道德"的同义或互用是常态，那么，近代以来，有不少学者试图对二者加以区分，"伦理"与"道德"的互释成为常态，如西方伦理学家中的休谟、康德、黑格尔、罗尔斯、麦金太尔等都有过不同程度的努力。在中国传统伦理思想中，其实"伦理"与"道德"的区分是相对明确的，如传统道德的"三纲五常"，"纲"是指伦理，"常"是指道德。但由于"常"德往往是自涉的，只有放到具体的人伦关系中才能起作用，如"信"要放入朋友之伦，才能变成现实的伦理，所以"纲""常"是互释互助的。即使我们尊重"伦理"与"道德"词源本义的相通性和学术史的使用惯性，也需要在二者互释的基础上寻找解释进路或模式的差异，实现"伦理"与"道德"的自解，开辟伦理学发展的新路，抑或为回应后现代伦理学"没有伦理规范的道德"的理论迷惑提供清醒剂。从伦理思想史来看，由"伦理入道德"和从"道德入伦理"是二者互释的主要思路，只是在具体入口和机制上存在差异，也正是这种差异，使二者"自解"成为可能，使伦理学和道德学的各自发展成为必要的。

在伦理思想史上，康德应该是早于黑格尔思考伦理与道德区分的思想家。康德讨论道德是从自由切入的。其认为，道德不是理论理性，而属于纯粹的实践理性，因为只有实践理性才能成为意志的规定依据，可以达到比理论理性更强的实在性，纯粹的自由意志就构成了实践理性的根基。康德认为，在理论理性中，自由只是一个先验的理念，思辨意义上的先验自由的可能性并不等于建立了自由概念的实在性，只有证明自由是一类经验的先天必要条件，它的实在性才能得到确立，这类经验就是人的道德经验，所以自由是道德的存在理由，而道德是自由的认识理由。[①] 自由在人的道德实现中被证明了，没有自由就没有道德，因为自由在认识层面是空洞的、没有意义的，只有进入实践领域才是真实的，所以自由是道德研究

---

① 李梅：《权利与正义：康德政治哲学研究》，社会科学文献出版社，2002。

的最高限度。因为"康德相信,只有从意志的自由出发才能建立真正的道德律,也只有体现为道德律的意志才是真正自由的意志,自由与道德律作为意志的自律,无非是一个东西"①。在康德那里,道德是个体意义上的,是意志与行动的自由,但这种自由无论是在自然状态下还是在社会生活中,都是有限制的,只有过渡到共同体生活,自由才有实在的意义,伦理世界就摆在我们面前。

康德思考伦理问题是从对共同体的认同切入的。康德认为,人类有两种基本的共同体:政治共同体和伦理共同体。前者是为了走出自然的战争状态,需要在政治领域通过公共立法与政治认同,进入政治的公民状态,建立政治共同体;后者是为了走出伦理的自然状态,通过伦理认同,进入伦理的公民状态,建立伦理共同体。对于伦理共同体,康德认为:"我们可以根据这一理念的规定,把人们仅仅遵循德性法则的联合体称作一个伦理的社会;如果这些法则是公共的,则称作一个伦理—公民的社会(与法律—公民的社会相对立)或者一个伦理的共同体。……可以把伦理的共同体称作一个伦理的国家,即德性(善的原则)的国家。"② 显然,伦理共同体(ethisch gemein wesen)与《纯粹理性批判》中的"道德世界"概念有所不同。康德认为,在伦理共同体中光靠个人努力实现不了个体善,仅靠自己履行一般的道德义务,也无法形成伦理共同体,此时需要的是某种社会制度作为保证。这一社会制度就是以理性宗教为基础的普遍的教会,所以康德经常把伦理共同体这个目标看作奥古斯丁所说的"看不见的教会"。由此出发,康德认为,伦理共同体要优越于政治共同体,因为政治共同体的构建只能依靠强制手段,而强制手段是无法掌控人心的,充其量只能使人的行为与社会法则保持一种暂时的适应状态。而伦理共同体的构建不同,依靠的是人们内在的良知,正是这种内在的良知能使伦理共同体成员同心同德,自觉接受公共法则,并能达成动机上的和谐一致,走向一种"共同善"。可见,康德走的是一条由道德入伦理,又经伦理超越个体道德的狭隘性、走向"共同善"的路线,其背后是由道德自由向伦理认同递进

---

① 贺艳菊:《伦理认同:基于道德与伦理的差异》,《湖北大学学报》(哲学社会科学版) 2019年第1期。

② 《康德著作全集》第6卷,李秋零译,中国人民大学出版社,2007,第94页。

的道德哲学形态，表现出某种重道德轻伦理的思想特征。

　　黑格尔也是对"伦理"与"道德"做了严格区分的思想家，与康德稍有不同，他提出了伦理高于道德或由伦理入道德的思想主张。黑格尔在他庞大的精神哲学体系中，把主观精神、客观精神和绝对精神看作精神发展的三个阶段，这是对人类意识或精神现象的整体性历史把握。在其中的"客观精神"部分，他描述了由伦理通过教化而入道德的过程。黑格尔认为客观精神无非是主观精神自由外化的表现，而精神的本质是"事情自身的规定"，是"自在而又自为着"①的。精神要从实体中来，但实体本身还不是精神，只有"既认识到自己即是一个现实的意识同时又将其自身呈现于自己之前（意识到了其自身）的那种自在而又自为地存在着的本质"②，才是精神。基于实体与自我的矛盾性，伦理体现为伦理实体与伦理现实，伦理实体虽然具备了普遍的可能性，但如果仅仅为个别的自然的直接关系时（如家庭关系），还不能构成伦理的本质，只有"出之于自然的关联本质也同样是一种精神，而且它只有作为精神本质才是伦理的"③。因为"伦理是一种本性上普遍的东西"，伦理现实（或者"活的伦理世界"）哪怕是真理性的精神，也必须通过教化才能消除个性化带来的伦理沉沦。伦理现实尽管是精神的，但由于精神的异化，世界就分裂为现实的世界与纯粹意识的世界。在纯粹意识的世界里，人的意志是绝对自由的，或者说，"绝对自由，作为普遍意志的纯粹自身等同，本身就包含了否定"④，这样就把普遍意志与个别意志的对立同它本身协调起来，也产生了新的意识形态，即道德精神。所以，在黑格尔那里，伦理世界是"从实体起来"的第一个世界，是对人的自我生活世界的精神意识，无论是家庭还是国家，都是我们经历的伦理实体。"伦理体现的是人的实体意识，是个体与实体之间透过精神所建构和表达的不可分离的关系"⑤，这就继承了把伦理理解为具有自然关联性的风俗习惯的思想传统，也是遵循由伦理入

---

① 〔德〕黑格尔：《精神现象学》下卷，贺麟、王玖兴译，商务印书馆，1996，第1页。
② 〔德〕黑格尔：《精神现象学》下卷，贺麟、王玖兴译，商务印书馆，1996，第2页。
③ 〔德〕黑格尔：《精神现象学》下卷，贺麟、王玖兴译，商务印书馆，1996，第8页。
④ 〔德〕黑格尔：《精神现象学》下卷，贺麟、王玖兴译，商务印书馆，1996，第121页。
⑤ 樊浩：《"伦理"—"道德"的历史哲学形态》，《学习与探索》2011年第1期。

道德的思路。

如果说黑格尔的《精神现象学》是基于精神的意识领域，对"伦理—教化—道德"进行现象学的描述，那么，《法哲学原理》则是通过精神的自由意志，展示"抽象法—道德—伦理"的辩证运动过程。黑格尔在《法哲学原理》中认为，自由是意志的根本规定，但自由意志要真正实现不能是主观的，否则就是个别人的任性，必须建立起自己行为的客观限制性，这种限制就是法。法的本质是权利，是"自由意志定在"①，是自由的外部规定性，所有法的基础都是人的自由意志。但是，法不是自由的对立面，而是自由意志的实现，自由构成了法的实体和规定性。自由意志的不同发展阶段就形成了抽象法、道德和伦理。抽象法作为自由意志的直接体现包含三个环节，即对物的占有或所有权；转移所有权的自由与权利；自由意志与自身相反对，侵犯他人权利，就是不法或犯罪。在最后这一环节，自由意志的实现只能依赖于外在财产之类的事物。道德是扬弃抽象形式法的结果，是法的真理，是自由在人的主观心理之体现，道德意志是他人不能过问的。道德发展有三个阶段：故意与责任（道德只对自己的意向行为负责）；意图与福利（动机与效果的统一）；良心与善（道德自身就是目的）。在道德环节，自由意志实现于内心，是主观意志的法，还不完全是与外部无关的抽象意志的自律。如果说抽象法是客观的，道德是主观的，那么只有伦理才是主观和客观的统一，主观的善和客观的善的统一就是伦理，伦理的规定就是个人的实体性或普遍性。所以，黑格尔强调："伦理行为的内容必须是实体的，换句话说，必须是整个的和普遍的。"② 十分明显，在黑格尔那里，伦理与道德处于两个完全不同的层次，由道德至伦理是自由从主观性、特殊性向客观性、普遍性的升华，伦理是高于道德的。伦理也有三个提升的阶段：家庭、市民社会、国家（伦理精神的充分实现）。家庭是"天然的共同体"，所以家庭伦理是自然的伦理精神，可普遍化的程度非常有限。市民社会"是单个人的联合体"，表现为一种"需要的体系"，遵循的是合理利己主义，但这种普遍性只能是"虚

---

① 〔德〕黑格尔：《法哲学原理》，范扬、张企泰译，商务印书馆，1961，第36页。
② 〔德〕黑格尔：《精神现象学》下卷，贺麟、王玖兴译，商务印书馆，1996，第8页。

假的共性"。只有国家才是伦理精神的充分实现，因为只有国家才能真正体现伦理实体的主体性，也只有在国家中个人才能实现自由。总之，自由意志借外物（特别是财产）以实现自身，就是抽象法；自由意志在内心的实现，就是道德；自由意志既通过外物又通过内心，具备充分的现实性，就是伦理。

李泽厚提出的是由伦理入道德的思路。他认为区分伦理与道德是非常必要的，一是有利于澄清很多伦理学问题；二是明晰表达他对伦理学的基本看法，即由外而内、由伦理至道德的路线，这也可称为"历史—教育路线"[1]。李泽厚对"伦理"的理解是比较宽泛的，伦理"指的是人类群体或社会，从狭小的原始人群到今天全人类的公共规范，先后包括了原始的图腾、禁忌、巫术礼仪、迷信律令、宗教教义，一直到后代的法律规范、政治宗教，也包括了各种风俗习惯、常规惯例"[2]。而道德则"指个体的自觉行为与心理，从自觉意识一直到无意识的直觉。而且道德不能只是'善念'，而且还须是'善行'"[3]。在他的视界中非常明确："伦"乃外序，"德"乃内心，伦理指外，道德向内。他继而指出了现代伦理学存在"道德泛化"与"伦理窄化"的问题，即道德概念的使用超出"本有"的含义而突破边界，没有层次、意义、情境的区分，相反，伦理则没有守住自己的"地盘"，从全部的公共规范"退"到了与道德规范同一的境地。可问题在于，既然伦理包括了从原始图腾到现代法律的所有规范，那么如果把道德排除，显然就是说道德不是规范或者不具有规范性，这与他把道德区分为宗教性道德与社会性道德无法自圆其说类似，所以他只能说道德是伦理派生或解释的结构。李泽厚认为，宗教性道德是超越个体又超越人类总体的道德律令的"理性""天意"，而社会性道德则是一定时代为了维护社会共同生活所要求采取的共同行为方式。在中国传统语境中，这两种道德始终没有分开，而是纠缠在一起，这已经不能适应现代社会的需要，而需要建立一种在分离架构下的现代社会性道德，这种道德的普适性来自现代世界经济生活的趋同化和一体化，这种道德只有对错，没有善恶。很显

---

[1] 李泽厚：《伦理学纲要续篇》，生活·读书·新知三联书店，2017，第333页
[2] 李泽厚：《伦理学新说述要》，世界图书出版公司，2019，第25页。
[3] 李泽厚：《伦理学新说述要》，世界图书出版公司，2019，第25~26页。

然，李泽厚"两德论"中的宗教性道德更接近人们常说的"道德"，而社会性道德更接近"伦理"，他主张建立的现代社会性道德就是没有善恶、只有对错的"现代伦理"，宗教性道德强调以私德代替道德，而将伦理作为公德。① 虽然，李泽厚强调由伦理入道德的致思路径，但伦理又从何来？这不得不从"道德立法"处寻找根源，从而回到了人本身，回到了循环论证，造成理论的内在混乱。当然，伦理规定了道德，而道德又激发了伦理的内在否定性，从而冲破旧伦理实体，通过变革实践的批判与继承，构建起新的伦理关系和新道德，这就是伦理与道德的历史辩证法。②

其实，只要是涉及人的问题都离不开人本身，离不开对人性的考究，哪怕是所谓客观的社会现象，也是人性的呈现，如果坚持了这种"人本"立场，无论是"人文"现象还是"社会"现象都能得到科学的解释。道德是人性的产物，或者说人性是道德的"第一土壤"，这当然不是孟子意义上的"人性善"，而是基于人本身所有欲望的总和。所谓人性善恶只不过是用"后天"的善恶观念对人性的简单裁定，人性善恶问题根本不是"人性是什么"的问题，而是"人性应该是什么"的问题，以往我们把这两个问题交织在一起，导致了理论上的混乱。中国儒家用道德来区分人兽并连接天地，最终回归自我，由此获得了道德的神圣性与终极性，道德变成了自己的内心法则。基于人性的自我，道德获得了充分自解，如自律、自由、自省等，也由此获得了道德的可欲性和普遍性，使道德变得"人人想为"和"人人可为"，中国儒家讲的"我欲仁，斯仁至矣""人人皆可成尧舜"就道出了道德的真理。那么伦理是由什么决定的呢？只能是利益，利益是伦理的基础。利益是人的欲望的现实化，当人需要什么时是没有利益属性的，只有当满足欲望时才构成实现的利益，伦理就是为了调节利益关系、维护社会共同利益而形成的一系列行为规则。伦理在利益的基础上获得了自解，并总在调整个体与社会共同体的利益关系，其指向总是他者、他律、他为。如果我们认定人性是道德的基础，利益是伦理的基础，而利益不过是人性的现实化，那么，由道德入伦理的思路就可以解释得

---

① 陈赟：《儒家思想中的道德与伦理》，《道德与文明》2019年第4期
② 朱贻庭：《"伦理"与"道德"之辨——关于"再写中国伦理学"的一点思考》，《华东师范大学学报》2018年第1期。

通，为什么伦理与道德总是纠缠在一起也找到了答案，因为这是人性与利益的勾连。同时，沿着"人性—道德—利益—伦理"的解释路线，也能解释为什么道德心理学与政治哲学成为伦理学的热点，因为前者是道德学的关键，后者是现代伦理学的关键。如果道德与伦理不是各自站在自己的基点上思考与演绎自身，势必带来理论上的混乱，如美德伦理与规范伦理之争，因为十分清楚美德问题是道德学研究的重点，而规范则是伦理学研究的重点，如果都在一个伦理学框架中思考，显然难以说清。当然，伦理与道德不可能截然分开，就像人性与社会不可能分开一样，二者之间存在相互作用，但也不能由此认为二者是同一或可替代的，更不能简单断定"道德就是行为规范的总和""伦理学就是研究道德问题的学问"，伦理与道德到了由互释到自解的时候，道德学与伦理学可以适当分离了。

三　性分与际分：伦理与道德的侧向

坦率而言，笔者无法论证至少从文化形态学上无法确证伦理与道德在传统社会是一体的、在现代社会是互释的、在后现代社会则必然会分离，但二者各有侧向，并且各自成为某种学科的研究对象是有可能的。齐格蒙特·鲍曼在《后现代伦理学》中提出一个非常严肃的问题：进入后现代，是否存在没有伦理规范的道德？他本人当然是做了正面回答。其基本依据有三点：一是自然人性是道德的依据而不能成为伦理的基础，伦理的依据是建立于道德规范之上的法律规范的放大呈现；二是按照理性原则组织起来的现代社会使个体遭受了不确定的痛苦，将个体道德责任通过立法转换为普遍性伦理的努力彻底失败了，并且无法找到突破道德困境的办法；三是只有个体的道德能力才能使社会持续存在，才能使社会幸福成为可能，学会生活才是人们相互之间保持友好善良关系的根基。[①] 其实，与其说鲍曼是在为完全可以存在"没有伦理规范的道德"寻找理由，不如说是在寻求一种使道德摆脱伦理"桎梏"的后现代伦理方案，这个方案的核心是

---

① 〔英〕齐格蒙特·鲍曼：《后现代伦理学》，张成岗译，江苏人民出版社，2003，第36~39页。

"将道德从人为创设的伦理规范的坚硬盔甲中释放出来（或者是放弃将其保留在伦理规范中的雄心），意味着将道德重新个人化"[1]。将道德重新个人化，可以使道德从伦理中解放出来，可以使人类的道德能力担负起人类共存的责任，因为只有个人道德，才能使伦理协商与共识成为可能，才能使"伦理进程"从"终结线"回归"出发点"。这是一条道德决定伦理的思想路线，当然也只是对后现代伦理的展望，其中的意味是深刻而悠远的。

其实，对于伦理与道德，无论是二者归一的学术主张，还是二者分殊的致思路径，前提都是承认二者有差别。不区分伦理与道德及其各自的使用情境，是当代中国伦理学的一个缺陷，区分伦理与道德已经成为学术共识。那么伦理与道德的区别到底在哪里？无非是侧重点或侧向的不同：伦理侧重客观的伦理关系及其外在规约，重具体情境分析；而道德侧重主观的内在追求及自律。现代伦理与道德断裂的根本原因不在于其"本义稀释"，而在于道德在社会流动造就的伦理"新空间"里难以起作用。在当代中国，道德之应当在伦理之现实中根本行不通，难以找到应证；同样，伦理之关系难以体现道德之精神。如重庆公交车坠江事件说明，我们无力在一个临时的陌生人空间形成由道德整合而成的伦理精神及其规约。[2]

我们强调道德的独立性和对伦理的决定性，就意味着伦理与道德的分位和分际无论是在传统社会还是在现代社会抑或后现代社会都是必要的。无论个体与社会共同体之间存在怎样的复杂关系，个体总是"单元性"的，即使现代社会在公共理性作用下使个体存在的意义已经变得微不足道，但"性"（人性）是相通的，这是一种道德空间的原子式构成之基。当然这种人性也不是抽象孤立的存在，而是呈现出"际"（人际）的关联式特征，道德就是在"性"与"际"的交错中进化的，这种交错性在社会共同体层面就是伦理的"分"与"序"，前者为道德学的研究对象，后者为伦理学的研究对象，所以伦理与道德的命运总是"相向而侧"，绝不是"背向而离"，道德侧向于"人性分"，伦理侧向于"人际分"，由道德入

---

[1] 〔英〕齐格蒙特·鲍曼：《后现代伦理学》，张成岗译，江苏人民出版社，2003，第39页。
[2] 李建华：《伦理连接："大断裂"时代的伦理学主题》，《浙江社会科学》2019年第7期。

伦理的中间环节是"人位分"。

　　道德侧向于"人性分",是指人性是道德的基础①,人性作为主体人的基本规定内含着道德的追求与要求,因对人性的把握与张扬不一,才有道德上的高低。道德从何而来?尽管在理论上有多种解释,有人认为道德来自"神启""天意",有人认为来自"先验",还有人认为来自生物"进化",但只有认为道德来自人本身才是科学的,只有人才是道德的载体与主体,没有人就没有道德及一切文化现象。至于道德是来自理性还是情感,是先天具有还是后天学习而成,倒是无关紧要的,因为它们都是人性的构件或活动。人性是人的全部欲望的总和,其中包含了欲的对象与欲的实现,前者没有善恶的性质,即"想什么"是没有道德问题的,而后者具有道德善恶的性质,因为欲望的现实化过程,常常表现为对他人或群体利益的增损以及实现愿望的手段选择。在此意义上,道德学就是研究善恶之学,其哲学前提就是人性论,难怪休谟的《人性论》由论知性、论情感、道德学三部分组成,这无非昭示了道德学蕴含在人性论之中,知性与情感是道德学的前提,而道德只能来自情感。前人讨论人性常以善恶为要,即关于人性是善的还是恶的,其实已经进入道德哲学领域而不只是人性论,人性的"实存"本是没有善恶的,但它的实现内容与方式决定善恶,因此,讨论道德问题不可能离开人性,只是由于对人性的理解不同,才形成了不同的道德学理论。

　　从中国儒家道德学说来看,道德不是来自"上帝的意志",也不是理性意志的体现,而是超越日常人伦(特别是政治秩序)的"天意"所启、所示,具有"得之于天"的品质,由此获得了宇宙论层面的本体意义和终极价值。"道"的最高层次是"天道","替天行道"是毋庸置疑的道德动员令,具有天然的道德正当性,道德具有天、地、人的连接性。从这个意义上讲,人的道德是被动性,或者说纯粹是"被给予"的。然而,道德不仅仅是连接工具,而是本于人心的良知良能,具有自我发动的能力,表现为一种道德践行能力,甚至可以"不虑而知""不学而能","仁义礼智,

---

① 李建华:《论人性与道德——一种道德学分析》,《道德与文明》2020年第1期。

非由外铄我也，我固有之也，弗思耳矣"①，道德又具有了人性的向度，所以道德是主体构建的结果。这种被动给予和主动构成体现为《孟子·尽心上》的"所性"概念②。孟子讲："君子所性，仁义礼智根于心，其生色也睟然，见于面，盎于背，施于四体，四体不言而喻。"③ 可见，仁、义、礼、智、信这些道德并不是人性的全部，也不是人性本身使然，而是主体自觉努力养成的。"所性"之道德，既有尊重、遵循人性之本然，也有发动、改变人性之使然，绝不是现代人所理解的外在性的规范，而是源于生命体本身的需求与努力，这种努力的结果就是善的达成，努力的程度不同，道德的层次也不同，最高境界是"圣人"境界。所以，由人性来决定道德，一是区分了人与兽的不同，二是区分了人与人的不同。这是一种超越人本身的"人是什么"的形上追问，也就是道德的追问。无论是中国传统的仁、义、礼、智、信等道德规范，还是古希腊的智慧、勇敢、节制等美德，表面观之都是无"所指"的价值单元，其实是人"能指"的价值追求，是可欲性与普遍性的统一，道德就是人之为人的"特指"。

然而，当用人性来解释道德，或者说，当我们把道德仅仅用来回答"人是什么"时，完全是基于对"单个人"和抽象的"整体人"的考虑，何况这个"人"是与外部世界二分的，不足以科学地说明人的真实性存在，即人如何作为"一切社会关系总和"的本质体现。只有把人放到社会关系之中，才能说明的人的存在本质、存在价值和活动方式，这就是伦理的视角。人作为关系存在，天然具有"际"的特性，既有横向的"交际"，也有纵向的"代际"，"际分"是伦理的侧向，在"际分"的基础上划定各自的权利与义务，建立和谐的社会秩序，就是伦理学的使命。如果说道德讲究天人之变与人兽之辨，并从中获得权威性和正当性（善的根源性），那么伦理讲究人人之辨与人群之辨，并从中获得有序性和正义性（善的扩张性）。伦理侧向于"际分"，首先考虑的是人如何面对各种"际遇"。人降于世，首先要面对父母、家人、亲人，然后就是老师、同学，工作之后

---

① 《孟子·告子上》。
② 陈赟：《儒家思想中的道德与伦理》，《道德与文明》2019 年第 4 期。
③ 《孟子·尽心上》。

需要面对的就是同事、上司、同行等,这是人在人世间必须面对的,仅仅有"我"的主观之德是不够的,人伦关系是一种客观存在,由不得你愿意不愿意,也不能凭你的"一厢情愿"或"我待你好就行了",而是在与"我—你—他"的关联中达成互动性价值共识,直至强制性规范的形成。人的际遇不仅仅是个体与个体间,还是个体与群体间,小则单位,大则行业、国家、民族、社会、世界、人类,这就是个体与共同体的关系,也就是"我—他们"的关系,因为"我"面对的是"复数",个人意志服从大多人的意志就是最基本的伦理要求,这用道德上的自主自由是无法解释的。这种服从性伦理就是规制,对个体而言意味着必然性、外在性和强制性。人的结成方式是"群",所以伦理还要观照共同体间的关系,如不同单位、行业、民族、国家间的关系。这类关系的处理要复杂得多,需要协商制定行动规则,随着社会的日益分化,协商对话成为解决共同体间伦理关系的主要方式。人与自然界的关系原本不构成伦理关系,因为伦理关系必是关系双方基于自觉意识的彼此联结,但通过"拟人化"的自然对于人类的生存发展具有决定性意义,人与自然就成了一个更大的"伦理共同体",虽不是传统意义上的"人伦"关系,但因"利益"攸关而使自然具有了"人伦"维度。至于人工智能特别是机器人能否与人构成伦理关系(人机关系),甚至将来机器人与机器人间是否构成伦理关系,是一个有待探讨并期望值很高的问题。如果自然与机器人可以完全构成一个"生存体"或利益共同体,那么就有可能成为现实的伦理实体,估计为期不会太远。

  伦理侧向的"际分"还有一个维度就是"代际",因为人不仅发生横向联系,还要发生纵向联系,即先后的承继关系。如果说伦理的"交际"维度是伦理的共时性特性,那么伦理的"代际"维度就是伦理的历时性特性。"代"一般指大致相同的年龄有类似社会特征的人群,具有自然与社会的双重属性。"代"的自然性决定了不同代之间的天然区别和不可改变,而"代"的社会决定了不同年龄群体的文化差异,如"代差"或"代沟""代际冲突",我们讲"代际"主要是文化意义上特别是价值观意义上的。代与代之间的承续不仅仅体现了生物性,更体现了伦理性,代也是"人伦之尺",代际伦理反映的是人伦关系的纵向流动性,调节的是"这一代"

与"上一代""下一代"的利益关系。跨共同体理论认为,我们作为个体是共同体中的一分子,这一共同体体现了一种直线式的纵向合作关系,它将当代人与前后各代人联系在一起。于是享有某种权利的当代人,就有义务将前代人传下来的好处再传给后代人,并形成一种由过去到未来的代际义务"自然之流",这是一种不容争议的"天然义务"[①]。相反,社会契约论者罗尔斯认为,人的代际义务是诉诸理性的,代内公正可根据"差异原则"移植到代际,因为在"原初状态"下,所有人都不知道自己属于哪一代,每个人都可能属于未来一代,所以都会同意公正地对待下一代。虽然两种理论在代际义务的来源上存在不同看法,但对代际义务的确证是统一的。从代际义务或责任的向度看,可以分为对"前代"的义务和对"后代"的义务,无论"前代"还是"后代"都不是指一代,而是若干代,这就构成了"无限责任"。所以就"这一代"出场者而言,尽可能保护好前人的成果、给后人留下资源是最根本的伦理要求,此谓"代际公正"。

伦理与道德虽然各有侧重,但还是存在过渡或转换的元素,这就是"位分"。"位分"实际上是讲个体在社会生活中的地位、身份是特定的,具有一定的边界,不能混淆,不能互换,由此产生特定的义务法则,由"是什么"直接内生出道德"应当",如中国儒家所倡导的"君君、臣臣、父父、子子"、日常生活中的"男人应该像个男人""父亲应该像个父亲"等,这就是我们常说的"身份道德",身份道德同时喻示着道德的适应域是身份。所谓身份,一般意义上是指出身和社会地位,如《宋书·王僧达传》:"固宜退省身份,识恩之厚,不知报答,当在何期。"身份一般有两类——指派身份和自塑身份,前者是个人无法选择的,如出身、成分、性别;后者是主体自我选择并自己塑造的,如职业身份。在传统社会,人的身份基本上都是指派的,个人无法改变和抗拒,如农民的儿子永远都是农民。身份作为一种符号,是分享社会权益和获得社会资源的唯一依据。从理论上讲,身份既是社会体系最基本的结构部分,也是具体的社会阶级、阶层、群体、职业的结构标志,如果将身份作为社会管理的唯一对象,就

---

① 廖小平:《代际的伦理之维》,人民出版社,2004,第48页。

会产生身份制度。身份制是在身份的基础上"社会再生产"(social reproduction)的社会产品。它们不断构成和演化,如吉登斯所说的社会"结构的二重性"(duality of structure)那样,身份和身份制既是条件又是结果。另外,在身份制下的身份是一种意识形态性的定位,反映了阿尔图塞所说的统治意识形态和社会主体之间的召唤关系。所以社会的发展和社会结构的变化,使得任何意识形态都无法永远维持某一种身份系统。这种身份制下的身份固化与变迁的管理就形成了身份政治。家庭身份制是与家族政治相联系的,与中国传统家庭的养育方式和农耕方式有关。让哺乳期妇女有更多时间照顾所生子女,使母亲养育子女的时间过长,从而让子女对母亲产生了依赖性,依赖则导致了权威的生成。对生母的重视导致对舅舅和姨娘的重视,即便发展到父系社会阶段,也没有改变。于是,对宗亲和九族内的亲属都很重视。正如恩格斯所说:"父亲、子女、兄弟、姊妹等称呼,并不是单纯的荣誉称号,而是代表着完全确定的、异常郑重的相互义务,这些义务的总和构成这些民族的社会制度的实质部分。"[①] 这种亲属制度促成了中国的社会人伦体系、身份制度,并有效地成为中国古代社会早期发展的摇篮,以后规范化为中国的"礼制""宗法"及绵延久远的伦理思想体系。以它们为载体,中国身份制度持续了几千年,构成中国文化的深层结构部分。

可见,身份产生的要求是处于伦理与道德的模糊地带。就身份的自我体认者而言,身份责任或义务是"自律"的,能产生"我本应该如此"的道德指令;而对于身份的他者体认,身份责任或义务就可能变成"他律",产生"他应该这样做"的伦理指令。"位分"兼具"我是谁"和"他是谁"的双重属性,由此产生自我定位与他者定位的缝合或差异,在缝合状态下会出现高度的道德自我,而在差异状态下会出现个人的伦理迷惑,因为毕竟自我认知与他者期待不统一。随着现代社会公共化程度的日益提高,身份日益公共化,"位"也逐渐移向伦理,而道德开始式微。这也是后现代主义伦理学高呼"拯救道德"的原因。同时,正是因为身份,才使人与人之间有了"界"的意识的距离感。"人们之间的距离从何种角度解

[①] 《马克思恩格斯选集》第4卷,人民出版社,1995,第25页。

释道德，或者更准确地说，让我们简而言之：这里不是要规定行为规范，而是解释在每个情境里个体们是如何被引导到对他们的行为做出伦理判断的。"[1] 按照米歇尔·梅耶的观点，距离不仅可以很好地说明事实中的善与恶及其变量，也可根据人们之间的亲近程度，在给定的距离下，通过直觉、习惯、教育等方式，体察到对他人的期待，这种相互的期待就是伦理。所以，"所有道德哲学的问题，就是预先提出的绝对原则随后仅仅显示为对某种距离有效的一种观点"[2]。米歇尔·梅耶用距离来解释道德并作为连接伦理与道德的"桥梁"，同中国传统文化的身份"位分"是不谋而合的。特别是现代道德已经不再囿于私人领域，其公共性空间在不断扩大，与伦理的空间甚至出现重叠，所以现代伦理与道德的区分在社会生活层面上不是"彻底的"，而只是侧向不同、重点不同，但在学理上、学科意义上消除诸多理论迷惑是非常有意义的。

我们需要特别注意的是，随着现代社会公共性空间的增大，身份由道德至伦理的过渡性功能会表现出双重属性。当我们需要通过身份的"暴露"获得更多"粉丝"时，身份的公开就是名利的获得，如当下各种明星、"网红"，千方百计地提高知名度，其目的是获得名利，但与此同时，就要承担相应的责任和义务，就要失去"常人"的自由，所以名人效应是双重的。现在许多名人之所以遭世人厌恶，是因为他们只利用名人效应得利，而在道德人格示范和社会责任的承担上则"退避三舍"。同时，因为是通过"位分"增强了人的"身份"意识，导致社会责任越来越大，甚至超过了个体的承受能力，个体也有可能"隐蔽"或"削减"身份而最终"逃避"社会责任。如早些年不少商人喜欢"露富"，满足自己的虚荣心，可如今许多富人开始"装穷"，从而尽可能减少"麻烦"。还有现在的"不婚族"也是想通过"减少"身份来逃避生养后代的责任。所以，我们必须充分考虑现代社会中人身份的单一化带来的社会伦理危机。米歇尔·梅耶的距离理论仅仅考虑了因距离而亲近的问题，没有考虑到因距离而"疏远"、因"疏远"而无规范的问题。所以，现代道德学的主要任务之

---

[1] 〔比〕米歇尔·梅耶：《道德的原理》，史忠义译，知识产权出版社，2015，第1页。
[2] 〔比〕米歇尔·梅耶：《道德的原理》，史忠义译，知识产权出版社，2015，第1页。

一，就是要根据社会职能分工来赋予人健全的身份，提高人们分解和协调角色的能力，增强身份间的亲近感，这样才能形成"各司其职""各尽其责""各安其分"的伦理秩序，从而避免社会职能的"无人化"和个体功能的"畸形化"。

第二章 人性与道德

人性问题是道德哲学的基础性问题之一。[①] 正因为它基础，所以才备受关注；正因为关注者多，才会形成"各美其美"的排他性而大放学术异彩。人性问题，在中国古代思想视域中，主要表现为"生之谓性"与"天命之谓性"、"性善"与"性恶"之争；在西方主要表现为感性主义人性论与理性主义人性论之争[②]，在马克思主义视域中还表现为人的本性是社会性还是动物性的讨论。关于人性与道德的关系，曾在关于人的异化、人道主义等问题讨论中有所提及，认为人道主义是实现人性与道德相统一的最佳途径。伦理学家曾钊新先生曾提出"人性是道德的第二土壤"的观点，主张"人性统率道德，道德服从人性"[③]。这些问题虽已提出并有过讨论，但还有进一步展开与深入的必要，因为人性与道德的关系不但关乎道德哲学的前提，更是伦理学大厦的第一基石。无论人性与道德的关系如何复杂，如下问题才是最基本的：什么是人性？为何人性总是以善恶来区分？人性是如何决定道德的？基于真实人性的道德哲学在现代社会有何特别的意义？姑且依次述之，以求教于方家。

一 "人性是什么"与"人性应当是什么"

什么是人性？对此任何单一化的理解都是片面的。所谓片面就是认为人性只有一种属性，或者把人的本质属性等同于人性，而人性本身恰恰是丰富的、生动的、复杂的，任何简单化的处理都无益于对人性的科学把

[①] 李建华：《论人性与道德——一种道德学分析》，《道德与文明》2020年第1期。
[②] 吴秀莲：《人性与道德》，《伦理学研究》2011年第5期。
[③] 曾钊新：《人性论》，中南工业大学出版社，1988，第157页。

握,中外思想史上关于人性问题的争论就说明了这一点。早在春秋战国时期,孔子就提出"性相近也,习相远也"(《论语·阳货》),说明人性原本上是差不多的,但由于后天的学习才有了差距。孔子虽然没有讲人性善恶问题,但认识到了人性的共通性和可改变性。孟子与告子对此有过争论。告子的观点是"生之为性",认为人与生俱来的东西就是人性,人性无善而无不善,并且规定为"食"与"色",即"食色性也"(《孟子·告子》)。孟子对此感到不满并反驳说:"然则犬之性犹牛之性,牛之性犹人之性欤?"(《孟子·告子》)可见,孟子主张人性是人区别于动物的根本属性,而不是人的自然本性,"人之所以异于禽兽者几希,庶人去之,君子存之"(《孟子·离娄下》),一般人都把善良本性丢掉了,而只有君子才得以保存下来,性本善是人与动物的根本区别。荀子反对孟子的性本善说,提出"人之性恶,其善者伪"。也就是说,人的本性是恶的,因为人带有天生的自然资质与生理欲望之类的"本始材朴",只有通过后天的"化性起伪"才可以从善。世硕(生卒年不详)著《世子》主张人性有善有恶,"人性有善有恶,举人之善性,养而致之则善长;性恶,养而致之则恶长,则性各有阴阳善恶,在所养焉"①。两汉之后,人性问题还出现了"性三品说""人性善恶混论""性善情恶论""性即理,未有不善"等理论,演化为"性"与"情"、"理"与"欲"、"性"与"习"等问题的讨论。可见,在中国思想史上对于人性的理解有两个明显特点:一是基于两极思维(或二元思维),不是动物性就是社会性,不是情就是理、不是善就是恶;二是把"人性本身是什么"与"人性应该是什么"混为一谈,如人性是自然性还是社会本性与人性善恶不是同一个问题,后者是道德价值评价的产物,把"实然"的人性等同于"应然"的人性。

无独有偶,西方思想家对于人性的致思方法也是"两极思维"。无论是古代还是近代,西方思想家基本上围绕人性是感性还是理性的展开,感性主义人性论与理性主义人性论的共同点是都认为人性中存在肉体与灵魂、感性与理性两种因素,只是在何者为主导性因素、谁引导谁的问题上

---

① 傅云龙:《中国哲学史上的人性问题》,求实出版社,1982,第8页。

存在根本对立。① 感性主义人性论认为，人在本质上是一个感性的、动物性存在物，趋乐避苦、自我保护、自私利己是人与动物的共同本性，人性就是人的动物性，所以人应该遵循感性的引导，并将感性快乐作为善恶评价的标准和伦理学的出发点。在古希腊，普罗泰戈拉强调"人是万物的尺度"，强调人的身体感受对判断事物存在与否的重要性和根本性。苏格拉底关于"善"的理解也是包含了功利性的"快乐"，但没有具体说明，只有昔勒尼学派视这种快乐或感受为唯一的对象，是人的唯一存在性，"作为人生目的的快乐总是个人的特殊的快乐，它是由其自身理由而被人追求的"②。洛克从自然主义感觉论出发，认为事物之所以有善恶之分，是因为人有苦乐的感觉，善就是能引起或增加快乐的东西，而恶就是能产生痛苦或减少快乐的东西。沙夫慈伯利认为道德源于人的情感，人的行为的善恶无非是驱动行为的情感不同所致。哈奇森认为人的道德感本身就是人的天然本性，道德善恶是情感问题，与理性无关。巴特勒是第一个对人性系统结构进行分析的人，他认为人性是一个复杂结构，可以分为三个层次：第一层次是与动物共有的自然情感，如感觉、情欲、嗜欲等；第二层次是人与动物的差异性，如自爱、仁爱；第三层次是良心和反省，其作用是保证人的行为合乎人性。巴特勒的人性论强调了人性的完整性，不能"取其一而舍其余"，同时强调人性层次具有有机性并由低级本性受高级本性制约的"内在法则"支配。③ 近代伦理学以人性为基础来研究道德的，应该首推休谟。他从正面论证了道德的源泉不是理性而是情感，因为情感是第一性的存在，而理性只是复本的观念，是第二性的存在，要辨别一个道德事实，"不是一个思辨的命题或断言，而是一种灵敏的感受或情感"④。决定道德善恶的情感，既不是自爱的利己心，也不是仁爱的利他心，而是人的同情心，"人性中任何性质在它的本身和它的结果两方面都最为引人注目的，就是我们所有同情别人的那种倾向"⑤。此后的功利主义伦理学、生物

---

① 吴秀莲：《人性与道德》，《伦理学研究》2011年第5期。
② 汪子嵩等：《希腊哲学史》第2卷，人民出版社，1993，第582页。
③ 宋希仁主编《西方伦理学史》，中国人民大学出版社，2004，第225~227页。
④ 〔英〕休谟：《道德原理探究》，王淑芹等译，中国社会科学出版社，1999，第107页。
⑤ 〔英〕休谟：《人性论》，关文运译，商务印书馆，1983，第352页。

进化论伦理学和空想社会主义伦理思想等，都强调人的生物本性对于道德的决定性作用。

与此相反，理性主义人性论在伦理学理论中占主流，即认为理性是人的根本规定性，是人区别于动物的最高标准，是道德的真正根源，或者理性成了道德的代名词，道德的生活就是过上理性生活。亚里士多德对道德问题的思考是从追寻人活动的特有性质开始的，认为人同植物一样有营养功能，与动物一样有感觉功能，但唯独人有理性的思辨功能，理性是人所特有的，因此，人应该遵循理性指导过上理性沉思的生活，才是合乎道德的生活。笛卡尔运用理性主义方法分析人性时，发现人的心灵中不仅有思想，还有情感，所以主张用理性来控制情感，这就是道德。斯宾诺莎按考察自然事物的方法来考察人性，他发现事物的本性是自保，作为自然一部分的人同样具有自保的本性，所以人是自私的，情感不足以来处理人际关系，只有理性才能正确处理个人利益与他人利益的关系，在理性指导下过和谐的生活。康德认为人应该是自然与欲望的主人，通过理论理性为自然立法，通过实践理性为人自己立法，"我们称之为善的东西，在每一个理性存在者的判断中必定是欲求能力的对象，而我们称之为恶的东西，在每一个人的眼中必定是憎恶的对象；因而对于这样一个判断，除了感觉之外，尚需理性"[①]，道德善恶只由理性法则决定。人不但是理性的存在者，而且只有通过理性才能使感性经验更加纯粹化，使人可以成为只听从自身善良意志召唤的绝对自律的主体，从而更能体现人的独特性和高贵性。

在"什么是人性"的问题上做简单的学术思想梳理，无非是想说明，思想家们是把"人性是什么"与"人性应当是什么"两个问题交织在一起的。要科学地理解人性与道德的关系，就非常有必要对这两个问题进行分层把握，即真实存在的人性是什么与道德哲学期望以什么样的人性为基础。从休谟到摩尔一直关注一个元伦理学问题，即事实如何与应该如何的关系，这实际上也是构建科学人性论的基石，因为所谓人性论，"就是关

---

① 〔德〕康德：《实践理性批判》，韩水法译，商务印书馆，2000，第65页。

于人性事实如何与应该如何的科学"①。从思想史来看,"人性是什么"可以简化为两个问题:一是人性是生物性还是社会性,抑或二者的统一;二是人性是感性的还是理性的,抑或二者的统一。"人性应该是什么"实质上就是人性是善或者是恶的问题。从人的实存状态与行为特征来看,人性是生物性与社会性的有机统一,大可不必纠缠于何者起决定作用,用一方面去反对另一方面,甚至绝对对立起来。马歇尔·萨林斯在《人性的西方幻象》中认为,"人性是基于领会和实现某种文化图示的能力"②,提出了"文化即人性"的文化人类学命题。他认为,在以往关于人性内容的研究中,我们最大的失误"就是将人性错误地推定为一个实体(entity)"③,"所以,问题的本质并不在于是这还是那,是好还是坏,问题在于生物学主义本身"④,这表明生物性是人的根本性存在,并且不是孤立的,而是通过社会文化因素表现出来的,"人是社会性动物"是对"人的本性"最恰当的描述。现代考古学、历史学、民族学、生物学几乎都证明了"共同进化论"观点的正确性,即人的大脑是一种社会器官,是在社会关系的压力下进化的,这种"压力"使人变成文化性动物,或者是我们的生物性文化化了。马克思主义认为,"人的本质不是单个人所固有的抽象物,在其现实性上,它是社会关系的总和"⑤。这说明人的本质是"人的本性"的进一步抽象,并不是排斥人的生物属性,相反,"正确理解生物基础对人的生命活动的意义,并没有取消反而强调了人这种社会存在物的质的规定性的问题的紧迫性"⑥。人的生物性与社会性存在都是伦理道德的前提,绝对不能用社会性去否定人的自然性,社会性只不过是对自然性的超越,或者说,人的自然性是以社会存在的方式呈现的,这就是伦理学产生的机

---

① 王海明:《人性论》,商务印书馆,2005,第3页。
② 〔美〕马歇尔·萨林斯:《人性的西方幻象》,赵丙祥等译,生活·读书·新知三联书店,2019,第233页。
③ 〔美〕马歇尔·萨林斯:《人性的西方幻象》,赵丙祥等译,生活·读书·新知三联书店,2019,第234页。
④ 〔美〕马歇尔·萨林斯:《人性的西方幻象》,赵丙祥等译,生活·读书·新知三联书店,2019,第234页。
⑤ 《马克思恩格斯文集》第1卷,人民出版社,2009,第505页。
⑥ 〔俄〕尼·彼·杜比宁:《人究竟是什么》,李雅卿、海石译,东方出版社,2000,第2页。

理，因为伦理学从来不排斥人的自然属性，而是引导人升华、超越自然属性。[1] 人作为一种社会性存在不是处在单一的自然界之中，而是处于人与自然和人与人的双重关系之中。在人的活动中，自然界并没有消失，只不过表现为自然界日益"人化"与人日益变为"人的自然存在物"而已。"人与自然界这种普遍性的关系，是人作为人而存在的基础，是人具有人的本质的最终依据"[2]，也是科学理解人性的关键。只承认人性就是生物性或社会性抑或把二者对立起来的观点，是对人性"实然"状态的"无视"或歪曲。这种完整的人性观，既有利于道德哲学扎根人性、服务人性，防止道德异化，也可使道德哲学更加彰显其人文价值和社会功能。

人性善恶的问题是关于"人性应该如何"的问题。善与恶本身是道德评价的标准，同时也是评价的结果，所以，当我们讲人性是善或是恶时，就已经存在道德"价值预设"的问题。简单地认定人的动物性就是恶、社会性就是善，是有违道德的，人性本身无善无恶。只有当人性现实化时，或者说，当人性现实化是否有利或有害于他人与社会的结果时，才有善恶问题，无情境、无语境、无对象、无主体、抽象地谈论人性善恶，非但于解决问题无补，而且只能带来理论上的混乱。人性的善与恶已经不再是一个道德哲学范畴，而是一个伦理学范畴，即善与恶的问题，不是"自我立法"问题，而是"社会立法"问题，离开了社会伦理（利益）关系，离开了整体性人性观，善与恶就无从谈起。有学者认为，"作为人性的应然层次，人的本质即人的理性和社会性，为道德产生提供了主观条件和可能性，体现了道德高层次要求"，而"生物性或者说感性需求本身并不能产生出道德来，而毋宁说是道德的否定性因素。道德的产生必须具备某种肯定性因素或种子，否则道德就只可能是违背人性的纯粹他律"[3]。这显然还停留在生物性是道德的否定因素层面。人性在社会伦理关系中既有向善的可能，也有从恶的可能，孟子看到了善的

---

[1] 李建华：《当代中国伦理学构建的人学维度》，《华中师范大学学报》2019年第1期。
[2] 周国平等编《关于人的学说的哲学探讨》，人民出版社，1982，第144页。
[3] 吴秀莲：《人性与道德》，《伦理学研究》2011年第5期。

开始（"善端"），荀子看到了恶的本性，西方基督教文化传统基本认定人是趋恶的（原罪），人的现实社会行为大多数与本性无关，而是社会引导的结果。弗罗姆在分析人究竟是狼还是羊的时候说，"狼要杀人，羊就要跟着干，因此，狼就叫羊去行凶、谋杀、绞杀，羊就照办。这不是因为羊喜欢这么干，以此为乐，而只是因为羊想要跟着狼跑"①。然后他得出结论，对于人性的一般认识，"所有非此即彼的说法归根结底都是错误的。人或许既是狼又是羊，或者说既不是狼也不是羊"②。人性的善恶要通过行为及其道德评价来显现，从行为难以推出其本性是恶还是善，这种人性善恶预设的思想传统可以终结了，因为道德先验论不但在理论上只能走向循环论证，而且在实践上对于社会的道德变迁与进步是十分有害的。

任何科学的道德哲学只能以事实层面的人性存在为出发点，而不能简单地以人性善恶预设来干扰自己的致思方法和理论构架。或者说，当代道德哲学一定要摆脱传统先验主义的桎梏，重新找到（或回归）正确的起点，这个起点就是道德哲学的"初心"，就是"人应该怎样生活"这个最古老的"苏格拉底问题"。"道德哲学的目的，以及它能够抱有的任何值得认真对待的希望，都与苏格拉底问题的命运难解难分。"③ 要实现这个目的，就必须从生活本身出发，从活生生的人性出发，而不是一开始就对完整的人性进行整体割裂，对实存的人性先进行善恶分界，继而从思想家自己预设的抽象理念或理性出发，进行理论"虚构"。任何试图追求形式普遍化的本质主义的理论努力，都只会离生活本身越来越远，在此基础上建立的伦理学也只能沦为"有理无伦"的语言形式和空洞说教④，因为"现代世界对伦理思想的需求是没有前例的，而大半当代道德哲学所体现的那些理性观念无法满足这些需求"⑤。只有扎根现实生活、正视整全的真实人性、关切时代变迁的道德哲学才有生命力。

---

① 〔美〕艾·弗罗姆：《人心》，孙月才、张燕译，商务印书馆，1989，第6页。
② 〔美〕艾·弗罗姆：《人心》，孙月才、张燕译，商务印书馆，1989，第7页。
③ 〔英〕B. 威廉斯：《伦理学与哲学的限度》，陈嘉映译，商务印书馆，2017，第1页。
④ 李建华：《伦理连接："大断裂"时代的伦理学主题》，《浙江社会科学》2019年第7期。
⑤ 〔英〕B. 威廉斯：《伦理学与哲学的限度》，陈嘉映译，商务印书馆，2017，第1页。

二 人性与道德关系的复杂性简化

从上文可知,人性与道德之关系是复杂的,不仅涉及人性的实然与应然(道德评价)的关系,也涉及人性的内部构成及何种因素起决定性作用,还涉及人性与道德的相互作用。基于道德哲学的证成需要,我们可以把人性与道德问题简化为两个问题:人性如何决定道德和道德如何调节(或评价)人性。

人性决定道德是间接而非直接的,要经过利益这个中间环节,而利益是人性的现实化。从这个意义上讲,人性是道德的"第一土壤",而利益是道德的"第二土壤"。

我十分欣赏和同意曾钊新先生关于人性的定义。"什么是人性呢?人们以感情为纽带联结成的社会关系即人性。它是寄生在感情上,具有社会内容的那部分共同欲望和渴求。它以动情为特征,以欲望和渴求为内容。没有感情,人性无从寄寓,自然也就没有人性。欲望与渴求又是受社会经济生活所制约的,没有它,感情则是凭空的、虚无的。人性、人道和人情,是本质一致的概念。"[①] 这个定义概括了人性的要义:人性就是人的欲求(主要为食欲、情欲、思欲)、人性是自然欲望与社会关系的统一、讲人性人情就是讲人道。人的欲望渴求是人类得以生存和发展的基础与前提,是所有生物体共有的,其中最根本的是物质需求所表现的食欲。马克思主义认为,人们必须首先吃、喝、住、穿、行,然后才能参与政治、科学、道德、艺术、宗教等活动,这就强调了物质性欲求的"第一性",只要有人性就得先让人吃饭,这就是"民以食为天"的道德至上性缘由,否则就是违背民意、不得人心、灭绝人性。人的情欲也是如此,人都有爱情、亲情、友情、故乡情、爱国情等,这些都是人之为人的表征,也是人类的共同情感,即共同人性、人的"本性"。

人的欲望特别是物质欲是根本的,没有对欲望的满足,人就无法存在,在此意义上才具有"本体"的意义,人的"本体"就是人的身体。把

[①] 曾钊新:《人性论》,中南工业大学出版社,1988,第2页。

身体的感觉欲望作为生命的第一层次并要挖掘其形而上学意义的首推哲学人类学。哲学人类学从人的身体的真实性出发，认为人之存在区别于"物"之存在是因为人具有价值，这种价值不是相对他者而言，而是指向自身的价值，具有不可定义性。正如舍勒所说："迄今为止的有关人的学说错就错在企图在生命和上帝之间再嵌入一个固定阶段——可以定义为本质的人。然而这一阶段纯属子虚乌有，人的本质之一正是不可定义性。"①人的这种不可定义性说明人性特别是生存需要就是人本身。怀特海曾经批评笛卡尔说："他赋予躯体实体以独立性，因之便使这种实体完全脱离了价值的领域。它们退化成了一种完全没有价值的机构，只能揭示一些外表的机巧性。"② 中国思想家庄子提出过"贵生"的思想，把人的身体和生命提升到"道"的高度，并认为其比国家重要，"道之真以治身，其绪余以为国家"（《庄子·让王》）。弗洛伊德更是认为人的身体形而上本性在于爱欲，人的存在本质是对爱的满足及对快乐的追求，身体欲望的满足对于人的本性的第一要义昭示着生命本身是善，而禁欲主义无论在中国还是西方，其最大的恶性在于否认人的欲望的正当性，以致违反了人性。

与以往一切人性论不同，马克思主义从社会存在决定社会意识这个根本前提出发，认定人是一个客观存在的物质实体，强调人的现实性。马克思主义坚决反对脱离人的现实生活去虚构人性和人的本质。客观存在的人就是现实的、活生生的人，就是他们的活动和他们的物质生活条件。因此只有从满足他们的物质欲望的物质活动，从他们赖以生存、发展的物质生活条件，从社会物质资料的生产方式的矛盾运动中去审视人，才能科学把握、认识人的本质。

如果我们认定人性就是人的欲望的整体性体现，那么欲望本身是无所谓善恶的，或者说，人性作为一种客观存在并不具有道德性，人性决定道德要通过欲望的现实化，而欲望的现实化就是利益，人性决定道德要通过利益这个中介环节。"所谓利益，就是指在一定社会形式中由人的活动实现的满足主体需要的一定数量的客体对象。"③ 这就是说，完整的利益包含

---

① 刘小枫选编《舍勒选集》（下），上海三联书店，1999，第1297页。
② 〔英〕怀特海：《科学与近代世界》，何钦译，商务印书馆，1989，第187页。
③ 苏宏章：《利益论》，辽宁大学出版社，1991，第21页。

了需要和需要的现实化两个方面。作为人的基本需要是大体一致的，需要什么本身不构成道德问题，只有在需要的实现过程中才有了利益的现实化和道德的产生。人饿了，需要吃，这都是一样的，是共同的人性，但如何吃、吃多少、吃什么，就有了利益的分界，就有了人格的高下，就有了善恶的性质。如为了让自己吃饱去偷盗别人的粮食，就是一种恶；相反，为了别人吃饱，把自己的粮食给别人，就是一种善。儒家倡导"君子爱财，取之有道"，这说明，爱财是对的，至少不涉及道德问题，是对人性的正当性肯定，但是获取财物必须遵纪守法，只有尊道而得之财，才是合理的、合乎道德的，这是一种具有积极意义的道德合宜主义。也只有在此意义上，我们才能说"利益是道德的基础"。这时利益决定道德又有了"第一土壤"的意义，而人性只有"第二土壤"的意义，因为"'思想'一旦离开'利益'，就一定会使自己出丑"[1]。

道德及其评价是利益的必然产物，这里的利益主要是指人的物质利益，也正是在这个意义上，恩格斯才讲"人们自觉地或不自觉地，归根到底总是从他们阶级地位所依据的实际关系中——从他们进行生产和交换的经济关系中，获得自己的伦理观念"[2]。这表明，道德的直接根源是人们的利益关系特别是经济利益关系。利益决定道德或者利益是道德的基础的直接性在阶级社会表现得更加突出。由于在社会经济生活中的地位不同以及所获得的资源不同，于是就会形成不同的利益集团，形成不同阶层与阶级。这些阶层阶级由于利益的差异性甚至对立性，自然会形成各自的价值追求与取向，形成自身特定的道德原则规范和道德评价标准，道德由此就有了阶级的属性。对此，恩格斯有过非常精辟的论述："我们断定，一切以往的道德论归根到底都是当时的社会经济状况的产物。而社会直到现在是在阶级对立中运动的，所以道德始终是阶级的道德；它或者为统治阶级的统治和利益辩护，或者当被压迫阶级变得足够强大时，代表被压迫者对这个统治的反抗和他们的未来利益。"[3] 利益决定道德，不但马克思主义者对此有深刻认识，其他一些思想家也有同感，只是对利益本身的理解有所

---

① 《马克思恩格斯文集》第1卷，人民出版社，2009，第286页。
② 《马克思恩格斯文集》第9卷，人民出版社，2009，第99页。
③ 《马克思恩格斯文集》第9卷，人民出版社，2009，第99~100页。

差异罢了。如爱尔维修在其《论精神》的第二篇开头就写道："我们打算在这一篇里证明：利益支配着我们对于各种行为所下的判断，使我们根据这些行为对公众有利、有害或者无所谓，把它们看成道德的、罪恶的或可以容许的；这个利益也同样支配着我们对于各种观念所下的判断。"[①] 当然爱尔维修把利益仅仅理解为基于"自爱"的趋乐避苦，并且只是个人利益，个人利益才是最道德的。以至于后来的霍尔巴赫、边沁等人都继承了他的思想，形成了"功利主义"伦理学思想体系。功利主义在道德理论上的最大贡献在于提出了以人类现实生活利益为道德的基础，反对道德禁欲主义和宗教道德的欺骗性，同时也强调了个人利益作为一种道德评判标准的重要性。但功利主义的最大错误是把人性简化为私欲，并把私欲当成道德的主要基础，最后产生了极端利己主义和个人主义道德观。马克思对这种纯粹以个人利益来解释道德的"小人"态度进行过批评。他说："有一种心理学专门用细小的理由来解释大事情。它正确地猜测到了人们为之奋斗的一切，都同他们的利益有关，但是它由此得出了不正确的结论：只有细小的利益，只有不变的利己的利益。"[②] 马克思在此明确了利益是所有人类行为（含道德行为）的出发点，但不能用自私自利来作为道德的前提，更不能用私人利益来评价一切并作为道德原则来加以倡导，因为它会导致双重标准：当别人满足自己的私利时，别人的自我牺牲就是道德的；当为了别人利益而要做自我牺牲时，这就是不道德的。"人们看到，自私自利用两种尺度和两种天平来评价人，它具有两种世界观和两副眼镜，一副把一切都变成黑色，另一副把一切都变成彩色。当需要牺牲别人来充当自己的工具时，当需要粉饰自己的不正当的手段时，自私自利就戴上彩色眼镜，这样一来，它的工具和手段就呈现出一种非凡的灵光；……自私自利像老练的马贩子一样，把人们仔仔细细、毛发不漏地打量一遍，以为别人一个个也像它一样渺小、卑鄙和肮脏。"[③]

当我们说"利益是道德的基础"时，不仅意味着道德的前提性问题，

[①] 北京大学哲学系外国哲学教研室编《十八世纪法国哲学》，商务印书馆，1991，第456~457页。
[②] 《马克思恩格斯全集》第1卷，人民出版社，1995，第187页。
[③] 《马克思恩格斯全集》第1卷，人民出版社，1995，第262~263页。

即人性是通过利益环节来决定道德的,而且当现实利益决定道德时,特别是处理个人利益与共同利益的关系时,又使道德具有了"道德的"(善)与"不道德的"(恶)的性质,这是李泽厚先生"由伦理入道德"的致思进路,只有基于利益关系的伦理才能说明道德是什么。而一旦基于正确处理利益关系的道德形成原则与标准,去反观利益来源的人性时,人性就有了善与恶的性质,道德也在同时改变或调节人性,这是人性与道德关系的第二个方面。

道德是如何改变或调节人性的呢?就是通过"人道"。从某种意义上说,人道就是人性的道德化,包含了人欲、人利、人权的道德确证,也提示了对人性"劣根性"的道德矫正,久而久之,人道就成了"原则"与"主义",人性在人道主义的旗帜下显现永久光辉,根本不存在"僭妄"的问题。

"人道主义"一词是从拉丁文 humanistas(人道精神)引申而来的,最早在古罗马思想家西塞罗那里指一种能够使个人才能得到最大限度发挥、具有人道精神的教育制度。[①] 自文艺复兴以来,人道主义(humanism,又译为人文主义)成为思想与文化的主流,形成了自己特定的"所指"。一般意义上,人道主义是关于人性、人的权利与地位、人的使命与责任、人的价值与个性发展的思想态度与理论,它肯定人的价值、强调人是目的、维护人的权利,并将人性作为考察全部社会历史现象的出发点和根本尺度。人道主义对人性合道德性的确证主要体现在三个方面。第一,以人性否定神性,强调人的欲望的合理性。从西方思想传统来看,中世纪是以封建禁欲主义和神学道德为主导的,把上帝看成人的创造者,人生下来就有"罪",所以人活着就是为了赎罪,因此每个人都要不断忏悔,从而达到对上帝的皈依,并进一步达到对上帝的爱、信和服从的道德标准。在基督教神学看来,上帝的意志是人行为的根本依据和最高标准,人的一切现实活动不是为了人自己的快乐,而是为了皈依上帝,所以人的一切感性欲望都是恶,都是应该被禁止的。文艺复兴时期的人道主义者们从充分肯定人的欲望和幸福开始,高扬人性而反对神性,确立人的主体性地位和现实幸

---

① 宋希仁主编《西方伦理思想史》,中国人民大学出版社,2003,第153页。

福。如意大利人道主义者彼特拉克就高呼:"我不想变成上帝,或者居住在永恒中,或者把天地抱在怀里。属于人的那些光荣对我就够了。这是我祈求的一切,我自己是凡人,我只要求凡人的幸福。"① 第二,以人权否定神权,强调人的尊严与价值。在中世纪,由于把人贬低为上帝的奴仆,人除了爱上帝和信仰上帝没有任何权利,更谈不上价值与尊严,人仅仅是满足上帝意愿的工具。文艺复兴时期的人道主义者们极力强调人的权利以反对神权,把人置于宇宙和万物的中心地位。如莎士比亚在戏剧《哈姆雷特》中说:"人类是个多么美妙的杰作,它拥有着崇高的理智,也有无限的能力与优美可钦的仪表。其举止就如天使,灵性可媲神仙。它是天之骄子,也是万物之灵。"② 当时的思想家们根据新兴资产阶级的需要,反对神学道德对人性的贬损与摧残,极力主张人的权利和自由,强调人有按照自己意志生活的权利。第三,以世俗否定神圣,强调"凡人道德"。文艺复兴时期的人道主义思想家们以人权对抗神权,以人性对抗神性,从而使道德由虚无缥缈的东西回归了世俗生活,使道德由圣人独占变成了凡人所有。所谓道德世俗化其实就是道德的平凡化、日常化、平民化,就是道德从神的生活转向了人的生活,并且是平凡人的生活。如荷兰人道主义者爱拉斯谟在《愚神颂》中对宗教禁欲主义进行了嘲弄,认为基督教所主张的精神快乐优于肉体快乐的思想是愚蠢女神的病狂,因为人是根本无法摈弃人情的,也根本无法抛开肉体的快乐,即使是僧侣们也无法避免生活之情和人世之欲,除非是虚伪。他还嘲笑道,某些僧侣见到金钱便被吓退,就像见到了毒药一样,但他们在酒色面前从不退缩。③ 总之,人道主义是以肯定人性、强化人权、反对禁欲为自身的思想主题的。

当然,人道主义形成之后,在其不断发展的过程中,同时也在改变或调节着人性,人道主义在不断过滤人性"劣汁"中得到高扬。人性原本是一种客观存在,从人的生存角度而言,就是一种"实然",是一种"活着"

---

① 周辅成主编《从文艺复兴到十九世纪资产阶级哲学家政治思想家有关人道主义人性论言论选辑》,商务印书馆,1966,第17页。
② 周辅成主编《从文艺复兴到十九世纪资产阶级哲学家政治思想家有关人道主义人性论言论选辑》,商务印书馆,1966,第28页。
③ 宋希仁主编《西方伦理思想史》,中国人民大学出版社,2003,第157~158页。

的铁的逻辑，但人的活着与一般物种的活着存在根本性差异，这就是"活着的方式"与"活着的目的"的差异，人道主义在不断优化着人活着的方式与目的，从而由人的世界变成了人道的世界。按照马克思主义经典作家的观点，必须把人的世界与人道的世界区分开。所谓人的世界是指"第二"自然界或"人造"自然界（即文明和文化的世界），也即人按照自身需要通过创造性活动所创造的自然界，而文化和文明从其实质和起源来说就是自然和人（客体和主体）的世界。但人的世界不一定就是人道的世界，因为在人的世界中还包括异化了的人类生活，如犯罪、恶行和各种道德龌龊，人的世界只有不断人道化，才能克服非人的因素，实现社会进步与人的自由全面发展。在马克思主义看来，要实现人的世界的人道化，须使自然现实、人的社会存在和人本身三个方面人道化，[1] 其根本的途径是消灭私有制、消灭阶级、消除异化。

马克思特别重视通过消除异化来实现人的世界的人道化，这种人道的世界首先就是真正的人的价值世界，是人永远是目的而非手段的世界。在马克思主义的理论视野中，人性是极其丰富的：人是特殊的、直接的自然生物，同时又是自我生产的历史和社会生物；人的自我生产就是人的实践过程，所以人是实践生物与理论生物的统一；人是社会生物（社会关系的总和），又是个体生物；人是自由的生物，因为没有自由就不可能实现自我；人是有意识的或理性的生物，能按真善美的规律来生存。[2] 这就是说，人作为生物体，为了生存、为了活命首先必须与自然界发生关系，从大自然中获得生存资源，这种获得就是人的劳动，特别是通过制造工具的劳动，但在劳动过程中，其本身发生了质的变化，即从原本的人与自然关系变为人与人的关系，使人物关系变成人人关系（社会关系），这样一种生物行为自然而然地变成了社会实践。因此，这种对人性的过程性理解，就使得人性本身在人道化过程中有了善恶的分界，人性原本是没

---

[1] 〔南〕安·斯托伊科维奇：《马克思主义哲学的人道主义实质》，载《关于马克思主义人道主义问题的论争》，中国社会科学院哲学研究所《哲学译丛》编辑部编译，生活·读书·新知三联书店，1981，第119页。

[2] 〔南〕安·斯托伊科维奇：《马克思主义哲学的人道主义实质》，载《关于马克思主义人道主义问题的论争》，中国社会科学院哲学研究所《哲学译丛》编辑部编译，生活·读书·新知三联书店，1981，第128页。

有善恶的。在马克思看来，异化是在人类劳动即生产本身和生产人的世界中产生的，其表征为人的物质的和精神的活动及其产物成了自己的对立面和敌人，从劳动产品的异化、劳动的异化到人同人的异化，最终使人沦为工具。在消除异化以实现人道世界的过程中，人道主义一方面使得人的生物属性日益社会化（文化化和文明化），日益摆脱其"兽道"；另一方面，在日益紧密的社会联系中，使人懂得了共生共存的道理，逐渐由生物利己主义转向社会的人己两利主义。这就是道德对人性反作用的结果。

三 人为什么需要道德——一种类型学分析

在经验现象中，当觉察到选择做不道德的事（比如说谎）并未让他人感到厌恶甚至还可以获得一些好处时，人们不禁会反省自身乃至整个社会：人为什么需要道德。[1] 用《理想国》中的措辞就是"不正义的人生活总要比正义的人过得好"[2] 的问题。描述性伦理学中反常的道德现象敦促道德哲学家们回答"人为什么需要道德"的问题，解释人需要道德的原因并提供人需要道德的理由或证明。在提出"人为什么需要道德"问题的同时，人们当然也预先假定了规范伦理学中的一条一般原则，即人需要道德、人需要过一种道德的生活。然而正如分析伦理学本身注重逻辑运用和语言分析那样，为"人为什么需要道德"提出证明的前提是，不仅对"道德"这一概念有着清晰的认识，而且要了解"人"在不同用法上所表达的不同含义，以及正确认识人与道德之间的价值需求关系。因为谁也无法在不知道 A 和 B 分别是什么的条件下，回答"A 为什么需要 B"的问题。对"人为什么需要道德"这个一般性道德哲学问题进行类型学分析，是基于人、道德、需要三者的语义与语境的差异性。只有在不同的用语组合中才能明确"人需要道德"是不是一个真命题。受"苏格拉底'概念说'强

---

[1] 关于人为什么需要道德，有心理学解释，有社会学分析，也有历史唯物主义的证明，我们在此用的是类型学方法，参见李建华、周杰《人为什么需要道德——一种类型学分析》，《武陵学刊》2019 年第 2 期。

[2] 〔古希腊〕柏拉图：《理想国》，郭斌和、张竹明译，商务印书馆，2014，第 31 页。

调意义与规范的重要性"① 的启发，我们首先要区分道德与非道德，然后在人与"非人"之间划清界限，知道在不同语境中对"人"的不同运用，最后在理解"需要"的基础上解释人需要道德的原因。

人需要道德是排除不道德与非道德的。

不仅在伦理学或道德哲学②的研究视域内判定描述性、规范性和分析性三者之间的区别和相互关系是必要的，而且应该跳出伦理或道德范畴从更广阔的视野出发，在事实与价值、实然与应然、或然与必然之间做出区分。回答"人为什么需要道德"这一分析伦理学问题的前提之一是明确道德本身是什么。暂不论一般人很难将道德与心脏等事物相混淆，而弄出答非所问的笑话；如果不将道德本身和与道德无关的内容即非道德区别开来，那么也无从解释人需要道德的原因了。虽不能说"道德"一词含有歧义，然而现实情况是，对"道德"的不同运用表达了两种不同的意思。"道德哲学"中的"道德"一词与"说谎永远有违道德"中的"道德"一词是不同的用法，前者是指与道德有关，后者是指道德上的善或正当；前者是为道德本身划定范围，其对应面是非道德，后者是做出道德评判或道德判准的结果，其对应面是不道德。

首先，就与"非道德"相对应的"道德"而论，其具有如下的相随性特征。第一，道德总是与应该与不应该、责任与义务、正当与不正当、善与恶、正确与错误有关。例如，"在没有提前告知的情况下，你应该准时参加会议"是一个与道德有关的道德义务判断，"我的朋友是一个诚实的人"是一个与道德有关的道德价值判断。第二，道德总是牵涉社会整体和这个整体中的人。"道德乃是调节人与自然、人与社会、人与自身三维关系的规范体系，它先天地被打上了社会性的烙印。"③ 道德存在的大环境是由人组成并生活于其中的社会。换言之，社会作为道德环境是道德实

---

① 李建华、周杰：《苏格拉底"概念说"探析》，《云梦学刊》2018年第5期，第46页。
② 朱贻庭先生在其《"伦理"与"道德"之辨》一文中试图将"伦理"与"道德"作为两种不同的对象，以区别对待；我们在此将两者等同起来使用，并将伦理学视同为道德哲学。
③ 任剑涛：《道德视域的扩展——从私德主导到公德优先》，《天津社会科学》1996年第5期，第33页。

现的场所，而每个人作为道德主体是道德的承受者或实施者；没有社会中的人便没有道德。第三，道德总是基于人的自由选择。作为道德主体的人和作为道德环境的社会并不能确保道德的发生和实现，对道德行为的判定也需要考虑行为是不是人自由选择的结果。然而道德的这三个相随性特征只是表面上的。应该与不应该、正当与不正当以及善与恶的判准，并不能把道德与非道德区别开来，与道德无关的内容也可能涉及对这些词语的运用。如"你应该上二手市场卖一双球拍"就是一个非道德（上）的义务判断，"我有一辆好车"是一个非道德（上）的价值判断。从社会生活本身来看，人们的行为（或行动）并非总是在道德与非道德之间划清界限时才开始的。个体基于自由选择的行为也未必就是道德的行为，即未必就是与道德有关的行为。所以，上述三个特征是道德发生的必要条件而非充分条件。

区分道德与非道德既有利于认识道德的本质，也有利于回答"人为什么需要道德"。在道德哲学中，"道德的本质是什么"的问题，既是一个基础和核心问题，又是一个古老却长盛不衰的问题。哲学家们一直热衷于讨论这个问题，而答案却莫衷一是。柏拉图基于道德与人之间密不可分的关系，将道德视为作为功能实现的人的各种德性。而在巴特勒看来，道德即生活的道德制度体系。弗兰克纳则在巴特勒的基础上认识到，这样一种体系既可以是社会性的，即社会的整体契约，也可以是个人的建构物，即个人准则。与此同时，除了看到道德外在的规范约束作用外，不少思想家还看到了道德通过内化于个人并外化于社会和他人，对个人自主和实现自我的作用。总而言之，道德在本质上具有双重性：一方面，道德作为一种社会规范，表现为特定的道德原则；另一方面，道德对任何人来说，等道德原则内化于自身后，就是自我实现的手段。"真正人的道德是人类潜能的充分发挥、人类本质的充分显现和人类解放的实现。"[①] 人类生活的非道德领域就是没有道德意义或不能进行道德评价的领域，如没有自主意识的儿童行为、精神病人的行为、不涉及他人或社会利益的纯私人行为等。所

[①] 〔美〕菲尔·加斯珀、赵海洋：《马克思主义、道德和人的本质》，《马克思主义研究》2013年第1期，第69页。

以，当我们议论人为什么需要道德时，是排除了非道德领域的。

其次，是就与"不道德"相对立的"道德"来说的。此时"人为什么需要道德"更像是在问"人为什么需要做道德上善的事和过一种道德上善的生活以成为一个道德上善的人"，而不仅仅是在问"人为什么需要做与道德有关的事和过一种与道德有关的生活以成为一个与道德有关的人"。可回答"人为什么需要在道德上是善的"这一问题要求我们进一步在规范伦理学上运用严格的道德评判标准对道德与不道德做出区分，以便指明什么行为是道德上善的或道德上正当的、什么行为与此相反。在严格的逻辑推理上，这就类似于不知道什么是心脏便无从回答"人为什么需要心脏"的问题。伦理学史、规范伦理学的道德衡量标准在理论上可大致分为目的论和义务论，前者的代表是边沁，后者的代表是康德。另有一些人则另辟蹊径，发展出德性伦理学，如亚里士多德、麦金太尔。不过，无论如何，规范伦理学中的争论始终没有解决，尤其是在面临各种不同的道德两难境地时，依据特定的规范伦理学所给出的答案无法让每个人都满意。与此同时，道德标准上的相对主义也开始获得一定市场。相对主义在道德标准的统一上持怀疑态度，甚至持否定态度，对伦理学中各种理论给予了致命打击。就连德性伦理学的代表人物麦金太尔在自己的学术作品中也不时描述相对主义的特征，认为不同的历史、社会中的道德标准是不同的；尼采和马克思亦是如此。尼采将道德区分为主人道德和奴隶道德。马克思则强调道德具有社会性、历史性和阶级性[1]，认为在不同的社会历史条件下道德的评价标准是不同的。与找寻和"非道德"相对立的"道德"的意涵和本质相类似，在明确与"不道德"相对立的"道德"的判断标准时，对每一个处在确定的社会关系中的正常人来说，他们凭借自己的心灵理性和内心直观也能够在常见的道德行为与不道德的行为之间做出正确区分，如有意对朋友说谎是不道德的，朋友间应坦诚相待；不经对方同意用朋友的东西是不道德的，朋友有困难应及时给予帮助。这种理性能力的生成既归功于外部道德教育的不断输入，也得益于道德教育内容的成功内化。这是一个

---

[1] 〔美〕菲尔·加斯珀、赵海洋：《马克思主义、道德和人的本质》，《马克思主义研究》2013年第1期，第69页。

道德内化与道德外化不断反复与加强的过程。

由此，基于"道德"与"非道德"和"不道德"之间的大致区别，我们便明晰了"道德"本身的意思，以及"道德"一词在不同的话语情境中所包含的不同内容。"人为什么需要道德"作为真问题是指，"人为什么需要做与道德有关的事、过一种与道德有关的生活以至于成为一个与道德有关的人"，或者"人为什么需要做道德上善的事、过一种道德上善的生活以至于成为一个道德上善的人"。但是，问题的解决还依赖于对"人"这一概念的分析，因为问题本身试图在道德与人之间建立一种需要与否的价值选择关系，并提供证明。

有道德需要的人是个体人与群体人而不是"非人"。

"人生伊始，本是道德的无知者。"[①] 尽管从道德载体或主体的角度来看，道德总在与社会和他人发生联系。也就是说，离开社会与人这两个因素中的任何一个，道德都无法被谈论开来。但是如果以人的视角来看，人不一定总是离不开道德；谁也无法排除人离开道德而正常存在的可能性。"人"的概念意涵既不是唯一确定的，在运用上又出现过被错用的情况。在不同的语境中"人"可能表达了不同的意思，而且在同一语境中"人"表达的意思可能并不明确。仿照确定什么是道德或指出道德的本质，以将道德和与道德无关的事物即非道德区别开来，我们也可以确定什么是人或指出人的本质，以将人和不是人的事物区别开来，并且用"非人"来表达"不是人的事物"。知道什么是人或人的本质之后当然也可以将人与"非人"分离开来，目的是明确"人为什么需要道德"的预定前提"人需要道德"中"人"表达了什么意思。"本质"一词正如它一以贯之的用法那样，本身具有此物可以区别于他物的固有功能、特征和属性。"人性"一词可以用来替换"人的本质"。"人性即是人类作为一种特殊生命存在区别于其他生命存在的类本性。"[②] 可见，人的本质与人性基本表达着相同的意思，借助它们都可以将人与"非人"分离开来。

---

① 曾钊新、李建华：《道德心理学》（上），商务印书馆，2017，第97页。
② 万俊人：《人为什么要有道德》（下），《现代哲学》2003年第1期。

第二章 人性与道德

什么是人性？人所具有的哪些固有特征、属性和功能可以使其与"非人"区别开来？这显然是古老且难以形成定论的难题。古希腊哲学家们在人与"非人"之间划清界限时，一同诉诸理性即爱智求真，其中亚里士多德特别提到了人这一类高级动物的"政治性"特征。而在中国，荀子在划分人兽之别中提到人既能群又可分的属性。蔡元培先生则直接用道德来区分人与禽兽。他说："人之所以异于禽兽者，以其有德性耳。"① 当代学者黄明理在解释人的道德需要时直接回溯，求助于人性。他直言："人的道德化是人性的客观要求。"② 蔡元培先生的不周之处在于，在没有说明道德本身之前用模糊的"道德"意见来说明人性。他可能在与"非道德"相对立的意义上运用"道德"一词以说明人兽之别，也可能在与"不道德"相对立的意义上运用"道德"一词以说明人兽之别。而黄明理教授在蔡元培先生的基础上犯了"因果颠倒"和"循环论证"的逻辑谬误：人性是在解释人的道德需要之前被要求说明的。马克思的洞见则更具说服力："人的本质不是单个人所固有的抽象物。在其现实性上，它是一切社会关系的总和。"③ 与柏拉图、亚里士多德、康德和荀子一样，马克思看到了人与"非人"在特定的社会关系中的根本区别。其实，马克思在说明人的本质或人性时不仅注重"关系"④，而且将人兽之别的根本归结为人的"社会特征"或"社会性"。马克思科学地指出了人与"非人"之间至关重要的差别，这就是人的社会性存在。当我们说人是什么时，是基于人的社会性特质而排除了人的动物性，人的动物性被划到了"非人"的领地。可问题在于，我们回答"人为什么需要道德"一直坚持的是文化主义立场，即人只有进入文化领域才是有道德的，正因为人有动物性才需要道德，道德就是扼制人的动物性、彰显社会性（文化性）的工具，这又使"道德使人成为人"变成了"人为什么需要道德"问题中"人是什么"的注脚，这是道德工具论本身的内在矛盾。

---

① 蔡元培：《中国伦理学史》，商务印书馆，1999，第134页。
② 黄明理：《从人性看人的道德需要》，《南京师大学报》（社会科学版）1997年第1期。
③ 《马克思恩格斯文集》第1卷，人民出版社，2009，第501页。
④ 杨国荣：《道德与人的存在》，《中州学刊》2001年第4期。杨国荣先生的原话为："人本质上是一种关系中的存在，马克思曾从人与动物的比较中强调了这一点。"

即使明确了人的本质是什么并借此将人与"非人"区别开来，或者直接凭借我们的个人理性和直观在人与"非人"之间做出正确区分，也不能使人们在理解"人为什么需要道德"上前进多少，因为"人需要道德"中"人"的概念本身有不同的意思和用法。"人需要道德"可能并未表明所有人、任何人或每一个人都需要道德，也可能表明所有人、任何人或每一个人都需要道德。如果将"人"作为一个概念来对待，在逻辑学里，"人"有时是一个集合概念，有时则是一个非集合概念。概念的不同意味着有两种不同的"人"的用法和意思。在句子"人需要道德"和"人为什么需要道德"中，"人"的意思和用法是两种中的哪一种？有别于严谨的逻辑学，在伦理学或道德哲学领域，两种对"人"一词的不同运用可以分别称为具体人和抽象人，或者称为个别人和一般人、个体人和群体人。个体人便是逻辑学中所有人、任何人或每一个人的意思，它表明情况适用于所有人、任何人或每一个人。然而抽象人、一般人或群体人则只能对所有人做一般意义上的或抽象上"类"的理解。它可能意在表明，情景适用于人群中的大多数，也可能仅仅想凸显人的"类"本质或人性，即人的社会性。

基于以上分析，问题"人为什么需要道德"的假设前提"人需要道德"就将表达四种不同的意思：群体人或抽象人需要与道德有关；群体人或抽象人需要在道德上是善的；个体人或所有人都需要与道德有关；个体人或所有人都需要在道德上是善的。而问题"人为什么需要道德"也依次表达四种不同的意思：（a）群体人或抽象人为什么需要与道德有关；（b）群体人或抽象人为什么需要在道德上是善的；（c）个体人或所有人为什么都需要与道德有关；（d）个体人或所有人为什么都需要在道德上是善的。其中，评判某一个人在道德上善也只能依据这个人的具体行为在道德上善。然而，当假定人与道德之间的需求关系以及解释人需要道德的原因或为其提供证明时，应该明确"需要"本身——根据人与道德之间的各种关系来考察两者之间的其他关系和审视需求关系本身。

在主客之间存在需要、不需要、非需要三种关系。

肯定 A 需要 B 意味着：（i）B 外在于 A 以至于 A 与 B 之间只能建立一种非道德上的价值需求关系；（ii）在 B 外在于 A 的前提下，把 B 本身当作一种手段和工具并用非道德上的有用性或善来评判B。论断"A需要B"的成立应同时满足（i）和（ii）两条结论，命题"人需要道德"也同样适用于这两条结论。有关第一条结论，人们应该在更广阔的视野中来考虑人与道德之间的各种关系，包括除需求关系外的其他关系，即"非需要"关系。并非只存在需要和不需要两种价值选择关系，也存在除这两种之外的其他可能性。由此，A与B之间存在三种可能性关系：A需要B、A不需要B以及A"非需要"B。例如，你可以向某个个体人询问他或她是否需要苹果。此时这个人可能出于自己想吃苹果或其他动机而对你说：我需要一个苹果或者不需要。然而你却基本上无法向某个个体人询问他或她是否还需要自己的左腿了，因为左腿是内在于身体的一部分。人与左腿之间不是需要或不需要的关系，而是"非需要"的关系。当然在紧急或特殊情况下，如在得知他或她的左腿已被感染甚至可能危及生命时，他或她可能告诉医生：我不需要我的左腿了，你把它锯掉吧。但是你却仍然无法向某个个体人询问如他或她是否还需要自己的心脏，他或她是否还需要自己的大脑，诸如此类。总之，苹果、左腿、心脏、大脑等与道德一起作为不同的存在事物而具有同等的价值地位，人尤其是个体人是需要道德、不需要道德还是"非需要"道德应该被予以认真考虑。第二条结论是在肯定第一条结论即人与道德之间只能构成需要与否的关系的前提下得出的。的确，除开"非人"不论，尽管暂时无法确定群体人与道德之间的关系，但给平常人的印象是，个体人与道德之间是需要与否的关系而非"非需要"的关系。个体人并不是天生与道德有关，或者天生在道德上是善的，社会只能通过教育使外在的道德规范内化于每个个体人的心灵之中，却永远无法使道德内在于每个个体人的身体里。正如弗兰克纳所言："道德为人而设，不是人为了道德。"[①] 一味否定或不肯承认道德在人面前的工具地位，是因为不同的学者对"人"有不同的理解。我们可以在区分"人"与"非人"的前提下，把人当一般人和群体人来看待以否定道德的工具价值，弗兰克纳则在区分"人"与"非人"的前提下，把人当特殊人和个体人来看待以肯定道德的工具价值。所以当提出"人为什么需要道德"时，道德必定是

---

① 〔美〕弗兰克纳：《伦理学》，关键译，生活·读书·新知三联书店，1987，第243页。

外在于人的，而且这里的人是个体化的，而非"类"意义上的人。

由此，在分析和理解问题本身的基础上，由问题"人为什么需要道德"所细化的四个分支问题便可依次得到或多或少的解释。问题（a）群体人为什么需要与道德有关？人在本质上是社会性人，而群体人既有别于看得见摸得着的个体人，又是个体人抽象意义上的集合。实验观察显示，社会包括许多个体人、由人组成的复杂关系网络以及关系得以存在的文化环境和地域空间，其中最核心的是个体人以及个体人之间的关系。而每个正常的个体人的存在和发展都将离不开社会所提供的文化与文明。群体人将在哪里存在？从描述性意义上讲，道德上的群体人与社会无异；回答"社会为什么需要与道德有关"可解释群体人与道德的"非需要"关系。弗兰克纳指出，社会在价值上选择道德这一秩序的理由在于防止出现自然状态和"更为极端的专制主义的文明状态"[①]。

问题（b）群体人为什么需要在道德上是善的？评判人在道德上是否为善只可根据其具体行为，行为承载的主体却只能是个体人，而非抽象与一般意义上的群体人。所以，试图在群体人与道德上的善之间建立任何联系的尝试都是徒劳的，因此与其有关的问题本身并不恰当。

问题（c）个体人为什么需要与道德有关？如果个体人总是无法离开社会，如果社会总是在生产道德，而个体人总是道德的实施者与承受者，那么个体人也可能始终与道德有关。"个体人为什么需要与道德有关"的分析（性）伦理学问题和价值问题应该被转换成"个体人为什么总是与道德有关"或"个体人为什么必然拥有道德"这一描述性伦理学问题和事实问题。

问题（d）个体人为什么需要在道德上是善的？从发生路径来看，道德作为个体人的工具非内在于每个个体人，它遵循外在于—内化于—外化于的发生路径。对任何人、所有人、每个人（即个体人）而言，道德起初外在于，随后慢慢通过教育内化于个体人，并通过外化于社会和他人而将道德显现出来。然而，道德作为工具而存在，个体人为什么需要它？毕竟最极端的情况是，如果道德上行善没有任何有用性，那么个体人也大可不

---

① 〔美〕弗兰克纳：《伦理学》，关键译，生活·读书·新知三联书店，1987，第239页。

必做哪怕一件道德上正当的事。

可以说,"人为什么需要道德"这一问题,可以窄化或具体化为"个体行善对自己有何意义"。道德上善的行为对个体而言有三方面的意义:其一,如果个体人或个体人所处的社会在规范伦理学上偏向美德—目的论的话,那么任何个体人为自己所设想的理想生活或善生活必定含有道德的成分,并且正是部分地由道德上善的行为构建而成。换句话说,做道德上正当的事是美好生活实现的必要手段。从柏拉图对话集中的内容开始,对此的诘难一直存在:一是在常见的社会现象中,好人不一定有好报,反而作恶的人有时会获得好处;二是某些特殊的道德上正当的行为——像苏格拉底拒绝逃狱,最后饮鸩而亡的自我牺牲——将会给个体人带来坏处,甚至彻底断送其善生活。对于第一种诘难,我们说就一般意义而言,整天作恶的人(如撒谎、不真诚、不友好)的生活也将糟糕透顶。就某个具体的人的一生而言,其做道德的事所获取的好处总量要比做不道德的事所获得的利益总量多得多。同时,就在价值上选择道德的社会而言,为了维系道德在社会中的存在,社会掌权者应该在制度上预先鼓励和最后奖励道德上正当的行为,而不至于让道德上恶的人受益。第二种诘难在张岱年看来不构成难题。他在讨论生命与道德的关系问题时断言:"在特殊情况下,生命与道德二者'不可得兼',则应'舍生取义',宁可牺牲生命也要坚持道德。"[①] 的确,人们有可能在生活中处于道德两难的境地,以致不知该如何选择。如选择自己饿死或选择偷窃食物保存生命、选择家人饿死或选择偷窃食物保存家人生命等。我们说道德行为具有崇高性和倡导性,社会不应该严格要求对于每一种具体的道德,所有的个体人都必须做到。做道德上善的事也是被提倡而非被他人或社会所强制,这就要求社会与他人在道德上对个体人持有包容的态度。特殊情况下的不道德行为应该有一定程度上被宽容的可能性。其二,个体人的道德行为是每个个体人远离动物性,融入文明社会并与身边人形成良好关系的必要手段。尽管无法轻易苟同"道德本身是人性的内在构成部分"[②],但是在非专制主义的文明社会已经预定

---

① 张岱年:《生命与道德》,《北京大学学报》(哲学社会科学版)1995年第5期。
② 万俊人:《人为什么要有道德》(下),《现代哲学》2003年第1期。

道德或生活规范秩序的情况下，个体人必须学习道德行为、做被社会所提倡或被要求的事。个体人对社会的美好假设是，一系列道德行为准则着眼于社会的文明进步，并且为了人的美好生活而被社会自身所立。其三，道德行为有助于体现个体人的存在价值。如果将道德解释为人自我实现的过程，而道德行为基于个体人的自爱和良心，那么任何个体人总会做或多或少道德上善的事。如果将人性同时指向人的自爱和利他，那么情况亦是如此。当然，做道德上正当的事是否有助于实现个体人的存在价值，最终取决于不同的个体人对道德本质和人本质的看法。

四　基于真实人性的道德学意味着什么

笔者一再强调，不要用"二元思维"去理解人性，而要对人性进行本源性的整体理解，人性是先于道德的，在人性的调理过程中才有了利益冲突与协调，才有了道德原则与规范，人性才有了善恶之分。传统道德哲学摆出一副无所不能、先入为主的样子，从人的理性世界中构想出一个先验的"善本体"、"善理念"或"善意志"，然后再推演出道德"应当"，以致使近代道德哲学走入了实现道德生活的"死胡同"。诚如 B. 威廉斯指出的那样，"多数近代道德哲学的资源没有随近代世界得到恰当的调整"，这一方面"是因为它们过多地而且过于浑然不觉地被羁绊在近代世界之中，不加反思地诉诸理性的管理观念。另一方面，它们又没有充分地涉入近代世界——突出的例子是各种接近康德的道德哲学形态；它们被理性共同体的梦想支配。如黑格尔所言，远离社会—历史现实，远离个殊伦理生活的具体意义——它们离开这些事物那么远，在有些方面比它们所取代的宗教还要远。道德哲学的这些形形色色版本共同拥有一种错误的想象——关于反思怎样联系于实践的错误想象，关于理论的错误想象，于是，那些形形色色的版本枉费心力去不断精雕细琢它们之间的差异"[①]。B. 威廉斯对近代道德哲学的批评是中肯的，远离实现、远离生活、远离人性的道德哲学

---

① 〔英〕B. 威廉斯：《伦理学与哲学的限度》，陈嘉映译，商务印书馆，2017，第 236～237 页。

只能是理性王国的"文字自娱"。

除 B. 威廉斯外,还有许多思想家对近代以来的道德哲学提出了疑问,特别是著名道德哲学家麦金太尔。其认为,当代道德危机的根源在于道德生活与道德理论及其背反,道德哲学理论不但要有社会学背景和人性基础,也要随社会生活本身的变化而变化。他说:"不论什么道德哲学的主张,如果不搞清其体现于社会时的形态,就不可能充分理解它。一些甚至可能是大部分以往的道德哲学家,认为这是道德哲学任务的一部分。"[①] 这种道德哲学理论存在两个根本缺陷:一是离开人类道德生活的文化背景和历史背景去解释道德,结果成了一种无根源、无传统的解释;二是离开人类道德生活的内在目的价值,使道德成为纯粹外在的约束规范,与法律体系无异。所谓的无根源性就是无人性、无生活性,任何道德哲学的生命力在于回答生活意义的问题,而生活的意义是源于人性本身的。"作为道德哲学问题,生活意义问题是与解决善、正义、人的价值的含义问题以及人的道德立场问题联系在一起的。"[②] 生活意义规定不能由直接的规范解释,它的内容难以归结为命令形式,但是道德哲学可能通过善与恶、正义与非正义的解释提出关于应该的规范观念的正当性或合理性依据。生活意义虽然是世界观和价值观范畴,但一定是源于人自身的,因为解决生活意义问题,对人的生存来说,从来就是价值体系中的自我决定的。"道德哲学要使人理解最高的价值体系,它首先应当揭示生活本身的价值"[③],而生活本身就是人性的外在化本身。其实,人性问题始终是麦金太尔道德哲学的关切点,他早期将对人性的解读与重释历史唯物主义结合起来,将人性理解为合理的、没有异化的真实欲望,并深刻分析了人性与道德分离的状况,道德哲学要实现"人性回归"就必须重视人性。麦金太尔深受早期马克思异化思想的影响,因为"人性丧失",资本主义制度已毫无道德可言。要重建道德哲学就要重视人性,尤其是人的欲望或需要,因为需要是"人之

[①] 〔美〕麦金太尔:《德性之后》,龚群等译,中国社会科学出版社,1995,第31页。
[②] 戴木才、曹福金:《时代性"道德裂变"及其道德哲学拯救》,《江西师范大学学报》(哲学社会科学版)2013年第1期。
[③] 戴木才、曹福金:《时代性"道德裂变"及其道德哲学拯救》,《江西师范大学学报》(哲学社会科学版)2013年第1期。

本性的概念,这一概念是所有道德理论探讨的核心"①,需要与道德是统一的、不可分割的,需要是道德的基础,道德是需要的表达。这样,麦金太尔就将外在的道德规范与人内存的需要、欲望结合起来,将道德视为人类抱负实现与欲望满足的目标,形成了"一种能令我们的欲望有序,同时又能表达欲望的道德"②。这种以"人性回归"为宗旨的道德哲学重建,对于克服当代社会的道德危机的意义是重大的。

马克思主义也是从"现实的人"出发,将人的需要即人性作为思想基石来构建其道德哲学。虽然马克思主义的人性理论比较复杂,学界争议也较多,但有一点是可以肯定的,需要或欲望是马克思主义人性论的基点,甚至是科学理解人性的核心要素。马克思从劳动异化现象中发现,需要是人的真实证成要素,离开了人的需要,根本无法了解人,也无从理解由人组成的社会及其历史,特别是对资本主义社会的分析,始终没有脱离基于需要的人性立场。如在《1844年经济学哲学手稿》中,马克思批判粗陋的共产主义者"还没有理解私有财产的积极的本质,也还不了解需要所具有的人的本性"③,后来在《德意志意识形态》中,他和恩格斯严厉批判了青年黑格尔派脱离人本身来谈论社会关系的观点,"迄今为止人们总是为自己造出关于自己本身、关于自己是何物或应当成为何物的种种虚假观念。他们按照自己关于神、关于标准人等等观念来建立自己的关系","我们要起来反抗这种思想的统治"④。同时,马克思、恩格斯十分明确地指出:"全部人类历史的第一个前提无疑是有生命的个人的存在。因此,第一个需要确认的事实就是这些个人的肉体组织以及由此产生的个人对其他自然的关系。"⑤ 道德学只有从以人的需要(欲望)所蕴含的人性本身出发,才能展开其理论演绎和证成,否则就只能在美好的臆想中"日渐萎靡消沉"。

基于真实人性的道德学,首先意味着要破除人性要素的二元对立思维,从人性的完整性、客观性出发,为正当与善提供坚实的人性基础,真

---

① 张永刚:《麦金太尔早期理解人性的双重维度》,《道德与文明》2018年第4期。
② 张永刚:《麦金太尔早期理解人性的双重维度》,《道德与文明》2018年第4期。
③ 《马克思恩格斯文集》第1卷,人民出版社,2009,第185页。
④ 《马克思恩格斯文集》第1卷,人民出版社,2009,第509页。
⑤ 《马克思恩格斯文集》第1卷,人民出版社,2009,第519页。

正使道德成为人的道德,而不是形成道德异化。

西方道德哲学的演进,大体上经历了由神到人性再到心理的不同基点的定位,其中从人性原则来证成道德法则是最成功的。因为道德哲学作为人之行为的应然性、合理性,并能提供本体性辩解的学问,必须首先回答道德之必需是来自天国还是人世,是生存于人的内在本性还是外在强制使然。从现代西方道德哲学的基本立场来看,在寻找道德的真实根基问题上是一致的,都是主张以人性对抗神性,依据人性为现代道德的合理性基础提供证明,从而使道德的权威性由外在的神启转向人的内在本性,在人性与道德之间建立一种真实可靠的关联,确立了人对道德有效性与权威性的绝对地位。现代的道德哲学家们虽然在道德法则应该建立在人性基础上达成了共识,但问题是,什么样的人性才能为道德法则提供权威性的根据并得到有效的合理性辩护,对此存在各种各样的争论,如有人将人性理解为欲望与激情(狄德罗、休谟等),有人将人性简单诉诸理性(康德),有人将人性定为自私性恶(霍布斯、洛克),有人将人性定为情感性善(沙夫慈伯利、赫起逊),有人将人性看作自爱心和怜悯心(卢梭),还有人将人性看成趋乐避苦(爱尔维修)①。其中争议最大的在于人性是情感的还是理性的。在当代道德哲学中,如何理解人性与道德法则的关系存在休谟主义与康德主义之争,前者主张"回归休谟",② 后者极力为康德哲学辩解。休谟极力反对人类只有遵循理性命令才是善的观点,并对思想史上重理轻情的倾向进行了批判。他愤愤地指出:"理性的永恒性、不变性和它的神圣性的来源已被渲染得淋漓尽致;情感的盲目性、变幻性和欺骗性,也同样地受到了极度的强调。"③ 他认为,理性是情感的奴隶,理性和情感不能永远对立,或是争夺对于行为的统治权。由此前提出发,休谟认为,道德属于社会活动范畴,远远超出了知性的判断水平,只有情感才能影响人的道德,理性不具有这种影响,情感才是道德的真正来源,因为"理性既然永远不能借着反对或赞美任何行为直接阻止或引生那种行为,所以它就不是

---

① 王振林:《西方道德哲学的寻根理路》,《人文杂志》2002年第3期。
② 高全喜:《从"回到康德"到"回归休谟"》,《读书》2012年第12期。
③ 〔英〕休谟:《人性论》,关文运译,商务印书馆,1983,第451页。

道德上善恶的根源"①。休谟进一步指出，道德善恶的直接来源是人的苦乐情感。一个行为、一种品格之所以是善良的或恶劣的，是因为人们一看到它，就能产生一种特殊的快乐或不悦。只要说明快乐或不悦的理由，就能充分地说明善与恶。在中国现代伦理道德哲学语境中提出"回归休谟"是件非常有意义的事情，因为休谟的人性论不是一般意义上的人本哲学，而是一种既可为正义制度提供人性基础，又可为美德提供心理基础的道德哲学。它不但可以解决西方现代自由主义所面临的德性与制度内在紧张的难题，还能与中国传统道德哲学特别是儒家思想相切合，在此意义上，笔者是同意"回归休谟"的。同时，我们也必须看到，在中西现代思想中都能听到"回归康德"的声音，特别是近 40 年来中国启蒙思想企图建立起人性价值论，思想家们为此付出了巨大的努力，如新儒家用康德道德哲学来解释儒家思想的义理，就成了一种基本的方法，这对强化社会启蒙和高扬人的道德主体性是非常有意义的。问题在于，康德的道德哲学本质上是一种先验的理性论，与社群主义所大力主张的美德传统存在巨大差异，无法回应人性的情感层面的问题，更无法应对政治正义上的德性问题。笔者并不主张偏执于一端的所谓简单的"回归"，而是要从各自的辩解中找到共同点，或者进行各自着眼点的"互换"与"融通"，形成科学合理的人性观，为当代道德哲学提供支撑。休谟强调人性中情感的重要性，仅仅是前提性的，并不反对理性的作用，甚至认为，理性在指导意志方面不能反对情感，"当我们谈到情感和理性的斗争时，我们的说法是不严格的、非哲学的"②。同样值得注意的是，康德也并非完全排斥人的情感，只是在确立道德法则的层面上排斥人的情感因素，因为他认为情感不具有恒定性，而在探讨人的道德动机时意识到了情感在行为者履行道德法则中的作用，并试图通过情感因素使法则成为行为者实际的行动准则。③ 所以，作为道德哲学基础的人性，不是情感与理性的简单分割甚至相互对立，而只是在观察和分析道德现象时各自的立场和"观察点"不同而已，只有基于人

---

① 〔英〕休谟：《人性论》，关文运译，商务印书馆，1983，第 498 页。
② 〔英〕休谟：《人性论》，关文运译，商务印书馆，1983，第 453 页。
③ 毛华威：《人性原则视野的道德法则》，《重庆社会科学》2017 年第 1 期。

性整体观的道德哲学,才是合理的、有生命力的,任何切割人性并各执一端的做法,都只能将道德哲学引向"极端的空无"。

基于真实人性的道德学,意味着要为人成为"完整的人"和"自由发展"的人提供合理性的道德证明。

真实的人性是完整的人性,只会因认识者的"偏重"而出现因素的"拆解",在本质上是一体的。真实的人性也是自然"本真"的存在,只会因"后天"的道德"植入"而有所谓的善恶之分。以往道德哲学的最大弊端,就在于抓住人性中的某一点或某个方面来建构自己的理论体系,然后再从这种"片面"的道德理论出发,对人进行道德"肢解",要么是好人,要么是坏人;要么是凡人,要么是圣人;要么永远坏,要么永远善;要么是应该,要么就是禁止。对此,美国伦理学家A.J.赫舍尔认为,"我们关心的是人的整个存在(existence),而不仅仅是或者主要是它的某些方面。……任何孤立地探讨人的某种机能和动力的专门研究,都是从特殊的机能或动力出发来看待人的整体性的。这些做法使我们对人的认识越来越支离破碎,导致了人格的分裂,导致了比喻上的误解,导致了把部分当作整体"[1]。传统道德哲学热衷的问题是"我应当做什么",而事实上没有任何道德规则可以替代你在具体境遇中应当这样做或那样做,所以道德哲学与其提出"我应当是什么",还不如提出"我是什么"亦即"人是什么"的问题。道德问题说到底是"自我"的问题,如果要在其上加之以"人应当做什么",那就是伦理问题(关于伦理与道德区分的问题,将另文详说)。道德的问题归根结底不是"我该做什么"而是"我的生命"如何度过,人不仅要为"做什么"负责,还要对他"是什么"负责。[2] 如果我们不从整体上把握"人是什么"和"人性是什么",这样的道德哲学就是有缺陷的。

对"完整的人"的追求是人类思想史的主题,也是马克思主义的重点,更是我们的道德目标,道德哲学应当循此道而行之,绝不能"背道"或"出轨"。从古希腊对人的多因素"和谐发展",到文艺复兴"多才多

---

[1] 〔美〕A.J.赫舍尔:《人是谁》,隗仁莲译,贵州人民出版社,1995,第4页。
[2] 〔美〕A.J.赫舍尔:《人是谁》,隗仁莲译,贵州人民出版社,1995,序言第5页。

艺"的"巨人"时代，再到空想社会主义者的"天赋全能"塑造，直到马克思"完整的人"概念的提出，无不说明了这一点。马克思"完整的人"的概念首次出现在《1844年经济学哲学手稿》"第三手稿"对"共产主义"的相关论述中，"人以一种全面的方式，就是说，作为一个完整的人，占有自己的全面的本质"①。在马克思的相关论述中，虽然"完整的人"的概念只出现过两次，但"人向自身、向社会的（即人的）复归"，"人的一切感觉和特性的彻底解放"，"具有人的本质的这种全部丰富性的人"，"具有丰富的、全面而深刻的感觉的人"等诸多论述无一不是对"完整的人"的另外一种表述②，更是与"全面发展的人"的思想始终一致的，无法割裂。马克思"完整的人"理论对当代道德哲学的意义在于，承认真实的人性和不把任何一种人性要素排斥在道德之外是根本出发点，维护人性的完整性而不出现异化是最大的道德正当性，回到"人本身"、实现"人性复归"是道德的最高准则。

人不但要全面发展，还要自由解放，这种"自由"的使命，不仅是"完整的人"的内在要求，也是人性使然，对人性自由的确证，是当代道德哲学的重要主题（关于自由与道德也需另文详论）。如果说全面发展是对人性整全的道德承认或肯定，那么自由解放则是对人性实现的道德导向。自由是道德存在的前提，因为没有自由就没有选择，就没有责任可言，这是一种基于意志与行动双重自由的现代责任伦理形态的道德法则，诸多哲学家有过充分的论证。也正是自由的重要性以及对自由的心性超越，使自由获得了现代政治哲学与道德哲学的共同关注，或者说，自由的人性特质，使近代以来的政治哲学出现了"本真性"回归道德哲学的趋势。这就迫使道德哲学要以更加开放的姿态与政治哲学一道开启人类自由实现的正义之道。如果道德哲学还以基于先验的道德法则为条件对人的行为规制进行无限的道德权威想象，甚至总是以压抑人性和限制自由为自得，不但会失去自己应有的"地盘"，而且会失去作为一个哲学分支或领域的合法性。自由对现代道德哲学来说，不仅是意志与行动的问题，而且

---

① 《马克思恩格斯文集》第1卷，人民出版社，2009，第189页。
② 庞世伟：《论"完整的人"——马克思人学生成论研究》，中央编译出版社，2009，第30页。

是权利与责任的问题；不仅是现实与理想的问题，而且是自在与自为的问题；不仅是个体身心的解放问题，而且是人类全面解放的问题；等等。这些问题得到解决后，道德哲学如果不能实现板着面孔、先入为主的"应当如何"与基于"人是谁"的"可以如何"和"可能如何"的"本真性"契合，没有一种基于情境性的现代伦理学观照，则必将走向自以为是、自得其乐甚至自欺欺人的"死胡同"。

第三章　自我与道德

　　黑格尔是最早将道德与自我的观念、意图联系起来的哲学家，认为"道德的主要环节是我的见识，我的意图；在这里，主观的方面，我对于善的意见，是压倒一切的"①。笔者在区分伦理与道德时，曾认为道德偏重于个体性自我，而伦理是偏重于社会性人际。②需要进一步探究的是为什么道德是自我性的、道德的真正实体是什么、道德自我与心理自我是什么关系、自己的"自我"与他人的"自我"是如何相处的等基本理论问题，这也是道德学和伦理学的"元问题"之一。自我、自我同一性、人格等概念经常出现在心理学文献中，形成了诸多成熟的理论，而在道德学和伦理学的研究中则显得有些不足。事实上，"自我性和善，或换言之自我性和道德，原来是难解难分地纠缠在一起的主题"③。我们长期恪守"伦理学就是道德哲学"的传统观念，而道德哲学的视域越来越窄，因为"这种道德哲学倾向于把注意力集中到怎样做是正确的而不是怎样生存是善的，集中到界定责任的内容而不是善良生活本性上"④，导致伦理学只能依赖于相关学科知识而另扩"地盘"，寻求"美好的生活"的实现路径。道德学同样不能再局限于"道德哲学"由"实然"到"应然"的简单论证，而必须忠实于道德自身的运行原理，自我与道德的关系就是基础性问题之一。⑤

---

① 〔德〕黑格尔：《哲学史讲演录》第2卷，贺麟译，商务印书馆，1981，第42页。
② 李建华：《伦理与道德的互释及其侧向》，《武汉大学学报》（哲学社会科学版）2020年第3期。
③ 〔加〕查尔斯·泰勒：《自我的根源性：现代认同的形成》，韩震等译，译林出版社，2001，第3页。
④ 〔加〕查尔斯·泰勒：《自我的根源性：现代认同的形成》，韩震等译，译林出版社，2001，第3页。
⑤ 李建华：《论道德的自我性》，《南京师大学报》（社会科学版）2020年第4期。

第三章 自我与道德

一 自我的要义、社会本质及三个层面

如果说人文科学中有最复杂的概念，则应首推"自我"，据此，不少学者称"自我"是一个谜[1]，因为神经生理学、精神病学、心理学、哲学、伦理学等学科都有涉及，并且"随着问题着眼点的不同和分析问题方法的不同，'个体'、'个性'、'认定性'、'自我性'、'个人'、'人身'、'自我'和'私我'这些概念以及它们无数派生概念也都发生变义"[2]。按照对一般概念整体性把握的要求，我们从语言学、认识论、心理学、伦理学上对"自我"简述其义，然后指出其社会本质及面向。

自我（self）是"被某一个体实际体验到的'我'"[3]，是指一个完整的人，一个具体的、活生生的存在[4]，这是一种自我的社会文化学解释。西方心理学著作中常用"ego"来指称"自我"，这往往侧重于人格结构理论的视角（弗洛伊德）。其实，自我从日常语言来看就是单数第一人称代词"我"，以区别于第二人称"你"，第三人称"他"，而真正的人称语言主体只有"我"和"你"。在社会关系中，二者具有专一性和互换性，即"我"称为"你"的那个人，同时就是"你"的"我"，如果以复数形式出现就是"你们"和"我们"。自我的人称指代意义表明，它是主体，是独立的、第一性的东西，与积极性的载体相联系，但只有与某个别的"我"交往时才具有存在的实在性。在认识论层面上，自我问题就是自我同一性（self-identity）问题，即"我"如何认清楚"我是谁"，这就是"自我性"。笛卡尔曾经认为，自我问题首先是自我认识问题。"我是什么东西？"笛卡尔的回答是"我是在思想的东西"，所以"我思故我在"。那是什么促使个人把"自我"作为一种精神实体来认识呢？笛卡尔认为是天

---

[1] 〔苏〕伊·谢·科恩：《自我论》，佟景韩等译，生活·读书·新知三联书店，1984，第13页。
[2] 〔苏〕伊·谢·科恩：《自我论》，佟景韩等译，生活·读书·新知三联书店，1984，第14页。
[3] 《不列颠百科全书》（修订版），中国大百科全书出版社，2007，第198页。
[4] 陈国典：《自我与自我发展的理论研究》，《四川师范大学学报》（社会科学版）2000年第6期。

赋观念，而洛克认为是人的"内部感觉"，因为只有自身存在的感觉才是最真实的。休谟则认为只能靠知觉的想象力，因为实体性的自我与认识的自我不可能一致。费希特则认为"自我"是无所不能的活动主体，不仅可以被认识，而且可以设定、创造一个"非我"的外部世界。自我同一性是个体对自己的完整的统一的认识，自我同一性的形成意味着个性的获得与建立，也意味着有了稳定清晰的自我形象，为过渡到道德自我奠定了基础。心理学特别是19世纪下半叶以来的心理学，从哲学关注的"自我性"的问题变为"自我意识"问题，如人格主义心理学认为自我是心灵或自由意志的体现，只能在"内省"活动中产生；心理学领域的决定论者认为自我是环境的产物；行为主义心理学自我只能在行为中把握；认知心理学认为自我只是一种认知模式，个人可以通过它来处理自己的信息；存在主义心理学认为自我的本质就是自我实现的过程。总之，心理学对自我的关注是自我意识如何产生，自我意识的来源是什么。对自我概念进行伦理学分析的要首推黑格尔和康德。黑格尔既摈弃了费希特把自我规定为直接给定的实在性说法，也反对经验论者将自我简单归结为个体对自身单一个性的认识，而认为自我只能在关系的"共同性"中产生，"我们"就是"我"，"我"就是"我们"。① 他还区分了自我意识发展的三个阶段——单个自我意识、承认自我意识、全体自我意识，只有相互作用的自我才能意识到自己深刻的共同性以至同一性，这种共同性就构成了"道德实体"。康德认为，自我这个概念是矛盾的，因为它具有意识主体和意识客体的双重属性，可以划分为意识与自我意识，而自我意识是道德与道德责任的必要前提。这样自我问题就超出了心理学层面自我意识的范围，进入了社会道德层面。

那么，自我的本质究竟如何来界定，显然"自我"不能说明"自我"，而必须由作为人的自我的存在本质和存在方式来规定。古典唯心主义强调"自我"的主体性和不可改变性，但旧唯物主义认为"自我"是物质性的肉体派生的。如费尔巴哈就认为："我是一个实在的感觉实体，肉体的总体就是我的'自我'、我的实体本身。"② 应当说费尔巴哈是看到了自我的

---

① 〔德〕黑格尔：《精神现象学》上卷，贺麟、王玖兴译，商务印书馆，1981，第122页。
② 北京大学哲学系外国哲学史教研室编译《18世纪末—19世纪初德国哲学》，商务印书馆，1960，第565页。

物质性基础,并且认为自我只能在"我与你"的关系中产生,但他把这种关系庸俗地理解为男女之间的爱情关系,连黑格尔"全体自我意识"的共同体要素都丢掉了。马克思认同费尔巴哈关于自我是交往的产物的观点,但反对把"自我"的起源归结为直接的个体人际交往,因为任何单个的人都是作为社会的化身出现的,个人是社会性的存在,人的本质"不是单个人所固有的抽象物,在其现实性上,它是一切社会关系的总和"①。离开了社会,就无法找到"真实的自我"。从马克思主义的立场出发,自我的社会性本质,可以归结为四个方面。第一,"自我"的社会关联性,不是单个人之间的简单交往,而是在一定的社会结构中形成和发生的,是人"类"性的表现。"因为只有在社会中,自然界对人来说才是人与人联系的纽带,才是他为别人的存在和别人为他的存在,……才是人的现实的生活要素。"② 这就使人的关联性与动物的关系性区别开来,从而实现人作为"自然存在"在整个自然界的独特性和崇高性。第二,"自我"作为社会性交往的产物,不是一般性的社会交往,而是在物质生产劳动中产生的,或者说,人的"自我"是社会实践的产物。人由于劳动可以把自己对象化到所创造的物品中,从而把自己作为活动者与自己活动的结果区分开来,由此才有了"自我"与"我的"概念的分化。"个人是什么样的,这取决于他们进行生产的物质条件","个人怎样表现自己的生命,他们自己就是怎样"。③ 第三,"自我"虽然在形式上不变,即以自我意识(心理形式)为前提,但其具体内容是历史的,不同历史条件下人的自我呈现有一定的差异性,在阶级社会中具有阶级性。因为自我意识"是一个历史过程,它在发展的不同阶段上具有不同的、日益尖锐的和普遍的形式"④。资本家以资本、财富来确证自我,政治家以权力大小来证明自我,无产阶级政党将解放全人类作为实现自我的目标,等等。第四,"自我"作为一种社会存在不是与社会共同体对立的,而是"一体性"的,这种"一体"并不意味着"社会是个人的简单相加",而是社会也离不开个人,或者说,如果没有作

---

① 《马克思恩格斯文集》第1卷,人民出版社,2009,第501页。
② 《马克思恩格斯文集》第1卷,人民出版社,2009,第187页。
③ 《马克思恩格斯文集》第1卷,人民出版社,2009,第520页。
④ 《马克思恩格斯全集》第3卷,人民出版社,1960,第515页。

为个体的"自我",社会就只是"无意义的抽象"。社会不可能通过离开或超越个体来存在,同样,"自我"化的个人本身就是一种个体化的总体性和社会性。正是在这个意义上,我们才可以讲"每个人的自由发展是一切人的自由发展的条件"①。

苏联心理学家科恩认为,讨论"自我",主要包括两方面的问题:什么是"自我性",即自我认定性和自我意识等问题;"我是谁"的问题,即我的存在意义问题。② 前者是心理学问题,后者是道德学问题。如果将自我置于现代"他者理论",将"我的存在意义"推演到"我的存在对谁有意义",应该还存在社会伦理的视角。所以,笔者拟从自我的社会本质出发,尝试将"自我"分为"心理自我"、"道德自我"与"伦理自我"三个层面。

"心理自我"是自我的第一层次,换言之,自我问题首先是心理问题,核心是"自我同一性"。埃里克森(Erik H. Eriksom)1946年将同一性(identity)引入心理学,1963年首创自我同一性概念,并广泛应用于社会心理学、人格心理学、文化心理学等领域,这被认为是20世纪以来最有影响的概念。③ 学术史表明,越是重要的概念因开放性大,越难以达成一致,但也越具有潜在的解释力量。自我同一性可以有内部体验的一致性、内部一致的时间性、最佳的心理功能、与社会历史文化的一致等多种维度,但最基本的应该是结构性和过程性理解。自我同一性的结构性理解是将自我作为开放体系,不排斥跟自我相关的任何因素,凡是能引起心理反应的内在或外在要素都可统摄其中。这就说明自我是"发生"意义上的而不是"建构"意义上的,是一种"自然而然"的真实现象,而不是激进的建构主义所认为的那样是由没有限制的自由意志所创造的。自我同一性的过程性理解就是将自我作为一个连续体系,也就是说自我意识作为一种心理形式不会因某一内容的介入而中断,从而保证了自我的连续感。结合以上两个方面,可以将自我同一性"我是谁"的问题分解为如下几点:第一,自我同一性是对自我的自觉意识,包含"我已经是什么"和"我想成为什

---

① 《马克思恩格斯文集》第2卷,人民出版社,2009,第53页。
② 〔苏〕伊·谢·科恩:《自我论》,佟景韩等译,生活·读书·新知三联书店,1984,第48页。
③ 韩晓峰、郭金山:《论自我同一性概念的整合》,《心理学探索》2004年第2期。

么"的问题，兼具意识与无意识；① 第二，自我同一性是对自我的全面意识，是个性、性格、气质、爱好、信念、目标等因素的综合反应，是一个人成熟的表现；第三，自我同一性是内在的自我与外部环境作用的结果，受到经济、政治、文化、社会心理等外部因素的影响，表明了一个人对外部环境适应能力的大小；第四，自我同一性是一个具有自我调节功能的自组织系统，可以通过同化和顺应与外部系统保持平衡与更新。自我同一性的完备与成熟就是健全的心理自我的形成。

自我不仅是心理存在，还涉及道德层面，即"道德自我"。泰勒认为，自我是所有道德哲学的背景或前提，并且这种自我是生存与生活的自我，而不仅仅是心理的自我，只有通过认识道德，才能成为真实的自我，而如果没有对善的信奉，人又如何能够成为自我？② 同时，自我也可以从人格构成来把握，其中就包括人的行为是否正确、情感如何具有道德性、生活方式是否健康等问题。这样在道德层面上，"自我的丧失似乎与自我的确立走的是同一条路：个人权利、自由和自主、尊重和日常生活的意义，这些已经成为道德的核心"③。与此同时，意义危机、态度分裂、过度物质化也导致了自我的丧失。可见，没有道德善价值的存在，自我也将不复存在。康德将自我、自由与自律三者概括为一个道德哲学命题：我应该做什么，或我应该成为什么样的人。自我是主体，自由是实质，自律是目标。道德生活世界是从自我及人格开始的，既然自我的本质是自由，那么我们应该如何生活就成了首要问题，如何生活必须靠自律，也就是道德律，"在这种人格中道德律向我展示了一种不依赖于动物性，甚至不依赖于整体感性生活的世界"④。道德律不是出自自然法则，而是内含了自我与自由的"强制"，因为自由意志的准则要普遍化，能为一切人所普遍认可，就必须自我强制。这样"我应当做什么"这个道德自我问题就有了着落。这

---

① 参见韩晓峰、郭金山《论自我同一性概念的整合》，《心理学探索》2004年2期。在这里，笔者没有把"我应该成为什么"或"不应该成为什么"作为心理自我的内容，因为"应该"是道德层面的问题。
② 〔加〕查尔斯·泰勒：《自我的根源性：现代认同的形成》，韩震等译，译林出版社，2001，第141页。
③ 胡真圣：《道德与自我意识》，人民出版社，2018，第194页。
④ 〔德〕康德：《实践理性批判》，邓晓芒译，人民出版社，2003，第221页。

种"应当"源于道德律的要求,即像对待自己一样对待别人,也就是人的道德生活方式。在此意义上,道德就是自我的"应为性",而自我就是道德的"可为性",前者是价值性的,后者是可能性的。所以,现代道德学要超越传统道德哲学,不但要提出"应该如何"的问题,而且要解决"如何可能"的问题。

如果道德的前提是个人的意志自由,并且要实现每个人的自由意志的可普遍化,就必须把个体放到一种"复数"的情境场域中来考察,即由"我应该如何"过渡到"我们如何在一起",这就是"伦理自我"问题,即我的"自我"与他的"自我"如何相处的问题。以胡塞尔为代表的主体间性理论,抛弃了自康德以来把主体性作为道德"至尊概念"的做法,用"共呈""配对"等关系性概念来构建主体间的认识关系。胡塞尔认为,为了避免主体的"唯我"倾向,必须从自我走向他人,从关于"我"的问题走向关于"我们"的问题,这种转换源于主体交往。"我就是在自我身内,在我的先验还原了的纯粹意识生活中,与其他人一道,在可以说不是我个人综合构成的,而是对我来说陌生的、交互主体经验的意义上来经验这个世界的。"[1] 哈贝马斯认为,现代哲学必须从近代对主体意识的强调转变为对主体间意识和交往过程的关注,关注自我与他者之间的交流。[2] 这种交流主要通过语言和实践,从而保证交流沟通的有效性,即哈贝马斯的商谈伦理。勒维纳斯反对"主体是占有和同一的主体"的传统思维模式,强调自我与他者之间"面对面"伦理关系的重要性。他认为,设置他者不但没有削减自我,相反通过他者强化了主体的伦理性。"人类在他们的终极本质上不是'为己者',而且是'为他者',并且这种'为他者'必须敏锐地进行反思。"[3] 勒维纳斯认为,人面对他者的面貌必须做出回应,意味着我马上要对他负有责任,自我与他人之间的关系就是责任关系。勒维纳斯试图构建一种超越本体论的伦理学,也就是说伦理学不再是哲学的分支,而是"第一哲学",从而让自我有了全面而坚实的伦理基础。从上述思想

---

[1] 倪梁康选编《胡塞尔选集》下卷,上海三联书店,1997,第878页。
[2] 孙庆斌:《从自我到他者的主体间性转换——现代西方哲学的主体性理论走向》,《理论探索》2009年第3期。
[3] 〔法〕勒维纳斯:《塔木德四讲》,关宝艳译,商务印书馆,2002,第21页。

家的论述可知，伦理自我本质上是关系性自我，是"我的我们"与"我们的我"的有机统一，"即我们关于我们的自我的感觉是如何与他人共构的，以及如何通过他人延伸到整个世界的"①。这样就"回到了包含着他人的自我，他人即在我之中进行整合的他人。我在他人的眼中发现了自己。我拥有一个社会性定义的自我，这导致了一种共享的实在，一个共享的世界"②。在这个世界里，道德自我转变成了伦理自我，也就是实现了"由人及己"到"由己及人"的转变。

二　道德的自我形成与自我的道德边界

道德与自我的纠缠关系，在道德运行上主要表现为两大问题，即道德的自我形成与自我的道德边界。

道德的自我存在是本体性的，而道德的自我形成是过程性的，前者是基础，后者是表征。道德的存在源于自我，换言之，道德问题只存在于人的内部性拷问。诚如唐君毅先生所言："因我深信道德的问题，永远是人格内部的问题；道德生活，永远是内在的生活；道德的命令，永远是自己对自己下命令，自己求支配自己，变化自己，改造自己。"③ "自觉的自己支配自己，就为道德生活。"④ 因为只有这样才能产生真正的道德意识之体验。当我们从人心（人性）出发时可能面临着由情感导致的道德自然主义和由理性导致的道德理想主义两种道德进路，但都是源于自我。单个人的道德同一性通过人的交往达成"道德共识"，最后沉淀为作为人类文化现象的所谓风俗、习惯与礼制等，成为社会群体性道德。我们面对或"遭遇"的"既定"道德都是社会的"成型"，但基因和"原料"是个体性的，是自我的产物。如果没有这样的认识基点，道德现象就无法科学地解释。尽管我们可以从人的社会性本质出发，推出道德是社会群体性现象

---

① 〔美〕海蒂·M.瑞文：《超越自身的自我——一部另类的伦理学史、新脑科学和自由意志神话》，韩秋红等译，人民出版社，2016，第448页。
② 〔美〕海蒂·M.瑞文：《超越自身的自我——一部另类的伦理学史、新脑科学和自由意志神话》，韩秋红等译，人民出版社，2016，第447页。
③ 唐君毅：《道德自我之建立》，广西师范大学出版社，2005，第2页。
④ 唐君毅：《道德自我之建立》，广西师范大学出版社，2005，第15页。

（规范），但也可以"倒推"出道德是个体性存在，正如"人是社会性的"与"社会是由个体组成的"两个判断并不矛盾一样。

如果"道德是个体性的"这个判断成立，抑或道德有个体生成路线，那么对"道德的自我形成"的思考就有了明确的路向。正如前述，心理学有两个概念都被译为自我，一个是个人反省意识的"self"，另一个是处于本我与超我之间的中介物"ego"。这样，道德自我就涉及纵向与横向两条道路。从纵向来看，道德的自我形成就是心理学上道德人格的发展过程；从横向来看，道德的自我形成就是个性要素与能力的结构对道德有何影响。从 self 这个路向出发，最早系统研究道德自我的是詹姆斯（W. James），他将自我分为物质的、社会的和精神的，这是一个由低到高的递进过程。[1] 而真正对道德的自我研究做出重要贡献的是皮亚杰和柯尔伯格。皮亚杰通过"对偶故事法"的观察实验，观察儿童的活动，用编造的对偶故事同儿童交谈，考察儿童的道德发展问题。他认为儿童的道德认知发展经历了一个从他律到自律的过程，提出了道德认知发展理论。皮亚杰认为，他律水平和自律水平是儿童道德判断的两级，同时也显示了作为自我发展的道德化程度。皮亚杰认为，10 岁以前儿童的道德发展处于他律水平，即对道德行为的判断主要依据他人设定的外在标准；10 岁以后，儿童的道德发展进入自律水平，即儿童对道德行为的判断大多依靠自己的内在标准。皮亚杰又把儿童的道德发展划分为四个阶段。第一阶段，即自我中心阶段，又称前道德阶段。自我中心阶段是从儿童能够接受外界的准则开始的，规则对他来说不具有约束力。皮亚杰认为儿童在 5 岁以前还处于"无律期"，顾不得人我关系，而是从"自我中心"出发来考虑问题，往往按自己的想象去执行规则，规则对他的行为不具有约束力，他也没有义务意识。第二阶段，即他律道德阶段，又称权威阶段。儿童服从外部规则，接受权威指定的规范，把人们规定的准则看作固定的、不可变更的，且只根据行为后果来判断对错，而不会考虑行为的动机。第三阶段，即可逆性阶段，又称自律道德阶段。可逆性阶段的儿童不再把准则看成不可改变的，而把它看作同伴间共同约定的。儿童开始意识到自己与他人间可以建立互相尊重的平

---

[1] 参见戴岳《道德自我的德育价值研究》，北京师范大学出版社，2013，第 58~59 页。

等关系,"你让我遵守,你也必须遵守",规则不再是权威人物的单方面要求,而具有了保证人们相互行动的、互惠的可逆等特征。同伴间的可逆关系的出现,标志着品德由他律进入自律阶段。第四阶段,即公正阶段,又称公正道德阶段。公正阶段的公正观念是从可逆的道德认识脱胎而来的。他们开始倾向于将公道、公正作为判断是非的标准,能够根据他人的具体情况,基于同情、关心来对道德情境中的事件做出判断。皮亚杰的理论属于认知结构派,在一定程度上源于德国格式塔心理学派的"完形"理论,当时并没有引起人们的关注,直到20世纪50年代才为柯尔伯格所赏识和发展。① 柯尔伯格在皮亚杰理论的基础上,先提出是非观念、权利观念、赏罚观念、道德意图、行为后果等道德品质项,在此基础上又划分了三种道德判断水平和六个阶段。三种道德判断水平是前道德水平、因袭有依顺的道德水平和自己认可的道德原则的道德水平。六个阶段是服从与惩罚的道德定向阶段、天真的利己主义的道德定向阶段、好孩子的道德定向阶段、尊敬权威与维护社会秩序的道德定向阶段、履行准则与守法的道德定向阶段、良心或原则的道德定向阶段。② 这种基于认识发生学的研究,是非常有意义的,至少能证明自我的形成伴随着道德的影响,但道德的自我社会化过程一定是线性的吗?有没有倒退的现象?自我的道德化与社会文化环境存在怎样的关系?这些都需要深入研究。

从ego这个路向出发,对自我进行结构化分析的心理学家是费特斯(Fitts)。他的自我概念理论包含两个维度和一种综合状况共10个因子。在结构维度中有自我认同、自我满意、自我行动;在内容维度中包含了生理自我、道德伦理自我、心理自我、家族自我、社会自我;综合状况包括了自我总分与自我批评。③ 弗洛伊德应该是将道德的自我形成纳入结构性分析最有影响力的思想家。他把人的自我精神世界分为三个区域:"本我"、"自我"与"超我"。④ "本我"是与生俱来的,完全是无意识的,是满足本能时的自我快感,遵守快乐原则,也是"自我"与"超我"发展的内在

---

① 参见韩进之、王宪靖《德育心理学概论》,上海人民出版社,1986,第35页。
② 参见韩进之、王宪靖《德育心理学概论》,上海人民出版社,1986,第36~37页。
③ 参见戴岳《道德自我的德育价值研究》,北京师范大学出版社,2013,第59页。
④ 〔英〕马克·柯克:《人格的层次》,李维译,浙江人民出版社,1988,第138~154页。

动力。但由于在"本我"的满足过程中出现了"不完全性",即在现实条件下,"本我"不可能无止境地实现,于是通过人的理性"过滤"掉一部分本能内容,从而实现了"自我"。这种"自我"是道德性的,因为它不但是对自我原欲的克制,也是对自我原欲的升华,是"本我"与"超我"之间的平衡,位于人格结构的中间层,具有规范性意义,遵守现实性原则。同时,个体在对自我的要求与社会互动中通过"自居作用"内化成自己的"良心",即从本我和自我中分化出人格的最高层次"超我"。"超我"是由社会规范、伦理道德、价值观念内化而来的,遵守理想原则,包括自我理想和社会理想。但是在弗洛伊德的思想中,超我常常与本我和自我发生冲突,在这场"冲突"中"自我"陷入了无创造性、无自主性的被动地位,因为现实的人要么是欲望的"魔鬼",要么是欲望的"上帝","自我"的道德性受到了挤压,从而看不到前途。马斯洛与弗洛伊德相反,认为人有"向善"的天然倾向性,每个人的自我都可以实现。马斯洛与弗洛伊德都把人看作一个有机整体,并且都是以结构性视角分析自我的道德是如何达成的,不同的是马斯洛强调人是有思想情感、能实现自我潜能的个体,而弗洛伊德仅仅把人看成一个本能的生物体。马斯洛认为,现实的人已经将各种生物本能需要化和社会化了,只是各种需要的强度不同,个体总是按照生理需要、安全需要、从属和爱的需要、尊重的需要和自我实现的需要,由低到高逐渐演进,自我实现则是最高的层次,是对自我道德化的最后完成。心理学家阿科夫(Abe Arkoff)更是强调自我的道德性,认为自我可以分为主观自我、客观自我、社会自我及理想自我,并且可以通过"自我洞察""自我同一性""自我接纳""自尊""自我暴露"五种品质来衡量自我发展的道德水平。① 以至于后来许多学者将这些参数作为自我发展道德素质水平的量表,为道德学的实证研究提供了范本。心理学家们对自我的道德养成最终还是无法摆脱心理主义的路数,如果从道德本身与自我的一体化来看,自我的道德形成主要源于自我具有规范性的反思性。现实中的自我形态首先就是自我实现,实现自我体现的是自我的实然

---

① 陈国典:《自我与自我发展的理论研究》,《四川师范大学学报》(社会科学版) 2000 年第 6 期。

维度，即自我作为生活世界道德实践的主体所具有的现实规定，缺乏这种规定，自我便成为抽象的存在。① 与此同时，自我还有应然的德性维度，即自我作为道德主体具有道德追求，能促进道德水平的不断提升。自我只有自我实现的目的指向是不够的，还要有反省自我的特性。和目的指向一样，反省性是自我区别于其他存在的内在规定之一，它从意识结构和意识活动的层面，为自我的道德完善提供了可能。②

当然在个体的意识结构和意识活动中，个性、气质、爱好以及行为能力都对道德的自我形成有重要影响。自近代以来，学界不太主张自我形成的反思论，而一直奉行的是"自我确立"的思路，即设定论，一是笛卡尔的"我思故我在"的方法，自我是自我意识的结果；二是费希特的"自我与自己关联"的方法，即自我是由自己设定的，"只在自我对它自己有所意识时，自我才是"③。德国当代哲学家亨利希对"自我设定自己"进行了批判性的深入考察，认为"设定"既是规定也是活动，"设定这个概念既包含设定者的活动——提出假设的人的直接的、独立的、有意向的活动——又包含这个由设定者提出的假设的特殊的、有规定的性质"④。这种设定其实说明了意向性活动的规定性及其实现规定的能力对自我形成具有非常重要的意义，这些能力有认知能力、想象能力、移情能力、行为能力等。

在自我道德的形成过程中是否意味着道德自我就是绝对的，自我就可以超越道德边界呢？不能，自我也是有道德限度的，或者说，只有守住道德边界的自我，才是真正的道德自我。可以达成的共识是，道德哲学的主要问题是"我该如何生活"，核心是自我反思。这就意味着能够进行道德反思的那个自我，"不再是消极地寻求欲望满足的那个自我，而是能够通过参照自我之外的世界（包括他人），来审视自己的欲望的结构和本质的那个自我"⑤。自我的反思性不但意味着在意识层面可以审视自己的全部与过程，而且能照顾到自我之外的世界，即他人的自我，也即客观化的自

---

① 戴岳：《道德自我的德育价值研究》，北京师范大学出版社，2013，第 68 页。
② 杨国荣：《论道德自我》，《上海社会科学院学术季刊》2001 年第 2 期。
③ 〔德〕费希特：《全部知识学的基础》，王玖兴译，商务印书馆，2009，第 13 页。
④ 〔德〕亨利希：《在康德与黑格尔之间》，乐小军译，商务印书馆，2013，第 377 页。
⑤ 徐向东：《自我、他人与道德》，商务印书馆，2007，第 895~896 页。

我。米德曾经将自我区分为"主我"与"客我"两个侧面:"客我体现着代表共同体中其他人的那一组态度","当个体采取了他人的态度时,他才能够使他成为一个自己","如果我们不能在他人与我们的关系中承认他人,我们便不能实现我们自己"。① 客我其实不是别的,"本质上是一社会群体成员,并因而代表着该群体的价值观,代表着该群体使之成为可能的那种经验","从某种意义上讲这些价值观是最重要的价值观"。② 群体价值观既代表了群体的意志和行动方向,也代表着对个体行为的某种控制,所以,客我的特性在于从他人或社会群体的角度来考虑问题。作为社会化的规定,客我总是通过社会控制来影响主我,因为"社会控制乃是与主我的表现相对的客我的表现"③。客我以其现实性为自我设置了道德边界,不能突破"中道",这就要做到自由而不自弃、自爱而不自私、自尊而不自负。

自由而不自弃,就是追求自由但不放弃责任。对自我的道德边界考虑首先面临着从道德法则入手还是从自由入手的问题,如果按照康德的思想,在现象层面则不能用自由概念来解释,但从实践理性出发,自由又是一个关键的概念,因为意志自由是自我形成的前提。这里的意志自由实际上是意识的自由、反观的自由与选择的自由,仅仅是意识层面的。但自我不仅仅是意识的存在,还具有实践理性,而自由同时受因果律的支配,且是行动的体现,即自我具有某种实践倾向性。从消极自由的意义来看,自我有不受限制的自由,但从积极自由的意义来看,人有做自己想做的事的自由。"自己想做"就是行为上的自我选择,所以当我们说自由与责任不可分时,一定是在知行统一的层面上,心灵或思想的自由所指向的责任不能是与思想意识对应的,而应该有行动的标示。米歇尔·梅耶把自由区分为实际的自由与发轫性自由。实际的自由就是"每个人都可以根据自己的理解自由行动,拥有把任何选择置于某种替代形式的自由",这就意味着自由是自己可以掌握的,并且限制自由的形式本身就存在于决定成为自我

---

① 〔美〕乔治·H. 米德:《心灵、自我与社会》,赵月瑟译,上海译文出版社,1992,第172~173页。
② 〔美〕乔治·H. 米德:《心灵、自我与社会》,赵月瑟译,上海译文出版社,1992,第190页。
③ 〔美〕乔治·H. 米德:《心灵、自我与社会》,赵月瑟译,上海译文出版社,1992,第187页。

的因素之中。而发韧性自由就是"能够让我们在某种给定的形势中调整距离的自由",也就是选择与他人的距离而产生的自由,而只有通过发韧性自由才能实践基本自由,在实现实际自由过程中,"发韧性自由必然处于实践之中"①。实际的自由与平等相关,而发韧性自由与责任相连。责任有三个基本向量:"从集体责任到个体责任;从外部责任到内部责任即心理责任;从向后看的责任(对过去负责、过失)到向前看的责任(对将来负责、职责)。"② 与自我意义上的自由相关的责任涉及三个维度,所以自由不是自我的放纵与任性,也不是对任何权利的无限制性享有,而是通过"向善的能力"对责任的承诺与履行。"所有这些责任都是以自主生活所具有的价值为基础,对这些责任的期望就是为了确保实现一种作为能力的自主。"③ 自我通过使用这种能力,就能够获得自主与自由,同时也为其设定了道德限制。

自爱而不自私,就是珍惜自我荣誉但不自私自利。自爱是道德学的根本范畴,表达了个体的一种基础性美德,它包含了爱物质性的肉体和精神性的道德(荣誉),自知自主是基础,自超自善是目标,自私自利则是其反相,是对自我的道德否定。亚里士多德认为,自爱出于人的天赋,并不是偶然的冲动,自私固然应该受到谴责,但谴责的不是自爱的本性,而是那超过限度的私意。他在《尼各马可伦理学》中,区分了两种"自爱":一种是"把那些使自己多得钱财、荣誉和肉体快乐的"人,这是贬义上的自爱者;另一种是"他使自己得到的是最高尚(高贵)的、最好的东西。他尽力地满足他自身的那个主宰部分,并且处处听从它"。这个"主宰的部分"是合"逻各斯"的他自身的行为,"所以,钟爱并尽力满足自身的主宰部分的人才是真正的自爱者"④。亚里士多德实际上在这里对自爱进行

---

① 〔比〕米歇尔·梅耶:《道德的原理》,史忠义译,知识产权出版社,2015,第243~245页。
② 〔苏〕伊·谢·科恩:《自我论》,佟景韩等译,生活·读书·新知三联书店,1984,第459页。
③ 〔英〕约瑟夫·拉兹:《自由的道德》,孙晓春等译,吉林人民出版社,2006,第418~419页。
④ 〔古希腊〕亚里士多德:《尼各马可伦理学》,廖申白译,商务印书馆,2017,第300~301页。

了道德划界，前者是不道德（恶）的自爱，后者是道德（善）的自爱，不道德的自爱就是极度自私自利。自私是人性中恶劣的品性，是人为了满足自己的私欲而不择手段地损人利己。马基雅维利曾认为，自私无论对他人还是自我都是一切罪恶的根源，因为自私者永远追求私利的满足，必然对自我也是冷漠的。① 弗兰西斯·培根在论述自私者时打了个比喻：蚂蚁这种动物替自己打算很精明，但对于一座花园来讲它却是一种很有害的生物。自私的人容易产生自我满足感，因为他觉得自己很聪明，但自私者的聪明就是"点着别人房子煮自己的一个鸡蛋"式的聪明，"应该说是一种卑劣的聪明。这是那种打洞钻空了房屋，而在房屋将倒塌前及时迁居的老鼠式的聪明。这是那种欺骗熊来为它挖洞，洞一挖成就把熊赶走的狐狸式的聪明。这是那种在即将吞噬落入口中的猎物时，却假装悲哀流泪的鳄鱼式的聪明"②。

自尊而不自负，就是维护自我尊严但不唯我独尊。从自我性来讲，"自尊"简而言之，就是自我尊重，但从其心理形式和伦理特性来讲，存在高自尊与低自尊、自尊与他尊、自尊与尊他等问题，是一个开放性概念，在人格心理学、社会心理学、道德心理学、伦理社会学等领域广泛使用，由此也带来了内涵上的多义性。乔纳森·布朗和玛格丽特·布朗认为，自尊存在三层含义：一是整体自尊，即人们通常是如何看待自己的，主要表现为对个体情感的感知；二是自我评价，指个体评价自己的能力和特性的方式，类似于自信与自我效能概念；三是自我价值感，用来指更瞬间的情绪状态，特别是那些由好的或差的结果所引发的情绪，这类似于情绪的自我体验。③ 自尊从自我情感体验来讲，有两种基本成分：源于社会交往经验的归属感和具有个人特征的掌控感。"归属感是指无条件地喜欢或尊重的感觉，它不需要任何特定的品质和原因，而只取决于这个人是谁。"④ 掌控感是对世界能够施加影响的感觉，这种感觉不一定发生在很大范围内，而只

---

① 李建华、周小毛：《腐败论——权力之癌的"病理"解剖》，中南工业大学出版社，1997，第159页。
② 〔英〕弗兰西斯·培根：《培根论人生》，何新译，上海人民出版社，1983，第64~65页。
③ 参见〔美〕乔纳森·布朗、玛格丽特·布朗《自我》（第2版），王伟平、陈浩莺译，人民邮电出版社，2015，第249~250页。
④ 〔美〕乔纳森·布朗、玛格丽特·布朗：《自我》（第2版），王伟平、陈浩莺译，人民邮电出版社，2015，第256页。

在日常生活层面就够了。我们可以通过多关注自己的优点、把失败归因于外在、建立适己性的自我评价等方式来增强自尊心。自尊的本质在于现实的自我与理想的自我的一致性，由此产生的自我满足、自我接受和自我肯定，是"个人的价值判断，表现为个体对自己所采取的各种定势"[1]。但是自尊从道德层面来看不是骄傲自满、妄自尊大，不是没有自我批评精神，更不是走向其反相的自卑。这里重点涉及自尊与他尊、自尊与尊他两个伦理问题。就第一个问题而言，自尊同时也来自他人对你的尊重，而要获得别人的尊重，除了自己确实有值得别人尊重的能力、水平与品德，还要虚怀若谷，低调行事。要想通过别人的尊重来实现（提高）自尊，首先要学会尊重他人，甚至包括包容他人的缺点与低能。还有一种情况是自尊与自我评价不一致，也就是说因评价不中肯而盲目自尊，个体顽固地坚守自己的反面"自我形象"，不以为耻反以为荣，这就需要在道德认知上进行调整，从而实现自尊与自我评价的统一。

三 自我的道德如何向社会的伦理延伸

如果我们仅仅是讨论自我与道德的相互关系，应该就此打住，相信以上思考线索已经多少有些明朗，但问题在于"自我"本身内含了个体性与社会性的双重规定。现实社会道德生活表明，实体性的"道德自我"从来就不是纯粹个体性的，从逻辑上必然关涉自我的道德确证、"我的自我"与"他人的自我"如何进行道德关联、无数"道德自我""相加"是否可构成良好的社会道德场域等。这就迫使我们思考自我的道德如何向社会伦理延伸，包括延伸的可能性和延伸的具体途径两个层面的问题。对这一问题的回答，从客观上表明道德学本身不是一个封闭系统，也不是道德知识堆积的"杂物间"，而是既开放又流动的"趟篷车"，它与伦理学之间存在交叉和过渡关系，这种过渡是通过道德向伦理的转化来实现的，[2] 其中，

---

[1] 〔苏〕伊·谢·科恩：《自我论》，佟景韩等译，生活·读书·新知三联书店，1984，第434页。
[2] 李建华：《伦理与道德的互释及其侧向》，《武汉大学学报》（哲学社会科学版）2020年第3期。

自我就是关键因素。

　　自我的道德向社会伦理延伸的可能性源于道德自我的"外部性"关系。既然道德自我的实践（行动）性具有向外"扩张"的倾向，同外部条件的纠缠就不可避免，这种"外部性"关系存在"另外的自我"与整体性外部世界的差异。一些哲学家如布雷拉德关注的重心是整体，他认为道德的目标就是自我实现，而自我实现就是与整体的关系世界融合为一。① 也有的思想家如维特根斯坦和哈贝马斯强调个体与个体间的交往，以及"自我"间互为主体。尽管如此，但认识到了道德自我与外部存在关系的对称性和交互性，这就是自我的道德向社会伦理延伸的开始，是社会伦理关系的产生。自我能否超越心理局限走向道德，是自我成熟的第一步，超越道德的自我局限走向他者的伦理，是自我社会化的根本标志，这对伦理学的产生具有十分重要的意义。美国心理学家海蒂·M.瑞文也认为，"对超越自身的自我的发现、投入并跨越其社会与自然的世界，正是伦理学的来源，或起主要作用的来源"②。因为"自我是跨越心灵—身体和世界的，这个意义上的自我是我们在这个世界上道德探究和道德行为的起源和本性"③。自我是渗透性和关系性的，而不是封闭的、离散于世界而展开其自身的内在程序，这样，"我们不仅发现内在于我们的世界，也在这世界中发现我们自己，将我们同自己等同为这个世界中的一部分"④。自我的道德在与外部发生关联的过程中，并没有忘却自我或消解自我，相反，它只是在寻找一个更加广阔的空间，"我们需要通过生活在一个道德共同体来塑造和重新塑造我们的自我"。正如塞缪尔·谢弗勒所指出的，"把自我成功地整合进入一个社会并由此实现一种诚实的道德上的自我理解，这种做法对于我们过一个好的生活来说大有裨益"⑤。对美好生活的追求成为道德与

---

① 杨国荣：《伦理与存在——道德哲学研究》，上海人民出版社，2002，第118页。
② 〔美〕海蒂·M.瑞文：《超越自身的自我——一部另类的伦理学史、新脑科学和自由意志神话》，韩秋红等译，人民出版社，2016，第443页。
③ 〔美〕海蒂·M.瑞文：《超越自身的自我——一部另类的伦理学史、新脑科学和自由意志神话》，韩秋红等译，人民出版社，2016，第443页。
④ 〔美〕海蒂·M.瑞文：《超越自身的自我——一部另类的伦理学史、新脑科学和自由意志神话》，韩秋红等译，人民出版社，2016，第446页。
⑤ 徐向东：《自我、他人与道德》，商务印书馆，2007，第894~895页。

伦理"走到一起"的理由。

自我的道德向社会伦理延伸的可能性还源于自我的包容性和开放性。神经哲学家提出了分散式主体的问题，即一个行为的主体比个体大，分散式的自我能够在完全外在于身体的某处感受到自身，也就是说行为主体的心理感受已经可以超出个体自身的感受，通过移情机制，完全可以去感受别人的感受，去"爱着你的爱""幸福着你的幸福"。心理学已经证明，作为完全自我认识的自我包含着最初是"他人"的视角，"这个视角重新定位了在其自身之外及在他人之中的自我"①。我们曾经错误地认为，真正的自我就是我们内心的固有物，是有界限的本质，其实，"我们使世界一些部分感觉起来像是自我，我们用我们在这个世界中的活动不断填充我们的自我感觉"②。这种"填充物"来自哪里？除了自我对他者的责任与义务，还有他者的物质或精神的利惠，如果人人能做到"修己以安人"，那么人人就可以在"安人"中实现"安己"。这种"由己及人"向"由人及己"的过渡不正是社会伦理的发生机理吗？日本学者平野启一郎提出过"分人理论"，对传统的"个人是社会的基本单元""个体是不可再分的"等观念提出了挑战。所谓分人，"是指每个对他关系中形成的种种各样的自己"③。这种分离出的"人"，其实是在不同交往中所扮演的角色，这些角色多了，就会形成虚假的自我，就会使真正的自我趋于弱化。但是，分人不会结成人际网络中心，"因为分人不是自己任意创造出来的人格，而是在一定环境和对人关系形成的。正如我们所处的世界没有绝对唯一的地点一样，分人也是每个个人各自的构成比率形成的"④。分人可以根据自我面对的对象展开，首先是面对社会的分人，然后是面对单位组织的分人，最后是面对特殊人群的分人，由此就肯定了自我的变化。不过这种分人主义

---

① 〔美〕海蒂·M. 瑞文：《超越自身的自我——一部另类的伦理学史、新脑科学和自由意志神话》，韩秋红等译，人民出版社，2016，第 447 页。
② 〔美〕海蒂·M. 瑞文：《超越自身的自我——一部另类的伦理学史、新脑科学和自由意志神话》，韩秋红等译，人民出版社，2016，第 452 页。
③ 〔日〕平野启一郎：《何为自我——分人理论》，周砚舒译，浙江文艺出版社，2019，前言第 5 页。
④ 〔日〕平野启一郎：《何为自我——分人理论》，周砚舒译，浙江文艺出版社，2019，前言第 63 页。

确实对否定唯我论的个人主义有一定意义，因为分人意味着对自我的把握始终离不开对他者的关注与关心，分人再多也不会失去自我的人格、主体、自尊等核心要素，相反，从伦理关系来看，只会强化自我信心，这就是日常伦理生活中"待别人好其实就是待自己好"的道理。

自我的道德向社会伦理延伸的可能性还源于道德生活中的情境性和自我反思能力。心理学在研究自我时存在把自我同环境隔离开来的现象，以致把自我当成"自给自足"的封闭系统。但道德自我与心理自我的最大差别就在于前者一定是情境性的，一定发生某种道德空间的道德关系，也就是说，判定一种行为是否为道德行为的根据就在于它是否出现在特定的道德情境中，而道德情境的本质是习惯的相互修正。[①] 由于道德生活总是存在于不断变化的特殊事件中，这就需要道德主体自我去不断发现、总结其中具有普遍性的东西，所以道德情境同时包含着探究的需要，然后又通过新的道德生活事件来应证理智探究的结果，道德生活也就成了连续和充满活力的不断适应的过程。[②] 因此，道德情境因个体的道德审度能力与外界道德生活的变化相适应，这种内外"互修"、互动的过程及结果就是伦理的秩序。同样，道德生活看似是个体化的甚至隐藏在自我的内心，但也一定是情境化的，哪怕是个体单独的道德行为。现代伦理学特别是规范伦理学的根本问题是"我应该如何生活和行动"，这里的"我"是第一人称，这便使自我反思成为伦理生活的核心要素。这个能自我反思的自我，"不再是消极地寻求欲望满足的那个自我，而是能够通过参照自我之外的世界（包括他人），来审视自己的欲望的结构和本质的那个自我"[③]。也正是在这个意义上，康德认为人的理性能力是自我尊重的基础，也是得到他人尊重的基础，反思意味着自我内外因素的相互作用与反观。从表面来看，反思是自我的内部审视与修正，同时也促进了与外部联系的调整，因为对习惯的反思会使习惯的双向渗透功能得以强化，这有助于我

---

① 张奇峰：《以"道德自我"为概念核心的杜威道德哲学研究》，上海三联书店，2017，第57页。
② 张奇峰：《以"道德自我"为概念核心的杜威道德哲学研究》，上海三联书店，2017，第59页。
③ 徐向东：《自我、他人与道德》，商务印书馆，2007，第896页。

们尽快地适应新的道德生活，在适应中克服道德难题，在克服道德难题中促进道德适应，这就是自我的理智活动和伦理实现。

自我的道德向社会伦理的延伸，大致可以依据身份角色、职业岗位和社会场合来实现。

在对伦理与道德进行区分的基础上，应该正视由道德至伦理的过渡或转换的问题，其中有多种途径，"位分"就是重要的一种。"位分"实际上是讲个体在社会生活中的地位、身份是特定的，具有一定的边界，不能混淆，不能互换，由此产生特定的义务法则，由"我是什么"直接内生出"我应当如何"的道德指令。[①] 如中国传统道德强调的"君明""臣忠""父慈""子孝"，古希腊柏拉图提出的"四美德"，日常生活中强调的"男人应该像个男人""父亲应该像个父亲"等，这就是我们常说的"身份道德"。这种身份道德对于身份的义务和责任规定是特定的，具有"天职"的意味和非对称性，即不因道德关系中的另一方是否也履行了同等义务和责任而有所改变。并且在履行身份道德时，个体是"向我性"的思维，是为了成就自我和完善自我，为己与为他不会彼此排斥，这样，个体在履行义务的过程中能实现高度的自我认同，因为"自我惟有自觉地承担对自身的义务，以自我潜能的多方面发展与自我完善为自身的责任，才能提升到道德之境并作为道德自我而承担对他人的义务"[②]。然而，在伦理领域，道德关系又具有对称性，换言之，道德关系的对称性决定了道德的自我必然要进入伦理领域，也就是权利与义务的对称或大体对称的领域。如在中国传统伦理关系中，父不慈，子可以不孝；君不明，臣可以不忠。现代伦理更是强调这种道德关系的对称性，如公民的权利与义务是基本对称的。这里，无疑会涉及两个无法回避的问题，一是没有伦理关系，是否存在身份道德，也就是伦理与道德谁先说明谁的问题。这实际上是"先有鸡蛋还是先有鸡"的问题，应该是同一个问题的两面，没有父子关系当然也就没有父与子的身份。同样，没有父与子的角色也没有父子关系，无非侧重点不同罢了。道德学侧重从道德层面说明伦理，而伦理学侧重从伦理层

---

① 李建华：《伦理与道德的互释及其侧向》，《武汉大学学报》（哲学社会科学版）2020年第9期。
② 杨国荣：《伦理与存在——道德哲学研究》，上海人民出版社，2002，第116页。

面说明道德。二是身份道德进入伦理领域是否会消解道德自我。自我进入他者领域，可能基于理性能力、社会角色认同、利益冲突、回报机制等原因，在成就他人时使自我受损，进而自暴自弃、心灰意懒，甚至自我怀疑。这就需要在伦理关系中实现每个人的权利与责任对等的制度化，让每个自我互为目的，充分肯定自我成就的积极价值，避免自我的萎缩与消解。

职业岗位最能体现道德自我与社会伦理的有机统一。道德自我在职业岗位上的体现就是职业道德，换言之，职业道德是自我在职业领域的道德要求。现行的职业道德的基本要求是"爱岗敬业、诚实守信、办事公道、服务群众、奉献社会"。这些要求具有"绝对命令"的性质，即无论在什么情况下都应该无条件遵守。但从职业伦理的角度看，职业是由于社会分工和劳动内部分工使人们长期从事具有专门义务和特定职责并将此作为主要生活来源的社会活动，这里涉及三个方面的伦理问题。第一，职业是社会分工的产物，在此产生了职业内部最基本的伦理要求，也就是职业的平等意识。在社会伦理领域，其应然性要求是，职业没有贵贱之分，职业面前人人平等，要克服职业等级化的错误伦理观念，并从制度上实现职业收益的大体均衡。第二，职业是社会职能的专门化，每一个人从事一定的职业就是对社会责任的一种分担，所以，一个好的社会就是人人有事做，事事有人做，各有其位，各司其职，各尽其责，各取所得。第三，职业是个人谋生手段，就业是最基本的人权保证。人们谋职的基本目的是谋生，在社会伦理制度上，要让公民充分就业、优质就业，"砸三铁""拖欠工资""无情下岗"等现象都是对人权的伤害。可见，职业伦理是责、权、利的统一，不同于职业道德，后者是对职业者的单方面要求，前者是对社会的整体性要求。近年来，我们的职业伦理建设不到位，严重影响了职业道德的发展，同时职业道德水平的下降，又影响了社会职业伦理水平的提升，这种道德与伦理在职业领域的互损性必须引起高度重视。

社会场合是自我间的特殊际遇与相逢。因每个自我以其自身固有的身份在社会生活中流动，为了双方或多方才能实现的某一个目标在某个场合相遇，单方面地恪守身份或职业道德都无法实现这一目标，只有双方同时遵守"事理"原则，相互配合，才能达成各自在同一行为中的目标，这就需要一种"场合道德"。"场合道德"是著名伦理学家曾钊新先生在研究伦理社会学时提出的独创性概念，他认为，"场合道德是在特定空间发生交往时必须遵守的道德，是指在固定身份地一方履行责任，满足身份固定的另一方的需要，被满足者也同时履行责任，实施善意'馈赠'的道德律令体系"①。例如，在学校这种特殊空间，就有教师与学生之间教学相长的教学道德，这是教师自我道德与学生自我道德的交会，只有双方同时具备并恪守，才会形成有效的道德作用场域。时下师生关系紧张，就是只强调了教师职业道德一方，而没有对学生提出道德要求，致使自我无法形成相互感染和心灵共振，无法相互理解，学生方只有自我"出场"从而使道德"退场"，并没有在自我间形成完整有效的伦理关系及双向调节机制。现在的医患关系如此紧张，究其原因是我们只对医生提出职业道德要求，而对患者缺少道德规约。如果患者不是一个道德的、文明的自我，医患矛盾就始终得不到解决，买卖道德、审判道德都是如此。场合道德的提出正好搭建了自我与自我之间道德交往的桥梁，提供了道德沟通对话的平台，为自我的社会化、道德的伦理化提供了切实可行的路径。自我的道德在向社会伦理延伸时，不但要有自我的道德"行为守则"，还要有社会伦理的"入场须知"。

当然，我们列举由自我道德向社会伦理延伸的诸多条件和可能性路径，是为了一方面在理论层面上强化道德与伦理的相通性，道德学与伦理学仅仅是知识范形与致思方式的差别，二者并非水火不容；另一方面在实践层面上强调个体无论道德自我如何自足与强大，只有进入社会场域，才能真正发挥应有的作用，只有无数个道德自我形成的"道德合力"，才会构成社会有效的控制力量，反过来又使每一个道德自我更加强大。

---

① 曾钊新、涂争鸣等：《心灵的碰撞——伦理社会学的虚与实》，湖南出版社，1993，第206页。

第四章　善恶与道德

元伦理学的创始人摩尔指出："这就是我们的第一个问题：什么是善的？什么是恶的？并且我把对这个问题（或者这些问题）的讨论叫作伦理学，因为这门科学无论如何必须包括它。"① 当然，摩尔自己也承认他使用"伦理学"来概括什么是善的和什么是恶的有些宽泛，"包括它"不等于"就是它"，因为"伦理学"要"普遍"得多，甚至伦理学只研究如何给"善"下定义，可见，摩尔也只是在"伦理学与道德学近义"的思想传统上使用"伦理学"一词，笔者则称之为"道德学"。这里要特别说明的是，我们有时把善恶作为一个整体概念来理解，有时则是分两个概念来理解，有时甚至只谈了善或恶，但都可以从反方向去谈，诚如亚里士多德所说，当我们谈善时，"恶的特点则相反，伴随它的亦性质相反"②。摩尔认为，对于定义什么是善恶可以有三种角度——"什么事物是善的""哪些事物是善的""怎样给'善的'下定义"，而伦理学的任务就是研究如何给"善的"下定义，这种普遍的伦理判断何以为真。③ 当然，也有学者认为，将一般的善恶理论归结为伦理学是错误的，"因为某些善的事物既非行为，亦非指向行为的意向"④。可见善恶问题不是伦理学讨论的全部，仅仅为主题之一。我们当然是置善恶于社会生活之中，强调善恶现象是人类社会一种独特的历史文化现象，与真假和美丑一样，是人类永恒的价值主题。善与恶作为道德价值的"两极"，既是道德评价的标准，又是道德生活的实存，"善的"与"恶的"问题构成道德学的基本问题，并且在此仅做一种本体论意义上的理解而非价值论意义上的。

---

① 〔英〕摩尔：《伦理学原理》，陈德中译，商务印书馆，1983，第9页。
② 苗力田主编《亚里士多德全集》第8卷，中国人民大学出版社，1994，第464页。
③ 〔英〕摩尔：《伦理学原理》，陈德中译，商务印书馆，1983，第9~11页。
④ 〔英〕戴维·罗斯：《正当与善》，林南译，上海译文出版社，2008，第165页。

一 善与恶：道德的独特性

道德的独特性就在于它是关乎"善的"与"恶的"，善恶使道德这种精神文化现象具有不可替代性，使人类社会生活有一个独立的领域，由此也使将其作为研究对象的道德学具有了同样的独特价值。这种善恶的独特性既表现在道德的理论历史关注上，也体现在社会生活中，成为理论与生活的双重主题。

在此，笔者无意梳理关于善恶问题的思想史，而只是围绕"如何定义善恶"，简要介绍几个主要观点。从古希腊的德谟克里特、苏格拉底、柏拉图、亚里士多德、伊壁鸠鲁开始，到当代的摩尔、斯蒂文森、黑格尔、麦金太尔、弗兰克纳、罗斯等思想家都对善恶问题进行了精深探究，提出了理解善恶的多重角度，归纳起来，有"善恶与好坏""善恶与价值""善恶与人格""善恶与德性"四种。[1] 我们先看善恶与好坏。"善"应该就是"好"，"恶"就是"坏"，但"好"不一定是"善"，"坏"不一定是"恶"。弗兰克纳在《善的求索》中认为，用好的问题来引导问题的讨论是最合适的，也就无须再为什么是善、什么是恶做出说明了，还区分了道德意义上的"好"和非道德意义上的好，[2] 道德上的善恶就是道德意义的好坏而不是非道德意义上的。在摩尔看来，当"好"这个概念用于某些经常具有这些性质的东西上时，这些东西本身就具有内在价值，本身就是"好"；当这些概念仅用于作为其他事物的原因或手段时，就是一种外在的"好"，前者为好本身，后者为"手段的好"，而"手段的好"不是"善"。[3] 艾德勒认为作为形容词的"好"所具有的意义比我们用来表达某事物的特殊意义的"善"的含义要广泛得多，因为"善并不是一种我们可以从事物本身发现的性质"，如"好""坏"，而是"我们称它们是善的，只是因为我们追求它们。我们如果憎恨它们，便称它

---

[1] 陈根法：《德性与善》，《伦理学研究》2003年第2期。
[2] 〔美〕威廉·K.弗兰克纳：《善的求索》，黄伟合等译，辽宁人民出版社，1987，第131页。
[3] 〔英〕摩尔：《伦理学原理》，陈德中译，商务印书馆，1983，第13页。

们是恶的"①。亚里士多德认为,"善的"肯定是指事物中最好的东西且值得我们去追求,就是一般的善,② 不被吸引、向往、追求的东西也就无善可言,但不一定是"恶"。

　　善恶不仅与好坏有关,还是价值的体现,或者说,道德价值更能说明善恶的本质,不是一般地满足物质需要时的价值,而是属于精神价值的层次。正是在此意义上,舍勒称研究道德善恶的伦理学为"实质价值学",就是善伦理学。"一种完善的行为不仅包括所求的客观之善,也拥有作为'至善'的对其建立在客观基础上的价值优先的自明性的认识。"③ 道德价值应理解为一切现象是否满足一定道德主体的道德要求而具有的善恶性质。在这里,道德价值不仅是指对社会和个人有积极作用的道德本身,而且包括一切具有善恶性质的现象,这就不仅仅是善了。我们说某现象具有道德价值,如果是以它积极地符合特定的道德要求而言,那就表现为善价值;如果以违反道德要求的情形出现,则表现为善的反面即负价值——恶,用舍勒的话说就是"价值善"和"价值恶"。因此,研究道德价值,应包括善和恶两种属性,正如审美价值包括美和丑、科学认识价值包括真理和错误一样。④真正的道德价值载体是个人,所以人格价值也是最高的道德价值。

　　如果说行为的善恶指向外在,人格的善恶则是指向内在,人格的善才是人的整体善。日本学者西田几多郎反对有价值的就是善的观点,富贵、健康、技能、学识都有价值,但不一定是善,只有人格才是善本身,违反了人格要求就是恶,因为"人格是一切价值的根本,宇宙间只有人格具有绝对的价值"⑤。以人格本身为目的的善是服从心灵的内在要求的,如果出于别的目的就是对自我人格的否定,就是恶。他还以至诚为例,"所谓至诚的善,并不是因为通过它产生出的结果才成为善,它本身就是善。我们说欺人者恶,与其说是因为由此产生的结果,毋宁说是因为欺人才欺骗了

---

① 〔美〕艾德勒:《六大观念》,郗庆华、薛笙译,生活·读书·新知三联书店,1989,第86页。
② 苗力田主编《亚里士多德全集》第8卷,中国人民大学出版社,1994,第244页。
③ 〔德〕舍勒:《价值的颠覆》,罗悌伦等译,生活·读书·新知三联书店,1997,第306页。
④ 李建华:《趋善避恶论——道德价值逆向研究》,北京大学出版社,2013,第16页。
⑤ 〔日〕西田几多郎:《善的研究》,何倩译,商务印书馆,1983,第114页。

自己，否定了自己的人格的缘故"①。其实，中国古代儒家哲学也是追求内在价值，将"仁"作为最高的人格标准，道德所追求的是善价值本身，而伦理是将善价值作为协调人伦关系的尺度。在此意义上，人格的善具有了德性的意义。

当我们把至善作为最高价值去追求的时候，善恶问题就与德性有关了，这已经在伦理思想史上达成了共识，只是在德目的关联度上存在不同认识而已。善是个体道德价值的基础，也是德性价值的基础。既然求善是人生的最高目标，那么所有的德性都围绕善展开，违背善的德性都是恶性，是人的最坏的品性。正如舍勒所言："一种完善的行为不仅包括所追求的客观之善，也拥有作为'至善'的对其建立在客观基础上的价值优先的自明性的认识。"② 如果说善是人类生活所追求的目标，那么，德性正是实现善的幸福生活的内在条件。德性为何可以实现善的价值呢？在中国传统哲学中，德性更多地与"人性"相通，如儒家认为"诚"本身就是人存在的本体，就是人性，所以中国人讲"人性"本身带有一种"方向感"，即这个人"有人性"就是讲这个人善良，"没有人性"就代表他罪大恶极，所以善良与人性相通。在西方，德性更注重向善的能力，特别是选择力与自控力。亚里士多德尽管区分了理智的德性与伦理的德性，但其实二者在至善的目标上是一致的，前者保证正确的选择方向，后者则是提供达到目的的实践。向善的自控力表明了德性的意志力量，人没有意志力是难以为善的。

上述四个方面实际上提示了理解善恶的角度，如果非要给善恶下明确的定义，那只能从社会利益关系来考虑，即凡是可以称为善的东西一定是对社会或他人有利，反之就是恶的。在众多的研究中，我们不排除对善恶理解的多义性，但这种历史唯物主义的主张，不会招致更多的反对，因为它确实抓住了善恶问题的根本。何况，也只有基于这一点，才能说明为什么善恶可以使道德在社会历史文化现象中具有独特性（不可替代性）。

---

① 〔日〕西田几多郎：《善的研究》，何倩译，商务印书馆，1983，第115页。
② 〔德〕舍勒：《价值的颠覆》，罗悌伦等译，生活·读书·新知三联书店，1997，第360页。

日本伦理学家小仓志祥对善的特性做过精深的论述。他认为，善恶应该是道德生活的根本样态，是何时何地都被这样认识的根本的、无制约的、自身的价值，而且是与主体应有样态直接相关的自由的精神活动相适应的。"这意味着：首先，善不是仅对于特定的人和社会或者仅在某种特定场合才会被认可的那种价值；其次，它不是只有作为某种特定的事物和情势的手段才有效的价值；第三，它不是与自由精神上的实践活动无关就能够成立和被认可的价值。"① 善恶问题的独特性决定了道德生活的特殊矛盾，也决定了专门研究道德生活问题的道德学的独特性。"如果没有恶，善又会是什么样子呢？如果没有恶，或者根本就不存在恶，那人们也就没有必要在心向善了。向善的愿望——不管我们对善的具体理解如何——不仅人类同恶的斗争如影随形，以免这种斗争不能继续下去。人类显然非常需要恶的存在，这种存在为人类的道德和法律体系提供了良好的题材。"② 美与丑是艺术审美中的特殊矛盾，真与假是科学认识中的特殊矛盾；正义与非正义是法律现象中的特殊矛盾；思维与存在是哲学把握世界的特殊矛盾；权力与权利是政治生活中的特殊矛盾；信仰与反信仰是宗教生活中的特殊矛盾；等等。当然，善恶并非只存在于道德生活中，在政治、艺术、宗教、哲学、法律等意识形态领域都存在善恶问题，但只有道德学是专门研究善恶问题的。同时也只有善与恶的矛盾推动了人类道德生活的发展，并且贯穿人类道德生活的所有领域和道德生活的始终，也就是说，人类道德生活史本身就是一部善恶斗争史。毛泽东就曾说：任何时候，好与坏，善与恶，美与丑，这样的对立总是有的。有比较才能有鉴别，有鉴别才有斗争，才能发展。

善恶问题的特殊魅力，致使思想家们对此给予了高度关注，其中许多人由此成为伦理学家或道德学家。无论是唯心主义经验论，还是唯物主义的功利论；无论是理性主义的善良意志，还是经验主义的幸福论；无论是传统伦理学理论，还是现代伦理学流派，抑或后现代伦理学观点；无论是东方伦理学，还是西方伦理学，都必须注重对善恶问题的研究。这并不取

---

① 〔日〕小仓志祥：《伦理学概论》，吴潜涛译，中国社会科学出版社，1990，第74~75页。
② 〔奥〕弗朗茨·M.乌克提茨：《恶为什么这么吸引我们》，万怡、王莺译，社会科学文献出版社，2001，第28~29页。

第四章 善恶与道德

决于个人的研究兴趣，只不过，只要是身处社会生活中的道德实践就能感触到善良与邪恶，就能对善恶产生理性认知并进行阐发，不同的是，有人在思维王国里自我满足，有人则置身于道德生活。马克思主义道德理论与其他道德理论的一个根本区别在于，始终把具有善恶根本矛盾的道德生活置于社会历史之中，置于现实的利益关系之中，摈弃那些主观善预设。[1] 关于善恶的社会历史特性，恩格斯在《反杜林论》中有经典论述：善与恶"这一对立完全是在道德领域中，也就是在属于人类历史的领域中运动，在这里播下的最后的终极的真理恰恰是最稀少的。善恶观念从一个民族到另一个民族、从一个时代到另一个时代变更得这样厉害，以致它们常常是互相直接矛盾的。但是，如果有人反驳说，无论如何善不是恶，恶不是善；如果把善恶混淆起来，那么一切道德都将完结，而每个人都将可以为所欲为了。杜林先生的意见，只要除去一切隐晦玄妙的词句，就是这样的。但是问题毕竟不是这样简单地解决的。如果事情真的这样简单，那么关于善和恶就根本不会有争论了，每个人都会知道什么是善，什么是恶"[2]。这实际上是对善恶具体内容与标准历史特殊性的强调，但并不排除以思想的方式把握善恶。其实，道德意识无论是通过何种途径产生的，思想家们都把善恶问题归为根本问题，这本身就是一种"共识"，并且把这种"共识"向其他价值领域延伸，道德意识就变成了伦理意识。如在政治意识中，民主、平等是善，专制、不平等就是恶；在法律意识中，正义、守法就是善，偏私、违法就是恶；在经济意识中，诚信、公平竞争是善，欺诈、不守市场规则就是恶。所以，伦理价值往往是以善恶来审度的，有时伦理意识本身就体现为道德意识，只不过前者更注重伦理关系中的对称性和互为性而已，这也是伦理学与道德学互释而难分的缘由。

在这里，还要特别注意的是，我们对善恶于道德生活的特殊性而言，不是简单的"两分法"，即虽然从道德价值上可以分为善与恶，但道德生活本身不会因此切割为"泾渭分明"的两块。"一分为二"作为一种哲学方法，是唯物辩证法的核心。它揭示了处于一个统一体中的事物内部或事

---

[1] 倪愫襄：《善恶论》，武汉大学出版社，2001，第90页。
[2] 《马克思恩格斯文集》第9卷，人民出版社，2009，第98页。

物之间的对立统一关系，无疑对于人们培养正确的道德思维有着极其重要的意义。但是，如果不能用辩证思维的方法对待辩证法，就将导致辩证法的形而上学化，"一分为二"变成机械的"对半开"就是这种结果。"一分为二"的形而上学化是同中国的"天人合一"思维相补充和契合的。"天人合一"强调整体与部分、个人与社会的交融互摄，注重整体性、稳定性、和谐性，实际上阻碍了国人的思维向精确化、个性化、创造化方向发展。"天人合一"互补思维的反面是对一切不可分割的有机整体进行机械的"一分为二"的划分，是在没有抓住某一事物最突出的特征时所做的游戏般的对半开。这是僵化、无个性的思维。"对半开"的致思途径在道德生活中导致了对道德现象不善则恶的机械裁剪。非好即坏，不是有德便是缺德，不是善就是恶，不是崇高就是卑鄙，不是大公无私就是自私自利，这些都是它的惯用说法。

破除非此即彼、非善即恶的"对半开"的意义在于对"善恶三状态"的拓展。① 道德价值世界是异常复杂的，它不是善和恶的简单浮现，而是与丰富的人性结构和复杂多变的道德生活紧密相连的。善恶观念在实际生活中，常常与人的行为中的"应当""正当""失当"三种状态联系在一起。应当的行为，是一种有道德评价意义的行为，是人际关系和社会交往中必须如此才有助于利益增长或维护的行为。正当行为则不然，它可能是于己有利、于人无害的行为，这种行为无所谓有善恶评价的社会尺度，因而也无法进行道德评价。失当行为则是不该发生的行为，它损害了他人或社会的利益，是缺德的表现。应当，是理想的、高尚的；正当，是该做的，既不缺德，也不高尚；失当，是不该做的，是缺德。这就是行为善恶的三种状态。道德对社会生活的影响确也比较深广，但并不等于人的任何行为都具有善恶意义。只有有利或有损于他人和社会集体利益时，才有道德可言。道德生活中的"可容许行为"并不少见，"道德真空"也的确存在。如果对这种"道德真空"强行进行道德评价，只能导致道德泛化和君子型人格的产生。通常人们默许：不善而属应当、

---

① 笔者在论述"道德思维"时，提出了"善恶三状态"的问题，在论述"道德行为"时，提出了"道德可容许行为"的概念。可参见曾钊新、李建华《道德心理学》，商务印书馆，2017，第 160~161 页。

不恶而属失当的行为是正当行为。这是道德生活中的广阔地带,而传统道德思维的一个最大失误,就在于把失当、应当作为统括道德生活的全部内容而置于正当地带。如把无私看作美德,反过来有个人打算就成了缺德;把节俭看作美德,反过来讲究一下吃穿就成了资产阶级的腐朽作风。如此等等,不一而足。

道德生活中机械的"对半开",还催生了思维的惰性和神秘主义的直觉方法。既然一切事物都是"对半开",就无须研究事物的特殊性,无须探求道德生活的复杂性,久而久之就形成了唯上、唯书、唯他人的思维惰性。因为一切道德原则规范都是既定的,人的道德生活就是按照这些伦理纲目去对号入座、填空,无须进行理性分析。这种思想惰性源于神秘主义的直觉法:从"以天下地""以男下女"的直觉经验引申出阳尊阴卑的大道理,又从阳尊阴卑的大道理引申出封建道德的伦理秩序,神秘化为先验存在的宇宙伦理本体,让人们通过神秘的直觉来体认道德所具有的至高无上的威慑和强制力量。这种缺乏理性审视的思维方法,只能导致道德上的盲从。因此,破除两分法的机械性、简单化,拓展道德新视野,一切以人的自由全面发展为准绳,才是道德思维方式现代化的根本要求,才能充分显示道德思维的特性及其独特的社会功效。

二 作为价值观的友善[①]

当下中国,把友善作为社会主义核心价值观加以倡导,为我们正确认识善恶特别是善提供了新的思路,这也不得不迫使我们从价值观"实存"上进行简要分析,否则会有"失大体"之嫌。"友善"价值观长期以来都得到人们的推崇,无论在东方文化还是西方文化中,"友善"都被视为宝贵的美德。"友善"是爱的外化和拓展,是构建社会成员之间和谐关系的道德纽带,也是维护社会秩序的伦理基础。因此,它既是一种高尚的道德品质,也富含社会伦理意义,在社会生活中发挥着不可替代的作用。"友

---

① 本部分内容参见李建华《友善何以成为一种核心价值观》,《伦理学研究》2013年第2期。

善"作为一种核心价值观,一方面指引人们人格的完善和公民道德的培育,另一方面引领社会关系和道德秩序的优化。

首先,"友善"是优秀的个人品质。"友善"是人们内心爱的表达,源自人们对于善价值的追求。古希腊哲学家亚里士多德把友爱分为善的友爱、有用的友爱和快乐的友爱三种,认为善的友爱是稳定、持久、值得人们追求的。"友善"是"友"和"善"的统一,具有亚里士多德所说的"完善的友爱"的意味。"完善的友爱是好人和德性上相似的人之间的友爱。因为首先,他们相互都因对方自身之故而希望他好,而他们自身也都是好人。"① 在这一意义上,"友善"意味着人们对于他人的自我道德投射,即发现他人与自我的道德相似性。对他人的"友善"本质上是对于他所具备的优秀品质的推崇。就此而言,"友善"的发生基于人们对于美德的追求。"友善"也是爱的真切表达,促使人们愿意与他人共同生活,并尊重、接受他人。在"友善"中,自爱和他爱得到了完美的结合,自利与他利之间也构筑了通达的桥梁。亚里士多德认为一旦与某人成为朋友,即必须像对待自己一样对待他,在争取自我的利益时也要考虑他人的利益。在我国的传统文化中,"友善"也传达了与亚里士多德相似的内涵。孔子提出"仁者爱人",孟子则强调与人为善,其内涵都在于以善为原则帮助和成就他人。因此,"友善"不是毫无原则地建立人际关系的技巧,而是人与人之间为了实现善的价值的相互促进和帮助。在个人层面,"友善"是优秀的道德品质,是塑造完美人格的重要内容。

其次,"友善"是重要的公民道德。公民不仅仅是一种社会角色,更是一种政治身份。这一身份既赋予公民个体相应的社会权利,也要求人们承担相应的社会责任、履行相关义务。要充分行使公民权利,参与社会生活,就必须具备公民道德。公民道德是人们以公民身份进入公共领域的基本资格。"友善"是一种基本的公民道德。在公民道德体系中,"友善"的含义在于,能够以尊重和宽容之心对待其他的社会成员,能够在争取、维护自我权利的同时观照他人的权利。尊重是"友善"的第一要义。在社会

---

① 〔古希腊〕亚里士多德:《尼各马可伦理学》,廖申白译,商务印书馆,2017,第254~255页。

生活中，人们来自不同的地区、家庭，有着各自的家庭背景、文化习惯、成长经历，甚至使用不同的语言。社会成员之间既缺乏天然的血缘联系，也缺乏共同生活的经历，成员之间更多的是一种陌生者关系。那么，以何种态度来面对陌生者？作为公民，大家都在同一个社会体系中合作、共生。一个社会就是一个公民合作体系，人们虽然可能未曾谋面，但却以各种方式在社会生活中相互合作，所有公民都在这种合作中实现了自己的社会价值和期待。公民身份本身也具有对于平等的强烈诉求。公民身份表明，任何社会成员都具有平等的社会权利。因此，不论在社会生活中扮演何种角色，处于何种社会地位，公民之间都必须相互尊重。"友善"是相互尊重的集中体现。"友善"的另一含义是宽容。随着社会结构的复杂化，社会的多样性也表现得越发充分。具有不同生活经历和背景的人们有着大相径庭的行为习惯、价值取向和人生态度。"友善"意味着社会成员之间具有包容性，能够在内心接纳与自己的社会生活方式不同的其他社会成员。需要指出的是，"友善"是一种基于善的宽容和认同。对于其他社会成员，友善并不是指对他们不道德的行为或者陈腐观念的漠视和纵容。"友善"是在道德原则之内对社会多样性的包容。作为公民道德，"友善"强调对他人权利的观照。在现代社会中，商品经济是主导性的经济发展模式。随着商品的无孔不入，商品经济文化得以广泛传播，并且对于社会生活产生了深刻影响。商品经济运行模式以个人的经济理性为基础，其负载的文化促进了人们自我意识的膨胀。人们在社会生活中往往过分关注自我利益的增长，而忽视了自我权利与他人的边界。这也是很多社会不文明现象的根源。"友善"的第三层含义就是在公共生活中既关切自我利益的实现，也尊重他人的权利。

最后，"友善"的道德内涵使之成为健康开展社会生活的价值期待。在现实生活中，"友善"价值观发挥着不可替代的作用。其一，"友善"价值观有助于社会成员的团结。正如我们在探讨"友善"的公民道德意义时所分析的，现代社会是一个陌生人社会，社会成员之间不是以某种天然的联系缔结在一起的，但都能在社会生活中实现自己的目标和价值。维持社会合作体系需要公民之间建立超越血缘的稳定联系。"友善"就是联系各社会成员的价值纽带。最高层次的"友善"是社会成员在追求共同善的过程中所达成的相互认同。在现代多元社会中，"友善"是一种开放的道德姿态，它帮助人们在多元思想和文化中找寻共同的价值追求，为共同善的实现而努力。在对共同善的追寻和实现过程中，社会成员之间建立起稳固的伙伴关系。就此而言，"友爱"也是形成社会合作体系不可或缺的价值观。其二，"友善"价值观推动了社会民主的实现。如前文所述，现代社会展现出明显的多元特征。在现代社会中，大家在文化传统、思想观念、道德理想、受教育水平方面都存在差异。在这种背景下，也出现了多元的社会群体。问题在于，民主是现代政治的基本价值，也是政治的合法性依据。任何社会成员都不能因为他人与自己的差异而将之排除在公共领域之外。相反，人们需要尊重所有的社会成员，任何社会成员都具有参与公共事务的权利。"友善"价值观让人们能够以善意的眼光看待彼此的差异，在社会生活中充分尊重他人的自由权利和私人领域，恰如伏尔泰所言，"我可以不赞成你说的，但我将誓死维护你说话的权利"。更为重要的是，作为"友善"价值观内涵的尊重与包容为社会成员广泛参与公共生活提供了良好的社会文化环境，为社会民主的实现提供了有力支撑。其三，"友善"价值观有利于社会张力的消解。"友善"价值观能够消弭社会群体的歧视，消解社会生活中的张力。市场经济毫无疑问是社会发展的基本模式。这种发展模式在为社会创造巨大财富的同时，也制造了人与人之间的紧张关系。市场经济的内核就是竞争机制，通过社会各层面的竞争让资源配置达到最优化的状态。因此，那些适应市场，具备更卓越的经济能力的人能够分配更多的社会资源，占据更为有利的社会地位。市场机制的这种后果引发了贫富差距、社会群体分化等问题，竞争意识的增强也让人们感受到来自其他社会成员的压力。我国贫富差距在经济快速发展中也日渐扩大，基尼系数超过了0.5。处于社会有利地位的人和处于社会不利地位者之间的矛盾变得更为突出。社会心理层面存在轻视穷人、嫉妒富人甚至仇恨富人等现象。原因就在于社会群体之间缺乏沟通的桥梁。"友善"则为构建这种桥梁提供了价值基础。"友善"传达的是共同参与社会生活的意愿，传递的是一种平等的爱。"友善"促使社会成员成为社会生活中的伙伴，其体现的是一种完全平等的道德关系，这种关系是在平等的社会成员之间自愿构建的。"友善"价值观能够让人们平等地看待其他社会成员，消除群体间的歧视和轻慢。在利益层面,"友善"让人们从社会整体的角度理解自我与他者的关系。既然大家是共同生活的伙伴,就应该互利互惠,不仅要"扫自家门前雪",还要"管他人瓦上霜"。社会生活中不只存在利益的交换,在实现自我利益的同时促进他人利益的增长,相互合作中实现彼此的愿想才是社会生活的真谛。这也是消除社会群体隔阂的根本途径。其四,"友善"促进社会互信体系的完善。互信是当前社会建设的重要内容。近年来突发的食品安全问题、制假造假问题、社会欺骗问题都暴露了社会信任危机,这也是当代社会生活面临的重大挑战。社会信任危机的产生一方面是由于信任制度的不完善,更重要的原因则是社会关系的异化。社会治理之难,就在于如何引导社会成员以正确的价值观理解相互关系,引导自己的行为。如果社会成员之间都将彼此理解为工具性的关系,那么,社会信任就面临着考验。"友善"价值观植根于"仁爱"的道德心理,要求人们能够像对待自己一样对待他人。实现"仁爱"的忠恕之道指出,"己欲立而立人,己欲达而达人;己所不欲,勿施于人"。其实质在于将其他的社会成员当作目的,而不仅仅是实现自我利益的手段。"友善"价值观将指引人们在社会生活中真诚地对待他人,履行对于他人的责任和承诺。"友善"价值观在社会成员中传递友爱和真情,能够加深相互之间的信任,为社会成员互信提供心理基础。

"友善"作为一种价值观,引领着人们在纷繁的社会生活中寻求人与人之间真挚的道德情感,也在实现自我价值和利益的脚步中追求人性的善和社会的公共价值。它是凝聚社会成员的纽带,也是建立和谐社会关系的价值基础。将其列为社会主义核心价值观既具有道德合理性,也具有政治伦理合理性。

三 道德恶的本质是什么

如果说友善是一种道德的正向价值,那么究竟什么是道德价值的恶的本质?[①] 对此,目前主要有两种具有代表性的说法。一种说法认为恶是一

---

① 李建华:《罪恶论——道德价值逆向研究》,辽宁人民出版社,1994,第12~15页。

种评价,"恶是对违背一定社会或阶级的道德原则和规范的行为或事件的否定评价"①。另一种说法认为恶是一种客观存在,"所说的恶,就是指违背一定道德原则和规范的行为或事件"②。这就涉及理解恶的本质的首要问题:事实和评价的关系。一个事件或行为的发生事实及过程"是什么",人们的描述可能不会有大的分歧,但对于它是不是恶的,可能就有分歧。那么,当人们谈到恶时,是现象自身的客观属性,还是人们的主观判断?事实的因果联系是铁的必然逻辑,如肌体受破坏感到疼痛,但这种事实本身是否包含着道德的逻辑?痛苦必恶,是否必然引申出趋乐避苦的道德原则?为了科学地揭示恶的本质,有必要先了解一下西方关于事实与价值关系的一些代表性观点,也许会有不少值得借鉴的经验教训。

传统的规范伦理学,总是先设定某种事实(包括臆造的事实)为善,如人的本能、欲望、幸福、上帝、理念等是善的,那么,违反这些事实就是恶。这是一种事实和恶直接同一的一元论观点。它有两个根本性错误:第一,这些被规定为善恶的"事实",都是规定者心目中好恶的东西,先设定某一东西是好的、有价值的,符合它就是善,不符合它就是恶;第二,把恶理解为超社会超历史的永恒不变的自然事实,可以离开人这个社会主体而存在。19世纪末20世纪初,现象学价值论伦理学和直觉主义伦理学提出了"独立价值王国"之说,认为善和恶是一种独立的实在,与具体事实无关,价值就是价值,善就是善,恶就是恶。这样就把价值和包含价值的事实割裂开来,使价值自身绝对独立,因而导致了"白马非马"的错误。

上述两种理论都力图从事实中寻找道德价值的本质,不把道德价值和评价看作随心所欲的、无事实标准的主观内容,这是有合理性的。但是,它们不懂得善恶是一种怎样的客观事实,认为善恶就像事物的自然属性一样,不依赖于人这个社会主体而存在,即世界原本就存在一个真正的善或恶的事实,是超社会超历史而永恒不变的事实及价值标准。人们的主观善恶判断只有反映客观上真正的道德价值事实,才是真理。这种事实—价值

---

① 《中国大百科全书·哲学卷》,中国大百科全书出版社,1987,第749页。
② 罗国杰主编《马克思主义伦理学》,人民出版社,1982,第493页。

一元论，便走上了一条伦理绝对主义的道路。伦理绝对主义的特点就是离开人的各种道德判断，去找某种"真正的善和恶"，从而使道德价值判断的分歧得到自然科学式的裁决。亚里士多德、斯宾诺莎、洛克、杜林等都是这样的典型。

与此相反，逻辑实证主义伦理学，特别是其中的情感主义学派，则主张一种事实——价值的二元论。他们认为，道德善恶的性质，是无法捉摸的，纯系虚无。对于一定事件、行为，人们做出或善或恶的价值判断时，可以看到这个事实的经过，但却看不到哪里有一个"善"或"恶"的东西。因此，道德价值并非客观的事实现象，在客观事实中找到善恶事实是不可能的。既然事实中并无道德善恶的客观存在，那么，善恶便与客观事实无关，只能是主观态度和情感的表现。逻辑实证主义伦理学认为，过去的伦理学家主要受道德语言的欺骗，以为任何判断形式的语词都是概念，都是对判断对象客观状况的反映和描述，因此，当他们说"善"或"恶"时，总以为反映了客观事实。其实，客观事实中根本找不到"善""恶"这种东西。"善"和"恶"这类道德语言的功能不是描述事实，而是用以表达人的情感，就像感叹语"乌拉""呸"一样。这样，逻辑实证主义伦理学又走到了伦理相对主义。第一，它同样没有正确地说明道德价值的本质，把道德善恶归结为纯粹的主观心理现象，否定了这种现象的客观性。第二，它是以感觉经验去证明事实属性的真实客观性，片面夸大人的主观因素，否定了判断恶的客观标准。第三，它对道德语言功能的理解也是欠妥的。道德判断除了有表达感情、指令的作用外，也是对现象的客观道德属性的反映和描述。

我们从历史唯物主义的立场出发，坚持用事实与价值相统一的观点，来分析恶的价值本质。恶是一种客观事实，人们对恶的评价是对这种客观现象的反映。恶的价值属性不仅属于客观事物，而且是从社会关系中逻辑地产生出来的，即恶是事物在社会道德关系中所具有的消极意义，是对社会道德要求的违背。恶的价值特性是对社会或他人利益的损害。恶作为德行的背向，不但表现为结构中的对立，而且是对他人或社会利益的损害或剥除。

恶的客观社会基础是什么？其本质内容为何？历来众说纷纭，莫衷一是。宗教伦理学认为，人的罪恶是天生的，基于亚当和夏娃偷吃禁果而导致的"原罪"，所以人生就是"赎罪"。自然主义人性论者认为，恶是人的本性，人对人就像狼一样，天性好斗和自私，所以人的恶性不存在根除问题，只有大小问题；生物学上则有人提出所谓"劣种遗传理论"，认为有的人天生就是"恶种"，如普通男性的染色体为混合型，即一个 X 型配一个 Y 型，但一些男性在某原生组织中先天就带有一个额外的 Y 型染色体，因此 XYY 综合征者，天生就是犯罪的种；① 还有一种经济条件论，认为恶是由物质原因引起的，"为善恶之行，不在人质性，在于岁之饥穰"（《论衡·治期》）。所谓"饱暖思淫欲，饥寒起盗心"，"如果没有条件取得幸福，那就缺乏条件维持德性"。② 马克思主义认为，人类的恶行之谜在于社会关系，而社会关系的本质是利益关系，利益是道德的基础，同样也是恶的基础，"利益在后面推动着所有种类的德行和恶行"③，因为"人们为之奋斗的一切，都同他们的利益有关"④。所谓利益，通俗地讲，就是"好处"，是对人们生存、发展和享受有利的好处。《墨子》一书中就有"利，所得而喜也"的说法。实际上，利益是需要主体以一定的社会关系为中介，以社会实践为手段，使需要主体与需要对象之间的矛盾状态得到克服，即需要被满足。首先，需要是形成利益的自然基础，人们不需要的东西绝不会构成他们的利益，这表明需要是利益的基础，也说明需要本身还不是利益。因此，那种把利益和社会需要混为一谈，或者把利益理解为被意识到的需要的观点是不足取的。其次，社会关系是构成利益的社会基础。人的社会属性不仅使人的需要具有社会性，也使利益的形成必然与一定的社会关系相联系。只有在一定的社会关系中，人们才可能参与社会实践活动，才能解决需要主体与需要对象之间的矛盾。最后，社会实践活动及其成果是形成利益的手段和客观基础。要想解决需要主体与需要对象之间的矛盾，就必须以现实的需要对象为客观基础。只有通过社会实践活

---

① 许德琦等编《人类行为之谜》，工人出版社，1990，第 427 页。
② 《费尔巴哈哲学著作选集》上卷，荣震华等译，商务印书馆，1984，第 569 页。
③ 〔法〕拉罗什福科：《道德箴言录》，何怀宏译，生活·读书·新知三联书店，1987，第 54 页。
④ 《马克思恩格斯全集》第 1 卷，人民出版社，1995，第 187 页。

动，才能创造出这些需要对象，并在一定的社会关系中，对这些需要对象进行分配，使其进入消费领域，变成现实的"好处"。

利益如何成为道德的基础？何以决定恶的本质？从上文对利益概念的分析中便可得知。利益实际上是人的主观需要、欲望与客观的社会现实相结合的产物。就个人需要而言，由于它是停留在头脑中的主体意愿，还不是现实的利益，就无所谓道德问题，也无所谓善和恶的区分。人的需要作为人对物质生活条件和精神生活条件的依赖关系的反映，表现为对物质需要对象、精神需要对象的自觉指向，是人的"正当要求"，所以许多思想家，都力求全面研究人的各种需要。马克思在《政治经济学批判大纲》中也提出要讨论人的"需要体系"。根据马克思的有关论述，人大致有三种基本需要：自然需要、社会需要和精神需要。美国著名心理学家亚伯拉罕·马斯洛构建了一个关于需要的金字塔模型，把人的需要分为五个层次：生理需要、安全需要、归属和爱的需要、尊重和审美需要以及自我实现的需要。无论对需要进行何等精细的划分，都只能说明人的需要本身是人性的要求，人性本身就表现为各种不同的欲望和渴求，并由此产生规定人的本质的"一切社会关系的总和"。这里的"一切"说明，人是一个全面丰富的存在物，人的一切感觉、欲望、需要都是对人的本质的规定。

但是，欲望、需要本身还不是现实的利益，只有当"需要什么""怎样满足需要"时，才是利益的实现过程，才有善恶问题。利益毕竟不是单个人的主观愿望，而是一种社会性存在。利益的实现过程是利益社会性的本质表现。在利益的实现过程中，当一些人的需要得到满足从而实现自己的利益时，总会对他人或社会产生某种积极或消极的影响。从积极方面来说，某人利益的实现可能为他人或社会利益的实现创造条件；从消极方面来说，某人利益的实现可能是对他人或社会利益的损害。这种以损害他人或社会利益为前提或代价，从而获得个人一己之利的行为就是恶。可见，恶是在利益实现的过程中产生的，并且也只有在利益实现过程中出现了利益冲突，才可能产生利益损害问题。因此，恶的深层本质在于利益冲突。

利益冲突是利益主体基于利益差别和利益矛盾而产生的利益纠纷和利益争夺。利益冲突首先表现为两个或两个以上的利益主体对各自目标或多或少的不相容的确认；其次表现为一个利益主体的要求和行动构成了对另一个利益主体的利益威胁；最后表现为一个利益主体为了保护自身利益、抵制他方利益要求，而采取的一定的敌对行动。对这种利益冲突的解决，在道德生活中有三种方式：一是为了他人或社会利益，为了对方的利益，放弃或牺牲自己的利益，这就是德行；二是从自身利益出发，为了自己的利益而损害对方的利益，这就是自私、就是恶；三是通过利益主体双方自觉的合理调节而实现二者利益的统一，即互利。哪里有利益冲突，哪里就可能有德行，也可能有恶行。恶就是对利益冲突的一种破坏性、否定性解决。恶不但不能消除利益冲突，反而会形成新的利益冲突，导致利益冲突的恶性循环。这样，战争、掠夺、残杀、贪婪、不公等社会问题也就应运而生。

四　我们面临的善恶困惑

我们应当分析的是，恶作为历史发展的杠杆，不仅存在于阶级社会之中，当社会历史发展以其必然性趋向前进之时，善恶对立与交替必将出现，从伦理主义立场出发的所谓恶的东西，必然代替所谓的"传统美德"。当今中国就面临着善恶困惑与交替。当代中国的改革所带来的善恶观念的变化是显而易见的，许多"传统美德"在今天则变成了"恶现象"。如"等价交换"、合同代替了"义"这根社会关系的纽带；只讲投入不讲产出的、卖傻力气的"勤劳"为经营头脑和技术革新所代替；计较和冒险取代了"老实忠厚"；自荐者不讲"谦虚"而讲"吹嘘"等。为什么会出现这种"善恶倒错"？有人归罪于商品经济，把巩固和弘扬伦理至上的传统文化视为现代化的道德方舟，祈望它能把中国人从变态的"人欲"洪荒中解救出来，也有人认为善恶困惑是资产阶级腐朽道德侵扰所致。如果我们从社会历史发展的角度来审视善与恶的变化便不难发现，道德与历史的二律背反是善恶困惑的根源。我们同样面临着历史发展与道德进步的选择。从目前中国改革的历史使命和必然趋势来看，出现善恶困惑是不可避免的，择其要点，表现在如下几个方面。

其一，道德观念的冲突。改革就是破除一切陈旧的东西，解放和发展生产力，使社会主义商品经济体制得以健全和充满活力。而在自然经济条件下形成的许多道德观念，在今天看来已经不再具有善的价值，但人们心中的那把古朴道德的"玉尺"又是不能轻易放下的，所以把商品经济带来的一系列新观念看作恶。商品经济不仅是一种经济形态，而且是一种文化形态。一般说来，商品经济不管在何种社会制度下，都会产生三大道德观念。一是平等观念。人们作为不同商品交换者的社会地位是平等的，这就同人们长期信奉的单向性道德义务原则观念相悖。父不慈，子可以不孝；君不明，臣可以不忠；你不仁，我可以不义。二是等价观念。你给我多少，我就给你多少，起码我从你那里得到的不能少于我所给予你的。商品交往是这样的，人们的社会交往也是这样的。这显然与干多干少不计报酬、互相利用而不计得失的观念相冲突，究竟何者为善？何者为恶？三是自利观念。商品关系的基本前提是首先必须承认交换双方是各自商品的所有者，因此商品不能无代价转让，而且交换的出发点是自己获利。能否使自己得到某种利益将是任何交换者的交换动机，这就同无私奉献精神发生了冲突。无私固然是善，但有私未必一定是恶。

其二，道德思维的偏颇。道德思维即善恶思维，是人类特有的思维方式。马克思在谈及哲学掌握世界的方式时曾明确指出，这与美学的、宗教的、道德的方式不同。道德思维是一种从"实然"到"应然"的跨度思维，以讲"应该""不应该"为价值特征，以规范的形式来把握世界，辨别事物和行为善恶的心理过程。如果说科学思维在于分辨真伪，美学思维在于分辨美丑，那么道德思维则在于分辨善恶。由于我们长期以来用哲学思维代替道德思维，面对改革带来的新的道德生活时，道德思维就陷入了混乱。如非此即彼的传统哲学的思维指导，催生了非善即恶的道德思维方法。事实上善恶状态包括善、不善不恶、恶三个基本层次，即应当、正当、失当。① 应当是理想的、高尚的行为，是善；正当是于己有利而于人无害的行为，既不缺德，也不高尚；失当是不该发生的行为，是损人利己、缺德的表现，是恶。而非善即恶的道德思维至今还使人们处于混乱状态：第一，常常用本属"应当"层次的规范来判断和评价对象的"正当"与否，这样，就把正当要求、正当权益作为失当的东西加以贬抑，把不善

---

① 王润生：《失当、正当、应当》，《学习与探索》1987 年第 6 期。

不恶当成恶加以谴责，致使人们不敢追求正当利益，不敢表现自己的个性，当个人正当权益受到伤害时也不敢理直气壮地捍卫；第二，把本属于"正当"层次的规范用来评判对象的"应当"与否。如在"文革"中，人们的穿戴本是无所谓"应当"的，但如果穿上军装，就是忠于毛主席，被放到"应当"层次予以表扬；如今挣钱成了正当的事情，于是就把挣钱的多少当成衡量其身价的标志，穷又变得可耻；各种名目的捐赠打着"应当"的旗号，催生了摊派风。善恶评价的这两种失误，归结为一点就是把不善不恶的事物和行为，强行进行了善恶分野，使不少人成了道德的牺牲品，也使不少人在道德的保护伞下干着罪恶的勾当。

其三，行为选择的二难。行为的二难选择包括三种情况：一是善与恶的选择，致富的目标已定，是靠劳动创造、勤劳致富，还是靠投机取巧，抢骗偷扒；二是善与善的选择，是在家孝顺父母，还是驰骋疆场，勇杀外敌，比如妻子和妈妈同时落水，在只可能救起一人的情况下先救谁；三是恶与恶的选择，同是抢银行，是采用捆绑、麻醉的方式偷袭值夜班者，还是用枪杀的方式，伤人性命。目前摆在我们面前的首先恐怕是善与恶的二难选择。改革是以经济建设为中心，以提高经济效益为重点，人们的行为选择应以经济价值标准为转移。但是，道德又要求人以自身的尊严，维护心性的纯正，而不至于被物欲所污染。这实际上就是亚当·斯密所描写的"经济人"和"道德人"的矛盾。拉开分配距离、打破"铁饭碗"、雇工、股份制、个人奋斗、讨价还价等行为，用经济的眼光去看，是合理的、必要的，而用道德的眼光去看，则不那么顺眼。因为经济利益虽然是道德的基础，但道德与经济常常是不同物、不同质、不平衡发展的。经济繁荣并不总是带来道德的兴隆，相反，经济凋敝之时，又往往产生强烈的道德冲动。历史上"穷德论"和"富德论"的长期争论便是例证。一方面懂得"礼义重于富足""窃盗起于贫穷"，另一方面又担心"饱暖思淫欲""财多灾多""富贵多忧"。在改革之际，经济与道德的不平衡得到了更深刻、更广泛的体现，人们难以把行为选择搁置于经济与道德的天平中间。某中学一位物理教师精通无线电技术，一中外合资电器公司向社会公开招聘无线电维修技术人员，这位教师为改善自己的生活，未经学校同意便以居民身份证报考，结果被录取，获得了高薪待遇。这从生计的角度来看是无可指责的，但这位老师所在单位的领导和同事，则称他为"不忠于职守""见钱眼开""见利忘义"。像这类善恶二难的例子在我们的实际生活中并不少见。

其四，道德人格的分裂。道德人格是社会道德追求的标本，是善的化身。一切不符合社会道德要求的人和事都将在道德人格面前黯然失色，在道德人格的光辉反照下变得丑恶。但由于道德人格本身也是特定历史时代的产物，时代变化了，社会发展了，善恶标准将随之变化，道德人格也将失去昔日光彩。在目前，最有代表性的是"君子型"人格和"强者型"人格的冲突。无须昭示，处在急剧变革的历史时期，能够自觉顺应社会变革的前锋，无疑是少数的强者和先驱。但是，强者和先驱往往是难以过道德关的。"枪打出头鸟""木秀于林，风必摧之""人怕出名猪怕肥"，营造了社会道德氛围。"冒尖""冒险""改革""出风头"，在"中庸"道德文化语境中是大逆不道的。这样，代表新道德观念与道德文化要素的改革先驱和滞后的大众之间的时差和位差，招致了道德人格的悲剧性，即道德人格本身的光辉与其感召力的分裂。现代化建设需要的是强者型道德人格，因为现代化商品经济运行机制的一大特点就是社会为强者准备了一份厚礼。商品经济、价值规律、公平竞争，都具有优胜劣汰的性质，是保护强者的社会根基，而从同情弱者到大家都当弱者的"流行病"已缺乏滋生的条件。但是，在人们心中具有感召力的似乎还是顺从、听话、谦恭、安分、老实的"君子"型人格，因为我们民族长期以来以此为美德。"不要争强好胜""要安分守己"是最有价值的道德戒律，也是最高的道德期望。社会变革的深层意义在于社会利益的冲突，要实现变革的普遍化，就必须把利益冲突昭明于每一个体而进行策略性选择，强者由此而生。但令人痛苦的是，道德要求人的不是策略性选择，而是原则性选择，以至达到"牺牲""无我"的境界。策略性随机选择，可以使人成为合乎功利的强者，却不能使道德人格增辉，反而是不道德的，是一种恶。历史趋势的社会性昭示，就是需要灵活机动的策略性选择，而道德要求严守人的气节和情操，不允许投机取巧。一个厂长为了扭亏为盈，使全厂职工过上好日子，同时多为国家创利税，而不惜拉关系、走后门搞到了难以搞到的原材料。那这位厂长别无选择的选择，是善还是恶？

通过以上对善恶困惑状态的列举,我们得出了这样一种认识:历史的发展是无情的,人们的善恶观念应随历史的发展而变化,不能怀揣道德的永恒标尺,去量度历史所带来的新生事物,恶是变化的历史现象,用现代人的标准苛求古人,用未来人的标准苛求现代人的方法,都是错误的。

五 对待恶的历史主义态度

要消除善恶困惑,有一个问题无法回避,即如何看待恶的历史作用。首先必须明确的是,要将恶的作用问题置于辩证法的考究中。① 因为恶是一种否定力量,历史上任何新的进步都是通过对旧事物的否定来实现的,恶的辩证法意义在于,它是一种辩证否定的环节和力量,没有恶就无所谓善,在历史发展进程中,恶以不同的表现形式发挥着积极作用。恩格斯在《路德维希·费尔巴哈和德国古典哲学的终结》中,针对费尔巴哈在善恶研究上的肤浅指出:"在黑格尔那里,恶是历史发展的动力借以表现出来的形式。这里有双重的意思,一方面,每一种新的进步都必然表现为对某一神圣事物的亵渎,表现为对陈旧的、日渐衰亡的,但为习惯所崇奉的秩序的叛逆;另一方面,自从阶级对立产生以来,正是人的恶劣的情欲——贪欲和权势欲成了历史发展的杠杆,关于这方面,例如封建制度的和资产阶级的历史就是一个独一无二的持续不断的证明,但是,费尔巴哈就没有想到要研究道德上的恶所起的历史作用。"② 在这里,恩格斯把辩证法应用到善恶问题上,强调要研究道德上的恶在历史上发挥的作用,说明善恶对立并不是绝对的,恶在一定条件下对历史起推动作用,也即善、恶是历史发展的杠杆。恶的历史作用,是对恶的历史本质在更深层次上的社会学印证。恩格斯认为作为历史发展动力的表现形式的恶,在历史上有两种作用。第一种作用是,其代表新的进步因素是对腐朽陈旧东西的侵犯,这种恶是站在腐朽东西的立场上而言的,实质上应当是善。恩格斯批判杜林关于暴力是绝对坏事的观点,指出暴力在历史上起了罪恶的

---

① 李建华:《"历史的杠杆"与道德的批判》,《长沙水电院社会科学学报》1995年第2期。
② 《马克思恩格斯全集》第21卷,人民出版社,1965,第330页。

作用，但"暴力在历史中还起着另一种作用，革命的作用；暴力，用马克思的话说，是每一个孕育着新社会的旧社会的助产婆；它是社会运动借以为自己开辟道路并摧毁僵化的垂死的政治形式的工具"[1]。恶是新生力量摧毁腐朽力量的手段。第二种作用是，从出现阶级对立以来，正是人的恶劣的情欲推动着历史的发展。人类历史进入以私有制为基础的文明时代之后，"卑劣的贪欲是文明时代从它存在的第一日起直至今日的动力；财富，财富，第三还是财富，——不是社会的财富，而是这个微不足道的单个的个人的财富，这就是文明时代唯一的、具有决定意义的目的"[2]。这种卑劣的贪欲与原始民族的无自私心相比，在道德上是一种倒退，但它却推动着历史的发展。

恩格斯是从社会历史发展的辩证法出发，提出了恶的历史作用问题。人们似乎因此而感到纳闷：难道恶还有什么作用？这就涉及恶的历史本质，即恶与社会进步的关系问题。马克思主义所揭示的是道德发展与历史进步不具有同步性的原理，是解开恶是历史发展的杠杆之谜的关键。目前国内流行的善恶标准是：凡是对社会发展起促进作用的行为就是善，凡是阻碍社会进步的行为就是恶。从这个意义出发，自然就会对恶的历史作用产生误解。认为恶对社会发展的作用是不可思议的。这种错误观点的原因在于忽视了道德进步和历史进步、道德评价和历史评价的区别。

马克思主义对社会进步的历史评价和善恶评价是两种不同的评价体系，二者的区别在于两点。第一，社会的发展虽然是包括社会意识（其中就有道德）在内的各种力量交互作用的合力运动，但生产力是最根本的动力。所以，衡量社会发展状况通常以生产力水平为根本尺度，甚至将生产工具的先进与落后作为社会发展不同阶段的标志。历史评价集中为一点就是看是否有利于生产力的发展，道德评价则着眼于人们的利益关系。第二，历史评价本质上是一种事实判断，它根据生产工具、生产方式、社会财富的增长、科学技术水平等客观事实，判断社会进步的程度。社会发展有自身的客观规律，不以人们的意志为转移，所以历史评价往往是客观

---

[1] 《马克思恩格斯全集》第20卷，人民出版社，1971，第200页。
[2] 《马克思恩格斯全集》第21卷，人民出版社，1965，第201页。

的、无情的。道德评价则不同，它是人们从自身利益出发对行为所做的一种价值判断，具有一定的主观性和感情色彩。对于同一事件或行为，代表不同利益的阶级、集团、个人会做出完全不同的评价。当历史女神赐予一部分人以福音而给另一部分人带来灾祸时，前者就会给她戴上善的桂冠，而后者则把她当作恶神来咒骂。

正因为历史评价与道德评价不同，并会不可避免地发生冲突乃至二律背反，于是便出现了这种情况：从历史的角度来看是应当肯定的东西，但从道德的角度来看则是被否定的恶，反之亦然。正如恩格斯所说："在道德上是公平的，甚至在法律上是公平的，从社会上来看可能远不是公平的。社会的公平或不公平，只能用一门科学来断定，那就是研究生产和交换这种与物质有关的事实的科学——政治经济学。"[1] 恩格斯甚至抱怨道："历史可以说是所有女神中最残酷的一个，她不仅在战争中，而且在'和平的'经济发展时期中，都是在堆积如山的尸体上驰驱她的凯旋车。"[2] 只要对人类发展史稍做考察就不难发现，人类确曾踏着血泪走向文明，历史曾通过恶来不断进步。在这一方面，私有制社会向我们充分展示了"恶是历史发展杠杆"的种种图景。恩格斯曾这样描述文明时代征服原始时代的历史进步：原始时代的人们，"虽然使人感到值得赞叹，他们彼此并没有差别，他们都仍依存于——用马克思的话说——自然形成的共同体的脐带。这种自然形成的共同体的权力必然要被打破，而且也确实被打破了。不过它是被那种使人感到从一开始就是一种退化，一种离开古代氏族社会的纯朴道德高峰的堕落的势力所打破的。最卑下的利益——无耻的贪欲、狂暴的享受、卑劣的名利欲、对公共财产的自私自利的掠夺——揭开了新的、文明的阶级社会；最卑鄙的手段——偷盗、强制、欺诈、背信——毁坏了古老的没有阶级的氏族社会，把它引向崩溃"[3]。奴隶制既是一种巨大的历史进步，又是一种"可耻的现象"。

英国历史上著名的圈地运动，用暴力剥夺农民土地，又用极其残酷的立法强行把那些失去土地的农民驱赶进资本家的工厂。惨无人道的奴隶贸

---

[1] 《马克思恩格斯全集》第25卷，人民出版社，2001，第488页。
[2] 《马克思恩格斯全集》第39卷，人民出版社，1974，第40页。
[3] 《马克思恩格斯选集》第4卷，人民出版社，1995，第96~97页。

易，延长工作时间，加大劳动强度，大量雇佣童工，全都是资本主义原始积累时期的罪恶画面。如何看待用农民的血和泪构成的资本原始积累呢？受害的农民自不用说对其是何等的憎恶，小资产阶级经济学家西斯蒙第也谴责资本主义是罪恶的，主张应调过头来往回走。马克思一方面对资本主义制度的罪恶做了深刻的揭露，另一方面又从历史主义的立场出发对资本的原始积累做出正确的历史评价，高度肯定了圈地运动在人类历史上开创了一个新时代，具有不可否认的历史进步性。历史的合理性与道德的不合理性，就这么实实在在地并存于对资本主义社会的评价中。在道德上应加以谴责的，在历史发展过程中又属必然。因此，反对用"道德化批判"来对待历史，是马克思主义最基本的历史主义立场。我们认识恶的本质，离不开这种历史主义的态度。如果仅仅从人的主观愿望出发，看不到历史发展的曲折和残酷，就无法科学地认识恶。

我们必须强调的是，恶虽然对历史发展有催化作用，但终究还是恶，是社会应当抛弃的阴暗面，是历史淘汰的泥沙。尽管这种泥沙是历史长河中的必然物，但也不能在历史的颂歌中放弃道德批判的武器，相反，必须抑恶扬善来促进历史的发展。马克思、恩格斯在肯定恶对历史发展的杠杆作用的同时，也对历史发展中的恶进行了深刻的批判和揭露。两位导师在《共产党宣言》中充分肯定"资产阶级在历史上曾经起过非常革命的作用"[1]，但不认为它的某些进步行为在道德上就是进步的善。"它用公开的、无耻的、直接的、露骨的剥削代替了由宗教幻想和政治幻想掩盖着的剥削"，"它把人的尊严变成了交换价值，用一种没有良心的贸易自由代替了无数特许的和自力挣得的自由"[2]。资本主义的生产方式所带来的历史进步不容抹杀，但利己主义、拜金主义的道德观所带来的罪恶也不可饶恕。关于这一点，马克思在《资本论》中进行了精辟的论述。马克思认为，资本的原始积累是历史上划时代的事情，但他并不认为这种具有经济进步意义的行为和事件是道德上进步的善价值，相反，应当是恶。他具有同情劳动人民的道德感情，愤怒地抨击了新兴剥削者发展经济的种种手段，诸如对

---

[1] 《马克思恩格斯选集》第1卷，人民出版社，1995，第274页。
[2] 《马克思恩格斯选集》第1卷，人民出版社，1995，第275页。

劳动人民的血腥剥削、暴力、立法、殖民制度、商业战争等,认为"国家用警察手段加强对劳动的剥削程度来提高资本积累",是"无耻行为"。[①]"美洲金银产地的发现,土著居民的被剿灭、被奴役和被埋葬于矿井,对东印度开始进行的征服和掠夺,非洲变成商业性的猎获黑人的场所:这标志着资本主义生产时代的曙光。"[②] 然而,殖民主义却"展示出一幅背信弃义、贿赂、残杀和卑鄙行为的绝妙图画"[③]。在马克思看来,代表进步的资本主义生产方式的剥削者们,实际上在一开始就奉行着某些极其堕落的反道德进步性的恶德,去发展经济。资本的获得"是用最残酷无情的野蛮手段,在最下流最龌龊最卑鄙和最可恶的贪欲的驱使下完成的"[④]。马克思在此已揭示了私有制社会中道德发展与历史发展的内在矛盾,即具有历史进步意义的行为本身同时却是道德上的堕落行为。

在社会主义商品经济条件下,这样的情形还在一定范围内残留着。上文列举的改革中的善恶困惑实际上是经济利益和道德追求的困惑问题。商品经济的发展是将个人利益作为行动的基本动因的,因此,经济政策往往需要以这种对个人利益的关心为杠杆。但经济的大繁荣一定要以个人利益的膨胀为前提,显然不符合共产主义道德观,相反,目前商品经济所带来的恶的现象,本质上是个人私欲膨胀所致,因为道德上的善是以自我牺牲为价值特征的。因此,我们既要肯定个人利益在一定条件下对经济发展的杠杆作用,又不能把它当作合乎当代道德进步必然性的高尚价值来加以弘扬。

由此,我们得出一个结论,不能简单地把效果上有利于历史发展的,都看作本质上的善,对道德进步的历史必然性要做具体分析,区分哪些现象是道德本质上真正代表新的生产方式的特有的进步因素,哪些在本质上是陈旧的消极的罪恶的而往往又可以成为"发展杠杆"的因素。同时,也不能简单地认为,凡对历史发展有阻挠作用的就是道德上的恶。如在私有制条件下的反剥削压迫、反损人利己的行为,与现存的必然现实相矛盾,

---

[①] 《马克思恩格斯全集》第44卷,人民出版社,2001,第851~852页。
[②] 《马克思恩格斯全集》第44卷,人民出版社,2001,第860~861页。
[③] 《马克思恩格斯全集》第42卷,人民出版社,2016,第770页。
[④] 《马克思恩格斯选集》第2卷,人民出版社,1995,第268页。

但它预示和体现着无压迫无剥削的善。

总之，如果不注意道德发展的这种复杂性，在具体的善恶评价中，仅仅以一时一地的社会经济发展效果为标准，而不是从历史发展的总趋势和道德进步的特殊性着眼，去判定一定的善恶冲突在道德价值上的历史本质，就会善恶颠倒，误认为真正进步的善价值具有退步的性质，而把道德上的恶看作进步的东西加以发扬光大。人类几千年的道德进步在总体上是追随着人类社会生产方式的发展趋势的，但是并非在任何具体的过程中都保持着同步和谐。正确的方法应当是，既不可离开生产方式这个基础去确定善恶根源及其实质，又不能简单地以是否有利于生产方式的进步，去判断一定事件、行为及道德观在道德历史进程中的进步之善或退步之恶，而要从总体上把握社会生产方式和道德之间的发展关系，如此才能在历史中分清善恶，在善恶中分清历史。在我国现代化建设过程中，要深化改革，完善社会主义市场经济，加快改革步伐，必须有良好的道德环境作为保证。目前社会上恶现象很多，我们绝不能默然置之，不闻不问，必须理直气壮地弘扬正气，打击邪气，毫不手软地抑制社会罪恶的滋生和蔓延，加强社会主义精神文明建设，以保证有中国特色的社会主义现代化建设顺利进行。

六　为什么从善比从恶难

从善如登，从恶如崩，源于《国语·周语下》："谚曰：'从善如登，从恶如崩。'昔孔甲乱夏，四世而陨；玄王勤商，十有四世而兴。帝甲乱之，七世而陨。后稷勤周，十有五世而兴，幽王乱之，十有四世矣。"《汉·张纮·临困授子靖留笺》："传曰：'从善如登，从恶如崩。'言善之难也。"东周末年，王子朝叛乱。周敬王见逐于都城，奔至成周。诸流亡大臣拟在成周筑城建都。晋魏舒表赞同，然卫大夫彪傒不以为然。彪傒曰："俗云：'从善如登，从恶如崩。'昔孔甲乱夏，传四代而陨。商自玄王始，经十四代努力不懈始成，传至帝甲始衰，仅七代遂亡。今周自幽王始已传十四代而败，离崩不远矣！"（《国语·周语下》）意为学好难如登山，而学坏易似山崩，多用于劝勉之语。也就是说顺随善良就像登天一样艰难，顺随恶行就像山崩地裂一样迅速坠落。那么，为什么从善比从恶难？这既是一个重要的道德实践问题，也是一个理论上的道德难题。原本善之大端分明，仁义之士出以恻隐之心、怜悯之情，成人之美，纾人之困，济人之急，救人之危。其所言所行有利于家庭、群体、社稷苍生的健康发展，是天理之理，没有半点可以疑虑的，加上中国传统的道德思维十分重视类我思维，"己所不欲，勿施于人"，"己欲立而立人，己欲达而达人"，"老吾老以及人之老，幼吾幼以及人之幼"，似乎只要有了善念——善念能够推动善举，善举又能够强化善念，二者的良性循环就能汇成人世间生生不息的正能量，所以从善是自然而然的事。但是，现实生活中，恶之甚者猖獗，极尽反人类、反人道、反人性之事，践踏守法者的权益，掠夺勤劳者的财产，危及无辜者的生命，摧毁善良者的家园，他们受到邪念、贪欲、狂想、魔怔的驱动，直接危害社会，其贻害之烈，流毒之深，更是轻而易举。从善与从恶相比，从恶也许更符合人的本性。在这里笔者无意讨论人性本善或本恶的问题，但就人的存在而言，笔者十分认同人"一半是天使，一半是野兽"的说法，人是动物性和社会性的双重存在，当动物性和社会性发生冲突的时候，人的社会性不一定能战胜动物性，往往做出有利于动物本能的选择，如当饥渴到一定程度时，难免会发生偷盗行为。同时恶行的产生往往是个别性的、特殊性的、分散性的，这样每个个体容易为自己找到从恶的各种借口，从而为其行为做合理性辩护。相反，善行的发生往往是得到普遍认同的，也就是亚里士多德所说的"善的普遍性"，一个行为要达到某种普遍性肯定比达到特殊性难，因为事物的普遍性是排除了个别性的，同时也只有普遍性的才是善的。

当然，从善难，并非难在有普遍性的善的观念，而是难在有善的行为；并非难在偶尔的行善，而是难在持之以恒。行善犹如攀登陡峭如劈、高耸入云的山峰，若想登顶，就要有坚定的信念，一旦意兴阑珊，驻足休憩，山下的种种"好处"就会使人举步踌躇。要将行善由偶尔为之变成终身习惯，要将登高由情绪冲动变成目标管理，这绝对不是短时间的修炼工夫可以奏效的。所以，从善是一辈子的事业，而从恶往往是发生的偶然行为；从善需要意志努力，而从恶只要稍稍放松道德警惕就会发生。从恶比从善容易，也是因为世间的奢侈享受花样繁多，常人的道德意志力普遍薄弱。魔鬼手中从来不缺一试即灵的诱饵：金钱、女色、名利、权势。如果说从善难如登高，那么从恶则易如蹦极，纵然是万丈深谷，只须闭眼咬牙，斗胆一跃，转瞬数秒即可探身谷底，粉身碎骨的可能性究竟有多大，谁也难以说清楚。从善如登，我们可以举出无数例子，如孔子周游列国，推行仁礼，却四处碰壁，削迹于卫，伐树于宋，厄于陈、蔡之间，绝粮迷路，遭罪难言，还被幸灾乐祸的看客嘲笑为"丧家之犬"。但孔子登到了险峰，一览众山小，这位儒家鼻祖比任何帝王将相的影响都要大，受到的礼赞都要多。孔子的好友遽伯玉"行年五十而知四十九年之非"，一直在立德的崎岖山道上奋力攀登，他永不自满的反省精神是从善者的至宝。

归纳起来，从善比从恶难主要有以下几个解释维度。一是人性维度，也许从恶更符合人的动物本性，而从善是对人的动物性的克制和超越。《恶为什么这么吸引我们》的作者乌克提茨认为，恶之所以吸引我们，是因为人类社会的道德约束力量无法彻底约束人类的天性之恶，对恶感兴趣，是因为我们自己就有恶的冲动，有时道德对天性的过分约束，会导致恶的爆发。[1] 二是心理的维度，从善需要巨大的意志努力，而从恶是意志力的松懈。现代心理学表明，人一般愿意做不需要意志努力的事情，如果需要意志努力，就需要进行价值估量，根据自身的价值排序做出"值不值得"的选择。三是道德哲学的维度，善具有普遍性价值向度，而恶不具有普遍性。大凡具有普遍性的价值理念往往比较抽象，尽量排除个别与具体，而恶往往具有生动具体性，容易感知，容易模仿。四是时间维度，从善需要一生的努力，而从恶是随时随地的，甚至从恶一次就可能否定你一生的从善。正因为从善比从恶难，我们可以从抑制小恶开始，逐步养成大善。三国时期，刘备在病榻前告诫刘禅："勿以恶小而为之，勿以善小而不为。"小善是我们攀登高峰必须倚赖的一级级石阶，小恶则是我们维护长堤必须防范的一个个蚁穴。天长日久，累积小善的人将收获大善果，累积小恶的人将吞食大恶果。

---

[1] 〔奥〕弗朗茨·M.乌克提茨：《恶为什么这么吸引我们》，万怡、王莺译，社会科学文献出版社，2001，第43页。

第二部分

道德价值

提示语：黑格尔认为，"应该"是道德的基本特征，可以被理解为一种与现实相对的主观要求。道德的存在不仅忠实于作为"客观事实"的道德现象，不至于使之指向超验之域，还是对道德主体价值追寻的承诺。道德之于个体的价值无非是自由、权利、尊严与幸福，而道德的社会价值通常表现为伦理规则，理应归于"伦理学"。道德自由是一种身心的自由，也是一种境界；道德权利主要凸显人格权和平等权；道德尊严不是弱者的"补偿"，而是社会承认的标志；道德幸福不是福德的统一，而是在行善过程中的自我满足，包括自我牺牲，以及在苦难或灾难时刻的共生共存，这些道德价值本身具有规范性和自我实现的意义。

第五章 道德自由

道德自由无疑是道德学中一个重要的概念，并且是具有"价值优先性"的概念。"自由"这个词，我们在不同语境中频繁使用，甚至可以进行多义性解读。但奇怪的是，我们对道德自由本身的研究却很粗糙，至今还囿于"内化道德规范"这一向度，有的甚至认为这一概念根本不成立，因为道德与自由"水火不容"。这种研究的滞后性导致在使用道德自由概念的时候，往往超出对它的界定，从而造成内涵不能穷尽外延的理论脱节，更无法进入价值层面来理解，道德学有责任作为首要价值得到关注。[①]

一 道德自由为何种自由

根据《伦理学大辞典》的定义，道德自由是"人们独立自主地进行道德选择和决定的能力，指道德修养所达到的一种高度完满的境界"[②]。这个定义抓住了道德自由的核心，但依旧是不完整的，因为它没有包含道德自由的全部内容，即缺少了对道德自由权这一内容的论述。道德自由权作为对意志自由和道德自由境界的保障，是连接意志自由和道德自由境界所必需的，所以它是道德自由逻辑上所必须蕴含的，否则道德自由的定义无论在逻辑还是内容上都无法圆融。同时，这个定义只是把道德自由两方面的内容即意志自由和道德自由境界并列起来，即在逻辑上只用"亦指"来连接它们，而没有说明两者之间内在的逻辑和生成关系。事实上，意志自由与道德自由境界不仅是并列关系，而且更主要的是一种内在的生成关系，

---

① 本章内容主要来源于李建华、覃青必《论道德自由的三个维度》（《哲学研究》2006年第1期）、《论康德的道德自由观》（《哲学研究》2007年第7期）、《道德必然个体如何面对》（《哲学动态》2008年第4期）等，笔者做了相应的修改和调整。

② 朱贻庭：《伦理学大辞典》，上海辞书出版社，2002，第40页。

即意志自由是道德自由境界的前提和起点，没有意志自由就无所谓道德自由境界；道德自由境界是意志自由发展的归宿和必然结果，没有达到道德自由境界的意志自由只能是没有客观规定性的主观任性。所以，道德自由的定义必须把这种内在的生成关系表达出来，否则定义只能是形式上的。把意志自由解释为一种能力，即"人们独立自主地进行道德选择和决定的能力"，这固然没错，事实上意志自由也是人的一种能力。但意志自由作为道德自由的丰富内容之一，则不应该仅仅被描述成一种能力——因为"能力"只是一种事实描述而不具有"规劝"的伦理意蕴，更重要的是在尊重这种能力的前提下把由这种能力展开的具体内容陈述出来，否则意志自由只能是一个前提（应该既是前提又是内容）而被排除在道德自由的合法内容之外。所以，在传统的解释中道德自由往往被单向度地理解成道德自由境界——"内化道德规范，达到'从心所欲而不逾矩'的自由境界"。可见把意志自由仅仅理解成一种"能力"，至少在道德自由的定义中是不妥当的。

针对传统道德自由定义的缺欠，我们把道德自由定义为主体为了道德上的自我完善自主地做出道德抉择而在道德生活中拥有的自主权或达致的自由境界。道德自由包括四个基本要素，即"主体道德上的自我完善""主体自主地做出道德抉择""主体在道德生活中拥有的自主权""主体在道德生活中达致的自由境界"。"主体道德上的自我完善"是人作为有价值、有尊严的存在而具有的不同于其他动物的一种精神需要。这种需要意味着人道德上的自我成长、自我实现，所以它是源于人性的一种需要，它的满足是人获得道德价值与尊严、实现人性道德层面发展的前提。这些道德上不容忽视的价值与意义使"主体道德上的自我完善"能成为道德自由活动的目的因——道德自由是主体为了道德上的自我完善而展开的活动。"主体自主地做出道德抉择"是"主体道德上的自我完善"的必要条件，即要实现人道德上的自我完善就必须先承认人道德抉择的自由。因为在人类道德生活中有一个普遍的规律，即道德价值能而且只能通过自由取得，由强制或欺骗取得的道德"价值"只能是道德的功利效用，比如道德的政治效用、经济效用等。道德自由活动也一样，所以要实现人道德上的自我完善，就必须得承认人道德上抉择的自由，即承认"主体自主地做出道德抉择"的自由，否则实现"主体道德上的自我完善"就只能是一句空话。"主体在道德生活中拥有的自主权"是"主体自主地做出道德抉择"的保障。人是善恶的结合体，人性不是本善或本恶，而是在各种环境的影响与作用下呈现出善或恶的样态与趋势。为此在道德自由活动中，我们除了在道义上肯定"主体自主地做出道德抉择"外，还必须以道德权利的形式去维护与保障它，以防止人性恶的因子对它进行侵蚀与破坏。"主体在道德生活中拥有的自主权"正是"主体自主地做出道德抉择"在道德权利上的展开与表述，可见它是维护后者所必不可少的。"主体在道德生活中达致的自由境界"是道德自由诸多内容的理想归宿，即无论是"主体自主地做出道德抉择"还是"主体在道德生活中拥有的自主权"，都应该以"主体在道德生活中达致的自由境界"为最终旨归，从而在道德自由境界层面实现人道德上的自我完善。可见，在道德自由定义中，"主体在道德生活中达致的自由境界"是道德自由诸多内容逻辑上的必然归宿。

　　道德自由的结构主要指它的内部结构模式，即道德自由三方面内容之间固有的相对稳定的整合方式。道德自由包括意志自由、道德自由权和道德自由境界三方面的内容，在"主体道德上自我完善"的统摄下，这三方面的内容以一定的组织方式相互联系、互相影响，共同构成了一个相对稳定的独立的结构系统。其中，意志自由是道德自由权、道德自由境界的前提与必要条件，解决的是道德自由中"主—客"的对立矛盾问题；道德自由权是意志自由、道德自由境界的保障，解决的是道德自由中"善—恶"的对立矛盾问题；道德自由境界是意志自由、道德自由权的理想归宿，解决的是道德自由中"灵—肉"的对立矛盾问题。道德自由这三方面的内容在逻辑上各有侧重，同时又相互联系、互相影响，从而共同构成了一个相对稳定的独立的结构系统即道德自由结构。道德自由的结构态势是指道德自由作为一个结构系统在发展过程中呈现出来的存在样态与发展趋势。我们认为，道德自由的结构态势既表现出某种有序性，又暗含着某种无序性；既呈现出某种稳定性，又蕴含着某种波动性，它是有序性与无序性、稳定性与波动性的统一。

　　道德自由作为一个有诸多内构要素的系统，是有序性与无序性、稳定性与波动性的统一。道德自由包括意志自由、道德自由权和道德自由境界等诸要素，这些要素作为独立的概念形式都有着各自的结构和运行规律，所以在各自的领域都有着自己存在的状态与趋势，这就是道德自由诸要素存在的有序性与稳定性。但是，当这些要素超越自身进入道德自由结构的时候，基于相互之间的影响与作用，它们总体上保持自身有序性、稳定性的同时，又蕴含了某种无序性与波动性。这种无序性、波动性在意志自由、道德自由权、道德自由境界方面，都通过相互之间的影响与作用同化、纳入对方的性质，从而在限制自身某些特性的同时又额外增加了另一些特性，结果增添了自身的风险，导致自身存在的状态与趋势呈现某种无序性与波动性。这主要表现在三个方面。首先是意志自由，在道德自由结构中意志自由不仅仅是心理层面的自由，更重要的是一种道德抉择的自由，所以我们说，在权利层面它是道德自由权的开端，在境界层面它又蕴含着道德自由境界的萌芽，而在存在的状态与趋势上它完全有可能取得道德自由权和道德自由境界的形式。可见在道德自由结构中，意志自由存在的状态与趋势是无序与波动的。其次是道德自由权，在道德自由结构中，道德自由权不仅包括对人们自主地进行道德抉择的维护与保障，还包括对人们意志自由活动与道德自由境界活动的维护与保障——肯定与承认人们作为非道德主体存在的自由就是对人们意志自由活动的维护与保障，所以道德自由权也包含了意志自由与道德自由境界的性质与内容。可见在道德自由结构中，道德自由权存在的状态与趋势也发生了变化。最后是道德自由境界，在道德自由结构中道德自由境界也不光是通过内化道德原则与规范所达到的毫无阻碍的自由境界，还包括在领悟道德必然规律的前提下对道德原则与规范的超越与创新的自由境界，从后一向度来说，它必须要在意志自由与道德自由权那里取得自身的存在形式——因为超越与创新需要自由与权利做保障，否则它将失去后一向度而只能沦为单向度的道德自由境界，所以道德自由境界也要还原为意志自由与道德自由权的形式。可见在道德自由结构中，道德自由境界存在的状态与趋势也是不稳定的。

　　道德自由作为一个与外界相互联系、相互作用的系统，也是有序性与无序性、稳定性与波动性的统一。道德自由首先是一个独立的系统，有着自身的结构、运行机制和运行规律，所以它的存在样态与发展趋势首先是有序的、稳定的。这种稳定性、有序性首先表现为无论处于哪种存在样态，道德自由表现出来的三方面内容及其相互之间的联系大体上总是固定的，即总是包含作为前提的意志自由、作为保障的道德自由权，以及作为理想归宿的道德自由境界，这就是它存在样态上的有序性与稳定性。其次在发展过程中，道德自由发展的总体趋势总是始于意志自由、历经道德自由权、终于道德自由境界，因为在逻辑上人必须先意识到自己的意志自由，才能争取与拥有道德自由权；必须先争取与拥有道德自由权，才能达到道德自由境界，这就是道德自由发展趋势的有序性与稳定性。所以我们说道德自由的存在样态与发展趋势首先是有序、稳定的。但是，这种有序而稳定的态势只是道德自由的总体趋势，由于与外界相互联系、相互作用，道德自由在总体上保持有序与稳定的同时又暗含着某种无序性与波动性。这种无序性与波动性表现为在不同时期、不同环境下，道德自由表现出来的三方面内容往往呈现出不同的主次关系，比如在重视人权的当代社会，它主要呈现出道德自由权这一向度，而在重视道德修养的前现代社会，则主要呈现出道德自由境界这一向度（尽管它还只是单向度的而非完整意义上的道德自由境界），所以从这个意义上说，道德自由的存在样态并不是有序的、稳定的。在发展过程中，道德自由的总体趋势虽然是有序、稳定的，但它的发展轨迹并不是线性的，而是螺旋式的，因此道德自由发展的有序性与稳定性只是就其发展轨迹的中轴线而言，在具体、历史的发展过程中，它的发展却是无序的、波动的，所以在某一时期或某一地方，道德自由的某种存在样态或发展趋势并不是必然地发生，比如从呈现在前现代社会的单向度的道德自由境界，到呈现在现代社会的道德自由权，就是道德自由波动无序的很不规则的发展过程。可见，道德自由的发展趋势并不总是有序的、稳定的。

道德自由的特征包括内部特征和外部特征，内部特征是指道德自由作为一个独立的系统由内部各部分关系决定的一些特点，外部特征是指道德自由作为一个与外界相互联系的系统在与外界相互作用时显现的一些特点。

道德自由的内部特征是道德自由作为一个独立的系统本身具有的一些特点，这些特点由道德自由的内部结构决定，所以它们是相对稳定的，只要道德自由不发生质变,这些特点就为道德自由所具有。那么,这些特点包括哪些呢?总的来说,包括主体性、多维性和实践性等方面。

　　道德自由的主体性特征体现为它是有理性的人(个体意义上)为了道德上的自我成长、自我完善而自觉自主参与的活动。道德自由同政治法律以及一部分道德规范不同的地方在于它的主体性特征,如果说后者主要从规范的角度对人进行规范与约束,因而体现的是规范性特征;那么前者则主要从主体性的角度对人进行维护与保障,因而体现的是主体性特征。道德自由的主体性特征体现为两点,一方面它是人为了道德上的自我成长、自我完善而参与的活动,另一方面它是人自觉自主参与的活动,前者是道德自由目的因层面的主体性特征,后者是道德自由内容层面的主体性特征。首先是目的因层面的主体性特征。道德自由是有理性的人(个体意义上)为了道德上的自我成长、自我完善而在道德生活中参与的活动,它的目的因既不指向远离人的虚幻的彼岸世界如天堂,也不指向外在于个人的一些集合体如国家、民族、社会等,而是指向现实意义的个人在道德层面的自我成长、自我完善。所以在目的因上,道德自由具有显著的主体性特征,它纯粹是为了个人在道德上的成长与完善,而不是为了遥远的彼岸世界,或为了诸如国家、民族、社会等一些集合体的存在与发展。其次是道德自由内容层面的主体性特征。道德自由是有理性的人(个体意义上)根据自己的意志在道德生活中自由自主开展的活动,它不是个人受外在压迫违背自己意愿开展的活动,也不是根据他人意愿开展的活动,因而在内容上体现了强烈的主体性色彩。道德自由必须同时具备目的因层面和内容层面的主体性特征,否则就不是完整意义上的道德自由。光有目的因层面的主体性特征而没有内容层面的主体性特征,也就是通过强制或欺骗手段实现个人在道德上的成长与完善(如道德理想主义者的道德教化)的道德自由只具备一半的主体性特征,而且它在实践中往往会带来道德专制,从而最终取消道德自由目的因层面的主体性,沦为完全的道德专制;光有内容层面的主体性特征而没有目的因层面的主体性特征,即在道德生活中放任个人的道德选择与决定而没有提供道德上成长与完善的指引,那么道德自由也只能具备一半的主体性特征,而且这种道德自由往往会导致道德虚无甚至是道德堕落,从而最终否定、取消道德自由的存在,这似乎正是现代社会的弊病。所以，道德自由既要有目的因层面的主体性，又要有内容层面的主体性，只有这样它才能具备完整意义上的主体性特征，从而具有真正的自由品格。

道德自由的多维性特征意味着道德自由不是单向度的而是多向度的，比如不能单向度地理解为意志自由或道德自由境界。从不同的向度来看，道德自由有着不同的意思。如上所述，道德自由是指主体为了道德上的自我完善自主地做出道德抉择而在道德生活中拥有的自主权或达致的自由境界，前文在解释道德自由定义的时候已经论证过道德自由有三个层面的意思，即意志自由、道德自由权和道德自由境界。这三个层面都可以相对独立地构成道德自由的某一向度，从而可以在各自的意义上单独使用道德自由概念。从意志自由的层面来看，道德自由是指主体在道德生活中根据自己的意志在善与恶、道德与不道德之间进行选择与决定的自由，这是道德自由的意志自由向度；从道德自由权的层面来看，道德自由是指主体在道德生活中能根据自己对道德必然规律的认识与领悟（即道德理性）做出道德选择与决定的权利，这是道德自由的道德自由权向度；从道德自由境界的层面来看，道德自由是指主体在道德自由活动中通过道德修养达致的出于内心的一举一动无不符合道德必然规律的自由境界，这是道德自由境界向度。我们在平时的阅读中也经常看到学者们有意无意地在某一层面上使用道德自由概念，这就是道德自由的多维性特征。

道德自由以实现人道德上的自我完善为目的，它直接指向人的行为，指导人通过实践实现道德上的自我完善，可见道德自由是一种实践，具有强烈的实践性特征。实践是人把握世界的特殊方式，是人在一定价值目标的指引下有意识地改造自然、社会与自身的活动，所以道德自由的实践性首先表现为它是一种价值。道德自由的价值性表现为它是人道德上自我完善的需要同这个需要的对象（道德自由的具体内容）之间的一种价值关系，即道德自由是一项旨在满足人道德上自我完善的需要而开展的有价值的活动。其次，道德自由的实践性决定了它是一种行动。道德自由的行动特征表现为，它往往被看作一定的行为目标（如道德自由境界等），以及一定行为目标下一系列的规范主体或他人的行为准则（如道德自由权等），从而指导或维护人们的行为与目标，以实现人道德上的自我完善。所以在这个意义上，道德自由是一种行动，是一种实现人们道德上自我完善的行动。最后，道德自由的实践性还表现为它的理想性。道德自由是价值与实践的统一，价值的理想性（道德上的自我完善只能是理想的）决定了实践的无限性，而实践的无限性正好体现了道德自由的理想性特征，即它只能是人们在永不停息的实践中不断接近的一个目标。

道德自由的外部特征是其与外界相互作用时呈现出来的一些特点，这些特点由道德自由与外界相互联系、相互作用的方式决定，就依赖外部世界这一方面而言它们是不稳定的，也就是它们应该如此但却不必然如此，只要改变了外部环境及其与道德自由相互作用的方式，道德自由的这些特点就会发生变化。那么，这些特点包括哪些呢？总的来说，主要包括以下三个方面。

道德自由是实现人道德上自我完善的自由。政治（法律）自由维护人作为社会一分子应该拥有的权利，它们指向人政治、经济和社会层面的存在；道德原则与规范一部分维护社会的稳定与发展，一部分维护人道德上的价值与尊严，它们主要指向人社会和道德层面的存在。政治（法律）自由以及道德原则与规范可以是实现人道德上自我完善的前提或保障，但它们却不直接指向人的这种权益，而只有道德自由，才真正以维护、实现人道德上的自我成长、自我完善为宗旨，这就是道德自由不同于政治（法律）自由以及道德原则与规范的地方。所以从这个角度我们可以把道德自由看成是实现人道德上自我完善的自由，也就是以实现人道德上自我完善为宗旨的自由，这正是道德自由区别于其他形式的自由或道德的一个特点。

道德自由是遵循道德必然规律的自由。绝对的自由，比如萨特所理解的自由，是一种不受任何约束的自由，既不受任何规律也不受任何他人的约束，它强调个人选择的绝对性，突出人绝对自由的本性，但这种自由一旦平庸化（比如落入不理解它深刻性的普通大众那里）则容易变成个人为所欲为的自由。道德自由不同于这种自由的地方在于它是道德的自由，即是遵循道德必然规律或受道德必然规律支配的自由，所以它不是不受任何约束的自由，相反却是认识、利用并自觉遵循道德必然规律而获得的自由。可见，道德自由不同于萨特所理解的绝对的自由，而是遵循一定规律、受一定规律支配的自由；不同于普通大众所理解的为所欲为的自由，而是有道德性质、蕴含着道德因子的自由；也不同于人遵循、利用其他规律获得的自由（比如通过遵循和利用自然规律、社会规律获得的实践自由等），而是遵循、利用道德的必然规律获得的自由——这就是道德自由区别于其他自由形式的又一特点，即遵循道德必然规律的自由。

道德自由是由社会舆论、人们的良心保障的自由。自由总要转化为一定的权利形式①，否则它很难得到保障与实现，道德自由也一样。道德自由的权利形式可以一般地表述为人们在道德生活中有进行道德自由活动的权利，但这种道德自由的权利与政治法律意义上的自由权有着显著区别。政治法律上的自由权首先要通过一定的程序制度化，然后再由国家的强制力作为保障，所以制度化、强制化是它们的特点；而道德自由的权利由习俗或良知确立，然后只能由社会舆论和人们的良知做保障，因此非制度化、非强制化（但可以把它看成一种"软强制"）是它的特点。可见，道德自由的权利是一种"软权利"，是一种由社会舆论和人们的良心做保障的非制度化的权利，这就是道德自由在保障方面不同于政治法律自由的特点。

二 道德必然，该如何面对

从表面上看，道德自由似乎蕴含着反道德（即选择不道德行为的自由）的可能性，但从本质上说，由于反道德不具备道德性，道德自由也不具有不道德性。道德自由必须既是道德的又是自由的，道德自由就是人自主自愿即自由地履行道德，也正是在这个意义上，我们把道德自由当作人通过道德修养达致的自由境界。从道德的角度来看，道德自由必须是道德的自由，不道德只能作为一种可能性成为道德自由不得不承认并力加改造的一个事实，也就是说反道德是人性的一种倾向。因而为了实现人道德上的自我完善，我们在同时不丧失行为的道德性与主体性（自由）的前提下提出了道德自由思想。为了保证自由行为的道德性，道德自由必须建立在

---

① 这里的"权利"不是政治法律意义上的权利，而是泛指能普遍得到人们认可的东西。

道德必然的基础上并与道德责任紧密相连，一个人只有根据道德必然展开行动并勇于承担道德责任，才有可能做出道德自由行为，也就是说一个人只有不断地培养其道德理性意识与责任意识，才有可能在道德生活中实现道德自由。

既然道德自由是道德的自由，那么道德必然就构成了这种自由的基础与前提，也就是说正是人对道德必然规律的认知与遵从（道德理性）构成了他在道德生活中的自由与权利，或者反过来说人在道德生活中的自主权与自由境界是以他对道德必然的认知与遵从（道德理性）为前提的。可见在道德自由语境中，自由并不是为所欲为或反道德的自由，而是认识与遵循道德必然的自由，所以在道德自由中，道德必然对个体来说不仅仅意味着规范与约束，还意味着某种意义上的自由与权利。

必然或必然性，其实就是规律性，是指一种可重复再现的客观现象的绝对性、无条件性和不可违背性，意指某种前提和结果不以人的意志为转移地必然地联系着，也就是说只要具备某种前提就必然导致某种结果，或者说想得到某种结果就必然要具备某种前提。道德必然是指道德运动过程中的必然性或规律性，它不以人的意志为转移，是绝对的、无条件的和不可违背的，人只要过上道德生活，或想取得善的结果，就必须尊重它、服从它，而不能忽视它或违背它。道德必然与主体即人的活动有关，是人在价值追求过程中具有的必然性与规律性，因此它不同于自然必然。自然必然是自然运动过程中具有的必然性与规律性，它不仅不以主体的意志为转移，而且不以主体的存在为必然条件，也就是说即使没有主体即人的存在，自然必然同样会发生作用。但这并不意味着人能独立于自然必然而存在，由于人是自然的一部分并无时无刻不与自然进行物质能量交换，人同样要遵循自然的必然性与规律性。但人遵循自然必然并不意味着自然必然对人实施压制与限制，也就是说并不意味着人的不自由。自然必然是对普遍经验事实的描述，正是经验事实毫无例外地如此发生，我们基于理性思维习惯才人为地赋予这种现象以自然必然的形式，所以自然必然只是对一种普遍的经验事实的表述。在这种表述中，只要经验界有一反例违背了这一现象，我们就不再称它为自然必然，因此在逻辑上，所有归属自然必然的事例都必定具备自然必然的形式，由此就给我们一种假象，好像自然必然具有强制性,这些事例正因为自然必然而不得不如此发生,因此人作为自然的一部分也必定受到这种强制。其实这只是人类的一种幻觉或思维上的错乱,强制必须建立在自由的基础上。正因为有选择的自由,我们才有可能被强制如此这般地行动,因此可以说正是自由构成了强制的基础。而自然必然只是关乎普遍经验事实的描述,在这种描述里并不意味着经验事实之前是另外一种样子,只是到了这种描述里才变成现在这个样子,而是因为经验事实本来就如此,之前之后它都如此这般地发生。因此在这个意义上,经验事实是独立于这种描述的,或者说这种描述只是人为的。可见在自然必然里,经验事实只是一种事实性存在,并不关乎自由或不自由的问题,因此对它来说也就无所谓强制性问题了。比如我们观察到各种物体在没有其他阻力的情况下会毫无例外地往地面上掉,于是我们在这个普遍经验事实的基础上归纳出了"万有引力"这一自然必然规律。在这里,"万有引力"只不过是"各种物体在没有其他阻力的情况下会毫无例外地往地面上掉"这一普遍经验事实的描述,因此它并不意味着各种物体因为"万有引力"而毫无例外地往地面上掉,或者意味着各种物体必须毫无例外地遵循"万有引力"这一必然规律,好像苹果本来就该往天上飞,只是有了"万有引力"以后才不得不往地面上掉。人作为自然的一部分也一样,其自然性无疑也具有自然必然的性质,但同其他自然物体一样,这种必然性并不意味着强制,因为它只是一种事实性存在,也不涉及选择的自由问题。比如人只能双足行走,并不意味着人本来能像鸟儿一样往天上飞,只是由于某种必然而不像牲畜一样爬行,但人事实上就是这样,因而也就无所谓自由或不自由。可见自然必然并没有对人构成一种强制,而如果人感到强制,也不过是幻觉罢了。

  但道德必然则不同。如果说自然必然是对普遍经验事实的描述,那么道德必然则建基于人类普遍价值的期待,并着眼于这种价值的描述及实现,因此如果说自然必然属于事实领域,那么道德必然则属于价值领域。这种价值并不是经验事实的简单描述或归纳,而是对人类还没有实现或完全实现的理想状态的期待,这种期望无论是义务性的还是目的性的,不仅不是经验事实的简单复制,相反还是经验事实的否定与超越。因此道德必然必定要作为现实的导向而对现实的人和事产生规范与约束作用,而这种规范与约束正是建立在现实的人和事"可以如此但却不如此"的选择自由的基础上，正是现实的人和事"本该如此但却不如此"，才导致了道德必然对它的强制与约束。因此对道德必然来说，即使经验界有再多的反事例也不足以否定它（而自然必然就不同），所以康德说："即或直到如今还没有一个真诚的朋友，但仍然不折不扣地要求每一个人在友谊上纯洁真诚。"① 因为正是经验生活要以道德必然为导向而不是恰恰相反，否则人类道德生活就没有任何发展的可能了。可见，道德必然作为一种价值导向必定要对经验界的人和事构成某种强制，而这种强制又不能完全不顾人的实际情况（否则道德就没有任何实现的可能性了），而只能建立在"应当"的基础上，这种"应当"意味着一种"人有能力如此却常常不如此"的实际情况。因此这种强制针对的是经验界道德上不完善的人，正是人道德上的不完善构成了道德强制的合法性论证。道德必然与其说是一种规范与约束，还不如说是一种导向与指引，因为从道德理想的角度来看，这种规范与约束正是人通往自由的地方。也就是说在道德世界里，人的自由正在于摆脱经验世界不正当情欲的束缚，按道德必然规律行动，也正因为这样，人才有可能实现道德上的自我完善。可见在道德必然中，其规范与约束的只是道德上有缺欠的人，而给予的却是人道德上的自由与完善。

既然道德必然建立在人类普遍价值期待的基础上，那么在内容上它必然要涉及对这种普遍价值本身的认知与把握，从而形成规律以促进这种理想价值的实现。从道德的角度来看，价值在本源上关乎一种应当实现的理想状态，这种理想状态其实就是关于"善"的最根本的表述。在伦理视域，理想状态主要存在于人通过实践构建的各种关系里。人在实践的过程中构建了各种各样的关系，其中最基本的就是人与自然、人与他人和人与自我的关系。在经验世界里，由于诸种原因，这三种关系往往处于一种失衡的状态，从而导致关系双方的生存与发展受阻，由此又进一步恶化双方关系，导致恶性循环。人作为诸种关系中有理性的一方，既会由于主体意识的强制入侵而导致主客体关系的失衡，又会基于理性意识而主动去维护、促进双方关系的平衡发展。当人由于理性的反思与劝导把握住一种使

---

① 〔德〕康德：《道德形而上学原理》，苗力田译，上海人民出版社，1986，第58页。

得关系双方都处于和谐状态并因此最有利于彼此的发展与完善时,这种和谐状态就是人类普遍追求的"理想状态"即善。因此,理想状态是对现实中诸种关系失衡的超越与否定,是诸种关系应当实现的和谐状态,所以它是一种有待实现的正面价值,即道德上的"应然",而道德必然首先必须是对这种正面价值的认知与掌握。

人作为自然的一部分必须要生存,因此它首先要面对的就是人与自然的关系。人与动物不同,动物只是无意识地随自己的本能直接作用于自然界,因此它没有超出自己作为自然界的一部分而与自然融为一体;但人却不同,人作为理性存在者属于自然界的同时又能超越这种限定,从而能够以主体性身份脱离甚至影响自然的存在。在自然界中,只有人能够作为主体有意识、有目的地去处理自身与自然的关系。在人与自然的关系中,人往往由于主体意识的强制入侵而绝对地凌驾于自然之上,以致把自然仅仅作为索取对象来满足自己的私欲,从而在严重破坏大自然的情况下导致人与自然关系的失衡。所以人与自然关系的恶化是人类盲目的利己主义导致的,因此超越类层面的利己主义,重新确立人与自然的和谐关系便成为人类道德上合理的诉求。在人与自然的关系中,人类由于其理性特征,必然要作为主体性一方而存在,也就是说人能而且只能从自身的尺度出发去认识与改造自然。人与自然(包括动物)的不可通约性决定了双方永远不可能建立一种互为主体的关系,因此至少在人类视域中,人只能作为主体而存在。因此,在人与自然的关系中,某种程度的人类中心主义是避免不了的,尽管这可能是一种幻觉。但人的主体性存在并不意味着人能够凌驾于一切客体之上,或者为了自己的私欲不惜打压、牺牲客体的生存与发展,好像主体性本身只意味着贪欲与杀戮,而没有贪欲、不杀戮就不能成其主体性一样。这只不过是一种从个人利己主义发展、演变而来的人类利己主义,其实正像个人主义不等同于利己主义一样,人类中心主义也并不等同于人类利己主义。其实在人与自然的关系中,人的主体性地位与其说意味着一种利己主义,还不如说意味着一种责任与义务。正因为人有理性,能够以某种尺度去影响、改造自然,因此人就有责任与义务促进、保护自然的生存与发展,而不只是考虑自己的利益。在伦理语境中,单主体性本身意味着一种责任与义务,而不论关系的另一方是人还是物,因为主体性本身就意味着一种自由与权利,因此在享有这种自由与权利的时候,即使对应的一方是物,也要相应地承担一份责任与义务,否则任何人在改造自然的时候都可以毫无节制地索取与破坏。但这种责任与义务的承担并不像有些学者所说的,建立在一种间接的即被掩盖的"人与人"之间的关系上。因为在这种关系中,尽管自然的生存与发展也得到某种程度的维护与保障,但事实上它仍作为手段淹没在人类的利己主义打算中。因此人与自然的关系如果建立在这种论证上,就永远摆脱不了被奴役的命运,即使自然由于人类利益而得到暂时的维护,也是治标不治本,毕竟我们永远不知道人类哪一天会因为利益上的算计而重新把自然置于死地。在人与自然的关系中,自然首先不能仅仅作为手段而存在,但又如前文所说的,在人类视域中自然并不具备主体属性,因此在这种两难情况下它只能作为一种"赋予性主体"而存在。赋予性主体是客体(特别是物)在主体的照耀下由主体赋予的主体性,这种主体性并不是客体本身作为主体具有的属性,而是主体即人在自由实践过程中基于照料客体的责任与义务而赋予客体的属性,因此这种主体性完全建立在人的责任意识的基础上。在人与自然的关系上,自然的这种赋予性主体地位意味着双方的关系既不建立在人对自然的单向索取上,也不建立在人类自身利益的算计上,而是建立在人对自然的尊重上。而只有这种尊重,才能使自然摆脱被奴役的状态,获得特定意义的主体性地位,从而有可能与人建立起一种类似于"主体间"的和谐关系。在这种和谐关系中,自然不再只具有手段的意义,而是作为赋予性主体具有特定意义上的自由与权利,因此它能够在一定程度上与人之间构成一种相互制约的平衡关系。自然的这种"自由"与"权利"并不是自然自身作为主体而内在具有的,而是人的责任与义务所赋予的,因此人与自然的相互制约实际上就是人的自律。但人的这种自律必须建立在自然的"赋予性主体"属性上,没有自然的这种主体性预设,人的自律只能是一句空话。于是在人与自然之间,便不可避免地存在生存与发展间的冲突与协调,这种协调的和谐状态,就是人与自然都能得到适宜的生存与发展。当然冲突是不可避免的,和谐有可能只是一个理想,但只要我们超越人类利己主义,赋予自然特定意义上的主体性地位,那么我们总有可能在人与自然的关系中寻求到一个最佳点,从而不断接近和谐状态,促进人与自然的

第五章 道德自由

共同发展,而这正是我们在道德上理应给予自然的一个承诺。

人作为社会的人,还必须面对他人的存在,因此在实践上又出现了另一个关系维度即人与他人的关系。人不同于动物的地方在于人有理性(广义上),能通过一定的准则规定自己的行为,从而一般地具有意志力,亦即具有根据一定准则行动的能力。动物只出于本能消极地顺应自然规律,或者说是自然规律的一部分,但人不仅能掌握与利用自然规律,还可以超越它,从而根据自己的目的自主地形成属于人自身的规律(准则),并规定自己依照这些规律展开行动。因而唯有人是自由的,可以根据自己的需要自由地规定自己的行为,在这个意义上,人是自足的,即人可以摆脱自然的限制,单纯依据自身的目的而行动。只有人才真正具有自由的因果律,而一切尊严与价值,正是建立在人的这种自由因果律上。在自然界中,唯有人具有绝对的价值与尊严,或者说唯有人是一种目的性存在,而这正是人的自由与权利的来源,也就是说,正是人的这种目的性存在或绝对价值与尊严,决定了人有自由与权利为自己的需要采取行动。但正像人与自然的不可通约一样,人与他人之间也存在某种程度的不可通约,他人在某种意义上只能是一个"黑箱",我永远不可能确切知道他人的所思所想,即使他人明确告诉我,我也不知道他所说的是否属实;我甚至不能确定呈现在我面前的他人的影像是不是一种幻觉,或者这种影像背后是否存在某种主体性的东西……正像人只能在人的视域下看待自然一样,在某种程度上,人也只能从自我视角出发看待他人,因而在这个意义上他人只不过是"我"的注脚,或者说只能是相对于主体的"我"而存在的东西。这就让人产生一种幻觉,好像他人只能是"物",亦即只能作为实现"我"目的的客体而存在,每个人似乎都有一双美杜莎神眼①,企图把对方化为顽石,从而取消对方的主体性,建立一种唯我独尊的"主—客"关系。从这种"主—客"关系出发,每个人都觉得只有自己才具有实现自身需要的自由与权利,而他人只不过是实现这种需要的客体或手段,亦即只能作为一种为"我"的存在。于是人与人之间就出现了争斗,在这种争斗中,每个人都力图把他人只当作手段而把自己只当作目的,结果导致"人对人像

---

① 美杜莎(Meduse)为古希腊神话故事中的人物,能通过一双神眼把人化为顽石。

狼一样"——这就是人与他人关系的一种失衡状态。在这种失衡状态中，每个人都是目的的同时导致每个人都是手段，结果只能是每个人的目的都不能有效地实现。于是在这种冲突中，个人不得不走出自我视域，开始承认他人的主体性存在。主体性存在即人的存在，在自然界中，人由于其目的性存在拥有绝对的价值与尊严，因此尊重他人的主体性存在意味着尊重他人的目的性，亦即尊重他人的绝对价值与尊严。于是在人与他人之间便形成一种"主体对主体"的关系，在这种关系中，他人和"我"一样，同样是一种目的性存在，同样具有绝对的价值与尊严，因此个人在面对他人的时候，不再只把他人当作手段，而同时要当成目的。把他人当成目的并不意味着否定"我"的主体性地位，即把"我"当成手段——这同样是人与他人之间的一种失衡状态，而是同时把"我"与"他人"当作目的来看，因此这个目的只能是人性共有的绝对价值与尊严。正因为这是人性共有的，尊重它并不意味着单纯地把谁当作目的或手段，而是把所有人普遍具有的人性当作目的来维护与实现，因此这里就不再存在那种"目的对手段"的失衡状态。"我"为自身利益所做的一切，只要与人性的普遍尊严有关，就有道德上的理由为自己呐喊助威；同样，阻止或谴责他人忽视甚至损害人性普遍尊严的行为（即使这些行为与他的利益攸关），也是道德上正当的。因此在这里，人性的绝对价值与尊严成为"我"与他人共同维护的一个对象，而人性是"我"与他人人身中普遍具有的，在这里人人都是目的，没有人会单纯地被当作手段来看待。于是人与他人之间在这里便达成一种和谐，从人性的普遍价值来看，"我"与他人不再有隔阂，"我"身上的人性与他人身上的人性同属于人类人性，因而具有绝对的价值与尊严，维护或实现它不光是"我"的目的，也不光是他人的目的，而同时是"我"与他人共同追求的一个目标。维护"我"（或他人）身上的人性不再意味着把他人（或"我"）当作手段，因为在人性的维护上，人人都是手段（就克服人身上的非人性因素而言），因而人人也都是目的（就实现人身上的人性因素而言）。个人在行动的时候，不能只根据对自身有效的准则行动——比如只为自己的欲望或幸福打算，而必须在普遍人性的基础上，根据对所有有理性的人都普遍有效的理性法则行动。这就是人与他人之间道德上的一个必然规律，也是人在处理"我"与他人关系时必须对

"我"与他人做的道德承诺。

　　人与自我的关系，就是心智伦理问题。人的理性（广义上）建立在人的自我意识的基础上，正是自我意识把人从自然、他人甚至肉体的我中分离出来，从而给予这些关系以理性的思索与把握。人从自然、他人那里分离出来依次产生人与自然、人与他人的关系，而人从肉体的我（情欲的我）中分离出来则产生了人与自我的关系，即身心的关系。在这里，"人"意指理性（狭义上）的我，也就是经过理性反思而形成的理想中的我；而"自我"意指肉体的我，亦即作为情欲存在的经验中的我。因此，人与自我的关系其实就是人身中理性与情欲的关系，而理性与情欲往往相对立而存在，因此彼此间的斗争与消长就成为人不得不面对的一个冲突与矛盾。当情欲压制理性，使人完全听命于情欲时，人便处于一种理性缺失的失衡状态，在这种失衡状态里，不仅人的情欲不能得到正常满足，而且人的身心也得不到健康、全面的发展，从而导致人本主义心理学所说的人的自我实现受阻。当理性压制情欲，使情欲完全处于压抑状态时，人又处于弗洛伊德所揭示的"本能受压抑"的状态，从而导致了人心理上各种各样的病态。可见在这种分析中，人的理性与情欲既不像传统伦理认为的那样，只有理性（狭义）是绝对的好，或者一定要取得对情欲的支配权，而情欲本身就十恶不赦；也不像现代社会所认为的那样，只要是人的情欲就应该加以满足，好像以人为本就是以人的情欲为本一样。所以理性与情欲只是中性词，都不过是大自然赐予人类的一种能力，而它们任何一方只要受到压制或过度放纵，都足以致人于某种身心失衡的状态。因此人与自我的和谐关系，既不建立在理性对情欲的压制之上，也不建立在情欲对理性的压制之上，而应该建立在理性与情欲的协同互助上。但理性与情欲的协同互助并不像人与他人那样，可以建立一种"互为主体"的关系，而只能是一种单向的主次关系，即单纯的目的与手段的关系，否则人就只能在理性与情欲的牵扯中没有任何决断，或者不能有任何连贯的决断。因此这又有两条进路，一是理性服从情欲，即作为情欲的工具，促进情欲得以理性地实现（经济理性）；二是情欲服从理性，即情欲作为理性实现的必要条件而保障理性健康地实现（道德理性）。经济理性虽然是非道德的，即不能说是不道德的，但仍可以在某种程度上给予人一种和谐的身心关系，否则我们只能说大部分现代人的身心是不和谐的。经济理性尽管可以给予人情欲上的满足,但单纯的经济理性却无法给人一种价值与意义上的依托,从而导致人精神上的失落与荒芜,因此经济理性还不能从本质上解决人身心的失衡问题。道德理性则不同。道德理性既不像传统伦理那样绝对摈弃或压制人的情欲,也不像近现代思潮那样无条件地尊重甚至放纵人的情欲,而是建立在必要情欲得以满足之基础上的人理性上的实现,它类似于马斯洛晚年所说的超越性自我实现。[①] 在这种"自我实现"中,人不仅可以实现情欲与理性之间的和谐,还可以在超越自我、实现道德大同的意义上得到一种终极意义上的寄托与关怀。可见道德理性能从本质上实现人身心上的和谐与健康发展,也正因为这样,我们发现现代社会道德的丧沦与人们精神的失落是成正比的,人本主义心理学所揭示的那些现代病,无一不与人因自私自利或唯我主义的打算而导致的那种无所依靠的孤绝有关。在这里,道德似乎成为一种信仰,但这并不奇怪,道德本来就应该具有信仰或半信仰的性质,一个对道德没半点信仰的人真想不出他是如何履行道德义务的,因此从这个意义上说,单纯给予道德功利主义或实证主义上的论证,无疑会在某种程度上腐蚀、败坏人类的道德。可见重建现代人的精神家园,建立人与自我(身心)的和谐关系,除了宗教上的信仰,还应该以道德理性为指南,达到人身中理性与情欲的和谐状态。而这正是人在道德上应给予自身的一个承诺。

三 道德自由的三个向度

自由是人类永恒的价值目标。人类有无道德自由?道德自由是什么?这些道德形上问题一直困扰着思想家们,也关涉现实道德生活的质量。道德自由不仅是一种意志自由,而且是一种道德境界,同时我们认为,道德自由还应该包括道德自由权,即道德自由在道德权利上的表述。因为人虽然有道德选择与决定的能力,或者说有向善的能力,但如果人的这种能力得不到道德权利上的保障,那么它在实践中也是得不到发挥的,结果会导

[①] 〔美〕马斯洛:《人性能达的境界》,林方译,云南人民出版社,1987,第179页。

致人的道德尊严、道德自由境界都得不到保证。从这个意义上说，道德自由权是连接意志自由和道德自由境界的桥梁。所以我们认为，道德自由包含三个基本向度，一是意志自由，二是道德自由权，三是道德自由境界。

意志自由最先是从伦理的角度提出的，后来发展成哲学意义上对自由与必然、决定论与非决定论的探讨。在伦理学范畴，意志自由是"指人在行动时对善与恶、道德与不道德的一种选择自由"[①]。在决定论者看来，人是没有意志自由的，人的行为无一例外地是外在强制或者内在强制作用下的结果。但我们发现，如果人真的像决定论者说的那样，只是环境的傀儡，那么首先就不会有所谓的人化环境及其发展，因为如果人像动植物一样在环境面前只是受动的存在而没有丝毫的主动性和创造性，那么人类就永远不可能超越环境，更不用说改造环境了。事实上人化环境的出现及发展，甚至是自然环境的破坏与失衡，都印证了人类的主动性和创造性，都是人类意志自由的体现。其次，如果人只是环境的傀儡，那么就不会有人的发展，如果人的性格像某些心理学派所认为的那样在童年时期就已经在环境的作用下定型，那么人就只能是环境与他人意志的复制品而断无发展与变化的可能，但事实上，人却是一代一代向前发展的，这证明了人不可能只是复制品而且具有超越环境与他人意志的意志自由。

那么，人的意志自由又如何成为可能呢？我们认为，意志自由与人理性的成熟有关。理性的成熟表现在三个方面，一是理性对个人的自我认识，亦即理性对个体的欲望、目标、价值等方面都有较为全面、深刻的了解，从而形成清晰的自我认识，这正是意志自由之主体性的保证；二是理性对外界的认识，也就是理性对个体所处的客观环境，对与实现个体欲望、目标、价值等有着决定性联系的各种客观环境的认识与掌握，这是实现意志意向的重要条件；三是意志力的增强，意志力的增强意味着个体能抵制各种外在的或内在的非理性因素的阻碍与干扰，坚持按理性行动，是意志自由意志力上的保证。个体理性的成熟包括意志自由所有心理上的条件，加上个体身体上的健康与成熟，足以构成意志自由的基础，而且理性的成熟与意志自由呈正比例关系，一个人的理性越成熟，那么他的意志自

---

① 朱贻庭主编《伦理学大辞典》，上海辞书出版社，2002，第40页。

由度也就越高。

意志自由绝不是毫无因果的纯粹偶然,否则意志自由就没有任何意义了。意志自由并不否定因果性。意志自由的因果性包含在人的选择中,它体现为人为自己立法,也就是人可以自由地选择目标并在确定目标后自由地选择能顺利达到目标的各种手段与途径。人的这些选择自由并不是纯粹偶然的,因为人作为有理性的动物,其选择必然蕴含着人自己的因果性,也就是说人无论是目标的选择还是手段的选择,都烙上了人自己意志的各种印记;同时人的自由选择必须尊重自然因果律,只能是在认识与利用自然规律前提下的选择与自由。可见,因果性是意志自由的必然要求。

意志自由是人在善与恶、道德与不道德之间选择的自由,是对人按自己的意志独立自主地进行道德选择与做出决定的能力的肯定。意志自由有广义与狭义之分,广义的意志自由是指人有在善与恶、道德与不道德之间进行选择的能力,是心理学意义上的自由,意味着人能按自己的意志选择善或者道德,也能按自己的意志选择恶或者不道德,如亚里士多德所说的,"……德性依乎我们自己,作恶也是依乎我们自己。因为我们有权力去做的事,也有权力不去做。我们能说'不'的地方,也能说'是'"[1]。人的这种选择自由意味着人的行为是由自己的意志决定的,所以不论是道德行为还是不道德行为,都属于自己的行为,因而人必须负有道德上的责任,接受他人和社会对自己的道德评价。

狭义的意志自由是指人在道德上有在善与恶、道德与不道德之间选择善或者道德行为的能力,也就是说人在道德上有向善的能力。人的这种向善的能力是以人性善为理论根据的,如孟子认为,人都有"四心",即"恻隐之心、羞恶之心、辞让之心、是非之心"。人的"四心"付诸道德实践就外化为人的仁、义、礼、智等道德行为[2],所以人的这些道德行为是人意志自由的结果,也即人本能的向善的结果。人的向善能力是人们拥有道德自由权、达致道德自由境界的基础与前提,人如果不具备这种向善的能力,那么道德自由将失去根基,而只剩下心理学意义上的道德自由。人

---

[1] 周辅成编《西方伦理学名著选辑》(下),商务印书馆,1964,第306页。
[2] 《孟子·公孙丑上》。

的意志是一个无法透视的"黑箱",而且不能进行定性或定量研究,既然如此我们如何在道德评价中确定人的意志自由?我们承认,人的意志是个无法直接透视的"黑箱",但它却是可以间接透视的,即我们可以从意志的外显行为中去推测意志的情况,否则一切心理学都将是不成立的。人的意志并不是与外界孤立的,相反它每时每刻都在外界的刺激下向外界做出回应,所以意志是有一定客观内容的,虽然我们无法确切地知道在刺激与反应之间人的意志究竟是怎样运作的,但既然刺激与反应都是客观的可观察的而且与意志有着密切联系,那么我们多少都能从中有效地推测人的意志状况。所以,对人的意志自由的考察,就可以转化为根据外界刺激与意志的外显行为进行推测。当考察道德主体做出某一行为是否有意志自由时,我们不直接问他是否有意志自由(这是不可能的),而是根据当时的环境条件和他自身的能力去推测他是否有其他的选择。如果有,那他是意志自由的,这时他的行为只能是自己选择的结果;如果他是非此不可的,亦即当时的条件和自身能力不允许他做出其他选择,那么他就是意志不自由的,这时他做出的行为就没有道德意义,即使他的行为不符合道德原则与规范,也不应该受到道德上的谴责。所以,当认为某人意志自由时,我们常说"他本来可以不这样做的……",即根据当时的条件和他自身的能力,他本来可以做出其他选择,之所以不这样做,是他个人的选择,因此他应该为自己的行为负道德上的责任。

当我们把意志自由纳入道德评价中时,便涉及意志自由的广义与狭义之分,即个人心理学意义上的意志自由和个人向善的意志自由。在道德评价中,我们首先承认广义上的意志自由,并将此作为人承担道德责任的前提,而当从道德价值的角度看时我们只肯定和维护人们向善的意志自由,亦即只褒奖和鼓励人们选择善的或者道德行为的自由。

从道德权利的意义来看,道德自由意味着人们在道德生活中有按自己的道德理性进行道德选择与做出决定的权利,也就是人们有道德自由权。正如伯林把自由区分为积极自由与消极自由一样,道德自由有两种表现形式,一是"免于……的自由",我们称之为消极的道德自由权;二是"去做……的自由",也就是积极的道德自由权。

消极的道德自由权意指个人在某一特定情境下有免于道德束缚的权

利，主要表现为个人有作为非道德主体的自由。非道德主体相对道德主体而言，意味着个人有独立于道德原则和规范以及道德评价的自由。消极意义上的道德自由权绝不意味着个人有不道德行为的自由，非道德主体的自由强调的是非道德的行为，即不涉及他人或社会利益从而无法纳入道德评价的行为，而不是不道德行为，甚至也不是行为主体的道德行为。其实，纯粹的非道德主体是不可能存在的，人作为社会动物一举一动无不涉及他人与社会的利益，因此无时不在道德的约束与评价中。个人作为非道德主体的自由只能是相对的有条件的，亦即在特定的情境下，或者相对于特定的道德原则与规范才可以确证，这可以分为三个方面。

从道德情境来看，非道德主体的自由意味着个体在非道德情境中行为的自由。非道德情境是指不含有特定利益关系的一些场合，首先包括个人独处的场合。在这一场合中，个人的一举一动不涉及社会与他人的利益，因而能够免于道德的约束与评价而构成私人生活的一部分；非道德情境还包括一些超功利场合，比如审美场合，审美场合因超出利益关系范畴而不能构成道德约束与评价的对象。当然在审美中，如果有人因审美观的不同而相互谩骂那就不再是审美情境而是道德情境了。其实，像个人独处场合、超功利场合等纯粹的非道德情境是比较少的，我们所说的非道德情境更多的是指相对意义上的非道德情境，即针对某些特定的道德原则与规范而言的非道德场合。这个意义上的非道德场合本身是某个特定的道德场合，但当以另一些道德原则与规范为参照时则是非道德场合，比如战士保卫边疆的道德场合对于教师来说是非道德场合，它的意义在于，一方面使某一道德情境下的道德主体不被课以另一种道德原则或规范，另一方面使得某些道德个体可以自由地出入某种道德情境而不受其道德原则或规范的约束。

从道德义务来看，非道德主体的自由意指个体在道德义务之外行为的自由。道德义务是人作为有别于动物的人、作为社会性的人而应该普遍遵守的一些道德原则与规范。在道德义务情境下，个人无一例外的是道德主体而被课以相应的道德原则与规范。但在道德义务外，最重要的是在道德理想中，个人无疑要有道德选择与决定的自由。道德义务外非道德主体的自由关键在于我们对道德义务内容与范围的界定。我们认为，道德义务首先包括不伤害原则。人性自私与邪恶的一面使得我们倾向于为自己的利益去损害社会与他人的利益，有时甚至恶意地去做，为了社会与他人的生存与安全，道德义务首先要求我们绝对不能以任何借口去损害社会与他人的利益。其次是不冒犯原则。冒犯指的是对人性或他人尊严进行玷污与贬损，比如克隆人、淫秽作品、当众裸奔等都可以从不冒犯原则出发加以道德上的制止。最后是角色履行原则。作为社会动物，每个人在社会生活中都要扮演多种不同的角色，而不同的角色总要使人们遵守相应的道德规范，这些出于扮演角色需要的不同的道德规范虽然不适用于每一个人，甚至不适用于所规范的个体的任何时候，但它们一旦适用，那对于规范对象来说则是道德义务上的必然要求。由不伤害原则、不冒犯原则、角色履行原则导出的一系列道德原则和规范是我们每个人都必须履行的道德义务。但在这些道德义务之外，我们得承认个人有作为非道德主体的自由，我们赞赏有德的人以道德理想来要求自己，也允许大部分人免于道德理想的约束与评价，即允许他们在道德理想中有作为非道德主体的自由。

从个体的行为角度来看，非道德主体的自由意指个体的行为属于非道德行为时可以免受道德的评价与约束。非道德行为是不涉及他人和社会利害，既无道德意义也不能进行道德评价的行为，也就是说非道德行为既不伤害或冒犯他人与社会的利益或尊严，又不违背行为主体当时可能扮演的角色的道德。非道德行为一方面是指个体不具有社会性的私下行为，比如个人独处时的一些行为，这些行为不在社会关系网中，因而不会涉及他人与社会的利益；另一方面是指个体公开的但不涉及他人与社会利益的行为，比如与一群陌生人在海滩上晒太阳（针对晒太阳这一行为而不是除此之外的其他行为，比如交友）。在这些非道德行为中，行为主体有作为非道德主体存在的自由。非道德行为意味着非道德情境，因为在道德情境中，只有道德与不道德的非此即彼的选择，即使不选择也可以进行道德评价，比如见死不救或者在不道德的环境中洁身自好，所以非道德行为蕴含着非道德情境。

积极的道德自由权意指个人有按道德必然行为的权利。一个社会的道德状况一般包括三种类型，即过时道德、应世道德和趋前道德。道德必然一般体现在应世道德与趋前道德之中，因此可以分为两种类型，一是应世道德必然，二是趋前道德必然。所以人们按道德必然行为的自由权应该包含两个内容，一是按应世道德必然行为的自由，二是按趋前道德必然行为的自由。

应世道德必然是体现道德必然规律并与当时社会利益的协调需要相吻合的、得到社会权威机构认可的道德原则或规范。应世道德必然是得到社会权威机构认可的关于人们行为的规定，而且大部分是利他的或者是利于社会的，所以个人按应世道德必然行为的道德自由权在实践中应该不会受到任何阻碍，所以从这个意义上说提倡这种道德自由权似乎没有太多的必要。但是，应世道德必然中除了利他或利于社会的道德原则及规范外，还有部分是体现个人利益的道德原则或规范，比如尊重个人正当利益的道德原则或规范，这些道德原则或规范很可能受到社会与他人的排斥，因而在没有与更高的道德原则或规范相冲突的情况下，维护个人有按这些道德原则或规范去行动的自由是必要的，它使得个人在道德上能有效地抵制社会或他人对自身利益的侵害。再者，即使是涉及利他或利于社会的道德原则或规范的道德自由权也并非在任何时候任何条件下都能畅行无阻，他人或某个团体完全有可能基于某种利益而阻止个人行使这种道德自由权，比如一个腐败的地方政府阻止个别廉洁的官员从国家或人民利益出发展开行动，或者一个市长在车祸现场迫使他的司机见死不救，因此在这种情况下维护个人的道德自由权也是非常有意义的，它是个人洁身自好凭良心办事的保障。个人按应世道德必然行为的自由在内容上包括所有涉及应世道德必然准则或规范的道德自由权，只要是社会普遍认可体现道德必然规律的道德原则或规范，不管是利他的还是利己的，都可以构成个人道德自由权的具体内容；在实践中个人按应世道德必然行为的自由意味着当个人按现行中某个体现道德必然规律的道德原则或规范行动时，只要不与更高的道德原则或规范相冲突，他人或社会就不能以道德上的理由进行干预或谴责，或者说个人有不被干涉的权利。

趋前道德必然是体现道德必然规律但与当时社会利益关系的协调需要不相吻合，因而暂时得不到社会权威机构普遍认可的道德原则或规范。趋前道德一般体现未来社会的发展趋势，因而往往能成为未来社会道德结构的主要成分。那么，人们按趋前道德必然行为的自由又将何以确证呢？首先是现行道德的局限性。现行道德的准则或规范大部分根据现实中人以及环境的需要制定，而环境与人的需要是不断变化与发展的，加上道德原则或规范一旦确定便在某种程度上独立于现实需要具有自身的惯性与稳定性，于是导致了现行道德的僵化，并因此阻碍了现实中人与社会的发展。为了缓解这一矛盾，人们除了有按应世道德必然行为的自由外，更应该有按趋前道德必然行为的自由，因为趋前道德必然的预见性与超前性构成了现行道德向前发展的牵引力，从而促使易于僵化的现行道德不断地符合人与社会的需要。其次是趋前道德必然的优越性。趋前道德必然的优越性一方面体现为它是超越于现实的在理想的价值领域中得到肯定的道德价值，但它们的"超越现实"并不意味着脱离现实，而是意味着在批判现实的基础上对现实的预见与引导；另一方面体现为趋前道德必然是由人们的道德良知、道德理性而不是由社会权威机构来确证的，因此它更具有普遍性，更能得到确证。

过时道德不体现道德必然，二者是一种对立关系。所以人们有按道德必然行为的自由就相应地要有反对过时道德的自由，亦即人们只有在反对过时道德的前提下才有可能按道德必然行动。人们有反对过时道德的自由是因为过时道德的不可确证，这可能由于现行道德原则和规范因自身的惰性而逐渐僵化，或者由于现行道德原则或规范被某些人或某些团体加以利用而沦为实现少部分人利益的工具。在这种不可确证的情况下，人们有反对这些道德原则或规范，并按照道德必然行动的自由。

积极意义上的道德自由权的三方面内容，即按应世道德必然行为的自由、按趋前道德必然行为的自由、反对过时道德的自由，构成了人类道德稳步前进的张力与动力。正是在这个开放的相互约束的道德自由权系统中，我们的道德既能保持自身的稳定性与权威性，又能不断地坚持自我批判与扬弃，从而促进人类道德文明的不断发展与完善。如果消极意义上的道德自由权是我们对个体道德自由状态的肯定，那么积极意义上的道德自由权则是对个体在道德生活中的主动性与创造性的肯定。也正是在这个意义上，我们把后者称为积极的道德自由权。

人虽然有向善的能力，但人性邪恶的一面使得人不可避免地有向恶的可能，或者至少使人在从善的时候由于只是受外力迫使而处于一种不自由的状态，因此为了维护人的尊严并保证人能自由地从善，我们便从道德修养的角度去理解道德自由，希望人们在培养道德情感、内化道德原则与规范的基础上自觉自愿地履行某种道德义务。道德自由境界是道德自由的一个极其重要的向度，是道德自由的理想状态，无论是意志自由还是道德自由权都将在那里找到完美的形式。道德自由境界一直受到人们的提倡和赞赏，但道德自由境界并不是无条件的好，它的有效性还有赖于两个条件，一是个体的道德内化是自愿自主的；二是个体内化的道德原则或规范具有必然性。

个体道德内化的自愿自主性是保证个体在道德生活中之主动性与创造性的一个重要前提。我们认为，维护个人道德内化的自愿自主应从三个方面着手。一是在个体童年期的道德内化过程中应尽可能地维护儿童道德行为的主动性与创造性，从提高儿童的道德认知能力、培养儿童的道德理性出发，鼓励儿童自愿自主地做出道德选择。二是培养人们的道德理性。个人的道德理性是其道德内化的前提及保证，一个道德理性不充分的人既不可能进行道德内化又不能保证道德内化内容的合法性。三是营造宽容的道德环境。宽容的道德环境首先意味着各种道德原则或规范不管是否得到社会权威机构的认可，都应该放在一个开放的环境中接受人们的评价与选择。宽容的道德环境还意味着社会与他人要尊重个人基于道德理性所做的道德选择和决定。内化的道德原则或规范的必然性是道德自由境界在内容上的保证。道德自由境界是人们在认识道德必然的前提下自觉自愿地按道德必然去行动，从而达到一种"从心所欲而不逾矩"的境界。但"从心所欲而不逾矩"的"矩"需要有所保证，必须体现道德必然，也就是说"从心所欲"既不能是没有任何限定的自由，也不能是受腐朽落后之道德原则与规范约束的"自由"，而应该是道德必然限制下的自由。内化的道德原则或规范的必然性需要从两个方面去保证：一是道德立法上的保证，亦即从道德立法上保证道德原则或规范体现社会发展的必然趋势和人性的普遍需求；二是个体道德选择上的保证。个体道德选择上的保证意味着个体凭道德理性自主地选择、内化具有必然性的道德原则或规范。

当个体的道德内化是自愿自主的而且在内容上具有必然性时，其所达致的道德自由境界才是真正意义上的道德自由。但由于实践中道德原则或规范不可能是永恒的绝对的必然,这就决定了道德自由境界不能是一劳永逸的,而是在自我反省与批判中不断地更新与发展。道德自由境界的实现是个循序渐进的过程,它应该全面渗透到道德主体的知、情、意、行中。所以我们认为,道德自由境界的实现应依次包括以下四个阶段,即学习道德知识、培养道德自由情感、坚定道德自由意志和训练道德自由行为等。

学习道德知识既包括对一定道德知识的学习,也包括将这些知识作为自己行动的指南,从而提高自己的道德评价能力、坚定自己的道德信念。道德主体学习道德知识就是要了解具体的道德原则和规范,以及为什么要遵循这些原则和规范。道德主体在掌握了一定的道德知识后,还应该运用这些知识分析、判断自己和他人的道德行为,以此使自己的道德评价能力从本质上得到提高。道德主体道德自由的实现还需要道德情感上的自觉自愿。道德主体道德情感的培养包括提高道德需要的层次和促进道德愉悦。道德需要是道德自由的前提和基础,只有既符合道德必然又是自我需要的道德行为才是真正意义上的道德自由。道德愉悦属于道德主体道德上的自我实现,积极的道德行为是以实现道德自我为目标的。当道德主体实现道德自我时,道德理性和主观自我合二为一,并因此使道德主体获得了愉悦体验,这是最高层次的自我肯定的道德愉悦。道德意志是道德学习和道德情感的高级形态,它构成道德动机,可以使道德主体的道德行为表现出坚定性与一贯性。道德主体在掌握道德知识、形成道德评价后,还应该在道德情感的辅助下使道德知识和标准变成个体行动的指南,从而坚定道德信念,保持改恶从善的决心,不断实现个人的道德完善。这一方面要求道德主体"防微杜渐","不以善小而不为,不以恶小而为之",从微小处坚持自己的道德原则;另一方面要求道德主体要有"慎独"的功夫,在那些人们不注意或者注意不到的地方严格要求自己,按道德原则行动。道德自由有体验和行为两个方面,体验方面的自由只是主观的抽象的道德自由,而行为方面的自由才是具体的现实的道德自由。所以实现道德自由的最后一步应当是道德主体道德自由行为的训练。为了形成道德自由的习惯,道德主体要在日复一日的道德活动中,一方面警惕他人和社会对自己意志的不良干预,养成维护自我独立意志的习惯;另一方面要习惯性地在自我价值目标的指引下独立自主地做出道德选择。

第六章 道德权利

现代社会的根本特征是法治，法治的核心是权利，现代道德学必须把权利纳入其视野并作为核心价值。法治是一种社会理想，也是社会文明发展的一种进步状态。法治的发展完善是社会进化的一种体现，也是道德进步的表现。作为处在特定关系中人的群体组成的系统，社会系统可超越个体成员的命运而保持不变或发生变化，与此同时，社会进化是通过人有意识的活动实现的，社会进化与人的发展具有同构性和同步性，社会环境的改变和人的本质发展变化是同一过程。现代社会民众的法治心理构成表现为特定社会人的本质的基本方面对应着特定的社会法治状态，其中以权利本位为主导构成的法治心理对应的是现代法治。所以现代法治社会的形成，在道德层面上是以实现由道德义务本位向道德权利本位的转换为前提的，道德权利是现代法治社会的坚实基础。[①]

一 道德同样要讲权利

在传统道德理论视野里，道德只与义务相关，而与权利无缘。道德真的不讲权利吗？要正确界定道德权利的概念，必须从道德权利与权利、法律权利、道德义务这几个密切相关的概念的关系切入。

康德在谈及权利的定义时写道："问一位法学家'什么是权利？'就像问一位逻辑学家一个众所周知的问题'什么是真理？'同样使他感到为难。他们的回答很可能是这样，且在回答中极力避免同义词反复，而仅仅承认

---

① 本章内容来源于笔者所撰写的《现代德治论》一书，此处进行了修改，并请参见李建华《权利意识：公民道德教育的核心》，《现代大学教育》2002 年第 3 期；李建华、周蓉《道德权利与公民道德建设》，《伦理学研究》2002 年第 1 期。

这样的事实，即指出某个国家在某个时期的法律认为惟一正确的东西是什么，而不正面解答问者提出来的那个普遍性的问题。"① 在《牛津法律大辞典》关于"权利"这一词条的释义中，第一句话就发出了"这是一个受到相当不友好对待和被使用过度的词"的感叹。② 1991 年弗雷顿出版的《权利》一书在论及研究权利概念的途径与方法时说："在政治理论里，权利已成了一个最受人尊重而又确实模糊不清的概念，想在原理上阐发权利概念所代表的观念，与阐发诸如平等、民主乃至自由之类的观念几无二致。"③ 尽管如此，我们仍试图论证为什么权利理论会给道德权利留有空间。

首先，从权利的渊源来看。米尔恩在谈及社会权利的渊源时写道："使法律、习俗和道德成为权利渊源的是它们包含着规则和原则。"④ 米尔恩是在论述了法律、道德、习俗都是由规则和原则组成后得出上述结论的。他进而指出，任何一个人都是社会的成员之一，而任何社会都由特定的法律、习俗和道德组成。因此，任何个人权利的来源，就是他所隶属的社会的法律、习俗和道德。美国伦理学家彼彻姆说："权利体系存在整个规则体系之中。规则体系可能是法律规则、道德规则、习惯规定、游戏规则等等。但是，一切相应的权利之所以存在或不存在，取决于相应的规则允许或不允许这项要求权，以及是否授予这项'资格'。"⑤ 可见，依照彼彻姆的观点，法律、道德、习惯等均可以成为权利的来源，权利不仅是指法律权利，还有道德权利、习惯权利等。夏勇在论及权利的来源时也指出："没有法律，权利依然存在。法律权利只是权利的一种形式，除此之外，还有道德权利和习惯权利。"⑥ 他认为，权利所具有的最粗浅的含义，是一个人应该或可以从他人、社会那里获得某种作为或不作为，这是一种可以由道德和习俗来支持的表示应该的正义观念，它说明了社会生活原理

---

① 〔德〕康德：《法的形而上学原理》，沈叔平译，商务印书馆，1991，第 39 页。
② 〔美〕M. 沃克编《牛津法律大辞典》，北京社会与科技发展研究所译，光明日报出版社，1988，第 773~774 页。
③ M. Freeden, *Rights*, University of Minnesota Press, 1991, p. 1.
④ 〔英〕A. J. M. 米尔恩：《人的权利与人的多样性》，夏勇、张志铭译，中国大百科全书出版社，1995，第 127 页。
⑤ 〔美〕彼彻姆：《哲学的伦理学》，雷克勤译，中国社会科学出版社，1990，第 296 页。
⑥ 夏勇：《人权概念起源》，中国政法大学出版社，2001，第 16 页。

不一定要依靠法律来创造和维护。马克思在《关于林木盗窃法的辩论》一文里，主张贫民享有到森林拾枯枝的习惯权利，并阐述了关于法律权利和习惯权利的观点。他说："因为法并不因为已被确认为法律而不再是习惯，但是它不再仅仅是习惯。"① 马克思和恩格斯并不否认原始社会存在权利现象，在分析原始社会关系时，还多次使用了"权利"一词。他们只是认为"在社会发展的这一阶段上，还谈不到法律意义上的权利"②。由此可知，法律并不是权利的唯一来源，除了法律，还有习惯和道德。法律权利只是权利的一种形式，此外还有道德权利和习惯权利。道德权利表示一种正当的伦理诉求，由哲学、宗教领域的道德原则来支持。习惯权利则表示一种制度事实的存在，由约定俗成的生活规则来支持。道德权利和习惯权利均可以上升为法律权利，但它们本身并不依赖法律权利而存在。不仅如此，它们还从逻辑上先于法律权利，并成为法律权利的根据和基础。这一点还将在下文中论及。

其次，从权利的含义来看。在近代西方思想史上，阿奎那明确提出把权利理解为正当要求的概念。格劳秀斯把权利看作"道德资格"，认为权利有"公正"、在直接和人相关的意义上的道德品质、与法律的"最广意义"相同的强令我们做出正当行为的"道德行为规则"三种含义。近代古典自然法学家霍布斯和斯宾诺莎等人将自由看作权利的本质，或者认为权利就是自由。洛克、普芬道夫也采用了霍布斯关于"权利乃自由之范式"的概念。洛克认为，权利意味着"我享有使用某物的自由"。康德、黑格尔也用"自由"来解说权利，但偏重于"意志"。康德说，权利就是"意志的自由行使"。黑格尔则指出，权利的基础是精神；它们的确定地位和出发点是意志。意志是自由的，所以意志既是权利的实质又是权利的目标，而权利体系则是已成现实的自由王国。德国法学家耶林使人们注意到权利背后的利益。他说，权利就是受到法律保护的利益。同时，不是所有的利益都是权利，只有为法律承认和保障的利益才是权利。

尽管对权利的认识达成一致几乎不大可能，但是却存在一种关于权

---

① 《马克思恩格斯全集》第 1 卷，人民出版社，1995，第 249 页。
② 《马克思恩格斯选集》第 28 卷，人民出版社，2018，第 57 页。

第六章 道德权利

利的大致相同的理解。那就是，权利是一个涉及广泛领域的复杂概念，它不只是以法律权利的形式存在，它所立足的最基本和最重要的领域是法律和道德，换言之，法律权利和道德权利是两种基本的和重要的权利形式。无论我们对法律和道德的关系持何种态度，法律规范与道德规范在内容和约束力等方面的差别足以使我们把由它们支持的法律权利和道德权利看成是有别的权利形式，这一点在前述不同的著作家关于权利的分析中都能看到，纯粹伦理意义上的正当性和法律条文的规定都构成了权利的基础。当然，除法律权利和道德权利外，还存在其他一些权利形式，如既非法律又非道德的约定权利（协会或俱乐部成员的权利），这类权利的确定性类似于法律权利，但不为国家强力所保护，它的规范性类似于道德权利，但不具有超出约定范围的普遍特征。法律权利和道德权利常常可以作为"实有权利"和"应有权利"的区别，任何"政治权利""经济权利""文化权利"，乃至"人权"，只有被某种特定的法律所承认和保护时，才构成实有的法律权利，并不必然以道德的基础为条件；若无法律的承认和保护，就只是以道德上应有的道德权利的形式存在。总之，从权利的渊源和含义都可以看出，权利不仅包括法律权利，而且包括道德权利。

最后，从权利的要素来看。如上所述，权利的本质是由多方面的属性决定的。对于一项权利的成立来讲，这些属性是一些最基本的、必不可少的因素，归纳起来主要有以下几点。第一个要素是利益。一项权利之所以成立，是为了保护某种利益，也是由于利在其中。利益既可能是个人的，也可能是社会的；既可能是物质的，也可能是精神的；既可能是权利主体自己的，也可能是与权利主体有关的他人的。不过，利益只能用来说明权利本质的一个方面，而不是全部。单纯的利益或对利益的需要本身并不能成为权利。第二个要素是主张。一种利益若无人提出对它的主张或诉求，就不可能成为权利。一种利益之所以要由利益主体通过意思表达或其他行为来主张，是因为它可能受到侵犯或随时处在受侵犯的威胁中。当然，主张也只是权利本质的一个方面。如精神病人享有权利，但不可能通过自己的意思表示享有或行使。第三个要素是资格。提出利益主张要有所凭借。通俗而言，就是要有资格提出要求。资格有两种，一是道德资格，一是法律资格。例如,专制社会的民众没有要求言论自由、选举自由的法律资格,但是具有提出这两种要求的道德资格,这种道德资格是近代人权思想的核心,即所谓人之作为人所应有的权利。第四个要素是权能,包括权威和能力。一种利益、主张或资格必须具有相应的权能才能成立。权能首先是从不容许侵犯的权威或强力意义上讲的,其次是从能力的意义上讲的。权威也有道德和法律之分。由道德来赋予权威的利益、主张或资格,称为道德权利;由法律来赋予权威的利益、主张或资格,称为法律权利。第五个要素是自由。在许多场合,自由是权利的内容,如出版自由、人身自由。这种作为某些权利内容的自由(或称自由权利),不属于作为权利本质属性之一的自由。因为奴役权利、监护权利并不以自由为内容,但其本身的确是权利。作为权利本质属性或构成要素的自由,指的是权利主体可以按个人意志去行使或放弃该项权利,不受外来干预或胁迫。如果某人被强迫主张或放弃某种利益或要求,那么,这种主张或放弃本身就不是权利,而是义务。

总之,对于一项权利的成立来讲,这五个要素是必不可少的。简而言之,一个现实的人要充分享有权利,就必须具备以下条件:有某种特定的利益;能够通过现实途径提出自己的要求;具备提出这种要求的资格;这种利益和要求得到某种现实权威的支持;他自己要有起码的人身自由和选择自由。有学者认为,以其中任何一种要素为起点,以其他要素为内容,给权利下一个定义,都不算错。[1] 也有学者认为,权利构成中最主要的当首推利益、自由和要求。[2] 美国法学家庞德则注重权利的主张或要求。他认为,当一项主张为法律所支持,不论它是否得到任何其他东西的支持,都可被称为一项"法律权利";当感到一项主张"应当"由法律给予承认和维护时,才可被称为一项"自然权利";而当一项主张"可能为共同体的一般道德感所承认并为道德舆论所支持"时,我们称它为"道德权利"。[3] 麦克洛斯基对道德权利的定义如前所述,他把道德权利视为赋予权利主体做某些事情的"道德权威","有资格"不受干预

---

[1] 夏勇:《人权概念起源》,中国政法大学出版社,2001,第48页。
[2] 余涌:《道德权利研究》,中央编译出版社,2001,第12页。
[3] 〔美〕庞德:《通过法律的社会控制》,沈宗灵译,商务印书馆,1984,第42~45页。

或获得帮助等。① 余涌则把道德权利定义为,"道德权利者基于一定的道德原则、道德理想而享有的能使其利益得到维护的地位、自由和要求"②。我们倾向于余涌的观点,将道德权利定义为道德主体依据道德享有的使其利益得到维护的地位、自由和要求。

从以上对权利的渊源、含义和要素的论述不难看出,道德权利被包含在权利之中,是权利的一个重要组成部分,但是诸多学者却往往以道德权利和法律权利的异同,以道德权利和道德义务之间的特殊关联为由来否定道德权利。以下笔者将着重分析道德权利和法律权利、道德权利和道德义务之间的关系。

二 道德权利与法律权利的差异

法律权利的存在是公认的,而长期以来对是否存在道德上的权利则难以形成统一的意见,因而道德权利和法律权利的关系也就成为一个问题。只承认法律权利,否认任何其他形式的权利的思想家应当首推边沁,边沁只承认法律权利的存在,"权利是法律的产物,而且只是法律的产物;没有法律就没有权利,没有与法律相反对的权利,没有先于法律存在的权利"。"权利这个概念应该限定在法律的范围内,因为道德上对权利提出的需求和主张本身并不是权利,正如饥饿者的需求不是面包一样。"③ 在他看来,权利是法律的孩子,像自然权利、道德权利之类则是从来就没有父亲的儿子,是"站在高跷上的胡言乱语"。俄国法学家彼特拉日茨基认为,法律和道德的区别在于法律有"命令—归属"两面性,道德则只有"纯命令"性,也就是说,法律强调权利和义务,道德则只强调义务。除此之外,也有一些观点承认道德权利的存在。例如,鲍桑葵就认为,最充分意义上的权利既具法律意味,又具道德意味,权利是能在法律中得以强制的要求权,任何道德命令都不可能如此,但权利也被认为是一种能在法律中

---

① 〔美〕范伯格:《自由、权利和社会正义》,王守昌译,贵州人民出版社,1998,第97页。
② 余涌:《道德权利研究》,中央编译出版社,2001,第30页。
③ 张文显:《二十世纪西方法哲学思潮研究》,法律出版社,1996,第491页。

被加以强制的要求权,因而也具有一种道德面貌,"典型的"权利是把这两方面结合在一起的。另一位法学家坎特诺维茨在批评彼特拉日茨基的观点时指出,虽然不是所有的伦理秩序中都包含着道德权利概念,但在相当多的伦理秩序中有道德权利的位置,世俗道德就清楚地具有两面性,情人之间或朋友之间互相信赖所做的承诺通常具有明确的、非法律的、纯粹的道德性质,但这种承诺被认为具有契约性的约束力,这可以从一旦承诺被违反,就会出现暴力反应这一点看得清清楚楚。[①]

尽管道德权利和法律权利同样是权利的重要表现形式,但是学者往往用法律权利作为盾牌,质疑道德权利的存在。这主要是因为两种权利形式所依赖的规范体系在性质和借以实现的力量保证上存在明显的联系和差异。大体说来,这些区别和联系主要表现在以下几个方面。首先,从内容来看,二者既有共同之处,也有不同之处。这从本质上说是由道德和法律调节的权利义务之间的关系决定的。人具有社会效用(即利害人己)的行为无不为道德所规范,而一切权利与义务都不过是一种特殊的具有社会效用的行为,因而也就无不为道德所规范、承认或拒斥。反之,法律则仅仅规范人的一部分具有社会效用的行为,法律权利义务亦仅仅是权利义务的一部分,另一部分权利义务则只是道德权利义务。因而,一个人可能享有做某事的法律权利,但做某事是不道德的;反之,一个人可能享有某项道德权利,但该权利却得不到法律的支持。前者如某些法律规定的返还拾得物的报酬请求权,后者如下文要论述的公正评价权。因此,有些权利是法律的而非道德的,有些权利是道德的而非法律的,有些权利则既是法律的又是道德的。道德规范调节的权利义务关系的范围要大于法律规范调节的范围,故道德权利的范围也要大于法律权利的范围。其次,二者在确定性上是有差别的,道德权利的确定性不如法律权利明显。在一个既定的社会中,法律权利由于有明确的法律条文作为根据而具有明显的确定性。通常情况下,法律权利由立法机关通过某种立法程序以法律条文的形式加以确认。假设法律规定从某年某月某日起公民有权利做某件事情,那么,一项法律权利便宣告成立,这项

[①] 张文显:《二十世纪西方法哲学思潮研究》,法律出版社,1996,第399页。

权利的内容、界定、由何种机构来负责保护等都是具体而明确的。相反，在道德准则或标准方面，人们通常会产生争议，而且往往难以形成统一、权威的意见。道德标准的可争议性和多样性则使得人们在讨论道德权利时难以有所依据。与法律权利的产生对照，我们就很难想象有某种机构或通过某种程序宣布自某年某月某日起某人有做某事的道德权利，因为道德意识的变化、新的道德规范的形成不可能像改变或确立某种法律规范那样借助某种"权威"或"程序"。最后，二者的维护手段也显著不同。法律权利的维护依靠的是国家机器的强制力量，道德权利则主要依赖舆论、良心的力量来保障。

道德权利在确定性和维护手段上与法律权利的不同往往成为人们否认道德权利成其为权利的理由。例如范伯格就认为，当一个人的要求权被法律认可时，他就有了一项法律权利，但这"很难运用到道德权利上去"。其理由是，道德权利所归属的类并非与要求权不同，当人在道德上有要求权时，他就有道德权利，但这种要求权不一定为法律所认可，它得到的是"道德准则"和"觉悟的良心"的承认。[①] 由此可以看出，道德权利的要求权与法律权利的要求权并不是类的不同，而是所依据的对象在确定性和有效性上存在差别。洛马斯基也指出，在一个秩序良好的社会中，法律权利以一种可预见的方式得到国家机器有力而可靠的保护，因为法律权利的内容和价值是明确而显著的，人们完全有理由重视他们的法律权利。因此，把法律权利看作示范，所有其他的所谓权利的真实性都应当根据法律权利来判断，这是"很诱人的"，倘若"道德权利"被发现缺乏法律权利的特征和强制性，便被认为不是真正的权利，那么，简单的事情就是把它们扔到定义不良的概念的垃圾箱中去，持有类似观点的人不在少数。这可能与对法律和道德性质的认识有关，也可能与对权利性质的认识有关，如把法律看成是重在维护人的权利，道德则更多的是关心人的义务，法律重在调节人外在的行为关系，道德则更关注人的内在意识等。但以道德权利的内容不似法律权利的内容那样明确、道德权利的维护手段不如法律权利的维护手段那么有效为由来怀疑道德权利的存在，无论如何都不能成为一种具有决定性作

[①] 〔美〕范伯格：《自由、权利和社会正义》，王守昌译，贵州人民出版社，1998，第97页。

用的论证。对此,仅以道德义务为例就足以说明。与法律义务明确的条文表述相比,道德义务并不明确,而与法律义务所依赖的国家机器的强制力量相比,道德义务诉诸的舆论和良心的约束力量则是微不足道的。但是我们却从不因此否认道德义务的存在,也不否认道德义务的义务性质。既然如此,我们又为何要以同样的理由来否认道德权利的存在?否认道德权利的权利性质呢?因此,道德权利与法律权利只是种类不同,并非性质不同,二者均体现了权利的本性,都是权利的重要表现形式。

实际上,在这两种权利形式之间,道德权利不仅存在,而且是一种重要的存在。换言之,道德权利在逻辑上优先于法律权利,这也是由法律和道德的内在关系决定的。法律本身的合理性根据只能从道德中寻找,道德在逻辑上要优先于法律。这种优先性体现为以下几点。第一,道德提供法律规范体系的价值合理性根据。任何一种法律体系都有道德精神,是一整套道德规范体系的法的表示。那些与具有合理性的道德规范背道而驰的法规是没有存在根据的,因而是要被废弃的。① 第二,道德为法律提供民众遵守法律义务的义务这一前提。对此,米尔恩揭示道:"没有法律可以有道德,但没有道德就不会有法律。这是因为,法律可以创设特定的义务,却无法创设服从法律的一般义务。一项要求服从法律的法律将是没有意义的。它必须以它竭力创设的那种东西的存在为先决条件,这种东西就是服从法律的一般义务。这种义务必须,也有必要是道德性的。""假如没有服从法律的道德义务,那就不会有什么堪称法律义务的东西。"② 第三,道德为实施法律规范提供必要的道德前提。法规是被专门机构的专门人士实施的,若这些专门机构、专门人士缺少道义上的诚笃廉正之精神,则法可能是腐败的。所以这些专门机构与专门人士既应当具有善之道义精神,又必须接受民众道义上的监督。第四,在原则上,凡是法律规范所惩罚的,都应当是受道义谴责的,如法律规范所惩罚的并不能引起道义上的普遍谴责,那么,这种惩罚的法规依据的合理性则是值得怀疑的,因而是要进一步被修正的。

---

① 〔美〕伊恩·罗伯逊:《社会学》(上),黄育馥译,商务印书馆,1994,第 76~77 页。
② 〔英〕A.J.M. 米尔恩:《人的权利与人的多样性》,夏勇、张志铭译,中国大百科全书出版社,1995,第 35 页。

第六章　道德权利

总之，道德对法律的内在逻辑居先性决定了道德权利的优先性。道德上的权利和义务是内在本质并优先于法律。如果我们否认道德权利，还会遇到这样的障碍：当发现自己珍惜的法律权利被从法律条款中取消时，即使是通过有效的立法程序或政治程序取消的，我们也会强烈地加以反对。其理由可能是，我们认为这些权利是"基本的"，但这不意味着它们"在法律上是基本的"，因为从法律条款中被合法取消的权利就不再是法律权利。因此，这意味着存在独立的、非法律的权利。[1] 穆勒甚至认为，所有难解的权利之争都源于道德权利，例如，关于"妇女权利"的论争，就是源于要求道德权利，而非要求严格意义上的法律权利，因为假如参与妇女权利运动的人想要争取现存的法律权利，那他们可以诉诸法律而不必示威。穆勒从世上存在不公正的法律这一事实出发，强调法律有不逮之时、不逮之处，这都需要道德、需要诉诸道德权利。因为法律不仅不是公正的最终标准，而且其本身可成为不公正的根源、不公正的制造者和庇护者。因此，法律权利也未必公正，有理不应有（不公正）的法律，自然也就有理不应有的法律权利，而且，理不应有的法律还会不公正地给人以利益和损害，从而侵害人理所应有的权利，这里的"理"就是道德。穆勒继而清楚地指出，当人们认为不公正的法律侵害了一个人的权利时，"受侵害的当然不是法律权利，所以人给它别的名称，叫作道德权利"[2]。显然，他把道德权利看成是比法律权利更根本的东西。格林也对边沁的"权利只是法律的孩子"这一论断不以为然，并提出了自己对于权利（包括道德权利和法律权利）的见解。他指出，权利所体现的个人和社会的相互依存关系首先是道德上的，而不是法律上的。也就是说，格林所说的权利首先是道德权利、理想权利。由此而论，国家和法律并不能创造权利，权利的根据在于人的道德本性，是作为人的道德发展的条件而存在的，它只是最终体现在法律中时才与法律有关，而且法律所规定的权利不可能与其完全一致。可见，按照格林的观点，道德权利更根本、更重要。

据此，对于道德权利与法律权利之关系，我们可以做出归纳。首先，

---

[1] 〔美〕彼彻姆：《哲学的伦理学》，雷克勤译，中国社会科学出版社，1990，第295页。
[2] 〔英〕约翰·穆勒：《功利主义》，唐钺译，商务印书馆，1957，第48页。

法律权利并不能自我证明,还需要得到诸如道德等其他原理的支持。换言之,法律可以成为评价和批判的对象,道德则具有相应的评价和批判功能。对此,沃尔德伦有这样一段精辟的论述,道德规范体系与其说是以一种肯定的或描述性的精神提出来的,还不如说是以一种批判精神提出来的,它虽然可能比法律体系模糊或更富有争议,但不足以表明有必要抛弃像道德权利这样富有成效和重要的批判性概念。其次,"有无外在强制力"并不足以成为否认道德权利存在的根据。如前所述,法律权利所具有的国家强制力的后盾被认为是权利之所以成为权利的重要特征。于是,是否存在道德权利当然就值得怀疑了。但是我们看到,从先前对权利构成的种种因素的论证分析中可以看出,有无外在强制力并不是权利构成中不可或缺的因素。也就是说,有没有国家强制力的保证只是法律权利和道德权利这两种权利形式的区别之一,并不是权利构成的必备条件和本质特征,因而也就不能成为否认道德权利的理据。同时,法律权利的强制性只是记录了一个制度性的事实而已,丝毫没有解释这些权利为什么存在,虽然道德权利在制度上被承认而表现为既定的权利(法律权利),但对既定的法律权利的承认本身是依赖于具有道德内容的权利,至少通常如此,而这种道德内容是用以证明法律权利的强制性之合理性的。对此,斯托加指出,既然既定的法律权利除了"外在的"强制性之外,也要求有"内在的"有效性,那么,若无一种自然权利或道德权利理论,它们自身是不可能做到这一点的。此外,当法律权利不明、不逮之时,诉诸道德权利应该是一种正确的选择。德沃金就认为,法律不只是规则,法官和律师在处理案件时,尤其是面临实在的法律规则难以明确和直接适用的疑难案件时,他们所诉诸的是"原则"。"原则"并非由法官随意而定,而是存在于道德、历史和传统中。"原则"之所以应该遵守,"并不是因为它将促进或者保证被认为合乎需要的经济、政治或者社会形势,而是因为它是公平、正义的要求,或者是其他道德层面的要求"[1]。由此看来,德沃金的"原则"与其说是法律原则,毋宁说是道德原则。

---

[1] 〔德〕德沃金:《认真对待权利》,信春鹰、吴玉章译,中国大百科全书出版社,1998,第41页。

三　道德权利与道德义务的非对等性

道德义务同法律权利一样，也常常成为攻击道德权利的武器，理由在于，伦理学或者说道德哲学通常如西塞罗和康德所说，是"义务之学"。这一理据在用以反对道德权利的具体论述中是以表明道德权利和道德义务所具有的特殊相关性而显现出来的，确切地说，道德义务被认为具有某种不同于政治和法律义务的特点，从而使我们所说的义务和权利的相关性对道德义务不具"效力"。正是在这一意义上，马克思关于权利和义务关系的经典名言"没有无义务的权利，也没有无权利的义务"被认为不适用于道德领域。在此，我们暂且不论这种论调的正确与否，因为事实上，权利和义务在结构上的关系，不是简单套用"没有无义务的权利，也没有无权利的义务"的命题就能完全说清的，我们只具体考察一下权利和义务以及道德权利和道德义务的相互关联性。

罗斯（W. D. Ross）在《正当与善》中对权利和义务的相关性有一个比较全面的概括，包括以下四个独立的陈述：

（1）A 对 B 有权利意味着 B 对 A 有义务；

（2）B 对 A 有义务意味着 A 对 B 有权利；

（3）A 对 B 有权利意味着 A 对 B 有义务；

（4）A 对 B 有义务意味着 A 对 B 有权利。

陈述（1）表明的是"A 有权让 B 对他做某个个体行为，意味着对 A 做那个行为是 B 的义务"；陈述（2）是陈述（1）的反命题；陈述（3）所表明的是"A 有权让 B 对他做某个行为，意味着 A 对 B 有做另一个行为的义务，这个行为既可能是一个相似的行为，例如，一个人有要求人说实话的权利就意味着他有说实话的义务，也可能是一种不同的行为，例如，一个人有要求人服从的权利就意味着他有统治好的义务"；陈述（4）是陈述（3）的反命题。[①] 凯里特用两个陈述大致表达了罗斯这四个陈述的含义，一是"如果任何人有义务做任何事情，某个人就有要求该事被做的

---

① 〔英〕罗斯：《正当与善》，林南译，上海译文出版社，2008，第 48~50 页。

权利，反之亦然"；一是"每一个能享受权利的人必须能尽义务，反之亦然"。

权利和义务的相关性，换言之，表现为"道德相关性"和"逻辑相关性"。前者与陈述（3）的含义相似，指一个人对权利的拥有是以他履行相应的义务为条件的，履行义务是拥有权利的代价。后者与陈述（1）和陈述（2）的内容相同，即并不肯定一个人对权利的拥有必须以履行自己的义务为条件，也就是说，权利拥有者自身履行义务在逻辑上并非其拥有权利的必然根据，而是肯定。一个人拥有权利在逻辑上必须与他人的义务相关，以履行义务的他人的存在为条件；同样，一个人履行义务需要以他人拥有权利为条件。以法律权利和法律义务为例。对既定个体的法律主体而言，一方面，他履行一定的法律义务，从动机上看可以获得相应的法律权利为目标，而从结果上看也可以因其履行了义务而享有相应的法律权利。也就是说，为了获得一定的法律权利，他就必须履行相应的法律义务。另一方面，他拥有法律权利就意味着必然有另一个主体要履行与他的权利相对应的法律义务。这样，权利和义务的相关性在法律领域就以最直接、最明确的形式得到了表现。但是道德权利和道德义务的关系则不然。一方面，从权利和义务的对象来看，倘若像权利和义务的"逻辑相关性"所表述的那样，一切义务均赋予他人以权利，那么，人在道德上有慷慨的义务、仁慈的义务、行善的义务等，可一个受到慷慨和仁慈对待的人，或更广泛地说，任何一个人，他能否理直气壮地宣称自己拥有受到慷慨和仁慈对待的道德权利呢？正如人们经常指出的，凡一个人有权利的地方，其邻人就有义务让他行使这种权利，但是，凡一个人对另一个人有义务的地方，另一个人就有要求履行这一义务的权利，这一反题并不为真，因为有博爱（仁慈）的义务存在，而这种义务并不赋予相应的权利。

弗兰克纳在《伦理学》中写道："一般说来，权利和义务是相关的。如果 X 对 Y 有一种权利，那么，Y 对 X 就有一种义务。但我们已经看到，反过来却不一定正确。Y 应对 X 仁慈，而很难讲 X 有要求这一点的权利。"[①] 博登海默也认为，"一个人可能会认为有一种道德上的义务去帮助

---

① 〔美〕弗兰克纳：《伦理学》，关键译，生活·读书·新知三联书店，1987，第 123 页。

第六章 道德权利

一个陷于经济困境的人从债务中解脱出来，但是该债务人却无权要求他做出此种慷慨之举"[1]。显然，这里涉及的道德义务不可能与债务人负有向债权人偿还债务的义务或承诺人信守诺言的义务相提并论；至少，这种道德义务在其对象上不可能像债务人的义务对象那样确定和无可争辩。也正因如此，道德权利与道德义务的对等性就趋于弱化，即认为一切权利都课以义务，但并非所有义务都赋予权利。另外，从道德主体自身的义务和权利来看，其履行的义务和获得的权利也不是简单的直接相关关系。他获得某种权利不是一定因为他履行了义务，而他履行的义务和获得的权利即使具有某种因果关系，也不是完全对等的。例如，一个人在道德上有行善的义务，帮助困难中的其他人。对于有困难的一方而言，他获得了接受帮助的权利，但这种权利的获得并不是因为他在此之前也履行了行善的义务；对于行善的人而言，他履行了行善的义务，但是当他日后处于类似的情况之下也有请求报答或帮助的权利（这一点将在下文中论述），这种对等关系也不像法律权利和法律义务的对等关系那样严格。

　　这就引出了一个如何划分义务的问题，即有哪些义务能赋予他人以权利，有哪些义务不能或不明确。前者称为"完全义务"或"完全强制义务"，后者称为"不完全义务"或"不完全强制义务"。奥斯丁曾做出这样的区分，并把道德义务完全归入"不完全义务"一类，不完全义务被认为是由上帝的命令或与实在法相区别的实在道德所强加的义务，因此，宗教义务和道德义务都是不完全义务。严格地说，凡没有由统治者或国家提供较可信赖或更有说服力的制裁规定的义务都是不完全义务，与之相对应的则属完全义务。穆勒也接受了把道德上的义务分为"完全强制性的义务"和"不完全强制性的义务"的做法，尽管他认为这两个术语选得并不好，因为在他看来，无论什么样的义务都像债务一样可以强索，应强迫当事人履行。道德上这两种义务的差别就在于前者是与一种权利要求相对应的，后者则不与权利发生关系。他认为，公正所关涉的是，它"不仅应该做，不做就不对，并且是有个人可以认为他的道德上权利而向我们要求

---

[1] 〔美〕E. 博登海默：《法理学：法律哲学与法律方法》，邓正来译，中国政法大学出版社，1999，第374~375页。

的"①。而其中的道德责任，诸如慷慨和施惠，则没有人有提出这种要求的道德权利。虽然可以说，任何个人尽管没有要求他人对他慷慨或施惠的道德权利，可一般人却有这种权利，不能抹杀公正与其他道德责任在权利对应关系上的差别。

由此可见，在讨论道德权利和道德义务的相关性时，"义务"概念的含义变得十分重要。"义务"（duty）一词，从词源上说源于拉丁文的 due，有欠债应还之意，与一个人应对别人做某种事情联系在一起，从另一个方面看，这意味着它是另一个人向义务人索要的，表明就"义务"一词的本义而言，它与相应的权利有关。但是，"义务"一词后来具有了比这更宽泛的含义，它不只是指与他人的权利要求相应的行为，而且指源于法律和某种更高权威的要求的行为，或是源于人的道德良心的要求的行为。这样一来，该词与他人的权利要求相对应的意义就被淡化了许多，而变成了一个意指无论出于何种理由我们都应当为之的行为的术语，并且具有更鲜明的道德色彩。可见，"义务"一词的含义变化经历了由"完全义务"向"不完全义务"的拓展。

义务含义的拓展确实给以权利和义务语言可以相互转换为内容的权利和义务的逻辑相关性原理带来了问题，但使义务概念"狭义化"而使权利和义务的逻辑相关性显得圆满周全并不是解决问题的办法，这在道德上也是不可取的。义务的确存在强制性与非强制性之分，这不只表现在法律义务和道德义务的区分上，也表现在道德义务自身的区分上，只不过这两种区分之间的强制与非强制的含义是不同的。就道德意义上的义务而言，一项义务是强制性的还是非强制性的，亦即是"完全的"还是"不完全的"，其间的差别虽不似法律义务与道德义务那样明确，但也是显而易见的，前述对道德上的"完全义务"与"不完全义务"的区分所采取的以是否与相应的权利要求为根据这一做法是可取的。这至少在一定层面上表明了道德意义上权利和义务的对应关系，而且展现了道德义务规范本应具有的层次性特征。博登海默指出，在道德价值的等级体系中，可以区分出两类要求和原则。第一类包括社会有序化的基本要求，它们对于有效地完成一个有

---

① 〔英〕约翰·穆勒：《功利主义》，唐钺译，商务印书馆，1957，第454页。

组织的社会必须承担的任务来讲，是必不可少的或极为可欲的。避免暴力和伤害、忠实地履行协议、协调家庭关系，也许还有对群体的某种程度的效忠，均属于这类基本要求。第二类道德规范包括那些有助于提高生活质量和增进人与人之间紧密联系的原则，但是这些原则对人们提出的要求远远超出了那种被认为是维持社会生活的必要条件所必需的要求。慷慨、仁慈、博爱、无私和富有爱心等价值都属于第二类道德规范。[①] 由此可知，在道德规范内部的确存在"完全义务"和"不完全义务"之分，前者如公正义务，它体现了博氏理论中第一类价值要求，有某种相应的明确的道德权利的存在，具有显著的道德上的"强制性"意义，因为缺少这样的道德义务，基本的道德秩序将难以维持，它们是任何道德体系都必须通过一定的道德机制、一定形式的道德权利向一个人强索的。而后者如博爱、慷慨和仁慈的义务，体现了第二类价值要求，含有一种自发和自愿的成分，其强制性显然要弱化不少。在道德义务的这两种类别中，后者更能体现出道德的纯洁和崇高，但这并不能说明它比前者更重要。与一定的道德权利相对应的道德义务是道德义务的基本组成部分，从另一个侧面看，它们的相关性也构成了道德权利和道德义务相关性的基本内容。

关于不完全强制性义务与道德权利的关系，有一点是应当格外注意的，即我们不能因为被帮助的对象没有要求我们行善的道德权利而否认我们承担的行善的道德责任。落水者在道德上没有要求我行善的权利并不意味着我在道德上就没有行善的义务，我在力所能及的范围内负有行善的义务，只不过不一定非以某个特定的人为对象不可。而且，不完全强制性义务也不是绝对的，假定落水者已濒临绝境，而在当时的情境下我又是唯一一个能给他帮助的人，那么，他在道德上就有权利要求得到我的帮助，我也不再有选择行善对象的"自由"而对他负有不可推卸的道德责任。

从以上分析可以得知，道德权利和道德义务特殊的、相对的相关性和对等性这一关系，不同于法律中的权利和义务关系，但不能以此否认道德权利的存在。道德权利不仅存在，还与道德义务有着独特的相关性。也正

---

① 〔美〕E. 博登海默：《法理学：法律哲学与法律方法》，邓正来译，中国政法大学出版社，1999，第373~374页。

是这个特征，体现了权利在道德领域的独特个性，并以此区别其他领域如政治、法律领域的权利。在此，我们要着重明确的是，道德权利与道德义务之间并不具有绝对的对等性，这是道德生活与政治生活、法律生活的差别，也是道德生活与伦理生活的差别。权利与义务的对等性并非不能逻辑地推出道德权利与道德义务的对等性，因为道德在某种意义上意味着"不计较"甚至"自我牺牲"，这是道德的崇高性和神圣性所在，也是道德自我性的本质要求。当然，不在个体意义上谋求道德权利与道德义务的对等，不等于说道德权利与道德义务就不应该对等，这是社会群体要考虑的问题，建立"好人有好报"的对等机制是伦理学的任务。

四　正当性界面：主要道德权利

道德权利的具体表现，只能限定在正当性的界面，因为正当与善是道德理论的两个核心概念，而且现代道德哲学对道德价值的讨论都是基于正当性的考虑。道德权利的范围要大于法律权利的范围，可以这么说，法律规定的种种权利基本在道德上都得到了体现，受到了道德的尊重和维护。在现代公民社会中，道德权利以不同于法律权利的形式表现出来，具体表现为行为自由权、人格平等权、公正评价权、请求报答权，这也构成了公民道德建设的核心内容，是现代法治社会的道德基因。

权利的本质意义是对人的某种自由或利益的肯定，从这一意义来说，道德权利是从道德上给人提供了一个自由选择其行为方式以获取正当利益的合理范围，若严格而论，它只是赋予权利人获取正当利益的可能性，与义务给人带来的强制不同，权利给人提供的是选择，权利人可以根据自己的意志，以一定的道德原则所容许的方式去选择自己的行为来实现德性和获利，权利人不强迫人必须如何，而是确认人可以如何，正是在此基础上，道德权利为权利人划出一个在道德上其行为和要求受到保护的界限。我们看到，自由权尤其可以体现道德权利所具有的这种特性，当一个人的行为选择为道德所容许，那么他在道德范围内就具有行为选择的自由权，这种权利意味着如果有任何人对其行为加以干涉，或进行谴责，他完全能够以道德上的理由予以还击或驳斥。因此，肯定道德权利就必然要先肯定

第六章 道德权利

道德行为选择自由权。

道德行为选择是指同时存在几种行为方案时，人们根据自己的道德观念决定按照某一方案行动，以实现自己的道德目标。道德行为选择不是凭空产生的，而是在人与社会的相互作用中进行的，也就必须有一定的前提，这个前提就是自由。这里所说的道德行为选择自由权是侧重于主体自身行使道德上的权利，此时它已经不再是单纯的选择的自由，而是上升到一种权利的高度，亦即道德行为选择自由权是道德上的自由权。道德上的自由权一般可表述为，一个人根据一定的道德原则拥有的行为或不行为的自由，比如说，没有义务本身就是一种自由。据此，道德行为选择的自由权即可视为道德主体根据一定的道德原则所拥有的在两种或两种以上的行为可能性中进行选择的自由。康德就认为，"任何与责任不相矛盾的行为都被允许去做，这种自由，由于不被相反的绝对命令所制约，使构成道德的权利，作为该行为的保证或资格"[1]。从康德的话语中不难看出，我们有自由选择去做任何与善不相矛盾的行为，这已经构成道德上的权利。与康德的观点相比，还存在一种更为广泛的观点，即"只要不违背基本的道德规则，我们就必须充分地承认他人慎思后所得出的有价值的判断和有价值的观点，包括承认他们有权形成自己的观点，以及他们有权根据他们的信仰行为，以此来表示对这些自律的行为者的尊重——即使那些行为具有值得考虑的危害，即使其他人视那种行为为愚蠢的，我们也必须尊重他们。例如，尽管我们以为汽车比赛是极其危险和愚蠢的事，但我们仍应尊重人们想参加比赛的权利"[2]。这种观点实质上是从对人和人的自律的尊重和义务中表达了人在一定的道德界限内享有的自主选择行为的自由，虽然说道德权利概念是否源于义务概念仍是一个有争议的问题，但该观点所表达的人在道德范畴中的这种自由选择权无疑是存在的。

需要特别指出的是，在这里行为选择的自由权是有前提的，即"在一定的道德界限内"。这是因为此时行为选择的自由已经上升到道德权利的层次，而道德权利就是根据道德规范和道德原则所授予的，道德行

---

[1] 〔德〕康德：《法的形而上学原理》，沈叔平译，商务印书馆，1991，第25页。
[2] 〔美〕彼彻姆：《哲学的伦理学》，雷克勤等译，中国社会科学出版社，1990，第205页。

为选择自由权作为道德权利的一种自然也不例外。这就使得人们在行使该项权利时，在善和恶、大善和小善、大恶和小恶之间进行选择时，势必受到道德规范的约束。如前所述，主体拥有道德行为选择的自由，意味着他在客观必然性和社会历史条件规定的选择限度内，有自主选择的自由，可以选择不同的价值等级，可以为善也可以作恶。当然，这种道德自由也是对道德责任的一种可负状态的选择。由于道德主体做出的是自由选择，所以就必须对这一自由选择的后果承担道德责任，这也是道德主体不能轻松自在地在道德生活实践中选择而往往要背负重任的根由所在。"生命不能承受之轻"在这里就表现为道德责任之重荷。一个例子可以清晰地说明选择自由权和选择自由的区别。例如，某人落水，在救与不救之间，主体有选择的自由。但是，主体却不拥有自由选择的权利，换言之，主体在道德上无权做出见死不救的选择。因为按照"行善""互相救助"的道德原则，"自由"地选择见死不救已经违背了特定的道德义务，必然要承担相应的道德后果。如果主体非但见死不救，反而宣称自己根据道德原则有做出这样选择的自由权利，他就已经误解了权利和自由的真正内涵，亵渎了道德权利的神圣和崇高。也许有人会问，如果我根本不具备救人的能力，那么我也不能选择不救吗？当然可以选择不救。因为当主体不具备救人的能力时，他就是不自由的，同样无法自由地做出选择，这种情况自然不在本文讨论的范围之内。由于自由选择的权利是根据道德原则获得的，当主体依据道德行使自由选择权后，不管主体做出的是何种选择，都不会违背道德义务，自然也不必为自己的选择背负任何道德责任。这也是作为道德权利的行为选择自由和单纯的行为选择的自由之间的区别。

接着出现的问题便是，既然这种自由选择权是由道德赋予的，而道德作为一种行为规范，规定行为主体必须做这样的行为，禁止做那样的行为，在道德义务发生冲突时，要选择大善、放弃小善等。在这种情况下，行为主体身陷条条框框的原则和规范之中，何以会有自由选择的空间呢？事实上，行使道德行为选择自由权的空间并不小。简而言之，在一定的道德情境中，总有一定的道德行为选择的可能范围，这种范围也就是人们行为自由选择的范围。通常这种具体的道德情境可以分为以下两种情形。

其一，在现有的道德规范内，在同一价值体系下选择了按照某种道德准则的要求去实现一定的道德价值时，就不得不放弃或妨碍按照其他道德准则的要求去实现另外的相近的道德价值，由此使得选择者陷入了道德选择困难境地的时候，道德主体所拥有的自由选择的权利。简而言之，即是道德主体在道德价值相似的"善"与"善"之间的冲突中自由选择的权利。这种选择的困境所存在的冲突不是善与恶之间的冲突，因为择善去恶是社会所提出的最基本的道德要求和个人应履行的最基本的道德义务。因此在善恶之间，主体不存在自由选择的道德权利。同时，这种困境下的道德冲突与大善和小善之间的冲突有相似之处，也有不同之处。相同之处在于：从道德选择的动机上看，二者都是不同的"善良动机"之间的冲突；从道德选择的行为方式来看，二者均是不同的"应然"行为之间的冲突。不同之处就在于从道德选择的预期结果和目的来看，前者反映的是相似的道德价值之间的冲突，后者反映的是不同的道德价值之间的冲突。我们知道，两种不同的道德价值发生冲突时，选择者应当选择大善，舍弃小善。常见的例子有，在你赴友人的约会途中，遇见一位生命垂危、急需救助的老人时，尽管无法联络到你的朋友，但只能选择失约并且立即送老人去医院。这也就是所谓的"生命高于诚信"原则的要求。此外，还有一些基本的道德原则，如集体利益高于个人利益、长远利益高于眼前利益等。而在具体的道德情境中，在近似的道德价值发生冲突时，至少冲突的道德价值不如生命和诚信、集体利益和个人利益、长远利益和眼前利益之间的区别那般明显，道德主体才可以按照自己的意愿和道德信念自由选择行为方式，来实现自己的价值。例如，某人的妹妹生病需要他在家里照顾，同时他的一位朋友也有急事需要他赶去帮忙。在这种情况下，是履行对妹妹关心爱护的义务还是履行对朋友的帮助义务，其有权利进行自由选择。此外，如果同时有两个人落水，主体是有权选择先救谁的。

其二，在缺少相应的道德规范的情况下，尤其是在现代社会，科技的发展促使许多前所未见、前所未闻的新鲜事物和新鲜观念纷纷涌现，很多新的行为领域还没有现成的道德规范可供遵循，比如互联网上资源的任意共享、网恋的随意流行，使人们的著作权和隐私权等都受到了冲击，原有的公共道德、恋爱道德等受到了挑战。在这种情况下，原有的道德观念、道德原则和道德规范都被注入了新的内容，人们需要凭借自己的良心，依照先前道德规范中的道德精神和基本的道德原则来进行自我认识、自我判断、自我选择。此时的行为选择自由权，就不能再局限于现行的道德规范体系，而要涵盖现有的道德精神和道德信仰。当然，这种自由仍然是现实的自由，立足于对必然的认知。由此可见，社会总是不断地向前发展，新行为、新观念在此过程中只会层出不穷，肯定道德主体根据已有的道德原则和自己的良心信念拥有自由选择的权利，必将使原有的道德规范跟上时代变化的脚步，焕发出新的活力。

无论是在现有的道德规范体系内，还是在相应的道德规范缺失的情况下，自由选择的行为都是道德的行为。我们知道，道德行为有广义和狭义之分，即包括道德的行为和不道德的行为。前者也称善行，就是出自善良的动机，有利于他人和社会的行为；后者也称恶行，就是出自非善或邪恶的动机，不利或危害他人和社会利益的行为。本文所提到的道德行为选择自由权在绝大多数情况下，用的是狭义上的道德行为，仅仅指道德的行为。但是在极个别情况下，也指代某些不道德的行为，这主要是发生在社会转型时期。在此期间，社会各种观念、体制均在经历动荡和发生变化，一些先知先觉的仁人志士可能会选择一种与现行道德规范背道而驰的行为方式，尽管这种行为方式违背了当时的道德原则，但如果它是一种全新的道德行为的先兆或雏形，从社会进步和人类自由全面发展的角度来看是符合历史进步潮流的，那么这个选择也不应当受到指责。例如，我国在建立社会主义市场经济体制的初期阶段，在处理传统的义和利的关系时，就涌现了一些与已有的旧道德观念不符合但却适应了商品经济大潮的新的行为方式。我们知道，传统伦理道德将义和利截然分开，视追求利益为可耻，舍生取义为高尚，提倡君子不言利。"君子喻于义，小人喻于利。"而新的道德观念却鼓励勤劳致富、诚实致富、合法致富，提倡君子正当求利的行为方式。这些行为方式在后来都成为新的行为模式，为新生的道德规范所认可和保护。因此，自由选择的行为也不仅仅是道德的行为，在特定的历史时期，主体甚至可以自由选择不道德的行为。

人格平等权主要指的是道德主体在道德关系中所应受到的对待，即人作为平等和独立的道德主体，有着与任何人平等的人格和高贵的尊严，理应受到他人和社会的尊重。

对于人格的概念，不同人文学科的理解和规定是不一样的。心理学侧重于个人之间的差异，重视个人稳定的内在特征，把人格看作人的心理特征；文化学则从文化与习俗的角度出发，认为人格是内在化和个体化的文化精神；法学一般是从社会等级和财产隶属关系上表示人格，把人格看作受到法律保护的个人利益；社会学将人格视为社会或某个团体中的角色特征；伦理学将人格主要理解为人的品质，人格基本等同于人品。人们通常这样说："人格就是作为人的资格。"也就是说，人与其他动物相区别的内在规定性，是个人做人尊严、价值和品质的总和，也是个人在一定社会中的地位和作用的统一。人之所以有自己的人格，首先是因为每个人都在他们的族类那里获得了人的特殊规定性，具备了人的基本特征。从这个意义上说，人格就是人与动物区别的规定性。这种规定性，使得每个人都获得了做人的尊严和权利，因而在社会中应受到人的待遇和尊重。这种意义上的人格，是社会中每个人都具有的，而且不论职位的高低、财富的多少、相貌的美丑、健康状况的好坏，不论种族的差异及其文明发展的程度，都具有完全平等的意义。正因如此，每个人的人格尊严都应该受到社会的尊重，不容任何人污辱和亵渎。人格的这种规定性，也就是西塞罗所说的人的优越性和尊严，康德所说的我们本性的崇高性的显示，荀子所说的人"最为天下贵也"。一般来说，人的这种特质和规定性，是与生俱来的。所以，人格首先是被用来表征人的族类特征的一个概念，它把人从世界万物中区分出来。在此意义上也可以看出，人和人之间在人格上是平等的。

这种人格平等的观念不仅是西方思想史上浓墨重彩的一笔，在等级森严的中国古代社会中也不乏丰富的资源。儒家的人格平等思想深刻地表现在孔子以"忠恕"为核心规范的仁学思想中，如"己所不欲，勿施于人"（《论语·卫灵公》），"忠恕违道不远，施诸己而不愿，亦勿施于人"（《礼记·中庸》），"己欲立而立人，己欲达而达人"（《论语·雍也》）。由上面的话可以看出，"忠恕"的要求必须在把他人视为与自己人格平等的前提下才能成立，所以，在它后面隐含的是一种"人格平等"的精神。我们甚至可以在某种意义上说，这种忠恕一贯、人格平等的精神在儒家那里是其社会政治主张的核准。正是基于这一点，防止了儒家像法家中的极端派别那样将某一方面的平等推到极致，而使之变成丢失人乃至戕害人的东西。儒学要求视人如己，是与儒学恻隐仁爱的价值核心分不开的，这一点，可明白地见于孔子的"仁者爱人"与孟子"恻隐为仁之端"的思想。儒学中又有"爱有差等"，仁爱要从"亲亲"开始的命题，但这一般是指有比较积极的意义、目标较高的爱。在基本生存的层次上，或者说，在恻隐的层次上，儒家主张对所有人都一视同仁，认为每个人都有生存的权利，对每个人的痛苦都有必要关心，每个人都应有接受教育的权利和发展自己的机会。在墨子那里，"人格平等"则表现为一种摆脱了"亲亲"色彩的"兼爱"精神。墨子主张"圣王"要"以天为法"，"兼爱天下之百姓""兼而有之""兼而食之"，对所有人公平无私，无有厚薄，他说："今天下无大小国，皆天之邑也；人无幼长贵贱，皆天之臣也。"(《墨子·法仪》) 虽认为人均为"天之臣"，但他还是接受了人有"幼长贵贱"的等级制，这一点和儒家一样。道家的思想比较特殊，有一种非政治甚至非社会的倾向，所以我们提出来在此总说。道家倾向于一种自然状态的平等，即一种无别贵贱、毋分贫富、不问智愚的天然平等，这种平等自然有一种"人格平等"的意蕴，但又可说已经不仅是一种"人格平等"，而且是一种"生命平等"乃至"物格平等"。

尽管中国古代的许多学者都主张"人格平等"，但由于历史和阶级的局限，仍然各有缺陷。如儒家习惯于突出两种相反的人格即君子人格与小人人格的差别，道家的"人格平等""生命平等""物格平等"能否真正建立起来也是大有疑问的。再加之中国几千年的封建专制制度下森严有序的等级划分，使得人格平等在现实生活中的实现仍然存在种种障碍，"人格歧视"的现象仍然屡见不鲜。我们知道，一方面在现实中，由于自然和历史的原因，人与人之间以差别状态而存在：无论是民族、种族、性别、职业、家庭出身、宗教信仰、受教育程度，还是人的胖瘦美丑、身高血型、习惯癖好，可能各不相同。客观地说，有差别的地方就会有区别对待，就可能区分三六九等，也就可能存在不尊重他人的人格尊严的地方。另一方面，由于经济条件和社会地位的差异，以及对人格平等认知方面的缺陷，许多人严重缺乏尊重他人人格尊严的自觉性，或者即便有一些认

第六章 道德权利

知,也属于初级阶段,在不以为然的心态支配下就侵害了他人的人格尊严。鉴于此,我国宪法规定了"公民在法律面前一律平等""公民的人格尊严不受侵犯"等;作为民事权利的基本法,民法通则规定了"当事人在民事活动中的地位平等"等。此外,还有许多其他的规定反映了人格平等、反对人格歧视的精神。但是法律所调整管辖的行为都是违法和犯罪行为,即公然实施的轻蔑或者轻侮他人人格尊严的行为,已经给受害人带来了极大的困扰,或者使其在物质利益上也遭受了损失,因而可以依法要求行为人"停止侵害""消除影响""赔礼道歉""恢复名誉",情节、后果严重的还可以依法取得赔偿金。而在现实生活中,除了这样一些行为,还存在另一类"无大碍"的不尊重他人人格尊严的行为。这些行为没有严重到违反相关法律法规的程度,但同样违背了"人格平等"的原则精神,对他人的人格造成了伤害,此时此刻,主体人格平等的权利就需要道德的关怀和保护,这样的行为理应受到道德惩罚,因此我们把"道德主体人格平等权"纳入道德权利的视野中,以保证现阶段公民道德建设的顺利进行。

随着社会的不断进步与文明程度的不断提高,人类对自身价值的认识空间也不断拓展。人类由不仅仅满足于衣食住行等保证他们生存的生理需要,转向超越物质需求的精神需要,渴望自己被社会承认和重视,渴望全体社会成员之间的相互尊重。人们日益感受到,这种被人承认、尊重已成为一种必不可少的社会需要,成为自身参与社会政治、经济、文化生活的基本条件,总之与人们所生存的社会的一切方面都有关系。同时,渴望人格上的平等和被他人、社会的尊重也是社会主体的共同心理需要。心理学研究表明,除少数病态者外,所有社会成员都有获得社会认同的心理需要。"马斯洛把这种需要归纳为自尊需要,认为这种需要导致一种自信的感情,使人觉得自己在这个世界上有价值、有力量、有能力、有用处和必不可少,然而这些需要一旦受到挫折,就会产生自卑弱小的及无能的感觉。"[1]人格尊严这种心理需要是人类共有的。当然,由于每个人所处的社会地位和所扮演的社会角色不同,这种需要的表现方式和激烈程度会有差异,但这绝不能成为否认人类具有这种共同的心理需要的理由。不同的国

---

[1] 王利明、杨立新、姚辉:《人格权法》,法律出版社,1999,第34~35页。

家、民族，有着不同宗教信仰的人们因社会制度、文化形态、历史传统、风俗习惯、价值观念的差异，会在表现人与人之间相互尊重的行为方式上、在对人格尊严的理解和评价尺度上存在差异，正是这种差异性反映了人类寻找人格尊严这种共同心理的丰富内涵。正因如此，人类在人格尊严上的平等权表现于社会各方面，每个社会成员都享有道德权利。这是人之所以为人的基本权利，没有人格尊严，其他权利也就失去了意义。平等是人类追求的目标，也是人类文明的标志，人们渴望人格上的平等，就如同要求平等地享受和煦的阳光和清新的空气一样。世界是属于全人类的，谁也没有资格独占，尊严是属于每个社会成员的，谁也无权利独享。既然人格尊严是平等的，那就必然与一切功利无关。可以直言，人格尊严平等权是人必然享有的，与人在社会中的作用没有必然的联系，与人们对社会的贡献并受到社会普遍尊重和否定的程度无关。因而，只有当一个人在社会中真正感受到自己平等地被人尊重，而无涉任何功利之时，当一个人在社会交往中真正地感受到自己与他人一样具有"平等的做人资格，而且是不可侵犯的做人的资格"[①]之时，他才会为自己成为社会成员而自豪，并且愿意为之奋斗，因为这个世界也是属于他的。

因此，道德主体人格平等权是每一个平等和独立的道德主体基于人所拥有的平等人格和高贵尊严而应享有的受到他人尊重的权利。人和人之间在人格上是平等的，因而在任何特定的道德关系中的主体双方都应受到对方的尊重。人们所扮演的某种道德角色能否得到社会认可，将直接关系着人的道德利益能否实现的问题。但是长期以来基于历史和现实的原因，道德主体的人格平等权往往得不到维护，特定的道德主体往往受不到应有的尊重，其中比较突出和特殊的有以下几种情形。

第一种是在某些道德关系中缺少人格平等的色彩。这主要指在特定的道德情境中，针对传统的弱势群体，如残疾人、女性、老年人等。据报道，因意外被毁容的高×在1999年四五月份进入北京某酒吧消费时，酒吧工作人员因其"面容不太好，怕影响店中生意"而拒绝其入内。此外，他在5个月内先后向80余家单位提交了自己的简历，到30多个公司面试，

[①] 王利明、杨立新、姚辉：《人格权法》，法律出版社，1999，第38页。

还打过不计其数的求职电话,然而都未能成功;再如夏×在应聘求职时,均被十余家用人单位以其是女性的理由拒绝聘用。这样的例子数不胜数,在许多场合下道德主体在交往时缺少尊重他人人格的意识,造成了对他人人格平等权的侵害,也使他人的自尊心和自信心遭受打击。侵害人凭借其在性别、外形、年龄、职业等方面的优势,不把他人的人格尊严放在眼里,肆意践踏他人人格平等的道德权利而不自知,长此以往造成他人人格上的压抑和自尊心的受损,久而久之就造成了主张权利意识的缺乏。更严重的是,这种现象对道德关系的和谐健康发展是极为不利的,对整个社会道德水平的提高也有害无益。庄子就认为,虽然在生理上人与人是生而有别的,有人天生完美,有人则生有残缺,但这种差别并不影响人们在后天的平等。先天的形体残缺可以通过后天的精神完善来弥补,而先天的形体完美者也可能因不恪宇宙人生之"道"而造成后天的心灵残缺。《庄子》一书中塑造了许多形体残缺而精神完美以及形体健全而精神残缺的人物形象。男女平等这一思想,则集中体现在老子的"柔弱胜刚强"这一观点中。老子认为,宇宙万物包括人都是阴阳统一体,只是每种事物的阴阳轻重不同。以人为例,男人阳性多于阴性,女人则相反。所以,男人的阳刚之力胜于女人,女人的阴柔之力胜于男人,即双方各有优胜处。但从生命力的持久这一角度来看,阴柔之力要超过阳刚之力,女性胜于男性。正是在这一意义上,老子认为"柔弱胜刚强",而非"刚强胜柔弱"。虽然我们不能从这句话中推论出老子有女尊男卑思想,但是可以推断出,老子的这一观念对当时存在的阳尊阴卑及男尊女卑观念有所突破,暗含了男女平等思想的萌芽。所以,这种完全无视人格平等权利的现象必须消除,不管主体的形象、年龄、职业等处于何种劣势,他在人格上与大家都是平等的,因而在所有的道德关系中都应受到尊重。

第二种是传统的单向尊重模式,缺乏双向互动的人格平等。这主要体现在以下的一些道德关系中。如在领导和下属的关系中,下属一味尊重领导;在师生关系中,只有学生尊敬老师;在医生和病人的关系中,常见的是病人尊重医生;即使是在父母和子女的关系中,更多的也是子女对父母的尊重。总而言之,这种片面的、单向的尊重是极为不健全的,不是真正意义上的人格平等。如前所述,人格平等是道德主体双方面的,是主体之间的相互尊重，绝不是单方面的尊重和敬仰。如在领导和下属的关系中，尽管在行政职务上有高有低，下属应该尊敬领导、认真工作，服从上级的安排和调遣，但是下属也有作为人的人格和尊严，领导在工作中也应该尊重下属、关心下属、理解下属。又如在师生关系中，这么久以来我们一直提倡学生要尊敬师长，因而普遍来说学生是较为尊敬老师的。但是有一些老师却把教师的地位拔得过高，把自己凌驾于学生的人格之上，在教学中伤害了学生的人格。事实上，师生应处于同等的地位，教师应尊重学生的人格，平等待人。在教学中充分尊重学生的意见和要求，即使在学生犯了错误，对其进行批评教育时也应当充分尊重学生的人格，谆谆教导，杜绝任何过激的言行，这样才能取得良好的效果。一味地训斥，只能使学生产生逆反心理，如果再加以挖苦、讽刺，伤害了学生的自尊心，后果将不堪设想。再如在医生和病人的关系中，病人理应尊重医生，积极配合，不刁难、不责骂、不无理取闹。但是医生同样应尊重病人的人格，对病人进行专业、精心的治疗，不能因为病人所患的疾病而有所歧视，或出言讥讽，或面带不屑，或干脆在治病过程中草草了事。这样的行为不但违背了医生的职业道德，而且侵犯了病人的道德权利。在父母和子女的关系中，传统观念都要求子女尊敬、孝顺父母，这就导致了这种家庭关系中单向尊重现象的出现。父母在教育和关怀子女时缺乏对子女人格应有的尊重，一味苦口婆心地教导，在子女犯了错误时，过度地打骂也会导致对子女人格的伤害。因此，子女应当尊重父母、孝顺父母；父母也应关心爱护子女，并尊重子女的人格平等权利。

公正评价权亦即道德行为获得公正的道德评价的权利，指的是道德主体在做出道德行为后，依据道德获得自己和社会或他人对其行为进行公正的道德评价的权利，以及主体依据道德所享有的对他人的道德行为进行公正评价的权利。这里的道德行为指的是广义上的道德行为，既包括道德的行为，也包括不道德的行为。

所谓道德评价，是指人们在社会生活中，依据一定社会或阶级的道德规范准则体系，对自己或他人的行为所做的善或恶、正或邪、道德或不道德的价值判断，以达到"褒善贬恶""扬善抑恶"的目的。例如，人们对助人为乐的行为给予支持和赞扬，对损人利己的行为给予谴责就是一种道德评价。道德评价既是大众直接参与社会精神文明建设及道德建设的一种重要的实践方式，也是大众、组织、政府等各种行为主体判断事物善恶和做出行为选择的一个必不可少的手段，具有十分重要的现实意义。可以说，人总是生活在一定的道德关系的体系之中，处在一定的道德评价的体系之中，凡有人群的地方就有道德评价的存在。尽管人人都是天然的社会性道德评价者，却不见得人人都能在具体的道德评价活动中得出正确的结论。道德评价有褒善贬恶的功能，作为社会调控的手段之一，其积极作用总是以评价的正确恰当为前提。古往今来，道德评价主体在评价中的失误，曾使社会为之付出了多少沉重的代价，又曾使多少无辜的评价对象成了道德舆论的受害者。目前在我国的社会生活中，由于种种原因，人们对道德评价问题不够重视，道德法庭门庭冷落，道德评价的巨大社会效能远远没有发挥出来。而已有的某些道德评价又有失公平和正义，使得道德评价本身的积极作用难以得到正常发挥，实际生活中的道德失范、道德虚无主义都与此密切相关，那种缺德发财、无德做官的现象，对社会生活产生了极为恶劣的影响，已经成了现代化事业的离心力。所有这些，都强烈地呼唤着公正的道德评价。

公正是伦理学的一个基本价值观念，它与正义（justice）同义，可以解释为公平与正当之意。在古代中国，儒家伦理思想中"正心诚意""君子喻于义"相当于正义的含义，指的是道德修养、行为准则，被看作道德中善的美德。在古希腊，公正的概念首先是作为一个形而上学的宇宙论原则提出来的，最早出现于毕达哥拉斯的哲学思想中。"公正"指的是数和元素的比例、平衡与和谐。在苏格拉底那里，公正是支配人的行为的伦理学原则，是每个人做与其地位和身份相匹配的事。公正的经典定义，来自古罗马法学家乌尔庇安："正义乃是使每个人获得其应得的东西的永恒不变的意志。"这个定义后来得到阿奎那的确认，正义是"一种习惯，依据这种习惯，一个人以永恒不变的意愿使每个人获得其应得的东西"。穆勒进而说："人公认每个人得到他应得的东西为公道；也公认得到他不应得的福利或遭受他不应得的祸害为不公道。"当代伦理学家麦金太尔也认为："正义是每个人包括给予者本人——应得的本分。"[1] 由此可以看出，中西

---

[1] 王海明：《公正 平等 人道——社会治理的道德原则体系》，北京大学出版社，2000，第3页。

方对公正的定义是分别从伦理观念和行为准则方面来概括的。总之,公正可以理解为一种道德价值观念和一种给人应得的而不给人不应得的行为准则;而且,这种价值观念和行为准则是相互联系、相互统一的。根据公正的概念可知,对道德行为公正的道德评价就是对行为做出公平正当的价值判断,使行为者获得应得的权利,使权利和义务相对等。如前所述,道德评价的积极作用要以评价的准确恰当为前提,这里的准确恰当也即公正的意思。当前,在我国社会发展的大转折时期,只有公正的道德评价,才能引导社会成员在复杂的社会生活中明辨是非,增强道德责任感,有效地克服道德失范现象和道德虚无主义。此外,公正的道德评价,可以树立正面的道德规范和道德形象,贬斥不道德的行为和思想,启发个体的道德自觉,调节社会人际关系,提高精神生活的质量。正是由于公正的道德评价如此丰富的现实意义,才将其纳入道德权利的范畴,使之成为人人做出道德行为后所应当获得的权利。

　　人们履行道德义务、做出道德行为不以获得某种个人的利益、报偿或权利为条件或动机,这也是道德义务区别于其他义务的一个重要特征。如果一味地提倡道德行为的公正评价权,会不会导致人们为了获得这种权利而去履行道德义务呢?如果人人都出于这样的动机和目的才去履行道德义务,势必要给道德的纯洁性和崇高性抹黑。但是笔者认为,道德义务的非权利动机性并不意味着道德权利不存在,它不能作为否认道德权利的理由。就道德主体而言,其履行道德义务,是出于无偿的动机和奉献自我的精神,但从社会和他人的角度来说,则应该对其道德行为给予褒奖和肯定,使尽道德义务的人能够得到社会和他人公正的评价。虽然其自身没有要求别人给予公正评价,但社会必须认可道德主体有要求公正评价的权利,这是社会、他人对履行义务者应尽的义务,是对权利应尽的义务。也就是说,我们的社会需要使履行义务者得其所得,即使他自己并不期望得到相应的酬报,但作为承受奉献并倡导道德精神的社会,有义务对他予以公正的评价,使履行道德义务的人、做出奉献的人,在这种社会评价中获得他应有的道德权利。只有这样,道德主体才能因行为的高尚动机和社会的公正评价而产生崇高感,产生被尊重的愉悦感和自身的价值得以实现的满足感。道德主体通过这种评价来完成价值观照,看到自己的地位和作用以及行为的价值和意义。人们的道德感和责任感，就内在地包含有"意识到自己的力量、自己的权利和自己的自由，激发他们的勇气并唤起他们对祖国的热爱"[①]。这不仅鼓励了行为主体，更重要的是，凭借这些客观公正的评价，可以强化人们的道德动机、指导人们的道德行为，在全社会弘扬正气、抑制邪气。因此，公正评价权是完全必要并且是可行的。当然对那种完全出于想获得社会的褒奖赞扬的行为者的行为，则要辩证地分析。一方面，对这种有损道德的纯洁性和崇高性的行为动机予以否定，绝不能加以鼓励和提倡；另一方面，要客观地看待这种出于"不善良动机"的行为的道德性，做出与之相适应的公正的道德评价，也不能完全否定其行为，因为不管他出于何种动机，毕竟在客观效果上有利于社会和他人。这也牵涉公正评价中动机和效果的关系问题，下文还将详细论述。总之，公正评价权具有极其重要的现实作用，是道德权利的基本内容之一。肯定道德主体享有公正评价权对于社会良好风尚的形成、公民道德素质的提高和公民道德建设的顺利进行都有极大的促进作用。具体来看，公正评价权的内容主要有以下几个方面。

我们可以借助道德评价——社会评价和自我评价来论述公正评价权两方面的内容。首先，道德行为者的行为获得了社会或他人公正评价的权利，主要包括以下内容。

第一，评价的对象既包括善行，也包括恶行。所谓公正评价，就应当做到"誉人不增其美，毁人不益其恶"，即使是十恶不赦的坏人，也希望社会对他的恶行给予恰如其分的评价，但真正做到"海棠不惜胭脂色，独立蒙蒙细雨中"的人有多少呢？即使道德主体的恶行造成了不好的社会后果，获得社会公正的评价也是他应有的权利。如果他人和社会舆论不能恰当地评价，过分地夸大其恶，就不仅损害了他的道德权利，而且可能把行为者推向深渊，以为自己为社会所全盘否定，从而自暴自弃，他日必将造成更多的恶果，这也违背了道德教化的初衷。因此，公正评价的对象不仅包括善行，也包括恶行。

第二，从评价的标准来看，要做到公正的道德评价，必须确立统一的

---

① 《马克思恩格斯全集》第 2 卷，人民出版社，2005，第 84 页。

道德评价标准。只有确立一个统一的、得到普遍承认的评价标准，才能在评价的始终都做到公正。缺乏一个统一的标准，公平的评价也就失去了前提。一个特定社会的统一的基本道德评价标准应与该社会所择定的社会终极价值目标是同一的。因为被择定的社会终极价值目标，是被认定的"最好"或"至善"，包含了其他各种等级的"好"和"善"，自然也是评价各种事物或对象的基本价值评价标准。

第三，要做到公正的评价，还必须掌握一定的评价技术。现实生活中，许多道德评价对象的构成因素不是单一的，因此必须运用一定的道德评价技术，来妥善处理这些相互关联的构成因素。完整的道德评价技术应包括对评价对象的动机与效果、目的与手段、人品与行为这三对范畴的分析和处理。

第四，评价的形式不仅应该包括精神的褒奖，还应视情况给予适当的物质奖励。道德并不否认个人从社会中得到正当报偿的合理性，更不反对社会作为道德主体的一方对个人的积极奉献给予必要的利益上的尊重和满足。在道德评价中要求高尚的道德行为必须具有排斥私利追求的打算，固然是正确的，但一个人在完成某种社会使命后得到社会报偿并不与个人动机必然相关。不能因此断定这是他个人打算的结果，否认其行为动机的高尚性。即使说他在履行社会义务时怀有某些追求个人利益的动机，但只要他同时怀有奉献社会的动机和追求，根据个人利益和集体利益在集体利益基础上辩证统一的原则要求，在道德上也是无可非议的。那种认为有高尚道德价值的善行应绝对排斥任何私利，对善行只能进行精神鼓励，不能给予物质性实利报赏，否则便会损害道德纯洁性的观点，既不具有现实的合理性，也不具有理论上的合理性。诸如"英雄流血又流泪"的事实已充分说明，对于某些行为如果不给予适当的物质奖励和补偿不能使社会和他人完全尽到公正评价的义务，行为者的道德权利也得不到充分有效的保护。

以上讲述的是道德行为者的行为获得他人和社会公正评价的权利，可是反过来看，对行为者的行为给予公正的评价既是他人和社会的义务，也是他们的权利。任何道德主体都有公正评价别人的道德行为的权利，但无权对别人的行为做出不公正的评价。而对于被评价的行为者来说，他无权阻止别人对他的行为做公正的评价，但有权要求别人收回不公正的评价，因为不公正的评价不属于评价者的道德权利范围。现在人们常常会碰到这样的情形，即他往往无法说真话，不能说真话。在这种情况下，社会和他人包括被评价的行为者都有义务保证评价者行使自己公正评价的权利，不得胡乱干涉。这样既保证了行为者获得公正评价的权利，又保证了评价者给予公正评价的权利。

其次，道德行为者的行为获得了自己公正评价的权利，即行使自我公正评价的权利。

无论是对个体还是对群体来说，道德评价都可以分为自我评价和社会评价两种基本的、相辅相成的方式。所谓道德的自我评价，就是个体或群体对自己行为的一种善恶上的自我认识，是依据自身的价值取向，对自身行为做出的道德判断。道德上自我评价的目的，主要是正确地认识自己和了解自己的道德品质及道德行为，从而不断提高自己的道德品质。因此，如何正确、公正地评价自己，在道德评价中就具有特别重要的作用。由于人们对自己的道德行为的评价，总要受自己的认识、利益、感情等的影响，往往很难做到客观、公正地评价，正所谓"人苦于不自知"。尽管主体要公正地评价自己的行为有这样或那样的问题，但肯定主体享有自我公正的道德权利仍然是十分必要的。由于权利语言往往比义务语言更具震撼力和激励的保护作用，承认主体享有自我公正评价的权利比认为他有此项义务更能促使主体提高自身的善恶判断能力，树立正确的世界观和人生观并增强道德信念，从而在自我评价中坚定公正客观的立场，使社会和他人的公正评价为自我评价所认同，发挥有效的作用。而在现实生活中，由于人们在道德素质、认识能力等方面的差异，不排除个别人对行为者的行为做出不公正评价的情况。此时，主体就可以依权提出异议，要求其收回或重新评价，以维护自己的权利。当然，还有另外一种情况。在社会转型时期，社会结构和社会现实发生了深刻变化，人们的思想观念、价值观念也发生着深刻的变化，传统的道德观受到了冲击。主体的行为符合将要形成但尚未形成的新的主流道德的标准，违背了正在消亡而仍是主流道德的规范，此时，主体仍然有权利对自己的行为做出自我公正的评价，尽管这种评价与当时整个社会的评价大相径庭。毕竟，道德评价也是历史的评价，需要经过历史和时间的检验。我们充分肯定主体拥有自我公正评价的权利，既保护了个体的道德权利，又促进了社会道德规范的进步和完善，换言之，这既有利于个人自由全面的发展，也有利于社会的进步。

请求报答权是一个值得深入探讨的问题。如果说公正评价权的义务对象主要是针对社会和行为者之外的他人，那么与请求报答权相对的义务主体则是特定的和具体的，是行为者履行道德义务时所指向的对象。前者是社会对道德行为的"报偿"，后者即是道德行为受益者对道德行为的"报偿"。这个权利适用的是这样一种情况，例如甲见义勇为，履行了自己的行善义务，帮助了处于困境中的乙。由于道德权利与道德义务的特殊相关性，我们并不能说乙就有权利要求甲对其履行行善的义务。但是，如果日后甲因为自己的善良之举使自己甚或家人的工作、生活遇到了麻烦或不便，或者甲日后陷入了与受益人当初类似的困境时，那么就有权要求乙对自己昔日的善举进行回报。

一般情况下，对于行善的人来说，他在履行道德义务之后，可能提出主张道德权利的要求。这些道德权利除了社会公正评价权，还包括对受惠人的请求报答权。这种权利的主体和与其对应的义务主体都是特定的，但是，这种请求报答权是否合理呢？在道德领域，提到报答，不少人会产生这样的困惑，讲道德不是追求无私奉献、不计回报吗？何以在帮助了别人之后还要求别人回报呢？甚至还要将此上升到道德权利的层面，使这种回报合乎道德，这是不是违背了道德的本义呢？这里涉及一个履行道德义务的非权利动机性问题，对此，上文已有论述。其中的含义即是，当我在帮助别人的时候，就不能是以日后得到他的回报为目的，不能以获得请求报答权为行为动机。一般说来，道德义务的履行不以获得某种个人的利益、报偿或权利为条件和动机，这被看成是道德义务区别于法律义务的重要特征。道德义务的这一特征，集中体现了道德的纯洁性和崇高性。其极致的表达就是康德的"为义务而义务"这一经典命题。不过，要解决好这个问题必须首先厘清以下几个基本问题。其一，道德义务的非权利动机性并不意味着道德权利不存在，它不能成为否认道德权利的理由，不以获得道德权利为动机并不表明由义务行为构成的道德上的权利和义务关系不存在，有尊重人的义务就有被人尊重的权利，一个人在某种境遇中履行某种义务就意味着他在相似境遇中处于义务对象的地位时亦能享有某种权利；他在

第六章 道德权利

履行义务时是否意识到这种权利，或者是否把享受这种权利作为自己履行义务的动机，不能影响权利和义务关系的存在。其二，作为道德舆论，不能只是强调人履行道德义务的非权利动机，还应当呼吁维护基于这种义务行为而产生的道德权利要求。对此，我们可以几位大师的观点来佐证。在边沁那里，权利概念是与"服务"概念联系在一起的。根据边沁功利主义式的解释，服务是一种有助于增加他人快乐、消除或减少他人痛苦的行为，"服务意指这样一种行为，一个人通过它对另一个人的快乐有所贡献"。边沁认为，一个社会若没有各种各样的服务，人的生活将难以为继，幸福更无从谈起。正因如此，边沁主张那些对社会存在和社会福利意义重大的"服务"应由政府强制提供，而强制性的服务就构成了义务和权利的基础。边沁特别提到了三项服务，其中之一就是"先前提供的服务应得到报答"。其把这项服务形成的义务和权利完全归诸法律。但是我们看到，这似乎更应当留给道德去判断。关于先前提供的服务应得到报答，要在法律上对此做出详尽的规定几乎是不可能的。退一步说，试图找到一种可以判定具有法律强制性的有效界限也不是件容易的事情。边沁对此也有意识，不过他担心的是这类服务的强制性可能会导致不必要的服务的倍增和给受益人带来太多的负担。可是在我们看来，为了不给法律和个人都带来太多麻烦，很多情形完全可以留给道德，而不必诉诸法律。边沁实际上把某些在我们看来应归于他所说的自由的、非政府强制提供的服务强制化了，变成了法律上的义务和权利。事实上，如果说边沁的"服务"理论成立的话，社会生活中的确存在大量自由的、非政府强制提供的服务，这些服务虽不具备法律上的强制力，不形成具有法律约束力的义务和权利，但说它们具有道德上的"强制力"，形成具有道德约束力的义务和权利在理论上当非无稽之谈。如果说边沁对此的论述还是"犹抱琵琶半遮面"的话，那么穆勒的观点则是"千呼万唤始出来"，他的论述是更为直白和明确的。穆勒在论证他的"应得"概念时，指出"应得"即一个"得到他或曾经得到他好处的人，他也应该得到他们的好处"，一个"受着他或曾经受着他坏处的人，他也应该受着他们的坏处"。[①] 换言之，即为善应得善

---

① 〔英〕约翰·穆勒:《功利主义》，唐钺译，商务印书馆，1957，第48页。

报，为恶应得恶报。穆勒认为，这是人最明白、最强烈的公正观念，并对"施惠者"与"受惠者"之间的应有关系进行了深入的分析。在他看来，一个施惠于人的人，在他需要得到帮助时希望受惠于他的人给予"报答"，这是人的一种"最自然""最合理"的期望；当他处于这种需要得到帮助的情境而受惠者竟然无动于衷时，这不仅使他大失所望，而且实际上对他的利益造成了损害。因此，对穆勒的见解可以恰当地理解为，施惠者在完成施惠行为之后，与受惠者之间即形成了一种道德关系，这种道德关系既是道义上的，又有现实的利益内涵。若从施惠者方面来说，一旦施惠于人，他在道德上便合理地得到了在他处于同受惠者类似的境遇或在需要获得帮助的场合时，相应地有获得帮助的道德权利，这种道德权利主要是针对受惠者而言的，若受惠者没能及时地提供帮助以作为"报答"，便可认为施惠者的道德权利受到侵害。由此可以看到，穆勒的见解与边沁强调"先前提供的服务应得到报答"这类"服务形式"确有几分相似，所不同的是，边沁是把他所说的"服务"纳入强制性的法律范畴，穆勒则更多地赋予施惠人自然而合理的期望以道德意味。自然法学家霍布斯对报答权利也给予了肯定。在他的自然法理论中，有两条基本原则。一个是公正，另一个则是感恩，即当他人向你施以恩惠时，就必须图以报答，这是自然法所要求的，违背这一要求就是忘恩负义。我们知道，知恩必报是人世间一种美好的感情，古谚语有云，"受人滴水之恩，当涌泉相报"。施惠人出于善良动机，不遗余力地帮助受惠人渡过难关，自己却因此身陷困境。社会和他人都对此予以了公正的评价，作为这一善举的直接受益人就更应该对施惠人予以报答，否则就是对施惠人请求报答权利的侵害，就没有履行自己应尽的道德义务，应当受到社会舆论和自己良心的谴责。试想一下，某甲为了救助乙，落下残疾，丧失了劳动能力，那么乙在有能力帮助甲却不帮的时候，甲的心里会有多么失望?!在甲身边千千万万的人以后还愿意奋不顾身地救助他人吗？这样的直接后果就是施惠、行善的行为会变得越来越少，人们都力求自保，遇到事情时都选择明哲保身。长此以往，社会风气势必变坏，道德水平亦逐渐滑坡，别说精神文明建设、公民道德建设难以进行，就连人们真正需要帮助的时候也得不到应有的救助。因此，我们要充分认识到请求报答权的道德地位，对其予以肯定和保护，这也是对施惠者大义之举的肯定和弘扬，是对施惠者本身应有权利的保护。另外，我们一味地提倡大家学习雷锋，多做好事，在施惠者履行道德义务后自身的权益受到严重侵害时，却不从道德上规定其权利，不对受惠者课以报答的义务，长此以往，受惠者就会摆脱自己应有的道德责任，将施惠行为看作理所当然，对施惠者的困境熟视无睹。这样也不利于培养人们履行道德义务的责任心，受惠者会因此对他人的困难漠不关心，日后也难以做出像施惠者那样善良和无私的行为。

上述四种道德权利仅仅是现代法治社会凸现出来的道德价值，必须有相应限定。这种限定来自三个方面，一是法律的限定，即道德权利必须是建立在法律权利基础之上的，尊重道德权利的前提是不能违法；二是道德回报机制，尽管我们强调回报权，但这取决于社会正义制度（权利与义务的对等）的设计，道德权利不能超越正义制度；三是个体认知能力，即权利一定是以权利意识为前提，当缺乏权利意识时，权利总是不能变为现实或者"客观存在"。这些条件正好也是社会伦理的内容，所以，道德权利是道德学与伦理学的共存"地带"。

第七章 道德尊严

只要有人的存在，就有人的尊严（human dignity）问题。这决定了人的尊严问题是一个古老而常新的命题，并逐渐成为一个跨时空、跨学科、跨文化的"共识性"概念，所有人文社会科学都无法回避。也许学术研究的趣味性就是这样，越是共识性概念越难以达成共识，在寻求共识的同时差异性也越来越大。自古希腊以来，人们对尊严问题的讨论，实现了从人性到人权的理论主题转换，其中尽管康德想基于人的理性能力将尊严纳入伦理学范畴，但也没有超出人性、人格与德性论域，尊严还是以"散装"的形式存在于各类知识中，以至于后人还走向了法权主义、心理主义与行为主义等。我们把人的尊严问题纳入道德价值领域来考究，提出道德尊严（moral dignity）理论的讨论框架，无非是想说明人的尊严的主要属性是道德属性，尊严是一个道德学概念，道德尊严是尊严的基本形态，尊严的实现与社会的道德赏罚和伦理境遇密切相关。这样一种理论视角的"收缩"与"聚光"，可能会带来某些质疑与争论，但将道德尊严作为一个相对独立的概念来论述，还是可以让尊严理论"收放自如"，不致在广阔的学术天地没有了"固定"的尊严和"扩展"的理由。[1]

一 理解人的尊严的主要维度

"尊严"一词，在汉语语义上是一个双音节、双语义的复合词，如同"道德"一样，是由"尊"与"严"连用而成的。"尊"的原意是名词意

---

[1] 本章在写完之后，被《南国学术》主编田卫平先生看中，第一、第二、第三部分以《道德尊严的理论建构》为题发表于《南国学术》2020年第3期，笔者在此向田先生表示感谢与敬意。

第七章　道德尊严

义上的器皿、酒器，故亦为"樽"，如《辞源》中具体解释为："尊，酒器。古代用作祭祀的礼器。铜器铭文常以尊彝二字连用。形状似觚而中部较粗，口径较大，盛行于商代及西周。"最早的文字记载于《礼记·明堂位》："尊用牺（酒尊名）、象（以象骨饰尊）、山、罍。"[①] 在古代社会生活中，由于只有地位与身份高贵的人才有资格用"尊"进行祭祀或做酒器，于是"尊"字引申的形容词意义主要指至高至大、至尊至上、高贵显大、威严肃穆等。当然，"尊"字也可作动词用，如"尊上""尊贤""尊齿"；"尊"字可代用时往往是敬语，如尊王、尊君、尊大人、尊夫人等。据考证，在汉语中，"严"字的出现晚于"尊"，其原始含义为"急"，如《说文解字》解释为"教命急也"，为敦促之意。段玉裁注曰："赵注，孟子曰，事严，丧事急也。"[②] 后来进一步引申为"严峻""严厉""严格"，再引申为"威严""庄严"等。有关资料记载，"尊"与"严"的合用始现于《荀子·致士》："尊严而惮，可以为师。""尊""严"的合用，不但强化了"因尊而严"，而且使"严"具有了尊者神圣不可侵犯的意味，"严"彰显了"尊"的不可侵犯性和不可改变性，从而为由"尊"到"贵"提供了保障。可见，从"尊严"的汉语本义来看，有这样几层意思：第一，相对于天地而言，人为"尊"；第二，相对一般人群而言，"君"（按身份理解）为"尊"，人有身份的尊卑贵贱之分；第三，相对人人而言，以德为"尊"，"成圣"皆为可能。三者以"尊严"为旨意，给每个人以道德上的期许，所以，中国古代的"尊严"基本上就是道德尊严。"尊严"（dignity）在英语中一般指品格的高贵与高尚，有时还指气氛的庄严，举止的威严、端庄、体面，地位的高贵、神圣等，其词组主要有法律尊严（dignity of courtroom）、人性尊严（dignity of human）、人格尊严（dignity of human personality）、国家尊严（dignity of state）等。[③] 综合"语义"看"要义"，"尊严"所表达的一般含义就是某一特定主体所具有的不可冒犯的权威与意志，这种权威和意志体现了一些精神观念和行为规

[①] 《辞源》，商务印书馆，1999，第475页。
[②] （汉）许慎：《说文解字》，段玉裁注，上海古籍出版社，1981，第62页。
[③] 韩德强：《论人的尊严——法学视角下人的尊严理论的诠释》，法律出版社，2009，第15页。

则,侧重于道德价值层面;从社会历史层面来看,尊严反映的是某一主体神圣不可侵犯的高贵与威严,一定与显示的身份、地位、财富与权势相关,与人格或道德无关;从现代法治意义来看,尊严意味着与人的固有价值相关,特别是与人的固有权利相关,人格的尊严成为权利平等的基础。如果我们再把这种"要义""演义"为一种世俗化观念,"尊严"就意味着是"面子"、是廉耻感、是殊荣,是不容侵犯的地位或身份,是受人尊重的。[1]

原本我们可以遵循尊严的"要义"走好前行的路,问题在于我们现在进入了一个尴尬境地:一方面,自第二次世界大战以来,尊严概念被提到十分重要的地位,甚至上升到国际法律层面,而备受关注;另一方面,人们对尊严的把握始终没有达成一致,没有定论,甚至离本义越来越远。以至于加拿大最高法院在处理反歧视案件时已经不再运用尊严概念,因为它"很模糊,且难于运用",有人甚至主张,将尊严概念从伦理学中剔除,因为它是一个无用的、有歧义的概念。[2] 我们不能因为尊严概念有歧义就认为不重要,甚至放弃不用,而应该厘清概念使用的方向,取道命名,各归其路,各取所需。王泽应认为可从人性、人道、人品、人格和人权五个方面去界定尊严,[3] 人性的尊严是人的类特性、理性的尊严,人道的尊严是待人律己之道的尊严,人品的尊严是修身达品的尊严,人格的尊严是安身立命之德操的尊严,人权的尊严是人作为万物之灵的尊严。这种"分路"非常有借鉴意义,但其中存在交叉的问题,如道德、人品与人格,一旦存在交叉,就有边界模糊的可能。在此基础上,我们尝试从人类、法权、心理、品格四个维度来区分尊严的不同用法,然后再"划定"尊严的道德领域,形成道德尊严理论。

人类维度的尊严。当我们谈论尊严时,一定会发现尊严是一个比较性概念,也即只有在价值比较时尊严才是现实的,才是可区分的,因为尊严是一种价值上的优越性。基于这种认识,人的尊严,一定是说人作为一种"类存在"与其他存在(自然和神)不同,并且在价值上具有优

---

[1] 侯宇:《人的尊严之法学思辨》,法律出版社,2018,第28~31页。
[2] 王福玲:《尊严:作为权利的道德基础》,《中国人民大学学报》2014年第6期。
[3] 王泽应:《论人的尊严的五重内涵及意义关联》,《哲学动态》2012年第3期。

越性，这种价值优越性不是外界赋予的而是内在的。也正是这种人"类的特性"区分了人与物、人与神，从而具有了普遍性，许多学者都称之为人性尊严。笔者之所以认为人性的尊严不同于人类的尊严，是因为前者包含了人的个性因素。笔者所理解的人性是人的情感欲望的总和，①不同于人作为类的普遍性。在古罗马时期，尊严概念除了表达高贵者的身份与地位外，更多的是讲人与其他自然的优越性，即人生而具有的"源始尊严"。古希腊的普罗泰戈拉一句"人是万物的尺度"，在区别人与神或别的生灵时，就突出了人的地位，因为只有人才能为万物立法，只有人才享有尊严。在中世纪的基督教看来，在上帝面前，人作为类是没有尊严的，人如果有尊严，那也是上帝赐予的，人生而有罪，活着就是忏悔与赎罪。奥古斯丁和阿奎那所认为的人平等的尊严也不过是"上帝之下"的"尊严"。到了文艺复兴时期，思想家们开始追求普遍的人的尊严，以人性反对神性，还原人的中心（主体、支配）地位。意大利哲学家皮科·米兰多拉在《论人的尊严》中认为，人是"形象未定的造物"，你"被置于世界的中心，在那里你更容易凝视世间万物"，"你既不属于天也不属于地，既非可朽亦非不朽；这样一来你就是自己尊贵而自由的形塑者，可以把自己塑造成任何你偏爱的形式"。②康德从"人是目的"这一根本原则出发，认为"目的王国中的一切，或者有价值，或者有尊严"，只有"那种构成作为自在目的而存在的条件的东西，不但有相对价值，而且具有尊严。……于是，只有道德以及与道德相适应的人性（menschheit）才是具有尊严的东西"③。尊严是基于"人"作为"类"的存在所形成的价值，"人的根本就是人本身"，④人的尊严是由人的存在自身决定的，这种存在就是社会的生产劳动作为第一决定因素。"人所具有的尊严是没有程度差别的。世间人人平等，是指他们作为人在尊严上的平等。"⑤可见，人只有在自己的"类"存在中，只有区别于

---

① 李建华：《论人性与道德——一种道德学的分析》，《道德与文明》2020年第1期。
② 〔意〕皮科·米兰多拉：《论人的尊严》，樊虹谷译，北京大学出版社，2010，第25页。
③ 〔德〕康德：《道德形而上学原理》，苗力田译，上海人民出版社，2005，第55页。
④ 《马克思恩格斯选集》第1卷，人民出版社，1995，第9页。
⑤ 〔美〕艾德勒：《六大观念》，郗庆华译，生活·读书·新知三联书店，1998，第200页。

其他物而存在时，本身才具有尊严的含义。

心理维度的尊严。尊严不但是一个比较性概念，也是一个意识性概念，即尊严一定与尊严者本身的意识有关。在心理学理论视野里，人的尊严"指的是人意识到了自己的本体地位而产生的自尊心和自豪感"[①]。学术界大都把尊严的社会属性等同于人格属性，其实不然，因为人格不是外界赋予的，而要以自我认知为前提。当我们说人格尊严的时候，是指作为有资格称为"人"的平等权，但并不意味着尊严主体一定意识到了他自己有尊严。毫无疑问，人的尊严存在于社会关系之中，是社会关联确证人的尊严的存在。但只有当人认识到自己存在的社会性时，认识到自己在社会中的形象与地位时，才能认识到自身的存在价值，才能真正感受到尊严。所以人生来"固有"的尊严并不是人实际享有的尊严，只有通过心理体认，产生意义感，产生价值评价上的差异性，才能感觉到"与众不同""我被认可"的尊严。所以，"所谓尊严，作为个人意识，它是个人对自己存在的社会价值的自我评价和自我确认；作为个人的情感和心理，它是人由于认识到自己的社会价值而产生的自尊心或尊严感"[②]。当我们说人格尊严时，实际上是表明，尊严是人的精神需求的最高形式，人的主体意识、独立人格、自由意志、自主精神等在现实社会中得到实现，受到他人或社会的尊重，自身也会感到自豪与快乐。因此，人格尊严实际上是一种心理上的获得感与自豪感，离开了自我性，离开了心理体验，现实的尊严是不存在的。如果把人格尊严等同于道德人格，甚至认为尊严就是道德人格，是不可取的，道德人格只是道德尊严的表现形式之一，因为心理学上的人格概念侧重的是个体差异，而道德学上的人格概念侧重的是尊严与品格，法学上的人格概念侧重的是人的资格与权利。大多数人讲"人格尊严"都是人权意义上的，是"把人真正当成人"，[③] 这个"把"字实质上就把人权当成了被给予的结果，人的尊严是被赋予的。人生活在共同体当中，尊严也是在相互尊重中体现的，而相互尊重又要以自尊为前提。当然，这并不

[①] 侯宇：《人的尊严之法学思辨》，法律出版社，2018，第52页。
[②] 肖雪慧：《论尊严》，《伦理学与精神文明》1984年第5期。
[③] 韩德强：《论人的尊严——法学视角下的尊严理论的诠释》，法律出版社，2009，第272页。

第七章 道德尊严

是说自尊心越强，就越能获得尊严，就此而言，尊严本身带有一种天然的道德性，即我们不能因为他人自尊心的强弱而不尊重他人，而仍然要尊重他人的人格，使他人平等地感受到共同体的温暖。其中，人对尊重与尊严的感受能力（sentience）起着十分重要的作用。当然，我们反对把感受能力作为尊严的决定性因素，如彼得·辛格所认为的那样，凡是有感受能力的生物，都应该享有尊严与尊重，相反，我们认为，只有人的感受能力才是获得尊严的因素之一，但不是决定性因素。尊严真正的道德意味存在于权利与义务的处理当中。

法权维度的尊严。《世界人权宣言》序言中说："对所有人类家庭成员的内在尊严和平等的、未可剥夺的权利的承认，是世界自由、正义和和平的基础。"这样就把尊严置于法权视野，把尊严当成了一种人权，抑或在强调人权是尊严的基础的同时，也"抬高"了人权的地位。既然人的尊严存在于人对基本权利的诉求中，那么人权要反映人的尊严就成为"理所当然"。于是各国宪法都把尊重人的尊严作为公民"基本权利体系"或"最上位之宪法原则"，尊严成了受国家法律保护的一种权利，并具有至高无上的地位，以至于被范伯格夸大为："对人类的普遍'尊重'在某种意义上是'找不到根据的'——它是一种终极的态度，而这一点本身是不能用更终极的术语来加以说明的。"[1] 这样，尊重成了人权产生的正当性基础。"社会的共同道德加上普遍的人性原则，就构成了人权的渊源。"[2] 这是自康德以来倡导"人是目的"的必然结果，正如阿克顿所指出的："我们的良知为我们自己而存在于我们每个人心中，它只受其他良知的限制，它对个人自己而不是对他人产生足够的影响力，它尊重别人的良知。"[3] 如果按照德沃金的观点，人的尊严被看作人权的渊源，是因为舍弃了一部分不利于共同体生活的利益，那么这些利益也应该"被平等对待"。这个权利的享有不是因为人们的出身、才能或品德，而是基于理性存在具有的内在价

---

[1] 〔美〕J. 范伯格：《自由、权利和社会正义》，王守昌等译，贵州人民出版社，1998，第135页。
[2] 〔英〕A.J.M. 米尔恩：《人的权利与人的多样性》，夏勇、张志铭译，中国大百科全书出版社，1995，第111页。
[3] 〔英〕阿克顿：《自由与权力——阿克顿勋爵论说文集》，侯健、范亚峰译，商务印书馆，2001，第326页。

203

值，基于人的尊严。① 在这样一种人权与尊严互为前提、互为条件的思路中，尊严本身成了被法权"庇护"的"被动"存在，反而显得没有了"尊严"。所以从法权维度理解尊严，表面上是重视了尊严的价值优越性，实际上是借尊严之名强化了法权的权威至上性，在强调尊严的权利整体性的同时，忽略了尊严的个体差异性，特别是对他人尊严的尊重成为一种义务时，尊严本身就已经被"工具化"了，尊严的至上性就难免成为一种乌托邦，这正好是道德尊严所考虑的问题。

品格维度的尊严。如果说尊严的人类、法权、心理三个维度是对尊严的一种"被动"把握，那么，品格维度则是对尊严的自主（内生）性说明，即尊严是主体自我修为的结果。品格维度的尊严与我们常说的"人格尊严"是不同的，因为"人格尊严"具有某种"天然"性，只要是人就有人格，有人格就是有尊严，而品格是自主修炼的结果，不但有"格"，而且有"品"，应该是比人格尊严更"高级"的尊严。唐娜·希克斯在《尊严》一书中认为，尊严是在人际关系中产生的，有接受身份、包容、安全、了解、认同、公正、无罪推定、理解、独立、责任十大因素，同时提出了侵犯尊严的十大诱惑，还设计了"尊严模型"。"尊严模型，解释了人们为何在尊严受到侵犯时会感觉受到伤害这一普遍存在的社会现象，并且为人们提供了相应的认知、意识与技巧，从而避免在关系中不知不觉地伤及他人。"② 这些因素的提示与模型的设想，真正揭示了尊严产生与维护的主动性以及尊严与品格之间的内在关联，给出了主动获得尊严的行动方案。如果尊严仅仅是一种自然权力，是一种"是人就有"的"应得"，势必会造成尊严的天然弱化，人人都有，就难显"贵气"。如果把尊严看作个人的自主修为，并视品格高低为尊严分享之参数，尊严成为努力的结果，将会使自己与他人更加珍惜彼此。在彼此尊重的同时，尊严实现"增值"，人因为有品格而更能彰显自己的尊严，在对他人尊重的同时也提升了自己的品格。正如马克思所说："尊严是最能使人高尚、使他的活动和

---

① 〔美〕罗纳德·德沃金：《认真对待权利》，信春鹰、吴玉章译，上海三联书店，2008，第261~262页。
② 〔美〕唐娜·希克斯：《尊严》，叶继英译，中国人民大学出版社，2016，第3页。

第七章 道德尊严

他的一切努力具有更加崇高品质的东西,是使他无可非议、受到众人钦佩并高出于众人之上的东西。"① 同时,品格也是世界上最强大的动力之一,是人生最宝贵的财富,是人的价值的最高体现。"它是人的良好意愿和人的尊严方面的财富。在这方面进行投资的人们虽然不能在世俗的物质方面应得富有,但是,他们可以从赢得的尊敬的荣誉中得到回报。因此,在生活中区分良好的品质是必要的,这样,勤劳、美德和善行就应该是最高的品德,具备这些品德的人也就是一流的人。"② 可见,品格维度的尊严已经具有道德属性,换言之,品格上的尊严本身就是美德。如勤劳,不但可以通过劳动获得自身所需,而且为社会创造了财富;不但在劳动中得到了快乐,而且获得了他人的肯定与尊重;不但使劳动成为一种社会公认的美德,而且使勤劳的对立面——懒惰——成为一种可耻的表现,"劳动光荣,懒惰可耻"成为一种道德共识。

以上四个维度,除品格维度外,基本上以力图"自证"的方式来说明尊严是什么,而这种方式所证明的尊严往往因情境不同而不同,甚至前后矛盾。美国哲学家玛莎·C.纳斯鲍姆对此有过提醒,她认为,"尊严是一种直觉概念,绝对不是完全明确的。如果论述者只是就尊严论尊严,好像此概念是全然不证自明的,尊严就可能是变化无常、前后矛盾的。因此,如果尊严被处理为一种直觉式的不证自明的坚实基础,而理论就建立在这一基础之上,这将是理论家的错误"③。所以,尊严只是某一理论的要素,尽管它可以表现出极其重要的相对性,但它不能成为说明其他理论的"元概念",而恰恰是被说明的对象。道德尊严的提出就是基于这样一种方法论视角。

二 道德尊严的特性及其展开

虽然在古希腊时期,人们就意识到人有尊严,人必须追求有尊严的生

---

① 《马克思恩格斯全集》第1卷,人民出版社,1995,第458页。
② 〔英〕塞缪尔·斯迈尔斯:《品格的力量》,宋景堂等译,北京图书馆出版社,1999,第162页。
③ 〔美〕玛莎·C.纳斯鲍姆:《寻求有尊严的生活》,田雷译,中国人民大学出版社,2016,第21页。

活,但尊严作为一种道德观念引起思想家的注意,则始于文艺复兴时期,特别是当时的哲学家皮科·米兰多拉出版了《论人的尊严》,认为人是自由的造物,但要经过严格的道德自律,经过形象与知识的多元性,才能到达一个更高的、无法言说的终点,这就是道德尊严的境界。直到18、19世纪,人的尊严作为一项道德权利和政治权利得到进一步肯定后,人们才开始从政治、法律、道德各个方面来研究尊严,即置尊严于广阔的社会关系中进行广义的伦理层面的分析。如在康德那里,道德存在是理性的,是普遍的、无条件的,人只有服从道德法则,才能真正获得尊严。"道德就是一个有理性东西能够作为自己目的而存在的唯一条件,因为只有通过道德,他才能成为目的王国的立法成员。于是,只有道德以及与道德相适应的人性,才是最有尊严的东西。"[①] 道德尊严无疑是在道德上获得的尊严,是行为主体做出某种有利于社会或他人的行为而获得的崇高感和被尊重感,是社会肯定与自我肯定的统一,具有与人性尊严、法律尊严、心理尊严(自尊)等不同的特性。

　　道德尊严是行为主体性的体现。既然尊严是从比较中产生的,人的尊严源于人与"自然物"的区别,那么道德尊严就是从人与人的比较中产生的,换言之,道德尊严是主体主动作为"获得"的结果而非"自赋"或"外在规定"的。尊严"来源"于三种方式:人"应该"具有尊严、人的尊严是"不可侵犯"的、人"获得"了尊严,分别代表了赋予式尊严、禁止式尊严与获得式尊严。赋予式尊严也即"原始的尊严",是基于人类自觉的"独特性"而赋予"万物之灵"般的确证,特别是因拥有自由与理性而具有优越性,进而成为其他"天赋人权"的前提与基础;禁止式尊严也即"需要保护的尊严",是通过否定性的"人的尊严神圣不可侵犯"判断禁止侵犯人的尊严的行为,达到对人的尊严的承认与维护,尤其是对于因地位、身份而产生的贵族式优越性保护;获得式尊严是一种"实现了的尊严",是主体做出受人尊敬的行为,并得到社会的公认与赞许而生成的尊严。道德尊严显然属于获得式尊严。人是道德的载体,也是道德生活的主体,即人是追求美好生活的主动体,这就构成了道德生活的自为性。人在

---

① 〔德〕康德:《道德形而上学原理》,苗力田译,上海人民出版社,1986,第54页。

第七章 道德尊严

共同体中生活与发展，会产生对自我活动与结果的自觉，这种自觉的最高表现就是对自我价值的在意。"这样，个人不仅作为个人，同时应该仅仅作为承担人性的人格来把握；换言之，也就是把个人作为自我形成——人的形成的主体，特别是作为伦理主体的人格来把握。"[①] 伦理的主体，无论是个体还是群体，按照康德的理解，都是具有善良意志的人，其行为会具有高于其他一切价值的优越性，这就是道德价值。而道德价值是由法则来规定的，判断某一行为是否符合道德价值的标准就是看该行为的准则与法则或义务的要求是否一致。如果我们把履行义务作为满足个人偏好或利益的手段，那本身就损害了义务的尊严。只有出于目的自身的那个条件，才真正具有内在价值，即尊严，而"道德性就是一个理性存在者惟有在其下才能是目的自身的那个条件，因为只有通过它，才有可能在目的王国中是一个立法的成员。因此，道德和能够具有道德的人性是惟一具有尊严的"[②]。所以，康德从优越性的角度区分贵族式的优越性尊严、人与自然物相区别的优越性尊严与拥有道德价值优越性的尊严，他更加看重道德性的尊严。因为从本质上来说，只有道德才是人的本质规定性，人作为道德主体性存在本身具有善良意志，并且趋向于对责任的践行，道德尊严是人主动作为的结果。"道德的第一个命题是：只有出于责任的行为才具有道德价值。第二个命题是：一个出于责任的行为，其道德价值决不取决于它所要实现的意图，而取决于它所被规定的准则。"[③] 康德认为，在两个命题的基础上得出的结论是："责任是由于尊重（achtung）规律而产生的行为必要性。"[④] 因此，源于善良意志的主体责任驱使行为者按道德法则行事，接近目的善，就能获得人们的尊重，就会有道德上的尊严。没有道德上的主动追求与实践，没有因道德境界的高下而使人拉开差距，就不可能有道德上的尊严。

道德尊严是道德善价值的体现。尽管人的主体性具备了产生道德行为

[①] 〔日〕岩崎、允胤主编《人的尊严、价值及自我实现》，刘奔译，当代中国出版社，1993，第169页。
[②] 《康德著作全集》第4卷，李秋零译，中国人民大学出版社，2005，第443页。
[③] 〔德〕康德：《道德形而上学原理》，苗力田译，上海人民出版社，1986，第49页。
[④] 〔德〕康德：《道德形而上学原理》，苗力田译，上海人民出版社，1986，第50页。

的可能，甚至可以达成某种目的，但并不意味着就一定会获得尊严，因为人的行为从道德价值属性上讲，可以有善行与恶行之分，只有实现了善行，才能获得道德尊严。从文化意义上讲，"道德价值应当理解为一切现象是否满足一定的道德主体的道德要求而具有的善恶性质"[1]。在这里，道德价值不仅指对社会或他人具有积极作用的道德本身，而且包括一切具有善恶性质的现象。当我们说，某个行为具有道德价值，如果是就它积极符合特定的道德要求而言，就表现为善价值；如果以违反道德要求的情形出现，则表现为恶价值。可见，道德价值包含了善恶两种属性，正如科学价值包含了真理与错误、审美价值包含了美与丑一样。包尔生曾经认为："人类并没有等待道德哲学的来临才区别善恶，这是一个毋庸置疑的事实。"[2] 同样的道理，人类也没有因为道德价值概念的来临才区分善行与恶行，道德价值的善恶之分从根本上源于行为对社会或他人利益的效应，有利于社会或他人为善，不利于或损害社会及他人的利益的行为为恶。道德尊严一定是源于有利于社会或他人的道德的行为（善行），这里既排除了没有道德意义的非道德行为，也排除了损害社会或他人利益的不道德的行为（恶行）。这是从行为的善恶性质上确立了道德尊严的前提，还有必要对善行本身进行具体分析，否则尊严就是虚假的或不牢固的。首先，作为可能获得道德尊严的善行必须符合目的善。亚里士多德认为，一种善事物或者已经存在但处于我们的能力之外，需要靠自身能力去获得，或者是被期待更具善的事物需要我们本质力量的对象化。但对这种善的追求不是作为手段的善，而是作为目的本身，因为手段善满足之后就不再是善了，我们只追求那种最高的善或目的，这就是人的好生活或幸福，只有这样才能获得真正的尊严。"所以这种目的必定是属人的善。尽管这种善于个人和于城邦是同样的，城邦的善却是所要获得和保持的更重要、更完满的善。"[3] 其次，在实现善行过程中，手段也必须是正当的，采取不正当手段获得的所谓的善价值，本身必须"打折扣"或者就是恶，根本不会带来道

---

[1] 李建华：《趋善避恶论——道德价值的逆向研究》，北京大学出版社，2013，第16页。
[2] 〔德〕包尔生：《伦理学体系》，何怀宏、廖申白译，中国社会科学出版社，1988，第12页。
[3] 〔古希腊〕亚里士多德：《尼各马可伦理学》，廖申白译，商务印书馆，2017，第4页。

德尊严，只会遭人鄙视。康德为了确保尊严的价值纯正性，一方面把尊严视为内在价值，以区别于交换价值。"有一种价格的东西，某种别的东西可以作为等价物取而代之；与此相反，超越一切价格从而不容有等价物的东西，则具有一种尊严。"① 另一方面把尊严视为绝对价值。康德认为，每个行为都是有目的的，但是只有那种作为最终的、客观的目的才具有绝对价值，其他目的只能作为达到最高目的的手段而仅具有相对价值。既然善良意志、目的自身与立法本身都具有绝对价值，那么一个人在三者驱动下所做出的道德行为而获得的尊严当然是绝对的。"也就是说，他拥有一种尊严（一种绝对的内在价值），借此他迫使所有其他有理性的世间存在者敬重他，与同类的任何其他人媲美，在平等的基础上评价自己。"② 另外，行为的善价值越高，就越能获得道德尊严。"小恩小惠"的道德行为与"舍己救人"的道德行为所获得的尊严是无法比拟的，尽管在善的性质上相同，但道德能力的高低与获得道德尊严的大小密不可分抑或在某种程度上成正比。

道德尊严离不开深刻的心理体验性。俄罗斯心理学家瓦西留克在《体验心理学》中认为，"体验"并不是主体意识内容的直接情绪表达，而是"指人在度过这样或那样（通常是艰难）的生活条件、情况时，恢复失去的精神平衡，一句话，应付有威胁性情境时的一种特殊的内部活动、内部工作"③。可见精神平衡是心理体验的实质，而非一般性的心理感受。由此，瓦西留克区分了生命世界的四种体验类型：外部容易和内部简单的生命世界的快乐性体验、外部困难和内部简单的生命世界的现实性体验、内部复杂和外部容易的生命世界的价值性体验、内部复杂和外部困难的生命世界的创造性体验。④ 很显然，作为道德尊严的心理体验应该是在价值性与创造性体验的层面上。价值性体验产生道德行为上的"正确性"，使他人或社会的敬重产生一致性；创造性体验产生道德行为上的"新颖性"，

---

① 《康德著作全集》第4卷，李秋零译，中国人民大学出版社，2005，第443页。
② 《康德著作全集》第6卷，李秋零译，中国人民大学出版社，2005，第445页。
③ 〔俄〕瓦西留克：《体验心理学》，黄明、李建华等译，中国人民大学出版社，1989，第10页。
④ 〔俄〕瓦西留克：《体验心理学》，黄明、李建华等译，中国人民大学出版社，1989，第89~118页。

使他人或社会的赞许产生差异性（与众不同），有了对社会道德规则遵守一致性基础上与众不同的卓越，道德尊严自然就彰显出来了。康德也认为，我们在道德法则面前当然可以体验到谦卑，但我们能够产生内在的自我立法本身在感受到高尚道德人格的同时，也能得出最高的自我评价，"作为一种对其内在价值（valor）的情感。依照这种情感，他不为任何价格（pretium）所收买，而且拥有一种不会失去的尊严（dignitas intena，永恒的尊严），这种尊严引起了人对自己的敬重（reverentia）"[1]。也就是说，哪怕是我们做了善行，但没有自己的内心体验或体验能力不强，也找不到自我崇高感，更感受不到他人或社会的尊敬。要获得道德上的尊严，就必须提高道德情感体验的能力，具体要在道德实践、道德经验、道德理解与道德移情等方面下功夫。[2] 道德尊严首先来自道德实践，没有具体的道德实践就显示不出道德行为价值的大小与道德境界的高低。但由于人的活动场域是有限的，不能凡事都去实践，于是我们需要间接地经验去感知道德。经验就是经历过的体验，是亲身经历过的不再消失的永久性内容。道德经验是人类在道德生活中自我心灵不断验证与总结的结果，是道德生活的信念化与信条化，是人类道德记忆的主要方式，道德经验丰富的人容易产生道德的行为，容易获得道德尊严。理解是人生经验的表达方式，"也是一种再体验，体验他人的人生的同时体验自己的人生，因为理解他人总是在自己的生活中进行"[3]。道德理解是设身处地把自己"摆进去"，通过"推己及人"去同情与理解他人，其最高境界是能理解"不理解"。当然，道德理解的重要心理机制是"移情"。移情是想象自己处于别人的境况并理解他人的情感、欲望、意念与行为的能力，其心理活动是内在情感的联想。内心情感的联想是由于"内心情感联系，两个表象联系着正由于它们二者在我们心中引起的相同的内心情感"[4]。心理学家们已经揭示，人类的利他行为与移情机制紧密相关。如果说人类道德的真正价值在于自利与利

---

[1] 《康德著作全集》第6卷，李秋零译，中国人民大学出版社，2005，第446页。
[2] 李建华：《道德情感论——当代中国道德建设的一种视角》，北京大学出版社，2011，第136~139页。
[3] 郑文先：《社会理解论》，武汉大学出版社，1998，第39页。
[4] 〔俄〕康士坦丁·德米特利耶维奇·乌申斯基：《人是教育的对象》第1卷，李子卓等译，科学出版社，1959，第97页。

他的统一，那么移情对于做出自利行为与互助行为则具有决定性意义。所以，在日常生活中，越是能理解他人、宽容他人与帮助他人的人，越能获得尊重与尊严。

道德尊严更多地体现为一种道德自律。自律是人的一种自我约束状态，也是一种道德觉悟与境界，可以说，没有道德自律就没有道德尊严。康德极力将尊严建立在自律的基础之上，这与现代自由主义将自主作为尊严的基础思路不同。自主表明了一种趋善的动力机制，并不代表真正能达成善，而自律正是在趋善"启动"之后的方向性把持。康德与自由主义者们的不同之处在于康德所关注的不是一般意义上的尊严，而是道德性上的尊严，即道德尊严；康德所关注的自律也不是一种简单的自我约束，而是视为对道德法则的自律，是一种道德自律，因为作为道德法则的自律"就是人的本性和任何有理性的本性的尊严的根据"[1]。当然，当自律作为人的一种意志品质时，与之相对应的就是一般人的基本尊严（或源始的尊严），但当自律作为对道德法则的遵循时，就会体现道德的高尚，这就是实现了的尊严（或获得性尊严），这里因自律对象与程度的不同，而破除了平等性尊严的界限，"这种不平等实际上反映的是配享尊严的问题"[2]，即道德高尚的人应更加享有道德上的尊严。配享尊严是因道德差产生的，并不是平等地给予。一个良好的社会一定把道德的"皇冠"送给道德高尚的人，特别是为了他人或社会而牺牲了自己的人，而道德境界的高低往往与人的自律能力成正比，就此而言，道德自律能力强的人应该享有更高的道德尊严，当然还要顾及这种自律的效应，这也是康德所忽视的行为能力与行为效果问题。现代伦理学比较看重效应原则，因为人是一种关系性存在，不能光顾自我感觉，同时必须顾及他人的感受与评价，即我们每个人的行动都可能遭遇可普遍化的追问——如果所有人这样做，将会是怎样的结果。这样，我就必须自愿将我放在每一个角度去设想他人。因为社会生活中"存在着一种超越于我自身的角度朝向我的目光，当我不把自己当作一个特定的个体，而是将自身放置在一个作为大写的在抽象普遍性中的人本身

---

[1] 《康德著作全集》第 4 卷，李秋零译，中国人民大学出版社，2005，第 444 页。
[2] 王福玲：《康德尊严思想研究》，中国社会科学出版社，2014，第 113 页。

的位置上时,我就能对自己采取这一目光"①。这一目光即基于道德自律强大的自我审查能力和对他者的顾及能力。尊严作为人们与生俱来的固有价值当然应该得到承认,但"我们却无须同时对他表示尊重,因为他们需要通过自己的实际行动才能从他人那里获得尊重。要同时获得他人的尊重,也就意味着,人们必须在符合与他人和谐相处的基本原则的基础上,做出某种具有超越意义的高尚行为"②。如果由于道德自律已经获得了尊重,就应该以某种方式从自身扩展,并传播给其他人,这样就能从道德自律中实现道德自由。道德自律表面观之与道德自由不容,但通过道德尊严的获得就是"积极自由",因为自由本身是自己规定自己,真正自由的规律是自律,自由的最高形态是自由意志或意志自律,自律是自由能力的完全展现,这也是康德经常对道德、自律、自由三个概念从本质上表示赞同的原因。③

尊严在道德上的这些特性,推动了道德尊严作为一种独立形态的成立,但道德上的尊严并不是尊严的全部道德意义,道德尊严有向外展开与延伸的可能性。这种展开可以开出两个基本维度:一是个体维度上的崇高,二是社会维度上的正义。自古罗马的朗加纳斯明确将崇高作为美学范畴以来,不断有思想家赋予其伦理道德的含义,特别是康德真正区分了美与崇高,认为"崇高是一切和它较量的东西都是比它小的东西"④。美仅仅是联系着悟性的有形式的东西,崇高却是联系着理性的无形式的东西。因此,"真正的崇高只能在评判者的心情里寻找,不是在自然对象里"⑤。康德的崇高概念比较接近中国传统文化的理解,是一种在道德上能统揽全局的无私的奉献精神。"简单来说,崇高就是那些事物,当我们和它们遭遇的时候,超越了我们的理解,因而就此在我们身上制造了敬畏惊叹的感情。"⑥ 它

---

① 〔德〕瓦尔特·施瓦特勒:《论人的尊严——人格的本源与生命的文化》,贺念译,人民出版社,2017,第81页。
② 〔美〕唐娜·希克斯:《尊严》,叶继英译,中国人民大学出版社,2016,第7页。
③ 王福玲:《康德尊严思想研究》,中国社会科学出版社,2014,第107~108页。
④ 〔德〕康德:《判断力批判》上卷,宗白华译,商务印书馆,2000,第89页。
⑤ 〔德〕康德:《判断力批判》上卷,宗白华译,商务印书馆,2000,第95页。
⑥ 〔英〕迈克尔·罗森:《尊严——历史和意义》,石可译,法律出版社,2015,第24~25页。

侧重主体方面、社会道德方面，而不是对象方面、自然状态方面，其实就是孟子强调的"浩然之气"。在对个体人格的评价中，孟子曾提出"善、信、美、大、圣、神"六个等级，其中"大"就是崇高，"充实之谓美，充实而有光辉之谓大"。这种"大"是一种"大丈夫"气概、一种"大无畏"精神、一种"大义凛然"的气节，是道德尊严的最高境界。道德上的崇高作为道德尊严的极致往往是以自我牺牲为前提的，需要有殉道精神，有时甚至要以牺牲生命为代价，这就接近于"神圣"。这样道德尊严就开出了由世俗权利走向道德信仰的可能性路径，使道德有了精神信仰的皈依，道德价值与宗教价值趋于接近或重叠。如果说道德需要"顶天立地"，信仰就是"天"，"地"则是公正的制度（主要是政治法律制度）。尊严与公正并非两个孤立的概念，而是"从属于一定的价值体系，而这一价值体系又是在近代西方社会的一系列精神运动的基础上形成并发展起来的"[1]。此外，尊严与公正是互为前提的，如果每个人的尊严得不到保证，那个人与个人意义上的公正就是一句空话；反之，如果公正得不到保障，那对尊严的侵犯就是家常便饭。同时，尊严与公正本身都是主体间性的，"只有当法权人格和道德实践主体在现代社会中被普遍地确立起来，即达到普遍的主体际性时，尊严、公正和其他价值观念才能得到充分的实现"[2]。可见，以公正或正义的视角看，道德尊严不仅是对自我尊严的维护与获得，而且意味着为他者获得道德尊严提供均等的条件与公正的制度保障，现代道德以法治为基础的深远意义也在这一过程中得以彰显。要实现道德尊严的公正性，就必须关注惩罚问题。

三 道德尊严不排斥应有惩罚

道德尊严的一个现实难题就是尊严是否包含了惩罚。尊严与惩罚好像是不相容的，即凡是被惩罚的行为都是没有"脸面"的，都是对尊严的伤害。尊严是多重关系的复合体，从形式上看起码有"我"与"我"、"他

---

[1] 俞可平主编《幸福与尊严——一种关于未来的设计》，中央编译出版社，2012，第13~14页。
[2] 俞可平主编《幸福与尊严——一种关于未来的设计》，中央编译出版社，2012，第17页。

（们）"与"我"、"我"与"他（们）"三重关系，与此对应，尊严是自尊、认可与贡献的统一。① 在这三重关系中能否产生出尊严，完全取决于其行为价值能否获得他人或社会的尊重和自我感受的能力，其中最重要的是贡献因素。如果人的行为有道德上的破坏性，甚至是违法的，非但不能获得尊严，反而会受到相应的道德惩罚，甚至是法律的惩罚。这就说明，要获得并保持道德尊严就必须在自尊自爱、积极作为的同时，严守道德与法律的底线，避免来自道德与法律方面的惩罚。与此同时，我们也不能因为要维护道德尊严而拒绝或阻止对不当行为的应有惩罚，否则就有失公允或正义。道德尊严与惩罚的关系涉及三个基本问题：一是道德尊严是否可以不接受任何形式的惩罚；二是道德尊严可以接受的惩罚形式有哪些；三是惩罚会对道德尊严产生何种影响。

道德尊严是差异性尊严而非平等性尊严，前者强调主观努力，后者强调天生平等。无论是基于人性的平等还是权利的平等的尊严，都被认为是神圣不可侵犯的，甚至是一种不受侮辱的法律权利。在此意义上，作为平等权利（无论内生还是外赋）的尊严本身不存在惩罚问题，只存在对有损这种尊严的行为的惩罚。道德尊严并非生而具有，而是后天主观努力获得的具有差异性的高贵德性，表达了与人本身、动物、自然和整个宇宙相关联的道德优越性和责任。②"值得注意的是，尊严的差异应当限定在通过民主商谈程序而确定的个人的自我完善的限度内，且以不侵害他者的尊严（即法律尊严）为底线。"③ 正因为道德尊严是主动作为性质的，是作为一种自我完善的权利或责任来规定自我，往往以自尊心与羞耻感为道德心理前提，所以在其变化过程中存在两种可能，既可能由于不断加强自我修炼而使其得到提升和扩展，也有可能因修养的中止、生活的腐化堕落而使其减弱、缩小甚至丧失。如果道德尊严主体主动放弃自我完善的权利与责任，甚至放纵自我，做出不道德行为，沦为道德的践踏者，那他自己则必须为此承担行为后果，甘愿接受惩罚，曾经的道德尊严与荣耀不能成为目

---

① 文学平：《论尊严的内涵及其类型》，《华中科技大学学报》（社会科学版）2012年第4期。
② 任丑：《人权视阈的尊严概念》，《哲学动态》2009年第1期。
③ 任丑：《人权视阈的尊严概念》，《哲学动态》2009年第1期。

前免于惩罚的理由。

惩罚问题一直是一个令人困惑的道德问题,困惑的重点在于如何证明惩罚的正当性。如果惩罚的正当性存在,那么因道德过失而受到惩罚也是应该的,并非刻意去伤害人的道德尊严,而是从更高层次上和更深远的意义上维护道德的权威与神圣;如果仅仅从人的尊严方面考虑而对道德过失行为不予惩罚,反而是对道德尊严的损害。惩罚的正当性源于惩罚概念的理解,而惩罚概念又如惩罚实践一样复杂,我们只能从哲学规范性的角度概括出一些基本特征。根据沃克尔对惩罚含义的罗列,可以看出惩罚有如下基本特征:[①] 惩罚意味着施加某种东西,而这种东西是被惩罚者不欢迎的;惩罚是由人故意施加的,而施加是有理由和根据的;在社会成员或组织看来,惩罚的施加者有权利施加惩罚;惩罚的理由是某个行为(包括作为和不作为)违反了法律、规则或者习惯;被惩罚者做出某个自愿行为,或惩罚者这么认为;惩罚者实施惩罚的理由必须是正当的;一种对待是不是惩罚取决于惩罚者的信仰或意图,而不是考虑被惩罚者的信仰或意图。可见,惩罚的实质是由于行为人做出违反某种规则的行为,而必须基于正当性理由对其施加某种他不愿意接受的东西,"惩罚的中心理念是人们必须对其不轨行为'付出代价'"[②]。福科对惩罚的理解是与控制、权力联系起来的。因为犯罪是社会的对立面,"为了惩罚他,社会有权作为一个整体来反对他",尽管"这是一种不平等的斗争,因为一切力量、一切权力和一切权利都属于一方"[③]。用一种不平等的权力来惩罚一个人,虽然具有某种"恶"性,但也是必要的。但即使是最严酷的惩罚也应该有对"人"的尊重,这"是一种法律的限制,是惩罚权力的合法性界限。这里所说的不是为了改造人而必须实现的目标,而是为了尊重人而应该不加触动的东西"[④]。惩罚的这种"人道"顾虑,正是惩罚思考正当性的基源,如果没有

[①] 王立峰:《惩罚的哲理》,清华大学出版社,2006,第 12~13 页。
[②] 〔美〕迈克尔·D. 贝勒斯:《法律的原则》,张文显等译,中国大百科全书出版社,1996,第 249 页。
[③] 〔法〕米歇尔·福科:《规训与惩罚》,刘北成、杨远婴译,生活·读书·新知三联书店,1999,第 99~100 页。
[④] 〔法〕米歇尔·福科:《规训与惩罚》,刘北成、杨远婴译,生活·读书·新知三联书店,1999,第 82 页。

对人性、人道的顾及，一切权力就可以"为所欲为"，自然就没有正当性的考虑，因为对正当性的重视，总是基于对"失当"的担忧。

惩罚正当性辩证主要存在功利主义与报应主义两种思路。功利主义又称功用主义或效用主义，是后果主义的重要表现形式，强调行为后果是评价行为是否道德的理论。又因后果有利己与利他两种性质，后果主义有利己主义与利他主义的分界，功利主义或摇摆于二者，或力图统一二者，但其根本宗旨还是强调行为的后果及该后果与人的苦乐关系。如功利主义的代表人物穆勒在其《功用主义》中就明确指出，"承认功利为道德基础的信条，换言之，最大幸福主义，主张行为的是与它增进幸福的倾向为比例；行为的非，与它产生不幸福的倾向为比例"[①]。当然，幸福还不是一个实体性概念，只有基于苦乐感觉的幸福才是实在的、客观的，趋乐避苦是社会道德及法律的"第一原理"。因为"自然把人类置于两位主公——快乐与痛苦——的主宰之下。只有它们才指示我们应当干什么，决定我们将要干什么。是非标准，因果联系，俱由其定夺"[②]。在边沁看来，如果没有了快乐与痛苦，不但幸福变得空洞无物，就连正义、义务、责任等美德都变得毫无意义。这也就决定了边沁必然遵循的是后果论的理论逻辑，即以行为后果是否最大限度地促进所有人快乐的增加或痛苦的免除来判断行为的正当与否。先设定内在价值或根本善，然后依据内在价值来判断行为正当与否，这是后果主义的基本思路，功利主义就是由苦乐推及幸福进而把功利得失作为行为正当性根据的。"除了功利的原则外，又能够是别的什么呢？这种原则为我们提供了我们需要的理由，只是这个原则不用依赖任何更高的理由。这个原则本身就是解决任何实践问题的唯一和完全充分的理由。"[③] 可见，对惩罚正当性的功利主义证明，必须要证明通过惩罚能够促进社会功利，还要证明惩罚在促进社会功利上优于其他社会制度。功利主义为此强调了人类福祉的重要性，也强调了尽管惩罚是一种恶但是一种必要的恶。当然这仅仅是一种思路，终因苦乐与善关系的无法量化，以及个体快乐与人类福祉整体间的自洽困难，而难以付诸行动（实践）。于是

---

① 〔英〕约翰·穆勒：《功用主义》，康铖译，商务印书馆，1957，第7页。
② 〔英〕边沁：《道德与立法原理导论》，时殷弘译，商务印书馆，2016，第11页。
③ 〔英〕边沁：《政府片论》，沈叔平等译，商务印书馆，1997，第158页。

第七章 道德尊严

规则功利主义试图克服行动功利主义的缺陷，认为是否惩罚取决于能否促进社会功利，这只是一种制度理念，而在具体的实践中可能会惩罚无辜，所以惩罚的正当性必须考虑制度和具体实践两个层面，而这两方面统一的基础只能是现有的制度规则。从惩罚制度来看，肯定要优先考虑共同体的善，考虑社会的整体利益。而就具体惩罚而言，我们只能看其行为的恶性，惩罚恶就是正当的，这就是立法与司法中的价值裂缝，所以必须在规则体系中把应该的和实现的行为加以区分。诚如罗尔斯所说，"必须在所应用和实施的规则体系与该规则体系指导下的具体行为之间做出区分。对于规则而言，功利主义的考虑是合适的；对于具体规则在具体个案中的适应而言，报应主义的考虑是合适的"①。

那么报应主义如何看待惩罚的正当性呢？或者说，报应主义是如何论证惩罚正当性的？报应主义认为惩罚的正当性不在于可达到的实际效果，而在于被惩罚者"应得"的，即对不当行为的"罪有应得"。"报应主义认为惩罚的正当性在于：(1) 不惩罚无辜者；(2) 不把人当作达到目的的手段；(3) 给予适当的应得与惩罚；(4) 惩罚的对象是道德上应受谴责的人。就此四个方面而言，强调道德的重要性，功利主义不如报应主义。"②可见报应主义主张的是一种"以恶制恶"的方式，即惩罚是对不道德行为的报复，其正当性依据是恶报是坏人的应得，是一种矫正的正义。正如康德所认为的，"惩罚在任何情况下，必须只是由于一个人已经犯了一种罪行才加刑于他。因为一个人绝对不应该仅仅作为一种手段去达到他人的目的……他必须首先被发现是有罪的和可能受到惩罚的，然后才能考虑为他本人或者为他的公民伙伴们，从他的惩罚中取得什么教训"③。康德强调的是惩罚的道德根据在于正义，而不是功利。报复性惩罚之所以是正义的，是因为这是公平的，因为任何一个人所做的恶，可以看作他对自己做的恶，你偷了别人的东西，就是偷了你自己的东西，这就是报复的权利。④但这仅仅是从行为性质上来看，即恶行必须得到恶报，问题在于，行为恶

---

① 转引自王立峰《惩罚的哲理》，清华大学出版社，2006，第57页。
② 王立峰：《惩罚的哲理》，清华大学出版社，2006，第75页。
③ 〔德〕康德：《法的形而上学原理》，沈叔平译，商务印书馆，2017，第163页。
④ 〔德〕康德：《法的形而上学原理》，沈叔平译，商务印书馆，2017，第164页。

还有量的程度问题,应该实施怎样的惩罚才是正当的呢?黑格尔反对等量报复的纯粹报复主义,认为报复仅仅是价值的等同而非性状的等同,因为报复是对侵害的侵害,作为对犯罪的否定,同样存在质与量的范围,但这"不是侵害行为特种性状的等同,而是侵害行为自在地存在的性状的等同,即价值的等同"[①]。可见,黑格尔同康德的思想基本一致,都主张正义优先而兼顾功利的考虑,并且都是一种"向后看"的惩罚理论,即把惩罚的依据主要放在行为"曾经如何"上,这也应该是报应主义的基本主张,正好与功利主义强调"向前看"的惩罚效果相反。但是,如果我们避开功利主义与报应主义的差异,其共同之处在于惩罚体现的是一种矫正正义,即都主张只有对恶行进行惩罚,才是对善良的尊重;如果没有对恶的惩罚,那就是对善良的伤害,这符合人类一般的平等(平衡)原则,也是道德尊严的基本要求。因为道德尊严的实质就是对善良的肯定与对罪恶的鞭挞,有恶不惩,就等于见善不扬,是对善良的无视,如此又何谈对道德的敬畏与尊重?正因为惩罚不道德行为的正当性依据不是单一的,既要看动机也要看效果,既是追溯也是警醒,既要看行为性质也要考虑价值量,由此决定了惩罚的方式也不是单一的。

有损道德尊严行为的惩罚形式,主要有法律惩罚、舆论惩罚和良心惩罚,其中法律惩罚是主要的,其他是辅助的。法律惩罚具有强制性和公共性的特点,当然其使用前提是该行为不但违反了道德,同时也违反了法律,若不是违法行为,法律就无权惩罚。法律惩罚不是个人间的恩怨相报,而是代表社会正义的法律对不法行为的惩罚,这样可以避免恶恶相报的无止境循环。因为"既然我们不可能使任何恶都不发生,那么次好的选择就在于,在一种恶发生后,让法律实施的惩罚来减小它循环下去的可能性"[②]。当然,这并不是法律惩罚的根本目的,法律惩罚不仅仅是要显示法律权力的威严,更是要通过对不正义的惩罚来实现正义,这种正义的伸张体现了实质正义与程序正义的统一,既是对受害者应得利益的恢复,也是对损害者恶行的打击。这种利益的平衡恢复,就是修复性正义的实现。法

[①] 〔德〕黑格尔:《法哲学原理》,范扬、张企泰译,商务印书馆,1996,第104页。
[②] 廖申白:《伦理学概论》,北京师范大学出版社,2009,第381页。

律惩罚的意义还止于受害者与损害者之间的利益"还原",是对违法行为产生震慑力,减少社会犯罪,促进友好交往,走向共同的善,从更高层面上维护法律尊严和社会道德的神圣尊严。当然,法律惩罚仅仅适用于违德又违法的行为,而对于只违德不违法的行为就主要靠良心惩罚。良心惩罚就是良心谴责,是行为主体基于未曾泯灭的良知良能,对违德行为的自我反省与懊悔。良心惩罚与法律惩罚的最大不同在于"有耻且格",真正从内心感到羞耻,并且发誓再不发生此类行为,具有深刻的自我性和约束的长久性,更不会产生恶行的变本加厉。所以,良心惩罚弥补了法律惩罚只能限其自由但"民免而无耻"的局限。无论是法律惩罚还是良心惩罚都离不开社会舆论的谴责。社会舆论是由社会共同价值观、风俗习惯和大众行为方式所形成的一种看法或意见,其核心是群体意识,有自觉的和自发的两种形式。自觉的社会舆论是专业的社会组织通过主流媒体而形成的舆论,自发的舆论往往是人与人之间的相互"议论",如今可能表现为"自媒体"的信息"群"播。社会舆论作为"第三权力",虽然不具备法律的刚性与良心的柔性,但它是无形的"压力",特别是在注重声誉与形象的现代公共性社会,无疑是具有正常自尊心的人最大的"顾虑"。社会舆论在以疏远、孤立、毁誉、败名等方式惩罚作恶者和违法者的同时,还对法律惩罚和良心惩罚起着推波助澜的作用。三种惩罚方式经常不是孤立进行的,而是协同作用,分别从"身""心""名"各个方面给予惩罚,或许是先后相继,或许是同时进行,形成惩罚的"合力"。这种"合力"的形成,需要一种制度来支撑,可以是如法律一样的"强"制度,也可能是如舆论一样的"软"制度。这样就可以构成道德尊严与惩罚之间的恒常关系,通过制度性惩罚来维护道德尊严,即对不道德行为的惩罚本身就是对道德行为的褒扬,特别是当道德行为与不道德行为价值模糊而无法显示其尊严差异时,旗帜鲜明地惩罚不道德行为就具有了高扬道德尊严的特殊作用。当然,这不是一种尊严的绝对主义路向,把个体尊严当成不可剥夺的超越性价值,相反,对不道德行为进行惩罚而被剥夺尊严并不是件坏事,因为与道义上"个体人类的尊严"相比,个人面子算不了什么,何况"用惩罚来传达出羞辱性的信息,这并不是一个人们不想要的副作用。羞辱本来就是惩罚的一部分"①。

　　接受惩罚后的道德尊严会产生个体与社会群体两种效应。就个体效应而言，可能惩罚会挫伤个人道德的优越感和自尊心，并从此一蹶不振，导致道德尊严彻底丧失；也可能使主体接受教训，深刻反省，将功补过，重新挽回尊严，甚至可能获得更大的道德上的尊重。可以"毫不夸张地说，受过惩罚的人在以后很可能会'为了逃避惩罚'而采取一些行为"②，这些行为可能是消极的，甚至是破坏性的，也有可能是积极的。消极的可能主要源于行为主体的德性不够，不配享有尊严。道德尊严固然与人的自律能力相关，自律亦成为获得道德尊严的必要条件，但仅仅是理性存在者的一般能力，如果没有德性保障，则可能走向作恶甚至犯罪。对这种作恶的惩罚不但"宣布"了自律的失败，而且是德性的"下沉"，因为自律作为潜在的能力必须通过德性来实现，如果自律不够而伤害了道德，必然是德性的沉沦，这从根本上违背了德性趋上的惯性。所谓德性趋上就是人的德性总是趋于上扬，只要不上升，就会不可避免地沉沦，如果因道德过失而产生了"压力"，德性则会加速下沉，直至自我消沉，这就是尊严的配享。如康德就强调，自律是一种先天的能力，而"德性就是自律在不同程度上的实现，德性表现出差异性的特点，因此，每个人在配享尊严的问题上也就表现出差异性"③。康德把德性义务区分为对自己的义务和对他人的义务，④前者实际上就是自尊，后者就是他尊，而自尊又可以分为道德自保与道德提升两个层次。人如果不自爱，不自我珍重，守不住行为底线，自甘堕落，也就无所谓道德尊严了。当然，如果人能悔过自新，深刻吸取教训，不断提升配享尊严的德性，特别是提高实践理性能力，还是有可能趋近于道德完善的，可以实现道德尊严的"归位"，甚至在原有基础上的提升。

　　就社会群体效应而言，惩罚不道德行为有利于维护社会正义，从而在

---

① 〔英〕迈克尔·罗森：《尊严——历史和意义》，石可译，法律出版社，2015，第61页。
② 〔美〕B.F.斯金纳：《超越自由与尊严》，方红译，中国人民大学出版社，2018，第68页。
③ 王福玲：《康德尊严思想研究》，中国社会科学出版社，2014，第185页。
④ 参见《康德著作全集》第6卷，李秋零译，中国人民大学出版社，2005，第426~486页。

更加广泛的意义上维护整体人类社会的道德权威与尊严,特别是能够在实现程序正义过程中尽可能降低社会的道德成本。社会共同体的正义性就制度性安排而言,就是公民权力与权利的基本平衡。对不道德行为实施惩罚就是削减不道德行为权力和增进他人的道德权利,所以,国家具有谴责违法、违德行为的义务,如果不惩罚违法违德行为,就是背叛了正义的价值。"如果国家对不正义行为不表达一种否定和反对的态度,就是没有认真对待受害人的权利,就好比在受害人的脸上打了一耳光。"① 同时,惩罚是对个人不当行为的惩罚,就个体而言好像是对个人荣誉尊严的损害,但从社会整体来看,却维护了道德的权威性。"如果规范受到侵犯,那么规范就不再是不可侵犯的;被亵渎的圣物看上去已经不再是神圣的,如果没有什么新的东西发展出来,去恢复其属性的话。一个人不会信仰一种平民百姓举手就打而不受惩罚的神。"② 惩罚道德违规行为,就是向世人宣示,社会道德规范神圣不可侵犯,这就从根本上维护了道德的权威性。可见,道德尊严不是个人的脸面问题,而是事关社会道德权威与道德信仰,道德本身的权威性才是道德尊严的根本,自愿接受惩罚也是道德尊严上"小我"服从"大我"的问题。当然,社会之所以要通过惩罚来遏制不当行为,甚至不惜经济成本,主要还是为了实现社会和谐而减少法治成本和道德成本。如果没有必要的惩罚,社会无序所带来的治理成本将是无法估量的。放纵有罪者或违德者,就会使犯罪率或缺德率提升,特别是在"论证程序的合理性时,道德成本因素是至关重要的,因为道德成本只与某些错误有关"③。其中最大的错误就是没有惩罚应该惩罚的,当然,按照贝勒斯的观点,放纵有罪者的错误成本低于冤枉无罪者的错误成本,但道德成本与经济成本不同,它是无法计算的。"为避免产生道德成本,我们只需要考虑我们愿意付出多大经济成本。"④ 所以,坚持必要的惩罚及其程序的

---

① 王立峰:《惩罚的哲理》,清华大学出版社,2006,第 127 页。
② 〔法〕爱弥尔·涂尔干:《道德教育》,陈光金等译,上海人民出版社,2001,第 160~161 页。
③ 〔美〕迈克尔·D. 贝勒斯:《法律的原则——一个规范的分析》,张文显等译,中国大百科全书出版社,1996,第 28 页。
④ 〔美〕迈克尔·D. 贝勒斯:《法律的原则——一个规范的分析》,张文显等译,中国大百科全书出版社,1996,第 29 页。

合法化，就是降低社会的道德成本，而保持低道德成本的社会治理，就能达成社会的高道德尊严。所以，当我们说，道德尊严并不排斥惩罚时，一定是对道德尊严进行了一种社会价值层面上的开放式理解，这种理解是十分必要的，因为道德由个体性承载伦理的作用，必然体现为一种社会性价值追求。

四 道德赏罚何以可能

既然道德尊严不排斥惩罚，那么从道德自身来看道德奖赏与道德惩罚都有利于维护或提升道德尊严。道德赏罚是道德运行的重要社会机制，相对法律而言，它注重有赏有罚而非只罚不赏，在此意义上，它是比法律更健全的社会控制方式。但道德赏罚又不如法律，因为它没有特定的主体，也没有相应的机关，更没有成文的条款。道德赏罚何以可能就成为我们必须认真研究的问题。

第一，道德赏罚作为一种道德机理的存在是可能的。

道德赏罚指社会生活中的组织或个人依据主体行为的动机和效果，对主体行为进行人道主义的报偿或制裁，作为对个体行为善恶责任或其道德品质回报的一种特殊的道德评价和调控方式。其特殊性主要体现为与法律处罚、经济赏罚、行政赏罚相比，其目的、实施主体、依据及形式均有所不同。道德赏罚的目的是通过赏善罚恶以净化行为主体的心灵，提高整个民族的道德水准，从而推动社会道德进步。从实施主体看，道德赏罚不单纯指有目的、有系统、有秩序的组织可以实行奖励或惩罚，社会生活中临时聚集的群体以及单独的个体也能实施奖惩。从赏罚的依据来看，道德赏罚是根据主体行为的动机和效果来综合考虑的。只要行为主体动机是善的，在其道德行为中由于自身或外在的客观原因而未能达到最终目的的也应给予赞扬、奖励。而行为主体动机不良，却达到了一定效果的则应给予贬斥、惩罚。如抢救落水者，一位不会游泳的人不顾生命危险跳水勇救落水者，即使最后未能将落水者救起，甚至自己失去了宝贵的生命或被他人救起，由于在他人危难之际不顾个人安危，尽心救人的纯义务动机，也应给予赞扬，社会有关部门应给予一定的奖励，而一位会游泳的人在抢救落

第七章 道德尊严

水者前先向其本人或同行索要财物,事后即便救起了落水者,由于其谋取钱财的不纯动机,社会、舆论也应该对其进行谴责,有关单位应给予相应的惩罚。从赏罚的形式来看,道德赏罚既可以是物质赏罚形式,也可以是精神赏罚形式。即赋予遵从道德者、行为高尚者渴望获得的东西(如财富、荣誉、机会、自由等),剥夺行为不良者不愿失去的东西,使主体因其不义行为受到物质和精神的双重制裁。可见,道德赏罚是通过一定的利益赏罚使利人有德者有所得、使损人缺德者有所失的扬善抑恶机制,是一种特殊的道德评价和调控方式。

其次,道德赏罚以道德权利与道德义务的辩证统一关系为逻辑关联。道德义务和道德权利的关系具有不同于其他领域权利、义务关系的独特性。这种独特性首先表现为道德义务对于道德权利的先在目的性和主体自律性。道德义务从它产生起就不以获取某种权利为目的前提。道德作为诉诸人类内在德性光辉的调控手段,使得人们在履行义务时能够相对超越一己功利目的,而不以获取权利为目的。同时,道德义务的履行是一种自律精神。道德义务的价值主要建立在主动自觉地履行义务之上,体现了行为主体的自由选择和高尚的意识。道德义务通过内化为道德主体的道德责任感,成为主体自由的选择,并散发出人的道德觉醒的高尚光辉。

道德义务的先在目的性,道德行为的非功利性,不应当在理论上成为无视甚至否认道德权利的理由。道德权利在道德行为中不应成为主体的动机目的,但作为一种客观、受动的权利,其永远和道德义务一同存在。梁启超在其《新民说》中率先提出了关于权利义务的对等性论说,认为义务应当与权利相对应:"义务与权利对待者也,人人生而有应得之权利,即人人生而有应尽之义务,二者其量适相均。……苟世界渐趋于文明,则断无无权利之义务,亦断无无义务之权利……"[①] 主体履行道德义务的目的在于造福社会、他人,主体履行道德义务不以权利为动机,不以报偿为条件,但并不等于主体履行道德义务之后得不到相应的道德权利。从结果来看,道德主体在履行了一定的道德义务之后,客观上理应得到相应的权利

---

① 梁启超:《新民说》,黄坤评注,中州古籍出版社,1998,第177页。

回报。尊重他人的人，应当受人尊重；奉献社会的人，社会应使他有所获得。道德权利不同于其他权利的特质就在于它必须存在于道德主体之外，是一种客观的受动的权利。道德权利不是道德主体在履行道德义务时主动索取的，一个人自觉自愿地奉献社会、服务他人，也许不求对等的回报，但承受义务奉献的一方有义务同等地回报奉献义务的另一方。尊重他人的人得不到他人的尊重，奉献社会的人得不到社会的承认与奖赏，老实人处处碰壁、遭人耻笑等是道德领域极大的不公正。受恩必报是人类千百年道德实践中总结出来的积极的劝诫，是道德权利和道德义务逻辑关联的必然要求，也是体现在道德领域的一种社会公正。

轻视个人道德权利的给予，只强调个人对社会的奉献和义务，少强调或不强调社会对个人的权利回报，在理论上是有缺陷的，在现实实践中必然使道德义务的履行陷入不良的循环机制中。一个公正理想的道德环境、社会环境应当努力消除义务与权利、奉献与获得、德行与幸福的二律背反，注意道德回报，使它们建立相辅相成的良性循环关系。一方面，社会通过特定的形式，以一定的政治、法律和经济的权利表彰履行道德义务的个人，从而使道德义务和道德权利相对应，并激励道德义务的履行。另一方面，社会舆论对有德者的褒奖和对缺德者的鞭挞又赋予其道德权利。社会着意对道德义务的履行行为进行表彰、褒奖，对不道义的行为进行贬斥、惩罚，这是激励人们履行道德义务的重要方法，也是促进社会主义的道德义务和道德权利相统一的方式之一。

第二，道德赏罚作为一种社会机制存在是可能的。

首先，作为商品经济时代的法治社会是一个各种社会要素离析而产生互动的社会，商品经济的分工生产使交换行为成为弥补分工主体间因生产的单一性而无法自主满足全方位需求的唯一可行的手段，使每个分工主体不得不借助其他主体以满足自身需求，从而产生了人与人之间的社会连带关系。打破了传统道德规范的血缘和地域界限，在价值实现过程中，所有的社会消费主体总是将他人作为实现自身经济需求的依赖者，而自身又是他人实现其经济需求的依赖者。这样，人与人之间以物为中介，不仅实现了物的平等交换，而且实现了人的意志和人格平等的交换，实现了义与利的对等。这就要求建立在商品经济基础上的依法治国的道德调控手段也应是体现赏罚公平的道德回报机制的建立和完善。马克思、恩格斯在考察人类社会及其道德发展时断言:"正确理解的个人利益,是整个道德的基础。"① 人与人之间的利益关系是伦理道德得以存在和发展的基础和必要条件。对利益的追求更是商品经济运作的内在需求。商品经济高扬的是一种"理性的自利",即"强调个人及其自由的重要性,把人的个人私利看作是自然的和善的,是能够通过理性的引导,对个人和社会都有利"②。可以说道德赏罚是在承认利益的基础上,社会先进性道德与广泛性道德的最佳结合点。与我国传统伦理中儒家设计并倡导的在主客双方之间建立一种对应关系但实质是单向度的"三纲"社会伦理规范和我国在20世纪50~70年代所奉行的绝对利他主义道德相比,道德赏罚不仅不排斥个人利益,而且充分肯定和尊重各个道德主体的利益追求。道德赏罚既突破了以往只讲自我牺牲、不讲自我利益单向度的义务性指令关系,又没有矫枉过正,既符合多元化利益主体的普遍性道德觉悟水平,又能获得社会主义社会最广泛的社会认同和心理内化,推动了广大群众自觉的道德实践。

其次,怀赏畏罚是道德赏罚可能的心理机制。心理学研究表明,人类形成意识之后,在儿童阶段,对自身行为有渴望父母认可、赞许,害怕因自身行为不当被父母批评、惩罚的心理;到青少年阶段,人对自身行为效果有期待老师、同学、朋友的褒贬心理;到中年阶段,更加希望自身的行为得到社会、家庭、别人的认同和褒扬,因自身行为不当受到社会、家庭、别人的贬斥而深感恐惧、羞愧甚至悔恨;到老年阶段,则希望社会对其一生有所评价。这些研究证实了人的道德需要是按由低到高的心理层次发展的。正由于怀赏畏罚的心理,人有渴望对其行为进行善恶评价并为其价值定位的欲求,从而使道德赏罚成为可能。正如罗素所言:"在不具备刑法的情况下,我将去偷,但对监狱的恐惧使我保持了诚实,如果我乐意被赞扬,不喜欢被谴责,我邻人的道德情感就有着同刑法一样的效果。在理性盘算的基础上,相信来世永恒的报答和惩罚将构成一种甚至是更为有

---

① 《马克思恩格斯全集》第2卷,人民出版社,1957,第166页。
② 〔美〕L. J. 宾克莱:《理想的冲突——西方社会变化着的价值观念》,程立显译,商务印书馆,1986,第43~44页。

效的德性保护机制。"① 因此,要树立良好的社会道德风尚,就应该针对大多数人的这种心理状态,通过扬善抑恶的赏罚手段促使人们从得与失的权衡中学会去恶从善,特别是通过罚恶触动不道德者的既得利益,使他们在心理上产生痛苦,从根本上制止不道德行为,做一个有道德的合格公民。

最后,个体的道德生成是道德赏罚可能的人格载体。个体的道德生长过程表现为由他律的社会道德到自律的个体道德的内化过程。德国古典哲学家康德曾把人的道德选择区分为"本乎律令"的选择与"合乎律令"的选择,前者是德性与明智相统一的必然结果,后者则是德性与明智尚未实现统一,是行为主体在特定环境下仅经过权衡得失利弊,而做出的一种选择。一般说来,"本乎律令"的行为价值取向和道德选择只是社会中一部分谦谦君子和道德上的睿智者所具有的一种高尚的道德情操,而一般大众往往是从对自身利益有无损益的权衡中做出自己的道德选择的。人类历史发展和道德发生学也论证了人们的道德成长大致要经历非理性—他律性—自律性的过程,而社会的道德赏罚机制是主体道德由他律向自律这一转化过程中必不可少的动力条件。道德赏罚是将社会舆论及各种利益机制作为主要制约力量,以他律性的外在手段引导或诱导道德主体遵守和践行道德规范的控制形式。在逐步步入法治社会时期,应根据社会情况的变化及时调整道德控制机制,适当加大赏善罚恶的力度,达到较为理想的控制效果。赏是倡,是对道德规范的积极肯定;罚是禁,是对破坏道德规范行为的坚决否定。赏为个体做出道德行为提供了内在吸引力,罚又对其施加外在压力,这样,倡导与禁止并用,内引与外压结合,形成了个体行为趋善避恶的强大动力,使个体逐渐养成习惯,完全出于内心愿望来追求道德上的善。

第三,道德赏罚作为一种现实操作存在是可能的。

道德赏罚是道德建设中一种有效的酵素,是引善渠,是制恶闸。道德生活中充分运用赏罚机制,能树立道德权威,促进社会道德的内化,增强道德的调节功能。

近年来,我国社会出现了"奖才不奖德"的现象,如重奖有突出贡献

---

① 〔英〕罗素:《伦理学和政治学中的人类社会》,肖巍泽,中国社会科学出版社,1990,第73页。

的知识分子、运动员等，这是必要的，但很少重奖道德高尚者或对改善社会风气做出突出贡献的工作者，即使有也往往只是精神奖励，少有物质奖励。其实，物质奖励和精神奖励是相辅相成的，特别是在市场经济条件下更是如此，重奖优秀的科技工作者和运动员有利于科技和体育事业的发展，同样，重奖高尚的道德行为者，必有利于道德建设，也有利于社会上道德状况的改善。据不完全统计，近年来新闻媒体披露的见义不为、见死不救之事，英雄人物蒙冤、善行义举受窘之事有1000多起。要么表现为相当多的人在道德行为选择中消极冷漠、麻木不仁，要么表现为道德评价中一些扶危救困、见义勇为的行为常常被人误解、嘲笑、歧视，甚至遭到诽谤、打击。为了强化人们的道德意识，应该奖励道德行为和品质高尚的人，惩罚不道德行为和品质卑劣的人，特别是重奖见义勇为、扶危救灾的人，严惩见义不为、见死不救的人。这不仅可以使一些人在危急关头挺身而出，维护人民群众的生命财产安全，避免一些恶性事件的发生，而且可以减轻人们做某种高尚行为要付出代价，甚至牺牲生命的后顾之忧。

如今，一些道德规范、条例的确立为道德赏罚确立了具体的标准。这点，发达国家和地区的做法可做他山之石。法国一个司机在国道上开车撞人后仓皇逃离，其他过路车辆见伤者求救视而不见，飞奔而去。这一切均被国道上的监控器记录在案，后来肇事司机被捕归案受到法律的制裁，其他见死不救的司机也以"见义不为罪"被送上了法庭。美国、日本、新加坡、中国香港等国家和地区对职业道德、社会公德等都制定了相应的奖惩措施，对促进社会道德建设，提高公民道德素质具有良好的效果。这一思路和一些具体经验，对我国社会主义道德赏罚机制的建立健全无疑是一个极好的启发。我国一些城市和地区也相应地制定和确立了有关道德赏罚的条例、制度。如《北京市奖励和保护见义勇为人员条例》就规定："对公民见义勇为实行精神奖励和物质奖励相结合的原则。""对事迹特别突出，贡献重大的，经区县人民政府推荐，由市人民政府授予'首都见义勇为好市民'称号。并给予一次性物质奖励。""见义勇为致伤、致残、牺牲人员应当认定为因公伤亡，享受工伤保险待遇。""对见义勇为人员在生活、医疗、就业升学等方面遇到困难的，其所在地人民政府或者所在工作单位应当给予帮助。""公安机关对需要保护的见义勇为人员及其亲属，应当采取有效措施予以保护；对行凶报复见义勇为人员及其亲属的违法犯罪行为，应当依法从严处罚。"这些规定就是责之以利，是保障道德高尚者失有所补、功有所奖、残有所养，不仅不因讲道德而吃亏，还要有利可得。只有真正做到义利相济，才能引导人们匡扶正义，激励人们向更高的道德阶梯攀登。而对打击、陷害道德高尚的行为，对行善救险者的困难漠不关心，相互推诿、搪塞的单位及个人，对道德品质恶劣（如见义不为）的某些特殊个人，应制定惩罚措施，使其因不道德行为或恶劣品质受到应有的责罚。同时惩罚的威慑作用能有效地遏制行为主体对不义行为的效仿，甚至迫使行为主体不得不慎重考虑自己的行为后果，并基于这一利害权衡而改邪归正，弃恶从善。这对教育广大群众，严肃党风政纪，促进道德风气好转将有极大的推动作用。

可见，道德赏罚犹如一种酵素，推动着人们按照社会所倡导的道德规范严格要求自己，规范和约束自己的行为，并由此进一步推动社会道德风气的改善。反之，如果一个社会缺乏道德赏罚机制，或者是非混淆、善恶颠倒，必然会扶邪驱正，使道德蒙羞，社会堕落。而不论作为道德机理还是社会机制或现实操作过程，道德赏罚都有存在的可能和必要。

第八章　道德幸福

如果说自由、权利、平等、尊严等是人类社会生命体所追求的终极价值，那么，如何看待幸福作为一种道德价值则要复杂得多。[1] 因为"每一种幸福的形式——不管是个人幸福还是集体幸福——根本上都是难以描绘的。它就像我们呼吸的空气那样无影无形，只有保持一段距离、当它披上色彩时才能辨识出来。"[2] 更何况，幸福无论作为一种个体生命体验还是作为一种社会状态的描述（如幸福指数），并不是与道德直接和全部对接，只有当我们践行了道德行为（善行）而内心感到满足时才有道德幸福可言。所以，道德幸福既是一个实体性概念，也是一个连体性（组合性）概念。要正确认识道德幸福，就必须消除在道德与幸福关系问题上的二分思维。没有幸福感，道德于个体的存在意义上就失去了高峰体验；没有道德性，幸福就可能流于一般性的快乐体验而失去了崇高性。从种属关系来看，道德幸福是幸福的一种特殊形态，是道德学所要关注的对象。而我们将道德幸福置于道德价值层面，有利于区分一般幸福与道德幸福，同时有利于通过一定的社会"嵌入性"要素与美好生活向往这一社会发展目标对接起来，使道德幸福超越个体心灵感受的意义进入社会伦理的制度性层面而获得必要的保障。

一　作为价值存在的道德幸福

道德与幸福是传统伦理学所关注的两大问题，但由于大都把二者做一

---

[1] 本章的第一、第三部分已经公开发表，详见《天津社会科学》2021年第2期。
[2] 〔德〕鲍吾刚：《中国人的幸福观》，严蓓雯、韩雪临、吴德祖译，江苏人民出版社，2004，前言第1页。

种"分割式"理解,要么强调道德是伦理学的研究对象,视道德为终极价值;要么把幸福作为伦理学的最终目标,视伦理学为幸福之学,甚至认为在现代社会,道德正让位于幸福。① 如何摆脱道德与幸福的二分,视道德幸福为"一体化价值"存在,是道德学的基本立场。当然,道德幸福概念是否成立,取决于如何理解幸福以及道德与幸福在终极价值上是何种因果关系,即通过道德来定义幸福,还是通过幸福来定义道德,抑或二者皆为工具性价值和终极价值,道德幸福是个体的还是"人类"的,是快乐满足还是规范性体认。这些都需要深入探讨。

科学研究的常识告诉我们,只要进入(涉及)价值领域,问题就显得异常复杂,因为我们要用主观的方式去厘清、思考主客(体)关系,容易得出主观差异性的结论,幸福问题尤其如此。当我们很难用一句话回答"什么是幸福"时,不妨用"分解"的方式来表述幸福之要义。幸福概念不能用于非生物,因为它们没有感觉,"感觉是幸福和不幸的媒介;幸福存在于通过感觉的媒介作用而给予我们的愉快的印象之中,不幸则是由于不愉快的印象而生的;我们感受幸福的程度,是受到我们的天性所能接受的愉快感觉的强度和数量的限制"②。首先,幸福是人感受的结果。约翰·格雷在《人类幸福论》中认为,幸福是人产生了愉快的感觉,并且"幸福的大小是由我们的天性所能接受的感觉的强度和数量决定的"③。所以,在此意义上,幸福是被感受出来的,离开了感受能力,就无幸福可言,这就决定了幸福的主观性、差异性和隐蔽性。但是否意味着幸福就是一种纯粹主观的东西?也不尽然,因为感受本身是被动的,它无法支配和决定影响它的外部客观存在,恰恰相反,是外在的客观环境决定了感受。这种感受"是人对某种好生活,包括良好的生活秩序、生活条件、生活环境和生活品质等等感到满意的经验感受"④。幸福与否,关键还是取决于人的感受,这种感受最关键的是尽量减少痛苦,而最终导致人痛苦的只能是罪恶。只

---

① 江畅:《关于道德与幸福问题的思考》,《湖北大学学报》(哲学社会科学版)1999年第3期。
② 〔英〕约翰·格雷:《人类幸福论》,张草纫译,商务印书馆,2017,第7页。
③ 〔英〕约翰·格雷:《人类幸福论》,张草纫译,商务印书馆,2017,第7~8页。
④ 万俊人等:《什么是幸福》,广东教育出版社,2011,第59页。

第八章 道德幸福

有带来善行的东西才是正确的,也只有正确的东西才能增进幸福,恶的东西只会减少幸福。"要是人们愿意明白这一点,那么他们在自己的一生的任何时候都掌握了处世良方。"① 可见,幸福与感受能力呈现正相关,一些人"生在福中不知福",其原因之一肯定是感受能力低下。马斯洛曾认为,"传统的幸福定义最大的问题是:我们无法在心理上认识到当前所拥有的幸事。因此而衍生的问题就是:如果无法意识到当前的幸事,那么我们会感到幸福吗?"② 其次,幸福一定伴随着某种判断。幸福虽然表现为心理感受,但主观感受的东西通过一定的语言形式形成价值判断,以实现幸福的分享,"幸福着你的幸福"才得以可能。人的主观感受实际上内含着人们自身生活的价值评价,这种评价需要一定的表达形式,或语言、表情,主要还是语言判断,这就是建立在幸福感受能力基础上的幸福表达能力。客观真实地描述幸福并通过一定的形式产生幸福"共感",是人类幸福快乐生活的独特形式。没有分享的幸福,至少是低程度的幸福,"独乐乐不如众乐乐"说的就是这个道理。可分享的生活方式,才是人类社会的真实意义所在。最后,幸福是可比较的。人是有灵性的社会动物,在分享幸福的同时,也会产生比较,这种比较的结果可能是幸福,也可能是痛苦,取决于被比较对象的刺激性。当一个人开着马自达汽车从骑自行车的人身旁路过时,可能是幸福的,但当他从林肯车旁路过时,就可能没有幸福感了。一个人是否处于幸福状态,完全取决于如何比较。从一般意义上讲,横向比较容易产生不幸福感,如"人比人,气死人",纵向比较则容易产生幸福感,如"跟过去比,该知足了"。这当然有赖于被比较对象的优劣情况,但根源还是人的欲望的多层次、快递进、无止境等特性,从这个意义上讲,"知足才能常乐",不知足者则无幸福可言。这是我们对幸福一般含义的理解,也是理解道德幸福的智识前提。

是否存在"道德幸福",或者说,道德幸福可否成为一种独立的道德价值形态,需要遵循道德与幸福"同一性"的理路来正确理解二者的关系。关于道德与幸福的关系,存在两种截然不同的认识:一种是直接同一

---

① 〔英〕约翰·格雷:《人类幸福论》,张草纫译,商务印书馆,2017,第8页。
② 〔美〕亚伯拉罕·马斯洛:《寻找内在的自我:马斯洛谈幸福》,张登浩译,机械工业出版社,2018,第4页。

论，即认为道德与幸福根本就是一回事，道德即幸福，二者不可分割，不存在无道德的幸福，也不存在无幸福的道德；另一种观点认为，道德与幸福原本就是两码事，没有多少关联，更不可能直接同一，因为幸福遵循的是"最大快乐"的逻辑，而道德遵循的是"自我立法"的逻辑。因此，"成为一个幸福的人，与成为一个道德的人，只有在理想的情况下才是一致的，而在现实生活中两者不一致甚至相互妨碍的情形是屡见不鲜的"[1]。其实，这两种看似不同的论究，都从不同侧面揭示了同一个原理，那就是道德与幸福存在一种非线性的关系。这种非线性表明道德与幸福不是机械对应的，可能有分离的时候，也有互为条件的时候，道义论与功利论就是基于善价值的互为条件的两种理论主张。柏拉图曾认为，世上一切事务中最重要的莫过于选择"过一种善的生活还是恶的生活"[2]，而善所蕴含的无非就是德性与幸福。道义论者在道德与幸福的关系问题上主张德性优先，因为在他们看来，道德是判定社会公共生活的最高是非标准，也是一切理由得以成立的基底，甚至道德本身就是理由。如康德就认为，"德性和幸福的连接要么可以这样来理解：努力成为有德性以及有理性去谋求幸福，这并不是两个不同的行动，因为前一个行动不需要任何别的准则作根据，只需要后一个行动的准则作根据"[3]。所以，道德是幸福的前提条件，符合德性的生活才是幸福的生活。高喊以"最大多数人的最大幸福"为鹄的功利主义则把幸福还原为一种感官快乐，并且这种快乐是最能感受到的，也是可以计量的，而最能引发人快乐的就是感官欲望的满足，一切现实利益特别是个人利益的满足就成了幸福的最终根据。如穆勒在《功利主义》一书中明确指出，"所谓幸福，是指快乐与免除痛苦，所谓不幸，是指痛苦和丧失快乐"[4]。在功利主义者们看来，所谓的道德法则并不是源于道德直觉的善，无非就是自身功利的考量，好的生活是对幸福生活的重视与自身正当欲望的满足。可见，功利主义并不是一般地反对道德是幸福的基础，而只是在道德根据上强调人的感官欲望和现实利益，在"好的生活"与

---

[1] 田海平：《如何看待道德与幸福的一致性》，《道德与文明》2014 年第 3 期。
[2] 《柏拉图全集》第 2 卷，王晓朝译，人民出版社，2003，第 591 页。
[3] 《康德三大批判合集》（下），邓晓芒译，人民出版社，2009，第 124 页。
[4] 〔英〕约翰·穆勒：《功利主义》，徐大建译，上海人民出版社，2019，第 8 页。

"善"的具体内容上有所侧重,这往往比道义论更贴近真实人性。"功利主义以幸福为善的主要内容,而幸福往往又被还原为快乐,它所确立的更多的是人的存在中的感性规定;义务论者或道义论将义务本身视为无条件的命令,而其前提是把人视为普遍的理性存在。"[1] 但如果仅仅把幸福等同于身体的快乐,难免会陷入"快乐的猪与痛苦的苏格拉底"的诘问之中。无论是道义论还是功利论,都不排斥道德与幸福的内在关联,而只是对道德基础的理解存在分歧。

现代心理学也十分关注美德与幸福的关系,所得出的基本结论是,美德是获得幸福的条件之一,二者之间只存在可能性关系。如清华大学心理学教授彭凯平团队的研究结果表明,人们去践行美德确实能够获得幸福,也相信具有美德的人能够更加幸福,但是无法证明美德就是幸福的必要条件,"因为只有考察人们在不进行美德实践的情况下或者进行恶德实践时是否感受不到幸福或者感受到不幸福,才能得出美德到幸福的因果结论"[2]。同时,他们的研究还发现,幸福或者快乐能促使人更加利他,这就进一步说明了美德与幸福的关系变成了循环,但是对于到底是美德决定了幸福还是幸福决定了美德这个"鸡生蛋还是蛋生鸡"的问题,如何证明"美德就是幸福的必要条件"这一结论是正确的,还是一个重大的理论挑战,也为道德幸福的成立提供可能。这种可能性研究正好切中了当代道德与幸福的非确定性特征,也是一种"负责任的研究"的科学道德立场。即使道德与幸福之间形成的道德幸福是可能的,但排除这种大概率还是存在的。如果我们认定"立德、立言、立功"为人生"三不朽",立德就是一种道德幸福,就是"做一个好人、有道德的人、品德高尚的人的道德需要得到满足的幸福,是完善自我品德、实现自己的道德潜能的需要、欲望、目的得到满足的幸福"[3]。更何况在"立言""立功"过程中还有"利他倾向",在自我实现过程中获得的利他幸福,也是道德幸福或仁爱幸福、德性幸福。[4]

既然道德不排挤幸福,那么道德幸福就可能成为幸福的一种独立形

---

[1] 杨国荣:《伦理与存在——道德哲学研究》,华东师范大学出版社,2009,第71页。
[2] 参见喻丰、彭凯平等《美德是幸福的前提吗?》,《心理科学》2014年第6期。
[3] 孙英:《幸福论》,人民出版社,2004,第48页。
[4] 孙英:《幸福论》,人民出版社,2004,第48页。

态,其存在的基础就是道德与幸福的直接同一或同一性,道德幸福就是道德的行为(善行)带来的道德上的满足感(快乐)。从西方文化价值目标演进来看,"至善"是最根本的,而对善的把握本身就是"好"与"福"的统一,即"好生活"。苏格拉底通过知识来实现"至善",推崇道德理性,虽然偏废了感性幸福,但为幸福留下了道德空间。柏拉图把"善的理念"分为理性、意志与情感,三者的和谐统一就是个体的幸福与社会的公正。亚里士多德则把"中道"作为道德和幸福统一的基础,只要恪守中道,不偏不倚,就是道德的,也是幸福的。幸福通过德性的培养,通过良好习惯而获得,"德性的嘉奖和至善的目的,乃是神圣的东西,是天福"[①]。康德把"幸福"与"道德"看作两个不同的要素,甚至可能存在"二律背反",但如果超越"自爱原则"的幸福,过渡到"尊重原则"的道德,幸福与道德的一致就有实现的可能,前提是先天综合法则。"幸福与德性是至善的两个在种类上完全不同的要素,所以它们的结合不是分析能看得出来的……而是这两个概念的综合。"[②] 后现代理论基本上否定主体性或"自我关注"的伦理立场,主张移入他者立场,由他者的外在性实现道德与幸福的一致。如列维纳斯认为,"自我是幸福,是在家的在场"[③],但这仅仅是一种非自足中的自足,是非我之中,所谓的快乐也不是他自己的快乐,只有让位于他人,在"为了他人"的历时性意义上,才表明我是在"为他"的责任与义务,同时也表明"我"就是"幸福",没有伦理责任的滋润,就不可能成为幸福之人。所以,列维纳斯通过他者伦理来促成道德与幸福的一致。如果从道德与幸福的"外围"来寻找二者统一的基础,或者说道德与幸福统一于某个东西,是难以让道德幸福成为价值意义上的实体概念的,道德与幸福只统一于二者交叉或重叠的部分,形成道德幸福与幸福道德,前者为幸福的高级形态,后者则可能是道德的中间层,因为有时幸福仅仅是快乐的体现。所以,道德幸福一定是一种积极的善,起因

---

① 〔古希腊〕亚里士多德:《尼各马可伦理学》,苗力田译,中国社会科学出版社,1999,第195页。
② 〔德〕康德:《实践理性批判》,邓晓芒译,人民出版社,2003,第154页。
③ 〔法〕伊曼纽尔·列维纳斯:《总体与无限——论外在性》,朱刚译,北京大学出版社,2016,第117页。

是道德的行为，即为他人或社会做出有益行为，形成"乐于助人"的习惯，才是幸福的，因为关心他人的幸福是一切道德的必要条件。①"要是人们真正愿意明白，只有最后能带来善行的东西才是正确的，带来罪恶的东西是不正确的，善和恶之间的区别，仅在于前者增加人类幸福，而后者减少人类幸福"②，那么无疑就是掌握了道德幸福的真谛。

道德幸福主要是精神性的。虽然在获得道德幸福的过程中离不开物质手段和物质环境，甚至有短暂的功利目的驱使，但最终往往是精神性的，或者说，道德幸福是一种精神性幸福。由于人性的复杂性以及人对生命体验的复杂性，幸福感受也呈现复杂情形，有感性幸福也有理性幸福，有物质幸福也有精神幸福，有道德的幸福也有不道德的幸福，有暂时的幸福也有长久的幸福，有个体的幸福也有整体的幸福。这是否可以说明道德与幸福不是直接同一的，是否可能通过强化道德是幸福的前提和简化幸福的道德属性就可实现道德幸福的筛选呢？回答是否定的。因为如果不提升幸福的层次，不以理性精神来理解幸福，则始终达不到道德的高度。即使在个人德性与个人幸福之间也不存在必然联系，尊崇道德既可以增进个人幸福也可以抑制个人幸福，道德仅仅是个人幸福的必然条件，但不是充分条件，有时道德甚至是限制个人幸福的手段。康德对此有惊人的洞见："我们纵然极其严格地遵守道德法则，也不能因此期望，幸福与德性能够在尘世上必然地结合起来，合乎我们所谓至善。"③值得我们特别注意的是，康德在此是讲"尘世"上的结合，实际上是批判道德学庸俗化为幸福学。康德认为，道德学就其本意来讲并不是叫人怎样谋求幸福的学说，乃是教人怎样才能配享幸福的学说，"每个人都配得上拥有一件事物或一种状态，如果他在这种拥有中与至善相协调的话。现在可以很容易地看出，任何配得上都取决于德性的行为，因这种行为在至善的概念中构成其他的（属于状态的）东西的条件，也就是构成分享幸福的条件。于是由此得出：我们必须永远不把道德学本身当作幸福学说来对待，亦当作某种分享幸福的指南来对待；因这它只与幸福的理性条件（condito sine qua non）相关，而与

---

① 〔美〕迈克尔·托马塞洛：《人类道德自然史》，王锐俊译，新华出版社，2017，第3页。
② 〔英〕约翰·格雷：《人类幸福论》，张草纫译，商务印书馆，2017，第8页。
③ 〔德〕康德：《实践理性批判》，关文运译，商务印书馆，1960，第116~117页。

获得幸福的手段无关"①。康德在这里实际上提出了道德学研究幸福问题的两个边界,即道德学研究的幸福是精神上特别是理性精神上的幸福,同时,道德学研究幸福不把道德当成获得幸福的工具,而只研究怎样获得幸福才是合理的或道德的。这虽然有把道德幸福"神圣化"的特征,但确实区分了一般性快乐幸福与道德幸福,指出了道德幸福的精神性特征。斯宾诺莎也曾认为,"如果心灵一旦认识了那个最灿烂的东西,那么这些激情之中的任何一种都不可能使心灵有丝毫的烦忧"②。当然这个最灿烂的东西是"神"。只有符合目的善的幸福才是道德幸福,只有道德行为带来的幸福才是道德幸福。道德的行为,不但可以帮助他人,而且可以使人在精神上获得一种特殊的愉悦感、满足感,这是任何一种自利行为和感性行为所无法产生的精神幸福。与此同时,道德行为的发生需要强大的自律精神来自我约束,这样就可心安理得、坦坦荡荡、光明磊落,避免许多灾祸的发生。所以,道德幸福具有坚实的道德生活经验的基础,但同时又超越了经验层次,实现了精神上的跃迁,"把局部真正放大为普遍真理,把多样复杂的幸福来源简化为尊崇道德,把人的全部幸福缩小为德性幸福"③。也正是在此基础上,才认为道德幸福具有终极性。也正是在终极意义上,康德才认为,无论是个人的德福相称还是整体世界的普遍至善,都必须设定上帝的存在,因为只有上帝才是"本源的至善",而尘世的至善仅仅是"派生的至善"④。原本道德学在确立道德法则与义务时可以不考虑幸福问题,"这并不意味着道德学家由此就真的能够根除人们对于幸福的自然爱好。承认人始终有这种爱好,这就为道德学进而发展到作为广义伦理学的至善学留下了空间"⑤。

但是,道德幸福的精神至上性,是从境界层面来说的,而这一过程的实现又往往伴随着许多痛苦,具有不确定性,幸福与不幸成为相对性的两

---

① 〔德〕康德:《实践理性批判》,邓晓芒、杨祖陶译,人民出版社,2003,第178页。
② 〔荷兰〕斯宾诺莎:《神、人及其幸福简论》,洪汉鼎、孙祖培译,商务印书馆,1987,第234页。
③ 韩跃红:《道德与幸福关系的历史与现实》,《思想战线》2014年第3期。
④ 〔德〕康德:《实践理性批判》,韩水法译,商务印书馆,2000,第137页。
⑤ 王小波:《道德学与至善学——康德的两种伦理学及其内在融贯性问题》,《道德与文明》2013年第2期。

极，道德幸福是确定性与不确定性的统一。在人的日常生活中，幸福并不是经常性的奢侈品，道德幸福则更是稀有物。正因为稀有，道德幸福才成了人们终极的价值追求。当然并不是所有人都会追求道德幸福，可能只停留在感官快乐的层面就满足了，但人类追求至善的目标是不会改变的，于是总是有些"仁人志士"追求道德幸福。在获得道德幸福的过程中会受到许多条件的制约，如主体身心状态、社会伦理场域、可供选择的道德机会等，可以说困难重重。因为道德幸福是一种主动性获得，而不像享乐性幸福往往是受动性的，会在不知不觉中发生，并且道德幸福时常伴随着艰难选择和自我牺牲，是对道德规范性的自觉体认，有时甚至还有强烈的道德想象参与机制，从而显得稳定而长久。马斯洛曾批评享乐主义，"享乐主义的幸福定义是错误的，因为真正的幸福必定隐含着各种各样的困难"[1]。马斯洛所讲的幸福应该是"来之不易"的幸福，不是坐享其成的幸福，短暂的或低层次的不幸往往是获得道德幸福的条件。"因此我们在重新定义幸福和'好的生活'时，必须包含着种种的不幸"，"没有痛苦的生活不是真正的生活"[2]，真正的生活就是在痛苦中求快乐，在快乐中求幸福，在低层次幸福中求高层次幸福，痛苦与快乐交替构成真正生活的节奏，这就决定了道德幸福是一个动态过程。道德幸福的不确定性就源于幸福本身总是在快乐与痛苦中变化，有时甚至是痛苦促成了幸福。而道德幸福的确定性就源于道德本身的坚定性，一个坚守道德要求的人不愁收获不了幸福。一个能够体会道德幸福的人，一定是一个从容淡定之人；一个为一己之感官快乐而疯狂的人，一定是一个利己主义者。当然，道德幸福的确定性或稳定性，主要源于劳动创造。

二 道德幸福是创造出来的

幸福从哪里来？无论是在人生实践层面还是道德层面，都是可以不断

---

[1] 〔美〕亚伯拉罕·马斯洛：《寻找内在的自我：马斯洛谈幸福》，张登浩译，机械工业出版社，2018，第6页。
[2] 〔美〕亚伯拉罕·马斯洛：《寻找内在的自我：马斯洛谈幸福》，张登浩译，机械工业出版社，2018，第7页。

追问的难题。古罗马哲学家塞涅卡曾认为,"所有人都想幸福地生活,然而对于看清楚是什么创造了幸福的生活,他们却处于迷雾之中"①。这实际上明示了一个道理,即幸福来自创造,也提出了一个问题,即是什么创造了幸福。这种发问同样适用于道德幸福问题,即劳动创造了道德幸福,用文学的方式表述就是"道德幸福从奋斗中来"②。

创造与幸福的关系是重要的道德问题之一,它不但涉及人生个体价值与意义、人的生活质量与幸福等根本性问题的解决,也事关社会发展、国家富强、民族复兴、人民幸福、自我实现等前提性和动力性问题的探究。"幸福在哪里,幸福在劳动里,幸福在创造里,幸福在汗水里",这些简单的歌词道出了一个深刻的道理:幸福是人主动创造的结果。创造不但是人们获得幸福的手段,而且本身就包含了幸福,"即对幸福的追求、创造过程本身对于人的幸福来说,就具有终极价值"③。世界上没有坐享其成的好事,要幸福就要奋斗与创造,尤其是要获得道德幸福,更需要创造和艰苦奋斗。就具体的个人而言,"事业是幸福的最主要源泉,而创造性的活动是获得幸福的动力。只有在创造的勤奋劳动中,经受困难和失败的反复锤炼,才能获得真正的、持久的幸福"④。

奋斗是道德幸福的来源。幸福从哪里来?这是正确理解幸福的关键,也是体现幸福伦理属性的核心要素,但它有赖于对什么是幸福的理解,因为对幸福的理解不同,自然对幸福来源的理解也不同。古往今来,人们对什么是幸福的回答也许多种多样甚至千差万别,但其中几个基本要素是固有的,或者说如果缺少了这几个基本规定性,就难以说是正确的幸福观。幸福是人们在创造物质财富和精神财富的社会实践活动中,由于实现了某种目标而获得的内心满足感,可见幸福包含着三个要件。一是幸福要通过劳动创造来获得,坐享其成、不劳而获不是幸福;二是幸福要实现某种目标,哪怕是不同程度的实现,如果失败了就难以获得幸福;三是幸福是主

---

① 〔古罗马〕塞涅卡:《论幸福生活》,穆启乐等译,上海人民出版社,2017,第29页。
② 这一部分内容已经发表于《中国教育报》,参见李建华《奋斗幸福观的伦理意蕴》,《中国教育报》2018年4月26日,第5版,收入此书时进行了修改。
③ 高恒天:《道德与人的幸福》,中国社会科学出版社,2004,第58页。
④ 陈瑛主编《人生幸福论》,中国青年出版社,1996,第337页。

观的内心感受，如果心理体验能力差，哪怕成功了也不会幸福或幸福感不强烈，此所谓"生在福中不知福"，这也是幸福观难以统一的重要原因。如果我们承认幸福的这三个要素是必不可少的，那么第一条就是核心，因为它告诉了我们幸福从哪里来，幸福的根源在哪里。马克思主义认为，无论作为个体性存在的人，还是作为群体性（类）存在的人，其现实活动是其根本性表征，人的实践活动是人创造一切价值的唯一来源，也是存在价值的自证性理由。道德幸福的主体是人，并且是生活在现实世界的人，是实践着的人。"实践主体就是历史主体，同时也是幸福主体。"① 马克思分析人在创造历史中所起的作用时，对人的生命存在及幸福给予了高度关注。"任何人类历史的第一个前提无疑是有生命的个人的存在。"这种生命存在又需要各种生活资料，以确保生命体的健康。在物质资料生产过程中，人"一方面具有自然力、生命力，是能动的自然存在物；这些力量作为天赋和才能、作为欲望存在于人身上"②。人在满足自身需要的同时创造着人的历史与人自身的幸福，"正是人，现实的、活生生的人在创造这一切，拥有这一切并且进行战斗。并不是'历史'把人当做手段来达到自己——仿佛历史是一个独具魅力的人——的目的。历史不过是追求着自己目的的人的活动而已"③。奋斗是实践、劳动、创造等概念的中国式表达，除了反映人的普遍主体性和创造性、实践性外，还意味着特殊环境和条件下创造性活动的艰巨性和紧迫性，更能体现人的主观能动性和发奋进取性。所以，人越是在艰苦条件下完成了艰苦的任务，就越幸福，这也是幸福不同于快乐的原因。幸福的事情当然是快乐的，但快乐不等于幸福。区别在于，快乐是某种需要或欲望满足时产生的愉悦感或快感，而幸福则是基于高层次需要的以及根本性和总体性需要得到满足时所产生的愉悦感；同时，人的所有需要或欲望的满足都能产生快乐，但不一定都能产生幸福感，因为并不是人的所有需要或欲望都是合理的、健康的，有些欲望的满足所产生的快乐不但不能带来幸福，反而是灾难，如吸毒的快乐给个人、家庭和社会所带来的只能是不幸。"快乐是由某种具体的需要或欲望得到

---

① 高延春：《马克思幸福论》，科学出版社，2015，第 146 页。
② 《马克思恩格斯文集》第 1 卷，人民出版社，2009，第 209 页。
③ 《马克思恩格斯文集》第 1 卷，人民出版社，2009，第 295 页。

满足所产生的愉悦感,而幸福则是那种根本性的、总体性需要得到某种满足所产生的愉悦感。"[①] 奋斗体现的是人的根本性和整体性需要,奋斗既能实现个人的目标,也是国家富强、社会和谐和民族复兴的保证。不论是国家还是人,命运都掌握在自己手里。获得成功与幸福是需要付出代价的,那就是奋斗,如果不奋斗,就将付出更大的代价,中国坎坷多难的近代史已经充分证明了这一点。"天下事以难而废者十之一,以惰而废者十之九。"难不可怕,可怕的是没有目标,丧失斗志。我们奋斗的目标已经很明确,只有把目标细化为每一步的实际行动,坚定地走下去,不驰于空想、不骛于虚声,艰苦奋斗,才会迎来幸福的明天,任何不切实际的空谈和贪图享受的慵懒,只能误国误民,又何来美好生活?

奋斗本身就是道德幸福。如果我们把奋斗作为幸福的重要来源,也许是把奋斗当成了获取幸福的手段或者措施,但如果我们视奋斗本身就是幸福,那就实现了幸福论问题上手段和目的的伦理统一。对待幸福的目的和手段的关系存在两种伦理立场:一种乐福统一的立场,认为快乐即幸福,快乐的获得是多途径的,为了快乐至上可以不择手段,往往以牺牲幸福为最后归属;另一种是德福统一论,认为德性即幸福,把守德作为幸福的唯一来源,往往以无幸福或弱幸福为最后归属。幸福上的目的与手段如何统一,只能诉诸人生存与发展的视角,只顾自身快乐的幸福和只顾社会外在秩序的幸福都不是真正的幸福。实现幸福的内在体验与外在规范的统一,奋斗是最好的途径。"奋斗本身就是幸福"从根本上解决了获得幸福的手段与目的相分离的问题,同时,也实现了奋斗与幸福空间的同一性和过程的同步性。奋斗就是幸福,幸福的真谛就是奋斗,从而避免了视奋斗为幸福手段的工具论误识,使幸福的目的更高尚,这是一种更高的伦理境界。奋斗本身就是幸福,首先体现为追求和实现美好生活的过程。进入新时代,人民对美好生活的需求日益明显,不仅对物质文化生活提出更高要求,而且在民主、法治、公平、正义、安全、环境等方面的要求日益增长。这赋予新时代的美好生活以新的内涵:它不等于欲望的即时满足,更不是资源的无限占有,而是不断促进人全面发展、社会全面进步的生活;

---

① 江畅:《幸福之路——伦理学启示录》,湖北人民出版社,1999,第 19 页。

是发展成果更多更公平惠及全体人民、逐步实现全体人民共同富裕,全体人民在共建共享中拥有更多获得感、幸福感、安全感的生活;是生态环境不断改善、人与自然和谐共生的生活。我们通过奋斗获得了这样的美好生活,就是新时代人民所追求的幸福生活。奋斗本身就是幸福,要求我们每一个人永不停歇地奋斗,只有奋斗的人生才是幸福的人生。如果学生不学习,青年人无梦想,中年人图安逸,那人生只是一片沉寂,生活也只是一潭死水;如果农民不种田,工人不生产,科技人员不创新,领导干部不为民,那社会就会停止运转;如果人人不思进取,贪图安逸,怕苦怕累,无精打采,我们的国家就会衰败。历史只会眷顾坚定者、奋进者、搏击者,而不会等待犹豫者、懈怠者、畏难者。人之为人不同于动物,正在于人有理想追求;生命的价值在于质量,艰难困苦,玉汝于成。在我们艰苦奋斗的过程中,灵魂得到净化,意志得以磨砺,内心也不断强大。正如马克思所讲,"历史承认那些为共同目标劳动因而自己变得高尚的人是伟大人物;经验赞美那些为大多数人带来幸福的人是最幸福的人"[1]。同样个人幸福必须通过社会整体幸福体现出来,社会幸福是个人幸福的基本保证和社会基础,甚至为了社会整体幸福或他人幸福而牺牲自身幸福,才是最大的道德幸福。相反,"当一个人专为自己打算的时候,他追求幸福的欲望只有在非常罕见的情况下才能得到满足"[2]。奋斗的人生就是幸福的人生,在奋斗中享受幸福,在幸福中不懈奋斗,这就是道德幸福的内在逻辑。

奋斗是为了人类的道德幸福。幸福的道德高下不止于如何获得幸福,而在于如何分享幸福,特别是当个人幸福与他人之福、国家之福、民族之福发生矛盾时如何取舍,换言之,个人幸福是不是最大的幸福、至高无上的幸福?这是幸福问题最大的道德难题。中国儒家代表人物孔子倡导"仁爱"和"忠恕之道",主张"己所不欲,勿施于人",在人我关系的处理上期望通过"克己"而"达人",自己不喜欢的事情也不要强加于别人,但这无法处理好个人幸福与他人幸福的关系问题,因为道德上的自我要求不一定能实现普遍化的他人或社会的想法。虽然西方的功利主义伦理学主

---

[1] 《马克思恩格斯全集》第 40 卷,人民出版社,1982,第 7 页。
[2] 《马克思恩格斯全集》第 21 卷,人民出版社,1965,第 331 页。

张"最大多数人的最大幸福"原则,但终因以个人幸福为基础而陷入了利己主义的泥坑。中国共产党人坚持"为人民服务"、为人民谋幸福,主张个人幸福与他人幸福的统一,而在个人幸福与他人幸福或社会幸福发生矛盾时,要牺牲个人幸福甚至生命,方为大仁大爱、大德大义,这就是以人民为中心的幸福伦理观。中国共产党是为实现共产主义理想而奋斗的政党,是为人民谋幸福的政党。为了实现远大理想,中国共产党人走过了艰苦奋斗的历程,艰苦奋斗的精神已经成为共产党人的红色基因。新中国成立以来,从"宁可少活二十年,拼命也要拿下大油田"的王进喜,到"暮雪朝霜,毋改英雄意气"、为兰考百姓脱贫奉献一生的焦裕禄;从喊出"不救民于苦难,要共产党人来干啥"的谷文昌,到以"樵夫"自勉、"背着石头上山"、把为党和人民工作当作最大幸福的廖俊波,正是无数英雄模范、共产党员坚持不懈的奋斗创造,久经磨难的中华民族才能够迎来从站起来、富起来到强起来的伟大飞跃。没有这种艰苦奋斗、不怕牺牲的忘我精神,就不可能将中华民族的伟大复兴推进到今天的程度。当然,也有个别党员干部奋斗了几十年,为党和国家做了一些事,看到别人发财、快乐就心理不平衡,认为自己也有"幸福"的权利,甚至认为自己更有资格"幸福",因而忘记初心,把个人的快乐幸福凌驾于党和人民的事业之上,走入犯罪深渊。在新的历史时代,我们要坚持把人民对美好生活的向往作为奋斗目标,始终为人民不懈奋斗、同人民一起奋斗,这就是新时代幸福的伦理要求,也是科学、高尚的道德幸福观。高尔基曾把一味追求个人幸福的道路称为"狭窄的道路",这是那些过着"适应卑鄙"的生活而恬不知耻的"识时务者"的道路。马克思在青年时代就提出自己的幸福观,"如果我们选择了最能为人类福利而劳动的职业,那么,重担就不能把我们压倒,因为这是为大家而献身;那时我们所感到的就不是可怜的、有限的、自私的乐趣,我们的幸福将属于千百万人,我们的事业将默默地、但是永恒发挥作用地存在下去……"① 只有为人民谋幸福才是伟大的,因为这是为一切人而牺牲,到那时我们得到的将不是微小的、可怜的、自私的快乐,我们的幸福属于亿万人民。中国共产党人就是要为人民不懈奋

---

① 《马克思恩格斯全集》第 40 卷,人民出版社,1982,第 7 页。

斗，以更大的力度推进经济、政治、文化、社会和生态文明建设，让社会主义市场经济的活力更加充分地展示出来，让社会主义民主的优越性更加充分地展示出来，让中华文明的影响力、凝聚力、感召力更加充分地展示出来，让实现全体人民共同富裕在现实生活中更加充分地展示出来，让"绿水青山就是金山银山"的理念在中国大地上尽快变为现实。这些目标的实现，就是我们奋斗的结果，就是我们最大的幸福，也是最大的善。当然，个人幸福与社会整体幸福、人民的幸福是互为条件的，因为"人类的天性本来就是这样的：人们只有为同时代人的完美、为他们的幸福而工作，才能使自己也达到完美"[1]。

三 道德幸福与美好生活向往

既然道德幸福是奋斗出来的，也即从根本上把道德幸福主义与享乐幸福主义区分开来。"幸福不是生活的调剂，而是一种生活状态，一种生活过程。也就是说，幸福是一种生活，是一种令人满意的生活"[2]，从道德学角度讲，幸福就是好生活。对幸福问题的思考从来没有离开生活的维度，对道德幸福的研究当然与美好生活密切相关，这是从苏格拉底问题经亚里士多德主义以来的思想传统，也是当下中国社会的理想追求。亚里士多德认为，人类一切活动的最终目的都是让人幸福，任何科学研究都是为增进人类幸福。但是，对于什么是幸福存在争论，有人认为是快乐、财富或荣誉，而实际上幸福是一种最高的善，是过上"好生活"。亚里士多德认为，人有三种生活：享乐的生活、政治生活与沉思的生活。[3] 享乐生活是只活着而不追求好生活的生活，政治生活是以追求荣誉为目的的生活，只有沉思的生活才是具有德性的生活，有符合德性的生活才是好生活。"幸福的生活似乎就是合德性的生活，而合德性的生活在于严肃的工作，而不在于消遣。"[4] 如果幸福在于合德性的生活，那么可以说它合乎最好的德性，这

---

[1] 《马克思恩格斯全集》第40卷，人民出版社，1982，第7页。
[2] 江畅：《幸福之路——伦理学启示录》，湖北人民出版社，1999，第23页。
[3] 〔古希腊〕亚里士多德：《尼各马可伦理学》，廖申白译，商务印书馆，2017，第10页。
[4] 〔古希腊〕亚里士多德：《尼各马可伦理学》，廖申白译，商务印书馆，2017，第333页。

就是沉思。"这个能思想高尚（高贵）的、神性的事物的部分，不论它是努斯还是别的什么，也不论它自身也是神性的还是我们身上是最具神性的东西，正是它的合于自身的德性的实现活动构成了完善的幸福。"① 尽管幸福生活源自德性的实现活动，但亚里士多德认为幸福还需要外在的东西，"因为我们的本性对于沉思是不够自够的"②。还需要有健康的身体、得到食物和其他照料。不过这些外在的东西不宜过多，只需中等程度就可以了，因为中等程度的外在善就可以做高尚的事，就可以获得幸福生活。亚里士多德把"最高善"视为幸福以区分作为"某种善"的快乐感受。

当然，对于"什么是好生活"的回答，很难用一句话或一个概念去定义它，但好生活一定包含了某种道德性或至善性，这是肯定无疑的。曹刚认为，好生活就是自主的生活、成功的生活与有意义的生活。③ 但是，对于什么是有意义的生活，则有主观认识，也有客观标准，幸福应该就是标示之一。可问题在于，自康德之后，作为至善的幸福逐渐被主观化了，不再具有规范性和普遍性。要实现幸福与好生活的一致或同一，就必须让美好生活具有至善地位，也就是要使美好生活具有内在性、绝对性和自足性。④ 要实现道德幸福与美好生活的有机统一，关键是要了解作为美好生活的幸福具有怎样的道德逻辑。当幸福所要表达的并非某个具体的欲求物，同时也不是生活中的所有物，而是将一个人的生活本身作为描述和评判的对象时，幸福一词便拥有了好生活的含义。当一个人声称自己很幸福时，他所断言的并不仅仅是对自己生活的满足感，更重要的是认为自己的生活很美好（be good）。⑤ 按照马克·切克拉的理解，作为美好生活的幸福在逻辑上有四层含义：（1）将一个人的生活看作一个整体；（2）所指向的对象至少延续一段足够长的时间生活；（3）表示某种生活是值得过的；（4）是所有人都普遍追求的目标。⑥ 所以，当我们把幸福作为美好生活时，已经与通常意义上的幸福相去甚远了。实际上，"美好生活"是一个西方

---

① 〔古希腊〕亚里士多德：《尼各马可伦理学》，廖申白译，商务印书馆，2017，第 334 页。
② 〔古希腊〕亚里士多德：《尼各马可伦理学》，廖申白译，商务印书馆，2017，第 340 页。
③ 曹刚：《美好生活与至善论》，《伦理学研究》2019 年第 2 期。
④ 曹刚：《美好生活与至善论》，《伦理学研究》2019 年第 2 期。
⑤ 龙运杰：《幸福论》，湖南大学出版社，2014，第 14 页。
⑥ 龙运杰：《幸福论》，湖南大学出版社，2014，第 14 页。

概念，是"好生活"的中国化，被赋予了某种伦理意味。因为"好生活"是一种整体性的内在价值生活，无论是西方轴心时代的政治生活，还是中国人长期恪守的修身养性的生活，都已经超越于个体感受自身，具有了某种"美"的分享性。当然，当下中国提出了许多新概念、新说法、新理论，其中最引人注目的莫过于对社会主要矛盾变化的阐述，"中国特色社会主义进入新时代，我国社会主要矛盾已经转化为人民日益增长的美好生活需要和不平衡不充分的发展之间的矛盾"，继而提出两个"必须认识到"："必须认识到，我国社会主要矛盾的变化是关系全局的历史性变化，对党和国家工作提出了许多新要求"，"必须认识到，我国社会主要矛盾的变化，没有改变我们对我国社会主义所处历史阶段的判断，我国仍处于并将长期处于社会主义初级阶段的基本国情没有变，我国是世界最大发展中国家的国际地位没有变"[①]。

美好生活需要是一个源于主观性而又要客观表达的难以把握的理论命题。"美好生活需要"要科学把握两个主观词："美好"和"需要"。"美好"是一个价值判断，与主体需要密切相关，客观存在的美好对主体来说并不一定是"美好的"；"需要"是一种心理现象，与欲望、要求、渴望、愿望等概念基本是等义的。虽然作为社会人，有基本的共同需要，但相对个体而言，则需要有很大的差异性。所以，当我们说"美好生活需要"时，一定是指作为"社会人"的共同需要，而非个体的个性化需要。"美好生活需要"是属于人的中高级需要。如果按照马斯洛的需要层次理论，可以把人的需要分成生理需求、安全需求、社交需求、尊重需求和自我实现需求五类，由较低层次到较高层次，那么，美好生活需要应该是安全需要层次以上的需要。因为我国稳定解决了十几亿人的温饱问题，总体上实现了小康，不久将全面建成小康社会，人民美好生活需要日益广泛，不仅对物质文化生活提出了更高要求，而且在民主、法治、公平、正义、安全、环境等方面的要求日益增长。

美好生活不完全等同于"幸福生活"。美好生活是从社会整体面相来

---

① 如何理解"美好生活"，另参见李建华《如何理解美好生活需要》，《中国地质大学学报》（社会科学版）2017年第6期。

描绘的大多数人的生活存在状态,而幸福生活侧重于从个体感受的角度来认识,或者说,美好生活是希望达到的某种状态,而幸福生活是对当下生活的真实体验,美好的不一定就是幸福的,幸福的也不一定就是美好的。"美好生活需要"一定是各类法规、纪律、公共政策范围内所许可的,凡突破党纪国法和政策界限的想法都不是美好生活需要,只不过是无法实现的"奢望"。

美好生活需要有一个可成为共识的相对客观的标准,因而可以借鉴国外关于"美好生活指数"来建立标准。"美好生活指数"是测度一个国家或地区居民幸福程度的一套指标体系。最早使用这一概念,并量化为指标体系的是南亚国家不丹,还可参考"经济合作与发展组织""美国哥伦比亚大学地球研究"等机构的方法。根据社会主要矛盾的新变化,对党和国家工作提出了许多新要求,应把解决发展不平衡不充分问题以满足人民日益增长的美好生活需要作为执政重点,由此提出"美好新政"及其主要参数:经济发达、社会公平、机会均等、风气良好、法律公正、福利优越、政府廉洁、公民德性、生活自由、生存环境、身心健康、社区活力、文化繁荣、教育发达等。美好生活需要的国家期待是建成富强、民主、文明、和谐、美丽的社会主义现代化强国,只有建成现代化强国,才能保证美好生活需要的实现。美好生活的社会感受是自由、平等、公正、法治,若没有自由、没有公平感,那所有的美好都不是真实的。我们还要继续坚持以经济建设为中心,保持经济健康持续增长,否则得到的只能是"阿Q"式的美好生活。美好生活的实现需要培养优秀公民。因为美好生活是国家、社会、公民连接和互动的结果,是共性与个性、整体与个别的有机统一,光有国家的倡导与努力不够,还需要有高素质公民的参与、鼓动、体悟和表达。培养高素质的好公民成为美好生活实现的基础,没有爱国、敬业、知义、担责、诚信、爱美、友善、宽容等美德的公民,美好生活也将难以实现。

美好生活需要的满足是一个长期的历史过程。社会主要矛盾的变化,建立在"国情"没有改变的基础上:我国仍处于并将长期处于社会主义初级阶段的基本国情没有变,我国是世界最大发展中国家的国际地位没有变。试想,在国情没变的情况下要解决好新的社会主要矛盾,意味着什么？这意味着，老问题没有解决，新问题就来了，即所谓的"社会矛盾和问题交织叠加"。通过解决发展不平衡不充分的问题来满足美好生活需要是何等艰难，这绝不是轻轻松松、敲锣打鼓就能实现的。在美好生活需要与不平衡不充分发展之间并不构成直接二元对立的矛盾，不同于落后的生产力水平与日益增长的物质文化需要之间的矛盾，因为发展本身只是手段，发展平衡了、充分了，能否带来美好生活，其间有太多的中间环节，会有多种不确定性和复杂性因素，甚至会有社会伦理风险。从需要满足的过程来看，低层次需要容易满足，比较单一，对应满足的条件也比较单一，而高级需要的满足，大都属于精神与自我实现的领域，内容复杂，且对应满足的条件更复杂。从需要的内生规律来看，低层次需要满足后可能催生高级需要，也可能催生低级需要，但高层次需要满足后，只会产生更高级的需要。"美好"是无止境的，美好生活也是无止境的，而任何形式的平衡充分的发展都是相对的、有限度的。所以，这对矛盾的存在也可能是无止境的。

当我们对美好生活做了一种社会伦理学解释之后，比较流行的幸福指数具有何种道德意义的问题就摆到了我们面前，这也是道德幸福无法回避的问题。国民幸福指数，是指反映国民生活质量和幸福程度的指标，事关美好生活与道德幸福的可测度问题。1970年，不丹国王首先提出国民幸福总值"GNH"的概念。它是针对国内生产总值指标不能反映国民的生活质量，不能测度国民的幸福程度，不能反映经济的可持续发展而提出的。GNH这一指标体系包括政府善治、经济增长、文化发展和环境保护四大方面。美国心理学家卡尼曼与普林斯顿大学的艾伦·克鲁格从2006年起编制国民幸福指数，由四级指标体系构成：社会健康指数、社会福利指数、社会文明指数、生态环境指数。每一级指标体系中都由若干个指标构成，指数的计算采用加权平均法。国民幸福指数的提出对于转变发展观念有着重要意义，但它不能完全表征和度量经济发展状况。国民幸福指数有两种计算方法：

公式一

国民幸福指数=收入的递增/基尼系数×失业率×通货膨胀

这个公式中的基尼系数（Ginico Efficient）是反映收入分配公平性、测量社会收入分配不平等的指标。

公式二

国民幸福指数＝生产总值指数×a%＋社会健康指数×b%＋社会福利指数×c%＋社会文明指数×d%＋生态环境指数×e%

其中，a、b、c、d、e分别表示生产总值指数、社会健康指数、社会福利指数、社会文明指数和生态环境指数所占的权数，具体权重的大小取决于各政府所要实现的经济和社会目标。

国民幸福指数从社会伦理层面深刻反映了幸福的道德意义，彰显了道德幸福的社会空间价值。第一，幸福指数使我们对幸福的分析在思想结构上超越了"主观"维度而显示现实性。幸福并不总是与人的主观意愿相一致的，这反而强化了人每时每刻都在思考如何获得幸福。尽管追求幸福作为一种生活方式有助于提高人们的生活质量，可以使个人"充分利用自由去把各种可能性变成充满活力的现实生活"[①]，但这种可能的生活通过努力变成了能计量的指数，就是现实生活了，何况"对于伦理学来说，惟一有意义的可能世界就是现实世界"[②]，这也就意味着任何幸福生活都是现实生活，要把幸福落实在现实世界而不是"主观世界"。第二，幸福指数也使我们对幸福的感知超越了纯"个体"的维度而显示出伦理性。具体的幸福无疑是感性个体的存在，但真正意义上的幸福特别是道德幸福的本质都是相互给予性的，即幸福的获得过程及其后果都不可能"独享"，会产生有意或无意的给予。一个幸福的人是不会考虑某种回报的，"因为幸福行动的给予性本身就已经足够有魅力"[③]。有了相互的给予，才有共享；有了共享，才有指数。所以，幸福指数绝对不是单个生命体的感受机械相加之后的平均，应该是在相互给予中"增值"后的均衡。在此意义上，可以说幸福指数已经是一种道德上的幸福了，或叫伦理幸福。第三，幸福指数使我们对幸福的认识超越了"享受"的维度而显示出创造性。追求幸福的精神动力除了奉献或给予外，还有创造，是创造成就了人的社会生活，也实现了人自身的价值。"因为没有创造性的生活是没有意义的生活"，"一个没

[①] 赵汀阳：《论可能生活》（修订本），中国人民大学出版社，2004，第148页。
[②] 赵汀阳：《论可能生活》（修订本），中国人民大学出版社，2004，第148页。
[③] 赵汀阳：《论可能生活》（修订本），中国人民大学出版社，2004，第157页。

有创造性的社会甚至比一个不公正或者贫困的社会更可怕。社会必须为生活而着想，而生活为自身着想，所以，幸福公理是伦理学的第一原则"①。没有创造，生活就是重复甚至缩减，应难以保证人类生活的价值自足。只有在幸福的行动方案中有创造性和奉献性，才有美好的人际关系，才有真正意义上的道德幸福，这才是美好生活的必要条件。当然，也不必太关注幸福指数，因为它只是对幸福的诸多想象之一，况且客观批示难以测量主观感受，美好生活的实现需要构建符合中国国情的生活质量指标体系。②

"追求幸福是每个人的生活动力，这是一个明显的真理，如果不去或不能追求幸福，生活就毫无意义。"③ 问题在于，如何使个体幸福转化为美好生活，其具体机制有哪些，这是一个考量社会生活质量的问题，也是由个人幸福转化为美好生活状态的问题。道德幸福与美好生活的联系主要表现在两个方面。一是道德幸福与美好生活的同一性，即道德幸福本身就是美好生活抑或美好生活使人感到道德幸福。这种同一性实现的主要条件或机制就是人类活动的"至善"目的和存在方式的"联合"性质。"至善"是人类共同体的"根"，是内在的"好"，既存在于个人的特殊目的中，又超越个人而成为社会共同理想，其本身就是美好生活。这样就实现了从个人幸福感受到社会整体美好生活的"事实—价值"跨越，为美好生活找到了终极价值的依据。与此同时，人类存在方式的"联体"性质，也决定了幸福生活与美好生活天然契合，因为"有一种我们赖以出生在世界上的力量，使人产生了要和别人联合起来的愿望，假如这是一个明显事实的话，那么这就表明，社会是人类的自然状态"④。二是美好生活对道德幸福的包容性。当我们把道德幸福作为一种狭义的幸福予以理解时，美好生活与道德幸福就不具有同一性了，而是需要美好生活的包容性，这种包容性是美好生活的至善至福所要求的。也就是说，"好生活必然是幸福的，缺失幸福的生活可能是一种有价值的生活，但必然不是好生活。显然在同样条件

---

① 赵汀阳：《论可能生活》（修订本），中国人民大学出版社，2004，第160页。
② 沈颢、〔不丹〕卡玛·尤拉主编《国民幸福：一个国家发展的指标体系》，北京大学出版社，2011，第146~153页。
③ 赵汀阳：《论可能生活》（修订本），中国人民大学出版社，2004，第143页。
④ 〔英〕约翰·格雷：《人类幸福论》，张草纫译，商务印书馆，2017，第3页。

下，包含着幸福的生活更好，更会被人们所选择"①。美好生活一旦没有了道德幸福的内核，必定美不长久，也好不长久。当然，能否真正实现道德幸福与美好生活的内在统一，不但取决于美好生活自身，还取决于社会制度等外在因素。为此，约翰·格雷一针见血地对资本主义社会的好生活与幸福背离的根源进行了分析，"因此很明显，目前的社会制度和它所追求的目的是最可悲地不适应。它的目的是增进人类的幸福，而它的结果则是人们经常遭到贫困"②。美好生活需要美好社会，不幸的社会一定没有美好生活。"只有那种把幸福作为社会终极目标并致力于实现这一目标的社会，才会鼓励其成员追求幸福、创造幸福、享受幸福，也才会为其成员获得幸福创造条件、提供机会，使幸福得以普遍实现。"③ 因此，在理解道德幸福时要尽量避免幸福指数的误导，虽然用数量指标来理解幸福符合经济时代的计量共识，但道德幸福绝不是单一需要的满足与比较，而只能来自生命体意义本身，人是自己的道德力量的源泉。④

四 面对人类灾难的道德幸福

社会生活的现实逻辑是，越珍贵而美好的东西越难以得到，也就是说不容易得到的东西反而更显珍贵。人类把对幸福的追求作为终极目标，但无论个人还是共同体，幸福的时候不多，更不用奢谈道德幸福了。特别是人类灾难（无论是自然灾难还是社会灾难）来临时，往往是考验人性与道德的关键时刻，哪怕是无法幸免，也应乐观从容，以大局为重，以生命为重，以他人为重，以共同体利益为重，在灾难与苦难中磨炼意志，获得道德幸福。"宝剑锋从磨砺出，梅花香自苦寒来"，这是个体面对磨难的道德态度；"只要人人都献出一点爱，世界将变成美好的人间"，这是共同体伦理的道德呼唤，无不提示着人们面对灾难时获得道德幸福的可能。这种道德幸福就是面对苦难的乐观、互助与共生。

---

① 龙运杰：《幸福论》，湖南大学出版社，2014，第22页。
② 〔英〕约翰·格雷：《人类幸福论》，张草纫译，商务印书馆，2017，第69页。
③ 江畅：《幸福与和谐》，人民出版社，2005，第5页。
④ 杨洪兴：《归属幸福论——中国人自己的幸福观》，吉林大学出版社，2014，第9页。

第八章 道德幸福

2020年，新冠肺炎疫情的全球暴发，是第二次世界大战以来世界上最大的公共卫生事件，使全球陷入一种综合性危机，导致经济全球化进程受阻甚至倒退，国际关系、族群关系甚至人际关系撕裂，可能使世界重新进入"新冷战"状态，或者形成"后疫情时代"，其深刻影响可能会持续50年甚至上百年。这次疫情带来的影响是全方位的，但首先出现的可能是全球公共价值、公共秩序与公共治理问题，并迫使我们重新思考现代化和全球化，现代化是不是人类唯一的选择，现代化的陷阱有多少、有多深，有没有多元现代性，全球化是不是不可逆转的，国际秩序究竟应该如何构建，在逆全球化的情况下人类命运共同体建设是否可能等不确定性问题。因而加强人类联合以应对共同的风险挑战，谋求合作共生便成为时代所需。共生作为人类生存与发展的根本前提，在历史发展中不仅体现为对生命的"生"的需要，而且呈现出对人的生命意义和文明共生的追寻。构建人类命运共同体的中国方案内在地包含着共生的伦理旨向，而这一旨向也将融入构建人类命运共同体的整体思想及其具体的实现路径之中。换言之，共生解决这一人类灾难问题的道德理念，也是人类命运共同体构建的价值前提。

共生原为生物学概念，指的是两个或两个以上的不同质生物体在自然进化过程中出于原始的向生本能而彼此相连、共同生存，由此形成的乃是一种简单的互利共生关系。生物界虽然也存在共生现象，但只是纯粹生物规律使然，并不具备伦理的性质，因为伦理性的存在必须具备两个初始条件，一是现实的利益关系，二是人对这种利益关系调节的自觉认识。显然，除人之外的生物体虽有生存竞争或合作，甚至对同类的同情心，但并不是人伦关系所产生的，也不是道德而仅仅是生理。当我们用"生态道德""动物道德"甚至"植物道德"等概念去描述人与外部世界的关系时，也仅仅是在人或社会自身的利益关系方面"推演"和"放大"的结果，因为外部世界不能意识到人同它（们）发生利益关系。只有共生于人类社会，探寻种属之别下人与自然如何共处，探寻相同社会需求下人与人之间如何共生共在，探寻价值追求相异的文明与文明之间如何共生共存，以求人的可持续生存与发展之道，共生方可超越纯粹的生物学意义而具有复杂而深刻的道德意蕴。

从道德的立场出发，共生首先意味着人与自然的和谐相处。人本于自然，亦生于自然，或人本身就是自然的一部分。自然给予了人们活动的场所与生活资源，是人们生存与发展的依托，而人们的实践活动也影响着自然的存在状态，人与自然的关系是人类社会最基本的关系。[1]马克思站在整体性立场上看待人和自然之间复杂而矛盾的联系，他在强调人类与自然一体性的同时指出人和自然相互对立的倾向，这一倾向为人类所独具的类本质即人有自觉意识的实践活动所规定。马克思认为，"自然界是人无机的身体"[2]，"所谓人的肉体生活和精神生活同自然界相联系，不外是说自然界同自身相联系，因为人是自然界的部分"[3]。也就是说，人不仅需要借由实践活动从自然界获取自身生命所需的产品，诸如食物、药品、建筑住所和制作衣物的材料等，还将自然界变为自己的精神对象、思维对象、审美对象，如人在面对宽广的海洋、巍峨的山峰时内心所生发的崇高感，而无数的文学、音乐、绘画都曾借助自然表达人的处境、情感，人既斥责着自然灾害对生命的无情又歌颂着自然母亲对生命的哺育。因而人对自然从身体到精神上所具有的普遍性依赖显然不同于非人类生物，非人类生物由于自觉意识的缺乏导致其只能直接从自然中获取资源以维持基本生命，而无法对直接获取的自然资源进行再加工或多次创造。人除了依赖自然直接提供的诸如水、空气、土壤等生存资源外，还在实践活动中凭借智识对获取的自然资源进行再生产，创造出自然无法自发生产的人类产品，即不同于自然之物又与自然密切联系的各类人造物。正是由于这一点，人才是类存在物，能凭借自身的意识将自然转换为自身认识和改造的对象，从而有人和自然的分离倾向，有人和他类的区别，但人与自然的一体性又为人与自然关系的断裂提供了弥合的可能性。基于这种对人与自然的整体性认识，人与自然的共生承认"人与自然的同质性中二者仍有本质上的差异性，并包含着相互干涉和抗争，但在整体上二者是一起生存的"[4]。就此而

---

[1] 李贵成、夏承海：《着力构建人与自然和谐共生的生命共同体》，《理论导刊》2018年第11期。
[2] 《马克思恩格斯选集》第1卷，人民出版社，2012，第55页。
[3] 《马克思恩格斯选集》第1卷，人民出版社，2012，第56页。
[4] 〔日〕尾关周二：《共生的理想》，卞崇道译，中央编译出版社，1996，第149页。

言，对人与自然共生关系的承认指向人对自身在大自然中地位的正视，即正视人并不是独立于自然生态系统之外的物种，人的实践活动局限于自然环境之内，人的实践活动的范围、程度、性质等都会引起自然生态系统或大或小的变化。当这一变化超出自然自发调整的限度时，将会导致部分物种的灭绝、物质循环的中断，人对自然便表现出具有破坏性的一面，相应的自然也将表现出不利于人生存的一面。因而，人在实践活动中应与自然建立起和谐互动的关系，通过人的本质力量改善人在自然中的生存处境，体现自然的人的价值时，面对自然表现出恰当的谦卑，以保持自然生态系统之平衡，使人与自然呈现共生之势。而问题往往在于，原本和谐的关系自现代以降，由于人的主体性的过度张扬，视自然为征服对象，无节制地消耗自然资源，无疑给人类自身带来了巨大的生存危机。如果还没有对人类中心主义的放弃和保护自然环境的道德自觉，人类将最终走向消亡。这里要特别注意的是，人与自然共生的道德关系同一般的人伦关系不同，其调节是单向度的，因为自然没有自我意识，这不但决定了人与自然和谐相处的难度，也决定了人类生态道德意识的重要性。

如果说人与自然的单向共生是一种"被迫"的道德觉醒，那么个体与共同体之间的共同生存、共同发展则是"主动"的道德激活。人是一种社会性存在，离不开共同体生活，并且不同的共同体之间也因各种利益的勾连而自觉谋求相互共生。人与人、人与社会的共生即意味着每个人都有着满足生存需要和收获才能的需求、实现自身价值的平等机会，人与人之间不是丛林中"你死我活"的关系，而是相互合作的共生共赢关系。然而，人们在社会中所拥有的生存发展的机会并不平等，奴隶社会是奴隶主对奴隶的压迫，封建社会是封建地主对农奴的压迫……虽然资产阶级以对资本逻辑的遵循和技术的倚仗，围绕"自由""民主"之理念构建起现代资本主义社会，使人类总体生产力水平实现了历史性跨越，从而极大提升了人们的生活质量，但也正如马克思所指出的，"资本主义社会只是用新的阶级、新的压迫条件、新的斗争形式代替了旧的"[1]，人与人之间形式平等而实质不平等。在资本主义的生产方式下，"人和人之间除了赤裸裸的利害

---

[1] 《马克思恩格斯选集》第1卷，人民出版社，2012，第401页。

关系，除了冷酷无情的'现金交易'，就再也没有任何别的联系了"①。这即是说在遵循资本逻辑的社会中，物质利益关系成为人与人之间的唯一联结，人的情感被忽视、人的道德以既得利益的多少为取向，而人存在的社会价值需通过金钱来表现，其结果是人与他人相疏离，社会上流行"适者生存"的强者法则，而不是相互合作、共生共赢，少数人占据社会绝大多数的资源。在存在剥削和压迫的资本主义社会，平等只存在于观念之中而非现实之中，这种非现实性的平等表现于社会中便是共同体对人的压迫，马克思认为共同体分为虚假的共同体和真正的共同体，在他看来资本主义社会即为虚假的共同体。在这一虚假共同体中，个人作为社会某一阶级的一员与其他阶级保持对立状态，而不是作为自由自觉的个人的联合。因此对于被统治阶级来说，这种共同体不仅虚幻而且是新的桎梏，事实上对于掌握生产资料的资产阶级来说也并非获得了真正的自由，因为资本家是人格化的资本，其活动服从资本增殖的逻辑。当共同体对人来说是一种压迫，人无法在共同体中通过实践展现人自由自觉的力量时，社会共同体和人就不是一种共生的关系。资本条件下人对人的压迫和不平等在世界范围内表现为民族对民族的压迫，资本的全球扩张使一切民族都进入世界市场，参与市场竞争。但由于世界范围内各民族历史发展的差异性，并非所有民族都具备进行全球竞争的同等条件，世界市场的秩序由率先进行工业化建设的发达资本主义国家主导，其占据着更多的发展资源，获得了更多的发展成果，与经济上的主导权相伴的是政治上的霸权，从而使未开化和半开化的国家被迫卷入现代化的洪流中。民族国家的发展建立在另一民族国家不发展的基础上，这样一种共同体之间的关系同样违背了共生的准则。因此，只有在真正的共同体——自由人联合体中，社会资源得以公平分配给个人以满足生存与发展所需，从而使人的个性得到解放，由此联合而成的共同体乃是自由而公正的，也唯此形成每个人的自由发展是一切人自由发展的条件，人与人才能事实上处于共生状态，从而以"活在世上"的个体与他人的"共在"关系，来代替个体与上帝单向却孤独的"圣洁

---

① 《马克思恩格斯选集》第1卷，人民出版社，2012，第403页。

关系。① 社会对人来说也不再是一种压迫，在此基础上民族国家共同体间就会处于共生共赢的状态。近代以来，我们受社会达尔文主义的影响，由适者生存演变为强者生存，丛林法则演变为霸权主义，严重影响了人类命运共同体的构建。在当今世界，任何个人、共同体、民族国家，都不可能无视"他者"而特立独行。

最后，共生蕴含着多元文明的共生共存。文明的存在是人走出无序而野蛮之自然状态的证明，文明的发展指引着人与社会的前进方向。资本扩张的本性使市场由局部地区向世界拓展，而经济上的交易必然引发文化上的交互。不过由于各民族所处的地理环境、历史发展的进程、语言等的不同，各民族文明也有自身的独特性。形式内容各异的文明体现了不同社会历史环境下人们思想观念、价值追求等的特殊性，是所属社会民众生存与发展的支撑与动力。文明差异虽然会对人们之间的交流构成障碍甚至会在具体事务上引发冲突，然而异质文明间的冲突并非不可避免。因为思想的力量不在于造成"文明冲突"，而在于多元共存，彼此尊重，和而不同，美人之美，美美与共，实现不同文明的和谐共存与和平发展。② 现代社会出现的文明冲突现象，更多的源自西方中心主义的文化观，在西方中心主义文化观之下一方面是西方将自身文化置于其他民族文化之上，用孕育在西方社会环境中的价值标准来衡量其他国家的事务所产生的冲突；另一方面是某些发展相对落后的国家将西方文明视为圭臬，未对本民族和西方文化进行合理的反思与取舍，导致本民族内部价值体系的混乱并引发了诸多社会矛盾，而历史发展证明西方文化存在自身的局限性，人类社会发展道路的选择亦不是唯一的。如果消除文明的差异性，那么人所独具的个性与创造性也将随之消失，正是文明的差异性展示出人本质上的丰富性和创造力，以及发展方式的多样性，人类未来发展方向的多线性，也正是文明的差异给予了各民族相互交流和借鉴的机会，通过交流、反思、借鉴不同文明的优越之处能够更新本民族的文明面貌，不同文明的共生共存使得人类

---

① 李泽厚：《伦理学纲要》，人民日报出版社，2010，第93页。
② 肖群忠、杨帆：《文明自信与中国智慧——构建人类命运共同体思想的实质、意义与途径》，《中国特色社会主义研究》2018年第2期。

社会具有更多的发展潜能。其实，这里需要进一步思考的问题是，不同文明抑或文化之间为何可以共生，这实际上涉及了文明演化发展的机制问题，而比较有影响的观点就是美国政治学家塞缪尔·亨廷顿的文明冲突论。亨廷顿认为，文明是最广泛的文化实体，文化的冲突主要表现为文明的冲突，而"文明是对人最高的文化归类，是人们文化认同的最广泛范围，人类以此与其他物种相区别"[①]。但是，无论是文明的内涵还是外延都会随着时间的变化而变化，随着一个文明的衰落，另一个文明则会兴起，所以，文明的冲突是常态。亨廷顿把文化差异看作国际冲突的根本原因具有片面性，把儒家文明的兴起看成对世界秩序的潜在威胁更是谬误。显然，亨廷顿只看到了文明冲突的一面，却没有看到世界文明交融互渗的一面，文化或文明共生的机制是文化适应，这种适应不是以"战胜"对方为目的，而是各取所长。

我们强调以共生为解决人类灾难的道德方案，以建立人类命运共同体为目的，从中获得道德幸福，应该充分考虑和预测道德生活与伦理秩序的新变化。任何一种预测都只是可能性分析而非必然性推断，但这是非常必要的。在此，笔者提出八个方面的预测，权当想象，"因为病毒时刻是否真的成为划时代的时刻，取决于世界的后继行动和态度。答案一半在病毒手里，另一半在人类手里，而病毒和人类行动都是难以预定的'无理数'"[②]。（1）新型全球化趋势势不可当。反全球化、逆全球化都只是暂时的。新型就是由一国主导的全球化转变为多国主导的全球化，由此为商谈伦理、对话伦理、包容伦理、中庸伦理提供了实践的可能性。（2）现代性危机明显出现，会出现多元现代性，即由西方社会主导的现代化仅仅成为可供选择的一种模式，并非必然选择，对于现代伦理的建构还是解构，存在多种途径，任何一个国家或民族的伦理现代化都不可能是西方化。（3）社会不确定因素明显增多，导致强风险社会已经到来，这样，道德本质主义、道德进步主义和伦理绝对主义受到严重挑战，相反，道德相对主义、道德适应主义和伦理情境主义开始出场。（4）人与人之间、族群之

---

① 〔美〕塞缪尔·亨廷顿：《文明的冲突与世界秩序的重建》（修订版），周琪等译，新华出版社，2010，第22页。
② 赵汀阳：《病毒时刻：无处幸免和苦难之间》，《文化纵横》2020年第3期。

间、国家之间利益与价值观的不同,造成了严重撕裂,但可能增强大家的边界意识。这种边界意识就是规则意识,是我们各自应该履行怎样的义务与责任,是底线伦理,而不是高线伦理。(5)科技万能的神话被打破,人文精神力量将会增强,而伦理道德是人文精神的重要构件。但伦理道德要成为一种精神力量,还需要有信仰与制度的双重支撑。(6)生存危机将会大于发展危机,"我们如何在一起""我们如何一起活下去"等共生伦理将成为生活的主题,大力倡导伦理立场上的"退一步,看两步"的道德生活。(7)整体主义价值观会明显增强。以个人主义价值观为支撑的权利伦理会受到挑战,相反,以主体间性为哲学基础的责任伦理、关怀伦理日益彰显其价值。(8)社会公共意识和公共责任感明显增强。这既有从熟人社会向陌生人社会的转变,也有个体生存的脆弱性和无力感的增强,必须从伦理上的"唯我思维"转向"他者思维",从"我该如何过上好生活"转向"我们如何一起过上好生活",这才是人类共同体最高的道德幸福境界。

第三部分

道德内化

提示语：道德不是纯粹的精神存在物，本身具有"向善力"，具有向行为习惯转化的实践能力，这种转化的过程就是道德内化的过程。道德内化是道德个体模仿、学习、服从道德规范，经过同化与顺应机制，转化为行为习惯、形成道德人格的过程。道德榜样是"标本"化的活生生的道德规范要求，是人们道德学习的对象。道德模仿是道德学习的初始活动，也是道德内化的起点。道德心性是知情意的心理结构，是道德内化的作用机制。在道德认知、道德情感和道德意志的作用下，久而久之会形成道德习惯，习惯成就自然。道德人格的形成是道德内化的根本标志，通过道德整合来避免当代的人格分裂。

第九章　道德榜样

"学有榜样，习有典范"，是道德内化的前提。道德是人们追寻美好生活的必要条件，是社会发展进步的客观需要。康德曾说，这个世界上有两样东西值得人们终身仰望——奇妙的星空和内心的道德法则。同样，在这个世界上，品德高尚的人必然受人尊敬，道德文明的社会必然令人神往。人们之所以信仰道德、敬畏道德和遵守道德，是因为道德有价值，而道德价值能否体现出来，除了可以通过理性的方式让人们觉得"言之有理"，还必须以形象的方式让人们感到"确有其事"。道德榜样是道德价值的显性标示，是道德理性的直观体，是道德内化于心的前提条件。[①]

一　榜样、道德榜样及其他

榜样是实践活动中身正行高的先进人物，是理想人格的现实写照，是教育的生动范例和鲜活教材，是具体化、形象化，并具有大众参考价值的优秀代表和精神象征。榜样概念植根于中华传统文化的沃壤之中，"榜"原是矫正弓弩的工具，"样"意同样式、模式，两者结合意指矫弯正曲的器具。在传统语境中，"榜样"多用于形容具有启发和借鉴意义的物品的样貌。随着历史的演进，榜样概念逐渐增添现代内涵，形成广义和狭义两部分：广义概念上的榜样泛指人类历史上一切突出且值得反复出现，对自然、人类和社会产生积极影响的人、事、物；狭义概念上的榜样是指能启发、激励、引导人们学习效仿，具有真实性、实践性、感染性和杰出贡献

[①] 本章是笔者指导的关于"道德榜样问题系列研究"硕士论文中的一部分，初稿由张响娜提供，同时请参见李建华《以道德模范引领新时代中国道德风尚》，《伦理学研究》2020年第1期，收入本书时笔者做了相应的调整。

的优秀人物,一般指社会群体中的先进个人。"榜样"一词在具体使用过程中不断从工具尺度向价值尺度迁移,实现从形容物到评价人的跨越式转变,与模范、范例、楷模、典范、典型等词具有相似甚至相同的含义和作用。

当前,学者们针对榜样的内涵、外延及功能,从不同角度对榜样概念展开界定,并做出哲理性阐述,极大提升了榜样意蕴的学术高度与学理价值。其一,从社会功能角度出发,榜样是社会主流价值观的承载者,是社会发展进步的产物,是先进文化、时代精神和人民意愿的象征。依据马克思关于人的社会现实性观点,榜样作为社会关系中具体的人,具有现实性和历史性,符合人的基本特征和一般特性,受一定历史时期的生产力和生产关系所制约。但是,与一般意义上的普通人相比,榜样在特定社会条件下更接近理想化人格,拥有更崇高的道德品质和更先进的价值取向,能够对社会产生更正面的影响,带来更明显的社会收益,收获更健康的社会效应。著名伦理学家罗国杰认为,榜样是"历史上或现实中比较完备地体现一定社会或阶级的道德理想"[1]。其二,从政治教育角度出发,榜样示范被视为教育实践中的有效方法之一,提出"榜样是以他人的高尚思想、模范行为和卓越成就来影响学生品德的方法"[2]。榜样人物精神和事迹,不仅反映出其优良的个人品质和行为作风,而且对于其他社会成员具有启迪、示范和激励作用。通过教学实践活动,发挥榜样教化功能,驱使他人主动学习、积极效仿榜样的正当言行,反思、摒弃自身消极、落后、错误的思想观念和行为习惯。其三,从主体选择角度出发,榜样是个体自主选择的结果,包括榜样主体和受教育对象的共同选择。基于马斯洛需求层次理论,当人的自然需要和社会需要得到满足后会寻求更高层次的发展需要。榜样角色是超越动物性本能,以追求更高层次的人类需要和满足人的自身发展需求为目标。同时,榜样也是受教育对象基于个人成长环境、知识文化储备、情感实践经历等多重因素选择的学习对象。由于不同时期,人的内在需求和社会外在环境不同,选择的榜样也呈现多元化和多样性特征。总

---

[1] 罗国杰:《伦理学名词解释》,人民出版社,1984,第141页。
[2] 王道俊、郭文安:《教育学》(第7版),人民教育出版社,2017,第299页。

之，榜样是生物意义和社会关系中具体的人，客观存在于社会实践之中，并在社会实践中取得了一定成就的行为主体；是主流价值观的行为载体，理想化或未来化人格的参照，先进思想观念和道德品质的综合体现；其言行具有较强的感召力、吸引力和影响力，能够唤起人们学习的冲动；是社会范围内的公众人物和个体自主选择的学习榜样。

经济领域的发展变革促使利益格局多元化，使思想观念和价值取向呈现复杂化，与之相适应的是，人们对榜样的理解和选择也走向多样化。因此，从不同评价标准出发，可以将榜样划分为不同类型：按个人和集体划分，可以分为个体榜样和群体榜样；按时代背景划分，可以分为革命建设时期榜样、改革开放时期榜样和新时代榜样；按优势特点和影响层面不同，可以分为知识榜样、技术榜样和道德榜样。厘清榜样的概念、内涵和类型有助于进一步解决"何为道德榜样"的问题。

道德榜样是榜样类型之一，从哲学意义上讲，榜样和道德榜样属于一般和个别、普遍与特殊的辩证关系，没有严格分明的界限。道德性是道德榜样的鲜明特质，凸显了道德领域的成就和贡献，道德榜样具有道德层面的先进性和崇高性，其言行遵循社会道德秩序、道德规范、道德原则，但不能否认其他类型的榜样同样具备道德的内在属性。另外，道德榜样必然产生于道德实践之中，通过具体的行动积极与道德理想和道德精神相契合，实践性是道德榜样的另一基本特性。再者，道德的社会历史性决定了道德榜样同样具有明显的社会历史性特征。在不同历史时期，不同社会基于经济、政治、文化等因素而提出有利于社会发展和历史进步的道德规范，道德榜样是特定社会践行道德规范的典范。因此，道德榜样源于社会实践中的品德高尚者以及道德行为楷模，是特定历史时期真实鲜活的道德符号，是善心善行的范例，是具有道德美的崇高形象。道德榜样能够用自身事例激励和感化人们，使受教育者产生情感共鸣，进而揣摩其内心活动，学习效仿其行为，其光荣事例可以成为宣传弘扬高尚道德品质的经典素材。

具体而言，真是道德的基石，道德榜样应是真实存在的人物形象，其特征分别体现为光荣事迹的真实性、时代特征的前进性和榜样人物内外兼修的本质内核。"值得我们仰慕和追求的范例,必须以真实性为基础。"[1] 善是道德的标准,道德榜样应具有善品善行的君子风范,其特征体现为榜样行为的道德性和人性化。道德是道德榜样必备的基本素养,是道德榜样区别于其他正面人物的根本特征,是先进人物的灵魂闪光点。不同于抽象刻板的规范准则,道德榜样通过其外在行为表现将"道德"二字形象化、具体化、生动化,丰富了道德内涵,凸显了道德实践在帮扶弱势群体、找寻人生价值、团结社会力量等方面的积极意义。"美是道德的象征。"[2] 道德榜样是具有美德的正面人物,是连接美学和伦理学的桥梁,其特征体现为道德的美感和榜样的力量。道德之美通过塑造特定人物的高尚形象而达到感染人、感动人的效果,把抽象感性的美具体化为现实可知的事例,帮助人更好地理解道德,将道德融入日常行为习惯之中。人们常用"美德""心灵美""品质美"等赞美之词称颂道德榜样,美是道德的外在表现,德是内心的精神品质。道德的美是温馨感人的美,体现出作为行为主体的人具有的心灵美,以"润物细无声"的方式传递美德,浸润人心,提升人格。总之,道德榜样蕴含着真、善、美三大基本要素,三者协调统一,共同展现出道德的社会价值和艺术价值。

另外,在当前的市场经济环境下,"偶像"一词越来越频繁地出现,甚至逐渐代替"榜样"成为人们喜爱、模仿的对象,偶像崇拜之风盛行。从表面上看,榜样和偶像具有相同之处,两者都产生于社会实践,其言行举止或精神品质有较强的社会影响力,能引发人们的学习和模仿。榜样和偶像具有相近的来源和作用,易于混淆。然而,深入探究两者含义和动因,就不难发现其差异。偶像原指木制或土制的神像、佛像、人像等宗教意义上的替代品[3],后衍生出令人崇拜的对象之意,并渐渐成为现代意义上社会流行文化和时尚品位的代表。从本质上讲,榜样具有现实性和示范性,代表社会主流道德品质和价值取向,是褒义词,而偶像具有理想性和幻想性,代表某个群体的文化追求和精神面貌,是中立词。从动因来看,榜样行为的内核在于利他,以服务和帮助社会、集体和他人为目的,充分

---

[1] 曾钊新、李建华:《道德心理学》(上),商务印书馆,2017,第236页。
[2] 〔德〕康德:《判断力批判》,李秋零译,中国人民大学出版社,2011,第172页。
[3] 夏征农、陈至立:《辞海》,上海辞书出版社,2010,第1041页。

第九章 道德榜样

发挥道德力量；偶像行为则聚焦于利己，以追求个人领域的成功，达到名利双收为目的。从影响力视角出发，榜样的影响力源于精神品质的渗透力，具有持久稳定性，由尊敬、赞美、钦佩等情感引发；偶像的影响力源于张扬的外表个性，具有爆发力，由震惊、轰动等情绪引发，随时代变迁更新速度加快。应该正确认识榜样和偶像之间的异同，增强相互间的包容性，理性对待偶像崇拜现象，充分发挥各自的优势，塑造受人崇拜的"偶像型榜样"和有学习价值的"榜样型偶像"。

人是道德的动物，从美德伦理学视角出发，每一位合格的社会公民或多或少都会心存惩恶扬善、匡扶正义的美好道德愿望，其内心必定具备做好人行好事的道德需要。从性善论视角出发，"人皆可以为尧舜"的美好设想可以推论出每位社会成员均可以具有高尚的道德品质，以关爱、帮助他人为荣，成为道德榜样。另外，随着道德教育和奖惩机制的加强，爱人以德的社会风气逐渐形成，道德规范已在大部分人心中形成一条准绳，坚定着人们以实际行动实现远大道德理想的决心。其中，实现道德理想的途径之一在于评选出值得模仿并被广泛认可和高度赞扬的道德榜样，形成坚守道德价值、尊崇道德榜样、实践道德行为的良好社会氛围。但是，在复杂和世俗的现实生活中，道德榜样作为主流道德价值和崇高道德人格的承载者，必然无法成为每个人都可以达成的理想化身。通过探究道德榜样的形成机制和条件，来解答道德榜样何以真实存在的问题。

从宏观上看，道德榜样的产生主要有自下而上和自上而下两种方式。前者是由少部分人发起，通过自发模仿而逐渐引起公众注意，形成集体行为。这种类型的榜样具有较强的示范效应，与群众关系平等。后者是在政府有组织、有目的、有条理地宣传倡导下，通过官方力量树立道德典范，这种类型的道德榜样具有明显的主流文化导向性，符合政治制度的标准。以上两种方式体现了道德榜样的形成是一个动态发展的过程，包括个体层面和社会层面两部分。从个体层面出发，道德榜样的形成满足了个人道德进步的需要，包括道德认知、道德选择、道德控制等能力的提高，是个人道德品质发展的实践指导和精神动力。从社会层面出发，道德榜样的形成满足了改善社会道德环境的需要，包括优化社会道德结构、调整社会道德关系、维持社会道德风尚等内容，是维护社会稳定、保障社会文明和谐的价值支撑。

马克思主义世界观的一个重要内容在于将研究对象视为普遍联系的有机整体。事实上，道德榜样并不是无源之水和无本之木，而是所处时代的个人和社会需要催生的产物，受经济、政治、文化等因素的制约。首先，道德榜样的形成源于个人的道德需要。在《尼各马可伦理学》中，亚里士多德致力于探寻"人性之善"，将"善"视为德性中的最高价值，主张善是人们选择、研究、实践所追寻的最终目的。[1] 个人道德需要是指作为道德主体的个人出于生存和发展需要而产生的追求道德的自觉倾向，是社会道德规范和原则的内化。然而，不同社会成员因教育背景、社会化程度、社会身份等因素的不同，其道德发展水平具有不一致和不平衡的特点，呈现由低级阶段向高级阶段逐步递进的状态。低层次的道德水平依靠要求、规范、原则等强制性约束手段维持，高层次的道德水平则源自人内心的道德追求，以自愿、自发、自觉甚至自由的道德行为为特征，道德榜样处于道德发展水平的高级阶段。一方面，任何社会化的个体都具有一定的道德意识，渴望成为道德品质高尚的典范，追求更高阶段的道德水平；另一方面受人性的影响，提高道德水平需要避免众多人性弱点导致的不道德行为。因此，个体为了满足道德需要，实现人生价值，会尝试通过参照比对自身与道德榜样在道德品质、精神面貌、行为习惯等方面的差距，反思检验自身的道德行为，以道德榜样的言行为标准，发现自身不足，尽力缩小与道德榜样间的差距，向更高目标的德性靠拢。同时，道德榜样自身的道德需要并不会因处于较高的道德水平阶段而停滞。道德榜样会通过行为实践，改善自身道德修养，升华道德境界，成为更具有代表性和理想性的道德模范。

其次，道德榜样的形成源自时代要求和社会需要。道德作为一种社会意识形态，是在一定社会经济基础上产生的。在任何一个社会里，社会意识形态均不是独立存在的，会受到经济因素的影响。当前，随着经济领域的变革，社会主义道德结构受到多元价值观的冲击，社会中出现了人情冷漠、道德责任缺失、道德滑坡、道德行为匮乏等大量不道德、非道德甚

---

[1] 〔古希腊〕亚里士多德：《尼各马可伦理学》，廖申白译，商务印书馆，2017，第2页。

反道德的问题，此类现象从负面角度促使了道德榜样的形成。因为要实现社会良性有序的发展，推动社会道德建设，形成崇德向善的社会氛围，增强社会稳定性和凝聚力，需要有道德领域的先锋模范，为民众提供精神引领和行为示范，以此来满足当前语境下社会强烈的道德需求。而道德榜样作为社会主流道德理想的擎旗手，像是一面道德的镜子，映射着美好人性的光辉和人的社会价值。道德榜样产生于伟大的社会实践之中，并以具体的社会条件为基础。从这一前提出发，道德榜样的形成符合时代前进方向和历史发展趋势，每一位道德榜样都具有自身所处时代的特色。随着劳动分工、协作的扩大，社会中的利益分配问题出现分歧和矛盾。道德榜样作为从人民群众当中脱颖而出的真实存在的道德典范，有助于把抽象的道德准则通过具体事例生动形象地表现出来，为社会成员处理利益关系提供借鉴，实现社会利益的最大化，促进个人利益和整体利益的和谐统一。总之，任何事物的形成都不是抽象性的，道德榜样代表着社会所追求的道德方向，象征某一社会或者阶级所需要的道德素质，是社会、社会成员、社会组织共同选择的结果。

二 道德榜样的意义在于示范

从榜样的内涵可知，榜样概念已由原始器具模板发展为具有指导、教育、激励作用的高尚人物形象。榜样的道德品质、精神风貌、言行举止具有由此及彼、推己及人的正面效应。同理，道德榜样作为道德主体，其道德意识、行为、境界均是他人赖以学习模仿的范本，并由此产生示范教化作用。著名认知心理学家班杜拉提出了对教育发展影响深刻的社会学习理论，他指出直接学习和观察学习都是有效的综合性学习方式，是塑造和发展人的主要途径。其中，观察学习是社会学习理论的重点组成部分，核心在于观察并模仿榜样的价值观念、思维方式、情感表达和行为模式。[1] 因为道德榜样具备常人所没有的道德水平和实践技能，同时，道德榜样称谓

---

[1] 〔美〕班杜拉：《思想和行为的社会基础：社会认知论》，林颖译，华东师范大学出版社，2001，第43页。

也是特殊的荣誉。人们有着追求人格进步、提升自我形象的内在动力，易受到道德榜样魅力的吸引，并开始增强对道德榜样的注意和观察，由此被激发出学习、模仿的自然冲动，从而深刻持久地受其影响。

众所周知，榜样具有巨大的力量，被广泛应用于教育实践中，榜样示范有助于推动人格提升，促进认知发展，引导人们实现自我超越。中国自古以来就流行向圣贤学习的价值观念，历史上出现过众多具有广博学识、高尚道德、英雄气节等宝贵人格特质的人物，成为中华民族精神财富和文化价值的代表及后人传颂学习的榜样。同时，马克思主义意义上的榜样示范形成于无产阶级的革命、建设中，其在社会变革关键时期或是发展困难时期发挥着重要作用，得到众多马克思主义经典作家的认同和称颂。中国共产党在成长、成熟过程中继承了榜样示范的优良传统。如今，榜样示范法已成为思想政治教育中不可或缺且行之有效的教育方法之一。马克思和恩格斯曾高度赞扬巴黎公社的革命先驱为无产阶级革命树立了英勇奋斗的榜样形象。列宁也提倡榜样示范的力量，在《苏维埃政权的当前任务》中把榜样作为社会建设的强制性概念进行论述。[1] 毛泽东的榜样思想推动了榜样时代性、先进性和大众性的融合，其积极树立和表彰榜样，并号召人们向榜样学习，《纪念白求恩》《为人民服务》等作品也充分反映出对榜样的重视。可以从历史、理论、实践等任一角度理解榜样，其示范作用是榜样功能中至关重要的一环，是榜样本质和价值之所在。道德上主动精神的一种形式，表现为一个人、一群人或集体的举动变成其他人行为的楷模，突出了榜样在道德层面的示范价值。道德榜样作为众多榜样类型之一，是道德领域的理想代表，具有和榜样同质的功能。另外，从词义上看，道德榜样是道德和榜样的有机结合，兼具两者的优势和功能；从内涵上看，道德是一切榜样必备的基本素质，是一切榜样追求的共同价值。道德榜样是传统道德、当代道德和理想道德的承载者、践行者、开拓者，肩负着传承优秀传统道德、弘扬当代主流道德和创新未来理想道德的重任；能使人们检验自身言行是否符合道德参照，对他人具有精神上的激励和行为上的示范作用。

---

[1] 《列宁全集》第34卷，人民出版社，2017，第172页。

道德榜样最显著的特点在于示范，示范是指通过先进人物的言行引导群众强化道德观念和规范社会行为的一种现象。只有当道德榜样成为人们心目中值得尊重学习的典范并被争相模仿时，树立道德榜样才能激发人们的情感共鸣，唤醒其内在良知，促使道德榜样发挥教育作用。道德榜样的示范意义由道德的内在本质、道德榜样自身的特点以及榜样示范法的价值和功能等多方面因素决定。从道德的内在本质来讲，道德作为一种社会意识形态，具有不同于政治、法律、宗教、艺术等社会上层建筑的特殊性。道德的特殊性在于依靠内在需要而非外在强制手段帮助人们认识和把握现实世界，规范社会秩序。道德的影响是潜移默化的，具有润物细无声的渗透力和非制度化、法律化的监督效力，涉及个人和社会的方方面面。在某种程度上，道德依据自主自愿自觉原则，通过宣传教育、舆论监督、道德评价、沟通疏导、教育感化等非严格刻板的方式，以培养拥有坚定道德信念、良好道德习惯、强烈道德责任感的道德之人为目的。因此，在缺乏律条禁令、政策制度等外在强制力的情况下，道德的发展依赖于道德实践、对照、评价，而示范为实践、对照、评价提供了认识参考模板。从道德榜样自身特点来讲，道德榜样具有崇高的道德品质和丰富的道德实践经验，其人格、能力和价值得到了大众的广泛认可，是现实中能够对他人产生引导、激励、督促作用的社会角色。道德榜样是现实化、生动化、具体化的道德理想的化身，是新时代伦理道德的向导，其德行善言以及光荣事迹代表着大多数善，能在社会中广泛传播。道德榜样精神渗透于社会生活的方方面面，成为激发人们向善的精神动力，有利于培育良好的道德风尚，丰富道德思想，宣扬崇高的德行善行。但是，道德榜样先进的道德观念、强烈的正义感和道德责任感等宝贵品质和实践经历具有不可复制性，更无法以简单粗暴地灌输、机械死板地识记以及被动反复地宣讲等方式获得认同和传播。他们的道德力量源自以身作则，以示范方式生动演绎道德的重要性，感化他人，激发人们道德学习的动力，启发内心的善，引导人们朝着正确的道德发展方向、理想的道德境界前进。从道德榜样示范价值和功能出发，榜样示范法是思想政治教育中一项重要且明确的教育方法，具有鲜活的时代特征和深厚的历史底蕴，该方法是指"通过具有典型意义的人或事的示范引导、警示警戒作用,引导受教育者提高思想认识、规范自身行为"[1]。榜样示范法具有示范功能,在多元化社会环境中,人们会受多元价值观的影响而难以坚守正确的道德选择。道德榜样示范为社会成员提供学习效仿的模板,促使民众以道德榜样的言行为标准,不断反思、调整、矫正、优化自身品行,缩小与道德榜样的差距,成为具有社会主义道德和实践能力的合格公民。榜样示范法具有激励功能,道德榜样在示范的具体过程中应得到物质和精神上的嘉奖,从而强化道德榜样的荣誉感,利用外部力量反向诱导人们形成内在驱动力,激发人们向道德榜样学习的主动性和自觉性。帮助人们认识到道德榜样并不是自我牺牲精神的代名词,而是崇高德行下的利他、利己行为,道德榜样示范可以形成一股无形的力量激发受教育者内心对善的渴望,激励人们自觉践行道德行为。榜样示范法具有凝聚功能,道德榜样示范的目的是通过示范推动主流道德的普及和建设,提升全体公民的道德修养,促进社会成为一个和谐稳定的有机整体。社会是一个由不同个人组成的集体,如果集体中的个人处于不同道德水平层次且差距较大,社会成员缺乏共同的道德理想和目标,则社会形同一盘散沙。道德榜样示范为社会群体提供了教材式的学习范例,有助于引导社会成员被同样的事例所打动,产生相似的情感认同和一致的道德目标,增强社会向心力和凝聚力。

正如"以人为镜,可以明得失",道德榜样是培育道德的明镜,反照人们修正自身行为,提升思想道德水平,在全社会范围内改善道德风气,具有强大的正面引导力量。道德榜样示范是指道德榜样以其高尚的道德品质、出众的道德行为和突出的道德成就感召他人,使人们产生模仿心理并付诸行动。将道德榜样示范应用于道德教育中即形成了榜样示范法,该方法是道德培育的一项传统且重要的方法,不同于批评教育、理论灌输等错误的道德教育方式,其为受教育者提供了鲜活具体的学习对象,通过榜样事例感染、升华人们的道德情感,使人们认识到个体承担道德责任、履行道德义务是塑造社会公德必不可少的因素。而道德榜样示范效应是综合运

---

[1] 陈万柏、张耀灿:《思想政治教育学原理》(第 3 版),高等教育出版社,2015,第 224 页。

用道德榜样示范法，发挥道德榜样示范功能来影响和改变个体或者群体的道德修养和行为习惯的一种现象。道德榜样示范效应由榜样原型、受教育者、示范场所以及示范成效四部分组成。道德榜样是道德主体，是道德活动的发起者和施动者；受道德榜样影响的其他社会成员属于道德客体，是道德活动的受动者和承担者；示范场所是对道德活动范围和现有条件的限定；示范成效是指道德榜样对受教育者的影响程度。道德榜样能否产生示范效应以及示范效应的强弱与以上四个因素密切相关。如今，向榜样学习已成为时代潮流，道德榜样示范与时代发展和社会要求相契合，评价道德榜样示范效应的开展情况需要有系统性、综合性、固定化和时代化的评价标准。从时间维度、空间维度、深刻维度三个方面评价道德榜样示范效应，是较为深刻、细致和科学的评价标准。

首先，时间维度是评判道德榜样示范效应的长度标准。道德榜样示范会比其他的道德教育方式包含更多情感、态度上的内容。道德榜样示范持续性不佳是抑制示范效应的问题之一。人们受好奇心的驱使，被道德榜样较为特殊的价值选择、行为举止、交往方式所吸引，意识到自身与道德榜样的差异，而以情绪化的态度进行体验式的模仿。马克思指出人作为对象性的、感性的存在物，是一个受动的存在物，因为它感受到自己是受动的，所以是一个有激情的存在物。激情、热情是人强烈追求自己的对象的本质力量。[①] 这也反映出人激情和善变的一面，当人们目睹他人处于某一特殊境遇中时，受直觉的情绪影响，会产生追求新奇事物的欲望和冲动的模仿反应。引发受教育者兴奋的心理活动是示范的第一步，在此基础上再使道德模仿从无到有、从静止向运动转变。但是，应当认识到情绪并不能持久、长期地影响人们。换言之，此类模仿行为不能被长久地坚持下去，影响时长仅限于短期，缺乏深沉、稳定、牢固的特性。要想道德榜样示范效应长期发挥作用，则应实现由情到境的进步。从心理学层面上讲，激情是猛烈易变的，而心境则是平静、内敛、持续的，要遵循从量变到质变的规律。当尊重、效仿道德榜样成为固定、稳定、系统的心境甚至信念时，道德榜样示范也随之产生持续、长期的效应，并参与引导人们成长、成

---

① 《马克思恩格斯文集》第 1 卷，人民出版社，2009，第 211 页。

熟、社会化的每个环节。因此从时间维度上看，道德榜样示范持续时间越长，示范效果就越接近理想状态。

其次，空间维度是评判道德榜样示范效应的广度抑或影响范围的标准。扩大道德榜样影响力的范围符合社会发展实际情况和人们对道德的广泛需要。同时，也是各类道德榜样评选宣传活动努力的目标和方向，例如，影响范围逐级递增的道德模范评选表彰活动，全国范围内的"感动中国"年度人物评选活动。此类活动基于广泛的群众主体，评选出贴近人民群众生活，具有先进性、代表性和坚实群众基础的道德榜样，通过传统媒介和新媒体传播等方式进行宣传，促进道德榜样得到全社会各领域的关注，进而发挥示范作用。道德榜样是社会成员之一，处于各种复杂多变的社会关系之中，受社会条件影响而形成了丰富多样的思想观念、价值选择和行为方式。因而其示范效应的作用范围同样会受到以社会生产力为首的经济、制度、文化、民族、地理位置等条件的限制，具体表现为只有处于同一生活环境或是活动空间的人才会对这一空间内的道德榜样产生认同，超出固定空间范围，道德榜样示范力量就会减弱甚至消失。另外，即使在新媒体快速发展的今天，宣传手段在传播力度和传导范围上的局限性仍然无法彻底克服。增强道德榜样示范效应应从选择道德榜样开始，注重榜样来源的多样性、开放性和大众性等特点，提高群众参与度，减少空间上的制约。因此从空间维度看，道德榜样示范的辐射范围越广，示范效果则越能接近预期。

最后，从整体上把握道德榜样示范效应的优劣，应将深刻维度视为衡量标准之一，具体表现为道德榜样示范仅浮于表面或者深入人心两种结果。强化道德榜样示范效应包括以下几个步骤：熟悉并认同道德榜样的事迹，产生向道德榜样学习的动机；把对道德榜样的认识转化为自身的自觉行为；坚持道德实践，把偶然的道德行为转化为稳定的道德习惯，传承道德榜样的精神品质。但是，由于理论的理想化和实践的现实性间存在差距，知行转化的跨越程度高、难度大，大部分思想认识不能顺利转化为具体行动，导致示范效应的影响程度仅限于表象直观而无法深入人心。例如，部分受教育者因认识上的误区和局限，将自身利益作为道德榜样精神和行为的评判标准，对道德榜样的学习、效仿流于形式、敷衍了事，缺乏真正的行为实践。道德榜样示范效应不佳不仅在于受教育者知行分离，还在于未能化被动为主动，化被迫为自觉，而不情愿的道德实践则类似于灌输学习，不能从更深刻的层面提高人们的道德水平和思想境界。总之，对于榜样精神和行为的传承和效仿是示范的最终目的和归宿，不仅要让人们认识和了解道德榜样，还应深入认识榜样的精神内涵和行为本质，营造向道德榜样学习的氛围，在学习中进行创新和道德实践。因此从深刻维度看，道德榜样示范效应越能透过现象抓住本质、深入人心，示范效果就越好，也越接近树立道德榜样的最终目的。

三　榜样的力量并不是无穷的

我们曾认为，"榜样的力量是无穷的"，但正如任何事物都具有两面性，道德榜样力量同样包含内在力量和外在力量两大层次，如果发挥不当或不充分，就变成"有限"了。道德榜样即道德模范具有多种内在和外在的力量，其力量的发挥过程实际上是将自身精神品德转化为他人道德品质的示范过程，包括道德信息的传递、接受和反馈等，在"知""情""意""行"多方面的运用。内在力量是指一种道德榜样所具备的内部特性，并用以提高自身道德水平、满足基本道德需求的人格力量；外在力量是指道德榜样向外释放的能够影响除自身外其他社会成员的社会力量。但是，缺乏对榜样力量的系统剖析和深刻解读容易夸大道德榜样的作用，忽略榜样力量实现的前提。要科学认识到道德榜样力量在本质上是一种非物质性的价值，而不是无穷无尽、无限万能和无条件的。要将道德榜样的力量置于社会现实境遇中进行思考，承认其存在的局限性，认识到榜样的力量并不是"无穷"的，而是有条件和限度的。

道德榜样的内在人格力量包含真理力量、德性力量和情感力量三要素，集中表现为真、善、美的结合体。第一，真理力量是指道德榜样与马克思主义以及相关科学理论的契合度，以马克思主义真理性为出发点和落脚点。真理是哲学的核心问题，是指人们对世界本质及其规律的正确认识，真理的演进过程是主观认识和客观实践辩证统一的过程，人类历史也是在不断追求真理的过程中前进的。马克思主义理论揭示了人类社会发展的深层次规律，为社会发展提供了科学的理论指导，在中国革命、建设和改革的历史事实中充分体现出其真理性、科学性和实践性。道德榜样的真理力量源于马克思主义蕴含的科学的世界观和方法论，他们之所以能够脱颖而出，成为道德人物和理想的学习榜样，原因在于高度符合在马克思主义指导下形成的评选原则和标准。道德榜样是马克思主义坚定的信仰者和实践者，其嘉言善行是对马克思主义具体化、生活化、大众化的阐释，夯实了抽象理论的现实基础。如赴美求学的心脏外科专家苏鸿熙先生，抱着报效祖国的坚定信念，毅然克服重重阻力回到祖国，开创了中国心外科医学史。又如华东师范大学方敬教授，退休后反哺家乡，助学扶贫，教化乡邻，资助贫困学生求学。基于对马克思主义的信仰和拥护，道德榜样们将自身的真理力量融入社会发展建设之中，从而实现了真理的传承，凸显了马克思主义的时代性、生动性和说服力。

第二，德性是个体优秀道德品质的总称，是人内在的道德自我的写照，具有规范和调节个体自身思想、情感、意志、行为的力量。亚里士多德作为西方哲学界较为系统地论述"德性"的思想家，认为德性是本性中值得称颂的部分。之后，休谟将德性界定为给予他人积极情感体验的心理活动或者品质。[①] 另外，康德提出"德性就是一种道德力量"[②]，在他看来，人的道德理性具有双重功能，既可以提高自身道德品质，又能够凝聚社会关系。道德榜样作为高尚道德品质的承载者和理想道德行为的表现者，必须具备的人格特质就是德性。在德性的鼓舞、调节和约束下，道德榜样的行为体现出鲜明的道德价值尺度。换言之，德性的彰显离不开道德榜样的实践活动，德性不仅象征着个人的美德，同时也推动着自身和社会的道德进步。当德性作为一种力量时，德性作用力能够从自我延伸至他人，唤起社会成员的精神共鸣，促使全社会范围内道德行为的产生，促进个人幸福感和社会凝聚力的提升。如德艺双馨的文艺老兵田华、鞠躬尽瘁的缉毒警察甘科伟、自强向善的青年学生白永皓等道德榜样，他们具备的德性力量彰显了伦理价值、文化传统、民族品格、时代特色，能够将抽象

---

① 〔英〕休谟：《道德原则研究》，曾晓平译，商务印书馆，2001，第141页。
② 〔德〕康德：《道德形而上学》，李秋零译，中国人民大学出版社，2011，第172页。

的道德规范通过具体的行为展示出来，让更多社会成员感受到道德理性的可行性。

第三，情感是人类特有的一种高级感情，是人类心理结构的重要组成部分。众多心理学家研究指出，在人的心理结构中，情感是推动和强化行为的重要驱动力和放大媒介，演化为人们实践过程中的精神推动力。从心理学角度出发，情感分为正向和负向两种，主要取决于道德需求的满足程度，并通过行为产生力量：当人的道德需求得到满足时，就会产生正向情感反馈，强化道德行为；相反，当道德需求未能得到满足时，则会产生负向情感反馈，抑制非道德行为。马克思指出，"激情、热情是人强烈追求自己的对象的本质力量"[1]。道德榜样的情感力量是激发其道德行为的"诱因"，在完成道德实践后能够产生一种自豪和快乐的情绪，从而肯定自身价值。由此可知，情感是可以传递的。在与他人的交往中，道德榜样的正向情感可以催生相似的情绪体验，以及他人对道德榜样的敬仰和效仿。道德榜样的行为越高尚，越能够产生强烈的情感，促使社会成员更积极地进行道德模仿。如老兵艾买尔·依提怀着对牺牲战士们强烈的敬意，在情感力量的驱动下辞去党支部书记一职，主动申请成为烈士陵园的守墓人。艾买尔·依提的行为促使儿子艾尼瓦尔·艾买尔产生了强烈的情感共鸣，并转化为模仿的动力，接替他父亲成为叶城县烈士陵园新的守墓人。

道德榜样的内在力量向社会外部环境扩散，在社会成员中形成影响力，而产生连锁反应的力量即外在力量。道德榜样的外在力量包含激励力量、导向力量和创造力量。第一，激励力量是指道德榜样展示的崇高形象和美好品质激起人们对道德的向往、热爱和追寻。激励力量的发挥包括感染、感召和模仿三个层次：感染是指在自愿非强制的条件下，道德榜样凭借高大的人格形象、崇高的道德行为以及超越常人的奉献、牺牲、利他精神给受感染者以无形的积极影响。感染力是由直观表象渗透于内在情感，形成观念上的认知，促使他人敬仰、倾慕、向往高尚道德人格的情感调动过程。与感染力相同，感召同样是一种无形的、非权威、无命令的力量。但是，感召是在感染的基础上进一步激发道德榜样对他人的影响。道德榜

---

[1] 《马克思恩格斯全集》第42卷，人民出版社，1979，第169页。

样的高尚道德品质不仅能唤起个人的情感共鸣，而且适应被感召者发展进步的需要，促使被感召者将对道德的追求转化为现实行动。道德模仿是道德榜样激励力量的最高层次，是指行为主体在没有外界权威力量支配的情境下自觉仿照道德榜样行动，做出与道德榜样相同或相似的道德行为的实践过程。模仿不是对道德榜样行为简单地复制，而是在道德榜样精神的激励下做出自主自觉自控的道德行为。第二，导向力量是指道德榜样的人格和精神具有引导和树立社会价值发展方向和目标的能力。任何社会都存在先进、中立或是腐朽的道德，在纷繁复杂的社会环境中，不同社会成员会因各种需要而选择高尚或腐朽的道德，做出正当或非正当的行为。毛泽东在谈论榜样时指出了榜样的导向作用，"这种先锋分子是胸怀坦白的，忠诚的，积极的与正直的……他们在革命的道路上起着向导的作用"[1]。道德榜样的行为和精神在一定程度上是衡量其他社会成员行为的价值标尺，是时代先进道德的风向标，能够对他人施以积极影响。心理学研究表明，现代社会中人们会有区别地接受外界信息，过滤不符合主体认知和期待的信息。道德榜样的心理倾向、理论认知、行为取舍是有一定方向性的，其导向力量在于有目的地收集正确信息，过滤有害信息，并通过自身超前于时代的思想智慧和实践作风使曾被人视而不见听而不闻的先进道德为广大人民群众所接纳。第三，创造力是人主观能动性的延伸和自我实现的需要。道德榜样的创造力是指社会成员在了解学习道德榜样的过程中，根据时代需求和自身条件，主观能动地对道德榜样的品质、精神、行为进行学习、模仿、再创造。道德榜样的创造力包括模仿和创造两个环节，模仿是学习的基础步骤；学习、效仿道德榜样并不是刻板地照搬榜样的行为，而是在道德榜样的精神指引下，根据自身需要和社会条件在实践中进行再创造。

  道德榜样具有不容小觑的内在和外在力量，具有得于心、施于行、内外统一的特征，其内在力量彰显出道德榜样崇高的精神品质，构成了外在力量的内在基础；外在力量形塑了社会健康文明的道德风尚，形成了内在力量的外部延伸，两者形成强大的内外合力，推动社会道德文明的建设。但是，用理性、客观、发展的眼光看待道德榜样力量可知，有效释放道德

---

[1] 《毛泽东文集》第2卷，人民出版社，1993，第42页。

榜样的力量并不是无条件的,而是有限的,受到社会历史条件、道德榜样自身局限以及学习者的多元诉求等因素的限制。

其一,道德榜样力量的实现是在满足一定社会历史条件的基础上,使内在力量转化为外在力量的过程。具体而言,道德榜样是在社会提供的平台上,通过个人实践发挥内在真理、德性、情感的力量,为社会做出贡献,实现自我价值。但是,其力量的发挥有赖于社会生产方式、活动组织形式、媒体宣传方式和责任赏罚机制等条件,如果失去这些前提条件,道德榜样的力量则无法充分发挥。例如,辩证唯物主义表明了物质是第一性的,道德榜样力作为一种精神力量需要以物质力量为依托。因此,较高的社会生产力水平,良好的物质生活条件,充足的基本需求保障等是保证榜样力量不会被膨胀的物质欲望抵消的前提。社会所提供的条件是道德榜样发挥力量的中介,社会历史条件的局限在一定程度上制约着道德榜样力量的发挥。其二,道德榜样是道德实践的主体,也是榜样力量的主体。但是,作为存在于社会关系中的"现实的个人",并不是完美无瑕的,道德榜样的实践经验、影响范围、时代背景都与完全理想化的道德存在差距。用康德的理论解释即是,道德榜样不是"善的原型",无法避免自身的局限。例如,每届全国道德模范分为五个类型,是指在道德的某一方面拥有突出表现的人,道德榜样拥有的美德并非全面的,而是有侧重的。道德榜样的产生适应了一定时期内道德文化发展的需要,其思想品质、行为表现具有一定的时代性,随着时代的发展,道德榜样的影响力也会从时代性发展为历史性,并逐步被新的道德榜样所代替。再者,道德榜样的力量受自身地域环境、职业特质、阶级特性等因素的影响,其影响范围具有群体性和地域性。也就是说,只有在相同或相似的群体生活的空间范围内树立的道德榜样才能被认可和接受,才能发挥榜样力量。其三,道德榜样力量发挥的程度不仅仅取决于道德榜样的主体能力,还在于作为客体的学习者能否认可、接纳道德榜样的感人事迹和崇高品质。每位道德榜样学习者的兴趣爱好、性格特点、行事作风等不尽相同,这些方面虽然不直属于道德领域,但从侧面反映了社会成员的道德涵养、道德情操、道德品质、思想境界。学习者们会以自己的价值追求和人生理想为道德榜样学习的原点,从榜样力量中选取符合自身需求的部分。道德榜样力量的有限性体现为如果社会成员不认同道德榜样或者效仿道德榜样不符合社会成员自身需要,那么无论道德榜样人格多么高尚、行为多么伟大、事迹多么感人,也仍然无法打动学习者。

总之,道德榜样本身具备了较强的影响力和较大的社会价值,但是不能夸大其力量而陷入"道德万能论"的窠臼。应正确认识到道德榜样的力量不是无限延伸的,而是具有一定局限性;不是无穷大的,而是在一定范围内的积极影响。

四 如何提振道德榜样的影响力

首先,要塑造道德榜样的"凡人"形象。道德榜样示范是建立在"人"的基础上的道德教化活动。从学理层面出发,道德榜样是连接理想和社会现实的桥梁,具有崇高的道德品质,是其他社会成员模仿和学习的典型。道德榜样完美诠释了人在理想状态下所展现的助人为乐、见义勇为、诚实守信等精神,并主动履行道德义务,积极维护他人或集体的权益。马克思主张,人是社会关系的产物,具有现实性和主体价值。人的现实性表明道德榜样的思想品质和实践水平离不开现实条件下社会历史的客观发展情况,在社会生产力和社会关系发展的不同阶段,道德榜样的基本特征因时因地而变,也使得受教育对象对道德榜样示范的接纳度因人而异。人的主体性表明,道德榜样作为道德活动的行为主体,具有主观性、自主性和能动性,道德行为是高尚道德品质和精神的延伸和具体体现,对学习者具有激励、感召、引导等积极影响,生动且充分地展现出道德榜样以身作则、率先垂范的主体能力。根据人的现实性和主体性本质推论,道德榜样无法脱离马克思对于"人"的深刻理解和论述,要正确把握道德榜样的内涵,增强道德榜样的示范效应,就需要从客观理性角度打破传统的认知固化和思维定式,结合现实情况,还原道德榜样真实可靠、可亲可敬的质朴形象。

应立足于实事求是原则,还原道德榜样的真实面貌,客观真实地宣传道德榜样的鲜活事迹。实事求是是共产党人的根本作风和优良品质,在道德榜样的选树和宣传过程中,要主动继承这一优良文化传统,杜绝为吸引眼球而制造、夸大、神化榜样形象。发挥道德榜样示范效应需要深入道德榜样生活，走近道德榜样内心，记录道德榜样事迹，让人民群众真正了解道德榜样是现实生活中存在的理想道德原型，引发人们心理上的钦佩和行为上的效仿。道德榜样的强大示范力量源于真实性、现实性和可模仿操作性，参与全国道德模范评选表彰活动的道德榜样是由人民群众推选和投票产生的，"接地气"是其根本特征之一。道德榜样不仅因为具有高尚的道德品质和典型的教育意义而成为道德教育的生动教材，还在于其行为事迹符合人性、贴近群众、遵循实际，是有据可循、有理可依的真实案例。道德榜样虽然是道德领域的佼佼者和道德实践的先行者，具有强烈的奉献牺牲精神，但其实质仍是一名"普通人"，具有人的本性所无法抹杀的基本生活需求和发展欲望。因此，展现给受教育者们的道德模范应当全面、客观，不必苛求于塑造完美的道德榜样形象并过度包装、拔高、炒作，从而导致人物形象脱离客观实际，让人们产生情感隔阂甚至与实践脱节。道德榜样的示范效应基于感人的道德实践即模范事迹，源于榜样人物在为人处世中的细节和日常生活里的智慧。扩大其影响力的前提在于细化道德榜样精神和实践中的感人元素，翔实报道模范事迹，回归道德榜样的人性之美，客观修饰人物形象。

应立足于多样性原则，发展壮大道德榜样群体，增强道德榜样的影响力。以道德哲学视角解读人性，产生出两种不同且对立的观点，即道义论和功利论。简言之，前者主张人出于道义而追求道德，后者认为人为了利益而追求道德。道德动机为选择道德榜样提供了多种可能，当前社会环境下，道德建设仍处于初期阶段，道义论和功利论并存。因此，人们追求道德的动机各不相同，对道德榜样示范效应的发挥也提出了更高要求。道德榜样作为全体社会成员学习的对象，应当具有广泛的教育意义，不能仅仅成为某个人或者某一群体的道德榜样，为了满足人们的多元道德需求，其人物形象应是多元丰富的。多元化的道德榜样是时代发展进步的要求。在道德建设新时期，传统道德榜样的革命精神、舍己为人的作风等已经无法反映现阶段人们的精神面貌。多层次、多元化的现实态势，决定了道德榜样人物形象和光辉事迹的多样化。多种类别、不同标准的道德榜样符合受教育者多样化的道德发展阶段和认知实践水平。由于人们的生活环境、教育背景、经济能力不同,其道德品质、价值观念、学习能力、实践水平也必然存在差异。多元化的道德榜样类型能够使道德榜样示范深入人心。例如,"全国道德模范评选表彰活动"为选树道德榜样提供了良好的借鉴,依据道德榜样事迹划分出五种类型的道德模范。同时,从纵向看,从地方到国家,产生了不同层级的道德模范;从横向看,道德榜样具有不同的年龄、身份、性别等。如今,千篇一律、单一不变的道德榜样难以满足多层次、多样化、多方面的道德需求。发挥道德榜样示范效应需要充分挖掘道德榜样自身优势,帮助其发挥自身主观能动性,富于创造性地进行道德实践,为人们学习道德榜样提供更多选择,实现道德榜样从传统一元走向现代多元的发展图景。

道德榜样应源于群众、利于群众,坚持群众性原则。"历史活动是群众的事业",道德榜样示范是以感染、教化人民群众为目的,旨在提高人民群众的思想道德修养和道德实践的积极性。人民群众是产生道德榜样的沃土,可以理解为,道德榜样由人民群众推选产生或从人民群众中脱颖而出,带有明显的人民性、群众性和草根性。全国道德模范的评选不受性别、地域、职业等因素的局限,而是全国范围内面向全体大众的道德榜样选拔活动。其自下而上的选拔方式充分体现出道德榜样与人民群众的内在关联,彰显出道德榜样示范为广大人民群众的道德教育服务的内在本质。广泛的群众基础是产生道德榜样的生命源泉,道德榜样影响力的提升离不开人民群众积极、主动、有效的参与。只有从群众中产生的道德榜样才能代表人民,只有与群众保持密切联系才能始终保有强大生命力,只有心系人民群众生活冷暖才能成为有德之人,只有得到群众的认可和钦佩才能产生示范效应。因此"从群众中来,到群众中去"的道德榜样虽然不具有神性,却平凡而伟大。

其次,要强化"好人有好报"的制度建设。目前,社会正处于发展转型的关键时期,人们渴望道德秩序和道德价值的理性回归,从而解决道德缺失、道德冷漠、价值迷茫、行为无序等问题,共同构建稳定有序的和谐社会。但是,道德行为的复杂性和多样性制约着人们对"好人好事"的清醒认识和合理判断。部分人错误地认为,用利益补偿方式回馈道德榜样是对其高尚道德品质的腐蚀,主张道德行为不能与利益相关联。当前,确实存在两种不同性质的道德行为：第一种是纯粹的道德行为，以帮助他人为目的，其动因源于对道德的追求和热情；第二种是庸俗的道德行为，以获取利益为目的，借道德行为谋取私利。道德动因的多元化导致人们不能正确认识道德行为，反而将道德和正当利益割裂开来。事实上，当道德行为缺乏制度性和合理性回报，不能以适当的方式对道德榜样进行肯定和鼓励时，即使榜样自身因为高尚道德品质不计得失，也容易使人们对道德实践望而却步。不利于道德行为的普及、推行和道德榜样示范效应的发挥，难以在社会范围内全面推广"善有善报"的价值信念。孔子主张"以德报德"，在物质和精神层面给予道德榜样褒奖无可厚非，不能简单地排斥道德行为实践者在利他的过程中保障自身利益，更应该避免让道德榜样"流血又流泪"的事件发生。发挥道德榜样示范作用应强化"好人有好报"的制度建设，坚持以公平公正、科学理性的态度对待社会成员们合情合理的道德回报诉求。

要确立相应的法律保障制度。道德和法律都是用于调节人际关系和社会秩序的规范，道德形成于人们日常生活中的风俗习惯，没有专门的制定和执行机构，依靠社会舆论、内心信念、他人褒贬和精神力量发挥作用。法律象征着统治阶级的意志，由专业的立法机构和人员制定产生，依靠国家机关的强制力量，通过奖惩等手段发挥作用。因此，道德和法律是合作共生的关系，两者相互促进、相互补充，分别从软约束力和强制力两方面推动人们形成向道德榜样学习的道德自律。十八届四中全会提出"法律是治国之重器，良法是善治之前提"，法律作为守护社会全体成员基本利益的底线要求，对道德榜样示范效应的发挥具有重要支撑和保障作用。确立法律制度保障道德榜样基本诉求和权益是完善道德规范、惩戒失德行为、推行榜样示范的法治性前提和基础。目前社会上出现的部分道德挫折现象，例如，老人摔倒不敢扶，见义勇为反被讹诈等，其根源在于做好事之人的根本权益不仅得不到保障反而遭受侵害。此类现实问题指出在处理道德问题上，以康德为代表的法律实证主义已经难以满足世俗世界即现实社会的需要，道德和法律不能完全区分开来，而应回到自然法学的立场上，使得道德合理性得到法律层面的彰显。法律从某种意义上说，本身具有一种内在的道德意味，法律和道德是互惠的关系，也就是说道德可以寻求法律的保护，为法律增添强大的生命活力。我国《宪法》明确规定了"五爱"公德，对公民提出了基本道德要求。2001年9月，中共中央宣传部颁布《公民道德建设实施纲要》，提出加强公民道德建设的实施途径。但是，随着社会对公民道德要求的深化和细化，一方面向道德榜样学习的公民不计个人得失，不断强化自我牺牲和奉献精神；另一方面，人们又发现了道德实践推广的困难，具体事件表明道德模范示范效应不佳，榜样精神难以传承。表明道德的感召力量存在局限，道德榜样作为社会中的个体，必然会面临众多现实问题。如果加强法律制度对道德榜样基本利益的保障，就能解决众多道德实践带来的后顾之忧，提升和增强人们学习效仿道德榜样的积极性和安全感，充分发挥道德榜样示范力量。

要建立健全合理的奖惩机制。"善有善报，恶有恶报"的传统价值信念深刻反映了人们对道德行为的基本看法。社会上普遍认为，表彰好人好事，禁止和惩戒失德行为符合正常的逻辑规律。公正合理的奖惩制度是指以政府为首的官方组织依据社会主流价值标准，对公民承担道德责任和义务的不同表现给予的反馈，包括奖励善行、惩罚恶行。合理的奖惩制度能够营造抑恶扬善的道德氛围，帮助人们进一步认识当前社会中的善恶标准，明白自己应该肯定什么和否定什么，应该效仿什么和摒弃什么。从国家层面给予道德榜样物质和精神上的奖励无可非议，道德榜样作为自我利益的主动让渡者和他人利益的维护者，理应得到嘉奖，从而更有效地促进人们对道德榜样的学习和模仿。由于社会大众缺少道德榜样一般的优秀道德品质和自我牺牲精神，调节利益是有效引导和监督的手段，采用奖惩并举的方式，既能避免道德行为过度牺牲正当权益，也能为社会和谐安定、文明有序做出贡献，使得人们面对利益时不忽视遵循公民道德准则的基本要求。众多马克思主义优秀作家并不否认利益的作用，如马克思曾说："'思想'一旦离开'利益'，就一定会使自己'出丑'。"[1] 毛泽东也曾说："一切空话都是无用的，必须给人民以看得见的物质福利。"[2] 科学合理的奖惩制度作为社会利益再分配的特殊形式，能够引发行为主体对此类事件

---

[1] 《马克思恩格斯文集》第1卷，人民出版社，2009，第286页。
[2] 《毛泽东文集》第2卷，人民出版社，1993，第467页。

的重视。虽然，在道德教育上提倡淡化物质回报和利益补偿，避免和克服功利化的动机，旨在提高人们内在的思想道德修养，但是，落实完善奖惩制度，将尊重和关爱道德模范转化为具体可见的荣誉和物质奖励，可以长效地鼓舞、吸引社会大众。现实情况下，道德模范因帮助他人而陷入生活困境的事时有发生，普通民众习惯于认为道德行为等同于生活艰难，从而将道德和利益对立起来，不愿意了解和效仿道德榜样。所以，明确规定道德模范奖励机制，如设立道德榜样奖励津贴、生活困难道德榜样补助等，切实保障、关爱、礼遇道德榜样，才能尽可能地发挥道德榜样示范效应。

最后，提高社会大众向善的伦理自觉。伦理学是研究判断人的行为正当或非正当、善或恶的科学，伦理自觉是人们在客观条件下按照正当和善良的标准做事的自觉。作为一个历史范畴，道德价值评判的标准会随着社会经济、政治、文化等因素的变化而改变。但是，善和恶的观念仍然具有普遍意义，两者相比较而存在。就一般情况而言，善是指有利于他人和社会的道德实践；相反，恶则是指损人利己、损公肥私的行为表现。增强道德榜样示范效应，需要人们有清晰的善恶观念，赞扬和普及道德行为，谴责和抑制不道德行为，帮助社会群体形成主流价值判断和道德行为反应，构建全民向善的伦理自觉。基于人和社会的内在关联以及道德榜样示范的内涵和表现，提高道德自觉可以从优化社会环境、营造文化氛围、完善教育体系三方面入手。

个人的成长成才和外部社会环境有着密切关联，外部社会环境可以深刻地影响人和塑造人。换言之，社会风气的改善对个人美德的养成具有重要意义。个人的思想和行为会受外界环境的影响，道德榜样示范就是发挥外界的影响力，激发人们对道德榜样的敬意，并进一步引导人们的行为举止。人的道德伦理发展与社会外部环境是共生关系。社会环境是培育道德榜样的土壤，是影响道德榜样示范的外在条件之一，优化社会环境是提升道德榜样示范效应的有效方式。从道德榜样主体出发，良好的社会环境有助于指引道德行为，弘扬榜样精神，提升道德榜样群体的自信心和行动力。从受教育者出发，良好的社会环境能够帮助人们消除对道德榜样的怀疑和困惑，唤醒内心深处对道德榜样的理解和敬佩，促进人们思想道德的进步和行为举止的规范。缺乏崇德尚善的外界环境不仅有碍于社会凝聚力的增强，而且会引发整个社会中人与人之间的冷漠、仇视、不信任等现象，导致道德生态恶化。同时意味着道德榜样示范如同无水之鱼、无根之树，缺少发展进步的土壤。把道德榜样的力量转化为人民群众的深刻道德实践，需要在全社会形成崇德向善、见贤思齐、德行天下的浓厚氛围。充分彰显道德榜样示范需要优化、净化、美化道德生态环境，树立引领全体社会成员的社会主流道德。

人的生存和发展离不开环境的影响，同时也在人化的文化环境中成长。如果社会环境侧重于客观自然条件，文化则完全是人类社会发展的产物，属于人们通过感官认知外部世界后进行主观再创造的习惯、知识、经验等的总和。文化和人的作用是双向交互的，人创造文化，文化塑造人。道德在文化体系中占据着重要地位，对于精神文明建设具有基础性和引领性作用。道德榜样作为道德具体化、人格化、符号化的体现，是人类文化中道德领域的人才资源，在道德榜样身上凝聚着社会主流道德和崇高理想信念，具有引导人们反思自身言行、遵守道德规范、尝试道德实践的示范价值。文化虽不是实体性的存在，但是由物态形式所承载。道德榜样的文化精神通过多种多样的文化形态传递，如文化产业、文化产品、人文设施等，而英雄纪念碑、榜样人物主题公园、纪念邮票、雕像等文化资源都展现出人们对道德榜样文化寄托的美好愿景。因此，塑造全社会范围内的高尚精神追求和道德风貌，需要以道德模范为学习蓝本，并通过文化建设丰富人们的精神世界，提升人们的道德修养，端正行为作风。在潜移默化中将道德榜样精神转化为广大人民群众的精神养分和实践动力，形成广泛且覆盖全社会的先进思想观念、价值取向和自觉行为。

提高人民群众向善的伦理自觉不能仅仅依靠环境和文化的外界引导作用，被动地等待社会大众将所闻所见所感转化为伦理自觉，更需要把广大人民群众视为受教育者，直接利用教育的目的性、计划性和组织性优势，以道德榜样的感人事迹为内容，实施道德教育，提升道德榜样示范的有效性。教育作为个体道德社会化的重要途径，本质上是人自我的构建、超越和实践，可以提升人们学习效仿道德榜样的主动性和将道德规范具体落实为受教育者的知情意行。进一步而言，道德榜样自身具备深刻的教育意义，道德榜样示范本身就是以其品德、能力、行为等启发、感召和影响他人，使他人努力达到与道德榜样一致的道德境界。教育正是面向受教育者，通过讲解、宣传和弘扬道德榜样在现实生活中的嘉言懿行、凡人善举，增强道德榜样的影响力，具有持续时间长、覆盖范围广、影响程度深等特点。个人思想品德是家庭、学校、社会共同作用的结果。完善教育体系是指建立健全家庭、学校、社会的教育体系，加强三方的交流、互动、合作，使得道德榜样教育得到全体社会力量的支持，贯穿受教育者成长成才全过程。道德榜样教育既是事关国家道德建设、社会文明进步的重要政策方针，也是提高个人道德品质、促进道德实践的系统性教育工程，覆盖了社会与个人。因此，运用教育这一强制性和综合性方式有利于对道德榜样的光辉事迹进行总结学习，例如，将第六届全国道德模范的光辉事迹纳入高校思政课，扩大和增强道德自觉培育的覆盖面和实效性。

第十章　道德模仿

人本是道德的无知者，但人的存在本质决定了他必须走上社会化旅程。人的道德社会化就是从道德模仿起步的。人们在道德模仿的过程中，分辨善恶，体认高尚与卑劣，实现道德认同，养成道德习惯。道德模仿是道德学习的"启蒙课"，道德传递的"通道"，道德内化的"入口"，道德整合的"立交桥"。我们研究它，旨在提高人们的道德适应力，树立道德榜样，加强道德传播，从而使社会道德水平在相互仿效中提高。[①]

一　一种特殊的道德学习方式

在社会交往中，人们受到的社会心理影响是多种多样的，影响的程度也因人、因时、因地而异。社会制度、法律规范、经济政策及其他各项政策、学校教育、政治宣传等，是人们有组织、有目的地施加影响，而且这种影响是强有力的。道德、习俗、时尚、流言、舆论等基本上是自发形成的影响，其本身体现了一种社会心理倾向，对个体的影响是相当深刻的。道德的社会传播与培育，在很大程度上是通过人际影响来实现的，而模仿是人际影响的重要方式。

模仿是在没有外界控制的条件下，个体受到他人行为的刺激影响，并依照他人行为，使自己的行为与之相同或相似。模仿是普遍存在的一种社会现象，从个体对他人的无意识动作到衣、食、住、行，再到对他人的风度、性格、工作方法、生活方式，乃至于对整个社会生活有关的风俗、习惯、礼节、时尚等，都存在模仿。处在社会化过程中的个人总是习惯于模

[①] 本章主要内容参见李建华、胡知武《论道德模仿》，《湖南师范大学学报》（社会科学版）1992年第5期，收入本书时略有调整。

仿他人行为以便和他人交往，然后再逐渐认识这种行为的原因、意义和价值，这是人类学习的一条重要途径。人对道德规范的掌握，也往往是在自觉或不自觉的模仿中进行的。

道德模仿是一种特殊的道德学习活动，是在没有外界控制的条件下，主体自觉地仿照他人，做出与之相同或相似的道德行为的过程。

道德模仿首先是道德主体在没有外界控制的条件下发生的道德行为。道德模仿不是通过社会、团体或组织的强制性命令发生的，而是自觉自愿甚至是自发的行为，是模仿主体倾向的或希望达到的行为，最低限度是对自己无害的行为。其次，道德模仿是力图使主体行为与被模仿的行为相似或相近的行为。"模仿是最真挚的奉承形式。"在道德模仿过程中，无论是模仿群体道德形象，还是个体道德形象，都必须接受、趋向、表现被模仿者的行为，还要对道德榜样的行为特点和范例进行"复制"。通过再现被模仿的道德行为或道德形象的外部特征、姿态和动作，道德主体不仅可以掌握相似的道德活动技能，还可以形成相同的道德观念、道德理想和道德行为方式，从而实现道德认同。最后，道德模仿是不断学习、塑造道德形象的辩证过程。这一过程有两个方面的含义：一是道德模仿的内在活动方式是一个由简单到复杂的过程；二是道德模仿的外在表现也呈现一个过程，即无数道德模仿刺激模仿主体，道德主体则用知觉性选择，逐个进行模仿，由具体到抽象，最终实现道德价值的整合。

道德模仿是最基本的、最常见的社会道德影响形式。它通过对道德榜样的外在仿效，激发人们产生内在的道德情感体验，实现深层次的道德认同。它与道德感染、道德暗示、道德服从等其他道德影响方式相比，具有自身的特殊性质。

其一，单向——选择性。道德模仿是道德主体主动地仿效道德客体形象的行为，是主体对客体的单方向影响活动，并且行为主体对客体行为的模仿是有选择的。道德活动从主客关系来讲，可以分为单向性活动和主客互动两种形态。道德模仿是主体对客体的单向作用活动方式，即道德模仿发生时，被模仿者并没有意识到，因而不具反馈性，其活动过程由道德主体一方完成。在公共汽车上看到有人为老弱病残者让座，自己也会模仿他人行为，主动让座，被模仿者并没有意识到，更没有强迫人们去模仿自己的行为。可见,道德模仿同道德感染不一样,前者是道德自动,后者是道德互动。在道德互动中,主客双方各自为对方的道德品质所震慑,实现了道德情感的相互浸润和道德增值。道德模仿主要靠主体自觉地学习他人的道德行为,体认道德价值,实现道德增值。道德模仿是主体的单向意识活动,所以,主体选择对道德模仿具有决定性意义。道德模仿过程实际上是一个道德选择过程。一方面,道德世界千奇百态,既有善的崇高,又有罪恶的引诱;既有善与善的不等值,又有恶与恶的不等量,模仿者不可能概而仿之,只能择而效之。另一方面,道德模仿的行为主体面临着无数道德形象客体的刺激,只有当这种刺激同模仿者的道德价值观念相吻合,符合主体的道德需要时,才可能有主体的主动模仿,否则,主体会视而不见、听而不闻。因此,道德模仿者的道德水平和内心的善恶标准,是进行道德模仿的内在依据。当社会号召人们学英雄人物、道德楷模的时候,应当充分考虑人们道德心理的可溶性并注重行为主体自觉的道德启发。

其二,非逻辑——无规则性。道德模仿不依靠严密的逻辑结构,也无须缜密地逻辑推演,主要是诉诸直观、表象和情绪。在人的思维活动中,逻辑的力量是令人折服的,同时,非逻辑、非系统的力量也不可低估。尤其是在道德社会化过程中,人们并不是先懂得道德生活的内在逻辑再进行道德实践,而是在具体的道德实践中,使非逻辑的东西逻辑化、非系统的东西系统化,进而使道德社会化由感性经验上升到理性自觉的层次。离开了对道德感性具体的认知,就不可能有道德理性思维的产生,道德模仿就是对道德感性形象的认知和学习活动。父母对孩子的道德影响,孩子对父母的行为品质的模仿都是在不知不觉中发生的,通过"形"示、"情"染,非逻辑地展开。同时,道德模仿也不是对道德规则和规范的表达和解析,而是社会道德的无规则传递。考察人的道德行为,并不都是基于对一定的道德原则的深刻理解,或在行为之前有一个明确的原则,往往是通过道德情感的激发而不由自主地进行的。大雪封门时,有人在铲雪清道,此时你也会不由自主地加入,但你事先未必真的有所思考,而是为当时的道德情境所感染而做出的一种无意识模仿。你模仿他,别人又模仿你,就形成了道德磁场,有效地进行道德情绪的感染和道德行为的模仿,从而实现道德传递。

第十章　道德模仿

其三,直观——超功利性。道德模仿以道德主体的感官直接搜寻、模拟社会生活中的道德形象,因而道德模仿从形态上说是直观的、表象的、外在的。道德模仿只能对道德外显行为进行模仿,如道德动作、姿态及其生活方式,不能模仿他人内隐的道德心理,完全是凭直觉来把握道德。从认识论来看,所谓直觉就是一种不自觉的反映。它是基于个人的知识和经验,对客观事物的本质及规律予以迅速识别、敏锐洞察、直接理解和整体判断的心理感受能力和思维形式。直觉不仅包含主体对客观事物的直接感受,而且包含理智对事物本质的觉察。道德意义上的直觉,一般有两种含义:一是人们对一定的道德价值体系、道德理论知识的直接感受能力和直接判断方式;二是人们基于一定的道德价值目标和已有的道德倾向性,从"应该如何"的意义上来判断、理解和把握人与自然、人与社会、自我与他人、自我本身的价值的一种能力和方式。①

康德曾经认为,道德律只能靠直觉去把握,不能靠"纯粹理性"去认知。后来的直觉主义伦理学(以西季威克、摩尔、普理查德等人为代表)也认为从理论上掌握道德是不可能的,只能借助于直觉等非理性形式。这种把道德看成不证自明的观点是错误的,但直觉主义确也看到了直觉在道德中的作用。道德模仿的心理本质就是道德直觉的直接性,表现为当它把握道德对象的价值时,常常不借助某种手段(物质的或观念的),不借助中间环节而呈现为某种"顿悟"和"心有灵犀"。中国儒家伦理文化、道家伦理文化所诱发的人们心灵中的东西正是这种不求反思、只求"豁然开朗"的能力。

当然,通过对他人道德行为的反复模仿,可以产生相同的道德心理体验,即道德模仿达到更深层次时,就会产生道德认同。这时模仿主体已经能够认识到被模仿的那种行为的意义和价值,在此基础上产生积极的情绪体验,表现出与他人相同或相似的行为,从而实现道德感情的升华。道德精神的形成,道德形象的再塑,致使对道德功利的理智权衡居于次要地位。

人的模仿活动不可避免地带有某种功利色彩,只是程度不同而已。但

---

① 龙杰:《试论道德直觉》,《东岳论丛》1991年第1期。

是，道德模仿的特性不是为了增进功利，相反，是对功利的超越，是对道义的接近，是对义务的履行。道德之所以是道德，就在于它使人产生了一种强烈的义务感。人们在履行政治法律义务时，往往同谋求个人权利联系起来，人们对义务的恪守往往是为了满足或实现相应权利需要，而当履行义务不以谋求某种权利或相应补偿为必要前提时，人们便步入了道德的圣殿。对他人道德行为的模仿，非但不能使功利增殖，有时还会牺牲个人利益。如果学雷锋是为了评"三好学生""优秀干部"，甚至能拿到一笔可观的奖金，这本身就是对雷锋精神的亵渎，是对道德的嘲弄。道德模仿以追求崇高的道义为最高价值目标。

二 道德模仿的机制

道德模仿能否实现，取决于道德模仿机制是否健全。道德模仿的机制是指道德模仿得以发生和实现所依赖的因素的总和，具体包括主体因素、客体因素和情境因素。

道德模仿首先依赖于道德主体的内部因素。道德主体的内部运作往往是通过"道德图式"来完成的。所谓道德图式是指主体意识中具有稳定的道德心理倾向、道德观念结构和道德信念系统。它作为一种内在结构是一种具有特殊功能的选择和控制系统，一经确立，不仅对主体的道德认知发生影响，而且对主体的行为产生作用。道德图式往往作为一种主观内在结构引导主体对周围的道德现象进行感知、评价和选择，在道德模仿过程中，主要借助下列因素。

向善的心理倾向。人在进行道德模仿时，总是对善举进行模仿。有人之所以模仿了恶行，是因为主体的道德评价原则发生了倒错，把善的看成恶的，把恶的反而看成善的，并加以仿效。从人们进行道德模仿的原本的"心理倾向"看，总以为自己是在"学好样"的。道德模仿之所以可能，主要基于下列驱动因素的独特结合：（1）道德新奇的乐趣和获得成功的自豪；（2）把自己想象成模仿对象的愿望（尤其是师长和权威人士）；（3）对他人某种适合于自己的行为方式的喜爱；（4）渴求获得赞同或避免嘲笑、惩罚的需要；（5）渴望他人理解、同情并获得友谊的愿望等。这些因素是道德模仿发生的重要驱动力,人人具有,但又各不相同。人人具有,导致了道德模仿的普遍性;各不相同,导致了道德模仿的差异性。

这种向善的心理倾向从社会效应来讲,主要是为了适应环境,消除内心的道德焦虑。人在遇到困难的时候会感到焦虑,当偏离了社会道德的共同准则时则会产生道德焦虑。与此同时又会产生摆脱困难、消除焦虑的动机。如果某个人的行为能使人摆脱这种困境,他就会成为别人模仿的对象。有人做过这样一个实验:先让一些人吃咸饼干,然后让他们到一个大厅里等待"实验",大厅里设有饮水处,却挂着"请勿使用"的牌子;大家都感到非常渴,但是看到牌子后谁都没有去喝水,后来一个假装被试的人跑去喝水,大部分人也跟着纷纷喝起了水。道德生活中的焦虑消除动机更为深刻。当看到他人助人为乐而自己袖手旁观时会产生焦虑情绪,甚至深深地感到内疚与自责,这时就会产生向助人为乐者学习的冲动,以便消除因焦虑而产生的痛苦感。

道德知觉能力。要使道德模仿得以进行,光凭一种意向还不够,还须具备一定的道德知觉能力。道德知觉是主体对人们利益关系的知觉,它通过对人们道德行为的物理特点的知觉,达到对行为价值的认知。如果说,人们向善的心理倾向是"我要模仿"问题的基础,那么,道德知觉能力就是解决"我为什么要模仿他"这个问题的关键。道德模仿如果仅仅是一种行为动作的机械仿效,凭一种兴趣和冲动,没有认识到行为价值的意义,还称不上完全意义上的道德模仿。道德知觉是在人际交往中产生的相互感知,交往双方既是模仿者,又是被模仿者,你在我眼里,我在你心中,通过直接接触,从对方的言语、动姿、静姿中可以把握对方行为乃至心理的某些信息,由此组合形成关于对方的价值初评和善恶判断,这就是道德知觉。可见,道德知觉能力主要表现为道德评价能力,道德知觉的主体必须是具有一定道德评价能力的人。没有一定的道德评价能力就无法对对方的言行进行善恶判定,就无法进行善恶价值的取舍,也无法进行道德模仿。当然,道德知觉能力并不等于道德评价能力,因为道德评价属于道德行为中的实践系统,而道德知觉属于社会交往中的道德认识系统。[1] 但是,认

---

[1] 曾钊新等:《心灵的碰撞——伦理社会学的虚与实》,湖南出版社,1993,第186页。

识总是出于自觉，总要对认识客体进行分类，评定哪些客体是可以模仿的，哪些是不可以模仿的。

道德行为表现能力。模仿就是学习，道德模仿就是道德初学，而这种道德初学进行得怎样，则要通过行为表现来衡量。在道德生活中，常有人想"学榜样"，也能分清学什么样的榜样，但就是学不来，只是让人觉得此人可能是善良的，这就是一个道德的行为表现问题。这里的"表现"是对他人道德行为的复制和再造。道德模仿的要旨在于促生新的道德行为，而不是一般的感情共鸣。道德行为表现能力具体表现在三个层次上。一是扬善抑恶的能力。我们常说某某人"好样学不来，坏样学得快"，这其实是说此人扬善抑恶的能力太差。扬善抑恶首先是认知层面上的善恶分明，善恶不分的人，可能就是助纣为虐、为虎添翼者。扬善抑恶在行为层面上就是要有正义感，敢于同坏人坏事做斗争，在善恶对峙之时，敢于同恶势力做斗争，甚至不惜牺牲生命。在认知与行为上，意志力起决定作用。一些人之所以不能扬善抑恶就是意志力太差。意志力是信念与情感的融通，排难与拒惑的互补，抉择与行动的协同。可见，扬善抑恶是一种综合性能力。二是道德行为的简单模仿能力。婴儿都是从简单模仿开始学习的，简单正确的道德模仿是道德内化的桥梁。一个连简单模仿都不会的人，不可能有什么高尚的道德行为，简单模仿能力的培养是从无意识模仿到有意识模仿的转化过程。无意识模仿是模仿者不考虑行为的原因和意义，在不知不觉中仿照别人的样子。有意识模仿是自觉地仿照他人的动作，有期望、动机和一定的理性。随着有意与无意的不断重复，模仿能力就会得到提高。三是创造性模仿能力。道德模仿发展的趋势是从无意识模仿到有意识模仿，从模仿榜样的外部特征产生类似举动到模仿榜样的内在品质而产生创造性的道德行为。有了创造性模仿的能力，就会一通百通，就不会觉得"学无榜样"，就会既懂得道德行为的真谛，又能实现道德的不断增值。

道德模仿的展开和完成与道德客体的示范效应有关。人们模仿道德榜样并非一一模仿，而是有选择性的。什么样的道德客体可以进入主体模仿的"猎域"，与道德客体的刺激性或影响力的大小密不可分。这就是道德客体的示范效应问题。所谓道德客体的示范效应是指社会公认或人们自发尊崇的道德楷模对周围个体的道德意识和道德行为的影响。道德客体的影响力取决于如下因素。第一，道德榜样的刺激性。一般来说，道德榜样的地位高，支配力量大，就容易被人模仿。人们总是倾向于模仿那些地位高、有社会支配力量的榜样。在有意识模仿的时候，一般总是年纪小的人模仿年纪大的人，水平低的人模仿水平高的人，子女模仿父母，学生模仿教师，下级模仿上级。父母、教师、领导、权威有较多知识和经验，按照他们的模式参与活动，比较容易获得成功。另一方面，模仿这些人的行为，容易得到好评、表扬和奖励，使模仿行为得到强化。第二，道德客体与道德主体的相似性。被模仿客体如果与模仿者具有相似性，模仿就容易发生。经验表明，当我们看到一个与自己的身份、学历等背景相似的人取得某项成功时，就往往相信自己也能做到，从而积极模仿。因为人相信生活经验，相信人生体验的共同性，相信获得成功条件的同一性。"别人能做到，为什么我不能做到？"这是一种积极的生活态度，是一种向善的心理前提。相反，当道德模仿的主体与道德客体存在很大差异，甚至截然不同时，模仿就难以发生。第三，道德客体示例的行为类型。社会心理学研究表明，敌对的或攻击性行为最容易被模仿，如习惯于严厉体罚的父母所教养出来的子女，通常都和他们的父母具有相同的残暴性，所谓"近墨者黑"。因此，我们应当着力宣传正面的道德形象，并阐发其行为价值，避免人们的猎奇心理和逆反心理所导致的消极模仿。第四，道德客体的活动结果。凡是能得到社会赞誉和奖励的道德榜样，多半会得到模仿，因为模仿者总希望自己的行为得到社会赞誉。生活中有不少师长和父母任劳任怨、勤劳朴实、埋头苦干、默默无闻，其品德实属优秀，但晚辈不太理解或不去模仿，甚至"嘲笑"或者搪塞。这说明师长父母们的品德没有得到应有的颂扬与奖赏。因此，建立合理公正的社会道德评价机制有利于社会的道德模仿，对社会道德风气的改良也十分必要。

道德模仿的发生与完成离不开一定的道德环境。人是环境和教育的产物，人的道德模仿是在具体的道德环境中展开的。同一个人在不同的道德环境中会有不同的道德模仿，在同一个道德环境中，具有不同道德素质的人可能产生相同的道德模仿。如果说，道德是人格的灵魂，那么环境则是塑造灵魂的重要机制。

道德环境是道德主体在行为过程中，对其产生外在影响的全部道德精神因素的总和。人的活动环境包括自然环境和精神环境两部分，自然环境是一种显性环境，是人看得见、摸得着的，往往以物质的形式表现出来，如天气的好坏、光线的明暗、位置的优劣等。精神环境是一种隐性环境，只能通过人的"内感官"感受到，它是社会情绪、风尚、舆论、态势等因素的有机结合。道德环境是影响人的道德行为的一种重要的精神环境。道德环境一般包括社会道德情绪、社会道德态度和社会道德风气三大部分。社会道德情绪是在特定的时空中，群体对某一道德场中的道德行为或事件所产生的道德好恶体验和反应，常常表现为赞叹或厌恶、鄙视等情态。社会道德情绪是极不稳定的、多变的，并易表现出极度状态，如狂喜、盛怒，所以它的感染力较大。社会道德态度是无数旁观者对某一行为主体的言行所持的较为持久的肯定或否定的内在反映倾向，并表现出某种行为意向。社会道德态度具有稳定性，常常对人的行为产生持续性影响。社会道德风气指社会上流行的道德观念和风尚及其行为习惯，它从更广的范围和更大的时间跨度上对个体行为产生影响。因此，社会道德风气是道德"大环境"，而社会道德情绪和社会道德态度往往是针对某一具体道德行为或事件的倾向性评价，属于道德"小环境"。

道德环境对道德模仿产生了正、负两重效应。所谓正效应，就是道德环境有利于行为主体进行道德模仿，并能产生道德向善的效应；所谓负效应，就是道德环境不利于人们进行道德模仿，甚至使人们的良好道德素质及表现受到限制、压抑。因此，在社会风气不甚好的情况下，净化和优化道德环境对人们学习道德榜样至关重要。社会主义道德建设应注重道德环境建设。

道德环境又有空间环境和时间环境两种。在一个特定的道德空间，如果善的因素占主导地位，道德模仿就会顺利地进行。有人埋怨社会道德水平下降是由于道德教育的失误，我们认为这是欠妥的。因为教育不是万能的，只有在一定的环境中方能发挥效力。我们要对不良空间加以改造，以利道德模仿。同时，道德模仿也是在时间环境中进行的，时间环境就是我们所说的"此时此刻"。人在不同时间可能有着不同的行为。一个真诚的爱国主义者、勇敢的士兵，在"兵败如山倒"的时间环境中，很难说不一起随军溃逃。在1991年我国发生特大水灾时，不少劳改犯也捐献钱物，这都是特定的时间环境的影响。道德模仿是因时因地的，二者必须兼顾，以便使主体科学地审时度势，不为不良环境所影响，促成道德模仿之趋势，使其行为符合正效应的规律。同时，要充分考虑道德模仿的时间和空间环境，这有利于进行合理的道德评价，真正起到抑恶扬善的作用。

三 效亲—尊师—看官—习典

道德模仿是实现个体道德社会化的有效途径，这也意味着道德模仿是对已经或在继续道德社会化的人的模仿。因此，遵循道德社会化的轨迹，可以找到道德模仿的行踪。根据时间纵向和空间断面，道德模仿的社会行踪大致可归结为：效亲—尊师—看官—习典。

家庭是人生旅程的第一站，父母及其他亲人是道德社会化的"启蒙导师"，血缘关系是人生道德实践的"第一实验室"。一个婴儿呱呱坠地，睁开双眼看世界时，父母就是他的"上帝"，是世界上最伟大、最了不起的人，长大一定要像父母一样，这是儿童最初的模仿欲念和动机。父母的道德品质和为人，对子女道德观念的形成、发展和道德行为的影响甚大。孩子就是反映父母道德水平的镜子。一般说来，长辈的道德修养越高，对晚辈道德意识和行为的健康发展就越有利，反之则不利。所谓"有其父必有其子"，就是这种模仿的至亲性的注脚。子女对父母的道德模仿往往是在无意中产生的，父母的一言一行、一举一动都是孩子直接模仿的内容。因此，父母要正其身，注重角色道德修养，不但要做得恒久，还要做得细腻。当然，在道德模仿中唯血统论是不对的，贼子不一定是贼，甚至英雄的儿子也可能是"狗熊"，但无视或忽视父母的言传身教也不是唯物主义者。其实，问题不在于是否承认这种影响，而在于这种至亲行为能产生何种效应。有的子女道德上堕落，并不是父母失德所致，而是对子女的教育方法不妥。因此，教育方法的科学，是道德至亲模仿的重要保证。"老子终日浮水，儿子做了溺鬼。老子偷瓜盗果，儿子杀人放火。"《小儿语》中的这几句话十分形象地说明了父母的所言所行对子女的影响。少儿没有与社会接触的经验，他的社会就是家庭。家庭是少儿的第一任学校，是德教发蒙的摇篮。父母要注意道德示范作用，否则会贻误后代。欲子诚实，父母必言而有信；欲子勤劳，父母须勤力务时；欲子节俭，父母必清约临己。① 有了父母的"形示"，才有子女的"模仿"。

这里的尊师包括学生对教师以及职业生活中徒弟对师傅的尊重和学习。从师是学习的开始，尊师是学习的保证。师之所以要尊，就在于师是长辈，是再生父母，此所谓"一日为师，终身为父""师徒如父子"。师是知识、技能、经验的富有者，也是为人处世的道德楷模。因此，教师个人的范例，对于青年人心灵的形塑作用，是任何东西都不能代替的。为人师表被千古称颂，可贵之处是师"可表"。倘若其"表"不值得师，师之则为大谬。学生对教师的各个方面都可能仿效，因此这决定了"师"必须是学问与德性的楷模，传知与做人都必须高度统一，否则，道德模仿在尊师这一环节上将得不到正效应。"名师出高徒"在于徒弟模仿、学习名师的技术和高尚品德，二者统一方可称高徒。但也有可能因为师徒关系紧张，产生了情感沟通的障碍，从而使其对对方的道德评价发生偏差，甚至善恶颠倒，导致师徒反目，这是尊师这种道德模仿的中断和失败。可见，建立良好的师生关系是对师生进行道德模仿的不可忽视的环节。封建教育思想鼓吹"师道尊严"，把学生看作被动和机械的受体，师生关系是建立在等级制度和奴役手段基础之上的。资产阶级关系中的个人主义及其暴力崇拜的思想，也渗透到师生关系中来，教师的威信往往是以迫使学生害怕惩罚的办法来维持。社会主义制度的确立使人际关系发生了质的变化，一种平等、互助、民主、合作的全新的师生关系得以建立，教师不是靠封建式宗法关系来维持自己的尊严，而是依靠自己的工作、人格魅力在学生中树立威信，成为学生的道德榜样。

走出校门（或师门）就意味着要走向更宽广的社会舞台，此时人际关系更加复杂，可供模仿的道德榜样越来越多，其中最有直接影响力的是领导干部，我们姑且总称为"官"。有一则问卷调查，题目是"你认为搞好道德建设的关键是什么？"其中有 77.5% 的人认为是"干部以身作则"，

---

① 曾钊新等：《心灵的碰撞——伦理社会学的虚与实》，湖南出版社，1993，第 247 页。

15%的人认为是端正党风。身居官位之人的道德品行,对人们的道德生活影响之大,由此可见一斑。诚如孟子所言:"上有好者,下必有甚焉者矣。"另有常言,"近朱者赤"。"好者""朱者"官位越高,"下必其者""赤者"就越多。如果说至亲影响一个家庭,尊师影响一代弟子,那么,看官就会影响一个单位,甚至影响整个民族和国家。"村看村,户看户,群众看干部。"如果身居高官者,不是"先天下之忧而忧",而是"先天下之乐而乐",又怎能使老百姓相信"集体主义""大公无私""为人民服务""共产主义"呢?因此,当官者,不但要为民作仆,而且要做道德楷模。因此,目前社会主义道德建设的关键是要抓好党政干部的道德建设,即"官德"建设。"官德"建设之所以重要,是由其职业特点决定的。第一,地位突出,处于领导地位,掌握着大权;第二,角色多样,既是群众利益的代表者和维护者,又是群众意志的体现者和执行者,也是群众活动的组织者和教育者,还是群众关系的设计者和协调者;第三,对象特殊,面对各行各业的人、财、物,涉及社会生活的各个方面,而归根结底是使社会有机体得以健康有序运行所必需的领导、管理、协调、服务等;第四,责任重大,"政治路线确定之后,干部就是决定的因素"。正是基于这些特点,社会和人民才赋予党政干部以极高的道德期望,党政干部的道德形象建设也被提到极其重要的地位。[①]

　　道德典范是全社会需要共同学习的,是社会道德理想人格的现实标示,往往是由一定社会或利益集团所树立并号召全体模仿的道德榜样。这种道德典范较于"亲""师""官"更具道德上的权威性和先进性。人们要争先进、当先进,就必须先学先进、习典范。为提高全民族的道德水平,我们在不同时期树立了不少道德典型,如雷锋、焦裕禄、朱伯儒等。在这些典型的道德精神的鼓舞下,社会上也确有无数"活雷锋"出现。因此,要有效地模仿道德典范,首先要对道德典型人物进行实事求是的分析,不能故意拔高和神化。如果典范变成了"超人""圣人",那么一般人是无从模仿的。其实任何典范都是"凡人""普通人",都是在平凡工作岗位上的劳动者,都是有血有肉、有七情六欲的人,人人都可以模仿。孔繁

---

① 王伟:《论领导干部道德》,《光明日报》1996年7月17日,第1版。

森、徐虎、李素丽等都是我们身边的普通人，他们的事迹并非高不可攀，而是平凡中见伟大，伟大就在我们身边。其次，要着重宣传典范人物的成长道路，增强人们学习、模仿榜样的自信心。任何典范都是在平凡工作中一点一滴地做起来的，是一步一个脚印、踏踏实实干出来的，只要持之以恒，努力奋斗，人人皆可以成尧舜。最后，要及时地树立和表彰典型、扩大先进人物的影响，提高人们模仿的积极性。如果一个社会树立典范太少，也会影响人们进行道德模仿的积极性。因为数量太少，自然地就产生懒惰心理。那么多人都同我一样，我何必去争当少数？同时，典范太少，无意中就表明成为典范何其艰难，从而使人丧失信心。因此，各行各业都必须学有榜样、看有典型。

人非圣贤，必须活到老，学到老，其中就包括对道德榜样的学习。效亲—尊师—看官—习典，只是道德模仿的一般路径，是按照模仿者道德认识的加深和道德视野的不断扩大来加以描绘的。其实，在具体的道德社会化过程中，四者会反复、交叉和不断超越。在此提及道德模仿踪迹的"四站"，目的在于重点提示"亲""师""官""典"对人们进行道德模仿提供榜样的意义何其重大与深远。

四 道德模仿中的移情机理

在道德模仿过程中，人的心理想象力可以超越物理时空进行模仿学习，道德移情就是方法之一。道德移情是人们通过特定的审美活动进行修身养德的一种道德接受方式。它以先贤遗物为审美对象，在主体道德需求的积极驱动下，自觉进行以物为师、悟其崇高、规划人生、勇担责任的德性炼铸，显示历史和环境对人的道德品质形塑的积极功能和独特效应。道德移情，是指个体将自身积善积德的需求投射到先贤遗物和英模足迹中，从中诠释行为价值、生命价值、事业价值等为人处世之道，进而产生道德震撼的心理—行为过程。[①]

[①] 道德移情，是笔者和曾钊新先生在《道德心理学》中提出的概念，在此借用了这个概念及理论，参见曾钊新、李建华《道德心理学》，商务印书馆，2019，第510~540页。

第十章 道德模仿

移情,是美学中的一个重要概念,指的是主体在观照对象时,知觉表象与主体情感相互融合的审美心理过程。审美移情是人类社会历史和现实生活中普遍存在的一种心理现象,是人情感的外化,是心灵显现的自然和生活,是艺术创作和欣赏的内在源泉。它使客体对象拟人化、主体化、情境化,又使主体情感物质化、外在化、客体化,体现了人在审美中的能动创造性。古往今来许多美学家对移情现象的积极探索和释说,为我们进一步的研究奠定了基础。与审美移情不同,道德移情是以物为师、从中汲德的一种道德接受方式,其兴奋点聚焦在崇高上,并且通过移情要走出心境,勇于承担道德责任。井冈山的扁担,延安窑洞的油灯,"铁人"王进喜的棉袄,雷锋的针线包……遗物所折射出的崇高精神风范常常给参观者以极大的震撼,人们的精神因之振奋,灵魂也得到净化,此即为道德移情;漫漫长征路上的草地、雪山、大渡河、腊子口……一路的险滩固隘述说着无数惊天地泣鬼神的故事,昭示给后来者的是英烈们因为民而舍家弃命、一往无前、以身殉天下的革命英雄气概,不得不让人自觉地去领悟爱国爱民的真谛,去思索牺牲和责任的意义,此即为道德移情;游览历史名胜,雄伟壮丽的万里长城让人赞叹不已,而荒芜颓败的圆明园废墟却令人生辱知耻,弹迹累累的卢沟古桥则迫人沉思反省……游览者此时此刻已不仅仅是旅行和观赏,而是在读历史之书,把历史变成活的课本,此亦是道德移情。

把文物变成人品、环境变成风范、观赏变成参与、名胜变成名言、旅游变成道德教育等,就是道德移情的具体方式。因此,道德移情是在对先贤遗物、英模足迹的参观、游历等活动中,主体道德需要与对象强制刺激性的有机结合。主体在对象刺激和特定情境的影响下,调动起以往的道德心理信息储备及生活经验、审美经验,对特定对象进行专注的观察、分析、综合、判断,通过同化、顺应来把握对象的意义,展开联想、想象等情感活动,形成道德评价和伦理态度,并通过模仿对象、理解对象、超越对象,进行能动创造,从特定的对象中获得深刻的内容,去承担道德责任。这就是道德移情的一般过程。

道德移情和审美移情有相同点也有不同之处。作为"移情",它总是将客体作为主体感情投射的对象,进而在被投射了感情的对象中反观自身,使主体与客体发生感情共振。从这个意义上讲,道德移情和审美移情的对象都是"物"。

但是,审美对象的物,既有现实物,也有自然物。在现实物中,它既包括艺术美、社会美,也包括艺术中的丑、自然中的奇。因为美就是关系,就是典型。一切具有关系和典型意义的物、事、人,都可成为审美对象。唯有道德移情不同,它不以自然物为对象,因为那里没有固化人的劳动成果。即使是打上了人的印记的社会物、现实物,当它不具有"利他""利人""兼善"的伦理精神记录时,也不是道德移情的对象。例如,帝王的皇冠、皇后的宝石、王朝的玉玺等,都是劳动产品,也是珍贵的文宝,但除了权威、富贵、荣华的象征外,并不具有伦理的"利他""利人""兼善"之义。因此,我们除了惊叹以外,并不会进行道德接受。道德接受,是指道德主体对一定的道德原则、道德理想、道德价值的认同和容纳,是基于主体自由意志的道德选择。任何道德接受过程都发生在特定的主体与客体之间,其实质是客体内容的主体化。道德移情是以特殊的社会物为对象的一种道德接受方式。人是道德移情的主体,真实的、现实的社会美是其客观对象。有时,主体即使以人为对象,也往往是间接的,多以物态化了的人的画像、剧照、雕像为对象。因此,以物为师的道德接受方式使道德移情跟道德感染、道德知觉等活动区分开来。道德感染是社会互动中的一种特殊效应,是个体内在道德的相互移入或投射,是善恶观念、价值观念等在人与人之间产生的积极影响。道德知觉则是人际交往过程中的道德印象和留影,是个体在人际交往中受交往情境影响产生的道德印象。可以看出,道德感染和道德知觉的主客体都是现实生活中的人,强调人与人之间的道德感化。推己及人的道德接受方式则成为二者的显著特点。[①] 对象的不同导致了内容及方式的差异,内容、方式的差异又导致了功能的互补。

以物为师的道德接受方式是道德移情的显著特征。外在之物之所以能被道德主体容纳而不拒绝,原因就在于物的道德美和精神价值。先贤遗物、英模足迹等社会物,因内含的形象美与道德美而远远超出了其外在形式的审美意义,物因人贵,情因人发,对象在道德主体的感情催化下积极

---

① 参见曾钊新等《心灵的碰撞——伦理社会学的虚与实》,湖南出版社,1993。

转换、还原，显现为具体可感的道德形象。英模先烈、志士仁人、社会贤达所留下的具有文化意义的实物，都叫先贤遗物。物因人而名贵，因人而蓄情蕴意，诸如慷慨悲壮、情真意笃的林觉民与妻之遗墨白巾，刚正不阿的彭德怀亲笔所写的"万言书"遗稿，忠诚廉洁的周恩来生前所着之补丁衬衫，呕心沥血、无私奉献的焦裕禄坐过的扶手穿洞的藤椅等，皆是令无数观者敬意骤起、心潮不平的道德财富。英模足迹，则是历史上或现实生活中值得人们效仿的杰出人物生活、途经、奋斗的地方。古之张骞历尽万险开辟的丝绸之路、郑和七下西洋的航程，近之红军的二万五千里长征、抗战中入缅远征军的艰苦行途，在游历者、循迹者、重行者的心目中已成为力量与智慧的代表、崇高与责任的象征，远远超出了其本身的形式意义，成为教育、激励后人的珍贵素材。这些鲜明、生动、真实的崇高形象往往是作为道德标准的化身而存在的，皆是人们争相效仿的道德范例。因此，它们往往给人以强烈的感染，激发起人的道德意向，使人产生一种崇高的美感。以物为师，决定了道德移情是一种自觉性很强的道德接受方式，不是单纯的说教、约束和禁止，而是在具体可感的道德形象的刺激下，涌发于内心的道德责任感和社会使命感；是在道德美的直接影响下，主体道德人格的自我设计、自我追求和自我实现的统一过程。

效仿情境化，是指主体在追寻、游历英模足迹的过程中，在特定的环境与氛围的影响下，因为对象美的陶冶、净化和启迪，自己备受感染，自然地去想象接替对象后面的崇高人格的地位，把自己变成英模的替补者，在情感共鸣和认识觉悟中以独立自主的方式去感受对象的美和善，将审美体验与道德认知高度结合，从而激发追随英模的勇气，坚定道德追求的信心。英模足迹既是值得人们效仿的杰出人物生活、途经、奋斗过的生存环境和活动空间，又是为同代人或后代人认可后，按照社会需求保存或修缮过的社会空间环境，具有深刻的社会性。所以，人们追寻、游历、寻踪英模足迹，不仅是增长见识、愉悦身心的旅游活动，而且是进行社会道德教育，提高个人修养的一条佳径。谒黄花岗，走长征路，祭台儿庄，登狼牙山……人们似乎又回到了反帝反封建、抗日救亡的峥嵘岁月，会不由地将自己换身为其时其境中的志士英豪，从而更容易、更直接、更自由地去感受那种以身殉国、视死如归的革命英雄气概。去大庆油田,到河南兰考,赴西藏阿里,在无际的荒原、茫茫的盐碱地和广阔的雪域上追寻王进喜、焦裕禄和孔繁森的足迹,这种亲身经历使人们不自觉地置身于英模们生活、工作过的环境中,从而更真实、更深刻地去体会那种先国后家、一心为民、无私奉献的牺牲精神。

所以,亲身经历可使整个过程表现出真实、自然和反思的特性,人们往往会不自觉地融入相应的历史情境之中。在这个情境中,主体与隐藏在对象背后的人物形象则借助对象这一媒介展开交流。这种信息的交流使主体与人物形象处于思齐对比的关系之中。这时,平常教育的那种灌输性、注入性就会消失,从而在自由、轻松和主动的心理状态下跟对象相互交流信息,彼此沟通感情,有意识地创设出一种道德情境,把英模效仿情境化。因此,引发主客体之间的情感共鸣,促使主体认识的应然觉悟,是这种功能的真实写照。

共鸣,原是物理学、声学术语,指当振动系统受迫振动,外界作用的频率与其固有频率接近或相等时,振幅急剧增大的现象。美学上是指审美过程中主客体的思想和情感契合相通、和谐一致的心理现象,是一种肯定性的审美体验,是产生感染力和教育的重要方式之一。在参观、游历英模足迹的过程中,英模生活环境的真实可感和人物本身的鼓舞性、范例性、亲近性及可学性等因素的共同作用,可使主体的思想感情同英模人物的思想感情达到共振、趋向契合,从而爱其所爱,憎其所憎,产生思想的交流和情感的共鸣。由交流到共鸣的心理活动机制是一种二级反射水平的感觉、情感所引发的活动。英模足迹大部分都是参观主体所熟悉、热爱和崇拜的对象生活过的地方,因而主体在这些似曾相识、倍感亲切的环境中,因暂时联系的机制,唤醒了自己的情感记忆。此时,主体在这种情绪情感记忆的影响下,主动地去理解对象,并通过联想、想象来缩短、消弭心理距离,从对象中发现、印证、实现自我,从而达到物我同一的境界。当然,这种在游历英模足迹的过程中所产生的情感共鸣,在同时代、同民族或同阶级的对象与主体之间表现得更为明显。

英模足迹的情绪化使主体的道德心理活动得以进一步发展,其中所包含的丰富多彩的审美、道德因素则通过主客体之间的共鸣,多渠道、综合性、整体地对主体认知心理施加影响,从而可能促使主体道德认识发生变化——顿悟。顿悟原是佛教用语,指人们不需要烦琐的仪式和长期的修行,一旦把握佛教的"真谛",便在一刹那间豁然开朗。宋人朱熹所倡导的"一旦豁然贯通"的功夫,陆九渊提出的直接"发明本心"以达"知"的观点,都脱胎于顿悟理论。其实,顿悟乃是认识过程中的飞跃,是经过长期量变累积而达到的质变结果,是认识能力的一种突变。

在游历英模足迹的过程中,身临其境这一显著特点,使主体能够充分地、积极地向对方开放,并进入对象中去,双方相互作用,发生角色互换,使主客体充分情境化。此时,主体与对象产生了强烈的情感共鸣,其内心价值观念的冲突、对英模行为的存疑等问题,在经历了一个渐进的过程后,道德情境化使主体身心达到激动、紧张的状态,同时刺激形象思维快速向理性思维推进,主体在心灵上感到震撼后,往往会突然觉悟。这种觉悟,并不是对个别刺激物产生反应,而是在道德移情作用下对整个情景和主客体关系充分理解的结果,是有着特殊心理活动机制的三级反射水平的感觉、情感引发的活动。

这种三级反射水平的感觉、情感引发的活动,是三级反射活动取得成果、生成新思想的明显标志。此效果是主体在自己的情感大潮和思维巨浪中通过对人生价值、社会理想的高度浓缩促成的,这种浓缩又表现为主体想象的高度集中。在平时,尽管人们通过一些媒介间接了解到英模们的光辉事迹,可这许多的印象和体验,作为零碎的片段,也许大量储存在他们的记忆深处,没有被系统地贯穿起来,一般不易发现其与自己人生观及日常行为存在的因果联系而达到顿悟。道德移情使主体在这种特定情境中有了比平常更敏锐的感觉、更强烈的情感、更强的观察力和更丰富的想象力,从而比平时具有了更强大的对对象内涵的探索能力。在此前所获得的大量片段的信息、印象和体验,就是暂时的联系。这种暂时联系并不是马上就能进入综合活动的,它需要积累到一定的量,也需要一定的机缘触发。所以,重走英模足迹,身临其境,便向人们提供了这样的机缘。那么,在道德移情作用下,把英模仿效情境化,使主体能够产生思想、情感上的顿悟也就不足为奇了。

当然,道德移情把英模仿效情境化,使主体产生即时强烈的情感共鸣和思想认识上的顿悟，这种情感共鸣效应和顿悟效果并不是在每个人身上均等发生的，而是随着各自的社会地位、年龄、阅历、知识、性格、人生信念、思想深度等因素的不同而有很大的差异。可以说有多少人，就有多少种共鸣效果。

第十一章 道德心理

人类道德生活,不仅需要道德知识、道德理论的扩展和构建,还需要道德的认同与内化。道德内化是所有道德教育的最高目标,也是道德行为产生的基础。当外在的道德规范成为个人的品德和人格时,道德行为才能从依据外在情景的或然性行为转化为具有独立性的稳定行为,道德内化的程度主要依赖于道德心理的形成和道德情感的培育。道德心理是人们对于道德知识、道德行为以及道德文化的心理反应,其过程主要由道德认知、道德情感、道德意志和道德行为四部分构成。道德心理的形成对于塑造高尚的道德品质和完满的道德人格发挥着至关重要的作用。道德情感是人们在压抑康德所言的"消极"情感之后,与道德理性相伴而生的对于道德生活的内心感受。道德情感不是源自本能的冲动情绪,而是以道德意识为基础的理性情感。积极的道德情感将有利于深化道德认知、磨炼道德意志。[①]

一 道德心理结构

道德心理是人类道德行为发生时心理结构、心理状态和心理过程的整合。人类的任何道德行为都离不开对于道德的认知、认同,依赖于主体内在发生机制。换言之,道德心理是人类道德行为的本质基础。道德心理既受到社会道德状况、文化的影响,也与个人的道德教育、道德品质培育息息相关,其形成是诸多伦理因素共同作用的结果。道德心理的形成一般要经历对于道德情景的解释、判断,对于道德行为的选择、实施四个阶段。作为与人类价值生活紧密相关的理性过程和机制,道德心理具有自身独特

---

① 本章首发于中共中央宣传部马克思主义理论研究和建设工程教材《伦理学》,此次收入是为了保持本书在逻辑结构上的完整性。

的结构和内涵。

　　道德是最为重要的价值概念,有着丰富而深刻的内涵,与心理之间存在密不可分的内在联系。首先,道德源自于道德主体的内心。心性之学是中国传统伦理思想的重要领域。在中国传统道德文化中占据主导地位的儒家先贤们,基本都把心性视为道德的起源。主流儒家学者普遍认为,作为道德本源的"善"并不是外在于人的自然存有,而是隐含于人性之中的本质存在。孟子指出,人的道德源于人的善心。人怀"四心",即善之"四端",其曰"恻隐之心,仁之端也;羞恶之心,义之端也;辞让之心,礼之端也;是非之心,智之端也。人之有是四端也,犹其有四体也"①。仁、义、礼、智,儒家推崇的四德都发自相应的心性。在孟子看来,心灵是道德最初的源泉。这一思想在中国人性论思想的发展过程中不断得到继承和弘扬。至宋明理学,陆九渊就沿袭孟子心性之说,认为心性无别,"人皆有是心,心皆具是理,心即理也"。因此,陆九渊得出结论:"万物森然于方寸之间,满心而发,充塞宇宙,无非此理。"② 既然心就是理,理又是道德的最高规定性,那么一切道德都是以心为发端的。西方主要的道德理论也都凸显了心理作为道德发生的基础性作用。如义务论就认为,一切道德原则都是人的内在规定性。也恰如康德所言,世界上最令人震撼的,一是头顶灿烂的星空,二是人们心中的道德准则。道德理性不是如太阳一般可望而不可即的神秘存有,而是先验地存在于道德主体的心灵之中。人们对于道德原则的遵循不是受制于外界的压力和约束,而是听从自我心灵的呼唤,从而凸显了自由的高贵。因为人的道德行为是由自我内心驱动的,道德表现为人的自我约束。即便强调行为结果的功利主义,也把心理作为道德意义的基础。功利主义最著名的原则就是为最大多数人带来最大的幸福,幸福就包含着一种心理感受。功利主义的逻辑起点就是道德主体趋乐避苦的心理。所以,无论是东方还是西方,心理都被普遍视为道德的本体来源。

　　其次,任何道德品质的内化都依赖于道德心理的形成。道德如果不能

---

① 《孟子·公孙丑上》,中华书局,2009。
② 《陆象山全集》卷三十四,中国书店,1992。

走入人的心灵，就只能停留在外在规定性的层面。孔子曾指出，作为道德的最高境界，就是随心所欲而不逾矩，即道德的内化。内化本身是心理学概念，指主体把现实或想象中的他与所处环境间有规则的相互联系，以及现实的或想象的环境特性转化为内在的规则和特性的过程。道德内化则是指人们在生活实践中，把外在的道德文化、道德规范和道德原则转化为自身的需要，形成稳定的道德行为模式的过程。任何道德品质的塑造、道德人格的培养，都必须经过心理的接受、理解与吸收。

最后，任何道德行为的发生都必然存在动机，而动机与心理范畴密切相关。动机是在目标或对象的引导下，激发和维持个体活动的内在心理过程或内部动力。道德行为动机则属于个人的道德心理过程，是道德心理诸多要素共同作用的结果。只有先确立了具备持久性的道德心理，才能保证道德行为的必然性和稳定性。

道德心理既是道德发生的关键机制，也是道德行为的原始起点。道德与心理建立了内在依赖关系与本质关联。"知、情、意"是道德的心理结构中不可或缺的三要素，即道德认知、道德情感与道德意志。道德认知是主体对于道德知识、道德规范、道德原则和社会道德文化的理性认识。它既是道德心理的核心，又是社会道德向主体自身品质转化的首要环节。道德情感则是基于道德认知产生的心理体验。道德意志表现为自我约束、在自我控制下进行道德选择的精神。就三要素的关系而言，道德认知和道德情感共同组成了道德意志的基础，道德意志是前两者内化的结果。如果道德认知和情感不能转化为道德意志，就可能出现道德心理与道德行为的背离。

道德需求、道德意识和道德信念构成了道德的心理深层系统。在这一系统中，道德心理首先源于道德需求。需求是行为的内驱动力，马克思曾经指出："任何人如果不同时为了自己的某种需要和为了这种需要的器官而做事，他就什么也不能做。"[1] 道德需求是个人为了实现自我发展而对社会道德规范和原则的遵守，是基于个体价值实现的满足。道德需求属于个体化的道德心理，一般经历了从不自觉到自觉的阶段。道德心理深

---

[1] 《马克思恩格斯全集》第3卷，人民出版社，1960，第286页。

层系统的第二层次就是道德的自我意识。道德自我意识是对道德的主动接受和吸收，具有社会化道德心理的特点。人总是在他者面前展现自我、认识自我，他者是个体展现其主体性、独特性的桥梁。道德自我意识意味着对自我道德身份的识别。这种意识促使主体主动地融入社会道德关系之中，通过对于自我与周围环境间的道德现象获取道德认识、获得道德体验，对之进行思考、判断，并且自觉控制自己的道德行为。深层道德心理系统的最高层次就是道德信念。道德信念是道德认知的完全内化，把道德转变为个人的稳定品质，激励自己根据心灵深处的道德原则开展道德活动。道德信念不但要求主体对于道德知识的深刻理解，而且需要道德主体培育对于善价值的热爱。其中，道德早已超越了规范和原则的范畴，也不再停留于自我发展考量的层面，而是融入人格之中，成为基本的价值理念和精神追求。道德信念是道德认知、道德情感和道德意志的完美结合。

道德心理在某种意义上，属于一种社会价值观。"人们为之奋斗的一切，都同他们的利益有关。"① 道德心理的形成与协调社会上个体间的利益关系有关，有利于促进相互合作。这种协调的主旨在于增进人类的福祉。群居生活是人类生活的一个特点，人们在相互作用中既需要协调和合作又需要竭力避免矛盾和冲突，道德在这方面起到与礼仪、习俗、法律等相仿的制约、调节作用。同时，个体的道德也根植于自身发展过程中。因为在社会行为、群体心理、人格发展和人类学方面的研究表明，个体发展早期已呈现道德发展的萌芽。个体具有建立良好人际关系的倾向，并且普遍具有成为有道德、正直的人的愿望。从道德主体社会性的角度分析人类道德心理的形成过程，对于深入探究道德心理机制、引导道德行为，具有重要意义。道德心理的形成主要经历了四个阶段。

第一个阶段是对情境的道德解释。面对特定的具体情境，个体必须先竭力加以理解，对自己说明当前发生了什么，然后估计可能采取哪些行动，以及它们对自己和他人有何影响和后果。需要指出的是，在社会情境被解释的时候，个体还会有情感的强烈唤起，即人们在理解情境的同时可

---

① 《马克思恩格斯全集》第1卷，人民出版社，1995，第187页。

能对事件或人物怀有肯定或否定的情感。这不是指情感可以独立于认知,而是表明伴随着最初的认知,人们会突然产生冲动性情感。这种情感的唤起时常不以个体主观意志为转移,而且会使个体突出或抹杀情境所具有的某种意义。对于情境的道德解释是形成道德动机的重要组成部分,也与个体的认知能力、道德敏感性密切相关。同样,道德敏感性也对情境解释具有重要影响。对其他人的需要、利益的敏感程度,个体之间有着很大的差异。有的个体会把别人的每一个举动、每一项活动、每一种表情都视为包含着道德意义,而有的个体直到危急时刻才意识到面临着道德问题。

道德心理形成的第二个阶段是道德判断。在解释情境的基础上,个体从各种可能的行动中决定其中的哪一个在道德上是正确的,这也是做出道德判断的过程。以皮亚杰和科尔伯格为代表的道德认知发展学家在这方面已有大量研究成果。他们向个体直接呈示道德问题的情境,要求对此做出选择判断并陈述理由,从而了解他们道德推理的依据和道德思维的框架。由此,他们发现了个体道德判断的图式和发展阶段,而公正观(感)则是图式和发展阶段的核心。它帮助个体对社会情境做出正确的道德判断。

道德心理形成的第三个阶段是道德抉择。在道德判断的基础上,个体对自己认为在道德上是对的那个行动所赋予的道德价值超过了其他观念的价值,从而做出把认识和判断付诸行动的抉择。这是一个涉及道德行动的决策过程,有赖于个体的道德价值观在其价值体系中处于相对优先地位。美国著名道德心理学家雷斯特认为,这一过程是判断与行动、认识与行为之间的必要环节。基于道德判断的道德价值观常常不是个体唯一的价值观,非道德的价值观念往往颇具诱惑力而使个体不能遵循道德判断去做出相应的道德抉择。[1]

道德心理形成的最后一个阶段则是实施道德行为。在道德抉择的基础上,个体得以把道德意向具体转化为道德行动。这一把意向外化或物化为行动的过程不仅需要个体具有相应的体能和技能,而且需要个体明确行动的具体步骤,克服可能出现的阻碍,战胜疲劳和挫折,排除分心和干扰。

---

[1] James R. Rest, *Moral Development: Advances in Research and Theory*, Praeger Publishers, 1986.

对于这一过程，存在诸多影响因素。比如人对于自我的保护，对于私利的关切，以及对于道德行为后果的判断。

上述四个阶段各有其功能。一个人有能力处理某一环节，却未必有能力处理另一环节的工作。如有的人能做出复杂判断，却有可能不付诸行动。反过来，付诸行动并能持之以恒的人却可能没有经过复杂的判断和推理。而且，虽然四个阶段指出了产生道德行为的合乎逻辑的发展过程，但不能断定这个过程必然是随时间推移的一个线性过程。如一个人在确定什么在道德上是对的，即做出道德判断时，可能反过来又会影响这个人对情境有新的或进一步的理解和解释。四个阶段也不是完全独立和分隔的，相反，它们之间存在交互作用和影响。当前情境的行为会影响对情境中新因素的敏感性及认知加工，一个人对某一过程的专注会使他对其他刺激或过程的反应变得迟钝。个体则会做出防御性评价来否认或减轻自己的道德责任感。道德心理形成的过程也充分说明，由于道德心理的复杂性，不能仅仅依据某个单一的变量或心理成分来诠释一切道德现象。当我们面对道德心理问题时就必须综合地考虑知、情、意、行的各种心理活动。

道德心理学所揭示的是道德产生、发展的心理机制，展现的是道德知性的心理过程和内在图式。与一般心理相比，道德心理具有自身独特的内涵和结构。

首先，道德心理具有社会性。人总是依据自身的需求而产生相应的欲望和行为动机。人产生道德需求的最初原因在于，人们能够通过对于社会道德的遵循和遵从实现自我价值。道德本身兼具社会和个体的双重意义。从社会意义的角度来看，道德总是表现一定历史时期、一定社会环境中的风俗、文化和主要价值观念。马克思主义唯物史观认为，道德由群体归属、经济关系等社会性因素决定。"人们自觉地或不自觉地，归根到底总是从他们阶级地位所依据的实际关系中——从他们进行生产和交换的经济关系中，获得自己的伦理观念。"[①] 就道德的本质而言，它就是一种社会关系。心理学家们认为，需求产生动机，动机激发行为，行为又创造新的需求，如此循环往复。道德心理则在这一过程中不断发展、深化。作为道德

---

① 《马克思恩格斯选集》第3卷，人民出版社，2020，第470页。

的原初需求，就是人的社会化本质。人类对于社会生活的依赖是道德需求的本质来源。只有在社会生活中，才能产生对于道德的需求。人要在社会层面实现自我价值，就必须在相应的社会环境和社会关系中遵循一定的规则，调节自我与他人的关系。因此，就道德心理的需求层次而言，它本质上属于社会认同的需求。如果离开社会生活的前提，独立的个人不与他人发生交集和联系，也就不存在对于道德的欲求。对于道德的欲求源于参与社会生活的必要，目的在于使主体获得社会的接受与认同。

从道德心理的内容来看，道德心理是对道德知识、规范、原则的反应，包括对道德知识、现象、行为的评价、反思和内化。道德知识、规范和原则都受到社会背景的深刻影响。从历史角度来看，道德本身是人类社会的产物。心理学认为，道德内化就是通过一定形式的学习，把社会的道德原则、规范转化为自身稳定的道德品质，塑造自我的道德人格。社会性的道德知识、规范和原则都是道德内化的对象，道德心理的内容中包含着难以分隔的社会性因素。道德心理的本质和内容都凸显了社会性的特点。

其次，道德心理是基于理性的心理过程。对于道德之发生，伦理思想家都认为，理性是道德发生的重要因素。理性主义伦理学把理性视为道德的本源，认为道德是理性的一种形式。道德理性给予了道德以先验存在，功利主义者则把理性作为实现道德的重要因素。斯密、边沁、穆勒都认为，要遵循"最大多数人的最大幸福"这一功利主义准则，就离不开对于幸福、利益的理性算计。马克思主义道德更是需要人们具有超越自我利益的理性，对他人和社会的利益予以关切。在道德心理结构中，道德认知无疑是这一心理过程的起点，是道德情感、道德意志和道德行为的基石，而理性是道德认知的前提。古希腊三杰之一的苏格拉底早在数千年前就提出"知识就是美德"，知识之所以能够与美德相通达，是因为只有理性能够指引人们认识善的本质，发现善的途径，指导自己过道德生活。没有理性，人类将只能在无知的黑暗中生活，道德知识无从积累，也就不可能形成道德心理。道德心理只有通过对于社会道德关系的认识，对于道德知识的吸收和理解，才能够形成道德判断和评价能力，从而建立完整的道德心理机制。同时，道德理性可以进一步促进道德思维的成熟，增强主体的道德意识和道德分辨能力。道德心理是通过主体在各种不同、复杂的情景中进行道德判断、做出道德选择而逐步发展、完善的。判断、选择都必须在理性的指引下完成。否则，道德行为就只是一种情绪化的或然结果。道德行为的必然性主要包含在稳固的心理因果关系之中，维系这种因果关系的就是道德理性。显然，道德心理的形成建立于理性基础之上。

再次，道德心理具有善的价值意义。这是道德心理与其他心理最基本的区别。道德心理不是主体对于外界影响的本能反应，在其形成过程中，贯穿着对于善价值的追求和尊崇。道德心理的目的在于使主体具有分辨善恶的能力，形成稳定的对于善的遵守和期待。道德的内化、高尚人格的培育意味着：主体对于善有着清晰的认知，深厚的情感和坚强的意志，无论在任何条件下，都能够遵循善价值的指引，依据善而行动，依据善而生活。总而言之，道德心理是一种具有价值意义的心理过程。

最后，道德心理具有独特的结构。道德心理结构是一种动态的心理结构。道德认知、情感、意志和行为既具有循序渐进的因果关系，又在相互作用中呈螺旋式发展。道德认知是道德情感和意志的基础，它们共同促发道德行为。同时，道德行为又会产生新的对于道德需求的满足，并且帮助主体更为深入地理解道德知识、内化道德原则和规范，促进更高层次的道德认知。在这种循环过程中，道德情感将进一步深化，道德意志也更为坚固，道德行为的稳定性亦将得到加强。道德心理结构总是处于循环变化和发展之中。此外，道德心理结构呈现开放式特点。这种开放性体现为，道德心理不是一个封闭的系统，而是处于与社会、他人、环境的交互作用之中。随着外界道德环境的改变，或者主体道德经历的丰富，道德认知、情感和意志都会做出相应的调整和变化。新的道德认知会孕育新的道德情感，从而形成新的道德意志，促发新的道德行为。道德心理结构的独特性还表现为多元性，一方面体现为心理结构要素的多元。比如在道德心理结构中，不仅包含道德认知、道德情感、道德意志和道德行为，还涉及道德信念、道德欲望、道德需求等心理因素。另一方面，道德心理的系统层次是多元的，既有内部浅层系统，又有内部深层系统，还有外部表现系统。内部浅层系统是"知、情、意"的相互关联，内部深层系统则表现为道德需要、自我意识与道德信念间的关系、作用，外部表现系统则通过道德行为得以展示。主体与关系的多元也凸显了道德心理结构的复杂性。

二 认知的清晰

接受并内化道德首先要保证认知的清晰，这就需要有正确的道德认知。道德认知是指行为个体在原有的道德知识的基础上，对道德范例的刺激产生效果感应，经过同化、顺应的加工，而获取道德新知的心理过程。它是道德教育的理论基础，也对个人品德的评价具有分析作用。通过道德认知可以了解"道德自我"形成的通道，从而自觉地运用它去造就社会需要的"道德自我"。

认知也称"再认"，认者，辨明、辨认之意；知者，了解、理解之意。认知就是在当前事实的刺激下，主体对以往经历的事实或经验的再认过程。再认不是对原有知识的复述，而是在原有知识的基础上获取新的知识。一切新的有意义的学习都是在原有的学习基础上产生的，要受原有知识结构的影响。道德认知是指在原有的道德知识结构中，在具有可供利用的道德知识的基础上，对具有新的道德意义范例的辨认，并从中获取稳定的、清晰的道德新知的过程。

道德认知以正确反映利益关系的道德范例为对象，这是道德认知区别于一般认知的第一个特征。从本质上看，道德是随着社会利益关系的调整而产生的，这种调节采取规范的形式，但这种规范既不是对某种自然物的规定，也不是对某种自然的精神约束，而是对人的利益行为的规定。这些行为被观念世界所沉淀，就形成了道德意识。道德意识既是人的认知世界中的观念世界，也是人再认道德世界的基础和前提。在处理利益关系中的可效仿典型是道德范例，道德范例就是"在道德实践中产生的，具有肯定意义的现实生活的典型，是能够产生美感的崇高形象，是内在的善品和外在的善行的统一，是诚于中而形于外的正面人物风范"[①]。道德认知以反映利益关系的道德知识为基础，以道德范例的影响为外界刺激物，这是道德认知区别于一般认知对象之所在。自然知识描述和解释自然现象，建立于因果联系之上，形成真理系统。道德知识则通过对利益关系的约定建立价

---

① 曾钊新：《道德心理论》，中南工业大学出版社，1987，第 145~146 页。

值关系和善恶价值系统。前者陈述式样反映了世界"是什么""为什么",后者指令性地要求人"该怎样""应如何"。通过道德再认,人的道德认识从"现有已怎样"提高到"应当是怎样",完成了"现有"向"应有"的转化。

认知主体以认知对象中获得价值取向为目的,这是道德认知不同于其他认知的第二个特征。价值取向是在不同的价值观念中选择某种价值观念作为行动目标的决断或确定的心理活动。对主客体间需要关系的认识依赖于主体的知识和经验,根据对价值的认识不同产生了不同的价值选择。一个在正确的道德知识的指导下并伴随着道德范例强烈感染的人会有正确的行为价值取向,因为价值反映的是主客体间的需要关系,主体会根据对需要关系的认识而对客体持肯定或否定态度。价值通过需要把主体和客体联系起来,而利益反映了个体需要被满足的特性。人们谋取利益是建立在他们需要的基础上,需要是利益的心理诱因,价值则因人的需要得到体现,因此主体对利益的认识影响其价值取向。道德认知对象对主体具有价值取向的作用,这是道德认知独特的性质,因为一般认知是主体赖以认识和改造世界的主观条件,它决定着主体认识和改造世界的深度,而与主体行为的"应该""不应该"无关。

道德认知在道德心理活动和道德行为表现过程中,具有十分重要的功能效用。

首先,道德认知具有统摄融合功能。所谓统摄就是旧有的道德认知结构对道德新知的主动纳入,是一种积极主动的单向活动。整合就是结构对其内部诸要素的协调组合,即内部各要素的调整。道德认知的整合功能就是道德认知结构对进入结构的道德新知进行自身的内部调整以达成新旧知识的适应状态,从而形成新的道德认知结构。道德认知之所以具有统摄整合功能,是因为人类个体学习具有继承性和主动性。从人类认识的发展史来看,后人认识上的进步是因为有前人的肩膀做支撑,后人追求真理、发现真理,创造新的知识并以已有的知识为前提。同样,个体学习也是一个继承与探索相统一的过程。继承意味着新知识的获得依赖于已有知识,探索则意味着已有知识结构主动吸纳道德新知,经过结构的加工改造,使新知内化于道德认知结构中并使之增加新营养。道德认知结构的自组织性特点也决定了道德认知具有统摄整合功能。自组织性是任何开放系统共同具有的特点，是系统内部各要素之间自发地进行调整。随着时间的持续，系统由无序态向有序态转化。道德认知结构是一个多因素的开放系统，所以它时刻与外部环境进行观念和知识的交换，不断地形成新知，不断地舍弃旧的知识与观念。新的道德知识进入道德认知结构之中，已有的道德知识要素在功能上发挥整体性作用，对道德新知起调节作用，使之内化于结构；同时，一些错误的道德知识被排除于系统之外，使结构达到暂时的有序状态，在此意义上，结构的更新和发展就是结构的不断整合。

其次，道德认知具有行为定向功能。行为定向即是确定行为的方向，也就是行为选择。这里的行为是道德情境中的行为，具有两方面的意义：一是产生道德行为的心理准备；二是指利益发生冲突时的行为选择。道德认知与行为定向的关系在本质上就是知与行的关系。辩证唯物主义认识论在处理知与行的关系时强调行对知的决定性作用，但同时也承认知对行的反作用，任何行为都是一定的思想观念支配下的行为，否则就是盲目的冲动，道德行为取决于个体的道德知识和观念中的道德范例"暗示"。在心理学上，行为的心理准备称为定式，道德行为的心理定式是个体产生自觉的道德行为的心理准备状态，常常表现为一种行为习惯，它是在原有道德知识和经验的基础上形成的，也正是在道德知识和道德范例的支配下，才有了行为的定向。行为的定向不仅仅表现在心理定式方面，还包括道德情境中的行为选择，后者是通过良心的评价和监督来实现的。由于良心是个体在履行对他人的道德义务时，对其所负的道德责任的内心感知和行为的自我评价能力，是人对其道德责任的自我意识。所以，当个体面对有关利益冲突的行为选择时，就能通过良心的内在审判，确定和选择善的行为。道德认知的行为定向功能特别表现为通过良心的自谴而达成的道德顿悟，身陷污泥的作恶者，在现实的道德情境中幡然醒悟，从而使沉睡的良心得到复苏，并重新做人。即便是刹那间的道德行为选择，也绝不是悔过者偶然的心血来潮或突发奇想，而是其丰富的道德知识和形象范例反观自照的结果。

最后，道德认知有利于道德自我的形成。道德自我是指个体意识到自身道德的存在，即意识到自己是一个有道德的人。道德自我的形成一方面有赖于个体自我意识的形成,另一方面有赖于个体的道德认知。在儿童时期没有形成道德自我,是因为他的道德知识还处在初级的零碎状态,他对行为的评价是依据外在的具体形象和大理石感性[1]效应。他认为某种行为是"好"的,并不是出自对"好"这个概念的意义认识,而是根据灌输者的观点进行机械记忆和类比的结果,这时表现的道德是他律道德。当个体的道德知识有了一定程度的提高,对道德的具体认识上升到原则的高度时,他就会依据自身内化了的道德原则和道德命令对行为进行评价,这时他律道德就转变为自律道德。道德他律向道德自律的转化是道德自我形成的唯一通道。转化就是个体道德判断的根本性变化,道德认知对道德自我形成的作用就体现为它为道德判断提供了认识上的工具。道德判断是个体运用已经掌握的道德知识和内化了的道德范例对行为的善恶进行审视和分辨的过程,而道德判断水平的高低在根本上则有赖于个体道德认知的状况,因为判断是以道德认知为评价工具的,一个人的道德判断水平取决于他的道德认知水平。一个人越有道德知识,越能理解道德原则的内在精神,就越能把外在的社会道德要求转化为自身内在的道德命令,也就越能形成道德自我。

道德认知的阶段划分主要有年龄段划分和认知过程划分两种类型。

就年龄段划分而言,道德认知可分为三个阶段。第一阶段为道德无意识阶段。在这一阶段,主体没有道德意识,也没有相关的道德知识。此阶段中,主体的道德发展主要受制于外界压力,特别是惩罚性机制。美国当代著名的心理学家和教育家,现代道德认知发展理论的创立者科尔伯格在其"三水平六阶段"理论中把这一阶段称为前习俗水平。科尔伯格认为这一水平还可以细分为两个分阶段,即服从与惩罚定向阶段和朴素自我主义定向阶段。[2] 这一阶段与皮亚杰提出的"纯动机阶段"和"自我阶段"相似。他们易冲动,感情泛化,行为直接受行动的结果所支配,道德认知不守恒。在这一阶段,基本上所有的道德判断都以行为结果对于个体的满足为标准。个体需要是道德判断最重要的依据,他们并未真正理解规则的含

---

[1] 莱布尼茨认为心灵是具有纹理的大理石,雕刻家只能根据大理石原有的纹理进行雕刻。
[2] 〔美〕科尔伯格:《道德发展心理学》,郭本禹等译,华东师范大学出版社,2004,第49页。

义，分不清公正、义务和服从。他们的行为既不是道德的，也不是非道德的。

道德认知的第二阶段为外生道德意识阶段。在这一阶段中，主体的道德行为主要源自对于外在道德规则的遵守，或者出于对自我利益、行为后果的考虑。主体的道德考量和行为并不是出于道德价值本身，而是道德效用和利益。科尔伯格把这一阶段称为习俗水平，并且把这一水平也分为两个分阶段：以协调人际关系为价值取向的阶段和以维护社会秩序及履行个人义务为价值取向的阶段。[1] 皮亚杰所提出的他律道德阶段或道德实在论阶段与这一阶段类似，认为这是比较低级的道德思维阶段，具有以下几个特点。第一，单方面地尊重权威，有一种遵守成人标准和服从成人规则的义务感。第二，对规则本身的尊重和顺从，即把人们规定的规则看作固定的、不可变更的。第三，看待行为有绝对化倾向。第四，赞成来历的惩罚，认为受惩罚的行为本身就是坏的，把道德法则与自然规律相混淆，认为不端行为会受到自然力量的惩罚。[2]

道德认知的第三阶段为内生道德意识阶段。在这一阶段，主体道德趋于成熟，逐渐形成固定的道德价值观念，外部道德原则内化为自身道德修养，具有稳定的道德内生机制。这一阶段类似于科尔伯格所指的后习俗水平。在科尔伯格的后习俗水平中，又分为契约立法定向阶段和原则、良心定向阶段。[3] 这一阶段的道德认知具有以下几个特点。第一，主体认识到规则是人们根据相互之间的协作制定的，因而它是可以依照人们的愿望加以改变的，规则不再被当作自身之外强加的东西。第二，判断行为时，不只是考虑行为的后果，还要考虑行为的动机。第三，与权威和同伴处于相互尊重的状态，能较高地评价自己的观点和能力，并能较现实地判断他人。第四，能把自己置于别人的地位，判断不再绝对化，看到可能存在的几种观点。第五，惩罚方式较温和，能更为直接地针对所犯的错误，具有

---

[1] 〔美〕科尔伯格：《道德发展心理学》，郭本禹等译，华东师范大学出版社，2004，第47~52页。
[2] J. Piaget, *The Moral Judgment of The Child*, The Free Press, pp. 19-32.
[3] 〔美〕科尔伯格：《道德发展心理学》，郭本禹等译，华东师范大学出版社，2004，第49页。

补偿性，而且把错误看作对过失者的一种教训。

另一种道德认知阶段的划分方式就是根据认知过程序列进行划分。根据现代认知心理学的观点，道德认知是一个自我学习和获得道德新知的过程，因此在时间上表现出持续性和阶段性，具体就是知觉—唤起—选择—内化四个阶段。

知觉，就是对事物整体的、形象的、外表的反映。道德知识反映的内容虽然很繁杂，但存在形式不外乎两种：或是存在于一定的物质载体之中，或是存在于人的大脑之中。前者是知觉的对象，后者是理解的收获。道德知觉就是把具有一定意义的、代表一定道德内容的符号反映给大脑，使大脑获得关于符号的完整印象。唤起，就是把某物由静态转化为动态或者激活态。通过知觉，道德新知由物理对象转化为神经刺激或神经冲动，神经冲动沿神经通向大脑皮层，直接作用于旧有的道德认知结构，使结构的暂时适应状态受到破坏，由抑制状态转化为兴奋状态，即使原有结构进入觉醒状态，这就是被唤起的旧有的道德认知结构。选择，是道德认知结构由于被唤起而进入了"工作"状态。由于主体所面临的大量的外界信息刺激不可能全部吸收，就需要加以取舍，那些与原有道德知识有关的道德新知被选择吸收，而那些超越原有认知结构的道德新知则可能被拒斥。内化是经过选择的道德新知进入道德认知结构，从而使新旧道德知识在结构中建立联系，这是道德认知结构积极主动的行动过程，通过结构对新知的整合即结构的自身调节，使新旧知识达到适应状态，就是道德新知的内化。

道德新知的形成是道德认知的结果，但不是认知的目的。道德认知的目的在于以下几点。第一，形成道德记忆，培养道德识别能力。通过道德认知，主体积累相关道德知识，丰富道德信息，从对于道德知识的回忆和比较中识别道德行为。第二，理解道德意义。道德理解是道德迁移的前提。无论是通过口头讲述、书本学习还是其他的信息传递方式，当主体能够从信息中建构道德意义时，便产生了道德理解。主体通过对新道德信息的理解构建道德心理框架和道德图式。第三，促进道德应用。通过道德认知，主体具有了掌握道德行为程序的能力。道德认知为主体提供道德概念，从而使主体把握道德应用性程序。主体能够根据不同的情境采取合适的路径实现道德价值。第四，做出正确的道德评价。经过道德认知，主体将了解、理解和接受社会主流价值观、社会道德原则和规范，从而在内心建立道德标准体系。正确的道德认知有助于构建与社会道德文化发展相吻合的内在道德标准，为主体做出合宜的道德评价提供认知基础。第五，帮助道德人格发展与完善。道德认知的最终目的在于使个体在知识和行为上都成为有道德的人。道德认知的主旨不仅仅在于向主体灌输道德知识，培养道德主体的道德能力，更为重要的是，引导主体内化道德知识，不断提升道德人格、道德修养。古希腊的哲人们之所以对于理性倍加推崇，是因为理性如一盏明灯，指引人们分辨是非，追随善观念的指引。道德认知的终极目标就是帮助主体培育完善的道德理性，跟随善的指引，成为高尚的人。

三 情感的体验

人类道德的存在价值和运作方式，决定了道德必须由外在规约过渡到内在自觉，唯其如此，道德才成其为道德。而道德内化的完成，仅仅停留于"知"的层面是远远不够的，只有笃信道德，把道德变为人的情感需求，才是真正的道德内化。道德情感不是为了功利而对道德要求的被动服从，而是对道德生活的深切感悟与体验；它所祈求的是对人生某种可能、理想状态的认同、尊敬和皈依，不是对生活世界当下的感性经验，而是它的意义、应然、神圣。

情感是人类心理活动的重要组成部分，也是一种复杂的心理现象。情感是人对于客观事物的主体性反应之一，属于一种特殊的反应形式。情感是主体对于客观世界积极投射的主动性结果，是人内心世界的外化。在西方传统哲学领域，往往把情感与理性相对立，认为情感是外在于理性而变动不居的。现代心理学则发现，情感、理性与认知息息相关。人们总是根据自己的认知水平和认知能力，凭借自身的价值认同而对客观事实产生某种情感，进而形成稳定的行为习惯，塑造人格。情感也是一种社会性活动。彼得·布劳认为，大部分人类情感的根都扎在社会生活中，人类的许多痛苦和幸福,都根源于与其他人的交往过程中。① 在这些过程中,人们形成了情感体验和情感关系。就社会性层面而言,情感是道德自我、审美自我和社会自我的结合。情感的培育对于人的自由全面发展具有不可替代的作用。

道德情感是人高级的社会性情感,它是基于道德认识,对现实道德关系和道德行为是否符合一定的道德标准产生的情感,是人的道德需要能否得到满足时产生的情绪体验。道德情感作为情感的高级形式,自然具有情感的一般心理规定和自身的特征;道德情感作为一种社会性情感从来就不是孤立存在的,与理智感、美感、宗教感等其他社会情感有着千丝万缕的联系;道德情感作为道德的一种独特的存在方式,同样受到社会历史条件的制约。

道德情感的特性主要包括以下几点。(1)道德情感是理性内容和非理性形式的统一。作为主体的人,是有意识、能思维的存在物。在人的精神世界中,存在感觉、知觉、表象、概念、判断、推理等理性因素和理性活动,还有无意识、直觉、情感、意志、欲望等非理性因素及其活动。这些非理性因素在性质上恰恰和理性因素相对应,也正因如此,非理性因素才有必要在人的心灵世界中占有一席之地。道德情感的基本心理形式虽是非理性的,但它是受道德理性控制的情感,从而使主体情感活动保持正确的方向性、有序性和可控性。(2)道德情感是自我的体验性与他人的感染性的统一。道德情感是主体对客体是否满足自己的道德需要而产生的主观感受和心理体验,其内心的体验性比一般性情感要强烈得多。这是因为道德情感是和较高的自我意识水平以及强烈的道德需要紧密联系在一起的,但道德情感也如人类其他情感一样,具有与人交流、共享、相互生发、相互感染的特性。一个人的情感可以感染别人,使别人产生与自己相同的情感;别人的情感也可以感染自己,使自己产生与别人相同的情感。正因为有人与人间的情绪感染,才会有道德上的情感共鸣,也才会有道德的人际传递及道德的"增值"。(3)道德情感是时代性和阶级性的统一。尽管道

---

① 〔美〕彼得·布劳:《社会生活中的权力与交换》,张非、张黎勤译,华夏出版社,1988,第15~16页。

第十一章 道德心理

德情感的表现形式可能是跨时代的，但其具体内容总是特定历史时代的产物，反映了当时的道德生活以及个人或群体在道德生活中的地位和作用。随着时代的变化，道德情感也会有所变化。自从人类进入阶级社会，道德情感也有了阶级分野，不同阶级立场的人就有了不同的道德情感，对立阶级之间就有了对立的道德情感。离开了对道德情感的时代性和阶级性把握，就不能科学地揭示道德情感的本质。

如果从道德情感的心理发生来看，其体验形式又因诱发因素不同而不同，具有情境—直觉体验、角色—想象体验、理论—思维体验、信念—自由体验四种形式，它们各有特点和作用。道德情感的情境—直觉体验是基于某种道德情境的直接感知而迅速产生的道德情感。由于它产生得非常迅速，往往对这一过程产生的道德原则规范意识不明显，甚至根本没有意识到道德原则规范，而是不由自主地产生道德冲动。例如，某人突然看到有人落水，万分危急的情况促使他当机立断，果断地跳入水中，救起落水者。角色—想象的道德情感体验表现为两种类型：一是角色—形象联结，它使人体验到在什么样的场合下"我"与道德楷模相差多少，进而产生惭愧感，并对照道德形象形成"该怎样"的指令；二是形象—角色联结，它使人在某一种道德情境中产生"为什么我不能像某某道德楷模一样"的情感，从而激励自己行善。这种从"该怎样"到"会怎样"的体验过程，是人类道德行为的自觉性、自主性、自成性特征的重要心理前提。如我国服务行业开展的"假如我是顾客""假如我是病人"的活动，以达到提高服务质量的目的，就是运用了角色—想象的道德情感体验形式。"以形感人""以形育人"也就成为道德教育的重要原则和方法。理论—思维的道德情感体验是一种高级的情感体验形式，是一种以清楚地意识到道德观念、道德理论为中介的情感体验，具有较强的自觉性和概括性。它不仅概括了许多较具体的道德情感，而且把个人感性的道德经验同理性认识结合在一起，对道德要求及其意义有深刻认识。理论的道德情感体验发生的重要机制是道德思维。爱国主义情感之所以成为高级道德情感，不仅在于它的社会意义，而且在于它清楚地意识到个人与祖国的关系、个人对祖国应尽的义务与忠诚的必要性等道德理论有着重要联系。信念—自由的道德情感体验是道德情感体验的最高级形式，它超越了直观的空间有限性、想象的心理局限性、思维的理论枯燥性，以心灵的自由来把握道德现象，产生"从心所欲而不逾矩"的自由道德情感，体验人间道德生活。庄子曾为了逃避世俗社会的"不善"之物，而求诸冥冥的精神世界，寻求内心自由，体验那种"不为物累"的"无待"的"神游"之境。

道德情感是人类维系道德生活秩序的重要手段，也是行为个体从事道德实践的基础，它统摄着人的灵魂，蕴含着人的深刻理性，也是人类道德行为最基本的激活因素。道德情感是人们无声的交流方式，无形的连接纽带。"人的心灵不仅易于感受同情的兴奋，它也深深地渴望把自己的情感交流给其它的心灵并得到它们对于这些情感的反映。当我们高兴或痛苦时，我们渴望人们都表现出人们的快乐或痛苦；当我们在爱或恨、在崇敬或轻蔑的时候，我们努力地传播我们的情感，而在周围人们的情感与我们不同的时候，我们就觉得痛苦。"① 道德情感虽是一种隐蔽的力量存在，但它却通过一个人对周围道德现象的喜怒哀乐，表现出对他人的同情或愤慨，自然流露出一个人的道德品质、道德意识和道德习惯，这种情感流露比语言更自然、更生动、更深刻。道德情感是心灵之光，不但具有驱动道德行为、理解人性优劣、感受人间温情等功能，而且拥有强大的示范、命令、表率的外显指导功能。

道德实践活动不是一种本能的适应活动，必须以一定的道德认识为基础，道德认识又受到道德情感的影响。这种影响表现为两个方面：一是道德情感积极地影响人的道德认识，使其接受道德教育，"情通而理自达"；二是道德情感阻碍道德认识，特别是不良的道德情感所致的消极心理定式会成为道德认识、道德教育的"情感障碍"，"情不通而理难通"。道德认识不是道德实践的目的，而必须转化为道德信念，落实为道德行为。在这个转化过程中，道德情感起着中介和催化剂的作用。道德情感是道德进一步深化、转化为内心信念，驱动道德行为的主要条件。

道德选择是在具有道德意义的多种可能的决定中，道德主体受一定的道德价值观念的支配，对未来行为做出的取舍。道德选择是一种特殊的社

---

① 〔德〕弗里德里希·包尔生：《伦理学体系》，何怀宏、廖申白译，中国社会科学出版社，1988，第510页。

会选择，它渗透于人类道德生活的一切领域，不仅包括行为动机、意图、目的的选择，而且包括行为的方向、过程、结果的选择；不仅表现在主体道德行为的外在方面，如行动、交往、调节等道德实践活动，而且表现在主体道德行为的内在因素，即认识、情感、意志等精神活动上。反过来讲，人类道德的一切内容无不具有选择的意义。人生观、人生价值是对生活方式的选择；人生理想、人生信念是对生活道路的选择；不仅道德原则规范指导着人们的行为选择，而且道德知识、道德情感标志着人的选择方向和选择手段。在某种意义上，道德主体的行为选择取决于信念和意志的力量，以及深刻的道德情感体验。如果说道德情感的激化功能在于促进道德认识和行为的发生，还仅仅是道德情感功能的表层意义，那么，道德情感的选择功能在于使行为者在外界变化多端的道德现象或二难境遇中，选择与他的情感欲求和情感形式完整统一的对应关系，自觉承担道德责任，这无疑就是道德情感功能的深层意义。

评价活动是人的一种意向性心理活动，是对客体是否满足或符合主体的某种利益和需要进行的感知及判断。它是建立在主客体之间的价值关系基础上的，表现出鲜明的实用性、功利性和合目的性特征。评价活动要诉诸人的情感心理，同时须有意志力的干预。因为人对客体的善恶评价具有明显的情绪体验性质，且具有向实践动作发展的趋向，构成人的道德实践活动的发端，根源在于它与情感相联结，以情感为内在动力。另外，人对客体的善恶评价必须建立在主体对客体某种与主体价值取向相契合的实用性、合目的性的感知和理解基础之上，更何况，人之善恶评价与一般动物对周围环境的趋近与躲避不同，是合目的性和合规律性的统一。

道德情感包含着完成道德要求的内在规定性，它在激起人们按照自己的道德理想和社会道德要求进行活动的同时，还具有调节功能。这种调节功能的发挥超出了情感的经验范围，以非推理的直觉形式，引导人们追求一定的道德理想。道德所反映的是人和现实世界之间的价值关系，因而它是使人理解和认识社会发展趋势的一种重要的手段。这种手段不是通过科学实证，而是借助于道德价值的期待和道德理想的憧憬来实现的。当人们对社会道德关系的认识和调节发出"应当如何"的指令时，实际上就暗含了对某种道德生活的直觉和追求。道德直觉具有非逻辑性，但这种非逻辑性不是对逻辑的排斥,而是道德主体对于价值、意义的情感体悟和内心认同。正如恩格斯所说:"如果群众的道德意识宣布某一经济事实……是不公正的,那么这就证明这一经济事实本身已经过时……"① 这里的"道德意识"自然包含了道德情感。社会历史发展表明,对一个腐朽制度的批判,往往是从道德批判开始的,其中暗含着人们强烈的道德情感上的不满;同样,对新制度的向往,主要表现为对道德新生活的向往,如中国的"大同"世界,空想社会主义者的"乌托邦",都充满了道德的温情,温情中又包含着道德上的追求。

人类作为情感主体的存在,具有丰富的情感及表达方式,在道德方面也不例外。人类丰富的道德情感与主体的文化背景、所处社会的价值观念及个体的道德认知能力、体验水平等因素联系密切。在诸多道德情感中,有一些情感具有统合性效用,是其他道德情感产生的基础,并且普遍地存在于道德主体之中。这些情感,我们称之为基本道德情感。无论在何种历史条件、何种社会价值体制之内,人们都强调对于道德义务的遵循,对于道德良心的培育,对于荣誉和尊严的维护。而幸福的价值,自亚里士多德开始,到功利主义、新自由主义、马克思主义,都是人类生活追求的至高目标。人类的发展都是朝着幸福的生活体验展开的。因此,义务感、良心感、荣誉感、幸福感应是最基本的道德情感。

义务感是个人对所应承担社会责任的认识与体验,也是一个人应具备的最基本的道德情感,是人之为人的一个表征,它促使人们主动地、积极地去承担道德责任。从自我意识的角度看,义务感在本质上是个体对社会道德责任的一种内心自觉的意识和体验,是责任的内在化和情感化,没有客观存在的责任,就没有义务感。康德揭示了责任的内在规定性,把这种对道德律令绝对服从的意志看作一种自律的意志,即道德律令不是外在于作为道德主体"我"的绝对命令,而是发自于"我"的心中,"我"不仅仅是被动地"必须这样做",更应主动地"立意这样做"。

良心是人们在履行道德义务过程中所产生的一种道德责任感和自我评价能力。良心感是在义务的内在化和现实化过程中表现出来的。包尔生曾

---

① 《马克思恩格斯全集》第28卷,人民出版社,2018,第215页。

认为，履行善就是履行义务，但在义务并不符合自然意志时，义务和爱好就会发生冲突，即在行动之前义务的情感会反对爱好，在行为之后如果爱好在行动中胜过了义务，就会受到义务感的谴责。这样，"对于我们本性中这种反对爱好和在责任和义务的感情中表现自己的东西，我们称之为良心"①。所以良心感是义务感的根本体现。

荣誉感是指个人由于履行了社会义务，为社会做出一定的贡献后所得到的道德上的褒奖和肯定而产生的自我体验，表现出自豪和欢愉之情。它是人们对自己存在价值的一种自我意识、自我肯定，是自我实现的一种重要方式。

幸福感是指一定社会的人们为谋求和实现人生目标而产生的一种自我满足感。从伦理学角度看，幸福感意味着个人获得了特殊的道德满足。个人如果认识到自己整个生命活动的意义，认识到生命活动自由地服从于崇高的理想，那他就会有崇高的品质，他的内心就能获得道德情感上的"高峰体验"。"幸福是由于向所提出的目的前进，树立并达到这些目的而得到的最高度的满足，因而也就包含着肯定的自我道德评价。"②

四种道德情感之间相互影响、相互促进，形成动态性的关联。义务感与良心感是其他道德情感的基础，没有这一道德情感，人就缺乏道德行为的原始动力，也就不会萌发对于善的追求，更无法体验荣誉感和幸福感。荣誉感和幸福感会使人的道德践行对道德心理产生积极的正面刺激，从而巩固和强化义务感与良心感。

四　意志的磨砺

道德意志是内在道德心理向外在道德行为转化的重要过渡环节。在道德心理活动中，从来都不是"风平浪静"的，不仅有恶的因素的骚扰，而且有善的不等值冲撞；不仅有对过去的反省，而且有对未来的设计；不仅

---

① 〔德〕弗里德里希·包尔生：《伦理学体系》，何怀宏、廖申白译，中国社会科学出版社，1988，第291页。
② 〔苏〕季塔连科主编《马克思主义伦理学》，黄其才等译，中国人民大学出版社，1984，第190页。

有一时的道德冲动,而且有始终如一的道德坚守,这些都需要道德意志的参与。道德意志就是人们按照道德原则和要求做出道德抉择时调节行为、克服困难的能力,是在履行道德义务过程中所表现出来的决心和毅力。可以说没有道德意志,就没有道德行为、道德生活。

意志是人们自觉地将愿望设计为蓝图,用它支配和调节自己的行动,去克服困难以求达到目的的心理过程,是人的积极性的特殊形式。道德意志就是人们按照道德原则和要求进行道德抉择和行动时调节行为克服困难的能力,是在履行道德义务过程中所表现出来的决心和毅力。

道德意志是人们在履行与承担道德义务和责任时所具有的扫除一切障碍的决心。道德意志的特点在于以下几个方面。其一,它是对于善价值的忠诚与执着。道德意志是围绕善价值观念形成的心理机制,对于善有着持续的忠诚。其二,它具有对恶价值的抗拒力。道德意志即表现为对于道德践行的决心,也凸显了对于恶的抵御和抗拒。其三,道德意志是道德行为的直接来源,并受到诸多因素的影响。首先,道德意志往往是在道德情感的作用下形成的。道德情感则是一种道德的约束力量,向主体施加压力以遵守、接受道德原则。正面、积极的道德情感有助于增强道德意志,负面的道德情感则会削弱甚至消解道德意志。高尚的道德情感是道德意志的有力支撑。其次,道德意志受到社会道德环境的制约。从历史唯物主义的角度看,道德意志不仅是一种心理现象,也是在社会历史中产生的。道德意志还决定了社会的道德价值结构和社会的整体道德需求。

磨炼道德意志,首先要分析意志差异。只有研究和掌握了不同行为个体的意志差异,才能自觉地强化积极面、抑制消极面,培养坚强的道德意志。人的意志品质差异是多方面的,其中主要包括意志一贯性和动摇性的差异、意志果断性和优柔性的差异、意志自制性和冲动性的差异,以及意志坚韧性和执拗性的差异四方面。

意志的一贯性和动摇性差异,是指始终如一与朝三暮四的差异,这也是意志行动在时间上表现出的持续性和中断性的差别。意志的一贯性是指一个人有明确的行动目的,并深刻认识到行动的社会意义,使自己的行动符合社会目的并一以贯之的一种意志品质。它有两个基本特征。第一,明确行动的目的和社会意义。一个人明确了自己行动的目的,就有了奋斗的目标;明确了行动的社会意义,知道为什么而行动,就会很好地履行自己的社会义务。第二,主动调节自己的行为。一个有目标并能自觉付诸实践的人,能主动以社会要求为准绳,自觉、独立地调节自己的行动,对符合预定目的和社会要求的事,即使是遇到障碍和危险,也能以全部的热情和力量,勇往直前。一贯性反映了一个人坚定的立场和信仰,既是坚强意志的表现,也是坚强意志的源泉。与此相反的是意志的动摇性或受暗示性。动摇性表现出人对自己的行动缺乏独立精神,常常是犹豫、徘徊、容易受到别人的影响。道德意志的锻炼首先就是要加强一贯性,克服动摇性。意志在抉择阶段所表现出的差别是意志的果断性与优柔性差异。意志的果断性指一个人善于明辨是非,不失时机地做出正确决断并坚决执行的一种意志品质。它首先表现为深思熟虑和勇敢。道德意志的果断性要求迅速果敢与机动灵活相结合,与轻举妄动、草率从事、冒失莽撞有本质区别。道德意志果断的反面则是优柔寡断,主要特征是顾虑重重、迟疑不决、踌躇不前。道德意志另一差异是自制性和冲动性的差异,是意志行动过程中表现出的抗干扰能力。意志的自制性是指一个人在意志行动中,善于控制自己的情绪、约束自己言行的一种意志品质。冲动性则是一种不稳定性,表现为涵养的缺乏,容易惊慌失措、变化无常。意志坚韧性和执拗性差异表现在行动过程中是对待困难所持的不同心理态度。意志的坚韧性是指一个人在行动中坚守初心,以充沛的精力和坚韧的毅力,百折不挠,克服一切困难,实现预定目标的一种意志品质。坚韧与合目的性紧密相关,意志总是服从于一定的目的。马克思在论述劳动意志时曾指出:"他不仅使自然物发生形式变化,同时他还在自然物中实现自己的目的……他必须使他的意志服从这个目的。"[1] 坚韧是对于合理目的的不懈追求,体现为对于负面情绪和困难境遇的抗争。"劳动者越是不能把劳动当作他自己体力和智力的活动来享受,就越需要这种意志。"[2] 但坚韧不同于执拗,执拗的特点是在不合理的行为目的和方案面前依然执迷不悟、肆意妄为。

---

[1] 《马克思恩格斯选集》第 2 卷,人民出版社,1995,第 178 页。
[2] 《马克思恩格斯选集》第 2 卷,人民出版社,1995,第 178 页。

道德意志的一贯性、果断性、自制性和坚韧性相互联系，一贯性是坚韧性的基础，离开果断性，坚韧性就陷入空谈，而果断性、一贯性、坚韧性都要以自制性为前提。磨炼道德意志，既要根据其品质差异加强针对性，又要根据品质的内在联系加强整体性。道德意志的磨炼，还有赖于强化道德意识。意志的每一种品质都和人的理想、信念、知识、修养以及世界观等密切相连。要培养良好的道德品质，就必须强化道德意识，具体表现为确定道德理想、加强道德认识、丰富道德知识等。

理想是以现实生活的发展规律为依据的经过努力就能实现的愿望。在伦理思想史上，道德理想蕴含着三种意义。其一，指人们所向往和追求的某种完善的道德关系或社会道德风尚；其二，指人们所向往和追求的完美人格在品德上的完善程度和标准；其三，指人们应当并力图效仿的历史上或现实生活中具有高尚道德品质的模范人物。道德理想的确立是磨炼道德意志的根本保证。崇高的道德理想，不但是自我教育、自我锻炼的基本动机和基本方面，而且是意志活动的灯塔，可以使人在任何道德境遇中保持道德情操，保持百折不挠的精神，奋斗不息，勇往直前。

道德意志的磨炼是一个自觉行动的过程，必须有意识地设置一些有益于意志培养的情境。意志磨炼的情境设置就是根据人们在已知情境中的态度、志向、意志水平，进行意志锻炼，从而使它们能在另一情境中也表现出同样良好的意志品质。情境设置包括社会设置和自我设置两种类型。

道德情境的社会设置，就是一定的社会组织有意识地组织人们进行意志培养的道德实践。人只有展开意识行动，付出意志努力，克服内部阻力和周围环境的阻碍，才会养成做出决定的能力、坚韧性和自制力等意志品质。集体的强制性和个人对集体的归属感，是社会性情境设置对意志培养产生作用的天然原因。道德意志不仅需要在集体、社会的影响下进行磨练，也要在自我修炼中锻炼。道德意志磨炼情境的自我设置，就是行为个体自觉自愿地对自我设置困难，通过对行为的调节与评价，产生毅力和韧劲。道德上的高标准和严要求是道德意志磨炼情境自我设置的关键。正因为有高标准的参照，才会使自己压制强烈而不合理的冲动或意向，避开诱惑，延迟强烈愿望的实行，体现道德磨炼的自觉性和艰苦性。

将自由理解为对必然的认识和对世界的改造，是我们所熟悉的观点。

实际上，这只是获取自由的途径，而不是自由本身。真正意义上的自由应该是对于限制的否定，是人们在活动及其结果中所能任意做出的选择。自由并不是绝对的，人们的任意选择在任何范围内，都有一定的限度，这种限度就是自由度。供选择的可能范围越大，自由度就越高；反之，自由度就越低。道德意志的自由是对行为个体在道德活动中意志选择的某种限定或限制，即行为中的道德责任。自由和责任有着不可分割的内在联系。道德的力量和个人限度首先是由他的责任感决定的，不仅是对自己，而且包括对别人的责任感。正因为人有行为选择的意志自由，才有道德责任可言，而且越是自由，责任就越大。道德责任具有双重规定性。康德认为，道德责任就其外部形式而言，应具有普遍有效的特征，即适用于一切作为理性存在意义的人。同时，道德责任还有内在规定性——意志自律，即道德律令不是外在于道德主体"我"的绝对命令，而是发自于"我"的内心，"我"不是被动地"必须这样做"，而是主动地"立意这样做"。

要在社会道德责任的限度内真正实现意志自由，就必须使道德责任内化为道德责任感。道德责任感是个体对于道德责任的自觉认识，或者说是责任主体对责任对象的自觉需要。从个体发生的角度分析，道德责任感在每个人身上都要经过他律和自律两个阶段。在他律阶段，道德责任感的主要特征包括：认为责任本质上是受外界支配的；要求尊重责任规则的条文；对行为的道德评价要根据行为是否严格符合现有规则。自律性道德责任感的特征表现为主动性。具有自律道德责任感的人，能够完全自由地支配自己的行动，只有自律责任感才体现了人的道德自由。作为道德意志自由度的道德责任，既是对自由意志的限定，又是实现道德意志的根本条件。人是在道德责任和道德自由的双重作用机制中，彰显行为的道德价值。

自制力既是道德意志的重要品质，又是道德意志的重要因素。自制力就是控制自我、约束自我的一种自我调节能力。在道德意志行动的心理过程中，自制力以"意志品质"的"身份"始终发挥作用。动机斗争—动机确定—选择方式—做出决定—实现决定，这是意志行动的基本过程。在这个过程中，自制力能够完全自觉、灵活地通过控制自己的情绪、稳定态度、约束行动来抑制意志，保持注意力的高度集中，以便激励自己前进。

自制力对道德意志的调控功能源于人的活动的主观能动性。按力向的构成区分，人的能动性是由双向制动结构组成的活动整体，包括改造客体的能动力量和控制主体的能动力量两种方向，前者表现为追求的外向制动，没有外向制动，人的意志就不可能强化客体，观念世界就不会物化，客体世界就不会人化，主客体之间就难以沟通。但是，外向的能动性必须通过自制力的审定和控制，使其朝着正确的方向规划，如此才可以增加胜算，而成为正确的能动性。在道德生活中，如果没有对能动的感性追求的理性牵制，道德意志就难以生效，有了自制力，人的许多感性欲望、潜意识的东西，才会通过理性"冷却"成为道德生活中的积极思考和道德意志的发蒙知识。

自制力对道德意志的调控，反映了人在道德选择中的自觉性。道德选择是在同时存在几种方案时，人们根据自己的道德观念独立选择行为方案，以实现道德目标的判断和行动过程。道德选择的困难性的外部表现是道德处境的两难或多难，内部表现是道德个体的幽独性。前者让主体对于各种道德观念含混不清，情绪不稳定，感到焦虑、烦躁。没有自制力的人往往以不做选择为最后的选择或者做出错误的选择。后者则使选择主体面对困难时处于孤军作战的状态。缺乏自制力的人不能独立完成行为选择，难以体现行为选择的自主性和行为本身的道德价值。

道德意志的控制不仅受到社会道德责任的影响和行为个体自制力的制约，而且同意志主体的身心状态有关。要实现道德生活中的意志自由，就必须努力克服身心障碍。良好的身心状态，可以促进人的意志水平的发挥。人的意志既不是先验的产物，也不是脱离肉体的纯精神存在，而是以人的随意活动为生理基础的自觉力量。心理学的发展逐渐揭示了人的随意活动之心理机制。人的随意活动是以神经系统的暂时联系机制为基础的，对来自外部刺激和人体内部刺激的灵活整体反应。这种反应不是先天固有的，而是后天习得的，是个体在后天生活中建立起来的暂时性的神经联系所带来的。因此，人的意志不仅受外部环境条件的制约，而且受人体内部生理条件的制约。反过来，意志对于人身也有某种控制能力，意志是行动的官能，控制人的一切动作。这种控制有的是绝对的，有的是相对的。对于外在感观和移动性肢体,意志的控制是绝对的;对于人的思想及想象力,意志的控制是相对的。

心理状态的好坏对于意志具有重要影响。心理状态是思想观念、情绪、性格、气质等多种心理因素的综合显示,在良好的心态下,人的活动就容易完成,付出的意志努力也相对较少;在不良心态下,则需要付出更多的意志努力。因此,克服身心障碍是实现道德意志自由的重要条件。

第十二章 道德态度

　　道德态度作为人的一种特质，标识的不是个体的暂时性认知与情感，而是一种固定的基质，表明自身对道德事件的一种稳定的内心反应倾向与行为倾向。就像格林指出的，任何态度都是假定的或潜伏的可变的事物，而不是瞬间可见的事物。道德态度是由一系列长期的道德认知、道德情感、道德行为倾向所共同结合而成的一个抽象观念，是与社会道德事件密切相关的主体心理反应并存特征的提炼。道德态度以个体理性为基础，个体的理性则是所有道德态度的源泉所在，而且人是有能力去掌控它的。这种掌控的前提是主体能对道德事件进行准确的认知，并能在今后对这种道德认知做出情感反应与实际践行。[①]

一 道德态度：由知到行的准备

　　态度的英语为"attitude"，这个词源于拉丁语"aptus"，最初的含义有两种：第一种是"适应"或"适合"的意思，指的是对行为的主观心理的准备状态；第二种主要用在艺术上，指雕塑或绘画中的人物外在可见的姿势。现在我们所研究的只是有着第一种含义的态度，即一种行为的准备状态。笔者个人比较赞成的是费尔德曼所说的，"态度是一种对特定的人、行为、信仰或思想观念的评价"[②]。但更偏向于说态度是人类所特有的在认知人、事件、事物后，对其认知对象的一种较稳定的情感评价方式与行为准备倾向。态度是一个组合，即包含着情感、行为、认知三种不可分割的

[①] 本章主要内容源自李建华、谢文凤《论道德挫败对道德态度的影响》，《伦理学研究》2012年第4期；《论对道德态度的测量》，《吉首大学学报》2014年第1期，收入此书时笔者做了相应的调整。

[②] R. S. Feldman, *Essentials of Understanding Psychology*, McGraw-Hill Companies, 2008, p. 537.

因素。如果仅就单一的态度产生而排除循环往复的态度产生—修正—再产生的模式来说,三要素先是以对事件的认知为基础,再以产生相应的情感反应为条件,最后才是行为倾向。

世间万物都以其特别的形式、状态、构成、特点存在着,每一个物体或概念都有其区别于其他物体或概念的特殊属性,这就以事物或概念的特征表现出来。道德态度自有其与道德规范、道德人格等概念的区别之处,这些区别就构成了道德态度的特征,包括道德态度的情感性、稳定性、社会性等。

这里将不再讨论道德态度的理性基础,因为这涉及道德判断与道德选择的过程,而道德判断与道德选择早在形成道德态度时期就已经完成了它们的使命。道德态度已经是经过价值确定存活下来的,只能说道德判断与道德选择造就了道德态度,为道德态度的形成提供了必要的条件,而不能说道德态度具有道德判断与道德选择的特征。理性是根据我们已有的知识对既定的社会关系或社会事实做出判断与选择,而情感只是我们内心感情的流露,对一事物喜欢则喜欢,不需要从各方面权衡我到底该不该喜欢。如我见到一个人,觉得喜欢他/她,这是出于自然情感;如果我经过各方面权衡之后觉得还是不要喜欢他/她,那就是出于理性的选择。从道德态度的情感性这一点来说,道德态度更多的像"道德自然",就像休谟指出的:"道德这一概念蕴含着某种为全人类所共通的情感,这种情感将同一个对象推荐给一般的赞许,使人人或大多数人都赞同关于它的同一个意见或决定。"①

道德态度作为一种心理倾向,肯定离不开情感的支撑,是以道德个体的情感性为基础的。举个最简单的例子,如果有一个人没有情感,对发生在我们周围的事情既不喜欢也不反对,既不支持也不反感,而是完全作为一个态度中立、情感中立的个体存在,那他要么是一个心理学上的精神病患者,要么只是一个物体而不是人性学上完整的个人。没有情感就代表着一个人没有任何价值观念,在他心里没有一个价值标准,找不到他支持的价值,也谈不上他反对或不喜欢的价值。关于道德情感,休谟甚至认为它

---

① 〔英〕休谟:《道德原则研究》,曾晓平译,商务印书馆,2007,第 124~125 页。

是一切道德的根源。他说:"人类行动的最终目的都决不能通过理性来说明,而完全诉诸人类的情感和感情,毫不依赖于智性能力。"[①]

以往规范伦理学领域的道德是强调理性与权威说教,只是一味要人们按照一定的道德标准去做。在功利主义者看来,我们之所以在道德上是"善"的,是因为我们做的是对大多数人有利的事。在那里我们听得最多的是"我们应该/不应该……",如"我们应该仁爱""不应该偷盗""不应该杀人"等。在这种背景下的道德可以说是与个体分开的,找不到个体心理层面根据这种道德规范行为的根据。也许有人会说,我们之所以遵照这些道德规范是因为这样会获得最大多数人的利益,或者说这样会使整个社会保持一种公正有序的生活环境,但这也是基于理性的考虑与选择,只有当我们重视道德情感心理结构在个体道德行为选择中的影响力时,方可以使社会道德规范的要求与个体具体道德行为的选择更加紧密地联系在一起,这种紧密联系有助于我们更好地实现作为人的自身规定性。道德态度具有鲜明的情感特征,在道德态度里我们更关注个体在情感上是支持还是反对、喜欢还是厌恶,为道德行为提供了道德情感上的支持。

道德态度以情感上的赞成与否为基础,并不是个体对外界道德事件所形成的心理机械性反应,道德态度具有的情感性特征是区别于普通刺激反应模式与情绪表现的。在生活中,我们可以因为外界的事物刺激而出现生理或心理反应,如看到针刺过来我们会缩回自己的手,遇到不顺心的事我们会有烦躁的情绪需要发泄,这些都是可见的动态过程。我们可能会说某个人对某事有情绪(即时可见的体验或反应),而不会说他有情感。道德态度的情感性是指我们的道德态度涉及更多的是对周围的事物与环境的认知与感觉体验后,在个体道德心理中形成的一种持久的感情心理状态。情感如果源于个体,就是自然,即王阳明所说的"无有作好,无有作恶,不动于气"。在道德态度方面,我们会对别人拥有仁爱、怜悯、宽容、利他等积极的情感,也可能拥有憎恨、自利等消极的情感。这种情感不像简单的刺激反应或是情绪反应一样立即就能显示出来,而是一直作为一种感情特征存在于道德主体心中,一般来说我们很难通过简单的一次短时间接触

[①] 〔英〕休谟:《道德原则研究》,曾晓平译,商务印书馆,2007,第145页。

就得知一个人的道德情感状态。

道德态度并不是个人对某一具体道德事件的某一种特定的反应，而是相似的道德事件中大量相关的道德认知、道德情感与道德行为倾向的精炼。我们说一个人具有良好的道德态度，拥有道德仁爱、道德利他的态度，或是说一个人具有消极的道德态度，持有道德冷漠、道德怀疑、道德自利的态度，并不是说这个人一时兴起所持的道德态度是积极或是消极的，而是说这个人在他的生活中所一直持有的道德态度就是积极或消极的。道德态度的稳定性依赖于组成道德态度的各种因素之间的平衡，正是这种稳定性使我们可以对道德态度进行系统的研究，如果个体的道德态度是不断变化且毫无规律的，我们对其进行研究就将变得没有意义。

道德态度的稳定性，是指一个体系内的所有因素达到了一种只要没有外界的强劲干扰就可以无限地经历时间的状态。这一体系的稳定性，取决于其中各因素本身的稳定力量、个体道德态度的坚定性和外界干扰的强度。稳定性是个体道德态度发展值得向往的一个特点，也是个体道德原则内化的一个表现。初始道德阶段我们不断地暴露在各种道德规范与原则面前，经过对社会道德标准的学习、了解与接受，我们对各种道德规范与原则进行道德判断，选择吸收符合自己的认知系统的道德规范与原则。在实际生活中，不断地会有刺激源来干扰我们的道德态度，道德态度系统会以自身的内部力量对所有刺激进行回应。道德态度系统会接受一些小的刺激，在接受之后仍然保持系统本身的稳定性与平衡性，或是不改变本身的道德态度，或是只对道德态度进行微小的调整。如个体在做出道德仁爱的行为后，并没有得到相应的善的回报，他可能相应地弱化道德仁爱的态度强度。每完成一次这样的程序，就完成了一个道德原则的内化，这种内化是稳定的，足以在一定时期内抵抗外界因素的干扰。

一个好的、稳定的道德态度并不意味着个体的道德态度系统不再变化，道德态度的稳定性并不是一个绝对稳定的概念，而是具有相对性的。一方面关于某类道德事件的态度一旦形成就会在一定时间里持续而不发生变化；另一方面这种不改变的持续性是相对的，只限于一定的时间与一定程度上。我们在第二章曾论及，外界的说服、情境、个体经验等因素都有可能造成旧道德态度的改变或新道德态度的形成。道德态度是一个活动的稳定的系统，所谓"活动的稳定"是指系统内部之间、系统与外界环境之间有着相互作用与相互支持的关系，且内外都在细微地变化着。如果某一方面的变化超出了系统其他部分的接受范围，它引起的将不再是系统内部的微调，而是整个系统的变化。如个体的道德仁爱行为非但没有得到好的回报，反而受到了道德惩罚，那个体的道德态度可能会完全发生变化，由道德仁爱的态度转变为道德自利或是道德怀疑。

道德只存在于人类社会里，在动物界我们不会说某一个动物或是物种有没有道德，道德态度自然也只存在于人类社会而不可能存在于动物界。社会是由作为个体的人组成的，道德态度是一个人在与其他社会个体的交往之中形成，并在与外界道德事件的接触之中有意识或无意识地表现出来的主体行为倾向。道德态度是针对社会道德事件的，社会道德事件是道德态度的客体。而道德事件是社会中一些人或某个人对待某一件事的，涉及道德上的善与恶的作为或不作为。我们对某一道德事件的道德态度，同时会反应在对做出此行为的当事人的喜欢与厌恶上。外显的道德态度甚至内隐的道德态度都是在与外界社会、人的交往中，在各种各样的人际关系中表现出来的。为什么我们可以对一个人进行道德态度的测量来预测他后期的道德行为，部分原因就在于道德态度具有社会性。如果道德态度仅仅作为一种我们不与外界联系的、封闭的心理状态，我们就不会将其称作道德态度，而会称为道德想法，相当于你有一个梦想，但从来不会想要实现。人是具有理想并自主存在、有着明确的社会角色安排的高级动物，这是一种设定性的存在。道德态度的社会性是由他本身针对的对象所带来的，也就是说道德态度是针对自我以外的他者、他物、他事等社会性概念而言。在道德态度里，自我是主体，是道德态度的发源地，自我以外的一切社会性他者都是其作用对象。

态度具有社会性，"态度并非与生俱来，而是个体在长期的生活实践中，通过与他人的相互作用和社会环境的不断影响而逐渐形成的；态度形成后，又反过来对外界事物、对他人发生反应；在这一反应过程中，个体不断修正自己的态度，如此不断循环，使个体的态度体系日臻完善"[①]。世界上的事物

[①] 费穗宇、张潘仕：《社会心理学辞典》，河北人民出版社，1988，第180页。

总是作为社会上他者的关联因素而存在,除非是和鲁宾逊一样生活在一个只有星期五陪伴的孤岛上,否则我们作为社会一分子总是和别的个体、群体发生关系。道德态度虽然由个体表现出来,但它所针对的态度对象和由其产生的道德行为总是与社会上的他人有关,如道德信任、道德仁爱、道德冷漠等道德态度,都是由个体与外界团体交际时表现出来的长期稳定的行为倾向所总结出来的行为特质。如《伦理学辞典》中就指出:"道德态度具有社会性质,如自爱、自尊心、虚荣心、贞节,是人对自己作为社会成员的态度的表现。"① 道德态度的社会性也必然决定它同时具有时代性,我们具有什么样的道德态度与我们的社会时代特征与境遇有着不可分割的关系。庄子就指出个体的存在并不是孤立于社会的,而是以一定的社会背景或境遇为基础,如他指出"古之所谓隐士者,非伏其身而弗见也,非闭其言而不出也,非藏其知而不发也,时命大谬也"②。这看起来是摆脱了社会环境与他人干扰的"隐士",但在庄子眼里也是特定的社会境遇所造就的。

二 道德挫败对道德态度的影响

道德追求的正常心态是要求善有善报,而在具体的道德生活中往往会出现道德回报的不正常化,这不但会使行为个体产生道德上的挫败感,而且会使社会道德出现整体滑坡。特别是就道德个体而言,一次道德挫败可能会影响其道德态度,无数次的道德挫败则可能动摇其根本的道德信念。因此,避免道德挫败是确保行为个体树立正确的道德态度、付诸道德实践的重要途径。

道德挫败是我们的一种心理感觉,是主体心理世界对自己或别人的道德善行带来的社会后果进行认知后的心理反应状态。有学者将挫折定义为"个体在从事有目的的活动过程中,遇到障碍或干扰,致使个人动机不能实现、需要不能满足时的情绪状态"③。根据这个定义可以知道,道德挫败

---

① 〔苏〕伊·谢·康编《伦理学辞典》,王荫庭、周纪兰、赵可等译,甘肃人民出版社,1983,第447页。
② 《庄子集注·缮性》,阮毓崧辑,广文书局,1980,第262页。
③ 卢家楣等主编《心理学:基础理论及其教育应用》,上海人民出版社,2004,第669页。

首先是一种心理情绪状态,是一种面对客观事实的主观心理反应。其次,道德挫败中主体做出的行为是"道德善行",即我们内心深处都以认可并努力遵守的公正原则为基础。隐藏的前提是我们内心都赞同善是符合社会基本价值的伦理标准,且都以善行为基本选择。如果一个人从一生下来就生活在一个以恶为基本标准的社会里,在他行恶的过程中受到社会反面的回报时(如他认为人就是应当偷盗,而当他在外面的社会行偷盗之事时却被有道义的人强烈谴责),他心里也会有失落等情绪产生。这种情况属于广义的挫败,但不属于道德挫败的范畴,因为他所行的不是符合整体社会道德标准的善行。

从生理上讲,道德挫败以人脑与各种信息符号的结合为前提,受客观现实的影响与制约,是生活实践中的人受外界刺激后主动发生的。人生而就不间断地被外界环境所刺激,大脑经过对外界信息的收集、编译、储存,慢慢地构建起外部道德世界的表征,并同时随着个体意识的发展而形成自己的道德标准、原则。具体过程是我们通过感觉(sensation)将外界的物理能量刺激用大脑特有的功能编译为神经信号,再对这种信号进行选择、组织与解释从而形成知觉(perception)。这种外界刺激必须是有形或是可被感知的,因为人类很难接收到外界所有的感觉刺激,如 X 射线、高频和低频声波等的影响是不能引起我们感觉回应的。当个体对外界引起刺激的道德事件有感知时,大脑会把内部已有的道德印象与外部的道德事件信息整合在一起,调和彼此不相连的神经元群组织,让我们能依照刺激源、个体经验、外界社会标准等相关资源做出科学合理的生理反应。如我们被外界善良道德行为导致的恶的社会回报这个事件所刺激时,在生理上会表现出心跳加速的反应,这是生理上道德挫败的表现形式。

从心理上讲,在主体的道德生活中,无论他出于功利主义动机为了最大多数人的最大幸福而选择善的行为,还是出于内心深处的道德律而道德地行事,甚至是因为内心颠倒的价值标准而选择内心的善(我们内心标准中的恶),在他的心中都有一个道德价值标准,也就是说他觉得这个是符合社会性道德要求的。人为什么要选择善行?深层次的原因是人们心理上同意并选择了服从"回报理论",其中最重要的就是互惠规范即以德报德、惩罚规范即行恶受罚。奥维德觉得人们能选择善行是善行能给自己带来好处。虽然他的观点带有功利主义色彩，但社会就是这样运行的，如果善行只能给我们带来坏的结果，人趋利避害的天性也不会允许我们选择善行。由此可知，个体处理外界道德事件时根据自己的道德价值标准而选择善行是因为有意识或无意识地想得到好的回报，或至少避免精神、物质上的惩罚。当这三者处于一种很好的平衡状态时，主体的心理与信念会受到鼓励，相应的道德行为也会持续下去。很遗憾的是在有的时候主体的道德行为预期结果与实际回报不相符合，甚至相悖，我们称之为道德行为——回报失调，由这种失调引起的心理上的不舒服就是道德挫败。通常情况下道德挫败有两种表现形式，一种是个体本身的道德行为没有得到社会相应的物质或精神回报。当一个人按照社会的道德价值标准行了善事，得到的却是外界的怀疑、排斥等消极回应时，他就会表现出主体直接的道德挫败感。如主体从帮助别人的动机出发做慈善事业，但人们却怀疑他只是为了炒作。另一种是社会上公认的"道德人"没有得到相应的积极的社会回报，当人们看到公认的正义之人并没有得到社会该给予他善的回报时，看到行正当之事的人没有受到尊重与善待时，当看到"英雄流血又流泪"事件发生时，就会表现出一种集体性的道德挫败感。这种心理反应的参与因素包括事实刺激、内心价值信念、个体认知、消化理解等几部分。

  道德挫败感发生的过程中有两个因素对其产生主要影响，其一是个体的认知能力。认知是主体根据外界社会环境中的信息形成的对他人、事物等客体独特的理解与推断，人从一出生就开始慢慢地建立自己的认知系统。以皮亚杰为首的日内瓦学派指出，儿童的认知发展要经历感知运动阶段（0~2岁）、前运算阶段（2~7岁）、具体运算阶段（7~11岁）、形式运算阶段（11~15岁）四个依次序发生的阶段。信息加工心理学家们认为知识是发展的一个重要维度，而维果茨基则强调社会性的相互作用以及语言的习得与使用对儿童认知发展的影响。人的认知能力是他一切道德价值标准形成的基础，也对其生活中的行为起一定的指引作用。人与动物最大的区别在于人是有头脑与思想的，在他的生活中是受他的认知能力指引而不是无条件被本能驱使的行为。一个人有着怎样的价值标准依赖于他对社会整体的认知水平及相应的心理状态。当对社会的认知达到一定程度后，他会对社会的道德价值标准有更深入的理解与消化，相应地会更加坚定地遵守与维护符合社会标准的内心道德原则。由此可知，一个人对社会的认知能力越强，他抗击挫败的能力就越强，反之一样。

其二是主体面对挫败时的调整能力。挫败对每一个人来说都是不可避免的，重点是每个人面对挫败的调整能力不同，调整能力受人格特质、社会经验、心理承受力等因素的影响。挫败的发生会对人的心理及行为造成负面影响，当挫败引起心理失落等消极情绪时人会相应地采取种种有效策略来改变主观态度或是客观情况以达到心理平衡。如萨尔利（Saarni）就发现，人在伤感时会采取回避的方法降低不良情绪对自己的影响。主体面对挫败时的心理调整能力影响着哪一种程度的挫败对于主体来说能对主体产生影响，又能产生何种程度的影响。科内尔·韦斯特认为在通过主体不间断的、深层次的被教育与自我教育活动后，能达到一种道德成熟（moral maturity）的水平。道德成熟的水平越高，其对道德主体的心理支持作用就越大，主体也就越不容易被外界的消极道德挫败所影响，能自动调整心态去接受道德挫败并积极分析原因。

道德挫败对道德态度的影响过程。心理学上有一个术语，即均衡作用（homeostasis），是指"个体为了生存适应，在身体上生而具有某些调节机构，能够自行运作，经常保持某一适于个体生存所需的标准，借以维持生命，从而发挥其生活上的功能"[①]。均衡作用作为一种生理的动机因素一方面是纯粹的生理均衡，如利用进食来维持身体的体力平衡；另一方面是心理的均衡，如不撒谎才能维持情绪的平衡。均衡是一个波动的过程，如有外界因素介入后，人体会做出新的调整来重新保持生理和心理平衡。一个拥有良好道德态度的个体在生理和心理方面都是平衡的，而当道德挫败发生时，这种平衡就被打破了，主体会通过改变自身的道德态度求得新的平衡。

个体性的道德挫败对主体道德态度直接地进行影响，集体性的道德挫败更多的是间接影响，但其对主体的心理影响都是按以下顺序发生的。

第一，外部刺激。人的社会性让人离不开社会事件的刺激，蔡尔德曾通过研究证明社会化是一种行为过程，在这个过程中个体这种天生就具有

[①] 张春兴：《现代心理学——现代人研究自身问题的科学》，上海人民出版社，2005，第358页。

极大的行为潜能的生物会根据其群体标准局限在习惯了的狭窄范围内发展自己的实际行为。① 这个"习惯了的狭窄范围"就是我们每个人的行为和接受外部刺激的社会圈。人在社会化的作用下形成了基本一致的道德价值标准,当外界某一事件关系着主体的道德价值标准时,就形成了对主体的道德外部刺激。如我们内心的道德价值标准是"不应偷盗""助人为乐""爱人如爱己",当我们身边或是社会中出现偷盗、有人需帮助这样的事件时,就是对我们的道德刺激。这种刺激会让我们思考自己该如何行事,是按自己的道德价值行事还是放弃自己的道德价值。

第二,主体行为。行为是一种受思想支配而表现出来的外部可识别的活动,从生理上讲有可感知的刺激就会有相应的反射,行为是我们对外部刺激的一种有条件反射的结果。当代心理学界一般都将行为归因于个体内因或社会情境外因,当道德外部刺激来临时,主体将会更多地根据内在的道德价值标准而采取相应的道德行为。如在你身边的人落水了就是一个刺激源,刺激到你"助人为乐""爱人如爱己"的道德价值标准,道德的人无疑将会做出救人的道德行为。

第三,预期回报。我们都是理性存在的个体,在做出道德行为时都会对该行为应得的回报有一个"合法预期"。J. F. Freedman 认为人之所以采取某一种道德或不道德的行为都是因为人对行为带来的某种后果及评价在内心有一个信念。麦克金龙(Mackinnon)的研究也表明,良心或超我都只是实际道德行为中的一个因素而已。② 人之所以有亲社会性的道德人格,会选择社会性德行也是因为心中有着公正的社会回报信念。行为科学的学者们也通过大量的实验研究证明引导人们选择善行的根本动因是行为人对其行为将产生回报的预期。爱尔维修对此明确指出,道德的力量常常是与人们用以奖赏它的快乐程度成正比的。儒家强调以德为福、德福一致,善得善报就是人们心中坚强合理的道德"预期回报"。所以当我作为道德个体对外界事件采取道德行动时,我想得到的是善的好的回报,可能想得到的是人们的赞扬、尊敬、喜爱等精神层面的回报,也可能想得到金钱、奖

---

① I. Child, "Socialization," in G. Lindzey, ed., *Handbook of Social Psychology*, Addison-Wesley, 1954.

② D. W. Mackinnon, *Violation of Prohibitions*, Oxford University Press, 1938.

状、福利待遇等物质方面的奖励。行善是为了好的生活,为了心理安慰,为了社会向道德顶峰发展,总的来说行善是为了趋利避害。

第四,社会回报。良好的道德行为回报机制是包括奖赏与惩罚在内的双重机制,以赏罚的正义来实现个人"小善"与社会"大善"的帕累托最优。亚当·斯密认为,"报答,就是为了所得的好处而给予的报答、偿还,报之以德。惩罚也是一种报答和偿还,虽然它是以不同的方式进行的;这是以恶报恶"[1]。同样,亚里士多德也认为,"要以怨报怨,若不然就要像奴隶般地受侮辱。要以德报德,若不然交换就不能出现"[2]。这是一种社会回报的正义理论。可见,作为人们道德原则产生与道德行为实施的客观环境,社会应该扮演一个像城邦守卫者一样的角色,起到公平公正地奖励善行惩罚恶行的审判作用。而在现实生活中,经常会看到德福不一致、坏人得好处、善招恶报等回报不公的情况发生。因为社会由作为最基本组成成分的单个人结合而成,每个人都有不一样的人格特质与道德原则。不同的人格特质与道德原则会使人形成不同的对待德行的方式,拥有积极向上的人格特质与道德原则的人会以善的行为回报善的社会道德事件,而具有消极人格特质的人则会以恶的行为来回报社会道德事件。当遇到恶的社会回报时,就会引发道德挫败感,如看到类似南京"彭宇案"这样的不公正回报时我们就会心理失落。

第五,心理失落。1933年版的《牛津英文字典》记载,"失落"一词源于"掠夺",意思是"被强行夺去"。可见失落指原本应该属于自己的东西被外界力量无情地剥夺,从而让自己产生苦恼、沮丧、痛苦、悲伤等消极情绪体验的心理状态。有时外部刺激来临,个体依据内心的道德价值标准而采取相应道德行为后没有产生积极的道德预期回报,甚至产生的是消极的道德回报。这时道德行为与预期回报失调,主体的"合法预期"被外界社会无情夺走,心理上由较高的期待水平转向不得不面对让人难以接受的事实。这时道德行为的直接发起者会产生低落、郁闷、伤心等消极心理情绪。而对于这种道德行为与社会回报的间接体会者即旁观者来说,因为

---

[1] 〔英〕亚当·斯密:《道德情操论》,蒋自强等译,商务印书馆,1997,第82页。
[2] 〔古希腊〕亚里士多德:《尼各马科伦理学》,苗力田译,中国人民大学出版社,2003,第102页。

人本性所具有的同情心也同样会为行为与回报的失调而产生心理失落、愤慨、怀疑等消极情感。

第六，道德价值重审。人的道德是在其成长过程中不断地根据社会发展与要求与时俱进的，是一个否定之否定循环上升的过程。人作为一个理性存在物，对道德结果偏离本人所期待的目标时都会从内因或外因上寻找原因来促进个体道德的发展。道德行为与社会回报失调所导致的道德挫败的原因有两个方面，其一是社会的道德价值标准有错误，从而错误地对本应赞成的道德行为给予了消极的回应；其二是主体采取道德行为所基于的个体道德价值是错误的，从而引发错误的道德行为。当人们的道德行为并没有得到外界好的回报时，他们不可能以一己之力重塑外界社会的道德价值标准，而只能调整自己的道德价值观以适应社会。道德主体会对自己的道德价值产生怀疑，对自己内心的道德原则与道德行为标准进行深度剖析。对原有道德原则进行重审后，主体会通过调整或改变自己的道德态度来寻求内在道德原则与社会道德回报之间的平衡。道德挫败对道德态度的影响过程由以上几个阶段按顺序组成，这几个阶段不可分割也不可倒置。道德挫败作为一种外界刺激导致的心理失衡状态，经过以上几个阶段后就会直接或间接地对主体的道德态度产生消极影响。

个体的行为并不是无意识的，而是受他基于对世界的认知所形成的道德态度的指引。人是复杂的动物，一方面他可以拥有积极的道德态度以道德的方式去思考，做道德的事；另一方面他可以拥有消极的道德态度，以极度自私自利的方式去思考，做出无人性的恶事。外界因素的影响，如某事件的刺激、说服、引导都会使一个人原有的态度发生变化，或是小部分的量变或是根本性的质变。道德挫败作为一种由外界事件刺激引起的强烈的心理失落会让我们否定自己原来的道德价值标准，转变道德态度，从而使我们以相反的消极的道德态度去生活。无论是个体直接的道德挫败还是间接地通过社会其他人的挫败产生的社会性集体挫败，都会对主体的道德态度产生不可忽略的影响。

道德挫败最容易催生的消极道德态度是道德冷漠。道德冷漠是非道德主义的表现，有道德冷漠倾向的人心理上以一种绝对自由的态度对待有困难需要帮助的人；在道德价值标准上缺乏应有的道德同情与道德责任感；

在道德行为上则是漠视他人求助，拒绝提供帮助。道德冷漠是近年来伦理研究的热点，排除极少数天生就具有冷漠人格的情况外，大部分道德冷漠都是因为主体直接或间接地受到道德挫败的影响。我们之所以选择道德的行为并不是本能使然，从动机论来说是因为我们心中有这样一种按社会总体道德价值生活的内在驱动力；从马斯洛的需求理论来说则是我们自我实现的需要正占据主导地位，在这一阶段人会寻求自身发展的最大化，正是这种需求决定了我们选择善行这一行动。排除被强迫的情况，人们从选择善行到完成善行的整个过程中，心理上始终对其行为持有积极、热情的道德态度。这种积极和热情的道德态度包含着对自我道德价值的信念、对社会道德标准的信任、对自己道德行为良好结果的预测。道德挫败的发生将直接或间接地影响行善的人积极的道德态度，试图将自己由与他人紧密相关的社会人分裂成单独的细胞，忘却"仁爱"与"兼爱"转向消极避世的道德无情主义。如类似南京"彭宇案"导致的直接后果是行善主体在今后的社会道德生活中将再难选择助人为乐这种德行；间接后果则是我们作为旁观者将受到此事消极回报的影响，从而重新审视社会的道德价值标准与道德成本。这种付出与回报的失调让作为理性存在物的人们重新考虑是否要选择德行，是否有能力（包括经济上与精神上的能力）来承担善带给人们的不善的回报。经过权衡之后，人们的道德价值观退回自保的小圈子里，宁愿承受着心理的内疚与不舒服也不愿意向需要帮助的人提供符合道德标准的帮助。

　　道德挫败还容易使人们产生道德怀疑的消极道德态度。道德怀疑是指道德个体对普通的信仰产生怀疑，他们或者是站在 Pyrrhonian 怀疑论一边，对道德知识持怀疑态度，不相信任何人知道任何实质性的道德信仰是真的，怀疑任何人拥有道德知识，也怀疑没有人拥有道德知识。或者像 Academic 怀疑论一样认为没人知道实质性的道德信仰是真的，认为没有人合理地拥有实质性的道德信仰。[1] 可见，道德怀疑是一种对人们普遍认为是正义的道德信仰产生怀疑的消极的道德态度，比道德冷漠对社会产生的消极影响更大。与其说我们选择善行，毋宁说我们是依心中的道德原则行

---

[1] Walter Sinnott-Armstrong, *Moral Skepticisms*, Oxford University Press, 2006, p. 10.

事，前提是对社会道德事件进行正确的认知并相信有真正的道德标准存在。按道德标准行事成为我们正当的行为目标，我们从一出生开始就随着加入社会而签订了一份社会道德契约。当按社会道德契约行善事的人遇到不符合心中契约所规定的回报时，他对社会道德契约的信任就会荡然无存，取而代之的将会是对道德契约的怀疑。怀疑社会道德契约本身的正当性，怀疑契约中规定为正当之事的正当性，继而怀疑整个道德标准。道德怀疑是针对某一道德事件引起的道德挫败而对普遍的道德都产生怀疑的道德非理性，而道德冷漠更多的是关于某一道德事件产生道德挫败的特定方面的道德非理性。道德挫败会让人们怀疑"不应偷盗""助人为乐""爱人如爱己"这些被我们普遍赞成的道德原则或道德标准是不是正当的，会怀疑是否应该按心中原有的道德标准行事。

道德挫败他使人们产生了道德自利的道德态度。斯密曾指出，"一个人生来首先和主要是关心自己"[①]，哈贝马斯也指出要将自我统一性与社会统一性相结合。社会上的互惠规范和社会责任规范皆会促使我们做出利他行为，互惠规范的基础是人与人之间要遵从以德报德的道德原则，社会责任规范要求人们迎合社会期望而做出行为选择。遵从以德报德和迎合社会期望行事都包含着主体心理上希望别人以德相报或获得社会承认的隐含前提，这就是关心自我利益的一种表现。一个人关心自身的利益没有错，而道德挫败容易催生更加偏向道德功利主义的极度自私自利。当遇到道德挫败时，如果主体希望别人以德相报或获得社会认可的自我利益都没实现，他就会否定本来的利他行为，进而更努力地追求属于自己的利益。当生活中人们的利他行为，如社会慈善行动，并没有得到预期的社会回报，而只得到讽刺、怀疑、诽谤等消极的社会回报时，人们会感到利他行为的不可行，从而导致主体关心的利益仅仅限于自己本身之利，并形成道德自利的道德态度。

亚里士多德认为人是城邦性的动物，离开社会的人非神即兽。道德挫败是一种对社会个体的道德态度产生消极影响的道德心理反应，同时因为人的这种高度的社会相关性与参与性，道德挫败也对整个社会的道德态度产生了消极影响。主体应不断地在社会经验中磨炼自己的道德意志，从而

[①] 〔英〕亚当·斯密：《道德情操论》，蒋自强等译，商务印书馆，1997，第101页。

提高自己抗击道德挫败的能力。社会也应该给予道德行为以正当应得的社会回报,从客观上消除道德挫败产生的因素,从而抑制道德挫败的发生。道德主体只有与社会共同努力,才能削减道德挫败对道德态度产生的影响,促进社会道德向更善的方向发展。

三 道德态度的测量方法

科学与道德的关系一直是备受关注的,科学可能引发新的道德问题,也可能在某种程度上促进道德研究的发展。社会道德主体对道德事件的认知、情感与行为倾向都体现着其具体的道德态度,而如何提高我们研究道德态度的科学性与准确性,让道德研究不再是一门纯经验性、纯理论性的学科,或许可以从科学的实证研究方法中找到答案。科学与道德研究的关系是非常复杂的,对此各个学者的主张可谓形形色色,莫衷一是。拉契科夫曾指出科学与道德的关系无非就是以下几种,相分离说、相对立说、道德为主说、科学为主说、两者平等说。他在书中写道:"某些哲学家和社会学家把科学和道德说成是彼此之间毫无共同之处的、独立存在的意识范畴;而另一些人却认为,客观的科学知识和道德的评价不可能并存,甚至是敌对的;第三种人说,道德意识胜过科学而占第一位;第四种人恰好相反,认为科学较之道德占领先地位;还有第五种人,他们反对所有其他人的看法,认为真正的道德和真正的科学是相同的;如此等等。"[①]

历史研究表明道德研究要有更大的进步,在更大的程度上经得起质疑与论证,就应该顺应人类认识水平的发展,避免将伦理学与自然科学、实证科学对立起来,而应该以开放的姿态并运用现代科学技术来研究与解决我们的道德问题。科恩认为科学在伦理学中的作用是复杂的,其中一个作用就是它的工具性。科学方法可以提供伦理思考和道德发现的方法,科学不是目的,而是研究伦理道德价值的手段。我们认为作为知识体系的科学或者科学知识对伦理道德的影响确实是非常小的,但是作为达到目的的手

---

① 〔苏〕拉契科夫:《科学学——问题·结构·基本原理》,韩秉成、陈益升、倪星源等译,科学出版社,1984,第225页。

段或是追求事实真相的工具来说,科学方法对伦理道德研究的作用是不可估量的。诚然,我们不可能设定一系列科学程序,利用各种测量仪器来检测与分析我们的道德价值观,如不可能用 X 射线来检查我们是否有良心,也不能通过演绎或是归纳法来推论我们应该制定怎样的道德规范。但是,科学的定性方法或是定量方法、心理学上的实验与测量等方法却可以为我们分析与研究伦理道德提供良好的、更趋于理性的手段。

　　实证科学之所以成为研究道德态度的手段,与道德态度的自身特征有着不可分割的关系。首先,道德态度是可以产生外显反应的概念。道德态度是由一个人的道德认知、道德情感与道德行为倾向共同构成的一种稳定的心理状态,是一种存在于个体内心的无法直接观察与研究的心理活动。但它却总是通过我们对社会道德事件的道德认知、对道德规范的喜恶以及自身的道德行为偏好体现出来,这种道德态度所产生的可见反应,让我们有了用实证方法来研究测量道德态度的可能性。道德态度从内心的心理活动到对外界事物的情感反应是一种正相关关系,也就是说有什么样的道德态度就会对相同的外界事物做出相应的道德情感反应。如我的内心保持着道德仁爱、道德利他等积极的道德态度,那我对道德仁爱、宽容、利他的道德价值标准就会产生喜欢的道德情感。道德态度可以预见或通过道德行为表现出来,如遇到道德事件时,积极的道德态度会促使个体做出善的行为,而消极的道德态度则会表现为不善(中性或者是恶)的行为。所以,我们可以用反推研究法,通过研究个体对道德事件的道德认知、偏好、意见、行为倾向等可见反应来反向研究与测量个体的道德态度。这种测量主要分为对道德态度的方向性测量与强度性测量,如对一种道德价值是肯定还是否定、对道德事件的喜欢或排斥程度等。

　　其次,道德态度所产生的外显反应可以转化为可操作、可测量的定义。道德态度是一个抽象的概念,不管我们用多高级先进的科学技术都不可能去测量抽象的概念。但是,我们可以将抽象的概念通过技术转化为可操作的定义,然后对这个定义进行技术上的观察与测量就是完全可能并且重要的事情。如健康这个概念,可以转化为每年生病的次数、去医院的次数等可测量的概念。我们要知道一个人的基本道德态度是积极的还是消极的,就可以设定一系列现实问题来测量他的道德情感反应、道德行为反应，进而探测与剖析他内在的道德态度，如针对"你认为我们要不要对街上的乞丐进行施舍"这一问题，可以设定相应的选择答案——"要""不要""看情况"。这一系列问题如何科学地设定，具体应遵循什么样的规则或有什么样的禁忌则要参考社会学各种实证调查方法的设定规则。

研究道德态度的科学方法主要是社会学与心理学所共有的调查研究、定量分析、行为观察等实证方法。"通过向被调查者提出一些从目前看是最有意义的典型性的社会伦理问题和道德问题，了解他们的有关态度与看法。通过了解被调查者们对于这些问题的态度与看法，我们能更接近地了解一般人群的有关态度与看法，从而更接近地了解社会的普遍实践态度，再通过对调查材料以及其他可资参考的调查材料与经验观察的分析，达到对转型时期的社会伦理与道德的现实的更深一层的理解。"① 借鉴社会学调查法与心理学上测量态度的方法，我们将尝试列出测量道德态度的几种实证方法。

第一，测量道德态度的实证方法。

道德态度是长期的道德认知、道德情感、道德行为倾向共同结合而成的一个抽象观念，是一系列与社会道德事件密切相关的主体心理反应的提炼。道德态度标识的不是个体的暂时性认知与情感，而是一种固定基质，表明自身对道德事件的一种稳定的内心反应倾向与行为倾向。道德态度是会变化的，但是在相当长时间里的相对稳定性使得对它进行测量具有了可行性。道德态度的构成特征决定了个体对道德事件的反应可以分为三类，即认知反应（同意与否）、情感反应（喜欢与否）、行为倾向反应（支持与否），对道德态度的实证性测量主要是从这三个方面着手，大致可分为量表法、行为观察法、自由反应法。

量表法。如果从测量的精确度与易统计分析的角度来说，社会心理学的量表法无疑是测量道德态度的首选方法。量表的方式有多种，包括瑟斯顿的等距测量法、利克特的累加评定法、格特曼的量表解析法、语义分化法（SD法）等，这些量表有些可对道德态度进行单维度的测量，有些则

---

① 廖申白、孙春晨：《伦理新视点——转型时期的社会伦理与道德》，中国社会科学出版社，1997，第6页。

是多维度的测量，但共同的特点是在考虑自变量、因变量之后，科学地编排出一系列能反映被试的道德态度与被测目标态度有关的陈述（题目），然后列出可供选择的答案让被试选择。可供选择的答案可能是方向性的，如喜欢还是不喜欢；也可以是频度上的，如从来不还是总是。这种单刺激模式下设定的题目具有两种基本的反应格式——二值反应格式和多值反应格式。二值反应格式就是我们所说的答案为喜欢或不喜欢，也就是说积极和消极这个非此即彼的反应。而平常我们对某一事件的看法往往不是简单的喜欢或反对，这中间可能有很多程度性上的问题，多值反应格式就是从非常喜欢到非常不喜欢五个不同程度的反应，如从喜欢到不喜欢的程度有非常喜欢、很喜欢、有一点喜欢、不喜欢、非常不喜欢等选项。

瑟斯顿和蔡夫研究出一个复杂的测试量表，其主要程序是先总结出能涵盖要测量的态度的各方面意义的陈述句，然后将这些陈述句按赞同级或是反对级分组，由判断者将之分类并算出每个陈述句的量表值，由反对到赞同的各组陈述句按顺序排列划分为相应的量表值；再由被测试者选择他赞同的陈述句，研究者根据这些陈述句的量表值计算出中项分数。

1932年利克特对瑟斯顿量表进行了简化，称为相加法。在收集与编写要测试的态度对象的陈述并由专家评判后确定合适可行的测试语句，然后采取肯定和否定两种陈述，被试只需要对列出的陈述选择由赞同到不赞同的五级或七级程度上的答案。最后将被试的选择结果进行赋值并求得总和，得出最终态度。五级量表是强烈赞同(5)、赞同(4)、中性(3)、不赞同(2)、强烈不赞同(1)，七级量表则分为强烈赞同、中等赞同、轻微赞同、中性、轻微不赞同、中等不赞同、强烈不赞同。这种量表测量方式更简洁，它的升级版本是排除中性的选择一项，将五级改为四级、七级改为六级，从而让被试只能做出偏向积极或消极的态度选择。每一级反应都会被标上量表值，"通过计算每位被试所选立场的平均值来确定他的得分。事实上，由于每位被试所选陈述的数量是一致的，所以经常计算的是被试的总得分而不是平均分"[1]。总分越高，则代表被试的态度越趋向肯定的

---

[1] R. Linkert, "A Technique for the Measurement of Attitudes," *Archives of Psychology*, 22（1932）：1-55.

一方。

我们的态度构成是多结构的,这使我们对事物的道德态度反应是多维度的。上述两种方法都是从单一的维度来测量态度,为了更精确地测量,1957年C.E.奥斯古德等人提出了一种从多个维度来测量态度的方法,即语义差别法或称多维度量表法。他们的反应量表是由一条长的水平线与六条垂直线组成的,水平线的两端是代表被测目标的两种极端词语,如好和坏。在从好到坏的七个点依次为非常好、很好、有点好、不好不坏、有点坏、很坏、非常坏,依次计为从1到7的分值。实验者会从评价、强度、活动三个维度对复杂的态度进行测量并制定问卷量表,如评价方面设定好—坏、强度方面设定强—弱、活动方面设定主动—被动等形容词选择项,被试在各个维度的分值总和就代表他的总态度。结合各种量表方法,对道德态度的测量宜采用利克特的量表法,从多维度对个体的道德态度进行测量。瑟斯顿就在他的文章里说过,因为态度是复杂的,它不能完全被任何单独的数值指数来描述。[1]

观察法。"我们是怎么认为的(道德态度)"和"我们是怎么做的(道德行为)"两者之间到底有没有关系、存在怎样的关系,一直是心理学家、社会学家、教育家和哲学家们研究的课题。20世纪30年代之前,心理学界大多数研究支持态度和行为之间具有肯定的关系,甚至有的社会心理学家认为研究人们的态度就是为了预测他们的行为。虽然有时候道德态度并不能准确地预测道德行为,但是心理学研究表明两者之间的一致性还是比较高的。最能预测行为的态度往往是稳定的、重要的、易于提取的、由直接经验形成的、人们很确定的、在认知与情感上有很高一致性的态度。如迈尔斯认为当将影响态度和行为的其他因素最小化、态度与观察的行为存在具体相关性、态度非常强有力时,我们的态度是可以很好地预测行为的。心理学研究表明,很多时候我们的态度在态度对象出现时就会被自动激活,虽然这些激活常常是无意识的或无意的,但却证明了我们的态度是可以预测行为的。

---

[1] L. L. Thurstone, "The Measurement of Social Attitude," *The Journal of Abnormal and Social Psychology* 26 (1931): 249-269.

第十二章 道德态度

行为观察法能测量道德态度的一个主要前提条件就是个体的道德态度能预测其道德行为，个体的道德行为反映其基本的道德态度。境遇伦理学认为境遇的不同会使人们做出不同的选择，在道德界没有普遍的道德律法，而只有"相对的原则"[1]。所以，人们面对不同的外界情境会有不同的反应，这透露出人们不同的道德态度。行为观察法就是把被测试对象在特定情境下的行为举止反应作为态度的客观指标，如通过观察他在各种情境下是否帮助弱者来测量他有没有道德仁爱的态度或其强烈程度。这种测量是将被测量对象置于一个特定的情境，研究人员并不与被测量对象直接接触，如在房间外面或化妆成参与实验的其他被试者。因为不直接接触，被测量者往往不知道自己已经进入测试环境，通过行为观察法得到的测量结果会比较可靠且真实。

自由反应法。量表法可以节省被试者的时间，让被试者的选择显得更容易，也能很精确地统计最后的量表值，但是有时被试会对自己的道德态度进行隐藏，或是做出不负责的选择，这时就需要其他方法来做补充。自由反应法测量并不向被试提供选择，而是提出开放式的问题或刺激，让被试自己完成回答。

比较常见的就是访谈法，访谈法针对某一研究目的准备一系列开放式问题，让被访谈对象可以充分陈述自己的观点。研究人员可以从谈话中了解到语言的与非语言的信息，从而可以推断出访谈对象对某一特定道德问题的态度。与之相似的测量方式有问卷调查法，也即针对要测量的道德态度设置一系列问题，被试者可以自由地表明自己的主张、看法、观点，研究人员再从中推论出其态度。实际上过去的研究表明这种开放性问题比量表法所采用的封闭问题有更高的信度和效度，只不过这种方法对研究人员的专业访谈与结果评定水平有非常高的要求。例如，当要调查当代青年的道德态度时，可由专业的研究人员有针对性地提出与道德相关的任何问题，让被访谈者畅所欲言，研究人员再根据这些回答分析其具体的道德态度。当然，上述方法并不能保证独立使用就能精准地测量出个体的道德态

---

[1] 〔美〕约瑟夫·弗莱彻：《境遇伦理学——新道德论》，程立显译，中国社会科学出版社，1989，第17~21页。

度，还需要采取一些方法来减少测量偏差。

第二，减少测量偏差的方法。

人是复杂的，对道德态度的测量研究注定是一个复杂的过程，测量时因为各种原因出现偏差也是很正常的现象。客观方面如量表设计不合理、问题设计不合理、陈述表达不清晰，主观方面如心理学上常见的霍桑效应、观察者效应、社会赞许性、默许反应等都会造成测量偏差，我们要做的就是尽可能将偏差降到最小。

第一个有效的方法就是科学设计量表与问卷。心理学家研究发现一些人有默认倾向，即对被问及的问题总是持固定的反应模式，如有赞同反应倾向的人总是对问卷问题做出肯定回答，有反对反应倾向的人总是做出否定回答，而不管问题是肯定式的还是否定式的。要避免这种情况的出现，就需在设计问卷量表问题或是问卷问题时采取不同的表述方式来提问，对同一个目标问题一半的表述为积极内容，赞同这些项目就是持肯定态度；另一半则设计为消极内容，赞同这些项目就是持否定态度。同时计分也要改变，如在一半的积极项目中肯定的为 1 分，否定的为 5 分；另一半的消极项目则要反向计分，如计 1 分的变为 5 分，计 5 分的则变为 1 分。如果一个人有赞同倾向，对所有问题回答项都选择赞同，也就是说有一半消极内容代表反对态度时他也会选择赞同，这会使计分数值是中间值，因为反向计分使他的分值相互抵消了。这样会隐藏被测试对象真实的道德态度，但在实际操作中这种明显的默认倾向并不常见。一般来说，一个人对某事物只要有一种态度，对与自己所持态度相反的回答总是很难认同，也就是说不容易做出默认倾向性的"一致赞同"或"一致否定"，这种问题设计可以有效地避免默认倾向。

问题表述的选择要具体，或是选择较少程度引起社会赞许回应的问题。因为从心理学角度来说，个体都有想获得社会承认或表扬的特质，选择社会赞同度高的价值标准就是一种表现。所以要避免在问题中出现高社会认同的道德价值用词，如"你认为你是积极的还是消极的？"可以换成"你认为你的生活会越来越好吗？"如克林就提出，我们要测量一个人是不是吝啬时，不应直接问"你觉得你吝啬吗？"这样的话有可能激发被试的社会赞同反应，而隐藏自己真实的态度，我们应该用"不浪费，不受穷，孩提时代就印在脑海中"这种谚语来提问。当要测量一个人对利他行为的态度时，不宜直接问"你觉得你赞同利他行为吗？"而应换成"你有没有参加过义工的活动？"

　　第二个方法就是利用"假通道技术"。许多社会学家和心理学家的研究表明我们会有社会期望反应，这是指我们会为了趋利避害，树立受欢迎的自我形象，而选择符合社会要求、被赞许的回答。就算采用匿名问卷法并减少被测试者与实验者的接触，人们还是会被自己都意识不到的自欺来完成自我期望，来确认自己是受尊敬的、善良的。利用假通道技术可以有效地削弱被测量对象社会期望反应的影响，可有效避免被试隐藏自己的真实道德态度。在"假通道技术"里，研究人员告诉被试，他们可以通过仪器准确地知道被试的回答是不是真实的，而实际上并没有这种仪器。西戈尔（Sigall）等人通过研究证明，将假通道技术与传统的量表法相结合比只用传统量表法测量得到的被试的态度更真实。如白人被试在假通道技术测量里更容易认为非裔美国人具有"不良的"性格特征。

　　在实际研究中我们宜采用多种测量方法，从不同的角度测量道德态度，最后寻找这些测量结果的基本相同点，从而提高道德态度测量的准确性。如用量表法避免产生观察者效应，用行为观察法避免出现社会赞同心理，用自由反应法避免问题、量表值设置的不合理，用假通道技术提高被试回答的真实度。以上这些方法为我们用实证方法研究道德态度提供了技术可能，但还不能简单地说通过这几种方法就能精确无比地测量我们的道德态度，这只是我们用实证方法进行道德态度研究的一个尝试，其中还有许多不足需要克服。

第十三章 道德习惯

习惯成自然，这是日常生活之理。而习惯的形成又是人为之果，即需要个体的修炼和社会的培养。道德作为一种实践精神，从不满足于自身的理论追求，而是追求具体行为的落实，使"应当之理"变为"自然而然"，使个体获得"从心所欲不逾矩"的道德自由。就此而言，道德习惯的培育应成为道德建设的着眼点和着力点。道德习惯的形成是一个多因素、多环节的作用过程，其中个体道德心理素质的提高和社会道德教化是至关重要的，尤其是当需要把道德建设作为社会主义精神文明建设的核心，从而实现社会全面进步的时候，道德习惯的培育已不仅仅是个人修身养性的活动，而是一项涉及社会方方面面的系统性工作。①

一 道德习惯成就道德自然

如果"习惯成自然"，那么道德习惯也会成就道德自然。道德自然是人的道德自由状态，不用刻意努力就表现出道德行为。道德习惯是指个人在社会生活中，通过反复的道德实践，所形成的不需外在监督即可实现的道德行为的生活惯例。

道德习惯首先必须是具有道德意义的生活惯例。习惯一词在心理学中指"不需特殊的练习，由于多次重复而形成的对于实现某种自动化动作的需要"②，或者就是"由于重复或练习而巩固下来并变成需要的行为方式"③。道德习惯与习惯的心理学含义联系十分紧密，它需要主体后天的反

---

① 本章曾在曾钊新、李建华的《道德心理学》中收录，放入本书是为了满足内容的逻辑结构需要。
② 林传鼎等主编《心理学词典》，江西科学技术出版社，1986，第26页。
③ 彭克宏主编《社会科学大词典》，中国国际广播出版社，1989，第324页。

第十三章 道德习惯

复练习、重复践行以逐步形成某些固定模式,而这些固定模式的形成能使活动变得简单、轻松,提高效率。人们在各个生活领域都可能有意无意地养成某种习惯,但我们不能把这些习惯等同于道德习惯。道德习惯有所限定,即应符合道德准则且含有道德内容、具有道德价值的习惯。因此,日常生活中那些毫无目的、意图的习惯当然不是道德习惯。即使是那些客观上符合道德准则和规范的习惯由于行为者没有自觉意识,也不能称为道德习惯。这里的自觉意识具有两种意义:其一是指理解并认同自己遵循的道德准则和规范;其二是指对自我行为的道德意义和价值有所认识。那种只是出于服从权威或逃避惩罚的"趋乐避苦",或受某种规则约束而不越轨的习惯并不是真正的道德习惯。道德习惯是序列道德活动的自动化、模式化。一个具有良好道德习惯的人,其道德活动往往是迅速、自如的,不需要经过深思熟虑的意志努力。有时是一种道德直觉,主体无须对客体凝神静思,分析综合,一望便知对不对、好不好、应不应该,连主体自身也说不出这是怎么做到的。看见小孩落水后,没有去与不去的思想交锋,没有救人积德的功利考虑,也没有顾及自己的生命安危,只是救人要紧,这就是道德习惯使然。这是主体后天长期道德修养的结果,是各种道德知识、道德信念、道德情感和道德意志,日积月累、融会贯通的结晶。

道德习惯是道德行为表现和道德心理图式的统一。道德图式是归属于认识图式的,是在道德活动中逐步生成的比较稳定的心理结构,是一种定式化的道德认识和道德情感。道德图式诉诸道德思维习惯或比较稳定的思维路径,借助内部语言按合理的完善的程序组织起来,一环紧扣一环,仿佛自动化地推进,简洁明快,驾轻就熟。它具有如下明显特征。第一,观念性。就道德图式的对象而言,其直接对象不是具有一定物质形式的客体,而是这种客体在头脑中的主观印象,是一种观念性的活动。其二,内潜性。就道德图式的形式而言,它是在头脑中借助内部语言默默展开的,从外部很难觉察到头脑中加工改造的思维过程,是一种非外显活动。第三,简缩性。就结构而言,它已从完整的变为压缩的、简化的。由于它是高度省略、高度压缩的,所以,往往难以使人觉察其活动的全部过程,是一种非扩展性的自动化过程。道德图式作为一种心理思维定式,与外在的道德行为习惯在形式上具有相似之处,二者虽有内外之分,却是道德习惯不可分割的组成部分。

道德习惯是道德品质的动态表现。道德品质是一个综合性范畴,也称为品德,它不是人的个体生理特征或一般心理特征,而是一定社会和阶级的道德要求在个人身上体现出来的稳定的倾向。道德品质是道德意识和道德行为的统一,它既是个人内在的心理特质,又是个人主观见之于客观的行为特质。一定的道德行为既受一定道德意识的支配,反过来又使道德意识得到充实、深化和丰富。二者相互作用、相互贯通,使行为者的道德意识和道德行为形成一种稳定的趋向,并具有了个体的心理和行为特质。当一个人为了满足某种道德需要而形成稳定的道德图式,从而持续不断地做出某种道德行为,以致养成一种道德习惯时,这个人就形成了某种道德品质。可见,道德习惯与道德品质具有内在的一致性。道德习惯是道德品质的动态表现,道德品质则是道德习惯的凝结化、特征化。道德习惯的结构是一个由多种要素构成的复杂体系,主要包括以道德认知、道德情感、道德意志为内容的道德图式和道德行为习惯。道德认知是观念地把握世界的实践精神活动,与其他道德活动相比,其突出特点在于它是一种观念性活动。道德认知在观念性地把握世界的过程中,一是将道德对象内在化,通过把握道德发展的必然性形成认识主体的观念、信念、理想,构成主体的道德人格,促进道德主体的道德心理完善;二是将对象道德化,使之具有善与恶、正当与不正当等价值属性。道德图式中,不仅有理性的认识模式,还必然有情感的体验形式和意志活动。道德情感是主体基于一定的道德认知,对世界的体验和对自身情绪的认识、控制而形成的一种高级感情。道德意志是主体在履行道德义务的过程中,通过自觉地确定目的、支配行为、克服困难而表现出来的能动的实践精神。

道德习惯的形成过程,就是道德他律向道德自律的转化过程。道德他律,是指道德主体赖以行动的道德标准或道德动机。首先受制于外力,受制于外在的根据。一般说来,人一生下来就被置于特定的社会关系和社会规范之中,就个体而言,这一切是既定的、先在的,不以他人的意志为转移。文明社会的重要标志之一,就是由各种规范维持社会秩序,使社会井然有序地运行。随心所欲,不遵守社会规范,就会受到应有的惩罚。

个体要获得他人和社会群体的认同，参与社会生活，取得社会成员的资格，就必须经历社会化的过程。社会化的一个重要内容就是学习接受社会道德规范，进行道德社会化。在道德他律阶段，个体对社会道德的认同，并非完全出于自己的道德意愿，在更深心理层次上还有很大程度的"勉为其难"的性质。主体在行动中集中注意的是遵守规范的词句，而不是发扬其精神，评价自己和他人的行为，不是根据激起行为的动机，而是根据行为是否严格符合既定的道德规则。这时，个体的价值标准完全依附于社会价值体系，缺乏独立思考和独立判断的能力及主动性。社会对个人的道德要求，理性对欲望的道德把握，还停留在道德主体自身的意志要求之外。个体对道德规范的尊重和顺从，往往直接表现为对某种权威的服从，直接源于害怕惩罚的畏惧心理。也就是说，道德所产生的力量并不是来自道德主体自身，也不是来自道德主体自身对道德规范的认同、敬畏和服从，而是来自一种超乎个人之上的社会道德的压力。当然，这种在他律作用下养成的合乎道德的行为习惯，在形成行为动力之背后，隐含着更为深刻的内容：心理结构的跃迁。在他律习惯性行为中，人们可能在自觉考虑社会行为准则、道德要求的背景下考虑个人的正当利益，而当这种思考本身也变成习惯时，人们的心理认知结构和情感均会发生重大变化：不再仅考虑纯粹的自我，还须在增进共同利益、有益于社会共同体、符合道德要求的同时考虑自身利益。这种心理认知结构的变化是由他律转化为自律、自由的最隐蔽机制，是道德境界提升的真实依据。习惯的养成不仅仅是简单的行为动力定型，更重要的是心理结构的跃迁。

停留在他律阶段的道德规范，无论人们怎样尽职地遵循，终究还是一种外在于道德主体的"异己力量"。只有道德主体将道德规范内化为自己的道德品质，形成道德习惯，才能实现道德他律向道德自律的飞跃。道德习惯的形成使人们在行动中不必每一次都凭意志努力控制选择行为，使人们在参与道德活动时，既轻松自如，又能持之以恒。道德习惯构成了一个人内在的、稳固的道德品质，是人的第二天性。

其次，道德习惯是道德人格的核心内容和最后完成。"人格"一词源于拉丁文"persona"，原意为舞台上用的假面具。人格是一歧义众多的概念，不同的学术领域如哲学、法学、伦理学、心理学等有着不同的理解，甚至同一学科的不同思想家也有不同的诠释。伦理学研究人格仅仅与处在社会道德关系之中，参与社会道德活动的个人相联系。所谓人格，就是指人与其他动物相区别的内在规定性，是个人做人的尊严、价值和品质的总和，也是个人在一定社会中的地位和作用的统一。那么，道德人格就是具体的对个人人格的道德性规定，是个人的脾气习性与后天道德实践活动所形塑的道德品质和情操的统一。

道德人格作为人格在道德上的规定，既有心理学所说的人格方面的特征，又有道德品质方面的特征。我们说某个人具有某种人格特征就是说这个人同时具有相应的某种层次的认识、情感、意志、信念和习性。如果不具备或不完全具备这五种因素，就不能认为他已经具备这种人格或完全具备这种人格。道德人格比人格的内涵要深，外延要窄。它的内在结构，是某个个体特定的道德认识、道德情感、道德意志、道德信念和道德行为习惯的有机结合。而道德习惯是多方面的，是道德行为习惯和道德图式的统一，它既表现于言语、行为、态度仪表、爱好等方面，也表现于思维方面。特定的道德习惯，乃是特定的道德认识、道德情感、道德意志、道德信念与特定的人的肉体的融合，它似乎是不思而有、不虑而得、自然而然的。因此，道德习惯乃是道德人格的最后完成。道德人格总是寓于道德习惯之中，根据一个人的道德行为习惯，即可确认其道德人格。

个体形成高尚的道德人格和稳定的道德习惯后，就能提高与群众、社会保持高度统一的能力。人类生存一开始就是以群体为基础的，尤其在现代社会体显得更加明显。现代化生产是以系列化、集团化为特征的，每个人只能承担生产线上的一个流程，没有个体之间的相互合作，整个社会生产将无法正常运作。在这里，个人的存在既是别人发展的条件，也是别人发展的结果。一个人如果不能以道德的人格参与社会生活，就无法拥有生存空间，因此人类的共同利益成为人们活动的前提。但人类的共同性与自我的个性要求总会有不一致的地方，必然会引发自我与社会的矛盾。为解决这一矛盾，使个人利益与社会利益达到平衡一致，就必须发挥道德主体的自觉自主性。马克思在《政治经济学批判大纲》中说："使自己成为衡量一切生活关系的尺度，按照自己的本质去评价这些关系，根据人的本性的要求,真正依照人的方式来安排世界。"① 这里讲的"真正依照人的方式"和"人的本性的要求",意味着人要遵守业已形成的众多的行为规范,以导向、控制、调节自己的行为,养成良好的道德习惯,使自己脱离动物性、野蛮性而走向文明,使其行为更加自觉而高尚。

最后,养成道德习惯是道德教育的归宿。长期以来,我们多强调思想政治教育,把德育的价值取向与德育过程混为一谈,总以为只要把道德观念和价值概念传输给学生,学生就能获得相应的品德。实际上,受教育者从接受道德观念到付诸道德实践是一个长期的、反复的过程,必须伴随着道德思维水平的提高和道德习惯的养成。否则就会使受教育者只识记大量的理论、条例而在道德实践中却可能表现得不道德。因此,重视培养受教育者的道德思维及道德实践能力,强调道德习惯的养成教育,使他们具有良好的道德习惯和道德素质,是道德教育的目的和归宿,也是提升跨世纪人才整体素质的需要。

道德习惯的养成是严格纪律的要求。要培养"有理想、有道德、有文化、有纪律"的"四有"新人。纪律是人们在社会生活中遵守秩序、执行命令和履行职责的行为准则,革命纪律是无产阶级的力量所在,是革命胜利的基本条件。青少年从小养成遵守纪律和各项规章制度的良好习惯,无论对个人还是社会而言都是十分重要的。

道德习惯的养成能促使整个社会形成良好的道德风尚,使社会有序运行。社会是一个大系统,它的结构极其复杂,但社会结构的一个重要特点就是从事实践活动的人是社会的主体,它的运行就是主体的活动过程。如果每一个社会主体都具有良好的道德习惯,就能使社会稳定和谐、有序发展,形成良好的社会道德风尚。

二 道德习惯养成的心理机制

以信念培育为主的认知机制。道德认知主要指对是非、善恶行为准则及其执行意义的认识,包括道德概念的掌握、道德判断能力的提升和道德

---

① 《马克思恩格斯全集》第 3 卷,人民出版社,2002,第 521 页。

信念的培育，其中道德信念的培育是道德认知机制的主要方面。

西方大多数哲学家认为信念是心灵的一种状态。苏联学者柯普宁的观点是：信念是理念客体化的主观手段。在他看来，信念和信仰是一回事，是一种对于改造世界有工具价值的精神形式。① 李德顺在《价值论》中从价值意识角度定义信念：信念是人对某种现实或观念抱有深刻信任感的精神状态。在这里，我们试图从认识论角度对信念做一分析。信念概念中的"信"意味着主体对某物、某事、某关系的存在状态与发展变化趋势的"相信"。"相信"包含着对事物所具有的客观特性的反映以及相关知识。因此，信念是以已有知识为前提的，它归根结底源于人们在实践中获得的知识和经验。知识与真理是有别的，真理是人们对客观事物及其规律的正确反映，知识则不尽然，有的知识就是歪曲地反映了现实世界。所以，源于知识、经验的信念，有正确与错误、真与假之区分。如有"转世轮回""灵魂不死"的信念，也有"人生自古谁无死，留取丹心照汗青"的看法。如罗素所说："知识是属于正确的信念的一个次类；每一件知识都是一个正确的信念。"② 这未免有些片面性。另外，知识与经验有高低层次的区别，有理论化、系统化的知识体系，也有对事物现象和外部联系的感性经验和认识，因此，有的信念以不言自明的朴素心理传递着，有的信念则脱胎于系统严密的科学理论。信念是人的认识活动的强大动力，它融合在主体认识图式中，强烈地影响着认识过程；形成一种不易打破的认识定式，顽固性和同化性大大超过了欲望、动机、兴趣等其他主体因素导致的定式。由于信念是主体坚信不疑的精神状态，外部信息若没有足够的能量就不可能突破信念的壁垒，这种具有极强的顽固性和同化性的定式，成为人们坚持真理的力量源泉和认识世界的内在动力。爱因斯坦曾经说过："我们必须承认，我们对这些自然规律的认识非常不完善和非常零碎，因此，相信自然界存在一种包罗万象的根本规律，这种观点本身也是建立在某种信念之上的。科学研究所取得的进展迄今已在很大程度上证明了这种信念是站得住脚的。"③ 正是"世界是可知的""自然界的发展是有规律的"这

---

① 〔苏〕柯普宁：《马克思主义认识论导论》，马迅、章云译，求实出版社，1982，第268页。
② 〔英〕罗素：《人类的知识》，张金言译，商务印书馆，1983，第191页。
③ 〔英〕艾耶尔：《二十世纪哲学》，李步楼等译，上海译文出版社，1987，第176页。

些信念，鼓舞着人类世世代代探索宇宙的奥秘。对真理的坚定信念会使人们在纷繁复杂的环境中，不为谬误所左右，不为假象所迷惑，始终不渝地坚持和捍卫真理，像布鲁诺那样为了科学的信念，不惜献出生命。道德信念则是道德实践的精神动力，是形成道德习惯的理智前提。阿尔贝特·施韦泽，一位毕生致力于捍卫人道主义与世界和平的伟人，一位诺贝尔和平奖的获得者，出版了大量的伦理和文化著作，创立了敬畏生命伦理学："善是保存生命，促进生命，使可发展的生命实现其最高价值。恶则是毁灭生命，伤害生命，压制生命的发展。这是必然的、普遍的、绝对的伦理原理。"[1] 这是施韦泽毕生践行的道德信念。他在事业上登峰造极、前途远大之时，不惜放弃在欧洲优越的生活条件和锦绣前程，与妻子前往非洲的兰巴雷内（现属加蓬），在那里建立了自己的丛林诊所，义务给当地居民治病，其间历经千辛万苦，但他百折不挠，直到与世长辞。施韦泽说："敬畏生命的伦理使各种伦理观念成为一个整体，并由此证明自己的真诚。"[2] 由此可见，道德信念是鼓舞、支持、指引他开展道德活动的航标。道德信念当然离不开一定的道德知识。道德知识是道德认识高度发展的结果，如果把道德信念与道德知识画等号，那就是片面的。道德信念是对某种道德观念的坚信不疑，这种"坚信"中，包含着人的意志和情感。

以责任感培育为主的情感机制。道德习惯的培育固然离不开对道德概念的掌握、道德判断能力的提高以及道德信念的形成等认知方面，也离不开道德情感的参与。即使以知识为前提的信念，也包含着对所确信事物的强烈情感体验和心理感受。

责任是意志自觉的要求和规范。在现实生活中，人们都处在一定的社会关系和利益关系中，必然承担一定的责任和使命。社会和他人对个人的一定要求，以及个人对他人和社会所要履行的一定义务，构成了责任的客观基础。因此，责任有两方面的含义，一是指处在一定社会关系中的社会成员应该履行的社会义务；二是指社会成员对自己的行为承担的后果。在

---

[1] 〔法〕阿尔贝特·施韦泽：《敬畏生命——五十年来的基本论述》，陈泽环译，上海人民出版社，2017，第7~8页。
[2] 〔法〕阿尔贝特·施韦泽：《敬畏生命——五十年来的基本论述》，陈泽环译，上海人民出版社，2017，第22页。

这里，责任的第一层含义和义务的含义基本是一致的，唯一区别就在于义务偏重于强调外在的客观要求，责任偏重于强调把这种外在的客观要求内化为主体的主观自觉意识。义务是责任的外在形式，责任是自觉意识到的义务。责任的两层含义中，前者是应尽的责任，后者是应负的责任，两者是统一的，是一个问题的两个方面。人只有在对社会和他人的责任中，才能体现自身的价值和尊严，也才能得到别人的尊重。

感到自身有价值的自尊和得到别人的尊重，是相互交织的两种道德情感活动形式。尊重作为一种道德情感活动，不是由外物刺激产生的，而是一种内在的理性情感，是使自己的意志服从规律的情感。它仅以规律为对象，既不是对对象的爱好，也不是惧怕，而是对具有至高无上价值的、纯粹的、无私的甚至神圣的对象的崇敬感情。"尊重的感情乃是一切宗教和道德的根源。"① 尊重是具有一定道德自觉的人才产生的道德情感活动。在认识道德发展必然性的基础上尊重道德规律，由此可以形成人的责任感。责任感是个体对道德责任的自觉意识和体验，是责任主体对责任对象的自觉需要。责任感体现了人对道德准则、社会理想的情感和态度，是对道德规律认识和尊重交互作用的结果，是理智与情感的统一。有了责任感，道德习惯的培育就既有了理智的种子，又具有情感的沃土。

责任感要求人们对自己的活动负责，也就是要人们自尊。自尊是尊重的另一方面，即指向自我的尊重。自尊不仅仅要满足自己的物质需要，更要满足自己的精神需要、道德需要；不仅要尊重自己的个性、习惯，而且要尊重自己内心的道德要求。责任感是属于情感中道德意识的思维情绪形式，因此对责任感的培养和强化，首先要提高人们对责任的理性自觉，增强人的责任意识。责任意识是人的自我意识中最基本、最深沉的层次，自我的本质就在于他是一定社会关系中的责任主体。因此，一个人只有深刻地认识和体验到他的生存和发展依赖于社会的发展和别人的劳动，以及社会的发展也离不开每个人的共同努力，他才可能产生"国家兴亡，匹夫有责"的历史责任感，也才会把"人人为我，我为人人"落实到行动上。其次，增强人们责任意识的同时，激发人们的道德情感，使其在领会道德要

---

① 〔瑞士〕皮亚杰：《儿童的道德判断》，傅统先译，商务印书馆，1986，第114页。

求、履践道德义务时,也产生相应的情感体验。整个社会应有一种健康道德的氛围和公正的道德评价系统,当主体出于道德责任而履行义务,对社会做出贡献时,就应得到社会的尊重和肯定。反之,则应受到批评和鞭挞。这样,根据主体是否履行责任,以及履行责任的程度、好坏,给予积极或消极的评价,能使主体获得尊重和自尊的满足或否定的情感体验,这种情感体验是增强主体责任感最持久的动力。要调动、激发主体的道德情感,就必须注意道德教育的方式方法,注意充分地利用好的艺术作品与生动的道德范例,引起主体道德情感上的共鸣,增强道德教育的情感内容。不但以理服人,提高主体的道德理性能力,而且要以情动人,增强主体的道德情感能力,这样才能为道德习惯的培养奠定坚实的心理基础。

以培育自制力为主的意志机制。志是人自觉地调节行动去克服困难,以实现预定目标的心理过程。在人的道德活动中,善与恶的激烈碰撞,道德情感活动与道德行为坚持的相互交融,过去的反省与未来的设计,都离不开道德意志的控制。道德意志是人们按照道德原则和要求,在道德抉择和行动中调节行为、克服困难的能力,是在履行道德义务过程中所表现出来的决心和毅力。没有道德意志,道德习惯的培育就如同空中楼阁。道德习惯培育的心理机制中,道德意志是关键环节。因为道德认知、道德情感都是把外部道德刺激转化为内部意识和情感的过程,而道德意志则是内部意识和情感向外部道德行为的转化。道德意志是内与外、知与行联系的桥梁,道德意志活动是从主观向客观、从特殊向普遍的过渡。道德意志的培育之所以是培育道德习惯的关键,是因为意志坚强者能很好地控制自我,自觉调节自己的行为,面对困难,毫不退缩,有一种不达目的誓不罢休的毅力和勇气。只有这样的人,才能持之以恒地遵循自己所认同的道德原则和规范、坚持不懈地自觉行动,成为一个具有良好道德习惯的人。就如孔子所说:"善人,吾不得而见之矣,得见有恒者,斯可矣。"[①]

道德习惯培育的意志机制,应着重于慎独的培育,因为慎独的特点与道德意志的性质具有一致性。所谓慎独,既是一种道德修养的方法又是一种极高的道德境界。语出《礼记·中庸》:"道也者,不可须臾离也;可

---

① 《论语·述而》。

离，非道也。是故君子戒慎乎其所不睹，恐惧乎其所不闻，莫见乎隐，莫显乎微，故君子慎其独也。"作为道德修养的方法，慎独强调在无人监督、独自一人之时，不但不能放松对自我的要求，反而要谨慎小心。因为人们往往容易在闲居独处时，自以为他人看不到、听不见，而肆意言行，不注意以道德规范来约束自己。其实，内心深处的念头，隐蔽而鲜为人知的行为，最能显示一个人的灵魂。假若一个人人前循规蹈矩，人后胡作非为，那就无所谓道德可言。历史上也不乏一些道貌岸然，骨子里却男盗女娼的伪道学家，这是对道德真诚的亵渎。因此，道德习惯的培育要在"隐"和"微"上下功夫，摒除哗众取宠之心，有人在场和无人在场一个样，而且要防微杜渐，不容许任何细小的邪念萌发，像王阳明那样"克己须要扫除廓清，一毫不存方是，有一毫在，则众恶相引而来"。慎独作为一种道德境界，体现了高度的道德觉悟和自觉精神。它和道德意志一样具有自觉性和自制性。自觉性是指主体有明确的目的性，充分认识到所作所为的道德意义。正是由于对道德信念的高度自觉，不但能在"显"和"明"处遵从道德规范，而且能在"微"和"隐"处小心谨慎。慎独最能考验一个人的自制力，自制力即善于控制和支配自己行动的能力，也就是既能克制自己情绪的冲动，表现出应有的忍耐性，又能排除干扰，坚定地执行。而慎独的要义在于不需要任何外力的强制，不将外在因素作为自己践履道德义务的根据，没有自制力是无法达到慎独的道德境界的。

培育慎独，首先必须以提高道德认识为前提，没有深刻正确的道德认识，就不会有意志的自觉性，也不会在无人监督时，自己仍一丝不苟，保持道德的自觉性。其次要设置磨炼意志的困难情境，进行事上磨炼。中国古代思想家很推崇事上磨炼的修养方法，孔子教人在具体事务上锻炼才干，磨炼意志。孟子认为实际事务甚至痛苦境地的磨炼是人担当大任的先决条件。"故天将降大任于斯人也，必先苦其心志，劳其筋骨，饿其体肤，空乏其身，行拂乱其所为，所以动心忍性，增益其所不能。"事上磨炼，比书本所得更真实、更深切，既做了实事，又能在其中体验人生，提高品质。事上磨炼既可是一定的社会组织有意识地布置安排，又可是行为个体自我设置、自我磨炼。前者是由社会教育者根据学生不同的意志类型，进行有目的的锻炼、培养，如有的学生遇事优柔寡断、畏首畏尾，就要培养他们大胆、果断的意志品质，对冒失、轻率行事的学生，则要注意培养他们沉着、冷静的品质。后者是行为者自觉自愿对自我设置困难，通过对行为的调节与评价，保持坚强的意志，自己与自己的不良品质和行为"过不去"。人为地设置困难，在实际事务中磨炼，对锻炼人的道德意志有着特殊的意义。因为人只有展开意志行动，进行意志努力，克服内部阻力和外部环境的障碍，才会提高做出决定的能力，形成韧性和自制力等意志品质。通过慎独修养，锻炼意志品质，达到慎独境界。那么，良好的道德习惯的培育也就水到渠成。

三　道德习惯培育的社会条件

道德习惯的培养光有主体的自身努力不行，还需有一定的社会环境条件，包括行为规范的设置、道德教育的先导、道德环境的优化。

道德是以善恶评价的方式调整人们之间以及个人与社会之间关系的标准、原则和规范的总和。任何社会都有一个相对完整的、稳定的道德规范体系。社会主义道德就具有一个特殊的相对完整的规范体系，它可以分为以下几个层次：公共生活领域的一般道德规范；家庭生活领域、职业生活领域的特殊道德规范；社会主义基本道德规范；共产主义道德规范。这些层次的划分，基本上是按照道德要求的高低标准、道德践履的难易程度，以及道德要求的对象差异、范围大小来区分的。社会主义的道德规范体系之所以要分层次，首先是由社会主义初级阶段的经济、政治制度决定的，特别是由经济基础中生产资料所有制的多样性决定的。以公有制为主体，多种所有制经济共同发展，是我国社会主义初级阶段的基本经济制度，目前在我国有国家经济、集体经济，还有个体经济、私营经济、合资经济等。一般说来，不同生产关系下的劳动者就可能有不同的道德意识和道德觉悟。当然，经济基础决定的道德关系也要辩证地看待。其次，由于社会意识具有相对独立性，道德作为社会意识的形式之一，与社会存在、社会经济基础的发展不完全同步。中国延续了几千年的封建社会虽然早已成为历史，但旧的道德意识仍然在许多方面残存，影响毒化人们，使人们的道德水平参差不齐。再次，社会主义道德建设的实践证明，这种道德体系的层次结构是客观存在的,我们应实事求是地看待这个问题,假若无视这一客观现实,在道德要求上不加区别、不分层次,一律用最高层次的共产主义道德来要求所有人,不仅是行不通的,而且会损害社会主义的道德建设,这已是历史经验证明了的。

行为规范的合理设置,对道德习惯的培育至关重要,若我们的要求过大过高,超越了实际道德水平,就难免流于形式;若我们的规范抽象而一般化,就使道德习惯培育不易运作,难见实效。因此,只有把先进的道德规范与不同层次的要求有机结合起来,把一般性道德教育和号召与每个社会成员的切身生活体验、实际觉悟水平联系起来,使抽象的道德原则和理论转化为可具体操作的道德实践活动,道德习惯的培育才有可能。而要实现先进性和广泛性、一般性和特殊性、抽象和具体的统一,就"要把社会公德、职业道德、家庭美德、个人品德建设作为着力点"[①]。

大力倡导社会公德,制定和确立相应的措施和制度,开展丰富多彩的活动,将全面提高社会成员的整体素质,促进良好道德习惯的养成。虽说它是对社会成员的基本要求,却是培养社会成员高尚道德品质和良好道德习惯的起点。社会公德具有简易性,可要求社会成员在日常生活中一以贯之地实践,逐步养成文明习惯。家庭美德建设是良好道德习惯培育的保障。家庭美德,是指规范、调节和约束家庭生活、家庭关系和家庭成员行为的道德准则。家庭是人类社会生活的基本组织形式,以人们的婚姻关系为基础,以血缘亲属关系为纽带,为人的生存提供了最基本的环境,并为人的社会化创造了最基本的条件。正因如此,用以指导和调整家庭关系以及家庭和社会关系的家庭道德,不仅关系着家庭的幸福和美满,而且是培育道德习惯的保障。职业道德是现代社会的主体道德,职业道德建设对道德习惯的培养起主导作用。职业道德是伴随社会分工而产生的与人的职业角色和职业行为相联系的一种高度社会化的角色道德。职业道德建设,抓住了人们道德实践活动表现的最经常、最丰富、最具体的地方,把社会主义普遍道德原则进行了通俗化、形象化的转化,努力把先进的道德要求同

---

① 《新时代爱国主义教育实施纲要 新时代公民道德建设实施纲要》,中国法制出版社,2020,第35页。

各层次的特殊要求有机结合起来,从而使道德成为人们日常生活中不可或缺的需要,由此促进良好道德习惯的形成。个人品德是个体依靠内在道德信念系统在行为中表现出来的稳定的德性或品行与操守,能对社会公德、职业道德、家庭美德形成内化与扩大的效应,或为规范个人言行的基础。个人品德建设主要注重爱国奉献、明礼遵规、勤劳善良、宽厚正直、自强自律。领导干部及社会公众人物在个人品德建设中应起带头示范作用。

道德习惯的培育离不开道德教育。道德教育是为了使社会成员自觉遵循社会的道德行为准则,履行对社会整体或他人应尽的义务,而有目的、有计划地对人们施加系统的道德影响。道德教育是个人社会化必不可少的重要手段,因为社会整体的生存和发展,实际上是一个新老交替、新陈代谢的过程。作为社会新生代,他要取得社会成员的资格,接替老一辈的工作,就需要社会化。社会化是指个人学习知识、技能和社会规范,从而取得社会生活的资格,发展自己的社会性的过程。其中,学习和掌握社会道德准则和规范是个人社会化的一个重要内容,也是道德教育的目的和意义所在。

我国历来重视学校德育教育,学校德育的途径与方法多种多样,既重视显性德育课程,也不忽视隐性德育课程,不同的途径和方法发挥不同的作用。显性德育课程对学生道德习惯的影响,主要是通过知识灌输、说理教育实施的。少年儿童好比一张白纸,可在上面描绘最美最新的图案。对他们进行思想品德教育,让他们既领会道德准则的要求,又理解其中的目的、意义。但是,道德教育一定要注意适应儿童的心理特点、认知规律,采取具体与抽象相结合的原则。不但有伦理性谈话,而且要结合实例形象地进行榜样教育;不但要组织学生学习道德规范,还要进行各种训练。显性德育课程教育若实施不当,容易使学生产生抵触情绪,出现"意义障碍"。所谓意义障碍就是学生头脑中已有的道德图式阻碍他们对道德要求、意义的真正理解,从而不能把这些要求转化为自己的道德需要,形成道德习惯。意义障碍的出现往往是由于教育者方式方法不适当,采取强制或违背儿童个性的形式,或者要求不符合儿童原有需要,提出过于频繁却不严格检查执行等造成的。

隐性德育课程教育可以与显性德育课程教育相结合,发挥其不可替代的独特作用。因为它是依靠环境育人的精神作用机制来实现的,包括校风班风、人际关系、教师言行等精神环境;学校的各种规章、守则、规范和组织等制度环境;学校建筑物、生态环境和班级教室设置等校容校貌的物质环境。隐性德育课程利用情境陶冶、舆论监督、环境暗示、行为模仿、人际交往、情绪感染等原理发挥其德育功能。具体表现为以下几点。(1) 道德认识的导向。道德认识在人的道德习惯的培养中有着重要的作用,道德认识的形成主要依靠学校的道德灌输和说服,但要使这种灌输达到应有的效果,就离不开学生长期生活其中的具体环境的影响。校园物质环境不仅是校园美的象征,同时还蕴含着丰富的教育内涵。如写有校风校训的宣传栏,将名人名言装饰在教室,用学生守则、行为规范点缀墙壁等,黑板报是好人好事的光荣榜,也是不良行为的曝光台。"孩子在他周围——在学生走廊的墙壁上、在教室里、在活动室里——经常看到的一切,对于他的精神面貌的形成具有重大意义。"因此,"用环境,用学生自己创造的周围环境,用丰富集体生活的一切东西进行教育,这是教育过程中最微妙的领域之一"①。在现实的学校环境中,从物质环境到文化传统,从集体规范到人际关系,从教师的举止仪表到教室的装饰布置都给学生传递出一定的价值观信息,给学生以暗示和导向。(2) 道德情感的陶冶。道德情感需要在显性课程中利用具体生动的教学手段进行培养,但它更离不开师生交往、同学往来中情感交流的体验熏陶和感染。教师对学生的关怀、期望、爱心容易感染学生,引起情感共鸣,产生积极的体验。同学间的帮助也可以使学生领悟到人与人之间的真诚与友爱。学校中的集体生活是陶冶学生道德情感的重要途径,每个人都有归属需要。作为社会一分子,他渴求被集体接纳,就会有意或无意地接受来自教师及同学的影响,以便成为集体的一员。积极向上的集体和集体生活能增强学生的集体荣誉感,激发健康的情绪体验。(3) 道德行为的规范。行为表现是道德习惯的外在标志。在对学生道德行为的约束和规范方面,隐性德育课程相比显性德育课程具有更大的优势,因为学校中的物质环境、制度设置、师生交往等都体现着学校的道德要求,是一个有情感色彩的具体生动的德育环境。因此,可以通过暗

---

① 〔苏〕苏霍姆林斯基:《帕夫雷什中学》,赵玮等译,教育科学出版社,1981,第12页。

示、舆论、从众等特殊机制，对学生产生潜在的心理压力和活力，学生会自觉感受到这种要求，并按照这种要求去规范、约束自己的行为。最重要的是这种影响不带有强制性，学生主动地接受外部影响，感觉自己是一个被尊重的道德主体，因而很少发生显性德育课程教育中出现的逆反心理。良好的校风班风将约束集体中的每个成员，教师的言传身教、健康的集体舆论，都将成为巨大的教育能量，影响、左右学生的行为，使他们逐步养成良好的道德习惯。

人是环境的产物，环境可以改造人。当我们考察人的道德习惯养成时，不可不考察道德环境的影响和作用。道德环境对道德习惯养成的影响具有正负两种效应。所谓正效应，就是道德环境有利于道德主体良好道德习惯的养成，并充分实现其道德价值的效应；所谓负效应，就是道德环境不利于道德主体良好道德习惯的养成，使其良好的道德素质的表现受到限制、压抑、甚至扭曲的效应。道德环境的优化，就是要充分发挥道德环境的正效应，避免其负效应的出现。对道德环境的优化，应着手于以下三个方面的工作。

第一，道德榜样的形象示范。道德榜样具有示范效应，是基于道德实践的两条规律。一条是"个体道德分化律"。由于人作为道德主体对于道德环境和社会推行的道德教育具有相对独立性，即使在相同的道德环境中成长的人，其道德素质和道德水平也是有高低之分的。而且少数人还表现为两极分化，存在很大的个体差异，有的人"富贵不能淫、贫贱不能移、威武不能屈"，有的人却为非作歹、多行不义，这就是"个体道德分化律"。另一条规律是"道德趋高律"。俗话说"人往高处走"，人都有一种向上的积极心理，总希望得到社会较高的评价。因此，当社会公认道德主体间存在高低层次的区别时，对于权威道德先进分子，一般人都钦佩、仰慕，并把他们作为仿效的榜样。榜样的示范效应有至亲效应、师尊效应、官位效应和范例效应。至亲效应是指有亲缘关系的人之间道德习惯的相互影响，尤其是指长辈的道德素质对晚辈道德习惯的培养影响很大，许多孩子都把自己的父母亲作为崇拜学习的榜样。师尊效应是指师长的品质对弟子德行的影响。官位效应也就是领导者的道德表率。领导干部以身作则、廉洁奉公，就能弘扬正气，增强凝聚力；反之，以权谋私，贪污腐化，其危害就大。范例效应是指一定社会所树立和表彰的道德楷模对社会成员道德习惯和道德素质的影响。这是道德建设的重要手段,任何社会都会推行一些范例,使社会成员仿效范例行动,弘扬社会主旋律。要充分发挥范例效应,防止宣传时的"高、大、全",宣传先进人物要实事求是,使人们觉得真实可信。可信才能产生钦佩、敬慕的道德情感,激发人们学习效仿。社会对先进人物要给予一定的尊重,营造一种"德高者望重,功高者利多"的道德环境,尽管先进人物所做的道德奉献并非以图利为动机,但社会不能使德行与幸福二律背反,否则,当群众产生"高尚者自毁""老实人吃亏"的心理时,范例效应就容易削弱。

第二,社会舆论的正确引导。所谓社会舆论,就是一定社会的人们对于社会生活的事件或现实,对阶级或个人活动进行道德评价和具有倾向性的态度。社会舆论一般有两种:一种是自觉的舆论,是由国家机关、社会集团通过控制的舆论机构和工具来表达、传播的,对人们实行由上而下的目的宣传教育,反映的是一定社会所倡导的道德规范和要求,它是道德舆论的主体;另一种是自发的舆论,是人们直接凭借传统和已有的生活知识与经验,在非正式场合中形成的。

社会舆论是有威力的,俗话说人言可畏,众口铄金,就是指它的力量。它是道德发挥约束作用的重要手段,是道德行为的公审法庭。舆论的压力和谴责,可以影响个体的道德认识,规范个体的道德行为。它的抑扬诱导,对培养个体良好的道德习惯有很大的作用。

社会在优化道德环境、加强道德建设时,应充分发挥社会舆论的作用。首先要营造道德民主的氛围,广开言路,提倡民众谈议国事,针砭时弊。言论自由是舆论监督的前提,舆论是众人的言论,无人敢言,万马齐喑,就无所谓作用。自古就有不少圣贤能纳言进谏,如《贞观政要》中说:"众人之唯唯,不如一士之谔谔。"《战国策·齐策一》中齐王用奖励的办法鼓励舆论:"群臣吏民能面刺寡人之过者,受上赏;上书谏寡人者,受中赏;能谤议于市朝,闻寡人之耳者,受下赏。"在社会主义社会中,无产阶级的利益与广大人民群众的利益在根本上是一致的,我们需要人民的监督、群众的评议,从而造就一种既有民主,又使个人心情舒畅的朝气蓬勃的社会局面。其次,要充分发挥舆论这一约束手段的作用,还必须加

第十三章　道德习惯

以正确的引导。因为社会舆论有自觉和自发的形式、有正确和错误的区分，正确的舆论对个体道德习惯的培养具有积极作用，反之，个体在错误社会舆论的包围下，会使自身积极的道德品质走向消极，养成不良的道德习惯。因此，社会要有组织、有计划地利用舆论，对错误的舆论要进行分析、批判，对自发的舆论要积极引导，使之从无序走向有序，消除自身的盲目性和消极因素，充分利用自觉舆论的形式。自觉的舆论是社会舆论的主体。它坚持正确的舆论导向，营造积极向上的舆论氛围，对优化道德环境起着不可替代的作用。要使自觉的舆论起到舆论导向作用，就不能忽视以下三个方面。其一，端正舆论导向。"舆论导向正确，是党和人民之福；舆论导向错误，是党和人民之祸。"[1] 这是江泽民同志视察人民日报社时说的一句话。端正舆论导向，倡导精神文明，形成褒扬先进、弘扬社会正气的道德合力。一方面启迪群众、明辨是非，鼓励人们追求高尚；另一方面匡扶正义、抨击落后，使人们增强对进步战胜落后、高尚战胜腐朽的信心，提高整个社会的道德水平。其二，提高引导水平。有了正确的路线、方针和政策，还要善于宣传，使之深入人心。讲究舆论引导的艺术，提高舆论引导的水平，不断增强舆论引导的吸引力和感染力，以增强舆论引导的社会效果。要注意弘扬主旋律，提倡多样化，不能无视道德主体的心理特点和需要，对群众关注的热点问题，要予以正视和引导。热点是客观存在，不可回避，但也不能随意乱"炒"。要做到明确出发点，注意结合点，寻找激发点，把握落脚点，达到弘扬正义、振奋民心的目的。其三，要组建一支素质高作风正的新闻队伍，加强新闻队伍的职业道德建设。新闻工作者是社会舆论的操作者，他们自身的道德水准、道德修养将直接影响社会舆论的效果。假若操作者一方面大声疾呼反腐败、反行业不正之风，另一方面却搞有偿新闻、要吃要喝，这种言行不一的宣传者，导致的是人们对整个社会舆论的反感，其结果是十分有害的。因此，提高新闻工作者的素质是引导社会舆论的重要条件。

　　第三，道德调控有力公正。道德调控是一种将规范律令付诸社会实践的实际操作，对培养道德习惯而言，更有意义，也更为艰难。社会用于道

---

[1] 《江泽民文选》第 1 卷，人民出版社，2006，第 564 页。

371

德调控的常用手段包括道德教育、道德宣传、道德评价和社会赏罚等。前文已经探讨了有关道德教育、道德宣传和评价对优化道德环境的作用，现在着重分析道德调控中最有实效的社会赏罚。

用社会赏罚进行道德调控，是有其内在根据的。因为人都有两重属性：自然属性和社会属性。固然，社会性是人的本质所在，意识自觉、意志自由是人类的尊严和骄傲。但是，每个人都有自然需求，都要寻求自身的生存和发展，这就决定了人的行为选择的基本指向必然是趋利避害，即尽量趋向于能满足自身需要的行为，而尽量避免有害于自身需要的行为。趋利避害与社会赏罚相联系，就是尽量获得社会之赏和尽量避免社会之罚。这样，就可以通过社会性干预，引导行为主体选择社会所接受的行为，放弃社会所禁止的行为，养成良好的道德习惯。

第十四章 道德人格

人类高扬着理性的旗帜走进工业经济时代，然而工业时代的人格也存在严重的缺陷，那就是人文精神的缺失。人们推崇理性至上，而忽略了生存意义和价值关怀；虽然获取了关于自然的有效知识，却迷失了自我，丧失了内在的灵性。四十余年来改革开放和市场经济的发展，在物质上极大地改变了中国人的面貌，但是在精神方面却产生了不容忽视的负面影响：重利轻义，已经形成一种厚颜无耻的致富手段；缺乏信仰，躲避崇高，致使精神生活平庸化；麻木冷漠，见死不救、见危不帮，看客现象比比皆是；制假造假，整个社会虚假成风。基于此，人们越来越感到自己仿佛生存于种种危机之中，在伦理学视域，那就是人的生存危机以及由此引发的对人自身生存状况的存在价值与意义感失落的危机，即"道德人格危机"。如何走出危机、摆脱危机的困扰以及人们应当怎样塑造和塑造怎样的道德人格都是亟待研究的重要课题。[1]

一 道德人格的内涵

人格作为一个学科研究的对象性范畴，为诸多学科所共同关注，它既是一个学科内涵各异的相当复杂的研究对象，又是一个交叉复合并直接呈现人的特质、特性的研究领域。美国学者赫根汉指出，关于人格有多少种理论就可能有多少种定义，从那些通俗的概念即认为人格是个人有效地进行社会交往的东西，一直运用到数学对人格所下的科学定义，真是包罗万

---

[1] 本章主要内容来源于叶湘虹、李建华《从分裂人格到整合人格》，《求索》2005年第7期；李建华、夏方明《行政人格内涵新析》，《长沙电力学院学报》2004年第2期；《简论行政人格的特质》，《湖南行政学院学报》2004年第3期等，收入本书时略有改动。

象，无所不有。的确如此，对于人格，不同学科，甚至同一学科的不同学派或不同学者，往往以不同的视角、方式对人格的某一维度、某一个侧面进行界定和把握，从而得出不同的结论。因此，学术界对人格的定义显得众说纷纭、莫衷一是，据统计有一百多种。① 比如，法律学认为人格是主体的权利和义务的资格；心理学认为人格是个人的气质、性情、能力的总和，是个人的心理特征的具体表现；伦理学则从道德的角度将人格视为主体道德品质的体现。② 另外，社会学、哲学、教育学也以不同的视角对人格进行把握。在这种情况下，欲对人格做出一个能为所有学科共同接受的、明晰而又充分的定义是相当难的。综观所有学科，以心理学和伦理学对人格的研究最为成功，而且二者各具特色、互有差异，主要表现在以下几个方面。

第一，二者追求的终极目标不同。心理学追求的是一种健康人格，是对人格心理层面健康的追求。尽管每一个学派，甚至每一个人格心理学家的理想人格模式各不相同，但他们有一个共同的特点，即都把所追求的理想人格的终极目标指向心理人格的健全。为了实现这一目标，人格心理学家们通过大量的临床经验和心理测试经验，来研究心理人格的产生机制与规律。与人格心理学不同，伦理学所追求的理想人格模式是主体高尚的道德人格。高尚人格的内涵随时代的变迁而变化，各个阶级判定道德高尚的标准也各不相同。比如，在中国封建社会，高尚人格指的是君子人格，而当代则以全心全意为人民服务、大公无私为人格高尚的标准。尽管如此，伦理学将高尚人格作为理想的人格模式却一直没有改变。第二，二者的内涵不同。心理学认为，人格是个人的气质、性情、能力的总和，是个人的心理特征的具体表现。不同的人格学家还以不同的视角，将人格划分为各种类型。外在的表现是内在心理特征的反映，人格通过性情、能力等将内心的所思所想表现在具体的言谈举止之中，十分强调人的自然特征对人格心理方面的影响。而伦理学认为道德人格，是指个人资格、规格、品格的内在统一。也就是说，道德人格是一个具有为人资格和尊严的人的道德品

---

① 朱秉衡：《人格论》，辽宁人民出版社，1989，第4页。
② 曲炜：《人格之谜》，中国人民大学出版社，1991，第21页。

质和社会地位。从这个定义可以看出,道德人格研究的侧重点是道德境界的高低,只有道德境界高的人才具有人格,而道德境界低的人,可以说是没有"人格"的。第三,二者的外延不同。世间万物皆有其"格",物有物格,神有神格,人亦有人格。"格"之大小不同,"格"所包含的内容的多少也不尽相同。心理学研究之人格,以人的自然性、生物性为研究前提,将所有具有人的自然特征之人"框"入其中,任何人只要具备人的外貌、形体特征,在心理学看来便具备了做人的资格,所以,这个"格"可谓大"格"。而伦理学以"人一出生,便被打上了社会的烙印"为研究前提,道德人格所指之"格",将道德品质高的人框入其中,品质低下者则被拒之"格"外。因此,从外延来看,道德人格是小"格",心理学人格是大"格",前者是后者的"格中之格"。

道德人格是资格、规格、品格的内在统一。如前所述,人格的定义众说纷纭、莫衷一是。不同学科对人格的定义各不相同,而在同一学科当中,亦有多种不同的观点。比如,有的学者认为,道德人格是"个人的脾气习性与后天道德实践活动所形成的道德品质情操的统一"[1];有的学者认为,道德人格即是"一个人作为道德主体的资格或品格"[2];有的学者把道德人格看作一个人做人的尊严、价值和品质的总和;[3] 有的学者则认为道德人格是立足于实有人格且无限趋向理想的人格。[4] 通俗说法则认为,道德人格便是人作为人的资格。可以说,这些定义分别从不同角度对道德人格进行了界定,且各具合理之处,但总的说来又不够全面、充分,因为笔者认为,道德人格是道德主体的资格、规格和品格的内在统一,不能简单地将之理解为一个人做人的资格或体现的道德品格。

法律学认为,人格是作为权利义务主体的一种"资格";人们也常通俗地认为,人格是人作为人的"资格"。可见,资格与人格之间存在密不可分的关系。那么,究竟什么是资格?道德主体资格与道德人格之间有何关系?这都是值得探讨的问题。据《辞海》解释,"资",指地位、经历、

---

[1] 罗国杰:《伦理学》,人民出版社,1997,第440页。
[2] 赵成文:《道德人格及其社会功能初探》,《社会科学》1999年第7期。
[3] 唐凯麟:《道德人格论》,《求索》1994年第5期。
[4] 肖雪慧:《守望良知》,辽宁出版社,1998,第366页。

身份;"格",指公令、条例。所谓"资格",是对人在社会上的地位、权利的一种泛称。在现实生活中,人的资格常被引申为人的尊严。凡物既存在于宇宙中,皆有其存在的身份、地位、资格,在此将之称为"物格"。人之所以有人格而非物格,最重要的原因在于他有着与生俱来的一种族类的尊严。在生物进化史上,我们的祖先以勤劳、智慧在自然界中脱颖而出,成为万物之灵,获得一种人作为族类的尊严,这正如西塞罗所言的人的优越性和尊严,荀子所说的"最为天下贵也"。每个人一出生便从他们的族类那里获得了与动物区别开来的特殊规定性,具有了人的基本特征,进而平等地获得了做人的权利与尊严,或者说,做人的资格。既然如此,那么任何人不论职位高低、财富多寡、相貌美丑、种族差异及文明开化程度都应当无差异地受到社会的尊重和法律的保护,不容任何人污辱和亵渎。孟子在《鱼,我所欲也》中写道:"一箪食,一豆羹;得之则生,弗得则死。呼尔而与之,行道之人弗受;蹴尔而与之,乞人不屑也。"其中记载的那个齐国人宁肯饿死也不食"嗟来之食",为了人格尊严而拒绝物质利益,甚至将之看得比生命还重,尊严的可贵性由此可见一斑。

人格尊严与生俱来,但是,祖先赋予的族类尊严并不是无条件保持的。在现实生活当中,人格尊严往往由于种种原因而得不到完全实现,具体来说主要表现为如下两种情形。第一,社会的剥夺。在私有制社会,人类分裂为对立的阶级,剥削阶级总是企图贬低被剥削阶级的人格,将被剥削的劳动大众视为"牛马""工具""奴隶",他们做人的资格被剥夺、践踏。随着社会的进步,要求人格尊严平等的呼声越来越高,"人格权"作为一种法律专用术语被提出,使人格尊严得到法律的保障。第二,主体违规行为的践踏。人格尊严不仅需要他人的尊重和社会的保障,还要靠主体自己来维护。道德主体只有主动加强修养,使自己的言行符合社会的规范、准则,才能维护自己的人格尊严;反之,则会使与生俱来的人格尊严丧失殆尽。我们常说的某某人"失格",指的就是因为主体的言行严重违背社会道德规范而被认为丧失了做人的资格。

就主体的资格与道德人格的关系而言,"二足而无毛"的人形只是道德人格形成的一个最起码的条件,或者说是必要但非充分条件。并非只要具备人的基本特征,就先在地获得了做人的资格,也并非具备人格族类尊

第十四章 道德人格

严的所有人都必定具有道德人格，其实这只是对道德人格内涵的曲解。因为道德人格的有无取决于主体是否真正具有人之为人的资格，它所涵盖的仅仅是那些能在社会生活中自觉遵守社会道德规范、自主维护和保持自我人格尊严的个体。如果一个人的言行完全不符合社会道德规范，品行非常恶劣，那么，我们便可以说这个人"没有人格"，即不具有道德人格。

"'特殊的人格'的本质不是人的胡子、血液、抽象的肉体的本性，而是人的社会特质。"[1] 人之所以有人格，并不在于其自然属性，而在于其社会属性。人之为人的先在资格，只是道德人格形成的必要条件，而真正决定主体道德人格有无的则是其规格层次的高低。规格高者，有道德人格；规格低者，则没有道德人格。

据《词源》解释，"规格"有以下几种含义：（1）生产单位对产品和所使用的原材料等规定的要求；（2）规模；（3）规矩、制度。如孟元老的《东京梦华录·民俗》云："至于乞丐者，亦有规格。稍似懈怠，众所不容。"[2] 伦理学所使用的"规格"是指道德规范，它是由第三种含义引申而来。道德规范是对一定的道德关系以及一定社会对人们提出的一定道德要求的反映，因而是客观的、不以道德主体意志为转移的外在的东西。所以，道德主体如果要按照一定的道德规范开展道德活动，那他首先必须对这个"外在的东西"进行一定的选择、吸收和内化，"自己为自己立法"，将此作为自身道德实践的较为稳定的准绳。当然，这个选择、吸收、内化的过程是一个相当复杂的过程，因为道德规范本身就是一个具有多种性质、多个层次的复杂体系，而道德主体的社会地位、成长经历、文化程度等方面也各不相同，自然他们所选择的用以指导自身行为的道德规范也不尽相同，进而形成了不同层次的规格。所以，道德主体的规格，是指道德主体长期遵循的特定道德规范的性质和层次所折射出的人格境界，人格境界的高低直接决定了道德主体是否真正具有做人的资格和品格的高低，进而决定道德人格的有无。

道德主体遵循何种性质或者说哪个阶级的道德规范，是判别其规格高

---

[1] 《马克思恩格斯全集》第1卷，人民出版社，1956，第270页。
[2] 《辞海》，上海辞书出版社，1989，第3777页。

低的分野。任何阶级社会,都不可能只存在一种道德规范,而是有多种不同性质的道德规范同时存在,其中任何一种道德规范都是一个完整而统一的复杂体系。面对这个复杂的道德规范体系,道德主体能否正确地选择适应社会发展的、为社会所提倡的道德规范、道德准则并加以内化和遵循,直接决定着其规格的层次。由于我国正处在社会主义初级阶段,不管是生产力、生产关系还是上层建筑都具有不成熟性、不完全性和复杂性,反映在道德上,就是多种道德并存甚至对立。既存在占主导地位的以工人阶级为主体的社会主义道德规范,也存在旧社会遗留下来的,与社会主义道德规范根本对立的封建地主阶级的道德规范和资产阶级的道德规范。[1] 在这样一个复杂的格局中,道德主体能否正确地认清历史发展的趋势,明智地选择符合社会主义政治、经济发展规律的社会主义道德规范作为自己道德行为的坐标,直接决定了该道德主体人格的规格。在目前市场经济的浪潮中,大多数人仍然以社会主义道德规范严格约束自己,保持较高的人格规格,但也有少数人,面对金钱、权利的诱惑不能把持自己,损人利己,为所欲为,资产阶级的金钱万能观念与封建地主的特权思想遗毒在一些人身上得到集中体现。可以说,这种人,由于他们遵循的道德规范本身就是错误的,其人格规格也是非常低的。

总之,道德主体规格的高低取决于其在复杂的道德规范体系中的取舍,若能够选择社会主流道德规范作为行为准则,那么他就具有较高的规格,并且所选道德规范的层次越高,规格也越高。就主体的规格与道德人格的关系而言,既不能把二者混同,认为道德人格就是主体的规格,也不能认为二者毫无关系。本章认为,规格是主体社会属性的本质所在,它直接决定主体人格水平的高低和道德人格的有无,规格高者,具有道德人格,规格低者,则不具有道德人格。换句话说,道德人格仅指那些规格较高的主体的人格。

品格,又可称为品德、品质,"是道德主体在长期的、一系列的道德行为中形成并通过道德行为表现出来的一种较为稳定的内心状况和心理特

---

[1] 罗国杰:《伦理学》,人民出版社,1997,第211页。

征"①。就其本质而言，品格是主体内在规格的外在表现，是道德主体人格的实质内容，研究品格从而提升人格是研究道德人格的最终落脚点。故此，有些学者将之视为狭义的道德人格也未尝不可。

作为主体相对稳定的精神结构和内心世界（其稳定性源于规格的相对稳定性），品格通过主体的行为表现出来，并将此作为评价依据。对主体品格进行善恶归类是一种定性的道德评价，因此，必须将其在道德领域的惯常表现作为依据。正如黑格尔所言："一个人做了这样或那样一件合乎伦理的事，还不能说他是有德的；只有当这种行为方式成为他性格中的固定要素时，他才可以说是有德的。"② 伟大领袖毛泽东也说："一个人做点好事并不难，难的是一辈子做好事，不做坏事。"③ 判断一个人品格的好坏不能只依据其偶尔所做的一两件事情或短期内的行为表现，而应看其长时间内一贯的道德行为，唯其如此，才能避免因"好心办坏事""歹心办好事"等意外对道德主体进行道德定性评价时产生的偏差。

道德主体的品格是道德人格的实质，评价一个人品格的好坏、善恶，也就是对道德主体人性的定性评价。依据不同的标准，可对品格进行不同的划分，一般而言，品格可以划分为三个层次：善、可容、恶。善的品格是指道德主体在面对正邪、善恶、是非等冲突时遵循社会道德规范。根据社会道德规范层次的高低以及个体对它的内化程度，善的品格又可依次划分为小善、大善、至善；可容的品格是指道德主体在长期的、一系列行为中既没有主动遵循社会道德规范，也没有违反社会伦理底线，属于一种非善非恶的品格；恶的品格则是指道德主体在长期的、一系列行为中违反社会道德规范，依据道德主体违反社会道德规范的程度不同，依次可将恶划分为小恶、大恶。

通过以上分析，我们可以看出，品格的好坏反映了主体道德人格的有无及水平的高低，道德人格的有无与水平的高低取决于主体品格的好坏，二者联系紧密。但二者又不是一回事，必须加以区分。在现实生活当中，

---

① 罗国杰：《伦理学》，人民出版社，1997，第214页。
② 王海明：《寻求新道德》，华夏出版社，1994，第395页。
③ 《毛泽东文集》第2卷，人民出版社，1993，第261页。

不少人，甚至包括伦理学领域的一些学者也武断地认为，"人格就是指人的品格""品格，即个人的道德自我、道德人格"[①]，个体品格的好坏也就是道德人格水平的高低，从而把品格与道德人格完全混同起来。其实，二者在内涵和外延上都不尽相同。任何人不管其道德水平如何都具有品格，但道德人格所涵盖的仅仅是那些具有善的品格的主体人格，或者说，只有具有善的品格的个体才拥有道德人格。如果一个人的品格仅仅是可容的甚至是恶的，那么他便没有道德人格，而只具有一种实有人格。因此，道德人格的外延远远小于品格。

综上所述，道德人格是个体人格的道德性规定，是个人的尊严、道德规格和品格的总和，是个人道德境界高低的标志，它作为衡量个体人性的标志，是人类弘扬人性、抑制或摆脱兽性的艰辛努力的结果。就个体而言，道德人格是指真正具有做人的资格、较高的道德规格和品格的个体人格，是个体的资格、规格、品格的内在统一。其中，人之为人的资格是主体道德人格形成的必要前提；规格是判别主体人格境界的分野，它直接决定了主体道德人格的有无；品格是规格的外化，作为道德人格的实质所在，它直接体现了道德人格水平的高低。

二 道德人格的功用

结构孕育了功能，正是道德人格内在的自我要素和外在行为结构的道德特征，使得道德人格无论对社会和个人都有着重要的作用和价值，具体说来，它的功能作用表现在以下几个方面。

第一，激励功用。激励功用是指高尚道德人格及现实典范这一美好目标和人生形象，激起人们对道德人格的向往、热爱和追求，这个功能发挥表现为感染、感召、模仿三个层次。（1）感染，是指在无说教无压力的情境中人与人之间形成的一种积极影响，它诉诸直观表象和内在的情感。这种感染实际是从观念上对道德人格的认同。高尚人格能给人以启迪，给人以无形的感染。道德人格的感染主要是形象感染，现实中高尚人格的光辉

[①] 王海明：《寻求新道德》，华夏出版社，1994，第398页。

形象，以其动人心魄的力量，引起被感染者情感世界的波动，于不知不觉之中，潜移默化地实现对高尚人格的向往。人们对高尚人格的倾慕之情，驱动其不由自主地追求高尚人格的目标。（2）感召，是指高尚人格的提倡与弘扬，适合人的某种发展需要，因而产生共鸣，引起人们对它的热爱并转化为行动。高尚人格对他人和社会具有较强的人格感召力，亦即具有团结他人和社会，使社会分散的力量凝聚起来并加以调控的支配力。在一个社会中可以有三种支配力：凭借权威的支配力，凭借智能、才能和成就的支配力以及凭借人格感召的支配力。人格感召力是一种无形的力量，是无命令的命令、无权威的权威。高尚人格的感召力能够深入人心，使人们从尊敬而变为亲近与合作。社会需要法律、纪律和权威来维持秩序和稳定，同时也需要高尚人格的感召力来激励社会形成积极、健康、文明的新风尚。（3）模仿，是指高尚人格以其榜样存在为前提，在对人产生感染、感召的基础上，使人对它产生模仿的行为。榜样的力量是无穷的，通过人格感召力激发人们的道德情感，启迪人们的道德智慧，培养人们的道德良心，使人们对之产生向往和热爱之情，并且，一旦这种情感上升到自觉的高度，就能转化为自觉的模仿行为，从而实现道德人格的提升。这是高尚人格激励功能的最高层次。

　　第二，预见功用。任何一个社会都存在三种类型的道德：积极先进的道德、居中的道德和消极腐朽的道德。道德是对生产关系的反映，积极先进的道德反映了社会中先进生产关系的要求，消极腐朽的道德则是已经过时的、消亡的生产关系的产物。高尚道德是社会上先进的道德形态之一。当一个社会处于上升、发展的阶段时，必然提倡培养高尚人格以促进先进生产关系的发展，而高尚人格也能得到社会的认同；当一个社会处于停滞或腐朽阶段时，社会统治阶级中消极腐朽的道德蔓延滋生，此时，高尚人格往往得不到社会的认同，其结果是道德滑坡，社会风尚江河日下。所以，当一个社会能够积极提倡高尚人格，而高尚人格也得到社会大多数成员的敬仰和效仿之时，表明社会在进步、在发展；而当一个社会中的高尚人格遭受贬损和攻击之时，则表明社会处于停滞或倒退阶段。

　　第三，定向功用。这是指道德人格具有规定个体道德价值的统一方向和价值目标的能力。道德人格的结构本身内蕴着"善"这种特殊的道德价值形态，而这种内部的道德价值形态通过行为表现出来就是道德人格的价值定向功能。价值是客体满足主体需要的有用性，它一方面指向主体，作为一种意识形态存在于主体的意识之中；作为特殊价值形态的"善"，则以"应当"的形式存在于道德人格的自我意识之中，指引着主体的行为，并且确定主体的行为目的。另一方面，价值又指向能满足主体需要的客体，而能够满足主体需要的客体正是道德行为。因此，被主体规定的作为意识形态的价值又对主体的行为起着限制和定向的作用，使道德行为成为满足主体需要的道德客体。在这种情况下，它便使主体以"应有"的尺度衡量自己的一切行为，使主体在处理各种利益关系时有了稳定性、一贯性和倾向性，不至于使自己的行为超然于道德规范以外。

第四，整合功用。这是指道德人格能按照自我意识结构中的善恶标准整合自己的道德动机。道德人格主体依据自己明确的道德准则意识、自觉的道德责任意识和高尚的道德目标意识统一和调整自己的各种行为动机，使其联合为一个整体，在向善的轨道上不断前进。人生活在纷繁复杂的世界上，由于受到各方面因素的影响，就必然会产生各种各样的需要，从而诱发各种动机。这些动机有的是正当的，有的是不正当的，有的是高尚的，有的是卑下的。而具有道德人格的个体，因为形成了正确的善恶标准，就会按照这些既定的标准调整自己各种各样的动机，弃恶扬善，去伪存真，使自己的道德水平在生活的磨砺中不断得以提升。这个弃恶扬善、去伪存真的过程，一般要经过三个心理阶段。（1）审查，即根据自己的善恶标准，对自己的一切动机进行检查，看哪些是善的、应当的，哪些是恶的、不应当的。（2）筛选，即摒弃那些不正当的动机。（3）整合，即把那些符合善的标准的动机统一起来，使其成为一个强有力的整体，从而付诸行动。通过这样三个相互联系的心理阶段，个体的动机系统不再相互矛盾，而是可以顺利地实施道德行为。

第五，调控功用。这是指道德人格主体依据一定的道德价值定向对其外在行为进行调整和控制。人是一个能够自我调整和控制的主体，特别是具有道德人格的主体，他更能有效地调控自己的行为，使其符合一定的标准和要求。实际上，道德人格的调控功能，是蕴含在主体的道德价值定向功能、道德动机的整合功能和道德行为的激励功能之中的。道德价值的定向本身就是主体对自我价值目标的调整，道德动机的整合也包括主体对不同动机的挑选和调整，道德行为的激励是主体自我调控的结果。因此，道德人格的这种自我调控功能是主体本身所具有的，统一于主体以上三种功能之中的，并且依赖于主体坚强的道德意志和自觉的道德责任意识。康德指出，道德意志是理性者不依赖于感性世界的自主自觉，只有具备了坚强的道德意志，主体才能跨越层层感性障碍，克服种种困难，去实现理性的道德价值。也正是因为道德人格的主体具备了这种坚强的道德意志，他才产生了高度自觉的道德责任意识，进而促使主体不断反省自己，并且为了实现道义目标而不懈努力。所以，正是在坚强的道德意志和高度自觉的责任意识的共同作用下，道德人格的主体才能实现对自己行为的调控，从而去恶扬善，不断走向高尚。

道德人格具有多种对内对外功能，但这些功能不是万能的和无条件的，而是有其阈限。道德人格功能发挥的过程，实际上是信息发送、接受、反馈的过程，它涉及多个方面。所以，一种高尚的道德行为能否引发他人的共鸣，能否被社会认同、模仿，既取决于道德人格本身的价值，也与当时的社会道德环境和人们的意识活动密切相关。

道德人格的可效性。这是指道德人格本身具有的为他人所效仿的价值和特性。道德人格本身是否具有可效性，是道德人格功能发挥的先决条件。道德人格的可效性，首先体现为道德人格本身是否具有值得他人效仿的价值以及价值的大小。讨论一种道德人格能否发挥作用，必须以人格功能的存在为前提，对无任何功能的道德人格去谈功能的发挥几乎没有任何意义，而道德人格功能的有无与大小是由自身道德价值的有无与大小决定的。只有先具备了道德价值，才有人格功能，并且价值越大，对社会的功能作用也越大。如果没有任何道德价值，自然也无人格功能可言。另外，值得一提的是，道德人格价值的有无与大小不是一成不变的，而是随社会的变化而变化。比如，曾在很长一段时间里被作为理想道德人格存在的儒家圣人人格、一度为社会所颂扬的"烈女"形象，在当代几乎已经丧失了所有的道德意义和价值。道德人格的可效性，还体现为这种道德人格是否具备为他人所效仿的特性。道德人格功能的发挥以他人的道德模仿行为的实际发生为标志。一种道德人格的价值再大，若不能被他人效仿，其功能价值便没有实现。在社会生活中,"可敬不可效"的现象时有发生。"可敬",即具有一定的道德价值,是道德人格功能发挥的基本前提,而能否真正发挥作用则取决于道德人格本身是否"可效",即是否具备能为他人所效仿的一些特征。首先,是否为社会所需。实践证明,为时代所需要、所倡导的道德人格,更容易激发他人的道德情感,使他人受到感染,进而产生道德模仿,发挥其应有的人格功能;那些被时代所淘汰的、过时的道德人格,则很难有感召力,甚至可能遭受排斥,因而其人格功能便难以发挥。其次,是否符合人们的道德模仿机制。一种高尚的、为时代所需的道德人格,要充分发挥其对外功能,还取决于他人能否从心理上接受它。社会心理学表明,人们对于与自己有相似性与可亲性的事物较容易产生道德感染和道德模仿,而对于与自己相差太远的事物则可能会"敬而远之"。所以,社会舆论在宣传和倡导高尚人格的时候,应该实事求是,不能人为地将之"拔高"、美化,甚至"神化"。毕竟人与神不是同一个世界,对于神,人们兴许会仰慕、膜拜,但绝不可能去模仿,这样,道德人格的功能便不能充分发挥。最后,是否具有一定的影响力。一种符合道德模仿机制、能为他人所接受的高尚人格能否实现其应有的功能价值呢?这与道德人格本身的影响力大小密切相关。一般而言,道德人格影响力的大小是由社会道德舆论的宣传力度和道德人格主体的身份、地位等因素决定的,身份地位越高、宣传力度越大,其影响力也越大,反之则影响力越小。所以,为了更好地发挥道德人格的功能,就必须加强领导干部的道德人格建设,同时加大对高尚人格的宣传力度。总之,道德人格本身是否具有一定的社会价值和影响力,能否为他人所接受和效仿,是道德人格功能发挥的首要环节。具有一定的社会价值和影响力且能为他人接受和效仿,道德人格功能便可能得到较充分的发挥,反之,则必会受到阻碍。

道德人格功能对象的可纳性。道德人格主体本身具有可效性,这无疑是其功能正常发挥的首要前提,但是道德人格功能的发挥,不仅仅取决于作为主体的道德人格本身,更重要的是作为客体的道德对象是否具有一定的可溶性与可纳性。一种道德人格只有为他人所接受、认同,其功能的发挥才成为可能,因此,道德客体具有一定的可接纳性便成为道德人格功能发挥的重要条件之一。所谓可纳性,表现为对他人道德人格的解读能力。道德客体必须具备一定的道德知识,并以此为参照,才能对外在的道德现象加以理解、领悟。如果没有相应的道德知识作为解读背景,那么他人的道德行为再高尚、事迹再感人,他也会因无法感悟而无动于衷。所以,道德人格功能只有对具备一定的道德知识的人才可能发生作用。

主体是否具有一定的解读能力在很大程度上由主体的道德图式决定。所谓道德图式,是指个体意识中具有一定稳定性的道德观念结构和道德信念系统。[1] 道德图式一经确立,就不仅对个体的道德行为发生作用,也对个体的道德认知产生影响,它往往作为一种主观的内在尺度,引导个体对道德现象做出有意识的评价或无意识的反应,甚至能够左右个体对现实中道德活动的感知程度。在实际的道德感染过程中,人们往往亲近和肯定那些与其内在的道德图式相一致的道德现象,而如果个体道德图式与其接触的道德现象格格不入,他就会对这些现象做出否定性评价,并对之持憎恶的态度。比如,具备不同道德模式的人对于雷锋、焦裕禄、孔繁森等道德典范有着不同的见解:大多数人认为他们全心全意为人民服务的精神是崇高的,他们是社会道德的楷模、标兵;但也有人认为,这些道德典范人物之所以做那么多好事是为了荣誉、名利,是功利主义的体现;甚至还有人认为他们是傻子、疯子,报之以讥讽和嘲笑。由此观之,个体道德知识的有无以及具有怎样的道德图式对于道德人格功能的发挥有重要影响,因为道德感染的产生以一定的道德知识为基础,一个缺乏道德基础的人,不可能被他人所感染,更不可能模仿他人的道德行为。基于此,加强各个领域道德教育和道德建设的重要性和必要性显得尤为突出。当然,对道德人格的知识性的领悟并不意味着人一定会有循善的行为,它仅仅是道德人格功能正常发挥的起点。实际上,在很多情况下,道德人格之所以不能发挥其应有的功能并不完全因为功能对象道德知识的匮乏或不能理解和感悟道德。也就是说,道德知识的储备并不等于道德行为的发生,对他人的道德行为有所感悟,并不见得会付诸道德实践,能否将这种心理上的触动转化

---

[1] 李建华:《德性与德心——道德的社会培育及其心理研究》,教育科学出版社,2000,第94页。

为道德行动，主要取决于个体的道德情感。道德情感是一种以一定认知为基础并以理性为指导的相对稳定的高级情感，比如，道德责任感、使命感、荣誉感。只有诉诸道德情感，个体才能将心灵的触动转化为实际行动，道德人格的功能才得以真正发挥。可见，增强人的道德情感也是道德人格功能发挥的重要保障。

道德环境的合宜性。道德人格功能的发挥不仅取决于主体和客体两方面的因素，而且与客观道德环境有关。因为人是环境的产物，人的道德实践离不开一定的社会环境，道德人格功能的发挥自然也离不开道德环境，道德环境的好坏对道德人格功能的发挥起着至关重要的作用。适宜的道德环境，有利于道德人格功能的发挥；恶劣的道德环境，则阻碍道德人格功能的发挥。所谓道德环境，是指主体道德实践活动赖以进行的各种外部条件的总和。道德环境主要由以下要素构成：（1）社会群体的行为倾向和社会道德风尚，即整个社会或群体中绝大多数人实际遵循的行为准则和道德规范，以及在此基础上所形成和表现出来的人们在道德方面的风气和精神面貌；（2）社会的道德示范情况，即社会地位较高或知名度较高的人物的道德修养水平、道德品质和行为表现以及对周围人的道德意识和道德行为的影响情况；（3）社会的道德舆论环境，即社会组织或群体舆论宣传的内容和导向以及社会道德评价的状况。[1] 道德人格功能的真正发挥，以他人道德模仿行为的发生为标志。道德环境能通过一种连环的、交叉的道德感染和循环振荡对处于其中的人的道德行为产生一种无形的强制力，使他们为了避免心理焦虑和孤独而不得不尽快消除自己与道德环境不适应、不协调的矛盾，从而对主体的道德选择产生限制作用。而作为主体的道德选择最终表现的道德行为又直接影响道德人格功能的发挥。良好的道德环境，能对主体产生正向的激励作用，促使道德潜能的充分发挥和道德情感的有效沟通，做出平常未尝有过的超常道德行为。例如，在正义的道德环境中，见义勇为者与歹徒搏斗，必定能激发围观群众的正义感，即使平素怯懦的人，在这种道德环境下，也会为之感染，投入与歹徒的斗争中。见义勇为者高尚道德人格的功能因他人模仿行为的产生而得到了极大的发挥。

---

[1] 李建华：《论道德情感功能的域限》，《南昌大学学报》（人文社会科学版）2000年第3期。

相反，如果是在过于恶劣的道德环境中，即使是平素很勇敢的人也会畏缩不前、袖手旁观，见义勇为者的高尚道德人格功能发挥也因此受到阻碍。可见，道德环境的合宜与否对于道德人格功能的发挥与否至关重要，合宜的道德环境会对道德人格功能的发挥产生正效应，不适的道德环境则对道德人格功能的发挥产生负效应。目前，见死不救、见危不帮的看客现象相当普遍，极不利于道德人格功能的正常发挥。因此，净化社会风气，优化道德环境，已刻不容缓。

三 道德人格的塑造与提升

当代中国出现了道德人格危机。所谓道德人格危机，是指个体道德人格异化、扭曲的表征，它既是一个过程，又是一个结果。从过程来看，它是由偶然的非道德行为转化为强化的、有系统的、经常的反社会系统行为。从结果来看，则是个人道德意识发生裂变导致无视、蔑视或敌视道德规范。就我国的现实情况而言，道德人格危机主要体现在以下四个方面。

第一，无耻。无耻，即无羞耻感的意思。对于缺乏羞耻感的人，姑且称之为道德无赖，它指的是社会个体在具体行动中毫无顾忌，一切道德信念均被抛弃。道德无赖藐视道德，甚至公然对抗道德。[1]"我是流氓我怕谁"是道德无赖者的处世哲学。他们并不从道德上寻找自己行为的精神支柱，也不在乎他人、社会的评价，连仅有的面子观念都没有，个人的德性结构出现了极端变异。在解决自身所面临的利益矛盾时，他们以流氓习性为定格，采取无顾忌、无廉耻的耍赖手段，全然没有理性可言。显然，道德无赖的人格是一种毫无尊严的十足的流氓人格。这种人格在现实社会中还只是偶然的、非系统的，若一旦普遍化，则预示着系统的、经常的反社会活动的到来，因而它是一种极具破坏力和威胁性的人格，它的存在必然会对社会稳定产生强烈的冲击。所以，必须坚决打击道德无赖，加强道德建设，培养争议力量，用德性规范人们的生活，杜绝道德无赖的出现。

---

[1] 李建华：《德性与德心——道德的社会培育及其心理研究》，教育科学出版社，2000，第127页。

第二，虚伪。人格由"内我"（真实自我）和"外我"（人格面具）构成，而二者的统一既可能是一致的，也可能是不一致的，存在以"人格面具"掩盖"真实自我"[1]，即人格面具化或面具人格化的问题，有的学者将之称为"人格面具的通货膨胀"[2]。不管是人格的面具化还是面具的人格化，当它在个体身上发生时，便意味着双重人格的产生。双重人格是从心理学角度对主体人格的审视，与从道德角度研究的虚伪人格不完全相同，后者包含于前者之中。纵观人类历史，任何一个国家、社会，只要有人格，便不可避免地存在不同程度的虚伪现象。改革开放以来，现代中国人越来越强调发展个性、突出自我，甚至有些人已到了"自行其是"的极端境地，但现实表明，虚伪仍然是许多人人格的一大缺陷。当下虚伪现象存在于社会各个领域，尤其官场上"台上握手，台下踢脚"的现象比比皆是，"明里反腐败，暗里行腐败"者更是大有人在，他们"以其君子之形，掩盖小人之心"，是典型的伪君子。由此可见，作为道德危机的主要表现之一的人格虚伪，造成了人与人之间的隔阂、冲突、对抗，严重扰乱了社会风气和市场经济的正常秩序，已经到了非治理不可的地步。

第三，冷漠。道德冷漠是当前中国道德人格危机的突出表现之一，其特点是：缺乏起码的同情心和道德使命感，对于发生在自身、亲友以外的不道德行为漠不关心，面对他人处于困境中需要帮助或是正义遭到邪恶的侵犯时无动于衷，真正到了"事不关己，高高挂起"的地步。据报道，2001年8月，某女子在大街上被强行脱光衣服，当时围观者近百人，其中摇头叹息者有之，袖手旁观者有之，幸灾乐祸者亦有之，但竟然无一人挺身而出。诸如此类的事情虽不经常发生，但也绝非偶闻。从表面上看，道德冷漠者并没有直接作恶，与不道德行为的发生也无直接因果关系，但实际上，正是他们对社会道德的漠视，以及见死不救、见危不帮的道德冷漠现象直接助长了邪恶势力的嚣张气焰，致使在众目睽睽之下，小偷明目张胆地把手伸入他人的钱包，流氓当街调戏良家女子，暴徒有恃无恐地四处行凶，对此，道德冷漠者难辞其咎。

---

[1] 曲炜：《人格之谜》，中国人民大学出版社，1991，第24页。
[2] 魏磊：《中国人的人格——从传统到现代》，贵州人民出版社，1988，第167页。

第四，唯利。价值取向上的唯利是图，是当前中国道德人格危机的又一种表现。近年来，"君子喻于义，小人喻于利"的传统义利观已逐渐被摒弃。与几十年前相比，人们对于经济利益的态度已经发生了很大的转变，这本无可厚非，在某种程度上甚至是好事。但是，不少人逐利思想严重，面对金钱、物欲的诱惑，在义利冲突的情况下，往往选择后者。他们"言必及利"、唯利是图，凡事都将有没有"好处"及"好处"的大小作为行为选择的唯一标准，正所谓"一切朝钱看，一切为钱干"，人格尊严被抛至九霄云外，人沦为金钱的奴隶，浑身上下散发着糜烂的铜臭味。正如著名作家梁晓声所言："金钱至上观念甚嚣尘上，它似乎将一切法则都归结到金钱本身的法则上，它使一切人的头脑都变得极端简单化了，简单得直截了当而且粗鄙。"① 金钱法则下，腐败蔓延，某些党员干部贪污受贿，为了一己私利，不惜损害国家、集体和他人的利益；公众道德水平下降，不惜践踏法律，甚至不惜出卖自己的人格，犯罪率升高等，社会道德人格危机的严重性可见一斑。

现代中国道德人格危机的发生，向我们发出了警示：塑造现代化道德人格迫在眉睫，否则，会严重影响我国现代化建设的步伐，甚至威胁社会政局的稳定。道德人格的形成与塑造离不开特定的社会大环境，包括经济环境、政治环境和文化环境，三者对道德人格的塑造存在系统影响。

一个社会特定的经济环境对道德人格的塑造起决定性作用。一般而言，经济环境包括特定时期内的经济制度、经济体制、经济发展水平和状况以及经济发展模式等几个方面，其中，经济体制与经济发展状况对道德人格塑造的影响最大。首先，经济发展水平和状况对道德人格塑造起直接的决定作用。因为经济发展状况的优劣以及水平的高低直接影响人们物质生活需求的满足程度，而物质生活需求的满足程度又在某种程度上影响道德人格的形成发展。"民生厚而德正"②，"仓廪实而知礼节，衣食足而知荣辱"③，恩格斯在分析英国工人阶级状况后指出，由于物质生活条件的低劣，工人住房条件十分简陋、卫生条件极差，就很容易败坏品德。马克思

---

① 彭新武：《时代变迁中的道德危机与选择》，《岭南学术》1997 年第 1 期。
② 《左传·成公十六年》。
③ 《史记·管晏列传》。

389

也认为，一个社会不能满足人们起码的生存需要时，人们就会为争夺消费品而斗争，一切陈腐的东西又会死灰复燃。所以，如果一个社会经济发展状况良好、生产力的发展能不断满足人们日益增长的美好生活需要，整个社会的道德水准也会提高。相反，一个社会经济运作不良、出现衰退，则会导致社会各个领域秩序混乱，人们在经济遭受损失的同时，其道德人格也会出现不同程度的危机。其次，经济体制也对道德人格的塑造产生了重大影响。关于这一观点，只要将我国计划经济体制与市场经济体制下的道德人格状况进行比较，便不证自明了。在计划经济体制下，高度集权的管理体制、过多的行政干预、僵化的劳动人事制度以及分配方式上的平均主义，使人们缺乏自主意识、竞争意识，压抑了劳动者的积极性，并导致了个人能力的退化和进取精神的丧失。而在市场经济体制下，企业摆脱了对政府的依赖，排除了各种不正常的行政干扰，主体明晰，责、权、利统一，人们的积极性和主动性也大大提高，自主意识、社会参与意识以及民主、平等意识不断增强，整个社会的道德水平明显提高。通过对两种经济体制下不同道德人格状况的对比，我们不难看出，经济体制的好坏对道德人格塑造有着极其重大的影响，好的、能适应生产力发展的经济体制能促进道德人格水平的不断提高，反之，差的、阻碍生产力发展的经济体制，则会对道德人格的塑造有负面影响。

政治环境由政治制度、政治体制、政局的稳定状况以及政权对道德控制的程度等多种因素构成，它对道德人格塑造具有很大的作用。在同样的经济条件下，政治环境不同，导致各个国家的道德人格水平相差很大。首先，一个国家实行何种政治体制是道德人格形成的重要影响因素。在民主体制下，人们拥有较多的自由，可自主做出道德选择，这有利于培养他们的道德责任感，并使其形成自律的道德人格。而在专制统治下，人们没有自主选择权，即使行为符合道德规范也是一种出于敬畏、恐惧的自发行为，其道德人格水平停滞于他律阶段。总而言之，民主比专制制度更能促进道德人格的形成。当然，我们不能笼统地说，实行民主制度的国家的道德水平就一定高，实行专制制度的国家的道德水平就一定低，因为影响道德人格塑造的因素甚多，政体因素只是其中之一。其次，政局的稳定状况也与道德人格塑造关系密切。政治局势稳定时期，社会井然有序，人们的道德水平也相应地比动乱时期要高。因为,政局不稳,人们便无法安居乐业,精神上没有安全感,对生活充满担忧与焦虑,在这种人人自危的状态下谈道德人格塑造几乎是不可能的。历史证明,战争时期和内乱时期,社会道德水平要比和平时期低。比如,"文革"期间,由于政治环境恶化,整个社会的道德水平陡然下滑,出现空前的道德人格危机。显然保持政局稳定对于道德人格的塑造具有重大意义。最后,执政党的作风也是影响道德人格形成的重要因素之一,它直接影响着社会风气和民众的向心力。俗语说,"上行下效""上梁不正下梁歪""村看村,户看户,群众看干部",如果执政党坚持全心全意为人民服务,那么,人民自然就会拥护、爱戴,并以此为学习的楷模,通过行为模仿逐渐提高自己的道德人格水平。相反,如果执政者贪污腐化、以权谋私,人们就会对之产生逆反心理。因此,当务之急是加强执政党的作风建设,唯其如此,塑造高尚的道德人格才成为可能。

　　道德人格的塑造,固然离不开经济、政治环境的影响,但与其所处的文化氛围、个人所接受的文化模式也有着密切关系。文化,是人在实践中所建构的各种生产方式和成果的总和,包括物质文化、制度文化以及精神文化等多方面的内容。人类创造了文化,文化又反过来不断影响着人类,创造了他们生存和发展的独特环境即文化氛围。这种文化氛围,是在个体之外,不受意志支配而对个人具有强大制约作用的力量。这种制约力量对个人的一生有着巨大的影响,它通过灌输、传授各种文化理论以提高个人的文化素质,并通过社会风气、家庭环境的感染、熏陶,使人习惯于社会的思维模式、价值观念、道德规范并为社会所同化,从而培养出与社会要求相一致的道德人格模式。总而言之,文化能通过各种方式,影响人的心灵,塑造人的品性,完善道德人格。不同的文化,对于道德人格的形塑作用是不同的。良好的文化氛围,对道德人格形成有着积极的作用,恶劣的文化氛围,对道德人格的形成,无疑是消极的、阻碍性的。中国传统文化是一个大系统,由多个子系统组成,并具有多方面的内容、功能和价值。但总的来说无论是儒家、道家、墨家,还是佛教的禅宗,都有着浓厚的伦理色彩,是以造就高尚人格、陶冶人的"内在德性"为特征的文化。在人生哲学方面,它持一种"入世"的态度,强调知行合一,重气节和操守。

正是这样的文化氛围,铸造了中华儿女的独特人格,他们有着自强不息、坚忍不拔的奋斗精神,有着谦虚谨慎、友善和睦的正义风貌,更有着高度的社会责任感。

文化对于道德人格的塑造有着如此大的影响,所以目前我国必须优化文化环境,营造文化氛围,扬弃传统的文化模式,建设中国特色社会主义新文化,为培养高尚的道德人格提供良好的文化氛围,唯有如此,道德人格的塑造才有坚实的基础。针对我国现阶段的实际情况,营造良好的文化氛围的首要问题是正确对待中国传统文化。可以说,中国传统文化所具有的伦理道德价值,正是现代人日渐失却而渴望并追求的,所以,它对于缓解和消除目前的道德人格危机以及塑造高尚道德人格有极其重要的意义。基于此,有些人便把它看成十全十美的文化,甚至主张"国粹至上",这显然是错误的。中国传统文化固然博大精深,但也有先天不足。我们应该正视历史与现实、珍惜本土文化遗产,发掘它的现代价值,并充分发挥它的作用。对于中国文化,我们要用辩证的、历史的眼光进行理性的审视和把握,取其精华,去其糟粕。这样,中国传统文化的优秀部分、有生命力的部分才能在社会主义现代化道德人格的形成中发挥积极的作用。

道德人格的塑造与提升,固然离不开特定的经济、政治和文化因素的影响和制约,但更取决于道德人格主体的自我修养与自我完善。同一社会环境下,道德人格呈现不同层次这一事实便有力地证明了这一点。孔子云:"吾十有五而志于学,三十而立,四十而不惑,五十而知天命,六十而耳顺,七十而从心所欲,不逾矩。"[①] "从心所欲,不逾矩"便是道德人格的最高境界。实践证明,通过持之以恒、锲而不舍的自觉修养和自我完善,主体的道德人格水平便会实现质的提升,即由自觉人格向自由人格的飞跃。

自觉是人格提升的前提。道德人格的自我提升,需要高度的主体性、自觉性,这就决定了自我修养的主体必须是自觉的道德人格。自觉人格是与自发人格相对而言的,它是指道德主体根据主客观道德境况,在改造客观世界的同时,有计划、有目的、有选择地培养和建构的人格。与自发人

---

① 《论语·为政》。

格相比,自觉人格摆脱了那种缺乏道德自主能力、靠外力推动、以权威的是非为是非的道德状态,具有了一定的道德自由,是具有成熟的世界观、人生观、价值观,自觉的道德意识、道德毅力、道德信念和自觉的思维方式、行为方式、生活方式的道德人格。道德规范、道德准则于他们而言不再是完全异己的东西,而是已经进行了内化,变成了自己内心的行为准则,道德良知已初步形成。自觉人格主体遵守道德规范不是出于别人的告诫、命令或引导,而是建立在准则意识和责任意识基础上的主体自觉。简言之,自觉人格是一种具有一定的自主性、自觉性的人格,而这种自主性、自觉性正是道德人格自我提升所必需的。与此同时,必须指出的是,自觉人格并不是一种高尚的人格,不是道德人格发展的最高境界,所以它必须经过道德主体长期不懈的自觉修养、自我完善,从而实现人格的自我提升,向更高境界的人格层次——自由人格迈进。

自成是人格提升的途径。自成,即指道德人格的自我完善、自我修养,是主体道德人格自我提升的途径。自古以来,我国就十分重视道德修养对于道德人格提升的意义,并提出了一系列人格修养的具体方法,诸如"自讼""坐忘""积善""学习""内省""慎独"等。古人云"学而后可以成圣"[1],意思是人格境界的自我提升,必须通过学习来实现。有知识才能明事理,懂道德才能辨善恶,故高尚与知识相伴而行。古希腊哲学家苏格拉底甚至认为"知识即美德",尽管我们并不完全赞同,但又不得不承认,道德人格的提升往往离不开一定的知识,尤其是道德知识。知识的获得必须通过学习,学习的内容很多,既包括一般科学文化知识,也包括伦理道德知识,而对道德人格的提升来说,后者更为重要。所以,道德主体只有加强道德知识的学习,其道德人格的提升才得以可能。自省,是指道德主体以一定的道德原则、道德规范为衡量标准,对自己的行为进行自我检查、自我反省。古人云:"吾日三省吾身,为人谋而不忠乎?与朋友交而不信乎?传不习乎?"[2] 金无足赤,人无完人,任何人都不可避免地有这样那样的弱点、缺点,如果道德主体不严于解剖自己,不勇于正视自己的

---

[1] 《张子全书》。
[2] 《论语·学而》。

不足,那么道德修养便无从谈起,人格提升更是没有可能。毛泽东曾经把自我反省形象地比作"扫地"和"洗脸",要求人们经常做并养成习惯。他认为,人的思想与房子和脸一样应该经常"打扫"和"洗涤",否则就会"积满灰尘"。道德主体要想实现人格的提升,就必须在加强伦理道德知识学习的基础上,经常反省自己的行为。

自由是人格提升的最高境界。道德主体经过长时间的自我修养、自我完善,就能实现道德人格的自我提升,即由自觉人格迈向自由人格。自由人格是一种理想的"全面而自由发展"的道德人格境界,是自觉人格主体通过种种道德修养途径努力追求的目标。作为自觉人格追求目标的自由人格,是一种具有高度精神自由的人格境界,而这种高度精神自由正是孔子所言的那种"从心所欲,不逾矩"的境界。对于具有自由人格的道德主体而言,付诸道德实践不但不是出于对外界压力的妥协,对权威的屈从,甚至也不是道德良心的"自我克制"所致,一切似乎都是在"不自觉"的状态下、在不经意中以一种习惯和定式表现出来的,没有丝毫的受约束之感。因为道德规范于他们而言不再是作为一种约束的因素存在,他们之所以遵守道德规范,不再是出于恐惧、责任、良心或道义,而是出于对道德信念的追求和向往,或者说,遵守道德规范、付诸道德行动已成了他们的一种内在需要。

四 人格分裂的道德整合

现代人的道德出了什么问题?为什么现代人总感觉道德是用来压抑人、束缚人的?为什么现代人面对诱惑要守住德是那样艰难,即便是那些道德楷模也总是觉得背负着沉重的道德十字架而不敢做真实的自己?我们的道德究竟出了什么问题?审视史实,会发现其实是因为我们对人性的预设出了问题,现代人对人自身的理论预设出了问题。

我们对人性预设的事实是将人格中善与恶的分裂、光明与黑暗的分离,将自己与光明的力量相等同,对个人"阴影"矢口否认("阴影"是以荣格为首的深度心理学派的定义,包括人的消极面、不完善面乃至人性中恶的一面);这种人性预设试图压抑、否定、抵制乃至忘却人本性中原始部分——一切激情和"不道德"的欲望行为,而后要么把被否认的"恶"投射到别人身上而保持这一言过其实的自我理想化,要么狠狠地把它压至无意识领域。根据弗洛伊德的潜意识理论,人的理性部分仅仅是浮现在水平面上的冰山一角,而被压抑的非理性部分则是水面下巨大得多的山的基座,且是一座蕴藏着巨大的反抗能量的活火山,阴影一旦进行反扑或突破,就会导致人格的分裂乃至包括战争在内的灾难。所以,以分裂人格为基础的人类理性与旧道德,在现代社会纷繁复杂的诱惑面前显得如此脆弱就不足为奇了。

斯芬克斯之谜虽被俄狄浦斯所解,但他后来做出了"弑父娶母"的极端之举(尽管这一切俄狄浦斯并不知情)。我们从这个希腊神话中不难看出:第一,即使是智慧过人的俄狄浦斯也有无知的时候,这预示着人类必定存在理性发展的局限,人不可能全知全能,正如康德所讲的,人是"非完全理性存在物"或"有限理性存在物";第二,正因为有了半人半兽的斯芬克斯的跳崖自尽才有了人对自身理性的认识。从这里我们也不难推断,人的身上有着兽的渊源,人必定着他不可回避的自然属性和动物性,所以《圣经》中说人"一半是天使一半是野兽"。但纵观古今中外,人类主流伦理思想对人性的预设都是追求"尽善尽美"而摒弃人的"阴影面",都是建立在人格分裂基础上的道德追寻。

在古希腊时期,苏格拉底"美德即知识"的命题第一次试图给道德提供一个具有普遍性的理性基础;柏拉图的灵魂说认为"人是由肉体和灵魂构成的,人的灵魂又由情欲、意志和理性组成,三者之间存在一定的等级隶属关系,理性最高,意志其次,情欲最低。只有用理性来控制情感和情欲,才是人类道德价值的真正体现,同时也就构成了人们思考道德问题的逻辑起点"[①]。亚里士多德虽然不否认快乐,但认为快乐只是满足感性欲求,而幸福要由理性做统帅,人的特殊功能是根据理性原则而拥有理性的生活。此外,他们在哲学主张上都强调"天人相分",忽视人的自然本性而倡导人的社会道德,亚里士多德干脆认为"人是政治的动物",把理性

---

① 李建华:《从道德理性走向道德情感——近代西方道德情感理论述评》,《中南工业大学学报》(社会科学版)2000年第1期。

说成是人的最本质规定，把理性提升到相当的高度而理所当然地忽略人的自然性与生物性。

《圣经》中亚当和夏娃的故事说明人的理性的产生是基于他们偷吃了智慧树上的禁果，完全脱离了动物界与大自然的原始和谐。这预示着人类理性、道德的发展所依赖的人与大自然的原始和谐被完全打破，意味着人对自身自然性的完全否定。于是人产生了这样一种人性理想的追求：人只有完全否定、排斥、压抑人的自然性、生物性与恶，即"阴影面"，才能是理性的、智慧的人。中世纪对克制肉体欲望和自然情欲的特别强调，以及对违背人性的禁欲主义的宣扬，充分显示了其虚伪与黑暗的本质。

到近代资本主义社会，霍布斯把道德的基础从神那里移归为人的自然本性，强调趋乐避苦是人们道德观念产生的根源。由此发展出的道德情感理论从人性出发，论证了人的感性欲望的合理性、合道德性，否定了上帝的力量在道德生活中的统治地位，使道德成为人自身的规定而不是外在于人的对立物。休谟甚至有些极端：任何道德判断和道德行为（无论利己利他）都发自人的激情而与理性无关。他尖锐地批评了以理性为道德的唯一制约因素而不考虑情感的作用。此时，人类的理性为何受到如此严厉的批评呢？文艺复兴发现了古希腊思想中的理性智慧和人的价值，产生了以经验理性为基础的对自然科学的兴趣。当莱布尼茨号召"让我们来计算吧"，当培根说"知识就是力量"时，理性主义的步步紧逼把上帝"杀死了"，把信仰推向虚无，最终使理性也走向了虚无。人们越来越把自己的家园建立在把不合理的东西当作理性的世界上，人类的理性面临着一个尴尬的悖论：一方面，"道德理性为人的活动设定了总目标或根本的目的，这就是：人的全面发展、日益完善，亦即人的整体或每一个体的全面发展、日益完善"[①]；另一方面，理性导致了人格的决裂，所以怀特海号召我们"仍应去发现、认识和实现理性，因为迄今为止理性的历史功能还是压制甚至摧毁生活、生活好、生活更好的渴望，或者拖延实现这种渴望，要求为实现这种渴望而付出高昂的代价"[②]。尽管道德情感理论开始强调人的自然本性在

[①] 吕耀怀：《经济理性与道德理性》，《学术论坛》1999年第3期。
[②] 〔美〕赫伯特·马尔库塞：《单向度的人》，张峰、吕世平译，重庆出版社，1988，第193页。

人的道德领域的重要性，但仍未能肯定人性中"阴影"与"恶"存在的必然性，更未能把人格中的善与恶进行整合，所以它仍然是建立在分裂人格基础上的旧道德。

我们可以看到，人类理性越趋成熟，与自然世界就越趋分离，这种人的社会性与自然性、道德与邪恶、阳光面与阴影面的分裂，带来了孤独与精神上的无根性。总是生活在道德理想框架中的人们，会对公认的美好道德规范产生疲劳感与疏离感，因为基于这种道德的人性预设前提是完美而不是完整、是幻想而不是真实、是分裂而不是整合，人总感觉背负着一个沉重的别人强加的美德袋，这种以分裂人格为前提的旧道德以凸显人的主体性与尊严的道德自律的阙如为代价。所以群体纵欲和个体纵欲的出现显得如此顺理成章，但所有纵欲无助于消除人本身对孤独或与自然分离后的恐惧感。所以，接受、承认这种人的自然之根、自然本性和"阴影面"对人的孤独感的排除、实现幸福与善的生活是必需的，这就需要我们进行人格整合。

麦金太尔说，当代人的道德危机源于道德法则与人性的联系的割裂。现代人的道德危机不仅仅是道德法则相对于人性基础的高高在上，还在于人性预设本身的割裂与不完整。建立在"分裂人格"基础上的旧道德给现代人带来了道德危机。

第一，"分裂人格"促使人追求完美，"从善弃恶"的道德追求演变为"有善无恶"的旧道德。人的本性由两部分构成，一半是嗜好、情欲、自私、贪婪、残酷与暴力，一半是慷慨、同情、利他主义、智慧、反省或良知等。良知是灵魂的声音，欲念则是肉体的声音。欲念告诉我们要关心自己，而良知告诉我们不要损人利己。"由于我们需要别人的爱，也需要自尊，凡是作为'好的'而被奖赏的东西，我们自己便将她们培养起来；凡是不被赞成或作为'坏的'而被处罚的东西，我们就试图从我们的行为和自我意识中摒弃。"[1] 在道德生活中，我们总认为"应以良知为主宰，由它支配和调节各种情感冲动"[2]。我们被教会了区别、分离和分裂好和坏，我

---

[1] 〔德〕埃利希·诺伊曼：《深度心理学与新道德》，高宪田、黄水乞译，东方出版社，1998，第1页。
[2] 〔美〕默里·斯坦因：《日性良知与月性良知——论道德、合法性和正义感的心理基础》，喻阳译，东方出版社，1998，第16页。

们被教会了追求善良,甚至追求完美,以及认同人性中的积极面向,并全盘否定消极面向。由此产生的旧道德的目的不是教人"从善弃恶",而是要创建一个"有善无恶"的道德理想国。脱离人的自然本性而仅仅强调人的道德理性的旧道德变得越来越不人性化、越来越神圣化,它对人的规约力也随之变得越来越弱,所以现实生活中的一点点诱惑就足以让现代人违背那崇高而完美的道德。

第二,"分裂人格"迫使人将"恶"向外投射,引发了人类道德生活的巨大危机。基于分裂人格而对"恶"的简单抑制并不能让人产生道德上的优越感,被排除的阴影应有某些去处。一个有效且令人们满意的方法就是压抑加上投射——在别人身上发现和憎恨自己的"邪恶",这种为自己的缺点找替罪羊的做法很容易让人产生一种荒谬的舒服感。当一个人鄙视、谴责和攻击投射在别人身上的邪恶时,他可以心安理得并产生莫名其妙的道德优越感。在这一投射中,人、团体或国家中的每一方成了另一方被觉察的敌人,其相互防备、威胁、斗争,结果是把世界分成"好的"或"坏的"、优秀的和低劣的国家、种族或个体。与少数民族、异教徒和所谓"道德上的低劣者"的敌对与斗争,事实上体现了人对自身"完美"与"全善"的人性预设的怀疑和由此带来的道德虚伪性的不安。此外,压抑表面上使人们在意识之中不再承受痛苦和牺牲,似乎效果较好,但实际上造成了巨大的危险,因为人性被拒绝的部分获得了独立存在的能力,并且"在无意识中积累并产生紧张,而且这种紧张肯定是很有破坏性的"[1]。每个个体迫于与"完美"的旧道德的不断趋同,以及与人的真实、完整人性的不断疏离致使人变得越来越缺乏人性,而这又变本加厉地投射到他人身上,如此恶性循环。

第三,以"分裂人格"为人性基础的旧道德带来了人的精神疾患以及自我的碎裂。在人的道德生活中,没有良知的人使我们觉得缺乏人性,良知过多的人却又变成了"感情残废"。否定和压抑人真实存在的"阴影面",人格的分裂要求自我为了实现完美的目标或生活理想,而牺牲自己

---

[1] 〔德〕埃利希·诺伊曼:《深度心理学与新道德》,高宪田、黄水乞译,东方出版社,1998,第27页。

真实的目标和生活理想。完整的道德应当同时为人的本能和精神两方面说话，但旧道德常采取未开化的暴君姿态，甚至采取凶恶的攻击者的姿态。旧道德总是让人感到抵触，因为人总是不折不扣地履行对家庭和社会的全部义务，认真遵从完美道德的意愿，但忽视了充实个人生活的义务。这种旧道德事实上只是杰出人物的道德，试图以坚强的人格抑制人的阴暗面来解决道德问题。但这种抑制具有反生命的特点，使人生变得枯涩、阴郁，使人的灵魂被一分为二，使人的心灵缺失整体性，使人陷入分裂和自我孤立的灾难性状态——缺少与自然和大地的活生生的联系。人格的分裂带来了道德与人性的断裂，被拒斥的自我碎片构成了人巨大的心理阴影和无意识领域，为了那虚幻的"完美"，要么是"过分精心调谐的良知转而成了神经疾患……这种疾病使对纯洁和完美的追求达到了致人虚弱的程度"[1]，要么是规避道德责任，剥夺了人的完整性，把一种可恶的支离破碎强加给人的生活。

根据康德在《道德形而上学原理》中的论证，上帝、天使和神是完全理性存在物，他们全知、全能、全善；而人作为有限理性存在物，需要道德自律，这种自律恰恰彰显了人的价值与尊严。由此不难推理，一个存在物的理性程度越高，那么他越有可能是道德的；人越具有理性，那么他越有可能达到更高的道德境界。生命是对立物的不断平衡，道德生活是使对立的需求达至平衡的生活。弗洛伊德说过：本能、性欲等是最真实、自然而纯洁的东西。当人能坦然面对、承认和接受被压抑到无意识领域的"阴影面"时，将意味着人的无意识领域逐渐转化为意识领域，也就是人的理性意识越强意味着人越有可能更为道德。我们需要接受一个真正的人，一个既有理性也有感性、既有崇高也有卑下、既有善也有恶、既有阳也有阴的人。我们需要建构"整合人格"基础上的新道德。

以荣格为代表的深度心理学是以心理完整为追求目标的，力图发掘人的心理潜能，以一种"有灵魂的心理学"来拯救现代灵魂、追寻生活的意义。作为荣格弟子的诺伊曼旗帜鲜明地指出，现代人的基本问题是邪恶问

---

[1]〔美〕默里·斯坦因：《日性良知与月性良知——论道德、合法性和正义感的心理基础》，喻阳译，东方出版社，1998，第4页。

题：旧道德已经证明不能克制或改变其破坏力,"人类应该学会接受阴影、接受邪恶、接受自己的罪。承认阴影就是承认自己的不完善"。[①] 接受阴影的人格就是整合人格。整合人格意指个人的完整性、非缺失性,它要的是整个人,放弃完美的要求,其最高价值不是"尽善尽美",而是完整与现实,因而它拥有和表达着我们全部的人性。因此,整合人格意味着人性的消极面不再像旧道德那样,被有意识地从心灵中排挤、分裂出去,而是被个体所认可、经历、接受和逐渐转化。整合人格允许善与恶存在于人格的不同层面,个体对恶有合理的处理方式而保有充沛的活力。善与恶的对立特征也没有消失在整合的过程之中,它们的互不相容依然使个体产生紧张情绪,而这种适度的紧张恰能维持人的完整性。基于整合人格而建立的新道德,认为凡导致整体性的是善,凡导致分裂的是恶;整合是善,瓦解是恶。只有接受了自己阴影的人才是道德上可接受的人,而想要超越确实可得而且可能的善的限制就是不道德。新道德表现出如下三个特征。

新道德是一种整体道德。旧道德的功能是对立面的分割和区别,新道德的功能却是对对立面的整合。新道德排斥人格的片面结构的霸权,它是"整体的",让人有机会体验到自己是光明与黑暗、善与恶相互转化的创造性生物,使人认识到自己是个自相矛盾的整体,并保持自己在自然秩序中的真切意象。"接受阴影"所引起的人格范围的扩大开辟了交流的新渠道,不仅与我们的内心深处交流,也与整个人类的黑暗面交流。新道德是由人格的整体,而不仅仅由作为意识中心的自我来承担责任,它已不仅是意识层面的片面道德,还包括无意识层面的道德责任,是一种整体道德。

新道德是一种自主道德。"新道德的基本要求并非个体应该是'善的',而是他应该是心理上自主的。"[②] 接受阴影使人把自己从全善的固化的绝对主义及对集体价值的同化中解放出来,放弃先前那种无所不能的幻想,排除对自己的过高估计。这本身就意味着人理性意识的增强,使我们具有了某种独立性、道德自主性和应有的道德责任心,让我们更有能力、

---

① 〔德〕埃利希·诺伊曼:《深度心理学与新道德》,高宪田、黄水乞译,东方出版社,1998,第2页。
② 〔德〕埃利希·诺伊曼:《深度心理学与新道德》,高宪田、黄水乞译,东方出版社,1998,第80页。

更自信地管理好自己。在面对诱惑、邪恶时，人的道德性与自控力将起到真正意义上的自律作用，告别那虚假的、高高在上的、外在于人的，而不是根植于人的灵魂深处的道德。新道德使自主的人首先具备解决道德问题的能力，而后方能在集体中扮演一个负责任的角色。

新道德是一种自救道德。传统道德是建立在"他救"基础上的，即道德的"制造者"和"传播者"总是以"救世主心态"去告诫别人，而西方心理治疗学家最终发现人所有的痛苦和烦恼皆源自自我与深层渊源、自我与潜意识的分离，结果导致了不真实的存在与防御。荣格的理念就是开放地面对所有的原型或普遍的能量，让这些能量注入我们的经验之中。可见，对已经迷路的现代人进行道德拯救的道路是向下通往与无意识、天然本能世界及祖先们团聚的道路，也就是承认和接受人的"阴影"。不少人担忧，这是否会带来人道德的沦丧与恶的泛滥？

确实，仅仅以阴影为基础的道德就像"尽善尽美"的旧道德一样片面。我们必须以独立和负责的方式处理自己的邪恶，使被压抑到无意识领域的阴影变得有意识。解决阴影投射不利面的唯一方法是：阴影识别、阴影承认和阴影整合。我们必须直接对付不受欢迎的人性，而不是将它投射到敌人身上。阴影绝不会因为我们不喜欢它就可以被排除，而只能被接纳。接纳它就是要利用我们的智慧和对自身完善的执着精神去与它和谐相处，把它整合到人格中去，让阴影的能量通过适合自己的合理方式得到释放。接受阴影，意味着结束了阴影的无意识状态；接受邪恶，意味着现代人接受了自己善与恶的双重性，这是人在最深刻意义上的自我肯定。人类在这种新形式的人道主义和宽容下将学会与自己交朋友，学会把自己的阴暗面作为其创造性生命力不可缺少的组成部分。只有这样，现代人才能形成更全面的意识和实现更高级的整合，使人走向完整性和全新的道德崇高。

第四部分

道德外释

提示语：道德不仅仅是一种个体性精神存在抑或个体德性，更须外化为社会动能，汇聚成社会道义力量，规范和引导人的行为，形成相对稳定的"心灵秩序"，而这一目标的实现需要诸多社会条件。道德效力是社会道德规范的有效性考量，必须保证社会主流道德规范的约束力和影响力，克服道德无效现象。道德服从是道德社会化的主体条件，每个社会成员必须自觉接受道德规范的约束，在道德上我们没有"不服从权"。但是并非社会道德规范越严厉越好，道德控制要有一定的度，控制失度，效果将适得其反。当社会道德控制与大众心理承受力出现差距甚至矛盾时，需要有道德宽容。道德宽容是在多元化社会中实现道德共生的先决条件，也是化解道德冲突的重要方法。

第十五章 道德效力

经济的发展、社会的进步、人的自由之实现始终离不开各种社会规范的保障，其中道德扮演着特殊的角色。但是，作为规范形式的道德要真正作用于社会生活，同法律一样存在一个效力问题，即道德是否具有普遍有效的影响力。道德作用于现实生活的力量始于其效力之发生，终于其效力之废止，就此而言，道德效力无异于道德的生命力。社会道德建设不是政府"发文"和人人"讲道德"就可以见效的，道德建设由必要性论证进入有效性操作到了最紧急的时刻，道德效力的提出正是基于这一特殊使命所进行的理性发微和现实思考，也是道德社会化和社会道德普适化的新课题。①

一 道德规范的影响力

道德效力是指作为规范形式的道德基于社会秩序的定位，对人们的社会行为所产生的影响力。道德规范是道德效力存在的前提。就一般意义而言，规范是一种标准、范式，是人类社会中普遍存在的文化现象。它产生于人们交往、沟通、维持生存和发展的需要，是对变动不居的事物或现象所做的统一塑模，其目的是获得最佳秩序。

道德规范是人们在长期的社会实践中形成的、具有善恶评价意义的、处理各种利益关系的行为准则。它作为一种内在的精神文化现象，是人们主观思维活动的产物，反映了人类的理性制作能力。但道德规范的主观性

---

① "道德效力"是我们借鉴法学的"法律效力"概念而提出的一个道德社会学概念，旨在说明道德的作用力与影响力。本章内容源自李建华、钟亚《论道德效力》，《长沙水电师院社会科学学报》1996年第4期；李建华《道德无效，我们说"不"》，《中国改革报》1998年3月10日等，收入本书时笔者做了相应调整。

并不意味着道德规范是人随心所欲的产物，而是包含着深刻的社会生活内容，体现着社会生活的律动。所以，"人们自觉地或不自觉地，归根到底总是从他们阶级地位所依据的实际关系中——从他们进行生产和交换的关系中，吸取自己的道德观念"[1]。这一方面指出了道德规范的阶级性，另一方面深刻地揭示了道德规范的客观性，从而预示了其在社会生活中发挥影响力的可能性。可见，道德规范是人类自我意识的主动参与和社会生活之客观要求的统一，包含了习俗、礼仪、准则等规范因素，构成了人类规范文化的主体，维系着人类的生存和发展。所以，社会需要道德，它既是一种独立存在的社会控制手段，也是社会文明进步的表征形式。追求道德的人，必定以对社会发展趋势的审度为认识基础，以促进社会和谐为己任，以自身的人格完善为基本要求。道德表征的社会，必定以道德为文化基因，以道德进步为其存在合理性的依据，从而有效地促进社会和谐与文明进步。

但是，道德规范作用于社会生活不同于其他社会规范，它是通过对人们的行为进行善恶评价来实现的。它对人们的行为进行善恶判定，呈现出肯定或否定的倾向。凡是道德规范所肯定的行为，就是善的行为；凡是道德规范所否定的行为，就是恶的行为。道德规范的这种肯定或否定的评价是对复杂的社会生活的价值性梳理。它把体现人们共同利益的行为加以肯定，把危及或损害社会共同利益的行为加以否定，为人们的道德生活提供普遍统一的范式和准则。其作为行为善恶的准绳，具有如下优点。（1）调整的优化。道德规范对大量、经常的社会行为进行了具有善恶倾向的提炼，从形形色色的道德现象中抽取出社会共同的道德要求，从而使其调整对象普遍化。它可以适用于一切人而不是个别人，可以反复适用而不是一次性用绝，因而简化了调控过程，避免了个别调整、局部调整的巨大耗费。（2）适用的统一。社会生活千姿百态，人们的行为也因动机、目的、境遇等的不同而变动不居。道德规范对这种复杂性进行了梳理，形成了共同遵守的行为准则，人的行为判定有了统一标准，便具有了可预测性。这易于为人们所理解，也易于为人们所接受。（3）规正的优化。道德规范的

---

[1] 《马克思恩格斯全集》第20卷，人民出版社，1971，第102页。

确立融入了人类对善的追求和对美的期待，是对善的生活和美的秩序的理性预制。人们据此预测、评价自己或他人的行为善恶往往不需要复杂的逻辑思维过程。例如，通奸是恶的，是不合乎道德规范的，人们对其进行善恶判定时会不自觉地产生一种厌恶感，很少有人为之辩护，即使其间夹杂着爱的成分也是如此。无论从何种意义上分析，道德效力是道德规范上的力量，无道德规范也就无道德效力，即使有无效力的道德规范虚置着，也没有无规范的道德效力发生着。

利益关系的调节是道德效力的客观基础，社会关系在本质上是一种利益关系。社会是人的本质的存在方式，是由众多的个人组成的共同体。人是一切社会关系的总和，任何人出生伊始便置身于错综复杂的社会关系网络中，有着不同社会关系中所应有的角色功能。而人们所奋斗的一切，无不与他们的利益有关，并构成了社会关系的核心。所以，无论是物质的社会关系，还是思想的社会关系，均以利益为其存在前提，利益网络促成了社会关系的现实状态。现实的利益关系是道德效力的作用场所和生成土壤。普列汉诺夫明确指出："人类道德上的发展一步一步跟随着经济上的需要；它确切地适应着社会的共同需要。在这种意义下，可以也应当说，利益是道德的基础。"[①] 可见，道德规范立足于现实的经济基础，对各种利益关系进行加工、过滤、分析，从中确定含有善恶价值导向的律令，共同的利益则构成了道德的基础。所以，利益生成了道德，无利益则无道德可言，更谈不上道德效力的存在。换句话说，人有自我意识的存在，人的社会实践有着明确的功利目的和鲜明的本位色调，从这个角度来审视，利益关系的调节不可能不渗透着人的主观色彩和善恶取向意识，利益关系由此转化为道德关系，而道德关系是道德效力的直接作用空间。因此，凡有利益冲突的地方，就有道德调节的必要，道德规范于是产生，道德效力因而发生，利益关系的客观性和普遍性构成了道德效力的社会载体和广泛作用于社会生活的基本条件。人的行为是道德约束、评定、规正的对象，行为本身不具有道德性。我们认为某行为是道德的，是因为该行为反映了道德的要求，是人们用道德规范评定后的结果。人们的行为彰显了自我意识，

[①] 《普列汉诺夫哲学著作》第 2 卷，商务印书馆，1982，第 48 页。

并用不同的实践方式作用于外部环境,在共同的生存空间中互动、交往,并伴随着利益的冲突和协调。社会分工日益细化,人与人处于更紧密的社会联系中,并伴生着人类利益的细化和更微妙的组合,人类的利益结构也相应地复杂化了。人总是用价值评定的眼光审视外部世界,即以对自己有何意义的眼光来把握自己的行为,所以人的行为暗含着人的利益期待。当某行为有损于人的生存和发展时,就表现为道德上的否定。道德的这种评价力是道德效力的内在因素,也是道德效力的现实表现。利益关系的细化产生了利益主体的多元性及平等性。各利益主体在社会交往中要处理各种利益关系,使道德约束成为一种必然,成为一种普遍的影响力,即任何利益主体都将自身行为置于道德规约的影响范围内,也只有这样才可以实现真正意义上的利益平等,道德效力也才能获得实存的合理性。

秩序的需求是道德效力的价值定位。秩序是社会运行的内在要求,体现着人类的理性。道德效力的价值就在于确认、维系一定的社会秩序,这种秩序宣示着人类在保障自身生存和发展过程中对安全性、功利性、确定性的渴望与期待。道德效力要求人恪守一定的规约,禁止侵犯社会共同利益和他人利益的恶的行为发生,以达到社会发展和利益分享的有序。所以,在道德效力的作用下,合理节制和理性审慎成了人的行为标准,目的在于保持道德活动当事人间及个人和社会间的利益均衡,并防止人类内耗。应该明确的是,利益均衡并不等于利益平均,而是利益主体在知识、能力、机遇、地位、力量等方面的对比在一定历史条件下的相对稳定状态。所以,社会秩序的预制存在两大基本模式:以身份关系为基础的贵贱有别、贫富有异的社会秩序和以契约关系为基础的自由公正、平等互利的社会秩序。内含差等的社会秩序是等级社会的产物,历史在一定发展阶段选择了它,也必将在一定发展阶段摒弃它。内含平等的社会秩序是民主社会的保障,是人的理性自觉和历史发展的有机整合,是人类追求的目标。但是,无论在哪种社会秩序下,道德都设定了人们的义务和责任,规制着人们的行为模式,使人类活动沿着一定轨道合目的地进行,否则,社会就会混乱无序。混乱和无序则是对秩序的否定。所以,布坎南认为:"在道德规则下,在概念上一个真正自主的个人就有可能成为生存的实体;而没有道德秩序的存在,在概念上一个真正自主的个人可能只是存在单独具有道德社会特性的结构中。"① 可见,只有在道德秩序存在的社会里,个人作为人、作为生存的实体才有真正的存在价值,才能作为目的而不是手段存在着;而在道德无序的状态下,每个人都基于自我意识设计道德社会的特性,他人和社会只是实现自我目的的手段,其结果只能是:私欲恶性膨胀,争斗取代和平,本能驾驭理性,利益冲突处于不可控的状态。当个人的生命变得肮脏、野蛮时,就意识不到与他人有共同的利益需求,也不把他人当作有生存、安全、自由、发展权利的主体看待,个人的自由、安全降到最低限度,这样的社会只能是动物之邦,最终将走向毁灭。

约束力和指向力是道德效力的基本视维。道德是否对人有效,首先应看它是否对人的行为有约束力。约束力是道德效力的生命,显示了道德规约的客观必然性。道德规范的内容是客观的,而且能动地再现了社会的道德要求。对一定道德规范的恪守是人生存和发展的必要条件。作为实践的产物,道德规范是人类精神活动的结晶。从图腾、禁忌到准则、箴言、义务、责任的形成,生动地显示了道德规范的属系发生过程,这是一个从低级到高级、从粗俗到精致、从自发到自觉的过程,体现了客观的历史必然性进程。所以,在很大意义上,道德约束力是对道德效力的客观必然性论证。

约束力也昭示了人的道德活动的社会制约性。人是一切社会关系的总和,社会是人类生活的载体。荀子说,人"力不若牛,走不若马,而牛马为用,何也?曰:人能群,彼不能群也"②。用素朴的观念概括了人类合群的社会本性。道德规范则是对人这种合群本性的理性规定。为了群体的生存安全,社会需要一定的外在规范约束人的个别行为,缓解社会互动所产生的利益冲突,以协调行动,共同发展。道德适应了这一客观要求,作为人的自然冲动的限制物产生并外在地制约了人的行为,规划了人的行动方向。所以,只要是处于社会关系中活动的人,都会置身于社会规约中。道德规范对于社会个体来说构成了一种现实的社会制约力量,表明人的自由与社会的制约是并存的,自由是内在目的,制约是外在保障。道德约束力

---

① 〔美〕詹姆斯·布坎南:《自由、市场和国家》,吴良健等译,北京经济学院出版社,1991,第111~112页。
② 《荀子·王制》。

显示了人的理性自觉。理性是人区别于动物的特质，是人获得自由和发展的内在能力。理性规定了人的追求的多样性、多层次性。人不能仅靠面包活着，对善的追求表征了人的追求的高层次觉识。有追求便有舍弃和禁止，舍弃和禁止恶行的发生是人开发利用觉识的另一表现。人类固有的理智力量驱使人们放弃自然状态，在理性指导下过合乎善的生活。因此，包尔生指出："全部道德文化的主要目的是美德和培养理性意志，使之成为全部行动的调节原则，我们把这种德性或美德称为自我控制。"[①] 他所说的"理性意志""自我控制"是指人的理性自觉，是外在的道德规范内化了的理性觉识，从而构成了人精神动力的基础，驱使人自觉约束本能，控制欲望，自为地追求善的目标。可见，道德约束不同于法律强制，它必须靠被约束者的理性自觉才能实现。当代中国"我是流氓我怕谁""老子有钱怕什么"等道德无效现象的产生，无一不是自我放纵所致。

指向力是道德效力的另一视维，是对道德约束力的矢量规定。道德的约束力是一种应然，只有具体落实到人的行为中，使具体的人受范，道德约束力才能发挥效用。可见，道德约束力存在一个指向性问题，即某一道德规范对哪些人有约束力、对哪些人无约束力的问题。所以，道德指向力构成了对道德效力的矢量描述，具体规定了道德效力对人的管辖界限。在现实社会生活中，由于多种复杂因素的影响，人的社会角色是多重性的，人的道德觉悟也是分层次的。因此，社会的道德规范体系是分层有序的。针对处于不同角色位置和有着不同道德水准的人，规定了不同的道德准则，这些道德准则的指向力是层次有别、范围各异的。一般说来，在道德实践过程中，社会公德的指向力最具普遍性，其道德约束力的影响对象涵盖每一个社会成员。社会公德由两部分构成，一是全人类共同道德。它发源于人类共有的人性以及共同的生存和发展序列所要求之最低限度，即为了形成正常的社会生活秩序，人们所应共同遵守的一些最起码的公共生活规则。其约束力指向人类社会的每一个成员，反映了一个正常社会的起码标准和一般要求。二是全民公德，它反映了生活于特定政治、经济、民族区域中所有社会成员的共同利益和一般要求的规范。譬如，"五爱"公德

[①]〔德〕包尔生：《伦理学体系》，何怀宏、廖申白译，中国社会科学出版社，1988，第41页。

就是从我国社会主义实际和各族人民的共同利益出发,向全体国人提出的道德要求,目的在于形成社会主义社会的公序良俗。

针对特定生活领域和角色位置的道德规范来说,它们的指向力则相对封闭,仅对特定范围内的道德主体具有约束有效性、规则强令性。譬如,职业道德适用于不同行业的从业人员,家庭道德指向家庭生活中的社会成员,场合道德针对特定交往场所的互动各方,时年道德指向不同年龄段的社会个体。上述各道德规范通常不能越界,但这种封闭性是相对的,其限定性是有限度的。例如,少年老成就论证了不同时年道德规范的可转化性。所以,我们应辩证地看待这一问题,而不应僵化地度量社会生活。此外,我们应如何看待社会主义道德规范的指向力呢?从思维逻辑和历史发展的角度来审视,它具有无限普遍性,应成为社会文明的精神杠杆和内在张力系统。它最大限度地用普遍地凝结着全人类一般利益的尺度约束人的偏私和冲动,最大可能地要求社会个体为他人、为社会服务,甚至不惜牺牲自己的生命,从而最大限度地形塑了人的价值模式。所以,共产主义道德规范应当可以为所有人接受。并且,随着生产力的不断发展,社会物质生活条件的不断改善,人们的科学文化素质的不断提高,人们的思想道德觉悟将不断提高,共产主义道德规范的约束对象也将由少到多,且趋向无限。但从现实角度分析,它又具有限定性。它要求的道德水准最高,所以,在现阶段的社会生活中要求大多数社会成员践履之是不现实的。因此,这种道德规范只能在全社会提倡和宣传,而由极少数先进分子,特别是共产党员中的领导干部坚定不移地身体力行,这鲜明地宣示了指向力是普遍性和限定性的统一。

极有必要在理论上强调的是,道德效力本身是应当执行的影响力,这并不等于说道德规范效力是被实际执行和实现了的影响力,道德效力和道德实效是两个不同的范畴。道德实效在本质上是"实然"而不是"应然",指道德效力在社会秩序中的实际运作效果,即道德规范被事实上接受和实现了。例如,"不得偷盗",就其效力其言,所有人都应当遵照执行,但若有人真的偷盗了,只能说明道德效力落空,没发生道德实效,而不能说没有效力。当然,道德效力和道德实效是密切相关的。道德效力要最终转化为道德实效才能落到实处,道德实效是道德效力的正常结果;道德效力需要最低限度的道德实效做保障,若某道德规范基本上虚置着而没有实效,则不可能维系其效力。

二 道德效力的基本特性

道德效力的特性是其作用于人们的社会行为时所体现出来的基本性质和一般特点。相对其他社会规范的效力而言,道德效力具有如下显著特性。

强令性。道德效力作用于人们的社会生活,具有鲜明的强令性,即道德效力对道德主体来说,具有严格使动性。对社会一切成员来说,不管其是否知道道德规范,也不管其是否愿意接受道德规范的约束,道德效力都毫无例外地要求其执行,任何人都应当践行,否则,就会招致强大的道德舆论压力。道德效力的强令性是一种社会强制性,不同于法律政令,不具有国家意志属性,也得不到国家强制力的保障。也就是说,它同法律效力的国家强制性是有严格区别的。

首先,二者的伦理基点不同。法律效力的伦理基点是维系和体现国家意志的现存统治秩序。法律是由国家制定或认可的,并由国家强制力保证实施,反映了统治阶级的整体意志,因而国家权力的参与和干预构成了法律效力的显著特征。所以,法律效力的背后是国家权力。在很大程度上,被授予绝对服从其法令的"主权者"机关和最高权力者发布的命令,构成了法律的实质和核心。可见,法律效力的伦理功能就是维护统治秩序及其内部和平,而道德效力的伦理基点是维系体现社会共同意志的社会整体秩序。道德效力的强制性具有浓郁的社会理性色彩并反映了强大的公众民主意识,体现了一种基于社会发展和人类幸福的普遍价值关怀的使命感,所以其发生作用的渊源是人类的共性共识,即人类的社会群体意识而非政治权力参与下的统治意志。因此,道德效力的背后是人的自觉,脱离了人的自觉接受,道德效力往往会受到阻滞而达不到实效。道德效力的伦理基点使其获得了实存的合理性,以至于变得神圣,使人们把道德约束视为一种美好的生活秩序,把幸福看作一种欲望服从理性、灵魂合乎德性的现实活动。

其次,二者的实现条件不同。对道德效力的认同和接受与对法律效力

第十五章 道德效力

的认同和接受一样都出于强制,但道德效力较法律效力又增加了一种内在强制性。在法律效力的内在构成上,存在一种固有的利益分配缺陷,即总是为保护特定历史阶段特定阶级或集团的利益,这就决定了法律效力的运用会受到相当一部分社会成员的阻挠和破坏。但法律效力毕竟体现了一种秩序,对该秩序的破坏可能威胁特定历史条件下一定社会秩序的存续,则必然由一种外在的力量——国家意志进行干预。所以,法律效力要通过国家意志强制赋予和实现,对法律规范的遵守是基于对法律制裁的恐惧。在此意义上,法律效力的国家强制性是外在的,强力执行和暴力钳制构成了其发挥作用的基本的、必需的手段。"人人必须遵守"是其发挥作用的规则。因此,法律效力的实现在很大程度上是不以个体自觉为前提的,对法律的自觉认同和接受是法律效力实现的理想形态而非基本形态。同样,道德规范是作为一种外在的行为准则存在的,是对道德主体的一种基本限制,所以,道德效力也表现为一种外在的影响力。在这种情况下,道德效力的落实则出于道德主体对舆论压力的恐惧。但是,道德规范产生于人类的理性自治,本身是一种社会或集体理性,是公意的结晶,当然体现着公益。因此,道德效力的内在构成上不存在利益分配的缺陷。一般情况下,不需要某种外在暴力担任警察职能,其实现更多的是靠社会成员的自觉认同和接受。道德主体往往从内心深处敬畏这些道德规范,自身积极主动地对自我意志进行约束,对偏私和欲望进行节制,在自我觉识的基础上给自己确立具体的行为范式。对此,康德由衷地慨叹:"有两种东西,我们愈时常、愈反复加以思维,它们就给人灌注了时时翻新、有加无已的赞叹和敬畏:头上的星空和内心的道德法则。"① 因此,对道德法则的敬仰而不是恐惧构成了道德效力运作的心理基底,否则,良心的不安会使道德主体感到困惑。可见,道德效力的实现具有内在强制性,它必须内化为人的心理结构的一部分才能收到实效。总而言之,感召和说服是道德发挥效力的基本手段,"人人应当遵守"是其发挥作用的命令规则。

道德效力独特的运作方式使其相对地披上了软的外衣,对人的个体自觉有着相当程度的依赖,尤其是在社会局势动荡的年代,道德效力由于缺

---

① 〔德〕康德:《实践理性批判》,关文运译,商务印书馆,1960,第164页。

乏足够的刚性而显得软弱无力。但是，在人类社会的大多数时光里，尤其在人们的日常生活中，软控制往往更有效力。所以，道德效力的软与法律效力的硬往往相辅相成，刚柔并济，共同调节社会生活。并且，软不等于弱，软控制往往更能感召灵魂、直入人心，从而更彻底地达到目的。得道者多助，失道者寡助，扭曲和践踏道德规范者常如过街老鼠，人人喊打，陷入众叛亲离之境，惶惶不可终日。

普遍渗透性。道德规范在本质上是一种社会意识形式，是实践精神把握世界的表述，是人之为人最基本的要求。在这个意义上，道德效力是一种普遍的社会文化现象。凡是与人类生活相关的地方，从人的行为到人的精神活动，都受到道德的影响，这就是道德的普遍渗透性。道德无处不有，道德效力无所不在。关于道德的普遍性问题，康德从唯心主义角度出发做了卓有成效的研究。康德认为，道德法则应是普遍有效的，但这种普遍有效性不来自经验，而是先于经验。我们摒弃康德理论中的先验性、形式性成分，从现实利益关系调节的角度出发，同样可以更科学地揭示道德效力的普遍有效性。道德对现实利益的调节，提出了两个层次的道德要求。第一层次的道德要求是社会个体在处理利益关系时所应遵循的最基本要求，构成道德规范维系一定社会秩序的现实根基。对这一层次的道德要求都不能践履的话，社会就会陷入混乱、纷争、野蛮状态。第二层次的道德要求是社会个体在处理各种利益时所应遵循的非基本要求。当然，非基本要求是相对于最基本要求而言的。最基本要求反映了道德效力的最低限度的界限，是实然要求；非基本要求则反映了道德规范在实然要求的基础上提出了超越现实的一般道德水准的应然要求。可以理解，道德规范并不仅限于规划人们的社会行为的实然要求，而且在实然要求的基础上对人们的共同利益需要进行了更高层次的概括，对人们的行为进行了理想规划，要求人们为善、戒恶、自觉、自治。因此，道德规范的约束较其他社会规范具有更强的普遍性。在社会生活中，有些社会关系往往有道德的约束才是适宜的。例如，我们在友谊、爱情上要互助、互敬、忠贞不渝，但这不是法律义务而是道德指令。社会是交往的社会，交往是利益的交往，道德效力以其独到的优势发挥着规范社会交往的功能。

道德效力从人的行为及于人的精神活动，在社会个体身上印证了道德效力的普遍渗透性。道德效力首先作用于人们的外在行为，通过评价、引导等方式实现，这是道德规范与其他社会规范效力的共性所在。但是，道德效力也在人的精神生活层面上施加影响，并且其外在影响往往是建立在人对道德的心灵感应基础上的，它渗透到人的内心，通过个体的自觉来实现。所以，马克思说："道德的基础是人类精神的自律。"[1] 这高度地概括了道德效力的实现过程就是道德个体自我立法、自我观照、自省自讼、自我裁断的过程。而其他社会规范效力的实现一般不是社会个体独立判定和自主选择的结果，可以这样说，一个人遵纪守法，多慑于权力的干涉和惩办；一个人对神灵顶礼膜拜，多为了死后能升入天堂而慑于虚幻地狱的淫威。这些规范效力的实现是压服而非心服，是利己而非利他，人的境界没有得到根本的提升，人的发展也因人格的缺陷而不充分。因此，君子是道德效力的善果，良民和信徒是法律和宗教的期待。"莫见乎隐，莫显乎微。"[2] "君子慎其独也，慎其闲居之所为。"[3] 在道德效力范围内，即使无外力监督，社会个体独处时也保持道德自我、谨守善规，这说明了道德之人的行为与内心在道德效力影响下的和谐统一。

　　道德的社会控制功能以其独到的魅力赢得了世人的注意，历朝历代统治者从不忽视道德的作用，而是把道德规范同其他社会规范结合起来运用，德法相辅，刚柔并济，以收到任一社会规范单独作用于社会生活所达不到的效果。所以道德规范与其他社会规范交错并存，相互渗透。渗透到其他社会规范中的道德规范已具备了多重性质，但仍没有褪尽其道德意义上的颜色，只是换了个面孔达到调节利益关系的目的而已。道德效力与道德规范共生、共存、共灭，在道德规范向其他社会规范渗透的同时，道德效力同其他社会规范的效力也相应地融为一体了，共同调节着现实的利益关系。因此，道德规范与其他社会规范的交错并存构成了道德效力普遍渗透性的形式特征。但是，道德效力的普遍渗透性是客观存在的，但不否认特殊道德规范对特定道德对象的约束有效性、约束针对性。譬如，医德规范通常只对医务工作者有约束力的导向性，而对军人不起作用。换个角度

---

[1] 《马克思恩格斯全集》第1卷，人民出版社，1956，第15页。
[2] 《礼记·中庸》。
[3] 《宋史·詹体仁传》。

分析，所有的医务工作者均须遵守医德规范，但医德规范亦须体现人类道德要求的共性，这一点又是普遍的。可见，肯定道德效力的普遍渗透性，并不意味着否定道德效力的特殊性，道德效力的普遍性和特殊性是辩证统一的。

义务本位性。道德规范以义务性规范为核心，而不以权利性规范为根本，社会成员履行义务是出于道德责任感，即内化了的良心，不以谋求某种权利或相应补偿为必要前提，这就是道德效力的义务本位性。务就是本分，是为他人、为社会做自己应当做的事。其特征是行为主体应当做或应当怎样做一定行为，以及不得做或不得怎样做一定行为；如果违反了这个指令并拒绝履行，他将受到社会舆论的非难，亦受到良心的自我谴责。这种义务同法律的义务要求不同，对法律义务的履行以对法律的恐惧为前提，并谋求相应的权利；而人们对道德义务的履行以对道德的认同为前提，且人们普遍意识到，只有由道德义务感引起的行为才是善的。因此，康德指出："行为要有道德价值，一定要为义务而行。"[①] 这正确地评价了义务在道德行为中的定性分量。当然，义务不是无理的要求，而是一种"应当"，是生活于一定社会关系中的人们对他人、社会的要求所应完成、采纳和承担的任务、活动方式及职责。它对人类的生存和发展极为必要，并且任何社会都有某种义务性要求。无论社会个体认同与否、做到与否，道德规范都包含着某种义务，道德效力也因而具有了鲜明的义务色彩。

在很大程度上，道德行为就是在意志的指导下自觉自为地恪守义务的行为。社会成员凭个人爱好、一时冲动或外界的屈从而为的义务履行行为仅是表面文章，其对义务的履行不能说是完全道德义务上的。所以，康德又指出："义务是一种尊重法则，而且必须照此而行的行为。"[②] 人们对道德规范的遵守应出于对道德义务的敬畏，但敬畏不是恐惧，而是对道德所含义务的发自内心的认同和敬重；这种敬重或认同不是一种短暂的激情，而是一种深沉的情感，是在意志牵引下的作为。因此，社会成员领悟了道德义务的应然性，把"应当怎样做"变为自己"立志这样做"，自觉承担

---

① 周辅成主编《西方伦理学名著选辑》下卷，商务印书馆，1964，第357页。
② 周辅成主编《西方伦理学名著选辑》下卷，商务印书馆，1964，第357页。

起相应的义务，并以相应的方式履行其职责。可见，一个有道德的人，不仅根据义务展开行动，而且为了义务而展开行动，"为义务而义务"在一定意义上精确地描述了道德效力的义务本位性。为义务而义务的人清醒、审慎，视义务如天上星辰，夜幕月华，无任何外在约束感，反而觉得是一种享受，是意志的放松，不如此便觉得心里少了份东西。总之，意志自由和自主选择构成了道德主体履行义务的心理机制，道德主体便由"为我"之地步入"我为"之境。

人们对道德义务的恪守往往不以谋求某种权利或获得相应的补偿为前提，一般具有某种程度的牺牲精神。道德之所以是道德，就在于它使人有一种强烈的义务感，任何道德义务都是对人们某种义务感的唤醒。人们在履行政治法律义务时，往往同谋求个人权利或对等给付相联系，人们对义务的恪守往往是为了满足或实现相应权利的需要，而当人们履行义务不以谋求某种权利或相应补偿为必要前提时，人们的行为便迈入了道德的圣殿。人们履行着道德规范义务，关注社会利益的尺度，并以必要的自我牺牲为前提。牺牲在本质上是奉献，它包含着献出生命，但献出生命是殉德最壮烈也是最后的形式，仅是牺牲的一种表现，吃亏、舍弃、谦让等也是牺牲的表现形式。牺牲是善举，是美德。因为它以他人幸福为基点，在没有任何价值作为交换的前提条件下得到了道德上的升华。牺牲虽不指望报酬，也不为了权利，但牺牲不是无所谓的。它以竭尽全力去争取社会利益的最大化为目标，是具有道德增值意义的行为。因此，牺牲是道德体系中最高的范畴。善的核心及见证是以能否自我牺牲为试金石，社会道德行为体系是由牺牲和利益的关系而展开的生活之网，在这个意义上，牺牲构成了道德义务得到履行的典型形式，没有牺牲是无所谓道德的。

当然，以义务为本位并非不讲任何权利，而是讲权利的非本位性，即在道德规范的接受上，权利与义务并非简单地对应。义务本位性就是行为主体的道德行为总是以为他人或社会"付出点什么"为出发点而不以自己"获得点什么"为归宿。但这种对义务的承担和对相应权利的不计较，本身就是意志自主选择的结果，是一种道德权利，在现实的道德生活中，权利和义务往往是同一的。如"你应当行善"和"我有权利行善"是等同的。的确，道德权利在这个意义上仍超出了一般权利的范畴，牺牲是一种道德奉献。它对与之对应的道德义务进行了深刻反思，是高度责任化的道德义务的权利性表现形式。可见，这种权利仍是只尽义务，不求索取。所以，强调道德资金积累的义务本位性在于揭示道德行为的无偿性及非权利动机性，并不意味着有德的人无权利可言。相反，我们追求公正、理想的社会，有德的人应该有福、无德的人应该无福。否则，善的王国永远不会到来。

中介性。道德效力牵引社会道德规范向个体道德自觉转化，推动个体道德自觉向个体道德行为跨越，在道德秩序逐渐形成的过程中呈现显著的中介性。社会道德规范向个体道德自觉转化，是道德效力实现的客观要求。道德规范在最初发生时是一种外在标志，其效力的存在是外在的，其影响是他律的，它是对道德主体的外在规约。道德效力的有效影响力是社会道德规范内化为个体道德行为的中间环节。一般而论，道德规范在内化过程中对道德主体产生了两种主要的心理效应：顺序效应和拒斥效应。

所谓顺应，就是"内部图式的改变以适应现实"[①]。道德顺应就是社会个体与社会道德规范相互作用过程中道德规范对社会个体的改变。顺应使社会个体认知结构符合道德规范的性质，尤其是当道德规范发生较大变化，社会个体的认知结构不能再有效地适应新情况时，就驱使社会个体运用自己的调节能力进行结构更新，接纳新的道德生活内容。拒斥效应则指道德规范在社会个体的道德认识内化过程中引发的强烈排斥性效应，这使道德规范游离于个体道德认知结构之外。产生这种效应的直接动因来自个体道德认知结构与外在道德规范的相悖。可见，道德规范内化过程中的顺应或拒斥，一方面取决于社会个体的自我调节能力，另一方面取决于道德规范本身对社会个体利益需求的吻合程度。如"舍生取义""杀身成仁"等道德规范相对于三岁儿童的道德规范认识结构而言，是失当的，基本上等于无效。任何道德规范只有具备有效的影响力才能内化为个体道德信念。这给道德教育的深刻启示是：当我们致力于把某种道德规范灌输给社会成员时，首先应当考虑的根本问题不是人们"怎样接纳"，而是人们"会不会接纳""能不能接纳"。如果我们极力倡导的道德规范因自身原因

---

① 〔瑞士〕皮亚杰：《儿童心理学》，傅统先译，商务印书馆，1986，第11页。

不具有影响力，道德教育就将流于形式而无效。

道德效力是个体道德自觉向个体道德行为跨越的桥梁，即个体道德自觉处于"德识"向"德行"转化的过渡阶段。个体道德自觉仅意味着个体对道德规范的认同、顺应，但外在的社会要求内化为内在的道德信念仍限于观念层面。个体道德自觉塑造了自我行为的期望模式，潜在地决定了个体行为的道德价值定位，成为个体道德实践的内在张力。精神层面上的存在必须外化为人的外在行为才能确证其价值。否则，个体道德自觉仍是水中月、镜中花，道德效力不可能对象化而成为一种现实的存在。因此，个体道德自觉必须在道德效力的牵引下，由道德主体通过自身实践变观念性的觉识为物质性的定在才具有真正的意义。

道德效力是道德秩序渐进生成的中介条件。在一定意义上，道德秩序就是道德行为的固定化、普遍化。秩序是内容、目的，而行为是手段、形式。道德秩序确立的标志是社会关系的参加者对共同道德规范的践履。布坎南指出："在社会秩序中，个人有可能与不属他社会的成员打交道，只要两个人都同意明了或暗示地遵守要求相互相信和信任的行为准则。"[①] 这就是说，在道德秩序中，每个人都用道德上的不计较对待他人，视他人人格与自己同位；每个人自觉自治，不需要外部监理就能相互信赖，按公允原则办事。道德行为是合乎德性的行为，一系列道德行为是形成道德秩序的纽结，当所有的社会成员都循善生活时，道德秩序的网络便渐进地生成了。所以，道德秩序是一系列道德行为的铺展，个别道德行为是道德秩序的缩影。可见，道德秩序是通过人们自觉的道德行为确立的，而道德行为又是道德效力发挥作用的结果。因此，这有力地确证了道德效力在道德秩序生成过程中的中介地位。

三　道德效力的发生条件

道德效力的发生条件是指同道德效力相联系的，对道德效力的发生起

---

① 〔美〕詹姆斯·布坎南：《自由、市场和国家》，吴良健等译，北京经济学院出版社，1991，第111页。

制约、保障作用的各要素的总和。道德效力的发生受内部要素和外部要素的制约。就其发生前提而言,道德规范的科学预制是道德效力发生的潜在因素;就其发生的外部机制而言,道德与环境的相容是道德效力发生的外在保障,道德传播主体的可信性与道德传播客体的可纳性是道德效力发生的直接保证。

道德规范的科学预制是道德效力发生的前提条件。道德是通过规范的形式发挥社会作用的。道德规范科学与否,直接决定其在社会生活中能否获得正当身份和当然效力。缺乏科学性的道德不具备操作的可行性,难以符合社会利益关系调节的需要而为人们所接受和认同,也谈不上内化到人们的心理结构中发挥影响。科学预制的道德规范是理性思虑与规格设计有机结合的产物。所谓理性思虑,就是对社会利益的需求给予理性层次上的关怀,真正使道德成为社会整体利益和个体利益的调节器。对利益需求的双向权衡和兼顾是道德效力发生的驱动基点。

道德规范是一种充满热情的社会规范,对人的情感和特性构成了道德规范的深层次内容。而我们生活的世界善恶交错、真假并存、是非相伴,个人与他人、个人与社会处于经常性的利益冲突中。所以,如何合理地处理人我关系、人群关系,使人生活在安全、和谐的环境中,使人得到自由而全面的发展,成了道德效力发生的必要条件。就价值主体而言,个人利益与社会利益在价值上是等同的,二者是利益存在的两种基本形式,对其不能片面地按孰先孰后、孰优孰劣来衡量。首先,个人利益和社会利益是相互生成的。个人具有社会性,个人利益要在社会利益中获得实存;同时,社会具有个人性,个人利益的普遍化及其有机整合形成社会利益。其次,个人利益和社会利益相互促进、相互制约。社会共同体的属性决定了社会利益对个人利益的外在限制和绝对至上性,个人的主体性反过来也影响社会共同体的生机和活力。在真实的社会共同体中,社会利益和个人利益是同一的,个人利益的增值,是对社会利益的价值添加,社会利益的总量增加,又为个人利益的实现创造了条件。因此,正确处理利益关系的现实操作态度体现了利益需求的双向性。首先,为了更好地实现个人正当利益,社会利益应最大限度地向个人利益转化。否定个人利益正当性的社会利益是虚幻的,必将在与个人利益的严重冲突中消亡。其次,个人利益应尽可能地认同社会利益。若个人无视社会利益的至上性，并和社会整体利益相对抗，结果只能使社会基础变得不合理。最后，当个人利益和社会利益发生无法避免的冲突时，应视实际情况具体处理。若个人利益不合理，可不予支持；若社会利益不能代表大部分社会成员的正当利益，则应尊重个人利益，社会利益的分配应重新调整；若二者均有适度的合理性却发生冲突时，个人利益则应服从社会利益。

在实践中，利己主义和虚幻的集体主义之所以不能成为对社会成员普遍有效的原则，原因在于它们的利益分配结构中各取一端而排斥另一端，它们尽管对少数人有效，本质上却有悖道德的基本精神。在我国，现有的联合体真实地体现了集体主义精神的道德规范是行之有效的。社会主义无论是作为一种制度，还是作为一种运动，都体现了社会利益和个人利益的高度一致性，社会主义市场经济体制则在更广泛的社会生活领域疏通了个人利益和社会利益的结合点，从而在更高的政治层面确立了集体主义原则作为社会生活的基本尺度的价值地位。

所谓规格设计，就是理想性和现实性的适度整合。适度的理想性和合理的现实性的有机结合是道德规范科学预制的度量标准。道德规范的理想性是道德驱动力的发源，是在对"实然"做出阐述的基础上提炼的"应然"指令，是引导和推动人们的道德关系、道德生活、道德行为得以建立和实现的积极力量。道德规范的理想性要适当，必须具备三个条件。第一，必须是争取实现而尚未实现的，即超前性，如已实现，就是实现了而非理想化；第二，必须是理应实现且可能实现的，即限度性，否则乃妄想、空想；第三，必须是经过一番努力才能实现的，即真实性，否则乃宿命论。肯定形式的道德规范总是与一定的理想追求联系在一起的，同时又与体现这种理想之道德关系和道德生活的完美人格联系在一起。没有理想性的道德规范是没有生命力的，人们是在道德规范的理想性牵引下循善生活的，既追求真善美三位一体的人格境界，又渴望自由、美好的道德秩序，并为了实现而不懈地努力。但是，道德规范的"应然"超越又必须以"实然"为落脚点，即道德规范具有现实规定性，否则，道德就成了一种空洞的说教。道德不是纯主观、纯情感的东西，而是由现实生活条件决定的，其中，物质资料的生产方式居于主导地位。马克思指出："人们在自己生活的社会生产中发生一定的、必然的、不以他们的意志为转移的关系,即同他们的物质生产力的一定发展阶段相适合的生产关系。这些生产关系的总和构成社会的经济结构,即有法律的和政治的上层建筑竖立其上并有一定的社会意识形式与之相适应的现实基础。物质生活的生产方式制约着整个社会生活、政治生活和精神生活的过程。"[1] 可见,道德生活作为精神生活的核心部分,不可能不受制于一定的生产方式和社会存在状况,其追求的道德理想应根植于当时的社会历史条件,这是对道德规范现实规定性的历史唯物主义态度。

基于以上分析,我们认为,科学预制道德规范应从如下三个方面进行。

其一,道德规范的提出应有现实的合法依据。道德规范源于社会生活,因现实性而获得约束力。所以,它必须真实地反映现实生活的要求。马克思说的"不道德产生道德家",表明了道德规范对客观现实的依赖。如果社会上没有某种不道德的行为,那么约束这种行为的道德规范就没有存在的必要。所以,道德家不是杜撰道德准则,而应根据现实需要提出道德要求,并用伦理的手段付诸实践。其二,道德规范必须含有适度的理想规划。道德规范因理想性获得牵引力,其对于旧有或实存的道德生活来说必须是先进的。若道德规范仅仅停留于对社会生活的简单描述,就会限制人们道德觉悟的提高,因故步自封而不能发挥应有的激励功能。所以,道德规范不能过分超前,更不能极端保守,否则都会大大降低道德规范的效力,甚至使之无效。其三,道德规范体系必须和谐有序。在现实的道德生活中,人们的道德觉悟是迥然有别的,针对不同道德境界的人的道德规范所具有的理想性和现实性是不同的。既不能要求所有人保持同一较低的道德水准,也不能要求所有人践履在同一较高的道德境界。所以,道德规范体系必须分层有序,每一道德规范必须经过严密的逻辑推理和实践印证,并保证其相互间的和谐统一。否则,道德规范体系内道德标准的混乱必定给人们的道德生活带来麻烦。

道德与环境的相容是道德发挥效力的外在保障。道德效力的发挥受到周围环境的影响,并同环境保持着恒常的能量、信息交换。如果一种道德

---

[1] 《马克思恩格斯选集》第 2 卷,人民出版社,1995,第 32 页。

与现实环境相冲突,那么,除非凭借外来的强制力量,否则将无法突破环境给人们造成的心灵阻隔。但是,如果道德与环境相容,它就可以凭借环境的力量对人的行为产生影响,发挥其应有的效力。可见,道德与环境的相容是道德发挥效力的重要外部条件。道德应当与社会政治法律制度相容并得到公允。政治法律制度是社会上层建筑的主体部分。政治制度对国家性质、各阶级在国家政治生活中的地位,以及统治阶级依据什么形式来组织本阶级和同盟者的力量进行国家管理等方面做出了规定,它是一切社会制度的统帅,当然也包括道德文化制度在内。法律制度是政治制度的核心部分,同样具有鲜明的国家意志色彩,直接巩固和发展有利于现存权力集团利益和秩序的维护。政治法律制度作为社会控制的硬件,直接制约着道德的存在内容及效力。道德只有服从政治法律制度,并与之共同发挥作用,道德的实存才成为可能。否则,不管它本身具有多大的合理性,都会因有损于统治阶级的利益而遭到否定,更谈不上效力的正常发挥。传统的道德之所以在中国封建社会盘踞了两千年之久,原因在于它直接维护了中国封建地主阶级在政治上的统治和法律上的钳制,有效地为封建地主阶级的合理性提供道德辩护,并直接披上了政治法律制度的外衣,即所谓的道德政治化、法律化。目前,我国的政治法律制度是社会主义性质的,体现了以工农联盟为基础的、以工人阶级为领导的广大劳动人民的意志和利益,实现了最大多数人在政治上的平等。所以,剥削阶级的等级特权观念因与现行的政治法律制度相悖而被抛弃,它们最大限度地以遗毒的形式存在着,但仍不时地在局部和道德生活时空里为其政治法律制度招尸还魂。同样,商品经济社会中某些过度超前的道德要求尽管具有很大的合理性,但因不具备充分的社会生存基础而只能为少数思想境界较高者所践履,很难在社会生活中普遍地推行。可见,现阶段的道德要求必须保留着对社会主义制度及其价值理想状态的承诺,并配合现行的政治法律制度运行。

道德应当得到风俗习惯的认可并与其相容。风俗习惯是指历代相传所形成的风尚、习惯、礼节等的总称。在中国古代,由于自然条件不同而形成的习尚为"风",由于社会环境不同而形成的习尚为"俗"。所以,风俗习惯的本质是历史地形成的,是在一定环境和条件下经常出现的一种行为方式。俗话说:"三里不同俗,十里改规矩。"这说明各个国家、地区、民族由于所处的环境不同，风俗习惯往往差别很大。风俗习惯反映了各民族、国家、地区的历史文化信息，已内化到大多数社会成员的性格、气质和生活方式中，从而为他们所普遍且不假思索地接受。风俗习惯具有一定社会、民族的共同生活规范的性质，其社会惯性直接制约着道德的效力。首先，风俗习惯本身往往是道德规范。一定社会、一定民族的成员往往直接依靠风俗习惯对人的行为及生活方式进行善恶评价、价值取舍。其次，风俗习惯本身即为政治法律制度的存在形式，即习惯性。以伦理意识判断的行为模式由国家认可并赋予法律效力的习惯，是法律规范的组成部分。在这种情况下，道德规范必须与那些维护现存的社会制度并由统治阶级固定为法律规范的风俗习惯相容才能获得合法地位。最后，风俗习惯作为一种社会生活方式而存在。这种社会生活方式对人的社会行为的约束力是非常大的，因为人们普遍地接受，且在内心坚信这种生活方式的合理性。此时，道德规范的推行应坚持入乡随俗，承认风俗习惯同化的能力，在尊重当地风俗习惯的基础上灵活地影响当地人的生活方式。当然，习俗是可以改造的。我们提倡移风易俗，陈规陋俗是应该抛弃的。习俗的范围很大，人们在一定范围内是有回旋余地的，"不从俗"是常有的事。侨居世界各地的华人仍保留着中华民族的部分风俗习惯就是证明。那些移风易俗的人，即便可以不受旧习俗的约束，也将受新到习俗的规制。但抛弃不良习俗，发扬优良传统，是全社会的责任。

承认和尊重道德应得到习俗的认可并与之相容这一现实，要求伦理学工作者在构建自己的伦理学体系时走出书斋，在现实生活中汲取智慧、培养善念。只要一种信念所支撑的道德律令在实践中仍是有益的，那么在其旧有的理论基础被粉碎后，它就仍会存在，人们将会为它提供一种新的、更真实且牢固的基础。但是，尊重这一规律，需要勇气和胆识。

在宗教盛行的地方，道德应当获得宗教的公允。宗教是颠倒了的世界观。它用虚幻的形式反映世界，最终以一种神秘的超级实体统治着世俗生活。在宗教占据意识主导地位的国家和地区，宗教教规、宗教观念深刻且广泛地影响着社会生活各个领域，人们的思维方式、价值观念、生活方式无一不烙上了宗教的印迹。由此，人们的道德生活和宗教建立了一种关系，道德观念是一种建立在宗教基础上的伦理观念，关于神的信仰构成了全部道德的基础，虔诚和道德是同一的，道德是实现神的意志的工具。如此一来，这些国家和社会的制度、所有支配人的生活的习俗都有了一个宗教基础。道德观念只有契合宗教规定的观念才能产生一定的心理约束力。这就使道德规范只能以宗教化的形式出现，或直接构成宗教教规的一部分，否则，道德效力就无法产生。

当然，宗教化的道德和道德化的宗教在本质上是不同的。宗教化的道德之基点是道德，道德是目的，宗教是道德产生效力的工具。道德化的宗教之基点是宗教，宗教是目的，道德是维护宗教神祇的工具，但这种道德化的宗教在很大程度上是有助于个人的道德训练的。无论是道德化的宗教还是宗教化的道德，都反映了宗教对道德的制约，在宗教盛行的区域，二者均是产生道德效力的基本途径。

我国宪法规定公民有宗教信仰自由。这要求我们在信教群众中和信教的少数民族地区进行社会主义道德建设时，应注意当地宗教对推行、倡导的道德规范的公允问题。我们既可以利用宗教中有益于民族团结、社会安定的道德成分为道德建设服务，也可以对宗教教规进行可能的完善，使科学的道德律令渗透到宗教中，以有效地影响信教群众的生活。但最终要清醒地意识到，宗教不可能成为最终解放人的工具。信仰不是善事，人要最终从宗教束缚中解放出来，把信教群众从祭坛送入道德的圣殿。总之，为了道德效力的充分发挥，就必须实现道德和环境的相容。道德对环境的适应不是单纯地被动适应，否则会改变道德自身应有的品格，从而减弱道德的价值功能。所以，我们必须主动运用各种手段改造环境，使之拥有起码的道德接纳能力。如果现实环境陷入了一种非道德的困境，再谈道德适应环境就变得毫无意义，因为只有对讲道德的人来说道德才是有效的。因此，净化道德环境，改善社会风气，在当今是非常必要的。

传播主体的可信性和传播客体的可纳性是产生道德效力的直接保证。道德规范如果停留在道德学家的观念里，根本不可能对社会发生作用，只有通过特定的社会主体加以传授才能使其效力真实存在。道德的产生不是自发的，是基于社会整体性而被一定的社会主体提出来，是公众意志的体现。制定道德法则的主体自然也是倡导和传播道德法则的主体，还应是付诸道德的先行者。否则，最合理的道德也是无效的，因为"正人"要先

"正己"。首先,道德传播主体在任何时候都不能以任何借口践踏自己所宣传的道德。如果传播者一方面要求他人应如何如何,而自己却做有悖于道德的勾当,他就理所当然地降低了做人的资格,也就证明了他对别人的欺骗。一个不道德的说教者已减弱了人格力量,从而失去了他人的信任,且会被当作伪君子而遭受唾弃,其宣传的道德也自然会被视为假道学而为人不齿。在言行不一的人身上,即使最优秀的道德也会被削弱存在的价值。多年来,我们致力于社会主义、共产主义道德的宣传教育工作,为什么收效不尽如人意呢?原因在于一些道德宣传者本身就是道德的践踏者。他们是道德言行的两面派,极大损害了党和国家的光辉形象。人们经常目睹监守自盗、以权谋私等不良行径的发生,又有谁会相信他们所宣传的道德规范?因此,道德宣传者良好的人格形象是社会主义、共产主义道德发挥效力的关键。其次,道德的传播者不是为了个人利益,而是为了社会利益。最大的道德欺诈也许不是言行不一,而是以宣讲道德来达到不道德的目的。在阶级社会里,道德说教明显倾向于维护统治阶级的利益,而被统治阶级必然对统治阶级的道德传播者不信任。统治集团总是打着全民道德的旗号来鼓吹其虚伪的道德规范,这是对被统治阶级的愚弄。社会主义社会根除了道德的阶级狭隘性,把利益分配指向了最大多数人的利益,全心全意为人民服务成了社会主义道德的最高要求。我们的道德传播者应该努力达到这一要求,而不把守德变成老百姓的义务和自己谋取私利的手段,否则,其说教同样会遭到人们的拒斥而无效。只有代表广大人民利益的道德被传播者真正付诸实践,人民才乐意接纳,其道德效力才能产生。

  道德传播客体是道德直接的作用对象。道德只有为人所接受,道德效力的发生才成为可能。否则,没有人的心理感应,道德规范就只能流于形式,不论现实如何呼唤,道德效力也无法作用于社会生活。在这个意义上,道德传播客体的可接纳性是道德效力的直接归依。道德传播客体的可接纳能力首先表现为对道德规范的解读能力。为了能够有效接收道德信息,道德传播客体必须储备一定的道德知识,否则,就难以形成道德上的心灵感应。道德知识是行为主体在社会生活中日积月累的以道德价值观为核心的观念体系。道德传播客体开始以固有的道德知识为参照标志,对外在的道德要求采取相应的逻辑思维方式加以理解、领悟。当解读出道德要求与个人正当利益和社会利益的一致性时，便将其内化为自己道德知识的一部分。否则，没有相应的道德知识作为解读背景则完不成对外在要求的领悟。譬如，一个信奉"人不为己，天诛地灭"的人，就没有能力理解"先天下之忧而忧，后天下之乐而乐"的境界。所以，葛朗台对慷慨毫无体会，对利己视作当然，形象地说明了不同道德知识储备的人对道德的解读能力不同。对道德的知识性领悟并不意味着人一定要循善生活，而仅仅是确立了行为的知识基础，是道德效力发生的起点。善念不是善行。"一念发动处便是行"仅说明了善念和善行的密切联系，但善念的发动说明了善念向善行的转变尚需一个驱动器，这就是个体的道德责任感。一种道德只有诉诸人的责任感时，才算真正有效。道德责任感是一种高级情感，是社会的道德要求和人的良心在道德意志基础上的融合，是为义务而义务的负责倾向。有道德责任感的人在行动之前会审慎地行使自己的道德选择权，一旦形成了做某一行为的心理倾向，就准备自觉承担相应的道德责任。可见，增强人的道德责任感是提升人的道德接纳能力的必要条件，也是道德效力发生的内在保证。

四 "道德无效"现象批判

道德效力作用于社会生活，使灵魂得到净化，使人格更加高贵，促进人类的共生共存、和谐发展。但生活的辩证法启示我们：世界是多面的存在，光明与阴暗相伴，善行与恶行并生。当善行随着道德效力的正常发挥而产生时，恶行也随着道德效力的人为阻绝而出现了。其中，权力对道德的藐视、金钱对道德的亵渎、无赖对道德的践踏等道德无效现象在严重地滋生、蔓延着，不断吞噬人类的良知，毒化社会的机体，挖掘文明的陷阱。

道德藐视是道德无效的首要表现，指社会个体在社会生活中凭借其占有或控制的权力而无视、践踏道德规范的行为。

道德藐视的行为主体一般指占有或控制权力的人。占有或控制一定的权力是蔑视道德的先决条件。但这并不是说，所有占有或控制权力的人都藐视道德。只有把权力由公共意志的强制性支配变为对权力的捕捞时，才会产生道德藐视。权力作为一种支配他人的力量,从来就有两重社会效应:一方面它可能带来社会的繁荣和进步,另一方面可能导致人性的堕落和文明的毁灭。权力产生何种社会效应,关键在于权力由谁来把持。有德者利用手中的权力服务于人民,造福于社会;无德者利用手中的权力攫取私利,弄权误国。道德藐视是有权无德者在运用权力过程中产生的消极后果。

"老子有权我怕谁"是权力对道德的藐视,向世人展示了道德藐视者丑恶的人生哲学。在道德藐视者看来,拥有了权力就拥有了对他人发号施令来满足一己之欲的力量,他完全抛弃了权力本身所凝结的社会义务和责任。但这不是对自己肩负的道德义务和责任毫无知觉,罪恶生于自觉,只有禽兽是无所谓善或恶的。道德藐视者倚仗自己占有或控制的权力对自己应负的义务和责任不屑一顾,认为任何道德约束对他来说均是无效的,他拥有治外德权,享有当然的豁免,从而把自己的意志绝对地置于人民意志之上,且不管其意志是否具备社会公益性。因此,道德藐视者无情地嘲弄、作贱道德规范,践踏社会公共利益,视人民和国家重托如儿戏,实乃千古罪过。

道德藐视者大搞特殊化,必然导致自我膨胀,认为自己就是一切,自己就是楷模,自己就是典范。他基于道德之上,为道德立法。其言行反映到社会生活中,则表现为渎职、谋私、强暴三种形式。渎职就是玩忽职守、不负责任,是对公共权力的藐视。有权者必有其位,有其位应谋其政、负其责。在其位,不谋其政、不负其责就是失职。责任感反映了一个人对他人、社会的态度。要做人,首先要尽其责,何况是拥有一定权力的人。放弃责任也就等于放弃做人的资格。渎职者严重地妨碍了国家机关的正常运转,致使国家和人民的利益蒙受损失,给社会带来极大危害。所以,国家特别注意对渎职行为的惩办。当渎职给国家和人民带来严重损失时,便构成渎职罪,应依法追究刑事责任,同时也逃脱不了道德上的制裁。谋私就是社会成员凭借权力为自己或他人谋取私人利益,是公共权力的非公共运用,是对自身道义责任的无视。"有权不用,过期作废"是对谋私合理性的市侩哲学论证。首先,谋私者深谙"权能生钱,权能变钱"之道,视权力为私产,贪婪地、不失时机地利用手中权力中饱私囊,干着监守自盗的勾当。其次,谋私者任人唯亲、拉帮结伙,致使裙带之风盛行。宗派林立,团伙并举,权力成了徇私舞弊、私相授受的工具。强暴就是专横和残忍,是对他人人格和尊严的藐视。"逆我者亡、顺我者昌"生动地概括了道德藐视者的弄权术。在道德藐视者看来,一切唯他是用,他是人民的老爷而不是人民的公仆,他的意志失去了公意基础却仍要置于千百万人民群众的共同意志之上。因此,他强制人民利益单向度地服从于其个人利益,并不失时机地弄权误国。"只许州官放火,不许百姓点灯"用白描的手法勾勒了弄权误国者的丑恶嘴脸。所以,专横构成了道德藐视者的外部特征,残忍则展示了道德藐视者的内在本质。道德藐视者是没有良知的,有良知的人一定不会弄权误国。当弄权者的意志受阻时,他会变得异常凶残,动用所能役使的一切手段,甚至不惜以牺牲人民群众的生命财产为代价实现其长官意志。权力疯狂之所,即是极恶产生之处。

  道德亵渎是发生在经济领域的道德无效现象,指社会个体在社会生活中凭借其金钱而玷污、践踏道德规范的行为。道德亵渎的行为主体是富有者。道德亵渎是金钱对道德的凌辱,金钱的富有是道德亵渎的物质前提。穷人对道德的践踏只能采取金钱交易以外的其他方式。当然,道德亵渎和金钱富有之间不存在必然联系。有钱可以作恶,也可以行善。慈善家的可敬之处就在于他为富亦仁,因为他生财有道、义利兼顾。但是,当市侩拥有了大量金钱,并无节制地扩大交易对象的范围,提出非分要求时,道德亵渎便产生了。金钱的富有者在社会生活中亵渎道德的根本症结就在于他的市侩人格。在商品经济条件下,一方面,金钱是商品交换的媒介,使人类生活变得更方便、安全;另一方面,金钱的交换特性确立了其特殊地位:金钱是人的一切交易活动的中心,没有金钱,人的一切活动几乎是不可能的。所以,人们可能产生对金钱力量的崇拜,认为拥有了金钱,就等于拥有了一种社会权力,凡是不能拥有的东西,只要借助于金钱的力量就可以轻易地得到了。这样,拜金主义价值观就不可避免地产生了,从而奠定了市侩人格的哲学基础。在市侩眼里,金钱是万能的,有钱就可以买到一切,一切都可以成为交易的对象。一旦人的德性沉沦,金钱富有者的欲望便会无节制地释放。在物欲满足之后,就会对性、权力、人格、名声等提出额外要求。他运用金钱的力量去交换非商品性的东西,并坚信金钱的力量无坚不摧，以帮助他达到罪恶的目的。可见，道德亵渎者是金钱的奴隶而非道德的臣民，尽管他拥有了金钱却失去了保持善性的力量。

在道德亵渎者眼里，人和人之间除金钱交易外，便没有了其他联系，且相信任何人为了金钱都愿意出卖一切同他交易。根据肮脏的交易对象来透视，道德亵渎行为基本上可分为如下三种。其一，金钱对权力的贿买。金钱的实力积聚到一定限度，就会提出政治上的要求，向权力讨价还价。用金钱买权，再挟权搞钱，金钱和权力的联姻使道德亵渎者无所顾忌。以肮脏的权钱交易实现政治上的投机，形成了对政治廉洁的威胁。金钱贿买权力诱发政治腐败。政治腐败分为先期性腐败和后发性腐败。先期性腐败由贿选引起。富有者在竞选中赞助他人登上权力宝座，扶植政治代理人，或自己参加竞选、争夺权力。后发性腐败指政治贿赂。道德藐视者为达到非分目的，向权力把持者投资，以寻求政治靠山。无论何种腐败，均使道德流于虚无，使政治走向昏暗。其二，金钱对人格的采购。人格是人与其他动物相区别的内在规定性，指做人的价值、尊严，体现为在人性基础上对人的存在的敬畏。但是，在道德亵渎者的视野里，人格是可以交易的，金钱有力量让他人出售人格。一旦人格沦为商品，人即变为兽类。金钱对人格的采购是情欲无限扩张的结果。情欲是一种生理需求，但在社会关系中，仍具有道德价值的两重性。若在节制中适当满足，则为善；若在放纵中宣泄，则为恶。在现实生活中，金钱的运用往往失去了道德的监理，导致欲望的无节制释放。例如，为了单纯的性欲发泄而做性交易，为了畸形的自我满足而挥金如土、猎奇逐异。人格的沉沦是人的悲剧，把人从肮脏的金钱交易中拯救出来，必须使交易双方都意识到做人的可贵。其三，金钱对名声的换取。名声是社会对人的社会奉献和价值的评价和肯定，是个体自我实现的必要条件。获得与自我价值相符的名声，即名副其实，是正当的。但在商品经济条件下，名声是一笔无形财产，名的背后是利，图利应先图名。当一些人不愿或不能用正当手段获得名声时，便会不择手段地求名。对道德亵渎者来说，用钱买名无疑是最佳途径。

畸形的买名行为五花八门，但总的看来，不外乎两种情况：主动性买名和诱导性买名。主动性买名是指不学无术或学而不能之辈主动投机钻营，靠金钱换名的行为，如雇佣他人写文章就是这种现象。诱导性买名是指社会个体在他人诱导下为了满足虚荣心或达到其他不正当目的而用金钱换取名声的行为，花钱购买选入名人录的资格是诱导性买名的典型例证。但不管哪种买名行为，都是变态的求名行为，既亵渎了名节，又败坏了道德。

道德无赖是道德藐视和道德亵渎的社会后遗症，是道德无效的又一典型表现，是社会个体因精神崩溃而为的无视、践踏道德规范的行为。道德无赖的行为主体是精神崩溃者，是权力把持者和金钱富有者在权力和金钱力量失却后的严重道德失足者。需要明确的是，精神崩溃和道德无效之间也是一种或然关系，即是说，精神崩溃不一定必然导致道德无赖。精神崩溃所诱发的社会后果在社会个体身上呈现出三种情况：（1）道德逃避，指社会个体既不玷污道德，也不捍卫道德，而是永缄金口；（2）道德沉沦，指社会个体彻底与善决裂，根据错误、反动的道德信条生活着；（3）道德无赖，指社会个体在行动时毫无道德上的顾忌，无论是正确的还是错误的，一切道德信条均被抛弃。可见，并不是所有的精神崩溃者都是道德无赖者。

"我是流氓我怕谁"是道德无赖的处世哲学，也是道德无赖者不同于道德藐视者、道德亵渎者的思维特征。道德藐视、道德亵渎多在暗中或隐秘场所进行，即使公开践踏道德规范，也总是有借口为自己辩护。无论其依据何种道德信条评价自己的行为，都还有着道德上的顾忌。道德无赖者则放弃了人格，连基本的面子观念都没有。他既不从道德上寻找自己行为的精神支柱，也不在乎他人、社会对自己行为的评价，个人的德性结构出现了极端变异。他认为，道德规范不能给他带来什么，也不能帮助他重获往日的辉煌，反正对他来说，道德规范是无关紧要的存在。所以，当其意志受阻时，他的思想和行为变得野蛮，并无所顾忌地生活着。在解决自身面临的利益矛盾时，道德无赖者以流氓习性为定格，采取无顾忌、无廉耻的耍赖手段，这是道德无赖同道德藐视、道德亵渎在行为手段上的不同之处。道德藐视者肆意弄权时，总是想方设法为自己的行为寻找合理依据和冠冕堂皇的借口。道德亵渎者践踏道德规范时，也总是有相应的庸俗哲学做自我辩护，以苟全面子。他们在行为手段的选择上都较道德无赖者更理性，或以合法持有的权力为手段，或以自己拥有的金钱力量为工具。道德无赖者在行为手段的选择上较简单化,即不讲理、不要脸、刁蛮耍赖。道德无赖者认为,人活一世,要么名垂千古,要么遗臭万年;既然不能名垂千古,那倒不如遗臭万年。所以,当自我利益同他人利益、社会利益发生冲突时,他一旦无足够力量推行自我意志,便采取牺牲自身形象、完全抛弃人格的无赖方式解决冲突。精神崩溃的成因是多方面的,在这里是指社会个体权力的失却和金钱力量的消解。基于这个前提,道德无赖可分为两种基本类型:强权惯性型和交易惯性型。

强权惯性型指权力失却者由于长期强权习性的固结,虽已大权旁落,但在社会生活中不能接受听命于人的现实而表现出来的道德无赖现象。权力失却者习惯于他人意志对自己意志的绝对服从,习惯于不受约束和限制的强权生活。一旦不再拥有权力,昔日的威势便不复存在,沦落到和他昔日推行强权意志的对象等同的社会地位上,还要受新的权力拥有者的管辖。于是,往日固结的强权惯性使他无法接受这个现实,从而大施刁蛮手段,展无赖状。交易惯性型指金钱力量的操纵者由于长期交易习性的沉淀,在失去金钱实力后,欲望受阻时所表现出来的道德无赖形象。他昔日富有,习惯于通过金钱交易获得他想要的一切。一旦往日的金钱力量消失,其便无法达到目的。同时,他缺乏德性对情感和意志的监理,所以容易由失望走向极端,而终蜕化为道德无赖者。

基于以上分析,我们认为,各种道德无效现象无论是作为人格定型,还是作为人性泯灭的过程,都是社会的道德罪恶,是人性扭曲后的人格变形。个别的道德无效行为是偶然的、非系统的,一旦普遍化,则预示着系统的、经常的反社会活动的到来。可见,道德无效现象不仅是良知的危机,也是社会的危机,是文明在社会个体身上的失败。因此,文明社会必须根除道德无效行为。这需要加强道德建设,净化道德环境,培育正义力量,用德性监理人们的生活。唯有如此,德性才能在人心深处扎根,道德效力才能正常发生,罪恶才能退出社会生活的舞台。道德无效现象说明了一个最基本的道德原理——道德只对有道德的人起作用。

第十六章 道德服从

道德的社会效应，除了道德作为规范形式本身的效力外，还指现实生活中的人对既定道德规范的服从。作为人类文明的成果，道德规范总是以它特有的理性关怀回应着社会普遍的秩序结构和理想憧憬，成为人们精神的依托。而一旦体现人类共同的生活规律，就意味着这种特有的理性关怀内容之中又包含了服从的要求，唯其如此，道德规范的存在与延续才成为可能。但是，我们除了基于道德的本质来挖掘道德客体对行为主体提出的必然要求之外，还必须立足于人的共性去揭示行为主体对道德客体寄予的价值期望。唯其如此，外在的道德规范才能真正地深入人心，客观性的规律描述才能成为现实性的操作标准。我们从道德社会学的角度，仔细研究行为主体的道德服从心理倾向及其相应的行为表现，希望能为深入分析道德规范从他律阶段向自律阶段的转化提供重要的依据。[①]

一 规范压力下的道德自觉

道德服从是指活动主体基于道德规范的外在压力，达到对道德要求的自觉接受并做出相应道德行为的心理过程。

"服从"是社会心理学的一个重要概念。在社会交往中，尽管每个人都有权利自由地选择思维模式和行为方式，但是日益增多的选择机会并没有给人类提供完全收放自如的生活空间，人们总是会不由自主地感受到来自外界难以抗拒的压力，并往往会产生与压力要求相一致的心理倾向和行

---

① 本章内容源自李建华、李颖《论道德服从的功能效应》，载《文法论坛》，中南工业大学出版社，1998；《论道德服从的特性》，《湖南省行政学院学报》2000年第1期；《论道德服从的发生条件》，《求索》2001年第6期等，笔者收入此书时做了相应的调整。

为表现,这种心理倾向和行为表现就是社会心理学中的"服从"。服从主体所面临的社会压力主要来自两个方面:一个是权威人物的命令,权威人物包括领导、师长、父母以及各类知名人士等;另一个是群体规范的影响,群体规范小到一个组织的纪律、章程、制度,大到一个国家的政策、法律和道德。与此相对应,便有了一切行动听指挥、下级服从上级的行为原则和对组织纪律的服从、对政策法律的服从以及对道德规范的服从等。与其他形式的社会服从相比,道德服从具有如下显著特性。

规范的压力性。行为主体在对社会关系予以现实领悟、对人生意义积极探索的时候,总是要循迹于一定的道德生活空间。尽管这种道德生活是在自由理念支配下进行的,但主体目前还不足以依靠个人理性完全自觉地服膺道德。在他们看来,当道德以行为准则的形式纷然而至时,也带来了一股强劲的精神压力,迫使自己倾向于做出为道德所认可的行为。面对这股强劲的精神压力,无论道德的要求与内心的认知是否相去甚远,主体在心理上总是感到难以违抗。这样,道德规范的压力便同特定的心理过程——道德服从建立了恒常的联系。在道德服从过程中,道德规范的压力是客观存在、普遍渗透和持久有效的。

规范压力的客观存在取决于道德规范自身的必然性底蕴。道德是社会关系的产物,是社会经济内容的反映。尽管它必须依赖人的理性沉思,凝练成以观念形态表现出来的行为准则、生活模式和道德理想,逐步实现道德认识成果的沉淀、汲取、传递以及行为外化,具有极其浓厚的主观活动色彩,但是由于道德"相对地摆脱了单纯偶然性和单纯任意性的形式"[①],始终牢固建立在一定历史条件下的社会利益和社会需要的基础之上,形成了社会对人们共同遵守的生活秩序的必然性规定,因而深刻地反映了社会规律的力量。规律地位的确认意味着道德规范一旦固定下来,无论是"应该怎样"的指导、激励型内容,还是"不应该怎样"的约束、禁止性方式,都将首先从外部直接对行为主体发出道德命令,提出道德要求,遏制行为主体的自发性活动。这样一来,道德规范投射于人们心中的是一种不以人的意志为转移的客观精神力量。当这种客观精神力量以克服

[①] 《马克思恩格斯全集》第25卷,人民出版社,1972,第894页。

人的偏私与任性为己任，以劝善惩恶、扬善弃恶为目的而时刻制约着个人实践和社会生活时，对于每一个行为主体来说，不仅接受这种力量是不可逃避和无法抗拒的，而且顺应这种力量更成为他生存和发展的基本前提。

规范压力的普遍渗透归因于道德规范的表现形式及其丰富的内容。产生于人类历史早期的图腾、禁忌、礼仪、风俗，虽远未发展为现代意义上的道德规范，但在原始人眼里，却被视作外界所赋予的法则，具有神圣不可侵犯的地位。他们的一切活动都以这些规范为依据，凡是符合规范要求的就是好的，就会得到社会的赞许，凡是违反规范要求的就是坏的，就会受到严厉的惩罚。于是单纯外在的祸福奖惩力量导致原始人产生了敬畏、恐惧心理，无条件服从成为原始人朴素道德活动阶段的显著特征。诚然，这时候的服从主要迫于规范的权威并未上升为人的自觉自愿而不能完全说是道德的，但是原始人表现于其中的严格与坚定以及由此带来的相当稳定的社会秩序一直为现代人所折服。更为重要的是，禁忌、礼仪、风俗等道德规范的低级表现形式，随着人类道德智慧的世代沿袭，不断积累，吐故纳新，已经深入现代人日常生活的各个方面，从社会心理的角度为民族整体的生活秩序提供了规范。虽然其中不乏消极、落伍的成分，但是根深蒂固的传统本性依旧导致许多人产生了心理压力。尤其是道德文明进程中逐渐发展起来的准则、义务、责任等形式精致且内容系统的道德规范，从社会意识、民族感情到国家观念，从公共交往、家庭生活到职业场所，从个人品德、群体秩序到终极境界，都提出了种种标准和要求，严格规定着主体的价值取向和行为方式，具有实际可操作性。这样，责任、义务、准则和风俗、礼仪、禁忌等多种道德规范表现形式共同发挥作用，编织了一张无形的、巨大的压力网。处于网中的主体既无法割舍他与道德之间那种"剪不断理还乱"的密切联系，也无法摆脱他在道德规范压力的重重包围下，慎重选择行为方式和生活目标的活动必然性。

规范压力的持久有效源于道德调控手段的功能实现。与政治法律调控不同的是，道德调控不需要经济惩罚、刑事制裁、行政处分等强制性手段为自己开山辟路。这种主要将社会舆论和道德良心作为致善途径的"软调控"，通过外在道德氛围和内在道德法庭双重道德空间的设置，有较为充

道德原理——道德学引论

足的能量穿透每个人的生活,使他们无时无刻不感受到来自道德规范的巨大精神压力。其实,与其说是社会舆论和道德良心刺激了行为主体的感知,倒不如说是社会舆论和道德良心本身作为一种外压力和内压力,强化了道德规范的压力存在。一般说来,出于合群的需要和对名誉的重视,主体对于外界的准则性命令和善恶裁决都不会毫无顾忌,总会有意识地考虑社会或他人给予自己的评价。社会舆论的作用就表现为凭借赞誉或谴责营造的扬善弃恶的道德氛围,向主体传递行为价值信息,让主体认识到自己行为的善恶后果,或执着追求,或重新抉择。当然,调控的基础在于内心。如果说社会舆论往往使人产生一种畏惧感而使主体迫于规范压力而不得不服从道德规范现象的话,那么,道德调控的另一个重要手段——良心,则着眼于主体趋善避恶本性的挖掘,以与规范压力遥相呼应。道德良心的觉醒,一方面有助于主体认真体味道德规范的外在压力,培养责任感、义务感、荣誉感和羞耻感,产生比较自觉的道德自我意识;另一方面有利于主体自愿遵循道德规范的要求,"负责把自然人的反社会倾向约束在社会福利所要求的限度之内"[1],从而促使规范压力向行为动力的转化。可见,社会舆论、道德良心等调控手段的功能实现,形成了规范压力与个体服从行为之间的对应性机制,是道德规范深入人心的保证。

任何服从心理和行为的产生,都意味着主体无论是愿意还是不愿意,都必须向一定的社会压力让步。但是,客观存在、普遍渗透和持久有效的属性内容,使道德服从主体面临的规范压力,既蕴含着一般权威命令、组织纪律、规章制度所达不到的超越个体特殊价值的社会必然性普遍意义,也产生了法律规范压力在意识层面的主体心理机制和实践层面的社会关系调节所未及的作用效果。人们可以对科学知识一无所知,也可以与宗教信仰彻底绝缘,但始终无法抗拒道德规范对于自我心灵的无形支配。人们在道德之外的生活不仅不可能存在,而且必须从道德规范那里寻找行为的依据。

活动的主体性。规范压力作用的发挥使行为主体与道德规范之间始终

---

[1] 〔英〕赫胥黎:《进化论与伦理学》,《进化论与伦理学》翻译组译,科学出版社,1971,第21页。

第十六章 道德服从

存在千丝万缕的联系,从而在一定程度上排除了主体行为任意与偶然的可能,但这绝不意味着仅仅依赖客观的精神力量就可以保证道德服从的顺利执行,人们对道德规范的遵循还必须以思想上的自觉认同和内化为契机,这就是道德服从活动的主体性。

关于道德服从活动的主体性,有的伦理思想家认为,人们之所以对道德规范总是表现出服从的心理行为倾向,有赖于人潜意识中的天赋感情——道德感和"内在的我"的呼声——良心。道德感和良心在他们看来,都是人与生俱来的、根植于灵魂深处的、无法抹去的精神本性。它们的显现,有可能直接导致"服从是善的,不服从是恶的"这一基本道德观念的形成,并且支配主体做出相应的行为。18世纪沙甫慈伯利学派的赫起逊甚至认为,即使是"被动的服从",由于其中的"道德感"仍然"建筑在某种仁爱心上面"(这种"仁爱心"是"天生的"),也"永恒的裁决"为"是有助于自然的善"。[①] 而更多的伦理思想家立足于人的理性能力来挖掘道德服从活动的主体性本质。他们认为,人的所作所为都是理智认识和意志裁决的结果。理性有足够的能力禁止人们去做损毁自己的生命或剥夺保全自己生命的手段的事情,并让人们做自己认为最有利于保全生命的事情。当人们确实想通过和谐的社会秩序来维系自身的生存和发展并希望一定的道德规范提供调节和保障时,对于这种道德规范的服从无疑是他们这种希望的应有之义。也就是说,"由于我们是有理性者,所以,道德能使我们遵守规律,因此,道德对于一切有理性者,也一定可发生规律的作用"[②]。

其实,对道德规范的服从无论源于与生俱来的本性,还是深思熟虑的结果,以上观点似乎在力图证明:道德服从不单是行为规范本身客观约束性的要求所在,而是集社会群体约束与个体人性发展、社会理性要求与个体理想愿望、社会规范压力与个体情感意志于一体的活动形式。这种主体性的发现,远比中世纪宗教伦理思想家的观点要进步得多,因为在他们那里,道德服从几乎不是基于人自身的需要,而是出于上帝的意志。具体说来,道德服从活动的主体性,集中体现在行为主体对于道德规范的认同、

[①] 周辅成:《西方伦理学名著选辑》(上),商务印书馆,1964,第802页。
[②] 周辅成:《西方伦理学名著选辑》(下),商务印书馆,1987,第377页。

内化和遵守三个环节上。其中，认同是主体在认真考察和反思之后，在立场上给予道德规范以肯定。内化是主体将外在的道德要求融入道德自我意识之中，在观念上给予道德规范以认可。遵守是主体慎重选择生活模式，严格遵守道德要求，在行动上给予道德规范以执行。这三个环节通过主体活动方式从感性认识阶段到理性认识阶段直至生活实践阶段的循序渐进，显露出主体作为道德意识发动者的自觉，作为道德行为承担者的自主，作为道德关系调节者的自律，作为道德理想追求者的自为以及作为道德信仰实现者的自由。自觉、自主、自律、自为和自由深刻地反映了主体进入价值生活王国以后的人性进步和向上递进的精神文明层次，使道德服从活动挣脱外在强制的压抑状态而进入了一种纯粹的道德自制境界。

活动的主体性是道德服从区别于宗教服从、法律服从的一个重要方面。在宗教服从中，信徒们由于执着于设想价值或生活意义的外在神秘性而赋予了宗教规范非理性的狂热，追求彼岸世界的所谓绝对圆满，这实际上通过否定此岸世界——现实生活的存在意义，而否定了人的主体性。在法律服从中，尽管主体具有约束自我的行为表现，但法律规范的实施，到底不是主要依靠主体的自觉自愿，而是依赖于自身的责成力量或禁止力量，依赖于立法的严谨和执法的严肃，其活动主体性显然弱于道德服从活动的主体性。特别值得一提的是，在主体认同、内化和遵守道德规范的三个环节中，无论是对道德文化的习得和领悟，还是对理想价值体系的意志把握，或是对现实道德生活的积极参与，其主体性都应该以责任意识为内核。

责任意识是道德规范成为人们生活方式组成部分的理性前提，它表达了主体对自己所肩负的职责、使命的热忱关怀和对完整道德生活意义的追寻。它促使主体顽强地走出受个人利益支配的有限道德观念的狭隘空间，把理性的目光投向更广阔、更深邃、更长远的社会整体利益。主体借助责任意识所带来的人格努力将逐渐实现个人之利弊得失向社会整体之利害荣辱的趋同，从而使目标的定位和行为的定向始终与道德规范的要求相一致，并使道德规范由主体行为中自觉表现出来的普遍生活态度和正确价值倾向获得现实意义。主体责任意识的强弱直接决定了人们在道德规范方面的认知水平、内化程度和遵守表现。责任意识强的人，往往容易产生对社会普遍性道德原则、道德规范的观念认同和情感寄托，容易呼唤出内心的道德觉悟和道德信念，因而比较执着于对道德服从活动的坚定执行。相反，一个责任意识薄弱甚至欠缺的人，很难领悟到道德规范的价值真谛，很难形成自觉的道德自我意识，道德服从的心理也很难长久保持。所以说，强烈的责任意识既是主体利益观念、道德观念优化组合的内活力，又是主体道德服从活动持之以恒的生命线。

尽管以精神压力为表征的道德规范在一定范围内限制了主体的思想、行为倾向，使道德服从具有十分明显的不可逆转的意味，但是以责任意识为主要内核的活动主体性又充分展示了行为主体丰富多彩的内心世界和不拘一格的活动方式。这两个方面对于同一主体而言，似乎自相矛盾，因为压力给人的感觉总是迫不得已的，而主体性则让人收放自如、游刃有余。事实上，在一个道德文明不断进步的社会里，道德规范的压力在强化主体敬畏心理和忧患心态的同时，也促使主体形成了积极的道德思维。它促使主体开始探索关于道德自我的相互关系和道德自我与客观世界相互关系的处理原则。即使多数主体仍然停留在经验的水平上感受社会整体的利益存在，也多少倾注着他在思想觉悟方面不断成长起来的主体性内容。所谓的"迫不得已""不由自主"，都不过是对主体性的发掘不够深入、施展不够充分的无奈。同样，道德服从活动中主体性的累积和发挥，能够不断激励主体以高于经验存在的理性方式，从完善人性的角度去认识、体验和把握道德规范的压力，给予规范压力以充分的理解和支持。由此可见，规范压力能够诱引活动主体性的萌动，而活动主体性也有利于规范压力发挥作用，这是相互交错、相互配合、相互促进的一个过程。

行为的外显性。作为人类自我发展、自我完善的一种精神需要，道德规范着眼于主体心灵的德性积淀，力争实现主观世界的改造。其改造的成果不仅需要主体的行为去取得，还需要主体的实践活动去验证，所以实践精神性的本质规定，使道德规范在指向主体的愿望、理想和信念的同时，又获得了行动智慧、生活智慧的价值意义，成为人们生活方式的重要组成部分。而对于道德服从来说，道德规范的实践倾向意味着它不能将精神目标和意识活动的形式内藏于心，而必须从主体的知情意过渡到言行举止，从主体对道德规范的热忱向往转化为主体对道德规范的自觉遵循，从而作为一种行为模式、生活习惯昭显于世，这就是道德服从行为的外显性。

道德服从行为的外显首先表现出限制性的特点。主体在道德服从活动中所展示的是限制性行为。很显然，限制并不是道德服从活动的专利。主体参与各种道德活动，积极地发挥能动性时，不管"个人在主观上怎样超脱各种关系，他在社会意义上总是这些关系的产物"[①]，他绝对不可能，也的确不曾有脱离客观必然性和现实社会关系的种种制约，一切道德活动都将与限制结缘。但是，道德服从内含的限制性显得尤为突出。因为这种活动的根本目的就是要求人们的日常生活和社会交往始终定位在规范所设定的范围之内，不容许丝毫的僭越。这种活动的基本实现过程就是主体在观念认同、情感体验、意志抉择的基础上，自觉自愿地约束自己的欲望和冲动，不折不扣地遵守道德规范的要求。离开了道德的规范制约，离开了主体的自我约束，道德服从就无从说起。这种以适应社会普遍要求的基本行为方向、行为方式和行为习惯为己任的限制性活动，显然有别于道德追求、道德修养等一些具有创造性的道德活动。在后者那里，主体不以循规蹈矩为根本目，也不仅仅以有道必循、悖德必究为活动信条，而是致力于把经验性的行为习惯提升为超验的、趋向于理想的目的性活动，把现实中的"我"升华为理想中的"我"。它们基于道德服从，又创造了比道德服从更大的价值意义。

从某种意义上说，限制性行为表明主体的一部分欲望被克制、一部分权利被让渡、一部分利益被放弃，因此在道德服从活动中，主体或多或少、或强或弱的有一种行为自由被剥夺了的感觉。其实，现实生活中从来不会因为限制性的客观存在而抹杀人的自觉自愿、自主自律，也从来不会因为主体性的不断增强而出现随心所欲、恣意妄为的绝对自由。当保持意志自由的时候，主体可以不以物喜、不以己悲，形成比较明确的生活目的和长远的价值目标，但他的欲望、需要和利益必须经过道德善恶法则的筛选和裁决。当保持行为自由的时候，主体可以根据自己的意愿和处境，独立地选择自己的行为方式、生活模式，但言行必须任何时候都要符合社会公认的准则，如此方能被社会或他人所认可。"自由并不意味着摆脱一切

---

① 《马克思恩格斯全集》第 23 卷，人民出版社，1972，第 12 页。

引导性原则。它意味着按照人的存在结构之规律而生长的自由(自律的限制)。它意味着服从支配最理想的人的发展的规律。"[1] 只有主体脚踏实地循迹于道德规范预制的科学轨道,他所投身的和谐有序的社会才能够真正为他提供自由发展的广阔空间,离开道德服从,追求无限制的绝对自由,简直枉然。

道德服从行为的外显还表现出超越性的特点。主体除了通过限制性行为表达自由的伦理要求之外,其道德服从活动还呈现出鲜明的内在超越性。这种内在超越性一方面体现为主体对于道德义务的践履。道德义务是社会对个体行为提出的要求,是主体在努力促使自己的行为方向、行为方式和行为习惯顺应道德规范时,对他人和社会所应该承担的职责、使命。正如道德规范不只具有规范性的品格,而且具有理想引导性品格一样,社会向个体提出的要求,主体所肩负的职责、使命和任务,既立足于现实,又高于现实,既代表个体正当利益,又代表社会普遍意志。因此作为道德服从的一项重要内容,履行道德义务就不再是循规蹈矩那么简单,它要求主体排除私心杂念,拒绝急功近利,勇于承担道德义务,即使需要以必要的自我牺牲,甚至是牺牲生命为代价换取对道德规范的坚决服从,主体也能够毫不犹豫地履行道德义务。这就是主体在道德服从过程中对于自我超越的一种诠释。内在超越性的另一方面体现为主体对于旧道德规范的冲破。一切道德规范归根结底都是当时社会经济状况的产物,社会经济状况的发展和变化决定了现实的道德体系既有与它相适应的成分,又有与它不相适应的、落伍的甚至是反动的成分,即旧道德规范。旧道德规范约束着个人的主动性和创造性,也阻碍着社会的进步。因此,现实的道德体系固然有着必须坚决遵循的稳固地位,行为主体虽然必须树立牢固的道德服从意识,但是任何道德规范都不可能成为人类静止不变的永恒真理,主体的道德服从也绝对不是毫无选择、毫无规定的服从。面对旧的道德规范,人们有必要冲破它的罗网,重新确立与社会经济状况相适应的新道德规范。这个冲破旧道德规范之罗网的过程,表面看起来与道德服从背道而驰,实际上是在拥护与社会历史发展进程步调一致的革命的、进步的道德规范,

---

[1] 万俊人:《现代西方伦理学史》(下),北京大学出版社,1992,第215页。

因而它是否定中的肯定、反叛中的服从。这就是主体在道德服从过程中对于社会意识表现形式有限性的超越。限制性和内在超越性是主体道德服从行为外显的两个不可分割的重要特征。唯其存在道德规范的限制和道德自我的约束,主体才能够持守基本的生活方式,维系正常的生活秩序和社会秩序,从而保证社会的良性运行。唯其具有内在超越品格,主体才能够不满足现有的生存环境,立足于更高的生活境界和道德境界,从而充分发挥人的本质力量并达到社会的圆满状态。生存与发展的辩证法在道德服从这里得到了一定的诠释和印证。

过程的持久性。道德服从的主体必须经历向内自觉体认道德规范、培养服从心理倾向的道德意识活动阶段和向外正确把握道德规范、做出相应服从行为的道德实践活动阶段。这两个阶段既不可能时断时续地进行,也不可能一次性完成。它们需要在互相转换、交互作用的发展链条中,促使主体始终严格地遵循道德规范,力争缩小现有与应有的差距,这就是道德服从过程的持久性。

从宏观上看,道德规范由他律向自律的不断转换是道德服从过程持久性的客观依据。作为人类精神活动的产物,道德规范无论以什么样的面貌出现在历史舞台,都是一个包括许多规则的系统。这些已经普遍化、客观化和社会化了的规则,通过对主体行为模式、交往方式的外部预制和对善恶评价意义的内在体验,约束着个人的偏私与冲动,稳定地维系着社会生活秩序。从这个角度来说,道德规范首先是作为一种特殊的社会控制手段而独立存在的。只要是处于一定社会关系中活动着的行为主体,都必然要受到道德规范的制约,因而必须把对道德规范的服从看作人的一种基本的生活态度和生活方式。但是,肯定道德服从是人的基本生活态度和生活方式并不表示主体的受范将从一而终。历史不仅仅无数次地演示了没落道德文化被时代精英们无情摧毁的下场,而且道德规范自身演变发展的历程有力地证明了道德规范只有不断实现从他律阶段向自律阶段的形式转换,不断实现从异己力量到人格力量的角色转变,道德的生命力才能长久保持,主体的服从过程才能连续不断。今天,随着生活水平的提高和道德自我意识的增强,行为主体已经能够比较理性地看待各种道德规范。其中远古图腾的魅力主要在于它是古老的、神秘的、独特的道德文化现象,人们将欣赏、研究的目光投射于它时,再也不可能像他们的祖先那样顶礼膜拜。禁忌、风俗、礼仪尽管并未成为历史的陈迹,在日常生活中可以寻觅到它们的踪影,甚至在某些地方还很盛行,但由于主要依靠单纯的约束和禁止,许多内容已经与时代进步观念格格不入,因此寄希望于人们仍然"在感情、思想和行动上始终是无条件服从"①简直就是徒劳,否则现实生活中也不会有那么多移风易俗、标新立异的道德改革者和道德叛逆者。只有义务、责任这些道德规范,巧妙地将客观的道德要求和主体的内在尺度融合在一起,一步步地向人的内心深处自然渗透,提炼成具有深刻人格意味的理性形式,培养起主体的道德责任感、道德义务感和社会使命感,主体才会满心愉悦地接受它们。因为对于主体来说,承担责任、履行义务,实际上就是服从理性,服从自己,服从他们自己发出的命令,服从他们自身最好的那一部分发出的命令,服从他们的人性中神圣的那一部分发出的命令。②这样,道德服从就会从基本的生活态度和生活方式发展成为主体始终坚持的生活态度和生活方式。

从微观上看,行为主体的心悦诚服是道德服从过程持久性的可靠保证。所谓心悦诚服,是指主体不仅有遵循规范、承担责任、履行义务、弃恶从善的行为表现,还从道德自我的认知、情感、意志诸方面对善的应当规定坚信不疑。也就是说,道德服从必须是主体在自觉道德意识支配下的正确抉择。这种自觉的道德意识具体包括了主体对道德规范客观必然性的观念把握、主体对道德规范善恶价值性的情感体验和主体对道德规范实践精神性的意志觉醒。道德服从尤其需要这些环节的积极参与,来帮助主体实现道德规范的内化,营造一种诚心诚意的心理氛围,这是因为:道德是人对自我人性感悟和要求的自觉自愿的规范,唯有对一定道德规范的自觉关怀和深刻理解,主体才可能在道德实践活动中培养自愿的品格,产生遵守规范的热情,他这时的服从行为才称得上真正意义上的道德服从。也正是由于他的行为抉择是道德意识积淀之后的诚心诚意、自觉自愿,与无知、被迫和不由自主等消极心态无缘,因而他能够在道德规范倡扬的行为

---

① 《马克思恩格斯选集》第4卷,人民出版社,1995,第96页。
② 何怀宏:《良心论》,上海三联书店,1994,第248页。

轨道上坚持到底，使道德服从过程摆脱偶发性、变动性和短暂性而具有稳定性和持久性。主体在道德规范面前，既不会有无可奈何之感，也不会有勉为其难之举。当他以言行一致的良好形象出现于大庭广众之时，他的内心充满了对道德的无比尊重和敬仰之情，即使单身独处，没有任何外在的约束，他也依然严格地遵守道德规范，这种言行一致的人才是真正的道德君子。然而现实生活中，不乏口是心非的具有道德虚伪人格和道德双重人格的人。他们仅仅在口头上或公开场合表现出与道德规范的一致性，而在内心深处或背地里却不愿意接受道德规范的制约。他们中有些人做过许多好事，甚至有过感人至深的善行，但引导他们行善的不是自觉的道德意识，而只是一种自发的朴素感情，或世代相传的传统习惯和心理定式，或社会舆论的褒贬力量，或不可告人的功利目的。这种所谓的"道德服从"和有限的"善"即使曾经充满了道德活动的生机和活力，也必定因为缺乏合理的意志抉择和坚强的信念根基而难以持久，而且在一定条件下极容易走向善的反面。所以，善首先应被自觉地意识到，然后才可能被实践，道德服从是主体的心悦诚服，是一个从意识到行为都与道德规范保持高度一致的持久的过程。

道德服从的持久性也是区别于其他形式的社会服从的一个重要特征。过程的持久性一方面意味着主体在遵循道德规范时必须始终如一，既不半途而废，也不背道而驰，主体的坚定品格贯穿着他整个道德实践过程；另一方面意味着主体在遵循道德规范时必须表里如一，既不口是心非，又不阳奉阴违，主体的道德心理和道德行为都趋向于善。这使得道德服从与其他形式的社会服从行为有着严格的区别。譬如在对职权的服从过程中，尽管掌权人可以凭借职位带来的所有权资源，牢固地掌握物质利益的分配权，促使更多的追随者服从他的领导，但是掌权人由于个人品德、才能方面的不足而存在并非总能代表社会普遍意志的缺陷，一旦部属成员感觉到上级不正确的命令妨碍了自己正当需要的满足和合理利益的实现时，特别是在上级的要求与个人的道德观念相去甚远，个人不得不违背自己的良心去服从职权时，这种持久性就难以得到保障，所以仅仅依靠职权支配他人的效力范围是有限的。再来看看对法律规范的服从。尽管法律规范比其他类型的社会规范更能严格地制约人的行为，即更具有规范效力，但是由于它的威慑不以规范本身所包含的价值理想为依据而以国家强制力量为后盾,它的实施主要不依赖主体的自觉意识和道德良心而诉诸立法的严谨和执法的严肃,因而人们对于它的服从,往往基于对法律制裁的恐惧而不是对法律规范的主动认同和接受。这种不重视过程只重视结果的服从活动既容易导致主体产生口服心不服的心理倾向,也容易让人忽略表里不一的严重危害性。

二 道德服从何以可能

道德服从的发生需要具备一定的条件。其中,适度的道德规范压力是道德服从发生的客体性因素,个体正常的道德需求是道德服从发生的主体性保障,合理的道德控制手段则是道德服从发生的中介环节。

适度的道德规范压力。道德规范不是以设置精神压力、强迫主体就范为根本目的。否则,道德的理想之魂和人类的德性之光就不可能长盛不衰。但是,当主体还无法在意志自由中做到游刃有余,仍需要不断从道德他律阶段迈向道德自律阶段时,就必须有一定的外在压力与他们的任性和偏私相抗衡,以强化他们的道德服从心理,促使他们走正义之路,行道德之事,避免悖德行为的发生。尤其在那些道德意识浅薄、道德觉悟低下、道德良心缺乏的人面前,道德规范的外在压力无疑是他们弃恶从善的一针强心剂。所以,道德规范在社会生活中形成聚散有效、张弛有度的外在压力,是道德服从发生的前提。

道德规范的外在压力是道德规范的约束力和牵引力共同作用的结果。约束力是道德规范外在压力的生命中枢和强度支撑。所谓生命中枢,是指这种外在压力需要依靠规范本身特定行为方式和生活方式所内聚的社会制约力量提供直接保障。当道德试图从社会客观要求那里寻找生存空间,并且借助规范这一中介形式调节社会关系、支配个体行为时,它一方面已经摆脱了个体特殊要求的狭隘,以社会普遍力量的姿态出现在众人面前,另一方面通过在范围、方向、方式、程序等方面对主体道德行为的限制,使社会普遍力量的角色定位具有极其重要的约束属性和功能。任何主体既无法抗拒道德规范的约束力,也不可能完全游离于约束力之外,而只能顺应这种力量,听从规律的召唤,接受规范的制约,获得个人道德活动的相对自由。所以，约束力的内聚是道德规范对行为主体造成压力之势的必经之路。所谓强度支撑，是指道德规范外在压力的大小直接取决于约束力的强弱程度。道德规范的外在压力并不是一个永恒不变的常量，而是一个既可能由小变大、又可能由大变小的变量。一般而言，当道德规范的约束功能发挥得淋漓尽致，有足够的能力激发主体实现理性对个人意向和欲望的把握时，它所提供的行为方式和生活秩序才能够让主体心灵产生巨大的压力感，促使主体重视规范的存在和对它的服从。相反，如果道德规范表现得软弱无力，其约束机制由于不能转化为主体实践活动的客观参照标准，也不能内化为使命感、责任感进入人的主观世界，那么，对于道德规范的外在压力，主体是很难达到心理上的感应和观念上的认同的。可见，道德规范需要一定的约束力来支撑和扩张外在压力的"势力范围"。

牵引力是道德规范外在压力的方位指南和弹性提升。所谓方位指南，是指道德规范包含的理想道德成分规约着外在压力的运动轨迹。道德规范压力的作用点虽然集中于现实的道德关系和道德生活，将支配和指导主体现实的道德活动和道德实践作为功能发挥的契机，但是它的走势绝对不能到此为止，而必须沿着善的发展轨迹，把力的触角伸向人类理想的道德生活，将主体引向对道德价值目标的不懈追求。唯有如此，主体才能从道德规范的丰富内容里找到与人的本质相一致的能动性和创造性的需要。否则，面对道德规范的压力，人们只有年复一年、日复一日地简单重复某种行为模式，理性无须自治，意志无须自由，人格无须完善，道德规范便几乎成了一堆僵死的教条，主体哪里还谈得上用实践精神把握世界。所谓弹性提升，是指道德规范的理想道德成分可以缓冲外在压力。毫不讳言，单将纯粹的约束力作为强度支撑的外在压力，尽管让人感到不可抗拒，但是人类不能总是在舍弃与禁止、限制与约束之中寻找生活的意义。如果规范压力已经超越了主体的心理承受能力而使主体变得无所适从，特别是这种规范的真理性地位遭到普遍怀疑时，主体有可能走向外在压力期望值的反面——以不服从来对抗道德规范，于是历史上便有了对"尊卑贵贱、不逾行次"的主奴道德的彻底否定和对"三纲五常、三从四德"宗法伦理的无情背叛。而牵引力的加盟，由于通过倡导、激励的方式引导主体在有意识地约束自身不道德行为之余，充分调动自己的情感、理性、意志、理想和

第十六章　道德服从

信念，在限制中追求开放的活动空间，因而可以促使主体摆脱因恐惧或逃避惩罚而不得不服从道德规范的消极心态，形成一种对规范的尊重、敬仰的相容心理，这样就适当地缓解了规范外在压力的咄咄逼人之势，使外在压力达到一种既有强度，可以释放能量，又有弹性，足以作用到位的工作状态。"一切社会规范的共同之处在于它们具有定出规则的性质，它们决定着可允许行动的参数，规定着行动自由的界线，同时它们本身还蕴含着促使人们积极活动的巨大激发力量。"[1] 可以说，约束力和牵引力的并存和功能互补应该比较圆满地解决了道德规范外在压力的能量来源、主导趋势、作用状态等基本问题，从而为道德服从的发生营造了氛围。但是现实生活中仍然不乏离经叛道之人，他们或者我行我素，对社会道德规范置之不理，或者随心所欲，对社会道德规范嗤之以鼻，或者干脆背道而驰，公然社会道德规范为敌，这在落后的道德规范面前，是抗争中的超越，而在进步的道德规范面前，则表现为抗拒中的倒退。近年来我国道德生活中的倒退现象似乎有抬头之势，而这种正在从根本上危及中华民族之精神气质和文化素养的不良现象虽然主要是行为主体人格扭曲、道德自我意识缺失所造成的恶果，但它从另一个侧面反映出目前社会道德规范的普遍弱化。"压力是生活的刺激……压力使我们振作，使我们生存"[2]，道德规范形成了一种聚散有效、张弛有度的外在压力，对于消除这种不良现象，对于倡导善行，遏制恶习，巩固规范的权威，培养服从的品格，具有极其重要的现实意义。

聚散有效是道德规范外在压力作用范围的适用原则，其中"效"的评价尺度是社会和个体双向需要的利益调节。道德规范尽管不涉及人的所有行为，但道德的影响无处不在，规范的压力无时不有。凡是涉及现实利益关系，特别是涉及个人对社会整体利益和他人利益态度的关系和活动，道德规范都将积极参与调节。因此，道德规范的外在压力无论是集中于某一层面或某一领域，还是向外扩散成辐射状，都必须将社会和个体双向需要

---

[1] 〔苏〕阿尔汉格尔斯基：《马克思主义伦理学》，郑裕人等译，中国人民大学出版社，1989，第115页。
[2] 〔美〕克特·W. 巴克：《社会心理学》，南开大学社会学系译，南开大学出版社，1984，第467页。

的利益调节作为功能实现的评价尺度。否则，在主体身上既不能做利益实现和利益认同之间障碍的消除之功，又不能形成个人利益和社会整体利益之间冲突的化解之势，那么规范压力则是软弱无力、虚设无效的。

张弛有度是道德规范外在压力作用状态的适用原则，其中"度"的衡量标准表现为社会成员普遍的心理承受能力。道德规范的外在压力只有在一定限度内才能发挥功效。压力过紧过松、过强过弱，要么诱发主体的反叛性格，增强主体的对抗情绪，要么催生主体的轻视心理，使其持有无所谓的态度，这显然都对道德服从不利。只有当道德规范的外在压力与社会成员的普遍心理承受能力保持相对平衡的状态，两力之间不至于发生碰撞和冲突，主体才有可能适应规范压力的情境，形成道德服从心理。在聚散有效、张弛有度的原则指导下，道德规范的建立和运作应该做到以下几点。第一，以约束不道德行为为目的的基本行为原则和基本生活方式，不仅不要讳言它们给出的"应该"与"不应该"之类的普遍劝导，还要更加慎重、果敢地表达限制和禁止要求、义务和职责范围，任何迂回曲折、模棱两可、轻描淡写的态度和说法都不可取，从而在形式上和内容上加大约束力度以确保对规范压力的强度支撑。同时，这些基本行为原则和基本生活方式也要不遗余力地向主体展示各种道德人格，通过善行与恶果的正面交锋和分析比较，触动主体的精神世界，使其产生感情共鸣以强化对规范压力的心理承受能力。第二，以追求终极价值为目标的理想道德要求应该深深地扎根于现实道德生活的土壤之中，立足于人类精神构造的实际，着眼于道德实践的逻辑推演和人性要求的必然发展，任何乌托邦式的神秘描述都必须摒弃。它要为主体提供一个相对宽松、可以自由喘息的道德空间。在这个道德空间里，面对道德理想的召唤，主体可以将其化作信念，可以循序渐进，即使在遵循现实的道德要求的基础上仍然无法达到理想的道德境界也无可厚非。因此，道德理想在缓和规范的外在压力猛烈冲击之际，试图将道德规范的外在压力转化为主体积极活动的动力，引导主体成功地适应压力情境。

合理的道德控制手段。道德规范的主要功能是提供一整套道德行为模式及评价尺度，用来指导和约束主体的道德生活，从而维护现有的社会生活秩序。没有这些规范，主体不知道如何克服本能的劣根性，按照人的存在结构之规律而生活。但是有了这些规范,并不意味着主体就能够自觉自愿地克服本能的劣根性而理性地生活。社会要让道德规范深入人心,培养人们的道德服从品格,加速个体的道德社会化进程,就必然依靠一些途径和手段。这些途径和手段就是道德控制。

就道德服从的发生而言,其依靠的主要道德控制手段有以下几种。第一,正确的道德导向。道德导向是社会或集团对行为主体的道德价值认识活动和道德实践活动的方向性指导。它因表达了社会统治阶级及其政党的意志而具有权威性,因确立了社会普遍追求的道德价值目标而具有一元性,因指向高于现实的善而具有理想性。正确的道德导向主要是通过强化外部的道德规范压力,提供内在的道德信念支持,来促进道德服从的发生。权威性地位的确立使道德导向拥有强大的实施主体——政府机关和社会组织,开放的运行方式——公开强调、维护社会道德规范,以及多样化的引导手段——如政治的、法律的、舆论的等。当主体耳濡目染来自权力部门的经常性的、权威性的宣传,置身于一个道德价值观念明朗、善恶取舍明确的社会时,他肯定会在无形中感受到社会道德规范带来的压力。尤其当这种已经向整个社会辐射、向各个阶层渗透的道德规范总是得到一定的社会组织、行政组织支持的时候,主体的压力反应就不仅仅是"无法逃避"那么简单了,他必然在行动路线的选择过程中,努力寻求适应和缓解压力的最佳方式,包括以服从的方式体现他对道德规范的亲和。这样,依靠权力部门的权威性宣传,道德导向能够促进社会道德规范压力作用范围的扩大和作用效果的强化。与此同时,尽管主体的价值认识、价值取向不因适应压力的过程而遭到遏制,相反,还因各自不同的生活现实而呈现多元化,但是道德导向既不能就此放弃对主体进行积极的价值引导的责任与义务,而使之陷入无序状态,也不能就此否定主体对于实际利益关系的关注和把握,而使之走向专制强暴。道德导向所凭借的道德价值体系只有"真实地揭示了人的存在意义及实现方向,揭示了社会成员个人之间、个人与社会之间以及人类与自然之间的谐和关系"[①],揭示了统一意志的价值

[①] 高兆明:《社会变革中的伦理秩序——当代中国伦理剖视》,中国矿业大学出版社,1994,第 285~286 页。

导向和生动活泼的价值取向之间的辩证关系，主体才能基于共同的利益需要和情感体验接受这种道德导向，实现道德情操、道德信念的自我改造和自我提高。所以，一元性和理想性的本质特点不仅确保了道德导向与社会道德规范在内容上的同质性，还提供了具有普遍可接受性的价值体系以指导人们的生活方式及其发展方向，从而确保主体对社会道德规范的信赖和服从。

第二，健康的道德传播。道德传播是通过符号系统，表达一定的价值观念，使受播者受到感染并影响其行为价值取向的过程。与权力部门有目的、有组织、有规模地进行权威性宣传的道德导向明显不同的是，道德传播既不以表达价值观念为主要内容，也不以施加道德影响为直接目的，它只是隐蔽的、无结构的、非制度化的关于价值观念的评定、沟通活动，但这丝毫不影响道德传播在个体道德行为发生过程中的重要地位和作用。道德传播可以充分利用多元化的传播途径和沟通渠道、丰富的传播符号和表现内容、复杂的人际关系和社会互动方式等内在因素和客观条件，传递一些道德价值信息，唤起主体对它或强或弱的反应，刺激主体的认识活动和情感体验，从而调动主体处理价值信息的积极性。而对价值信息进行处理的过程，既是主体吐故纳新，在价值认识、价值取向上分化、组合的过程，又是主体潜移默化，在道德行为、道德实践中选择和模仿的过程。可见，道德传播实质上是在无形中达到有形，在无为中达到有为。道德传播可以作用于个体道德行为，但是以感染力面貌出现的道德传播与作为污染源存在的道德传播的作用效果肯定不同，前者可能诱发道德服从，后者则可能引发悖德行为。因此，道德传播要实现对主体价值观念和道德行为的积极引导，提升主体行为的道德价值，就必须在媒介的审度上坚持三个基本原则。这三个基本原则就是信息准确的原则——道德传播的价值信息应该与社会倡导的道德规范、价值观念相契合，内容健康的原则——媒介展现的所有内容应该与高尚的道德情操、高雅的审美情趣相符合，形式适宜的原则——媒介借助的各种形式应该与社会成员的普遍意愿和品位相吻合。

第三，公正的道德奖惩。道德奖惩是社会组织根据一定的道德价值标准，对社会成员履行道德义务的不同表现所施行的社会性报偿，包括褒奖善行和惩罚恶行两个方面。道德奖惩能够深刻影响道德服从发生所必需的外在环境因素和主体心理结构。就外在环境而言,道德奖惩是依靠强大的社会组织和社会舆论的力量,对社会成员做出的或赏或罚的规定、裁判,这实际上是社会在肯定什么和否定什么、提倡什么和舍弃什么、赞许什么和反对什么。这种态度鲜明、指向严格、实施得力的赏罚和奖惩必然在全社会形成一种强烈的弃恶扬善的道德风气,营造一种浓厚的道德氛围,这显然于人们掌握善恶是非标准、决定行为取向有利。就主体心理而言,作为社会利益的特殊分配形式,道德奖惩直接诉诸功过、荣辱、得失等与个人正当利益息息相关的内容。面对这些涉及自身利益的内容,主体内心世界不可能不引起重视。这个重视过程的心理运行机制有两种方式:一种方式是由人及己,即主体根据社会对他人行为社会意义的评价,认真检查自己的生活态度和生活方式,从而继续坚持或改变个人的道德价值取向;另一种方式是由果查因,即主体根据社会对自我行为意义的评价,深刻思考自己对社会应有的价值态度,从而继续坚持或改变个人行为的道德价值取向。这样,在道德奖惩的基础上,主体受社会风气和道德氛围的影响,经历价值取向的横向对比和纵深反省,对道德规范的服从立场将会越来越坚定。当然,道德奖惩要真正发挥褒善贬恶的作用,推动道德服从的有效发生,还应该具备三个条件,即奖惩标准的正确、奖惩手段的正当和奖惩对象的重视。

第四,科学的道德教育。道德教育是一定社会或阶级有目的、有计划、有组织地对行为主体施加系统道德影响的活动。它作为个体道德社会化的重要途径,致力于将一定的道德规范和原则具体落实在行为主体知、情、意、行等道德意识成果和道德实践成果的精心培育上,具有普及面广、时间性长、影响力大等特点。

道德教育在道德服从过程中的作用,集中体现为对行为主体内在品德的长期培养。品德是个体道德行为所表现出来的稳定的心理特征和倾向,品德的高低直接昭示并推动着主体遵守道德规范或违背道德规范的基本行为事实。品德愈高,行为愈能遵守道德;品德愈低,行为愈不能遵守道德。道德教育旨在把价值准则灌输进主体的内心,从而转化为个人内在的品德,达到主体遵守道德规范、养成道德习惯、履行道德义务的目的。它既要保证主体的品德在量上的积累，敦促其稳定的心理特征和倾向的形成，又要注重主体的品德在质上的提高，推进道德规范在个人行为中实现得多、转化得多。品德质与量的同步发展使道德教育与影响道德服从的其他道德控制手段相比，内容更加广泛，形式更加多样，作用更加细致。它不仅仅要实现正确的价值观念从理论形态向主体道德自我意识的转化，还要培养主体正确的人生观、世界观，包含了全部做人道理的内容诠释和意义阐述。它不单单通过语言、文字与声音介绍一定的道德价值信息，还借助表情、风度与举止传递某种道德要求和道德品质，是教育者与受教育者之间的知识传递、情绪感染和思想交流。它也通过奖善惩恶来塑造人和改造人，但更多的是运用榜样、典型的道德力量来真诚地诠释"人只能用人来建树"的深刻道理。这样，道德教育既弥补了道德导向的权威作用不能细致入微的缺憾，又克服了道德传播中暗示途径无法实现人人到位的不足，同时还避免了道德奖惩有可能功利化的倾向。在个体道德自律意识的培养过程中，道德教育始终扮演着最重要的角色。

正常的个体道德需求，道德所产生的外在压力，在一定限度内能够促使主体选择规范提供的认知内容和评价尺度作为思想、行动的参照标准，但是对规范压力的认可水平和接受程度却因人而异，主体不可能不由自主地完全听命于道德规范的召唤。道德控制手段的作用发挥也类似于此，它能够缩短规范与主体之间的距离，但是道德控制的实际效果与社会施加的道德影响不呈正比例关系。在一定历史时期，道德控制手段极其严厉的社会中却连续出现违规悖德行为。行为主体之所以做出与道德规范的要求相一致的行为，表现出服从的倾向，除了这些客观因素和中介环节之外，还受人格因素的影响——主体有一种与道德规范的要求相容的道德心理，这就是正常的个体道德需求。

从道德服从的角度来看，所谓正常的个体道德需求是指主体基于人的生存和发展意义而对道德规范产生的渴望和欲求。这种渴望和欲求以主体的利益追求为基础，体现了主体合群的需要和向善的人性努力。

利益是社会道德规范和个体道德需求产生的共同基础。一方面，当社会表现为由个体与个体相互依赖、相互依存而结成的生命有机体时，稳定有序的整体要求促使社会还必须成为一个对个体提出种种限制的组织结构。只有这样,个体由于非人性冲动而做出的越轨行为才能被遏制,个体与个体之间的矛盾与冲突才能被解决,社会正常秩序才能够得到保障。于是"在社会发展某个很早的阶段,产生了这样一种需要:把每天重复着的产品生产、分配和交换用一个共同规则约束起来,借以使个人服从生产和交换的共同条件"①,道德规范便应运而生。而一旦道德以"共同规则"的形式步入人类社会,意味着任何个体行为都隐含着纳入一定社会秩序结构、共同维护社会稳定的内在必然性,这就是道德服从产生的社会整体利益动因。另一方面,道德规范所体现的社会整体利益内容不可能单枪匹马地诱发主体的道德需求。因为对于每一个具体的、现实的主体来说,他总是首先从个人利益关系反映的实际生活状况出发,去感受社会整体利益的存在,进而决定自己的行为与道德规范的吻合程度。只有当主体获得的实际利益,在逻辑性上和现实性上同社会整体利益保持一致,主体有机会从社会整体利益中找到满足个人利益的形式与内容时,他才会把关心的目光投向社会与个人利益关系所决定的道德规范,才有可能结束被动接受道德规范的生活方式而由衷地产生服从规范的道德需求。所以,真正的道德服从活动并非主体为取悦社会而压抑自身欲望做出的无可奈何的选择,而是在对社会整体利益的认同与个人利益的实现之间的关系进行了认真梳理之后的行为必然。

除了利益动因直接决定个体的道德需求,主体对实际利益关系的理性思虑成果——合群需要和向善愿望的人性努力,同样深刻影响了其价值追求和行为选择。

人类的合群需要是从动物的合群性本能进化而来的,但是需要的习得性和本能的先天性绝对不能相提并论。最初在原始人那里,他们"为了在发展过程中脱离动物状态,实现自然界中的最伟大的进步"②,不得不"以群的联合力量和集体行动来弥补个体自卫能力的不足"③,合群就成为个体保持独立生存的地位、与自然力相抗衡的特殊需要。而对于维系"群"之存在有着重要意义的道德规范的服从,同时也成为原始人合群需要的内容

---

① 《马克思恩格斯选集》第3卷,人民出版社,1995,第211页。
② 《马克思恩格斯选集》第4卷,人民出版社,1995,第30页。
③ 《马克思恩格斯选集》第4卷,人民出版社,1995,第30~31页。

延伸。尽管意识的发展使人类社会与动物世界早已有天壤之别,每个人都有充分的自由选择自己的生活方式,但是个体与社会之间永恒的依赖关系仍然在昭示着一个铁一般的事实:个体如果游离于道德规范之外,其行为将为社会所不容,自身将会被社会所排斥,而被排斥于社会的个体连简单的生命存在都难以维系,更不用说什么自由全面地发展了。可见,主体的合群需要以及由这种需要向前延伸而萌发对道德规范的情感依赖,依然是道德服从活动产生的人性依托。如果说合群需要更多的是从生存意义角度追寻主体服从道德规范的需求所在,那么向善的愿望则主要立足于人类未来的发展方向对主体的道德服从活动给予合理的解释。当人类已经拥有一定能力同自然界相抗衡,物质文明与精神文明并驾齐驱的进步需要促使人类不再满足于维持生命而希望能够凭借一定的方式改造主观世界,进而达到对客观世界的精神占有的时候,对真善美的价值追求,自然就成了人类追求的永恒目标。而在对"什么是善的"和"什么是恶的"这两个看似简单的问题进行拷问的过程中,正确答案的获得既体现了人类认识不断发展的理性能力——逐渐总结出一整套具有持久生命力的伦理科学体系,以指导个体的道德实践,这是通过人类认知水平的提高而实现的道德文明进步,同时又反映了个体内心世界不断成熟的向善愿望——从善与恶的针锋相对中被善的永恒魅力所感染,从情感、理性和意志诸方面向着善的方向努力,这是通过个体思想觉悟的提高而实现的人性进步。由于向善愿望更多地要求人性的自觉,显然要比合群需要的情感倾向更富有理性和意志的成分,因而也更容易拉近主体与道德的距离,使主体的道德需要和道德行为具有十分明确的指向性。不难发现,主体基于利益动因和人性努力的正常道德需求除了产生对道德规范的情感依赖和理想寄托之外,还容易产生对行为越轨的道德焦虑。情感依赖、理想寄托与道德焦虑实际上是从需求满足和需求挫折两个相反的角度来作用于道德服从的发生。道德焦虑不是天生的自然情感,它或者源于主体对道德规范的理性自觉,或者源于主体对道德过失的经验总结,是主体在长期的道德社会化过程中逐渐累积起来的。主体对行为越轨的道德焦虑,集中表现为道德上的有罪感,即违反规范的悖德行为所带来的良心不安和痛苦,这种良心不安和痛苦意味着正常个体道德需求的挫折。对于一个有着正常感受能力的主体来说,道德焦虑感的存在使他在行善之后的功德圆满状态和作恶之后的千夫所指境遇面前,肯定选择前者所带来的精神愉悦,因为良心不安与痛苦、遭人指责和排斥总是一种损失。从这个意义上说,一个人的道德服从缓解了他的道德焦虑。

道德服从产生的利益动因和所必需的人性努力,说明了主体的正常道德需求具有鲜明的个人功利色彩和强烈的超功利性。无论是原始人因惧怕遭受灭顶之灾而对禁忌、戒律等道德规范顶礼膜拜,还是现代人在对和平生活环境的期待中给予责任、义务等道德规范的重视,都证明了:如果不全面认识道德的价值意义,仅仅依靠人的理性自觉就想对这本身具有约束属性的规范产生天然的心理欲求,既不合逻辑,也不现实。道德规范正是由于它直接给人的损害远远小于它间接给人的利益,以及它为保护某些相对重要的利益而不得不限制另一些利益,人们才能基于价值共识给予它关注,这种关注显然是道德服从活动突出的心理倾向。但同时应该看到,主体道德需求的个人功利色彩不应该让道德服从陷入一己私利的地步。如果主体仅为了一己私利迫不得已以服从道德规范为手段,做出循善向善的圆滑举动,那么不仅不能判断他的所谓正常需求具有真正的道德价值意义,而且他的所谓服从行为肯定不会长久。他的迫不得已在不断膨胀的私欲面前,在激烈的利益冲突面前,迟早都会转向对道德规范的背叛。所以,主体在获得道德规范给予的功利价值的同时,要注重对道德服从需求超功利特质的发现和培养。这种超功利特质就是主体在道德服从中,通过利他行为感受到的精神满足,它最初在合群需要中通过个人与社会之间关系的辩证得到萌芽,尔后在向善愿望那里通过主体理性和意志的积淀得到充实,最终将伴随着主体灵与肉、理性与欲望不断抗争的道德实践活动得到印证。道德需求超功利性的存在,无疑使主体的道德服从品格更加稳定和持久。

由此可见,道德规范要成为人们自觉行动的准则,其本身所带来的压力固然重要,其发挥作用所依靠的控制手段固然必要,但若没有人格因素的积极参与,一切都将是空谈。社会的道德规范与个体的道德需求之间总是存在一种双向作用的密切关系。一方面,道德规范始终承担着满足个体生存和发展需要的责任。道德规范并不否定个体的正常需求,它只是规定了一定社会中满足个体需求的方式。另一方面，个体的道德需求和规范认同又发挥着维护道德规范的功能，社会依靠个体的服从行为巩固了道德规范应有的地位。总之，道德规范以理解和关怀的方式满足了个体的正常需求，个体又以服从的行为方式回应了道德规范，从这个角度看，道德服从实质上是社会道德规范与个体道德需求达成的默契。

三 道德服从的功能及其量度

道德服从的活动特征和发生条件充分说明：主体之所以采取与道德规范相一致的行为，既不仅仅由强制性的力量或措施所决定，也不能简单归结为主体人性和利益的要求，而是深刻包含着社会与个人共同指向的需要，包含着客观必然性和主观能动性共同作用的结果。与此相对应，道德服从只有实现从社会道德规范到个体道德心理再到个体道德实践的功能定位，才能够准确体现它在改善社会道德面貌、参与个体道德生活中所发挥的作用。

从宏观层面来看，道德服从是社会道德规范向个体道德内化的契机。道德规范自身严格的社会伦理本位中关于普遍利益关系的格局设计反映了道德规范所具有的整体价值基准以及对完善人类共同生活秩序的执着，从这个意义上可以说，道德规范没有确定的个人针对性，"没有固定的所属关系，带有无个性的特质"[1]。"然而道德规范的无个性，并不能证明它们是无主体的"[2]，相反，道德规范总是尽可能多地直面现实主体的独立人格和尊严，以此确立自己的价值地位。如果既缺乏主体的内心认同，又没有积极的身体力行，即使道德规范所设计的生活方式尽善尽美，所呈现的理想境界美妙绝伦，也只能如镜中花、水中月一般虚无缥缈。社会道德规范的内化，是指个体在社会实践中，通过对社会道德规范的不断学习和亲身感悟，自觉将其转化为内在行为准则和价值目标，形成相应的品德的过

---

[1] 〔苏〕阿尔汉格尔斯基：《马克思主义伦理学》，郑裕人等译，中国人民大学出版社，1989，第117页。

[2] 〔苏〕阿尔汉格尔斯基：《马克思主义伦理学》，郑裕人等译，中国人民大学出版社，1989，第117页。

程。很显然，社会道德规范首先要求的是个人服从，主体进入道德生活所面临的首要问题也是"我为什么要遵循道德规范"和"我怎样遵循道德规范"，因此社会道德规范的内化必然是从主体产生道德服从的心理开始的，这就是在道德服从过程中创造的社会道德规范向个体道德内化的契机。社会道德规范的内化所表现出来的道德心理的微妙变化及其成果在道德服从那里，是主体知情意心理活动的集中反映。也就是说，道德认识、道德情感和道德意志既作为道德意识活动的结构要素构成道德服从的内部机制，又作为道德意识活动的理性成果积淀为主体的道德品质。譬如，主体依据他对社会道德规范的真理性认识和价值性把握，决定其服从的行为倾向。其间善恶标准的确立、是非观念的获得无疑有助于培养道德品质所必需的价值观、道德观和人生观。尤其是随着道德知识的积累而不断充实的理性成分能够帮助主体正确认识自我，努力克服偏离道德规范的非人性冲动。这样，主体在对人和对己都经历了道德认识之后，为社会道德规范的内化奠定了坚实的基础。又如，主体在道德服从活动中的情感体验包含责任感、义务感、荣誉感、羞耻感等内容。这些内容尽管最初因为具有一定的随机性而使主体无法完全有效地参与道德心理活动的调节和控制，但是它们对社会客观必然性的体验将伴随主体认识过程的深入和服从行为的反复执行，逐渐从不稳定到稳定、从微弱到强烈，形成个体道德中极其重要的情感世界。再如，主体要实现道德认知成果、道德情感体验的实际转化，不但需要道德意志的力量刺激他做出服从规范的承诺，还需要通过道德意志的力量，一次次地化解理性与欲望之间的矛盾，确保主体在道德服从中特有的坚毅品格，确保服从承诺的兑现。主体正是从道德意志这种运作方式中一点点地累积意志品质的力量，逐步获得与社会道德规范要求相一致的人格素质。由此看来，社会道德规范的内化，可以从主体的道德服从活动中略见一斑，或者说，道德服从的知情意过程，体现了道德内化的最初成果。

从微观层面上看，道德服从是个体道德活动的起点。英国直觉主义伦理学派集大成者——威廉·大卫·罗斯在分析人们关于道德问题的日常意见时，认为"一方面，有一类包含着与义务、正当和错误、道德法则或法律、各种命令观念紧密相连的意见。另一方面，有许多包含善的、被追求的目的的观念中的意见"。罗斯把这两种意见视为人类关于道德观念的基本类型,前者称为"希伯来式的观念",后者称为"希腊式的观念"。也就是说,在罗斯看来,人类的道德意见代表着他们的人生行为观念,它们可以基本划分为两种类型:一种是服从型的,即对法律或道德法规的服从,如同希伯来人对神的法则(如"摩西十诫")的服从一样;另一种则是追求型的,即以对目的的追求和实现为道德善的观念,古希腊的道德观就是这种道德意见的代表。① 值得肯定的是,罗斯关于道德意见或人生行为观念基本类型的划分基本上适应了人类道德活动由低级向高级的发展历程,也是对现实主体道德心理和道德实践的进步过程较为中肯的评价。

如前所述,无论我们试图从多大程度上摆脱受道德制约的局面,在多大范围内争取自由活动的空间,道德规范的约束属性总不会改变,同样不会改变的是道德规范对个体提出的服从要求,因为连服从的基本要求都提不出的话,道德规范又何需立足之地?连服从规范这一最基本的要求都满足不了,主体哪里还谈得上对善的渴望、道德境界的提高?毋庸置疑,道德服从是个体道德活动的起点。

道德服从是个体道德活动的起点,具体包括三层含义。第一层含义是指道德服从与其他道德活动相比而言,处于相对低级的阶段,罗斯关于人类道德意见基本类型的划分显然有这方面的意思流露。诚然,我们并不否认道德服从需要主体性因素的积极参与和密切配合,但在那些具有强烈的追求性质和创造性质的道德活动(如道德追求、道德修养)面前,道德服从所需要付出的人格努力,所经历的心理—行为过程以及所取得的活动成果都显得简单些,这在以服从为一切道德活动特征的原始人和儿童那里得到了明证。第二层含义是指道德服从在个体道德活动中处于基础性地位。已经具备独立人格的成熟主体尽管不再像其祖先和幼年时期那样对道德规范唯唯诺诺、俯首帖耳,但是,他涉足道德生活领域肯定是从道德服从开始的,而且只有在接受、认可、遵循一定社会道德规范的基础上,他才能够参与那些具有追求性质和创造性质的道德活动,若离开道德服从,其他道德活动就不可能实现。第三层含义是指道德服从创造了向道德活动高级

---

① 万俊人:《现代西方伦理学史》(上),北京大学出版社,1990,第326页。

阶段过渡的条件。道德服从对于道德活动由抽象到具体、由低级到高级的发展演变过程，具有十分重要的意义。其中，道德服从知情意的心理过程使主体获得了社会道德规范内化的初步成果，即一定范围内道德品质、道德行为倾向的积淀，为主体全面进入道德生活奠定了人格基础。而道德服从行为的反复执行则促使主体在不断调节内心愿望与规范要求的矛盾中，对道德规范的态度从知识立场逐渐演变为信念立场，从自我约束、自我控制逐步扩展到开拓进取，达到"对目的的追求和实现"的道德境界。

基于道德服从的功能定位，不难发现这种立足于主体内心世界和外显行为均与规范要求保持一致的道德活动，主要具有三个方面的功能。

第一，道德服从心理的产生和行为的执行有利于道德规范的正轨化。道德规范的正轨化是其作为一个文化系统自身秩序结构的要求。这种秩序结构既向外开放，是一整套可供指导、可资借鉴的具体行为规则和生活模式的逻辑展示，直接通过行为主体的道德活动得以巩固，同时它又向前延伸，是道德根据自身的发展规律不断充实和完善的客观需要，由规范体系各要素、各部分的变化提供保障。尽管社会道德规范在走上历史舞台之际，同当时占主导地位的道德规范相比，总是显得更进步、革命，但它不可能从一开始就得到绝大多数社会成员的支持，必然要经历一个从对抗落后道德规范的不稳定状态到取代落后道德规范的稳定状态的变化过程。一小部分社会成员对它的理性关注和理想寄托有助于它初步形成自己的社会地位，而且伴随着这部分社会成员服从心理的坚定和服从行为的执着以及进步规范自身有意义生活方式的呈现，其他成员也开始有意识地注视它、了解它。于是，逐渐增多的支持者和服从者便为进步道德规范的普遍流行及其主导地位的最终确立提供了充足的主体条件。在这之后，进步道德规范要完成自己的历史使命，就必须在其存续期间不遗余力地改善内容或存在方式，并经历一个不断成熟和发展的过程。在这个发展和完善的过程中，对于道德服从的主体范围、行为表现、作用状况等方面的事实分析，可以为道德规范自身寻求改革思路提供有益的启示。这样，道德规范内部生存要求和发展要求并举、人格因素和文化因素并存的秩序结构就在道德服从的基础上逐渐建立起来了。

第二，道德服从心理的产生和行为的执行有利于促进社会生活秩序的正常化。不言而喻，社会的良性运行有赖于正常的社会生活秩序，而正常的社会生活秩序又有赖于适宜的规范文化，这种连锁反应使规范文化成为人类社会必不可少的组成部分。但是，有规范文化的存在之因，不一定就有社会秩序正常化、社会良性运行之果。现实生活中，一定时期、一定范围、一定程度的激烈冲突和动荡不安仍然不可避免。除了规范文化因自身不足还不能完全实现对主体行为的有效调节之外，主体基于人性偏私的越轨行为也是一个极其重要的原因。越轨行为是对规范文化的反叛，从而也是对规范文化维系的正常的社会生活秩序的破坏。一般来说，人们的越轨行为越严重，持续的时间越长，社会生活秩序就越混乱。相反，人们越是倾向于遵守社会规范，社会生活秩序就越稳定。所以，服从规范对于社会生活秩序的正常化是具有积极意义的。而对于社会规范文化体系之子系统——道德规范的服从，同样也发挥着这方面的功能。更为重要的是，道德规范是一种向善的规范文化，不仅提供具体的行动准则，帮助主体理智地选择生活方式，而且提供强劲的信念支持，引导主体朝着理想价值目标前进。主体在约束自身破坏性冲动，维系现有社会生活秩序的同时，又致力于社会生活秩序之未来发展趋势的构想，因此，对现有秩序和应有秩序的全面关怀就构成了道德服从促进社会生活秩序正常化的完整内容。至于道德服从的反向——悖德行为，从总体上说造成了社会生活秩序的混乱，破坏了社会的良性运行，甚至是对整个人类信仰立场的威胁和动摇，其危害性恰如美国社会学家贝尔所言："反对遵从道德法规的态度使人陷入根本的'我向主义'，结果疏远了与社会的联系以及与他人的分享。这个社会的文化矛盾就是缺乏一个扎下根子的道德信仰体系，这是对这个社会生存的最深刻的挑战。"[1]

第三，道德服从心理的产生和行为的执行还有利于保障个体道德生活的正规化。道德规范作为人类的精神需要和追求目标，其存在意义与人的存在意义保持高度一致性，而且"道德这一维度必须与生活的维度结合在一起才成为完整的目的论理解方式"[2]。这表明，道德规范无论最初是以弱

---

[1] 〔美〕丹尼尔·贝尔：《后工业社会的来临》，高铦等译，商务印书馆，1984，第531页。
[2] 赵汀阳：《论可能生活》，生活·读书·新知三联书店，1994，第104页。

第十六章　道德服从

者的面貌登场，还是之后以强者的姿态现身，总是想方设法涉足现实主体的生活，从有意义的个人生活方式和人类生活目标那里证实自己的价值，任何人都无法摆脱道德规范而生活，任何在道德之外的生活根本不可能存在。道德与人之间这种千丝万缕的联系无疑使道德服从在个体道德生活中成为第一旨趣。从接触、感知道德规范开始，到形成正确的道德观和价值观，直至人性本质的合理流露，主体在道德规范所设计的一条虽充满艰辛但极富人格魅力的道路上努力探索着，主体的一言一行、一举一动都在试图朝着为特定社会关系所接纳、认可和倡扬的生活模式靠近，这就是道德服从中的个体行为塑模。在道德服从的基础上，社会对个体行为给予的肯定甚至褒奖又促使主体有比较放松的心情积极地参与丰富多彩的道德生活，充分展示自己的才华，主体从行为塑模的低级活动阶段上升到了道德追求的高级活动阶段。这样，通过保障个体道德生活的有序进行，道德服从既维护了个体行为定格的社会共性，又为个体行为特殊性的发展趋势创造了条件。如果主体处处与社会道德规范背道而驰，距离个体道德生活的正确轨道越来越远，不仅仅容易引发社会与个体、自我与他人之间的冲突和对立，潜在地积聚着妨碍社会稳定的破坏性因素，还会造成个体价值观念的扭曲、行为方式的变异，带来人格崩溃的危险。

中国近代著名学者和社会改良家梁启超先生曾在他的《服从释义》一文中，对服从的功能进行了论述。他说："无论其为国家，其为团体，苟有公定之法，则必神圣而拥护之，尊敬而遵守之，然后国家乃兴，团体乃固，""唯必人人尊奉其法，人人尊重其群，各割其私人一部分之自由，贡献于团体之中，以为全体自由之保障，然后团体之自由始张，然后个人之自由始固"。[①] 其寥寥数语，极尽个人服从与国家兴亡、个人服从与群体强弱、个人服从与自由有无之间的密切关系，实则精辟。今天，国将不国的危机早已成为历史，但道德服从功能在任何时候都不能减弱。特别是当我们处于由于物质生产和技术革命带来的实际利益增长而有可能出现人格价值客体化，由于各种文化思潮相互碰撞、相互抵牾而有可能造成道德观念紊乱这种物质文明的发展与精神文明的发展不甚协调的时期，强调对主导

---

① 王德峰：《国性与民德——梁启超文选》，上海远东出版社，1995，第96、92页。

道德规范的遵循，呼唤道德服从心理的产生和行为的执行，对于弥补精神空虚、解决思想疑难、淳化社会风尚，无疑意义重大。

道德服从并不是对任何道德规范无限制、无选择地服从，而是有一个标准，即必须服从那些顺应时代潮流、代表历史发展方向的道德规范，存在一个功能量度的问题。所以从现象表征来看，道德服从应该体现一种慎重的、规矩的德性，对反动、落伍的道德规范的追随绝不在其应有之列。但即使是在主体服从革命的、进步的道德规范，做出某种人人称道的善行背后，也不一定就是善念。主体行善既有可能基于尊重或信念，也有可能出于无知或功利心。在道德规范面前，不同的活动主体有着不同的行为表现和人格归属。

盲从、屈从——道德服从功能量度之虚假层面。道德服从功能量度之虚假层面是指行为主体处于善念与善行、主观认识与客观表现不一致的状态。主要有盲从和屈从两种类型。盲从就是不问是非、不辨真伪、不分善恶地消极顺应和盲目跟随。引起盲从这种心理定式和行为倾向的原因是行为主体对道德规范及其客观必然性的无知或知之甚微所造成的道德自我意识欠缺。显然，道德规范不可能自然而然地进驻人的心灵，善念的形成需要道德认识、道德情感和道德意志环环相扣、层层递进的道德意识活动过程。唯有经历对道德规范的文化意味、价值属性、规律底蕴的领悟，主体才可能正确理解规范的内在本质，并养成一定的道德自我意识。反之，主体如果既不能通过知识学习正确把握道德要求，又不能通过情感体验恰当表现合理的冲动，也不能通过意志品质审时度势、自我调控，而只是消极地听任某种异己力量的支配，照搬某种行为模式，那只会让自己丧失道德自我，落入盲从者的行列。所以，盲从者所谓的善行背后是无所谓善念的。盲从者的性格特征是毫无主见、麻木不仁、随波逐流。毫无主见是由于盲从者缺乏对道德的知识性了解和规律性认识，不谙道德是人对自我本性的自觉自愿的规范，没有明确的善恶观念和是非标准，也不具备独立分析、独立解决道德问题的能力。麻木不仁是由于盲从者缺乏对道德的强烈渴望，不知良心是因为没有履行义务而产生的相当强烈的痛苦感，没有道德义务感和社会责任心，也就没有自尊、自爱、自强、自立的要求。随波逐流是由于盲从者缺乏对道德的理智考察和慎重抉择,因而不懂"富贵不能淫,贫贱不能移,威武不能屈"的崇高精神境界,以致常常受制于人,容易被困难和挫折吓倒。

根据盲从者的性格特征,不难发现盲从者属于一种依附型道德人格,其人格实质是"试图通过把自己与他人捆绑在一起,而消除一个人的自我,逃避自由,并寻求安全"①。依附人格在中国封建社会的某些忠臣、孝子、义士、烈女那里体现得最为鲜明。面对封建宗法伦理的角色期待,他们几乎从未进行过反思,就不问是非、不辨真伪、不分善恶,直接将"三纲五常"照搬过来,虔诚供奉。其实,所谓的"忠""孝""义""烈"在这里都只不过以其贬抑自我、剥夺人性为代价,与其说是封建宗法伦理极力倡导的善行,倒不如说是封建宗法伦理自己种下的恶果。盲目遵从反动的、落伍的道德规范的危害性不言而喻。而对革命的、进步的道德规范的盲从,尽管减少了行恶的可能性,但依然于己于社会都不利。就盲从者而言,由于他总是追随者而不是追求者,总是消极入世而不是积极应世,因此他不能作为独立的价值主体得到社会的认可和尊重。他既不可能实现人全面自由地发展,也不可能通过有效的外化活动,创造一定的社会价值。而一个连价值主体的独立地位都难以确保,自我价值和社会价值都几乎无法实现的人,很难评价自己的生存意义。就社会而言,缺乏健康的生存意识、缺乏主体性的发挥,只将教条主义的、硬性的准则作为一种和人敌对而凌驾于人之上的异己力量,是不能保证生活的美满和幸福的,甚至意味着这个社会将陷入一潭死水。

屈从是指行为主体基于某种个人利益,迫不得已采取的与道德规范相一致的行为。从行为后果来看,对进步道德规范的屈从和盲从都有可能产生"善行",所不同的是,在"善行"的背后,盲从者基本上处于道德自我意识匮乏或缺失的状态,而屈从者尽管尚有一定的道德自我意识,但支配这种道德自我意识、决定其行善的则是他们复杂的利益动因。不过需要明确的是,这种利益动因并非主体基于对个人利益和社会整体利益之间一致性关系的清楚认识,而仅仅是主体内心一己偏私的狭隘需要,或者为了获得某些私利,如追权逐利、沽名钓誉,或者为了已有私利不被剥夺,如

---

① 〔美〕弗洛姆:《为自己的人》,孙依依译,生活·读书·新知三联书店,1988,第112页。

逃避惩罚、免遭制裁等。在屈从者看来，个人私欲的满足与服从道德规范有着十分密切的联系，至少在道德规范的荫庇下，屈从者不必有离群之忧，这正如著名史学家董家遵先生在剖析封建社会某些节妇烈女的行为时所阐述的那样，妇女之所以为道德而守节献身，是因为"社会对于贞节的妇女有相当的鼓励，政府对于贞节的妇女有相当的褒扬，大众对于贞节的妇女有相当的敬仰，如果妇女不能保持她的贞节，社会对于她们也有明显的处罚，如名誉的损失、身份的减轻、人格的降低，甚至使她们陷入不能生存的境地"[1]。当然，一己偏私不一定为非分之想，也不一定包藏祸心，但屈从者总是从个人私利出发，为了个人私利的满足不惜挖空心思，竟然运用所谓的道德机智，将服从道德规范作为达到目的的手段，无疑玷污了道德的无私性、纯洁性和崇高性。

由纯粹个人利益支配产生的道德自我意识是不健全、不自觉的。对于屈从者来说，他的道德认知过程仅仅表现为对道德知识性了解，远未达到规律性地把握；他的情感世界里仅仅有一丝自尊、自爱的色彩，从未产生过强烈的责任感和义务感；他的道德意志也仅仅是为了个人私利的勉为其难，并非克服不合理冲动的勉力而行。所以，屈从者的道德自我意识并没有上升到自觉、自愿、自律的高度，他在社会倡导的道德规范面前所表现出来的极力拥护和全力践履实际上是无奈之举、权宜之计。

屈从者属于一种虚伪型的道德人格，其虚伪性充分体现为他的口是心非和道貌岸然。他在口头上义正词严地声明自己坚定的社会道德立场，却在内心深处不满、不屑甚至不齿这种规范的制约和引导。他在公开场合、大众面前极尽善人之能事，却在背地里干着昧良心的勾当，例如莫里哀笔下的达尔杜弗和雨果笔下的克罗德·佛罗洛就是典型的虚伪人格。屈从者的功利心得到满足后，他既得到了梦寐以求的东西，又不必担心遭受惩罚，尤其有足够的力量对抗社会道德规范时，他自然也没有必要再选择这种"委曲求全"的生活方式，而毅然走向道德服从的对立面，一展自己的本来面目，这才是他真正的角色期待。屈从者及其道德虚伪人格的存在，由于抹杀了道德作为精神需要和理想追求所特有的吸引力和感染力，而容

---

[1] 陆震：《中国传统社会心态》，浙江人民出版社，1996，第135页。

易导致道德规范的工具化和实利化；由于使善的德性这一人类最可贵的品性有了内在与外在的分裂，而容易导致伪善风气的蔓延；由于总是把个人私利摆在社会整体利益之上，而容易产生利己主义倾向。一旦社会和个体受这些错误观念、腐朽思想和不良风气的影响，其混乱局面、丑陋状况就会呈现在世人面前。由此看来，只有基于对道德规范的正确认识，并在自觉的道德意识的指导下服从道德规范，才具有真正的善的意义，才称得上真正的道德服从。

信从、服膺——道德服从功能量度之真实层面。行为主体摆脱无知的盲从状态和无奈的屈从状态，理智地选择、追求价值目标，比较自觉自愿地遵循社会道德规范，从而实现善念与善行的统一，这就是道德服从功能量度之真实层面，它主要包括信从和服膺两个层次。信从是指行为主体出于对道德规范的信任和尊重，将此作为行动指南的心理定式和行为倾向。信从者和盲从者在很大程度上均表现出对道德规范的情感依赖和寄托，但两者从形式到内容都有明显不同。盲从者的依赖和寄托是不假思索的拿来主义和机械呆板的教条主义，他没有自我控制、自我教养、自我实现的愿望，在道德规范面前始终处于受支配、受摆布的地位。而在信从者那里，他的依赖是道德情感上的真诚渴望，他的寄托是真实具体的人生理想的归属需要，他与道德规范之间存在一种平等的共生关系。因此在依赖和寄托背后，盲从者的道德隔离感和陌生感与日俱增，信从者的道德认同感和亲近感则日渐增强。对信从者的道德行为起决定作用的是道德自我意识中的尊重情感。尊重来自主体的道德关切——是主体在接触道德规范的过程中逐渐产生的敬意和重视的态度。敬意的萌发，使主体排除了由单纯的爱好或恐惧等自然情感支配行为的可能，改由道德规范直接投射在主体心灵之上所产生的理性情感效果来提供行为的原动力。重视态度的存在，使主体有必要深入道德的规律世界，并涉及对人的地位的恰当估计，以此决定行为的倾向性。可见，尊重是一种比较审慎、理智的道德情感。在尊重情感的推动下，一旦行为的原动力被定性，行为的倾向性被定位，主体距离道德服从就不再遥远了。

当然，影响主体做出道德抉择的还有更重要的情感因素，例如义务感对于个人利己心的贬抑，责任感对于个人特殊意志的调控等，它们赋予主体更为理性的存在方式。其实,尊重的情感在这些高级道德情感的培育中具有"酶"一样的催化作用。这是因为:基于尊重道德而给予道德客观必然性足够重视的过程有助于主体的思维空间从人与道德这一层面向纵深方向拓展,着眼于与之相关的社会与个人、生存与发展、现有与应有等关系的探索,而对这些关系的梳理和廓清恰恰是道德义务感、责任感等高级情感的内容依托。尊重情感是如此重要,所以康德声称:"责任就是由于尊重规律而产生的行为必要性","客观上只有规律,主观上只有对这种实践规律的纯粹尊重,也就是准则,才能规定意志,才能使我服从这种规律,抑制自己的全部爱好"。① 信从者属于一种忠诚型的道德人格。忠诚人格和依附人格在行为上都拥护和践履道德规范,但由于尊重情感的涌动既充分体现了信从者实在的社会本性——通过服从来维系和巩固自己和道德的密切关系,又促使信从者不断挖掘内在的意识本性——以比较理智的姿态去体味这种密切关系,因此,道德自我意识的有无和强弱导致信从者的忠诚人格和盲从者的依附人格截然不同。在现实生活中,道德服从的主体一般都表现为这种忠诚人格。他们有公德意识、职业道德、家庭伦理观念,有道德义务感和社会责任心。他们自尊、自爱、自强、自立,崇善贬恶,趋善避恶,不折不扣地遵循道德规范。信从者是社会顺利推行道德规范、营造良好道德氛围及和谐有序环境的主体性保障。

道德服从的最高境界是服膺。服膺是指行为主体对道德规范的理智接受、衷心信服和坚定执行。其中,理智接受意味着主体在对道德必然性进行正确认识和把握之后,从应做什么、可做什么的道德反思中,肯定道德规范的约束作用和指导地位,从而摆脱了对道德的依附状态,与盲从的生活方式彻底决裂。衷心信服表明主体在尊重规律的基础上,从人的生活能力、生活秩序、生活意义的实践理性出发,现实地赋予了道德规范生活智慧,克服了以个人本位为道德活动内在依据的狭隘和浅薄,毅然放弃屈从的生活方式。坚定执行证实了人类社会实践活动自我约束、自我控制、自我规范的能力,是主体投身于道德规范之践履的执着,也是主体献身于道德理想之实现的孜孜以求,从而使服膺成为一种基于信从但又高于信从的

---

① 〔德〕康德:《道德形而上学原理》,苗力田译,上海人民出版社,1986,第50页。

生活方式。

　　比信从者的道德意识中占主导地位的尊重情感更具有道德价值意义的是，服膺者已经将这种尊重上升为坚定的信念。在信从者那里，道德规范虽然因为受人尊重而被拉近了与人之间的距离，但因作为感情指向的客体而具有一定的异己意味。信念则不同，信念是人的理性、情感和意志的凝结，已经完全达到了主体的意志内容与道德的规范要求合二为一、融为一体的程度。信念直接决定着主体的立场、行为原则和活动目标，无须像尊重情感那样必须经历一个由心理水平的冲动到思想水平的共识，再由思想水平的共识到观念水平的坚定这样复杂的过程才能有效地发挥作用。当然，信念本身不是一朝一夕形成的，是主体在一定道德自我意识的支配下，通过道德服从行为的持续强化，养成道德服从行为习惯，使道德服从成为主体的自觉行动之后才能逐渐形成。可见，信念一方面源于主体遵循道德规范的实践活动，另一方面巩固了这种实践活动。坚定信念之于主体的道德服从，如同精神支柱之于人的生命存在，有足够的力量支撑主体在道德规范面前的深切把握。当信念促使主体将对道德的笃信不疑提升为执着的价值追求，又将执着的价值追求转化为现实行动时，道德服从就不仅仅停留在个体道德活动的起点阶段，而是创造了向高级道德活动过渡的条件；主体的心理倾向和行为表现也不仅仅囿于循规蹈矩、按章办事，而是有理性地抗拒非人性冲动的经历，有意志战胜个人私利的硕果，更有不惜为道德理想而献身的牺牲品格。这种牺牲品格正是服膺者比其他行为主体更显伟岸的精神本性，因为牺牲的深远意义不止在于服膺者个体道德品质、道德境界的提高，更重要的是通过崇善贬恶、扬善抑恶的人格力量达到对整个社会的德性渗透，对其他道德主体的人性改变，这是道德服从功能效应的深层次凸显，是人类争取生活圆满状态所必需的艰难历程。正因如此，服膺者所付出的人格努力比信从者更多，服膺者所达到的道德境界比信从者的更高。

　　服膺属于一种极其高尚的道德人格，只有那些自始至终视道德为人生信念，以社会为本位，热忱关切和执着追求终极目标的人才能够做到。从不同主体遵循道德规范的心理倾向和行为表现来分析道德服从，反映了社会生活中道德人格的多元化。正是多种道德人格的客观存在，使人类的道德文明史始终在善与恶的力量对比中循着社会发展的必然规律不断前进。但这不意味着人们可以随心所欲地决定他服从道德规范的动机和目的，可以自由自在地选择他的道德人格归属。社会需要道德规范，需要道德服从，更需要众多属于道德服从功能量度之真实层面的信从者和服膺者。唯其如此，恶的势力范围才能逐渐缩小，善的浩然之气才能发扬光大，人类的道德水平才能实现从现有到应有。

第十七章 道德控制

道德是社会控制的基本手段之一，道德本身也具有控制功能，这是保证道德正常外化及其作用发挥的重要条件。道德控制的主要目的在于维护社会生活的正常秩序，实现社会的和谐，促进人的自由全面发展。但是道德控制是否真正有效，一方面取决于道德控制本身是否适度，另一方面依赖于控制客体承受能力的大小。如何实现道德控制的力度与人们心理承受力的吻合，达到道德控制的最佳效应，是本文立论的前提。我国正处于社会转型期，社会控制模式也在发生变化。尤其是随着市场经济体制和法治体系的建立，道德建设也面临着新的路向和举措。我们应该实施怎样的道德控制，以及在进行道德控制时，怎样把握控制标准，如何正确分析、了解、提高人们的心理承受能力，从而在道德控制中实现人的自由，在自由中体认道德控制的力度，是道德社会化的重大议题。[①]

一 一种特殊的社会控制方式

道德控制是一种社会控制。所谓社会控制是指社会组织运用社会规范以及与之相适应的手段和方式，对社会成员（包括社会个体、社会群体）的社会行为及价值观念进行指导和约束，对各类社会关系进行调节和制约的过程。人类社会要想有序地生存和发展，就必须建立完善的社会控制体系，否则，整个社会就会为了一点蝇头小利而互相攻讦、残杀，陷入一片混乱，不久整个世界就将成为一片荒原。所以。社会控制受到历代统治阶级的重视。

---

① 本章内容主要源自李建华、邓云柱《论道德控制的社会心理承受》，《江西社会科学》1998年第5期；李建华《道德控制的合理适度》，《光明日报》2000年7月18日，第3版等，收入此书时做了相应的调整。

但是，社会控制作为一个十分重要的社会学术语，最早是由美国社会学家罗斯（E.A.Ross）在他1901年出版的《社会控制》一书中提出来的。在他看来，社会控制是一种有意识、有目的的社会统治，而且特别强调了下列因素是必要的：（1）个人对他人、团体利益的触犯；（2）个人意志需要一种超越它的权力；（3）宗派和小集团与整个社会的不协调；（4）对私有财产的保护，公平竞争的实施；（5）社会控制是一个长期的过程。[①]罗斯虽然强调了私有财产的合法性，但提出对社会整体利益的维持、对个人意志的驾驭，这对我们所理解的控制是大有裨益的。

道德控制是一定的社会组织借助于社会舆论和良心的力量，使人们遵从道德规范，以维持社会秩序、实现社会稳定的一种社会管理活动。道德控制作为一种独特的社会控制手段，具有如下基本特征。

1. 主体的组织性

人是合群的，人的合群性决定了人必须依附群体才能生存。生活在群体中的人们，结成了各种各样的关系，其中最主要最基本的关系是利益关系，如何处理好利益关系，是关系群体生存和发展的关键。道德就是群体内部的人处理利益矛盾的自觉意识。这种自觉意识并不是每个人都能意识到，而且每个个体的意识差异，又常常与群体利益相抵牾。因此，必须借助于一种超个人的力量才能有效地协调群体利益的内部矛盾，这种力量就是社会组织。组织产生于社会群体，具有共同的目标、精密的内部层次结构，并为了达到目标开展协调活动。组织的权威性和功利性，使道德控制具备了可行性。组织是一个系统，既是社会基本单位，又是系统化的社会，现代社会里的人们无不生活在组织中，组织的包容性，尤为道德控制提供了普遍的效力。道德控制主体的组织性具体表现在以下几个方面。其一，超个人性。主体的超个人性表现为它总是以某种社会名义，代表某个社会组织实行控制。这种超个人性，是以权威为依托的。因为社会生活中的每个个体，全是具有意识的、经过思虑或凭激情行动的、追求某种目标的人。然而，每个个体由于世界观、人生观、价值观不同，追求的目标也千差万别，以至同一社会内部及各个生活领域直接需要的秩序不尽一致。

---

① 〔美〕E.A.罗斯：《社会控制》，秦志勇、毛永政译，华夏出版社，1991，第38~47页。

第十七章 道德控制

这些冲突、不一致将会引起社会混乱,为了使整个社会达成普遍的一致性,组织只有依靠超个人性的力量——权威来实现。组织权威主要源于两个方面。一是社会组织自身的力量。组织建立,不仅有共同的目标、统一的规范,也有配套的权力机构。有警察、军队,还有大批为其服务的行政人员。他们在组织中占有较高的地位,主宰着社会的政治、经济、文化。这是一股强大的社会力量,足以迫使个人就范于组织的控制。二是社会成员对组织需要的满足程度。组织是为了实现一定的目标而建立起来的,组织一经建立,就要最大限度地满足内部成员各种不同的需要。组织的权威是随着成员对组织需要满足程度的变化而变化的。如果组织对成员需要的满足程度高,成员对组织就会产生一种较强的向心力,心甘情愿地接受组织的控制,尽心为组织效劳;如果组织对成员的需要漠不关心,成员要么漠视组织,要么反抗组织,这时,组织的权威性就会减弱。权威性很弱的组织,也就不能扮演道德控制主体的角色。其二,目的性。任何组织都有它的目标,为了实现自身目标,组织总要千方百计地控制组织目标,主要通过协调人际关系和维护整体利益的途径。人际关系是指社会生活中,人与人之间的直接交往关系。人们的直接交往关系可以分为稳定交往关系和非稳定交往关系。稳定交往关系一般是以血缘、地缘、业缘为纽带而形成的,这些关系是维护社会良性运行的最基本最可靠的关系,是道德控制的重要内容。非稳定的交往关系,指人们在社会生活中临时建立的交往关系,具有偶然性、一次性等特点。这种关系不像稳定关系那样含有情感因素,但更能体现交往双方的道德素养的层次。随着改革开放的深入,人们逐渐从封闭社会走向开放社会,对外交往越来越频繁。处理好非稳定交往关系,也是当前道德控制的重要内容。

社会整体利益是发挥人的本质力量的现实途径。马克思说:"人的本质不是单个人所固有的抽象物,在其现实性上,它是一切社会关系的总和。"[①]人是合群的,人的社会性决定了个体的存在以整体存在为条件,整体是个体得以生存和发展的基础,可以说,没有整体就无所谓个体,这在人与自然的斗争中表现得十分明显。整体利益是绝大多数人意志的体现,组织是

[①] 《马克思恩格斯选集》第 1 卷,人民出版社,1995,第 60 页。

整体利益的载体,组织实施道德控制的目的就是维护整体利益。从某种意义上说,维护了整体利益就等于维护了个体利益。因此,道德的基本原则就是集体主义原则。集体主义原则要求个人与集体利益发生冲突时,要以集体利益为重,以实现社会总目标为重。当然,维护整体利益,并不以扼杀个人利益为代价,在坚持集体利益至上的前提下,还应坚持正当与不正当、量少与量大的标准。只有这样,才能实现整体利益与个体利益的辩证统一。

2. 手段的非强制性

道德控制不同于法律控制。法律控制是对社会成员采取强力约束的手段,它是由国家制定或认可,并依靠国家强力推行的社会规范体系。法律的强制性是指法律的实施将国家机器的强制力作为后盾,对于触犯法律的社会成员,国家将运用强制力量予以制裁和惩罚。道德则不同,它并没有制度化,不是被官方刻意颁布、制定或规定出来的,而是处于同一社会或同一生活环境的人们在长期的生活过程中逐渐积累形成的,它是人伦关系和善恶、是非、正义与非正义评价行为规范和价值体系的总和。实行道德控制主要是借助于社会舆论、良心、传统习惯等力量来调节人们的行为方式,达到个体与社会的和谐统一。因此,有人把法律控制称为硬控制,将道德控制称为软控制。

社会舆论,主要反映公众的意见或公论,它的作用在于以道德规范为标准,用意见、评论、议论等形式进行广泛传播,营造一种道德氛围,促使人们重新审视自己的道德行为,自觉内化道德规范,以保持个体与整体的一致性。良心,是人们在履行义务的过程中,形成的道德责任感和自我评价的能力。良心是以社会义务为依据,以道德规范为尺度,自觉约束道德主体的行为以与社会道德要求相符。良心的这种自觉约束力,不是来自外在的强力,而是出自道德主体内在的理性、意志、情感。因此,无论是社会舆论,还是良心,作为道德控制的主要手段,它们的共同点在于对道德主体进行约束,不是依靠某种暴力工具,而是源于道德主体对道德规范的自觉体认。

在这一点上,我们不妨把它与法律、政权控制进行比较。法律、政权的约束力是国家机器提供的,对于触犯法律、冒犯现存政权的社会成员,国家将运用强制力量，如军队、警察、监狱等予以制裁和惩罚。因此，人们守法是出于一种恐惧感。而且，法律的规则虽然也出于公众意志，但它是直接为统治阶级服务的，在实际操作过程中，统治阶级为了本阶级利益，往往对法律规则进行改造和加工，以达到巩固统治阶级政权的目的。这种统治利益本位观，决定了法律、政权控制和全民意志出现了分歧，甚至相互冲突、不可调和。法律解决这种分歧的办法，最终是依靠暴力工具。因此，法律的强力控制，有可能收到短期效果，但是由于不是受控者的自身愿望，很难深入人心而失去持久的控制作用。道德规则也产生于公众意志，但它经过了历代的积累沉淀，以至成了人类社会一般的合乎理性的、具有普遍社会意义的行为准则。因此，尽管朝代更替，江山易主，根植于人们心中的道德观念始终不会改变。道德控制作用的持久性与风俗习惯控制是相通的，但风俗习惯控制仅仅局限于社会生活的表层现象，不像道德控制那样辐射到社会生活的深处，因此，风俗习惯的变革，不会引起社会的强烈震荡，但道德观念的变革，一定会打破以往社会生活的秩序，造成人们的社会心理失衡，引起社会重大变革。

在现代转型社会里，随着改革开放的不断深入、市场经济的冲击与外来文化的渗透，人们的道德、价值观发生了许多变化，因而在社会生活诸多方面，出现了道德规范真空、道德控制失灵等现象。于是，社会对道德的控制形成了一种误区，认为道德控制是小农经济的产物，最适合在封闭的、文化高度认同的社会里运作。然而农业时代已经过去了，继之而起的是工业文明时代，是一个开放的、多元共生的商品经济社会。在现代社会，道德控制已失去了昔日的效力而应该退居二线，让位于法律控制。诚然，道德控制是软控制，几乎靠主体的自我道德感悟和周围环境的道德压力产生控制作用，其中任何一方的削弱都会直接影响道德控制的效力。道德控制的柔软性，决定了其不得不借助于政权、法律控制的力量来完成。但是，道德控制的缠附力又是其他控制手段所不能比拟的。因此，在现代社会，我们不仅要强调法治，还要重视德治。只有把二者有机地结合起来，才能实现天下大治。

3. 规范的认同性

规范，即准则，道德规范就是劝人从善的准则，它是一定社会或阶级的成员共同的道德生活经验的积累,是一定社会和阶级的普遍道德行为的总结。道德规范作为人类理性精品的沉淀,又是人类长期道德实践活动的产物。道德规范是用来缓解社会利益矛盾的,反映了"应当"和"不应当"的关系,具有温和的劝诫性,一方面禁止人们行恶,另一方面又鼓励人们行善。道德规范既立足于现实,又超越现实,表现了实然性与应然性的统一。可以说,只要有社会生活,就有道德规范,要实现社会的和谐,就要有道德规范的认同。

道德规范认同,即道德规范所表现的特质和受控者的生活经验、社会态度相互一致、相互契合,道德规范虽然是约定俗成的,是人类理性精品的沉淀,但这种沉淀的精品,呈现在世人面前,不是纯天然的原料,而是经过人们理性加工和改造的产品,具有很强的主观性。这种很强的主观性,集中表现为阶级的差异性和个体的识别性。不同的阶级,从不同的立场出发,对同样的道德会做出不同的选择、提炼和诠释;不同的道德个体,由于具有不同的道德知识、道德水平和道德需要,对相同的道德规范也会有不同的理解。阶级的差异性和个体的识别性,在很大程度上决定了道德个体对道德规范认同的态度。如果道德个人对道德规范认同感强,就会自觉地按照道德规范参加各种社会活动,如果认同感弱,就会无视道德规范,我行我素。仅是出于社会舆论压力而表面应承,一旦避开社会舆论的视线,便会变本加厉违背道德规范做不道德的行为,从而使道德控制无效。

要实现道德规范认同,从道德规范本身来说必须具备如下条件。第一,道德规范的适时性。道德规范作为现实存在,一方面具有持久性,即作为人类理性结晶,已经融进了人类文明的血液中,成了与人性不可分割的整体;另一方面具有可变性,即道德规范作为社会实践的产物,与社会现实生活息息相通,随社会生活的变化而变化。道德规范的过分陈旧和过分超前都不利于认同,无法达到规约的目的。第二,道德规范的价值性。道德规范的价值在于满足人类自身的道德需要,人不需要的东西是不能产生认同的。人类的道德需要表现在两方面,一方面是约束的需要。人的社会性,表明了人不是抽象的人,而是社会关系的总和。人的社会关系错综复杂,其中最主要的关系表现为自我与他人、个人与整体的关系。这些复杂关系很需要道德规范去调节、整理，如果得不到合理的约束，势必引起整个社会的混乱。另一方面是完善的需要。人类文明的进步在本质上是人类自身的进步。人类自身进步的标志是人的个性全面发展。人的个性要想得到全面发展，就必须依靠道德供给营养。道德作为人的个性全面发展的精神食粮，规定了道德规范的价值必须有利于人类的生存和发展。那种反人性的道德规范，人们不但不会认同，还会蔑视，以致对整个道德体系产生怀疑。第三，道德规范的层次性。如果说道德规范的普遍性，决定了人们必须接受道德规范的控制，那么，道德规范的层次性就决定了这种控制是否可能。由于人们所处环境、所受教育、所占地位的不同，出现了不同层次的道德需要，自然就会选择相应的道德规范来指导自己的行动。进行道德控制，不能简单划一，强求所有人遵守同一层次的道德规范，这样，不但不能达到控制效果，反而会增加人们对道德规范的抵触情绪，以致对道德约束不屑一顾。人们对道德规范的认同与否，是检验道德规范优劣的试金石，同时也是实现道德有效控制的基本前提。

4. 功能的双重性

道德控制作为社会良性运行的调控手段，具有约束和发展的功能，约束为发展扫清障碍，发展又为约束提供动力。道德控制的功能是约束与发展的有机统一。道德约束就是用道德规范、准则制约人们的思想、行为，以达到个体、群体、社会相互一致。约束可分为社会约束和自我约束，道德约束是社会约束和自我约束的统一。约束产生了有序和稳定，约束是道德控制的核心。从伦理思想发展史看，绝大多数伦理思想家，都肯定并强调了道德约束的意义。孔子一生致力于救世安邦之道，并由此制定了一套很完备的礼制。他认为"恭而无礼则劳，慎而无礼则葸，勇而无礼则乱，直而无礼则绞，君子笃于亲，则民兴于仁，故旧不遗，则民不偷"[1]，强调将礼作为最高的道德规范来约束人们的行为。孟子从"人性善"理论出发，认为人性具有先天向善的特质，但是，这种善性，只有合理约束，才不会失去。因此，他讲"人之有道也，饱食暖衣，逸居而无教，则近于禽兽"[2]。

---

[1] 《论语·泰伯》。
[2] 《孟子·滕文公上》。

荀子则从"人性恶"理论出发,认为人性就是自然本性,人生而有求,有求而不让,就会引起争乱,故"先王恶其乱也,故制礼义以分之,以养人之欲,给人之求。使欲必不穷于物,物必不屈于欲,两者相持相长,是礼之所起也"①。荀子从道德起源的角度进一步论证了道德约束对人类社会生存和发展的重要性。

西方伦理思想家也很重视道德控制的约束功能。英国著名哲学家梯利认为几乎所有的希腊道德规范都包含有秩序、和谐和调和的思想,人应该服从于理性的约束,对待一切事物都应持守中庸之道。亚里士多德强调人的行为要受理性的约束,人在达到德性的完备时,是一切动物中最出色的动物,但如果他一意孤行,目无法律和正义,就成为一切禽兽中最恶劣的禽兽。道德规范是人类理性的"精品",人之所以为人,就是源于他是理性的载体。因此,黑格尔十分推崇理性,他说:"宁可有理性而不幸,不愿无理性而幸运。"道德约束又是一种节制,柏拉图讲:"节制是一种秩序,一种对于快乐与欲望的控制。"经过他的提倡和论证,节制被定型为古代希腊"四主德(智慧、勇敢、正义、节制)"之一。道德约束也是一种"审慎",伊壁鸠鲁认为人生的目的就是快乐,但追求快乐时要保持审慎的态度,德行就是"追求快乐时的审慎权衡"。资产阶级思想家们则主张个人享乐和利己主义,他们讲"趋乐避苦""趋利避害",但是作为伦理思想家,许多人并非只讲发展自我,不讲约束自我。洛克就曾经说,"自由,正如人们告诉我们的并非人人要怎样就可以怎样的那种自由",霍布斯提出人们必须互相让渡一部分权利,才能结束人与人像狼一样相互为敌的战争状态,从而达到维护社会稳定和保存自己的目的。

马克思主义伦理学不仅从意志自由和必然性的关系上,而且从人和社会、个人利益和社会利益及他人利益的关系上,科学地阐明了道德约束在人类社会生活中的意义。恩格斯在批驳杜林时提出,"如果不谈所谓的自由意志,人的责任,必然和自由的关系等问题,就不能很好地讨论道德和法的问题"②。因此,他强调人的主观认识和行为受客观规律即客观必然性

---

① 《荀子·礼论》。
② 《马克思恩格斯选集》第3卷,人民出版社,1995,第454页。

的制约，只有符合客观规律性和必然性的要求，才能达到欲求的效果，即获得自由。道德就是意志自由与必然性相结合的产物，道德约束性就来自道德必然性要求。

道德约束主要表现为理性对欲望的支配。人是一种具有理性的动物。我们应该承认，人是欲望的化身，是带着欲望和需求去生活的。从某种意义上说，社会就是随着人的欲望的满足而不断发展进步的。然而，人的欲望的满足又是有限的，这主要来自三个方面的限制：一是匮乏性限制，在既有的世界中，缺乏足够的资源使人无边的欲望得到完全的、无痛苦的和轻而易举的满足；二是生理性限制，人的生理潜力都有实际限度，任何欲望只要无限制地放纵，都会使人的生理能力和精神能力陷入达不到、跟不上的困境；三是社会性限制，社会供给的有限性和人的欲求的无限性，使人与人之间产生尖锐的矛盾，满足一些人的占有欲，就必须剥夺另一些人的占有欲。如果人人都要求自己欲望的绝对满足，那么社会就会陷入无穷无尽的欲望对立和冲突中。欲望的无限性与满足的有限性构成了一个永恒的矛盾，解决这对矛盾的办法只能是理性地调节。

道德控制不仅有约束的功能，也有发展的功能，作为一种社会调控手段，仅强调约束，而忽视发展，本身就没有多大价值。诚然，道德控制的内核是约束，要求整体对个体的支配，理性对欲望的把握，以达到社会生活秩序化。但是，约束只能给社会带来相对静止的平衡，约束是手段，而不是目的，发展才是硬道理，社会只有发展，约束才具有实在意义。道德控制发展功能就是指道德在调节社会整体利益和个人利益关系的过程中，在保证社会整体利益的前提下充分发展个人的正当利益。道德控制不是为了扼杀个人利益，相反，发展个人利益是道德控制的应有之义。社会整体意义并不等于个人利益的简单相加，即个人利益在其发展过程中，始终受制于具体的历史条件。社会条件的有限性与个人意志的无限扩张性，使个人与个人之间的利益相互冲突、排斥，以致削弱了整体利益。道德控制的目的就是在保证社会利益结构优化的前提下，避免个人利益之间的相互碰撞，减少内耗，使个人利益达到高效、有序的整合。

个人利益的存在是客观的，它与个体同生死、共存亡，不因整体利益的高尚而受到冷落甚至遭到扼杀。我们既要承认整体利益的至上性，又不可否认个人利益的能动性,因为"集体与个人的对立,制约和超然的关系,从集体的角度来看,个人就不再是简单的被动的承受者,而是在一定条件下,即在发展个人的主体能动性方面,又反过来出于主动地位,成为双向运动的第一推动力。在这种情况下,个人的能动性对于集体来说,就成了矛盾的主要方面,成了起决定作用的因素"[①]。因此,在处理个人利益与整体利益关系时,我们不能只从条条框框出发,而要从它们的质和量上做比较,具体问题具体分析。

个人利益的合理存在,表现为他容性和增值性。他容性即个人利益的合理存在,是以他人肯定为条件的,这就要求个人利益的获取,不能以损害他人利益为代价。增值性表明个人利益的发展,要最终达到整体利益的增值,这就要求个人利益的获取,不仅要着眼于自身的需要,同时也要与社会需求相一致。对个人不正当需求的约束是为了满足个人的正当利益,对个人正当利益的维护是为了实现社会整体利益高度和谐和社会的进步。因此,道德控制的约束功能和发展功能的统一,在客观上要求社会在观念和制度层面都应具备公正性,否则约束与发展就会相背离。

二 道德控制的度

道德控制与法律控制、行政控制一样,作为社会的调控手段,最突出的特点是约束性。万事万物皆受约束,但是任何约束都有极限,并不是约束的越紧越好,超过这个极限,非但起不到约束作用,反而会使约束的机制受到破坏。我们常常把这种极限称为控制度。度,就是事物保持自己质的量的限度、幅度、范围,是和事物的质相统一的数量界限。那么,道德控制的度是什么?什么样的道德控制最适度?这是我们认识道德控制及社会心理承受的关键。

道德控制的标准:和谐、稳定、发展

和谐,指协调、融合,是事物的一种均衡状态。道德控制的和谐主要

---

① 罗国杰:《伦理学》,人民出版社,1996,第149~150页。

表现为与历史发展水平相适应，同道德意识相吻合，同其他社会控制手段或形式相协调。道德作为社会意识形态和上层建筑，始终受到生产力和生产关系矛盾运动的制约，并随着生产方式的变更而发生变化，从而依次形成原始社会道德、奴隶社会道德、封建社会道德、资本主义社会道德、社会主义社会道德。每个时期的道德受制于不同的经济基础而呈现不同的特质：原始社会表现出朴素的平等野蛮的道德，奴隶社会表现出奴隶主对奴隶人身占有式的道德，封建社会表现出农奴对地主的人身依附式的道德，资本主义社会表现出金钱支配一切的雇佣式的道德，社会主义社会表现出平等互助式的道德。应该说，无论什么样的道德，在与它所处的生产方式基本适应的时期内，应是进步的道德。但是，生产方式是不断变化的，道德也会不断变化，因此，不论在人类历史上起了多大推动作用的道德，都有被历史淘汰的时候。随着社会的发展进步，道德也会不断改进。奴隶社会道德比原始社会道德进步，封建社会道德比奴隶社会道德进步，余下依次类推。如果在封建社会使用资本主义道德控制或奴隶社会道德控制，都是不合适的道德控制。

道德控制还要与人们的道德意识相适应。一定的道德意识，是一定的社会生活的反映。在不同的社会生活中，人们有不同的道德需求、道德情感、道德追求、道德信仰。道德意识决定了人们对道德控制内容的选择。一切为了群众的工作都要从群众需要出发，而不是从任何良好的个人愿望出发。许多时候，群众在客观上虽然有了某种改革的需要，但他们主观上还没有形成这种觉悟，以致没有决心也不愿实行改革，此时我们就应耐心等待，直到多数群众有了觉悟，有了决心，自愿实行改革时，我们再去改革，否则就会脱离群众。凡是需要群众参加的工作，如果群众不是自觉和自愿的，就会流于形式而失败。道德控制同改革一样，一定要切合人民群众的道德意识，否则，就会无的放矢，达不到控制效果。例如，原始人刚刚从动物界进化而来，不仅要与恶劣的自然环境搏斗，还要与其他部落进行斗争。因此，他们在民族内部提倡集体至上、平等互助，对外部民族实行吞并杀戮。这种对内"善"、对外"恶"的道德意识，决定了道德控制标准的两重性。因此，我们不能用现在的道德控制标准去苛求原始人。我国正处于社会主义初级阶段，初级阶段不同于成熟阶段，也不同于共产主

479

义阶段。社会主义初级阶段的特征是，生产力不够发达，以公有制为主体的多种所有制经济共同发展，人们的道德意识呈现多样性、多层次性，因此，我们不能跨越具体的历史阶段，用单一的社会主义成熟阶段的道德或共产主义道德来苛求广大人民群众。

道德控制也要同其他社会控制手段相协调。一个社会要想持续地良性运转，不仅需要道德控制也需要其他形式的社会控制。从整个社会的控制体系来看，控制手段可分三类，即组织控制手段、制度控制手段和文化控制手段，包括政权、法律、伦理道德、信仰、习俗、社会舆论等形式。客观地说，每种控制形式，对维护社会秩序、保持社会稳定、促进社会发展都起了巨大的作用。但是，每种控制形式都存在这样或那样的不足，只有把各种控制手段有机地统一起来，才能取得最佳的社会控制效果。道德控制是靠社会舆论、良心起作用的，它通过人们对道德规范的认同，达到对社会秩序的自觉遵守。然而，道德控制的力量又是有限的，对于缺德者、无耻者，道德控制往往表现得无可奈何。对于这一类丑恶现象，要通过法律政权的强制力给予严厉打击。在社会转型时期，法律政权控制对净化社会环境、打击不良行为、维护社会稳定尤为重要。但是，法律通过权力的威严只有从外部迫使人们就范，但无法深入人们的内心世界，保证人们都有强烈的向善意识。因此，反过来，在实施法律控制时又必须借助于道德控制，以弥补法律的不足。同时，道德控制又必须为社会主义政治服务。现在，我国基本上消灭了剥削阶级，统治阶级的意志就是全体劳动人民利益的直接反映，道德控制为社会主义政治服务更为必要。当前，加强道德控制，必须以坚持改革开放、四项基本原则为前提，否则便是不合理的道德控制。

道德控制也要与宗教控制相结合。宗教虽然是人们对超自然力量的信仰，但其作为一种社会控制力量又是不可忽视的。即使在科学高度发达的今天，人类还没有足够的力量来摆脱未来命运的控制，因而宗教对于超脱现实，在逆境中求得暂时的心理平衡有一定的作用。同时，宗教有利于调整人际关系，维护社会安定团结。宗教本身就是神圣化的伦理，翻开宗教经典，佛教的"五戒""八正道""十善"，基督教的"摩西十诫"，伊斯兰教的"正道"等均告诫世人要以慈悲为本，强调宽容、自洁、博施济众、避恶从善，注重伦理道德修养。因此，在社会主义初级阶段，我国宪法规定公民有宗教信仰自由，国家保护正常的宗教活动。

道德控制还要与主义信仰相结合。主义信仰是人们对某种哲学理论或社会学说的认同和信服，是对某种社会理想或社会目标的自觉追求。任何一个社会都需要一种高尚的精神追求，如果缺乏这种追求，整个社会就会精神萎靡。这正如美国社会学家迪尔凯姆在分析美国社会现状时所指出的，世界上之所以出现大量的社会混乱现象，是由于旧有的神变得衰老了或已经死去了，其他的神又还没出现。我国在改革开放初期，由于放松了对马列主义、毛泽东思想的学习，社会上一度出现了信仰危机，引起了社会混乱。这些教训，足以使我们深刻认识到加强道德控制的意义。

稳定。从一定意义上说，任何社会秩序都表现为一种道德秩序。道德在人类社会中一经产生，便发挥着维系社会生活有序和稳定的功能。道德控制的这种功能，被历代思想家和政治家所重视。春秋时期的管仲提出："礼义廉耻，国之四维，四维不张，国乃灭亡。"其将礼义廉耻视为维系国家长治久安的根基。汉初贾谊通过刑罚与礼义对比，强调只有通过道德教化才能实现社会的稳定。因此，他说："安者非一日之安也，危者非一日之危也，皆以积渐然，不可不察也。人主之所积，在其取舍，以礼义治之者，积礼义；以刑罚治之者，积刑罚。刑罚积而民怨背，礼义积而民和亲。"[①] 唐初，李世民君臣不同程度地阐述了道德对维护国家长治久安和社会稳定的重要意义。《贞观政要》一书记载，贞观初年，唐太宗与群臣商讨治国安邦之道，魏徵力排众议，提出"当今大乱之后必以仁义治天下"。唐太宗"既从其言，不过数载，遂得华夏安宁"[②]。邓小平同志根据物质文明和精神文明的辩证关系从反面论述了道德建设的伟大意义，他说："经济建设这一手我们搞得相当有成绩，形势喜人，这是我们国家的成功。但风气如果坏下去，经济搞成功又有什么意义？会在另一方面变质，反过来影响整个经济变质，发展下去会形成贪污、盗窃、贿赂横行的世界。"[③]

社会稳定的标志是社会井然有序、人民安居乐业，这也是道德控制合

---

① 《新书·治安策》。
② 吴兢编《贞观政要·政体》，第22页。
③ 《邓小平文选》第3卷，人民出版社，1993，第154页。

理的标志。然而，社会稳定只是衡量道德控制是否适度的一个标准，而不是唯一标准。事实上，过度的道德控制，也有可能带来社会稳定的局面。但这种稳定是靠限制个性自由、扼杀个性换取的，并使社会缺乏生机、活力和进取的动力。因此，这样的道德控制是不可取的。可取的道德控制所带来的社会稳定主要有两个参数。

第一，人际关系的和谐。社会人际关系是人类一切交往与社会活动的载体。社会人际关系的性质、状况和特点不仅是衡量社会生活质量的主要指标，而且在一定程度上制约社会发展的人文空间、运动向量和社会的承载力。良好的人际关系会使人们心情舒畅、才智日长，并为实现社会的总体目标而努力拼搏；恶劣的人际关系会使人成年累月陷入人事争端的苦闷之中。因此，建立良好的人际关系，正确处理好人际关系，不仅有利于个体健康发展，而且有利于加强社会管理、促进社会稳定。和谐的人际关系的内容包括以下几点。（1）互相信任，心心相通。这是人们互相沟通的桥梁，也是和谐人际关系的基石。信任，是指真诚相见，诚恳待人。诚实守信，已经成了人际交往最重要的准则。尤其在今天，人际关系变得愈来愈复杂，诚实守信也显得更为重要。1994年7月，广东中华民族文化促进会和《家庭》杂志社家庭研究中心等四家单位，利用《家庭》杂志的读者调查网络开展了中华民族文化素质调查，其中在"推崇什么样的品德"一栏里，"守信用"成为首选。（2）互相尊重，平等相处。尊重，是和谐人际关系的催化剂，也是人的较高层次需要。只有互相尊重，才能平等相处。（3）互相帮助，无私奉献。这是和谐人际关系的集中体现。人们在社会生活中，没有谁敢说他没有困难或终生不需要别人的帮助。求助的普遍性，客观地要求人具有乐于助人、无私奉献的品质。试想，当一个人孤立无助时，如果有人伸出温暖的手，受助者心里会生出怎样一种刻骨铭心的感激之情。

第二，对政府行为的认同。作为道德控制的主体，现存的组织政权只有得到广大人民的拥护，代表统治阶级的道德才能顺利推行，社会才能实现稳定。魏徵常以"君是舟，民是水，水能载舟，亦能覆舟"作比，来说明政权与人民群众的利害关系。人民群众如果不拥护现行政权，社会自然就不会稳定。但是，什么样的政权才是人民拥护的政权，才能维护社会长治久安的稳定局面呢？首先，现存政权的利益应该与广大劳动人民的利益基本保持一致。一个国家、政府、执政党，要想深深扎根于人民群众中，就必须时刻想人民之所想，为人民群众谋福利。我们党时刻牢记"全心全意为人民服务"的宗旨，一切从人民群众的实际需要出发，为群众办实事、办好事，得到了人民群众的拥护，取得了历史上空前的稳定。党的十五大又着重强调了将满足人民群众日益增长的物质文化需要作为我党工作的出发点和落脚点，对把建设中国特色社会主义伟大事业全面推向21世纪起了导航作用。其次，统治者自身的道德典范效应。作为控制主体的权利阶层，面对广大人民群众，首先必须发挥表率作用。"其身正，不令而行；其身不正，虽令不从"，从正反两个方面说明了表率的影响力。纵观朝代兴亡史，社会道德风气败坏和道德失控现象，主要源于统治集团内部的腐败。堡垒是从内部攻破的，一个腐败透顶的统治集团，是一个失去战斗力、失去进取心的集体。它最后只能在人民群众的一片唾骂声中，自行土崩瓦解。因此，反对腐败是关系党和国家生死存亡的政治斗争。我们党是任何敌人都压不倒、摧不垮的。堡垒最容易从内部攻破，绝不能自己毁掉自己。如果腐败得不到有效惩治，党就会丧失人民群众的信任和支持。对于腐败现象，我们不仅要加大法律惩治力度，也要加大道德控制力度，做到标本兼治，惩罚与教化相结合。只有这样，才能彻底消灭腐败现象。

  发展。稳定是前提和目标，发展才是硬道理。社会一切调控手段都应该围绕发展做文章。社会发展了，一切社会活动才会变得更有价值。因此，发展又是鉴别道德控制是否合理的标准。道德控制有利于社会发展，就是合适的道德控制；道德控制不利于社会发展，甚至阻碍社会发展，就是不合适的道德控制。社会发展是包括物质文明、精神文明在内的和谐发展，其中缺乏任何一方面都不算真正的发展，贫穷不是社会主义，精神生活空虚、社会风气败坏也不是社会主义。必须充分认识到，两个文明建设缺少其中任何一个，都不成其为有中国特色的社会主义。在处理道德控制和社会发展的关系上，我们必须克服思想上的盲点。第一，对重义轻利的极端膜拜。人们谈"利"色变，"利"成了人类罪恶的渊薮，成了社会纷争不休、社会动荡不安的罪魁祸首。因此，人们鄙视利、唾骂利、拼命扼杀利，认为只有轻利，社会就会达到大同大治，人们就会过上幸福生活。

这种思想源于传统文化，孔子说："有国有家者，不患寡而患不均，不患贫而患不安，盖均无贫，和无寡，安无倾。"①把"均"看成是文明社会的表现，"贫""寡"则变得无关紧要，儒家这种轻利重均的思想深深影响了我国国民的性格。我国封建社会长达两千多年，社会的停滞不前，从某种程度上说，是轻利重均思想造成的。片面强调重义轻利，不利于社会的发展。第二，道德代价论。这是道德滞后性给某些人带来的心理障碍。道德规范产生于社会生活，又反过来制约社会生活，道德规范具有稳定性。而社会生活又是十分活跃、不断变化发展的，发展变化的社会生活往往与稳定的道德规范不一致，人们习惯用对稳定的道德规范认同的惯性力，来审视变化了的社会生活，以致阻碍了社会新生事物的发展。对于道德规范的滞后性，我们应该有清醒的认识。但是，道德规范不仅具有滞后性，也具有导向性。道德通过对具体历史的审视，提出了人们通向更高层次社会的理想追求，为人类自身发展指明了方向。而且，从整个社会发展情况来看，道德对社会发展起到了巩固、促进作用。因此，那种认为社会发展不应讲道德控制的看法是错误的。

那么，怎么利用道德控制促进社会发展呢？首先道德控制要为经济发展服务。社会发展归根结底在于社会生产力的发展，这是由社会基本矛盾决定的。道德控制对生产力发展起了导向和促进作用。发展生产力的终极目的是满足人民日益增长的美好生活需要，偏离了这个方向，生产力发展本身就是无意义的。道德控制以"善""恶"为评价标准，凡是符合这个方向就是善的，就要给予支持；反之，就是恶的，就要给予严厉制裁。同时，合适的道德控制，应该引导人们正确处理义利关系，不以义害利，也不以利而损义。对于不损义的利，要鼓励人们去获取、开发，以获得社会最大的利，从而推动社会经济发展。事实证明，我们提倡"勤劳致富""合理理财""先让一部分人富起来"的做法，已取得巨大的成果。在短短几年里，社会经济繁荣了，人们生活富裕了，生产力得到了突飞猛进的发展。同时，道德控制要为社会文明和谐发展提供保障。生产力发展水平，不是决定社会文明程度的可靠标准。衡量社会文明的标准应该是人的全面

---

① 《论语·季氏》。

发展的程度。人的全面发展，不仅为物质文明提供了动力和源泉，也为精神文明提供了载体。因此，道德控制要为人的全面发展服务。道德控制促进人的个性全面发展，既要注重人的精神生活完善，也要注重人的物质生活满足。过去旧道德提倡的禁欲主义、现代西方提倡的享乐主义都不利于人的全面发展，应该及时摒弃。

道德控制的量度：力度、刚度、密度

道德控制的力度，是指道德控制中个体、群体活动的空间与人们实际生活空间的比率。如果以 D 表示道德控制的力度，以 D_1 表示道德控制的空间，以 D_2 表示人类实际活动的空间，则道德控制的力度可以表示为：

$$D = \frac{D_1}{D_2} \times 100\%$$

很显然，$0<D<1$。假如 $D=1$，表示道德控制的空间与人类实际活动的空间相等。这时，表示社会的所有行为都受到了道德控制，人们无一点自由，处处受到道德约束，显然这样的道德控制是不可能的，也是做不到的。假如 $D=0$，则表明道德控制失控，人们的社会活动完全不受道德约束，可以随心所欲地生活，人们没有一点道德观念，只靠欲望的冲动来支配自己的行动，这种状况只能发生在人类社会诞生之前，在真正的人类社会是不存在的。因为从脱离动物界的那一刻起，人与人之间就产生了利益关系，一定的利益关系客观上要求一定的道德来调控。然而，社会生活应该允许有非道德领域，因此，道德控制的力度既不能等于1，也不能等于0。由以上分析可知，道德控制的力度，反映了个体与群体活动空间的大小。力度越大，表明个体与群体的自由活动空间越狭窄；力度越小，表明个体和群体的活动空间越宽松。

从道德控制的角度看，人们的实际活动空间可以分为道德空间、非道德空间和道德真空。道德控制的空间是指人们不能自由选择，并受一定道德规范约束的行为空间。道德控制空间的行为，在性质上比习俗控制空间的行为要重大严肃得多。就以吃饭为例，采用什么方式吃饭，用刀叉或者筷子，用左手或右手，要受习俗控制，但在特定场合，一碗饭能维系几个人的生命，在生与死、义与利的冲突中，吃饭行为就要受到道德控制。在反映重大的社会问题时，道德控制空间的行为往往要借助于政治法律控制，如杀人、强奸等违法犯罪行为。因为道德控制的空间有一定的限度，不能任意扩大或缩小，否则，就不利于社会良性运行。

非道德空间是指不受道德意识支配的人类活动空间。人类社会在生存、发展等一系列活动中，大多都受本能和共同习惯所制约，真正与他人、社会发生利益冲突而需要道德来调整的空间恐怕所占的比例是十分小的。试想，我们每天要参与多少活动，如果每场活动都要受道德支配，那么，人们就不能正常地工作、学习、休息和满足自身的生理需要。这种泛道德控制，是反人性、反社会的。因此，要合理把握道德控制的力度，不要把非道德空间强行纳入道德控制空间，以最大限度地提高人们的自由度。

然而，非道德空间与道德空间不是截然分开的，而是相互转化的。一般来说，随着社会的进步，束缚人性健康发展的道德空间会转化为非道德空间，引起社会利益冲突的非道德空间会转化为道德空间。诸如生育伦理，以前人们受多子多福的影响，认为多生孩子纯粹是个人私事，社会没有必要干涉，更没有人认为它是一个社会问题。但是，随着人口的日益增多，人们清醒地认识到，在有限的自然资源面前，"如果我们不能学会理智地控制人口的数量，就会不可避免地出现贫困、饥荒甚至崩溃"[1]。于是，生育问题一下子由家庭推向社会，被纳入了道德控制的范畴。

再如，在对待人与自然的关系上，人们以前总是把自然当作供人类使用的天然宝库。因此，人类任意开发、攫取自然资源就成了天经地义的生产活动。但是，人口爆炸、工业污染、资源枯竭、核辐射等不良效应日益积累，造成了人类的生存危机，人们不得不清醒地认识到保护生态平衡的重要性，于是，生态伦理应运而生。

道德真空，指需要道德调控但还没有形成统一的道德意识去约束的社会空间。道德真空有以下几个来源。（1）科学技术的进步，拓宽了人类新的生活领域所带来的道德空当。如从计算机问世以来，社会生活发生了翻

---

[1] 〔美〕菲利普·戈普曼：《人口爆炸对你意味着什么》，《妇女之家杂志》1963年6月。

天覆地的变化。现在随着电脑的更新和普及，人们几乎生活在电脑的世界里，那么生活在电脑世界里的人们又如何处理人与人、人与机之间的关系，这也是我们亟待解决的问题。（2）社会变革引起新旧道德观、价值观的冲突，并形成了道德空位。一般来说，在稳定的社会里，道德真空现象比较少。但在社会转型期，随着体制和观念的变革，会形成许多新的社会活动领域和生活方式，在新的生活领域，由于旧的道德已失去了约束，而新的道德观念还没有形成，于是产生了道德真空。我国在20世纪80年代初所进行的经济体制改革，也一度引发了道德真空现象。道德真空的产生有它的客观原因，按照辩证唯物主义的观点，存在决定意识，任何社会制度、社会意识形态都是随着社会存在的变化而变化的，道德也是一种社会意识，它相对于新的社会存在总是存在时间上的延误。因此，我们应该有充分的心理准备去面对这一现象，但是，存在的未必都是必然的，长期积累的道德真空现象会影响社会稳定，扰乱人们的思想，破坏已取得的改革成果。因此，我们要加大道德控制力度，尽量缩小时间差，以求迅速消除道德真空现象。

由此可见，要把握好道德控制的力度，我们既要区分道德领域和非道德领域的界限，又要促进道德领域与非道德领域的相互转化；既要为社会改革创造一种良好、宽松的环境，又要及时地消除道德真空领域，以巩固改革的成果。

道德控制的刚度指道德控制中所有道德越轨行为数与受到道德惩罚的越轨行为数的比率。以 G_1 表示受惩罚的越轨行为数，G_2 表示所有越轨行为数，G 表示刚度，那么：

$$G=\frac{G_1}{G_2}\times100\%$$

由此可以看出，当 $G=1$ 时，表明道德控制十分严厉，任何道德越轨行为都得到了应有的制裁，这时道德控制是完美的。道德控制是依靠社会舆论、良心起约束作用，这就表明当时的社会具有强烈的善恶感、是非感、正义感和责任感，对于越轨者，人人痛恨和鄙视，使其毫无逃避的机会。同时，这也表明个体的道德本质发展到了一定程度，他们为自己干了道德越轨的事情而羞愧内疚,甚至痛不欲生,当然,社会要达到这样的境界,还要经过漫长的岁月,需要一代代人去努力奋斗、追求、创造。不过有一点值得注意,并不是所有道德越轨行为是恶行,有些道德越轨行为虽然与现存的道德规范相冲突,但它本身是代表社会发展的新生事物,因而是善行,不应该当作恶行制裁。所以当刚度等于1($G=1$)时,整个社会犹如一潭死水,缺乏活力和生机,不利于发展。当刚度等于0($G=0$)时,表示任何道德越轨行为都不受惩罚。这实际上是社会的混乱无序状态。同时,道德控制的刚度与社会稳定有密切关系,道德控制的刚度越大,道德越轨行为受社会惩罚的可能性就越大,这样,就有可能最大限度地减少越轨行为,社会就会更加稳定;道德控制的刚度越小,越轨行为受社会惩罚的可能性越小,社会就有可能恶性循环引发更多的道德越轨行为,社会就会趋向不稳定。因此,加大道德控制的刚度,是社会稳定发展的关键。

那么,怎样才能正确把握道德控制的刚度呢?首先,我们必须弄清楚什么是道德越轨行为,道德越轨行为有哪些类型,以及在现实生活中有哪些道德越轨行为需要制裁。道德越轨行为是指社会成员偏离或违反现存社会道德规范的行为。道德规范的功能是制约道德行为,调节人与人、人与社会之间的利益关系,本身具有历史性和阶级性。由于人们的道德行为具有复杂性和社会成员自身的素质各不相同,偏离或违反道德规范的越轨行为在任何社会都是不可避免的。

道德越轨行为就性质而言可分为良性越轨行为和恶性越轨行为。良性越轨行为是一种对社会发展起进步作用的行为,有利于人们解放思想、摆脱陈腐的道德观念的束缚,促进社会改革的深化。道德规范作为一种社会意识,是一定时期的社会政治、经济、文化的反映。它一经形成,便具有相对稳定性。但是,社会总是在不断前进,这就决定了道德规范相对于社会具有滞后性,由此,社会不断涌现的新事物势必与一些稳定的道德规范相抵触,而这些新事物只有冲破旧道德规范的制约,才能获得强大的生命力。因此,对于这种道德越轨行为,我们应该大力提倡。

恶性越轨行为,又称不道德的行为。所谓不道德的行为,是指出自非善或邪恶的动机,不利于或危害他人和社会利益的行为。目前,社会上出现的不道德行为大致有以下四类:(1)无视社会公德行为,主要表现为不文明、不礼貌、不卫生、破坏公共财产、见死不救、见危不扶、污染环境、破坏生态、制造公害等现象；（2）违反家庭伦理行为，表现为不敬重父母、体罚子女、重婚、通奸等现象；（3）社会丑恶行为，包括吸毒、嫖娼、卖淫、偷盗、聚赌、坑蒙拐骗等；（4）社会腐败现象，表现为权钱交易、贪污受贿、挥霍公款、官僚主义、玩忽职守等。这些恶性越轨行为严重扰乱了社会秩序，恶化了人际关系，削弱了社会整合力，不利于社会总体目标的实现。因此，我们必须加强道德控制对恶性越轨行为的有效遏制。

加大道德控制的刚度，就必须实现两个强化。一是强化舆论监督。社会舆论是道德控制最有力的手段，具有及时性、公开性、广泛性等特点。有许多不道德者，在行政控制中表现为听之任之，屡教不改。但在强大的社会舆论面前却表现得惊慌失措，由此可以看出社会舆论的强大威力。强化社会舆论，首先要充分发动广大群众与不道德、不文明的行为做斗争，在全社会掀起讲文明、讲正气、讲道德的新风尚，使不道德者成为"过街老鼠"。其次，大力发挥新闻单位在舆论监督中的作用，对社会丑恶现象进行及时曝光，让不道德者在社会上毫无立足之地。二是强化道德立法。舆论的惩罚效应无论有多大，最终起作用还在于不道德者自身的道德意识觉醒，对于厚颜无耻之徒，社会舆论起不了很大的作用，因为这些人看重的不是自己的品格，而是个人膨胀的私欲。只有触及他们的既得利益，才会强烈刺激他们的心灵，以从根本上制止不道德行为。强化道德立法，就是把政治、经济、法律等制裁手段介入道德领域。对于道德严重败坏、贪污腐化者不仅要在道义上给予谴责，还要根据情节轻重分别给予经济、行政甚至法律处罚。在《欲海沉浮》反贪纪实中，有位犯罪分子在监狱里说了这样一句话，"如果让全国县处级以上的干部都来尝尝铁窗的滋味，恐怕犯罪率会减少 80%~90%"。这句话从反面给予我们一个警示，在社会转型期，必须加大政治、法律控制的刚度。

道德控制的密度。社会行为是多样的，并不是所有社会行为都需要道德控制。道德控制仅仅是反映人与人、人与社会之间利益关系的行为。在人们的实际活动空间里，道德控制犹如一张渔网把人们紧紧包住。但是，这张网不是密不透风的，而是布满了许多空洞。这些空洞的大小就是道德控制的密度。密度越大，表明受道德控制的行为数越多；密度越小，表明受道德控制的行为数越少。如果以 M 表示道德控制的密度，以 M_1 表示道德控制的行为数，以 M_2 表示道德空间里所有行为的数量，那么：

$$M=\frac{M_1}{M_2}\times 100\%$$

同时，$0<M<1$。当 $M=1$ 时，表明道德控制空间是完全封闭的，即受控空间的所有行为均受道德控制。当 $M=0$ 时，表示道德控制的空间是一个完全开放的空间，所有行为均不受道德控制，这时道德控制的密度实际上等于零。

合理的道德控制密度，可以用八个字来概括，"天网恢恢，疏而不漏"。"天网恢恢"表示道德控制遍布整个社会生活，可以说，哪里有人存在，哪里就有道德规范。因为有人就有人的活动，人与人之间会结成各种各样的利益关系，这些利益关系也需要一定的道德规范来调节。"疏而不漏"表示道德控制并不是全方位封闭的，而是留有很大空间供人们参与各种活动，人类行为是一个异常复杂的系统，其中受道德约束的行为只是人类行为系统的一个分支，这在人类文化上可以得到证明。文化是存在于人类社会的一切人工制品、知识、信仰、价值观及规范等，为社会成员提供了各种行为范型，以解决生活或生存中面临的各种问题。文化对人类行为塑模的力量，主要有风俗习惯、道德、法律和价值观念。其中不同的社会有不同的文化，不同的文化也决定了不同的行为范型。在整个文化体系中，人们受风俗习惯制约的行为恐怕占绝大多数。由此可见，道德控制的密度要讲究疏密相间，不宜密不透风。"不漏"是强调道德控制的针对性和可行性。凡是反映社会利益关系的行为应该有具体的道德准则与之对应，这样，人们就会有章可循，社会也将变得秩序井然。

从伦理角度来看，社会行为可分为道德行为和非道德行为。因此，区分道德行为和非道德行为，是把握道德控制密度的基点。道德行为是具有自我意识的人的行为，是经过自主抉择并具有社会意义的行为。非道德行为，就是并非出于道德意志，即非自愿自主的行为，或者不涉及他人和社会利益及道德意义，也不能进行道德评价的行为。区分道德行为与非道德行为的一个重要标志是行为是否出于自主自愿。人的行为的自主性、自愿性是由内在能力决定的。所谓的"内在能力"集中表现为意志能力,只有发自内在的自由意志的行为才具有自愿性和自主性。这种自由意志是认识了外部和内部的必然性的意志,也是追求"应当"价值目标的意志。只有这样的自由意志才能真正体现道德行为的自愿性和自主性,才能使人成为对自己负责的责任主体。没有这种自愿性和自主性,就不能构成道德行为,如自然生理行为、潜意识行为、无知行为、被迫行为、不自愿行为等。

然而,道德行为和非道德行为的区分又不是绝对的。由于社会关系错综复杂,人们的行为不可能是绝对孤立的或与他人和社会毫无利害关系的,即使与他人或社会没有直接联系,也会有间接关系。因而,随着时间、地点、条件的变化,非道德行为会转化为道德行为。道德行为在多数情况下都是与其他社会行为同时发生的。同一个行为,往往既是道德行为,又是经济行为、政治行为或法律行为。我们在进行道德认识和道德实践时,必须注意这种区别和联系,而否认这种联系,认为经济活动和政治活动都不能用道德评价即是错误的;同样,把道德活动与经济活动、政治活动完全等同起来,用经济政策代替道德要求,或者用政治标准代替道德要求的观点和做法也是错误的。

道德控制的类型:适度、欠度、过度

根据辩证唯物主义原则,在研究事物时,我们可以先采用定性的方法,而暂时撇开它的量;再采用定量的方法,而暂时撇开它的质。但是要真正了解事物,就必须把定性方法和定量方法统一起来,把质和量统一起来,即掌握它的度。只有掌握了"度",决定事物的数量界限,我们才能准确地把握事物。[①] 因此,根据道德控制质与量的标准,我们可以把道德控制分成三种,即适度道德控制、欠度道德控制和过度道德控制(见表1)。所谓适度,即适当程度,指主观认识和行为必须同客观事物的度相契合。

---

① 李秀林、王于、李淮春主编《辩证唯物主义和历史唯物主义原理》,中国人民大学出版社,1995,第177页。

根据前文分析可知,道德控制的定性标准包括五个内容:历史发展水平、生产力、道德意识、人际关系和现有政权。定量标准包括三个维度,即力度、刚度、密度。按照定性标准,我们可以把适度的道德控制定义为社会组织在一定时期内所实施的道德控制,符合当时的社会历史状况,起到调节人际关系、维护社会稳定的作用。在社会上升时期,一般表现为适度的道德控制。欠度的道德控制是社会组织在一定时期所实施的道德控制超越了当时的社会历史状况,不足以维护社会利益、规范人们的行为,从而引起政权腐败、秩序混乱、物欲横流等现象。欠度的道德控制往往与权力失控相连,主要出现在社会腐败时期。过度的道德控制是社会组织所实施的道德控制滞后于当时的实际情况,社会尽管表现得异常稳定,但人们毫无自由,个性受到压制,社会停滞不前,过度的道德控制往往是专制统治的产物。

表1 道德控制根据定性标准划分的三种类型及特征

类型	适度道德控制	欠度道德控制	过度道德控制
历史发展水平	一致	超前	滞后
道德意识	一致	过分迁就人的低层次需要	重单一道德理想,轻丰富道德需求
人际关系	和谐	人情淡薄,秩序混乱	外表服从,内心压抑
现有政权	拥护	政权腐败,我行我素	外从内怨
生产力	利于发展	精神生活空虚,社会风气败坏	社会缺乏创造性,极端平均主义盛行

其中,"历史发展水平"是就生产方式而言的,即适度的道德控制与相应的生产方式及以此为基础的社会形态相一致。例如在封建社会,我们就应该采取封建社会的道德进行控制,如果在封建社会采用奴隶社会道德进行控制,这就是过度的道德控制。道德形态与社会形态相比,呈现滞后性。如果在封建社会采用资本主义道德甚至社会主义道德进行控制,出现了跨越阶段的错误,道德形态与社会形态相比呈现超前性,就是欠度的道德控制。因此,滞后或超前的道德控制都是不适宜的道德控制。

第十七章 道德控制

"生产力"是就道德控制的功能而言的。道德控制的功能是实现社会稳定,但稳定不是目的,真正的目的是发展。因此,适度的道德控制应该有利于社会生产力的发展。对社会生产力的发展,我们应该做动态的考察,而不应该做静态的描述,这有利于真实反映社会发展水平。在当今世界,每个国家由于自然资源、地理位置的影响和具体历史的原因,在生产力发展水平上呈现不同层次。但是,我们不能说,哪个国家生产力水平高,哪个国家的道德控制就是适度的;哪个国家生产力水平低,哪个国家的道德控制就不是适度的,事实也并非如此。在现代许多发达的资本主义国家,由于他们的祖辈们较早进行了工业革命,生产力发展水平远远超过了精神文明建设,结果这些国家的人精神十分空虚,面对膨胀的物质欲望,而不知所从,有的精神分裂、心理变态、沉溺于感官刺激,有的厌倦尘世,或自杀或皈依宗教。由于第三世界国家的奋力直追,那些老牌的资本主义国家已经力不从心,不久就可能被抛在后面。尤其是中国,在改革开放的四十余年时间里,由于正确地理顺了精神文明和物质文明的关系,综合国力日益增强,许多方面已达到世界先进水平,以惊人的速度,弥补了历史造成的不足。因此,以生产力为标准来检验道德控制是否适度,应看它的发展步伐,而不能看它的现实水平。

"人际关系"是就道德控制客体而言的。道德是人际关系的一种重要的调节器,在人类历史上,人际关系的道德调节是最为普遍的一种调节方式,它主要通过调节个人与他人、社会之间的利益和义务关系,来达到人与人之间的相互理解、相互合作、相互帮助。适度的道德控制孕育了和谐的人际关系,具体表现为"平等、团结、友爱、互助",这也是我国社会主义新型人际关系的具体体现。欠度的道德控制催生了恶劣的人际关系,具体表现为人情淡薄、重利轻义、损人利己。资本主义社会的道德控制应该是种欠度的道德控制,因为资产阶级把社会上的一切都变成了可供交易的商品,一切社会关系和人际关系也随之变成商品买卖的关系。资产阶级,"它使人与人之间除了赤裸裸的利害关系,除了冷酷无情的'现金交易',就再也没有任何别的关系"[①]。生活在这种冷酷无情的人际关系中,

---

[①] 《马克思恩格斯文集》第2卷,人民出版社,2009,第34页。

人们缺乏温情、精神空虚，吸毒、嫖娼、卖淫等犯罪现象越来越严重。过度的道德控制产生了虚伪的人际关系，主要表现为等级森严、钩心斗角、欺上瞒下、阿谀奉承。过度的道德控制主要是由封建社会的宗法制、等级制、家长制等陈旧观念造成的。因此，在社会转型期，我们既要防止资产阶级腐朽思想的侵袭，也要防止封建糟粕趁机泛起。

"现有政权"是针对道德控制主体而言的。作为国家政权及道德控制的施控者，又是道德控制的受控者，在道德控制中具有举足轻重的地位。国家政权的控制力源于国家权力机关，但更重要的是源于广大群众的支持。因此，要衡量一个时期的政权所实施的道德控制是否适度，广大人民群众对现有政权是否支持是个很重要的参数。应该说，若得到广大人民群众的拥护，现有政权所实行的道德控制就是适度的，反之就是过度的或欠度的。一般来说，在剥削阶级社会，当社会处于上升时期，由于统治阶级制定了许多开明的政策，包括适度的道德控制，人民群众对现有政权就基本上是拥护的。在社会衰落时期，道德控制也会走向反动。统治阶级为了避免灭亡，往往把道德和政治连为一体，实行高压、封闭控制，人们毫无自由，社会平静的像一潭死水。但是，社会内部危机四伏，一触即发。这就是过度的道德控制带来的恶果。欠度的道德控制首先必须从自己开始，如果政权腐败而得不到善治，则表明政权的机体已经失去控制的功能，一个连自己都管不住的政权，当然也管不了众多的施控对象，道德控制就不能实现。

"道德意识"是就道德控制效力而言的。道德控制是软控制，通过人们对道德规范的认同，依靠社会舆论、良心的力量来达到控制的目的。要达到有效的道德控制就必须以道德意识为基点。道德意识是道德需求、道德情感、价值取向的综合反映，不同的道德意识需要不同的道德原则、规范去支配。因此，一定的道德控制与一定时期的道德意识相吻合，便是适度的道德控制。如我国现阶段实行的道德控制，从社会主义初级阶段的实情出发，既强调集体利益，又不轻视合理的个人利益；既赞扬重义轻利，又不排斥义利兼收；既提倡全心全意为人民服务的精神，又不反对利己利他的思想，所以说，我国现阶段的道德控制是适度的。如果脱离现存的道德意识，过分地强调道德理想，轻视人们多层次的道德需求，便是过度的道德控制。欠度的道德控制，也与现存的道德意识不符，但是它的表征是过分迁就人的低层次需求，忽视对道德理想的追求，人之所以为人，在于他有崇高的理想和远大的目标，如果缺乏自强不息的进取精神，社会就会失去前进的动力。资产阶级享乐主义、纵欲主义的人生观就是欠度道德控制的直接产物。

根据定量标准，道德控制也可以分成适度道德控制、欠度道德控制、过度道德控制（见表2）。

表2　道德控制根据定量标准划分的三种类型

量度	适度道德控制	欠度道德控制	过度道德控制
力度	合理把握道德空间和非道德空间	道德真空多，道德失范现象严重	无原则地把非道德空间纳入道德空间，人的自由度小
刚度	正确对待良性越轨行为和恶性越轨行为	恶性越轨行为不能有效制止	以组织的利益为终极目标，对触犯组织利益的所有行为严加制裁
密度	天网恢恢，疏而不漏	不道德的行为缺乏道德规范的约束	道德行为无限扩大

从表2可知，道德控制的度可以分成三个方面或三个维度：力度、刚度、密度。因此，衡量道德控制是否适度，必须同时观测三个量度，其中任一量度过度，都不是适度的道德控制。

道德控制的三个维度是各自独立又相互联系的。各自独立，是指它们度量的内容不一样；相互联系则是指它们之间有一定的内在联系。例如，力度和密度都与道德越轨行为有间接关系，而刚度则与道德越轨行为有直接关系。一般来说，力度越大，社会行为的自由度越小，人们突破道德活动空间的可能性就越大，越轨行为也越多；密度越大，人们触及道德规范的可能性越大，越轨行为就越多；越轨行为越多，则可能导致刚度降低。因此，它们三者之间应该有一个比较协调的关系，如果有的过高，有的过低，显然不是适度的道德控制，只有当道德控制的三个维度都符合"适度"标准时，才是适度的道德控制。当其中一个维度的值超出"适度"范围时，即成为过度道德控制；当其中一个维度的值低于"适度"范围时，则成为欠度道德控制；当有的维度高出而另一维度低于"适度"范围时，就形成了过度与欠度道德控制杂然并存的局面，这是最复杂的一种情形，一般存在于转型社会中。

由以上分析可知，在判断某个社会的道德控制是否适度时，我们既要坚持定性标准，又要坚持定量标准。定量标准是道德控制度的外在表现，定性标准反映了道德控制度的内在本质。内容决定形式，形式又能动地反作用于内容，通过定性标准分析可以预测道德控制度量的变化趋势，反过来，通过定量标准分析有利于科学地总结道德控制度的变化规律。

三 道德控制的社会心理承受力

道德控制是一种社会实践活动，会产生一种新的社会存在。这种新的社会存在反映到人们心里，必然形成一定的社会心理定式，产生一定的社会心理效应，即对道德控制是接受还是抵触。因此，我们在进行道德控制时，必须充分考虑社会心理因素及心理承受能力。社会心理承受力不仅表现为社会对某些道德规范及控制方式是否认同，而且在道德控制过程中，也有着相应的变化。那么，道德控制的社会心理承受力是什么？社会心理承受力变化的内在因素及有效的控制途径又是什么？下面将做具体分析。

心理承受力的构成

社会心理承受力是一定的社会组织对组织内部成员所灌输的信息，在心理上表现出来的一种所能接受的状态。它是一种群体社会心理现象，是一系列心理能力的综合体。具体由以下四方面构成。

第一，认识能力。指对社会组织施控的信息的认识理解水平。认识能力与承受力成正比，认识越深刻，社会心理承受力就越强，认识越肤浅，社会心理承受力就越弱。道德认识，是指个体或群体在原有的道德知识基础上，结合自己的道德实践，对社会道德规范、道德范例的认同程度。道德知识是人类不断认识道德、发展道德的理论结晶，是道德认识的知识起点，也是社会实施道德控制的客观基础。道德主体往往以道德知识为依据，以道德实践为尺度，来认识、评价他所面临的社会道德控制。由于每

第十七章 道德控制

个人所具有的道德知识不同,对同一社会道德控制会做出不同的反应。道德范例是道德知识的实际体现形式,也是道德知识的确证,它为道德主体提供了处理利益关系的可效典型。人们通过对道德范例的认识,加深了对道德控制的价值性、有效性、可行性认识。道德认识是道德接受的前提,直接影响社会心理能力的形成。第二,应激能力。指社会在出乎意料的情况下,重新调整心态的控制能力。任何一项道德准则都不是在相对平稳的状态下推行的,它会受到各种各样的干扰。这些干扰来自施控者自身的不成熟因素、受控者的道德素质因素,以及社会各种各样的变革因素。在稳定的环境中,人们能够接受某种道德观念并以此指导自己行动,而在有着尖锐的矛盾冲突的环境中,人们会不会一如既往地遵循它所信奉的道德观念来行动,则取决于人们的心理应激能力。应激能力强,人们的自控能力强,心理波动小;应激能力弱,人们的自控能力弱,心理波动大。第三,耐压能力。指人们对社会组织所施加的道德控制所能忍受的程度。耐压能力是有一定限度的,我们称它为阈限值,阈限值越大,表明耐压力越强。如果突破了阈限值,就会失去它的支持力,整个耐压载体就会扭曲变形,甚至毁坏。耐压力也与受压时间有关,受压时间过长,就会影响耐压的张力。因此,进行道德控制,一定要讲究"度",充分考虑社会的耐压力,并不是控制越严格越好。第四,平衡能力。指人的认知情感和反应等方面的综合能力。当认识接受不了时,可以通过情感去安慰,若情感是消极的,还可以通过合理行为去补偿。平衡能力可以弥补前面三种能力的消极方面,对提高社会心理承受力有很大影响。

认识能力、应激能力、耐压能力、平衡能力,是心理承受力的四个维度,它们既各自独立又相互联系。独立性,体现在各自反映的社会心理承受力的不同层面,便于人们科学地分析社会心理承受力的大小、幅度和内在结构,有针对性地增强社会心理承受力。联系性,表现为四种能力自成一体,密不可分,缺少任何一个,都不能构成完整的社会心理承受力。其中,认识能力是心理承受力的核心,直接影响着另外三种能力的生成。认识深刻,就会产生较强的应激能力、耐压能力、平衡能力。应激能力是在矛盾冲突中表现出来的一种自控能力,是一种超常态的爆发力,具有短暂性。耐压力是一种稳定的抗压力,具有持久性。耐压力是应激力的保证,一定的耐压力产生一定的应激力。耐压力大，应激力就大。应激力又是耐压力的扩张，不断强化应激力又会提高耐压力。同时，随着耐压力、应激力的提高，认识力也会随之提高。平衡能力表现为社会心理的组织能力。人们在道德实践活动中，心理承受力的各内在要素不是均衡发展的，而是需要不断调节、整合，通过平衡力，可以形成最佳的社会心理承受力。道德控制所形成的社会心理承受力有如下鲜明的特点。

其一，惯性力。道德控制的社会心理承受力带有很大的惯性力。人们一旦对某种道德规范表示认同，就会产生很强的依赖性。因此，有些道德规范虽然随着历史的发展已经失去了往日的风采，但人们对它还是念念不忘。这种惯性力，一方面有助于保留人类理性精品，另一方面却不利于人们追求新事物、新思想。因此，当我们准备推行一项新道德时，要认真做好宣传教育工作，切不可操之过急。其二，内化力。内化是道德控制的社会心理承受力产生的重要机制。道德控制是外在控制与内在控制的有机统一。人们可以出于社会舆论的压力而接受道德控制，但如果不是出于自觉而仅出于恐惧心理，这种接受就会流于表面。因此，要想加强个体、群体的心理承受力，就必须加强道德主体的内化力。而道德控制的内化力源于人们内心的道德需要，只有把内在需要与道德控制紧密结合起来，才能达到"随心所欲而不逾矩"的境界，这时的社会心理承受力达到最强。其三，利他力。这是由道德的本质决定的。道德控制是以利他精神为武器，达到协调人与人、人与社会之间的关系，维持社会秩序的目的。因此，社会心理承受力应该是以利他精神为动力来不断增强社会心理承受力。如果总是以自我为中心，总希望别人为自己服务，这种人的心理承受力就十分脆弱，在接受道德控制的过程中，一旦自我与他人、社会发生利益冲突，他就会毫无顾忌地挣脱道德约束，置他人、社会利益于不顾，而赤裸裸地维护自己的利益。

道德控制的社会心理优化

社会心理在道德控制中占有十分重要的位置。实践证明，没有必要的社会心理准备，任何伟大的思想、崇高的理想，都将化为乌有。社会心理是人们在社会生活中自发产生、相互影响的一种主体反映，是一定社会活动和经济基础的产物，可以分为个体社会心理和群体社会心理。个体社会心理由社会认识、社会情感、社会动机、社会态度、自我意识等一系列活动过程组成。群体社会心理则是群体对社会存在具有普遍性倾向的感觉、情绪和态度。群体社会心理以个体社会心理存在为基础，又常常影响个体社会心理，它们既相互联系，又相互独立。

在道德控制过程中，人们的道德心理常常以是否支持、接受、满意的方式表达出来。人们的社会心理承受力也随着支持、接受、满意程度的高低而变化。程度高，心理承受力就强；程度低，心理承受力就弱。因此，加强道德心理调控，对提高社会的心理承受力大有裨益。人们的道德心理，主要包括道德认识、道德情感、道德需要、道德思维、道德意志等一系列心理活动。道德认识是指主体通过旧的道德知识和道德需要对当前的道德规范做出评判，为接受做准备。道德认识以旧的道德知识结构为基础，以道德需要为内驱力。旧的道德知识结构包括道德观念、价值取向、道德行为准则。如果道德受控者对某种道德规范进行审视，发现与自己的道德观、价值观相吻合，那么，在心理上就会产生认同感。

道德需要的内驱力表现为一种对道德满足的冲动，人们通过道德认识，满足道德需要，并由此生发新的道德需要。新的道德需要，又激发了人们去进行新的道德认识的热情。因此，人们对某种道德规范的确认，又是以道德需要为基础的，越是有利于道德需要满足的道德规范，人们就越乐意接受它。道德情感是基于一定的道德认识，对现实道德关系和道德行为的一种爱憎或好恶的情绪态度体验，包括义务感、羞耻感、荣誉感和幸福感。道德情感，又分为积极的道德情感和消极的道德情感。积极的道德情感可以鼓舞人们自觉自愿地接受某种道德控制，甚至为坚守道德信念贡献自己的一切；消极的道德情感起抵制、拒绝作用，不利于道德控制。情感的力量，具有很强的任意性、冲动性，一旦爆发，就会形成排山倒海之势，不顾一切理性的约束，毫不顾忌地勇往直前。人们在接受某种道德控制时，常常生发出强烈的道德情感力量，对喜爱的道德规范予以肯定、吸纳，对厌恶的道德规范予以否定、排斥。弄清楚道德认识、道德需要、道德情感在社会心理中的地位，有助于我们进行科学的、有效的道德控制。

在道德控制过程中，会出现各种各样的社会心理，我们大致可以把它分成积极的社会心理和消极的社会心理两类。积极的社会心理,有利于增强人们的社会心理承受力,顺利地实现社会道德控制。消极的社会心理,将会大大削弱人们的社会心理承受力,阻碍道德控制的顺利实施。为保证道德的有效控制,必须进行社会心理优化,目前应主要消除下列不良社会心理。

第一,恋旧心理。过去的东西之所以被人们留恋,是因为其在当时具有一定的合理性,但是,过去的毕竟过去了,它往往与现实格格不入。恩格斯说:"凡在人类历史领域中是现实的,随着时间的推移,都会成为不合理性的,就是说,注定是不合理性的,一开始就包含着不合理性。"[①] 但是,尽管过去的事物在现在看来不合理,但由于它在具体的历史中表现得很合理,给予了具体历史许多恩惠,以至于使人们不由自主地产生怀念崇敬之情。这种恋旧心理,在道德控制过程中表现尤为突出。道德控制的恋旧情绪,对推动新道德产生了极大的阻力,尤其是改革开放的今天,陈旧的道德观念,像幽灵一样长期纠缠着人们,极大地影响改革发展的进程。

第二,鄙视心理。指受控对象对道德控制冷漠鄙视。这种心理主要由以下几种原因引起。其一,受控对象普遍道德素质低下,他们无视道德修养,不讲道德规范,认为商品社会只讲金钱,讲道德没有什么用处,既不能当钱花,也不能当饭吃。因此,他们任意嘲弄和践踏道德。其二,权力阶层的腐败,引起了大众的逆向心理。认为道德无非是权力阶层愚弄人们、为自己遮丑的工具,由此,连真正完善的道德,也不被广大民众所理解。其三,社会风气的不正,使得真正的道德标准在社会实施过程中变形。那些诚实、守信、勤奋工作、聪明能干、恪守道德准则的人往往得不到重用,而那些投机取巧、不学无术、道德沦丧的人常常青云直上,由此,人们怀疑道德,以致鄙视道德。鄙视心理对实行道德控制极为不利,它一方面阻碍新道德的推行,另一方面影响了党和人民的关系,有损党在人民群众中的威信,削弱了集体内聚力和战斗力。因此,我们一定要坚决克服。具体办法是,首先做好道德教化工作,尽快提高整个民族的道德素质。其次,加大法治刚度,对违法乱纪、道德败坏的领导干部严厉惩处,做到发现一个、处理一个,不讲情面,不留余地。同时,大力弘扬社会正

[①] 《马克思恩格斯选集》第4卷,人民出版社,1995,第216页。

气，净化社会环境，做到善恶分明、奖惩有别，行善者，终有善报，作恶者，罪责难逃。

第三，人人为我心理。道德是以利他精神来调节社会利益关系，维护社会秩序的。利他，即自我对他人无私奉献，社会通过利他精神达到和谐运转。可是，在社会生活中，总有一部分人存在别人为我的心理。从"人为中心"出发，"为我"这种想法无可厚非，问题在于如何真正把"为我"的希望变成现实。"为我"有先后之分，社会上一般形成两种心理趋势，一种是"人人为我，我为人人"，另一种是"我为人人，人人为我"。现在我们来具体分析"人人为我，我为人人"的心态。这种心态表现为希望别人先为我，我再为别人。其实这只是一种空想，因为每个个体相对整个社会来说，都是他人中的自我，如果每个人都要求人人为我，那么每个人都是社会首先服务的对象，这样一来，第一个为别人服务的对象就无法找到，没有为别人服务的对象，人人为我的希望就只能成为泡影。由此可见，要想建立一种良好的人际关系，就必须坚持"我为人人，人人为我"的原则，这也是道德控制的意义所在。"我为人人，人人为我"就是要求大家具有无私奉献精神。但是，"我为人人，人人为我"不是以纯粹牺牲为代价的，而是最终以"人人为我"为报酬的。当然，这里的"人人为我"指他人的一种自觉自愿精神，而不是刻意追求的自利意识，只有这样，整个社会才能充分发展，人的个性才能健康发展。

第四，沽名钓誉心理。道德控制是靠社会舆论、良心起作用的，社会舆论的奖励效应使人们产生了从善的极大热情。然而，这种奖励效应常常被一些沽名钓誉者所利用。他们为了出人头地，为了名誉、地位，伪装成谦谦君子，刻意通过种种善举骗取社会舆论的信任。这种沽名钓誉的心理最容易破坏道德纯洁性，不利于良好的社会风气和道德风尚的培育。克服这种沽名钓誉的心理，我们必须注意以下几个方面。第一，把动机和效果结合起来。善行未必有善念，沽名钓誉者的善行缺乏善念。他们行善是为了骗取社会公众的信任，以求自身发达。其实，这些人骨子里瞧不起道德情操修养。因此，对于任何善举，我们不应该盲目地宣传，而要冷静地透过善举，发现真正的动机，对动机不纯的善举，要毫不留情地揭露批判。第二，把善举和平时的道德修养结合起来。一个人做一件好事不难，难的是做一辈子好事。道德控制的目的就是要求人们不断提高道德修养，努力做到全心全意为人民服务。一个善举，并不能代表一个人的道德境界。因此，对道德素质低下的人的善行要提高警惕，不能轻率给予宣扬。同时，也要坚持功过分明原则，有功给予肯定，有过给予惩罚，不能一好遮百丑，让道德败坏的人逃避社会制裁。第三，听取群众意见，加强公众监督。沽名钓誉的人一般是人前一个样、人后一个样，尤其在无人监督的时候，便会随心所欲地践踏道德。但是，纸终究是包不住火的，要想人不知，除非己莫为。群众的眼睛是雪亮的，谁的品行端庄，谁的品行低劣，群众一清二楚，因此，对于善举的赞扬，我们应该多听听群众的意见，凡是群众拥护的，我们就拥护；凡是群众反对的，我们就坚决反对。如果我们坚持了以上三条原则，就能基本上杜绝沽名钓誉的事件发生。社会存在决定社会心理，没有了沽名钓誉的事件，自然就产生不了沽名钓誉的社会心理。

在道德控制过程中所产生的社会心理是复杂多变的，我们应该针对具体的社会心理做具体分析，对不同的社会心理采取不同的方法调节，这样有的放矢就会取得良好的道德控制效果。

心理承受力的变化与道德有效控制

根据社会心理学研究，心理承受力的大小取决于社会心理状况的好坏。心理承受力的变化是随着社会心理状况的变化而变化的。然而，社会心理又受制于社会存在。因此，社会心理承受力变化的最终决定因素是社会存在。那么，社会生活中，有哪些因素制约着社会心理承受力的变化呢？

第一，道德环境。道德环境是由一定的道德意识支配，以善恶标准评价的社会活动空间。道德环境与心理承受力呈正向关系。在道德控制中，良好的道德环境，可以强化社会心理承受力；不良的道德环境，将会弱化社会心理承受力。这里存在马太效应，即越是处于良好的社会环境，人们的行为越是合乎社会道德规范，从而使整个社会环境更趋于道德化。在道德氛围淡薄的社会环境中，人们的行为容易背离社会道德规范，以致相互影响、恶性循环，使整个社会环境趋于不道德化。道德环境包括社会风气、道德意识、文化素质。社会风气是道德环境的外在表现，社会风气的好坏，直接反映道德控制的效度。正气上升、是非分明、团结友爱、平等互助、秩序井然、人心安定，说明道德控制是适度的，人们的社会心理承受力是强大的；邪气上升、人情淡薄、黑白颠倒、纲常废弛、社会混乱，说明道德控制是欠度的，人们的社会心理承受力十分脆弱。道德意识是道德环境的内在要素。道德意识不仅支配着人们的道德行为，也决定了人们接受道德控制的意愿。道德意识强，就能主动接受道德控制，道德意识差，就会无视道德约束。文化素质是道德环境的基石，一般来说，文化素质越高的群体，社会文明程度越高，越是自觉遵守道德规范的约束，因为这些人在社会生活中，不管处于逆境或顺境，都能够用理性去审视道德现状，自觉调整自我心态去适应社会道德的要求。当然，在道德控制的实际操作中，文化素质与道德修养并不成正比。一方面，文化素质越高的人，不一定道德修养越高；另一方面，文化素质低的人，并不代表道德素质低。我国广大劳动人民由于各种条件制约，不能达到较高的文化层次，但是，他们能够恪守人性中最美好的道德，并养成了勤劳勇敢、正直善良、乐于助人的优秀品质。然而，我们也应该看到，文化素质不高的群体，对道德观念的接受只是出于一种人性本能的善的愿望，缺乏对道德规范的理性思考，具有很大的盲目性和自发性。因此，当旧道德解体、新道德兴起时，这群人的心理常常变得惊恐不安，这对推行新道德极为不利。文化素质与道德修养关系的复杂性告诉我们，在提高文化素质的同时，不要忘记加强思想品德修养。

第二，公平态度。公平理论是1965年美国心理学家亚当斯首先提出的，这一理论认为，每个人会不自觉地把自己的投入和所得的报酬进行比较。当投入等于报酬时就会产生公平感，当投入大于报酬时就会产生不公平感。公平态度直接影响人们心理承受力的大小。当他认为是公平的，心理承受力就强，反之，则弱。今天的道德控制，讲究的是"我为人人，人人为我"，我们不妨把它分成两个部分，"我为人人"是种投入，"人人为我"就是报酬。"我为人人，人人为我"原则，很符合人们现阶段的公平心态，所以大多数人愿意接受。如果我们为了人人，但当自己需要社会帮助而得不到帮助时，就会产生不公平感，进而怨恨自己的愚蠢，怀疑现行道德准则的可信度。这时，人们的心理承受力就很脆弱。道德是用来调节利益矛盾关系的，人们遵循道德规范，进行道德实践活动，实质上是一种社会利益再分配。我们平常强调个人对整体服从，自我对他人进行帮助，就是要求把自己应得的利益，让出一部分给整体或他人，以满足整体与他人的正当需求。对于这种让利行为，社会往往以给予精神上的满足为回报。这种精神满足应具备以下条件：①道德主体的内在需求；②受利对象必须是正当需求；③当自己需要帮助时，同样会得到相应的帮助。其中，三个条件缺少任何一个，助人者都不会得到精神上的满足，也就是说，助人者在让利过程中，感受到了愚弄、欺骗、剥夺，因而心里会愤愤不平。例如，当一个人十分同情地给了一个断腿的人一笔钱，后来发现这个人并没有断腿而是装出来为了赚钱时，这个人就会产生一种被剥夺感，以致当社会再次需要他帮助可怜人时，他的心理情绪波动就会很大，甚至可能做出冷漠反应。

第三，社会财产实际占有。人是言利的，人的自身生存和发展，离不开社会给予他的资源。同时，在道德控制中，当社会唤起的道德热忱与责任感不足以协调个人与社会的正常利益关系时，我们就不得不注意到人们的道德面貌的实际利益关系。这里主要指个人与社会财产和权利的关系。财产关系和权利关系的现状直接决定了道德关系所反映的实际生活内容，从而影响人们的价值追求和道德选择。一般来说，当人们切实感受到个人利益与社会财产的内在联系是自我发展的基本依据时，他才会真正关心由这种财产关系所决定的社会准则和规范，才会自觉内化反映这种财产关系的道德意识，从而结束被动接受道德控制的生活方式，达到自为的生活状态。这里牵涉对公有制的看法问题。所谓的公有制，是指生产资料归集体和全民所有。从理论上看，公有制加强了全民对社会财富的实际占有，从而消除了道德对抗的根源。然而，任何理论都需要实践证明，并在实践中不断丰富完善。在现实中，如果每个人对社会财产的现实占有感很薄弱，那么人们还是很难接受公有制所要求的道德原则，以致漫不经心地处理或处心积虑地侵占公有财产的不道德行为随处可见。加强个人对社会财产的实际占有，是推行公有制的有力杠杆。在公有制社会里，要想真正把社会财产与个人利益紧密结合起来，就必须做到：第一，坚持按劳分配原则；

第二，坚持责、权、利的统一；第三，杜绝以权谋私、搞特权主义现象。总之，个人对社会财产的实际占有，是稳定社会心态的重要因素，心态稳定，社会心理承受力就强。

第四，权利阶层的示范效应。在现实生活中，道德控制总是以具体的组织形式实施的，其中，处于权利阶层的执政党的作风是决定性的。这种决定性必然表现为对社会具体事务的直接管理和调节，而且，首先体现为对自身的管理和对政府组织的监督。这种监督直接影响社会风气和民众的向心力。俗语说得好，上行下效。如果执政党忠于职守、廉洁奉公、锐意创新、实事求是、顾全大局、发扬民主、平等待人、以身作则、艰苦朴素、密切联系群众、全心全意为人民服务，那么人民就会拥护，作为自己学习的楷模。如果执政党贪污腐化、以权谋私、损公肥私、弄虚作假、任人唯亲，人民就会鄙视，甚至痛恨。反映在道德控制中，人们对权力阶层所推行的道德体系，哪怕是十分完美的，也会因"恨屋及乌"而拒之门外。

道德控制，是一种社会控制，具有很强的现实性。在道德控制中，我们必须加强心理承受力，以解决社会生活中出现的各种各样的问题；必须注意培养道德意识，与现行的道德控制相配合。因此，增强道德心理承受力成了我们义不容辞的责任。

首先，理顺满足与需要的关系。人有各种各样的需要，美国心理学家马斯洛把人的需要归为五类，即生理、安全、社交、自尊和自我实现的需要。其他心理学家从不同角度，还有别的分类，大致可以分为物质需要和精神需要两类。人的需要能否得到满足，或者说得到何种程度的满足，是提高心理承受力的重要途径。这里，首先要厘清两个问题，第一，需要的存在有合理与不合理之分。合理的需要与具体的现实条件相适应，有利于人的身心健康发展，有利于社会和谐运转和社会生产力的发展，如创造性需要。不合理的需要已经超出了客观现实条件，是一种损人利己非理性的病态心理。如有的人想成名成家，但又没有真才实学，企图通过不正当手段获取。不合理的需要，极大地扰乱了社会生活的正常秩序，破坏了人与人之间的关系。第二，合理的需求不一定能全部得到满足。人的需求是一种静态的心理基因，要转化为现实满足，需要通过一定的社会实践活动来完成。社会实践活动，受到各种条件制约，有主观的，也有客观的。因此，即使是合理的需求，在转化为社会满足的过程中，也可能会因为主观条件不成熟或客观条件变化而中途受阻。有了这两种认识，有助于人们正确理顺需求与满足的关系，即是合理的需求给予肯定，不合理的需求要毫不留情地摒弃，这样就会增强道德心理的免疫力，不会因合理的需要受困而引起心理迷惑，改变一贯恪守的道德原则。这种不为外物所扰的处世态度，能使人无论在顺境还是在逆境中，都能够镇定自若、处变不惊、矢志不渝地坚守道德信念和道德情操。

其次，净化社会风气。优良的社会风气，催人向上，给人希望，能增强人们克服困难、争取胜利的信心；优良的社会风气，还可以使一个民族产生巨大的凝聚力和向心力，形成自强不息的伟大民族精神。因此，净化社会风气，对道德心理承受力具有重要意义。由于我们过分强调提高经济效益，而忽视了思想道德建设，社会上一度出现形形色色的丑恶现象，引起了人们的心理震动，从而降低了人们对现实的道德控制的心理承受力，因此，净化社会风气，主要是加大刚度，惩治社会腐败。腐败，现在已经成为社会公害，有的人为了个人私利，利用手中的权力，搞权钱交易，敲诈勒索，贪污受贿，腐化堕落，严重地降低了党在人民群众中的威信，破坏了人民群众与党和政府的亲密关系。腐败的蔓延，会导致社会风气的败坏。因此，邓小平强调："为了促进社会风气的进步，首先必须搞好党风，特别是要求党的各级领导同志以身作则。党是整个社会的表率，党的各级领导同志又是全党的表率。"[1] "但对我们来说，要整好我们的党，实现我们的战略目标，不惩治腐败，特别是党内的高层的腐败现象，确实有失败的危险。"[2] 腐败的源头在于党内高层领导，所以"越是高级干部子弟，越是高级干部，越是名人，他们的违法事件越要抓紧查处，因为这些人影响大，犯罪危害大"[3]。邓小平同志的几次讲话，对我们惩治腐败、净化社会风气具有重要的指导意义。

再次，提高国民素质。国民素质是一个国家的民众在改造自然和改造

---

[1] 《邓小平文选》第2卷，人民出版社，1994，第177页。
[2] 《邓小平文选》第3卷，人民出版社，1993，第313页。
[3] 《邓小平文选》第3卷，人民出版社，1993，第152页。

社会的过程中所具有的体魄、智力、思想道德的总体水平。它是国家综合国力的重要体现，是国家经济和社会发展的基础。国民素质的高低直接反映了文明素质的高低。文明素质高的群体，社会心理承受力就会很强，就现阶段而言，我国国民素质还有待提高，尤其是改革开放初期，由于忽视了思想政治工作，出现了道德失控的现象，人们的道德素质有下降趋势。因此，提高国民素质，是现实亟待解决的问题。江泽民同志在党的十五大报告中指出："建设有中国特色社会主义，必须着力提高全民族的思想道德素质和科学文化素质，为经济发展和社会全面进步提供强大的精神动力和智力支持，培育适应社会主义现代化要求的一代又一代有理想、有道德、有文化、有纪律的公民。这是我国文化建设长期而艰巨的任务。"[1] 江泽民同志的讲话，为我国提高国民素质指明了方向。提高国民素质，第一要高举邓小平理论伟大旗帜，在全体人民中树立正确的奋斗目标和必胜的信念，为实现共同理想而努力奋斗。第二，要加强以全民族的思想道德为核心的精神文明建设。思想道德是公民素质的重要方面。有道德才能高尚，有修养才能文明，道德水平低下，缺乏文明修养，就不可能有良好的公共生活秩序、良好的社会风尚、良好的社会心态，也不可能成为现代化国家。在改革开放和发展社会主义市场经济背景下，尤其要大力弘扬爱国主义、集体主义和社会主义，弘扬为人民服务的精神，要深入加强社会公德、职业道德、家庭美德教育，在全社会形成团结、互助、平等、友爱、共同进步的人际关系。要大力倡导礼貌待人、助人为乐、爱惜公物、保护环境等文明修养。第三，努力提高整个国家的科学文化水平。科学文化是国民素质的基石，没有科学文化，人们就会愚昧保守，人云亦云，缺乏主动性和创造性。

最后，建立科学的道德体系。随着改革开放的不断深入，社会主义市场经济正在走向成熟。社会存在决定社会意识，与市场经济相适应的道德意识也在不断发展。因此，如何建立有中国特色的社会主义道德体系已成为亟须解决的课题。于是，人们开始对现在的马克思主义伦理观、传统的道德文化，以及西方的人生观、价值观，进行深刻反思，发现了各自合理

---

[1] 《江泽民文选》第 2 卷，人民出版社，2006，第 33 页。

与不合理的成分。然而,建立任何一种理论体系,不在于争论的结果,而在于实践的探索。过分强调理论结果,就会造成脱离实际的理论纠缠,给人们带来认识上的混乱,影响人们的心理承受力。因此,必须尽快重建统一的科学道德体系。现实生活表明,只有建立了统一的科学道德体系,人们才会有清晰的道德认识,才会澄清思想上的混乱,扫除心理上的障碍,更加坚定道德信念,增强道德行为的一贯性和稳定性。

建立科学的道德体系需要冷静、客观、科学地提炼中西文化的精华,结合我国现实的道德需要,进行融合创造,使之形成一种全新的具有规范化、系统化、应用化特点的有中国特色的社会主义道德体系。规范化,指通过官方认可并统一颁布;系统化,指形成一套完整的理论体系;应用化,指社会生活的各个方面要有具体的道德规范、细则与之对应。如现在提倡的职业道德、家庭美德、社会公德应该使之条理化、具体化、生活化。建立科学的道德体系有助于解决长期积郁在人们心里的道德疑难问题,强化并规范新时期所产生的道德意识,使道德主体能够正确认识社会改革中出现的种种道德现象,从而形成良好的社会心理承受力,自觉接受道德控制。

第十八章 道德宽容

随着经济的全球化，以及传统社会向现代社会的过渡与转型，人们的价值观念与价值取向出现了多元化倾向，道德宽容问题日益凸显。经济全球化使世界各个国家、民族、地区之间在政治、经济、文化方面的交往日益增多，也使各种文明、文化和伦理道德相互碰撞。这样，一方面，世界范围内的不同国家、民族和不同种类的文明体系在生活方式、生产方式、价值观念上形成某种趋同化倾向，尤其是当一系列全球性问题，如恐怖主义、霸权与战争、环境污染、生态失衡、南北分化及发展问题、人口暴涨、资源枯竭等，日趋恶化，威胁到人类的生存环境时，人们开始在这些问题上达成某些伦理共识，如反对恐怖主义和霸权主义、尊重人权、保护生态环境、抑制生态危机等，即普遍价值。另一方面，不同文明、文化的价值理念、传统、风俗习惯、生活方式之间的差异性以及由此导致的冲突与矛盾，又使人们深切地意识到不同文化圈、不同地区的特殊价值，即各自的区域价值和民族价值。于是，就形成了普遍价值与区域价值之间以及各种区域价值之间的两大矛盾。如何理解和解决这两大矛盾，就涉及道德宽容问题。①

一 道德宽容，何种宽容

"宽容"一词使用的频率极高，因而，人们或多或少地对它有一些认识和了解，而道德宽容对人们可能有些陌生，因此，探讨道德宽容的基本内涵，首先从宽容着手，是顺理成章的事情。对宽容的含义有不同的理

---

① 本章内容由笔者的研究生汤美萍提交部分初稿后修改而成。

解。宽容（"tolerance"，源于拉丁文"tolerare"）在《大不列颠百科全书》中的解释是："容许别人有行动和判断的自由，耐心、不带任何偏见地容忍那些有别于被普遍接受的观点、行为的人。"[1] 一种观点认为："宽容是一种以价值多元化为基础的理性化的观察和分析问题的方法。具体地说，宽容意味着对价值多元化现实主体的承认、尊重和平等看待；意味着对不同价值标准的客观理解；意味着对自己价值观念的恪守。宽容体现的是一种欢迎不同观点而有是非、立场明确而不偏执的精神。"[2] 另一种观点认为："宽容是社会包容的心态与思维方式。换句话说，就是对不同于自身的他人的存在、他人的生存方式、他人的选择，给予承认和尊重。它反对的是中心主义的思维方式与心态。"[3] 还有一种观点认为："宽容是具有普遍价值向度的道德态度和文化态度，即在人格平等与尊重的基础之上，以理解、宽谅的心态和友善和平的方式，来对待、容忍、宽恕某种或某些异己行为、异己观念，乃至异己者本身的道德与文化态度、品质与行为。"[4] 综合上述几种观点，笔者认为，宽容是建立在多样性、差异性的基础之上，遵循一定的原则要求，以理解、宽谅、尊重的心态与和平友好的方式来对待异己行为、异己观念、异己价值。这表明宽容是对不同于自身的他人的生存方式、行为模式、思想观念予以承认、理解和尊重，而不采取压制、排斥、打击等手段来强迫别人与自己绝对同一，要给予别人广泛的生存空间和自由，所以，宽容恪守差异性权威，反对同一性权威，反对中心主义和强权主义的思维方式与行为模式；但是这种理解、承认、尊重是有限度的，要以是否损害社会整体利益和他人正当权益为界，因而，宽容并不是混淆是非，而是是非分明、立场明确而不偏执。

根据所涉及的对象与运用的领域，宽容可大致区分为宗教宽容、政治宽容和道德宽容。三者既有区别，又有联系。

宗教宽容源于宗教教义的排他性和最高主宰神的权威性，所以，宗教

---

[1] 房龙：《宽容》，广西师范大学出版社，2001，第12页。
[2] 张祥明：《宽容：庄子的认识论精神》，《齐鲁学刊》1998年第6期。
[3] 张海燕：《培养理性、宽容之民族精神，建立现代文明之社会》，《辽宁财专学报》1999年第3期。
[4] 万俊人：《寻求普世伦理》，商务印书馆，2001，第508页。

第十八章 道德宽容

宽容起初是正统教对"宗教异端"的宽容，允许它存在。宗教迫害和宗教战争导致长年累月地互相残杀，引起社会的动荡不安，不利于政权的稳定和社会的发展，而宗教宽容纯粹是为了和平而顺从地接受差异性，即接受异教、异端的存在，承认其合法性。后来经过资产阶级革命与启蒙运动，人们逐渐认识到宗教信仰自由的重要性。宗教宽容同宗教信仰自由本质上是一致的。正如洛克所说："宗教不是国家大事，而是公民的私事，任何人都无权因为别人属于另一教会或另一宗教而危害其公民权利的享受。"[①]"信仰自由是每一个人的天赋权利，这一权利同样也属于不信奉国教者，不应该通过武力或法律手段来强制任何人信教。"[②] 洛克的宗教宽容无非是要求信仰同政治分离，不要用政治手段强迫别人信仰宗教和信仰哪一种宗教。洛克的宗教宽容思想比正统教对宗教异端宽容的思想更进一步。"宗教宽容通常产生于这样的思想：压制宗教信仰的尝试基本上是无效的，因为国家的势力达不到一个人的信仰核心，国家所能保证的至多是使行为一致。"[③] 历史经验证明，宗教宽容有利于国家的稳定，有利于社会的和谐稳定。综上所述，宗教宽容实质上允许人们有信仰宗教的自由，也有不信仰宗教的自由；有信仰这一宗教的自由，也有信仰那一宗教的自由；有信仰这一教派的自由，也有信仰那一教派的自由。总之，宗教宽容意味着不强迫人们信仰宗教和不信仰宗教，尊重人们信教的权利与不信教的权利。但宗教宽容是有限度的。在不影响国家安定和不损害国家利益、公民正当权利的前提下实行宽容。如果宗教宽容只包含宗教信仰自由，那么我们对宗教宽容的概括就未如实反映宗教现象和事实。人类历史上一直存在多种宗教，而且多种宗教之间存在矛盾和冲突。因此，怎样对待多种宗教以及如何处理多种宗教之间的关系，也是宗教宽容应列入的主题。

在20世纪60年代末，特洛尔奇提出了一种理论——宗教多元论，宗教多元论有助于处理多种宗教之间的关系。宗教多元论的先驱是特洛尔奇，最有力的倡导者是约翰·希克，最彻底的宗教多元论者则是雷蒙·潘

---

① 〔英〕洛克：《论宗教宽容》，吴云贵译，商务印书馆，1982，第12页。
② 李金亮：《试论复辟时代英国的宗教宽容理论》，《江苏教育学院学报》1994年第2期。
③ 〔英〕伯纳德·威廉斯：《宽容是政治问题还是道德问题》，《第欧根尼》1998年第2期，第34页。

尼卡。宗教多元论并非认为各个宗教一样有效，且最终都是一样的，也并非无视宗教差异性，而是为了应对宗教差异性才提出宗教理论模式，它承认宗教差异性和多元宗教的存在，并且谋求与其他宗教的对话，试图达到理解、和谐共存。宗教多元论包括混合多元论、理性多元论以及灵性多元论。混合多元论认为："各个宗教是独立的社会实体，有自己的塑造人的方式。社会中各宗教之间的关系可以没有联结或只在最低限度上发生联结，即彼此尊重。各方都遵循最基本的社会准则，我们称其为人性原则。"① 理性多元论认为："不同宗教的人基于理性原则可以进行对话，在一定条件下可以达成某些共识。"② 灵性多元论是"植根于实在本身，并且人类采取不二论方式来解决冲突的多元论"③。不二论承认"多个极性之间的不二关系，面对他者采取'我—你'模式"④。灵性多元论不仅主张多元宗教并存，也主张各宗教理论都有展示的机会和权利，同样强调同一宗教内部的差异性。由此可知，宗教多元论扩展了宗教宽容的思想。宗教宽容不仅允许人们有信教的自由，也要承认多元宗教、宗教差异性、多样性以及同一宗教内部差异性存在的客观事实，并采取尊重、理解而不试图排斥、消除、同化其他宗教和教派的态度。

政治宽容本身经历了一个历史过程。最初的政治宽容是指统治者个人的一项美德，即统治者对异己分子与竞争对手的存在及其不同于统治者意志的态度与行为保持一定限度的容忍。近代以来的政治宽容则是对持不同政见的个人、群体以及政治组织、政党的宽容。实际上就是在政治上宽容差异性，不要求绝对同一。政治宽容存在两种情形：一是针对政治权力的竞争者，如反对运动分子和反对党；二是针对不是政治权力的竞争者。关于前者，"反对运动分子和反对党是政治权力的竞争者，并且他们在民主

---

① 王志成：《宗教相遇、宗教多元论与人的成长》，《浙江大学学报》（人文社会科学版）2002年第2期。
② 王志成：《宗教相遇、宗教多元论与人的成长》，《浙江大学学报》（人文社会科学版）2002年第2期。
③ 王志成：《宗教相遇、宗教多元论与人的成长》，《浙江大学学报》（人文社会科学版）2002年第2期。
④ 王志成：《宗教相遇、宗教多元论与人的成长》，《浙江大学学报》（人文社会科学版）2002年第2期。

政体中是必不可少的。这些政体实际上要求可供选择的领袖（并拥有可供选择的纲领），即使他们实际上从未赢得过一场竞选。他们是政治对手，就像篮球赛中的另一方球员，没有他们的参与就无比赛而言。因此，他们有权去得分和赢球，如果他们能行的话"[1]。例如，美国大选中竞选获胜的就是在朝党、执政党，竞选失败的就是在野党、反对党。双方缺少了谁，都不行。他们的政治立场、观点、目标虽然有所不同，但之所以能和平共存，就是因为有共同的利益，也为了各自不同的利益，而彼此宽容对方。当然他们的宽容是有限度的。不是政治权力的竞争者，指这些人、群体不是共同参加竞赛者，或者当没有共同参加的竞赛时，参赛者对不参赛者或不参赛者对参赛者所持的宽容态度。他们所持的宽容态度并非不关心、不在乎对方，而是以一种理解、尊重、宽谅的态度来对待。只要不损害各自的权利，双方都有自由发挥的空间。政治宽容并不要求所有的参加者在一系列问题上采取一致的立场，也不要求未参与者一定要同意参与者的立场。总之，他们都有保留不同意见的权利。

　　道德宽容是建立在道德主体人格平等与自由的基础之上，以承认价值多样性、差异性为前提，为了实现公正、合理、正义的社会秩序目标，不带任何偏见地对异己行为、异己价值、异己观念持理解、尊重、宽谅的道德态度和道德行为。这表明道德宽容包含如下几个要点。（1）道德主体的人格平等与自由。没有道德主体的人格平等与自由，就不构成道德宽容。（2）承认和尊重价值差异性、多样性。这是构成道德宽容的前提条件，因而道德宽容反对道德霸权主义和价值中心主义。（3）道德宽容的目的不是出于无奈、恐惧，而是为了崇高的目标——维持公正、合理、正义的道德秩序。（4）对异己行为、异己价值、异己观念持理解、尊重、宽谅的态度，并不是道德冷漠和道德歧视，也不是道德相对主义。

　　道德宽容不同于宗教宽容、政治宽容。道德宽容强调个人平等，特别是个人人格尊严平等，宗教宽容强调各宗教之间、教派之间、信仰宗教的个人之间和平共处的问题，而不可能是平等的问题，因为他们根本不可能平等。政治宽容则强调各政治团体之间、非政治团体与政治团体之间和平

---

[1] 〔美〕迈克尔·沃尔泽：《论宽容》，袁建华译，上海人民出版社，2000，第9页。

共处的问题，不可能是平等的问题。由于政治本身具有不平等性、强制性、权威性、排他性，当这种强制性、权威性受到损害后，它就变得不宽容，采取压制手段来达到目的。道德是一种软控制，它必须诉诸人的理性自觉，所以，道德宽容主要体现的是人的自律精神。宗教虽然是一种既存的历史现象，但它本身以超自然的神灵为依托，因而，它是对客观事物虚幻的反映，具有超现实性的特点。而信仰宗教在很大程度上带有盲从性，因此，宗教宽容主要体现的是人的他律精神。但道德宽容同宗教宽容、政治宽容一样都是以承认差异性、多样性为前提；都要打破绝对同一性权威，维护差异性权威；都强调尊重另一方的权利；都是有一定限度的；都强调自由与责任的统一，在履行自由的同时，必须承担相应的责任；都要求一定的妥协。而妥协是从维护社会共同利益乃至社会存在本身出发，社会行为主体基于理性原则，通过谈判、协商的途径来解决矛盾与冲突，它要求社会行为主体的独立性、社会行为主体的相互尊重以及通过谈判、协商解决矛盾与冲突，而不是通过暴力手段。由此可以看出，道德宽容的产生与人们的权利、自由、理性、尊重意识的觉醒是分不开的。然而人们的权利、自由、理性、尊重意识不是从来就有的，而是有一个发生、发展的过程。因此，道德宽容理念一定有其坚实的理论基础，因为它关涉道德宽容存在的可能性和合理性。个人平等是它的社会基础，文化多样性是它的文化基础，个体理性自律是它的道德主体基础。

　　个人平等是指公民在社会生活的各个方面享有同等的权利，包括经济平等、政治平等、道德平等和文化平等。其中，经济平等是最基础的。经济平等是指人们在获取、享用社会经济权益，承受社会经济负担等方面的公平正义。但由于社会成员在个人资质、能力、机遇和社会生活条件（作为既有的）、环境等方面的差异，人们往往在实际的经济发展方面是不平等的。因此，经济平等只是一种理想化的、相对的经济权利要求。政治平等是指作为社会和国家公民的身份平等和权利平等。其基本内容是，每一个公民都必须享有平等的社会权利，同时也必须承担平等的社会义务。作为公民，每一个人都是社会的成员或国家的公民，公民身份或公民资格是他们共同拥有的。所以，每一个公民所享有的权利和所承担的义务都应是公平对等的，绝不能因为种族（人种）、民族、性别、年龄（就能够合法

第十八章 道德宽容

取得公民资格的成年公民而言)、身份、党派、门户、信仰等方面的差异而有所不同。道德平等,通俗地讲,主要指人际的人格(尊严)平等。也就是把人当人看,这是康德在"人是目的"的道德律令中所表达的基本思想。人格平等是个人平等的最起码要求,其基本原则是人格尊严的相互尊重。但人格平等不是抽象的平等,而是有着实质性价值含义的道义要求。人格是个人道德品质和生活个性的综合反映,也是个人之自我特性的成熟表现。个人的人格代表着他或她的自我尊严,但个人人格的形成与表现却有着深厚的社会生活背景和文化道德背景。因此,人格平等既是人与人之间相互的人格尊重和公平对待,也包含着人际公平对社会公平的期待。文化平等是一种较宽泛意义上的文化权利平等,包括公民的一般权利平等,也泛指不同群体(包括不同文化社群或文化共同体,如学校、教会、协会等文化组织;不同种族和性别群体以及不同民族国家)之间的文化平等。文化平等的要求,包括两个方面,一是各文化(生活)主体的文化认同得到尊重;二是所有独立的文化传统享有同等的生存权和发展权,都必须得到平等的尊重。[1] 在上文中,笔者对个人平等的基本内涵做了基本的梳理,下文主要从基督教所奉行道德原则的变化、道德宽容的理念在欧洲近代启蒙运动中最终形成的过程、个人平等与道德宽容的内在联系三个方面来阐述个人平等是道德宽容的社会基础。

第一,从基督教奉行原则的流衍变化来看。起初,基督教所奉行的是"以眼还眼,以牙还牙"的原始观念。因为基督教是在古罗马征服、压制、迫害的不宽容环境下产生的,是一种被压迫民族和人民的宗教,维护其基本生存权利是基督教的最高目标。因此,"以眼还眼,以牙还牙"的原始正义观念便自然而然地成为这个宗教和它所代表的犹太民族的第一行动准则。人们不难理解,一个被强大的异族以不宽容的方式驱逐出埃及的弱小民族,只可能选择这种不宽容的原则作为其唯一可能的原则。宽容是相互的,是势力或力量基础上的正义升华。没有基本的个人平等,没有基本相称的社会力量,道德宽容也就没有了社会基础。随后基督教所奉行的原则是被迫容忍。因为至古罗马帝国时代,基督教仍处于被压

---

[1] 万俊人:《寻求普世伦理》,商务印书馆,2001,第499~507页。

迫的社会境地，这是一种边缘化甚至是不合法的社会境地。为此，基督教和它的信徒们不得不忍受巨大的牺牲和痛楚。然而，为了生存，为了争取合法的社会地位，基督教被迫容忍了一切，直至成为罗马的国教。最后，其奉行的原则是强制。在它成为罗马国教的同时，也获得了在政治、经济、文化、道德上的合法性权威，并且逐渐占支配地位。当它的合法性权威受到质疑时，则必然会采取极端措施，即强制、压迫等。被迫容忍、强制都不是宽容，它们都不是建立在平等、尊重的基础之上，而是一方处于绝对优势，一方处于绝对劣势，并且是一方对另一方的歧视甚至蔑视。

第二，从道德宽容的理念在欧洲近代启蒙运动中的最终形成来看。欧洲近代启蒙运动之前，虽然人文主义思潮和宗教改革运动使封建等级制度、专制制度以及宗教教权制度受到了一定冲击，但是并没有从根本上摧毁封建等级和教权制度的根基。所以，封建等级和教权制度仍然制约着资本主义经济的发展，捆绑着资产阶级和广大民众的手脚。在国家内部、教会内部仍然是等级森严，仍然存在极大的不平等。封建统治者和各级教会头领高高在上，有享不完的荣华富贵，也享有极高的荣耀，并且手中握有政治权力；而广大人民没有任何政治权利，也根本不被当人看，只当作手段或工具，因此，他们根本没有人格尊严可言，更谈不上享受权利。由此观之，建立在道德主体平等基础之上的宽容理念，也就没法产生。只有经过启蒙运动之后，欧洲一些国家从根本上摧毁和打破了封建等级制度和教权制度，使广大民众获得了经济、政治、文化和道德上的平等权利。在经济上享有同等的权益，承担同等的义务；在政治上成为国家的合法公民，法律面前人人平等；在文化上有着不同信仰的权利；在道德上，人的人格尊严受到了尊重。当然这些只是形式上的平等，然而在当时却具有相当重大的意义，甚至是革命性意义。这样一来，道德宽容就有了社会基础——个人平等。

第三，从个人平等与道德宽容的内在联系来看。如果没有人与人、民族与民族、国家与国家之间的相互尊重和理解，就不可能存在长久的道德宽容。因为道德宽容作为个人美德，作为有共同价值取向的道德态度和文化态度，不是社会行为主体一时的冲动，也不是社会行为主体偶然的举动，而是社会行为主体长期的、普遍的道德操守、道德信念。而且，道德

第十八章 道德宽容

宽容是相互的,是道德行为主体双方共同起作用的结果。譬如,甲宽容乙,而乙却不宽容甲,长此发展下去,甲还会宽容乙吗?答案是甲肯定不会。为什么呢?原因是任何事物都有一定的限度,超出了这个限度,就会走向事物的反面。因此,甲宽容乙是有限度的。甲长期宽容乙,而乙却长期不宽容甲,本身就违反了道德宽容原则,不属于道德宽容,而属于道德容忍或道德仁慈。虽然道德宽容包含容忍和仁慈,但道德宽容又不同于道德容忍、道德仁慈。如前文所述,道德宽容是建立在平等、尊重的基础之上,对异己观念、异己文化的尊重和理解,不把自己和国家的意志强加给别人和他国。而道德容忍或道德仁慈是建立在双方不平等、不尊重的基础之上,它包含有强者对弱者的仁慈施舍或弱者对强者的被迫容忍。道德宽容是为了个人和社会的善的增加、恶的减少,使整个社会有一个安宁、祥和的环境,也使整个社会和世界实现公平正义。而如果一方对另一方一味地容忍、仁慈、施舍,就会出现道德冷漠、道德残忍和道德偏见,也就会离社会和世界的公平、正义秩序越来越远。所以,个人平等是道德宽容得以存在、发展、延续的基础,道德宽容本身离不开个人平等。

文化(culture)源于拉丁文"cultura",原为对土地的耕耘和对植物的栽培,后引申为对人身体和精神两方面的培养。在中国古籍中,文化的含义是文治和教化。文化有广义和狭义之分。从广义上说,文化是指人类在社会实践过程中所获得的物质、精神的生产能力和创造的物质财富、精神财富的总和。此文化犹言文明,即物质文明和精神文明。从狭义上说,文化是指社会的意识形态,包括政治、法律、道德、价值观、哲学、艺术、宗教等各种形式以及与之相适应的制度和组织机构。

文化是一种历史现象、一个历史积淀过程,而且离不开人民群众的共同积累、共同创造、共同提升,这就决定了由于自然环境、历史背景不同,文明程度、科技水平不同,生产者的文化技术水平不同,人们所创造的文化传统、文化样式、文化模式也就不一样。因此,各个国家、民族的文化传统、文化样式、文化模式就不可能是整齐划一的,像同一个模子铸出来似的,而是千姿百态、丰富多样、风格迥异的。世界文化由多元样态构成,这是历史形成并延续至今的客观事实。每一种文明、文化都是在本民族、本国家、本地区生存和发展的历史中产生,并为本国、本地区乃至全世界文明的发展做出过贡献,都有其存在的理由和价值。在世界文明发展史上,各文明、文化既相互区分、冲突,又相互沟通、融合,同时保持各自的特点,由此推动世界文明的发展。英国历史学家汤因比在《历史研究》一书中,把人类文明分为 26 种。经历史发展演变,剩下的比较重要的 5 种文明是,西方的基督教文明、东欧和俄罗斯的东正教文明、北非和中东等地的伊斯兰教文明、印度次大陆的印度教文明、中国和东亚的儒教文明。① 美国学者亨廷顿认为,当代的主要文明有七八种,即中华文明、日本文明、印度文明、伊斯兰文明、西方文明、东正教文明、拉丁美洲文明以及可能的非洲文明。② 这表明世界文化存在多样性。文化的多样性观点实质上是承认、尊重文化的差异性,而不试图消除、取消文化差异性来达到绝对同一,维护同一性权威。但文化多样性又不同于差异性,文化差异有两种形式,一种是"自然性"或事实性差异。这种差异必须得到尊重,因为它意味着每一种特殊文化的基本权利、个性和多样性;另一种是"人为的"或价值学差别,人们应当努力减少和消除这种差异。因为它隐含着文化歧视或文化傲慢,隐含着道德话语霸权的争夺和威胁,甚至隐含着"殖民文化"和"种族政治"。所以,我们承认的差异性是"自然性"或事实性差异。既然文化多样性是一个既存的客观事实,没有任何力量能够改变它,即使在经济全球化、一体化的今天,也不例外,那么我们就不得不正视文化多样性的客观事实,并采取有效措施,建立公正、合理的世界秩序和道德秩序。

在传统社会中,存在文化多样性的空间极其有限。无论是在古希腊的城邦国家,还是在东方的奴隶社会;无论是在柏拉图的社会正义秩序理念中,还是在中国传统儒家的人伦亲情伦理观念里;也无论是在西方基督教政教合一的国家,还是在东方的伊斯兰国家,人们基本上都处于专制主义和等级森严的社会环境中。那么,社会意识形态的控制自然也是绝对一元的、专制的,因为统治阶级为了维护他们的统治地位,不仅要在经济和政治上占有绝对支配权,也要在文化特别是社会意识形态领域占有绝对支配权和宰制权。因之,所谓文化多样性——无论是对内还是对外——都成了

---

① 〔英〕汤因比:《历史研究》,刘北成、郭小凌译,上海人民出版社,1986,第 29 页。
② 〔美〕塞缪尔·菲利普斯·亨廷顿:《文明的冲突与世界秩序的重建》,周琪等译,新华出版社,1988,第 370 页。

一种非现实的想象，而不可能变成真切的现实。即使在某一特定时期，某一国家允许文化多样性存在，也只是暂时的，而不会是长久的现象。道德宽容是以文化差异性、多样性为基础，长久地对异己文化、异己观念、异己价值所持有的态度。可见，在近代以前，因为根本不允许文化多样性的存在，所以，具有真正现代意义上的道德宽容理念也就不可能产生。

而在近现代社会，打破了专制主义和社会等级结构的秩序，建立了自由、民主、平等的社会，鼓励发展和张扬人的个性。这样，人们可以自由思考、努力探索、积极创造，可以自由施展与发挥个人的聪明才智，同时也创造了丰硕的科技文化成果和多种多样的文化样式。总之，世界是一个丰富的世界，人类文化也是多种多样的。多种多样的文化怎样和平共处的问题又被提上了议事日程。多种多样的文化要和平共存，就必须要求各种文化样式以海纳百川的广阔胸怀与气度包容、接纳、尊重其他文化样式，而不是以宰制性的心态去压制甚至消灭其他文化样式，这就是宽容的态度。道德宽容必须彻底消解同一性权威，维护差异性权威。只有这样，才能求得真与善，消除假与恶，形成公正、合理的世界秩序与道德秩序。

"自律"（autonomie）一词源自希腊语，由 autos（自己）和 nomcos（规则）二词合成，其原始含义为"法则由自己制定"。后来，康德首次系统地阐述了自律概念。他说："实践意志的第三项原则，作为自己和全部普遍实践理性相协调的最高条件，每个有理性东西的意志的观念都是普遍立法意志的观念。"[1] 这里表明的意思是人作为理性存在物，自主地为自己的意志"立法"——设定道德法则，通俗地说，也就是自己为自己立法，这实质上就是自律。他认为，自律即支配人的道德行为的道德意志纯由自己的理性决定，而排除了任何外在因素的影响。这里的外在因素，主要指两个方面：一是"异己意志"，包括他人意志和人格化的上帝意志；一是感性世界，包括人类基于自然而追求功利、利益等行为结果的感性活动因素，以及社会关系等历史条件。道德行为只受自己的善良意志支配，不受外在因素的影响。康德把人作为有理性的存在物，人是自己为自己立法，听命于每个人的意志所颁布的道德法则，而不服从异己

---

[1] 〔德〕康德：《道德形而上学原理》，苗力田译，上海人民出版社，1986，第83页。

意志。康德对自律概念的理解，高扬了道德的主体性，使人从道德（宗教、道德）的奴仆，一跃成为道德的主人（人为自己"立法"），具有革命性的积极意义。不过，他的自律概念把主体的意志自由绝对化了，把自律变成了与任何外在因素无关的、没有任何现实内容的空洞形式，这显然是错误的。马克思批判继承了康德的自律概念，他认为主体的意志自律，不是在幻想中摆脱一切外部控制，而是以对于社会存在和发展的必然性、规律性的认识为基础，自主、自觉、自动地限制自己、约束自己。① 理性自律强调规则、法则由自己制定，同时也体现了人的道德行为、道德选择是自由的，不是被动地服从，而是主动地做出决定。当然这种决定又是深思熟虑、全盘考虑、"三思而行"的结果，而不是头脑发热、一时冲动的结果。换言之，人的道德选择、道德行为是自己理性做出的决定，而不是非理性的快乐、幸福、欲望等情感不理智地做出的决定。

  道德的主体性在最基本的意义上，即是康德所谈的价值目的性"你须要这样行动，以至无论是你自己或别的什么人，始终把人当作目的，总不把他只当作工具或手段"②。康德关于人是目的的命题，具有革命性意义。要求把人当人看，凸显了人自身的价值和意义，也增强了人自觉自为的主动性。当然，这正如马克思所说："（1）每个人只有作为另一个人的手段才能达到自己的目的；（2）每个人只有作为自我目的（自为的存在）才能成为另一个人的手段（为他的存在）；（3）每个人是手段同时又是目的，而且只有成为手段才能达到自己的目的。"③ 所以，每一个人、每一个国家不可能只是单纯的手段，也不可能只是单纯的目的。人既是目的也是手段。从上文可以看出，主体的理性自律同道德的主体性实质上是一致的。

  中世纪，在基督教神权的统治下，个人没有独立自由可言。因为他们身上套着双重枷锁，一是基督教神权，二是封建王权。由此可知，人们想要自己主宰自己、自己成为自己的主人、自己为自己立法是不可能的。所以，人们只有屈服而去做违背自己良心的事，如因害怕遭受迫害、压制而改变自己的宗教信仰。人们没有道德选择、道德行为的自由，在很多情况

---

① 《马克思恩格斯全集》第42卷，人民出版社，1997，第97页。
② 〔德〕康德：《道德形而上学探本》，唐钺译，商务印书馆，1957，第43页。
③ 《马克思恩格斯全集》第46卷上册，人民出版社，1979，第196页。

第十八章 道德宽容

下是迫于恐惧、压力和无奈。马克思说过:"道德的基础是人类精神的自律,而宗教的基础则是人类精神的他律。"[①] 这表明道德是人类理性范围内的事,它诉诸人的理解、认同和践履;宗教则崇拜上帝、神等难以把握和理解的东西。而在宗教这种社会意识形态占统治地位的中世纪,人们更不可能诉诸人的理性,而只能是非理性、盲从。总之,人们不是理性自律的,而是他律的。这样,其在许多情形下所做出的不宽容行为也是情理之中的事。因此,在一个没有自由又信仰宗教的时代里,既然不可能产生理性自律的人,也就不可能产生真正长久的道德宽容。即使有某些宽容之举,也是偶然的,"就如同狮子不吃羚羊一样"。随着专制主义和宗教权威主义的消解,人们独立、民主、自由、平等的观念增强了,而且出现了理性自律意识的觉醒。人们的思想和行为不再完全受非理性意识的控制,而是听从理性的指导。随着宗教狂热的减弱,人们有权且有能力做出自己的道德选择,而不是完全受外在环境的干预和控制,这表明人是理性自律的。同时,人们的道德主体性意识在增强,认识到人不能纯粹被当作手段或工具,而应该是目的。具备了这种观念,人们在处理人与人之间、国与国之间的关系时,就会以平等的态度,而不是盛气凌人、趾高气扬或者卑躬屈膝的态度来对待他人,以尊重、理解的态度来看待文化差别(事实上的),能设身处地为他人着想。这些实际上体现了道德宽容的本质。可以说,没有道德主体意识和理性自律意识的觉醒,就没有道德宽容。

道德宽容涉及的是道德行为主体如何解决异己价值、异己行为与异己道德观念的问题,道德宽容的目标是促进多元道德价值的和谐共存,建立公正、合理、正义的道德秩序和世界秩序。道德宽容建立在主体道德自由的基础之上,奉行不干涉原则和尊重权利原则,对异己行为、异己价值采取理解、尊重的道德态度。这就是道德宽容的基本要义。

道德自由是道德宽容的应有之义。作为道德行为的主体所追求的一种德性境界,道德自由不同于政治法律意义上的自由和哲学意义上的自由。政治法律自由是指制度和法律规定的范围内人们行动的可能性,哲学上的自由是指人们对客观必然性的认识以及对客观世界的改造,而道德自由是

[①] 《马克思恩格斯全集》第1卷,人民出版社,1995,第119页。

指行为主体自觉自愿地按体现历史必然性的道德原则和规范去行动,它以行为的自觉、自愿、自主为特征。[①] 可见,道德自由由三个环节构成:道德认识上的自觉,道德情感上的自愿,道德行为上的自主选择。道德认识上的自觉意味着行为主体从理性上自觉认识到所追求的价值目标以及与之相适应的原则规范的价值合理性。情感上的自愿意味着行为主体在实现某种价值目标和遵循某种原则规范的过程中,不是在情感上勉为其难,而是自愿地接受。道德行为上的自主选择意味着行为主体在社会历史条件和实践条件所允许的限度内,有权力且有能力做出自己的道德选择。

道德宽容的行为并不是行为主体非理性、被迫做出的,而是行为主体自觉自愿做出的,所以,要求行为主体有深刻而自觉的道德认识和道德觉悟,自愿自为地选取道德价值观念,自主地付诸道德实践。这实质上是主体的道德自由。因而,没有道德自由,就没有道德宽容。资本主义在殖民扩张和资本扩张的过程中,对殖民地人民进行了残酷剥削、压迫和殖民渗透。虽然遭到殖民地人民的激烈反抗,但因实力悬殊,殖民地人民不得不接受、容忍外国资本主义强加给他们的经济和政治模式、价值观念、生活方式。那殖民地人民的态度和行为是否属于道德宽容?答案是否定的。因为殖民地人民根本没有道德自由,也不可能从理性上自觉认识到实施宽容的必要性和重要性。他们做出的是迫不得已、无可奈何的选择,并未自觉认同别人强加给他们的生活方式、价值观念,从而不可能矢志不渝地践履他们所奉行的原则规范。

道德宽容也意味着妥协,甚至包括某种程度上对权利或权力的放弃。对异己观念、判断和行为的宽容,包含着对异己者正当权利的尊重,同时也意味着宽容必须放弃某种继续申言和自我辩护的要求,放弃某些应得的"利益"或权利。当然,这种妥协、放弃或让步只有在主体有道德自由的前提下,才有可能把握妥协的合理限度。如果行为主体有道德自由,他就有能力进行理性思考并自主地做出道德选择,而不至于被别人牵着鼻子走,因而,他也能把握妥协的原则和分寸,使妥协保持在合理的限度内。也只有在合理限度内的妥协,才属于道德宽容。否则,就是道德容忍。因

[①] 刘云林:《论道德自由对道德价值之意义》,《江海学刊》1997年第1期。

此,道德自由是道德宽容的应有之义。

不干涉原则是道德宽容的最起码原则。中国古代儒家的"恕道"即"己所不欲,勿施于人"乃是对这一起码原则的经典表述。它首先是指个人之间互不干涉他人正当自由的基本立场和态度。其前提是,每一个人都拥有不可剥夺、不可侵犯的基本人权。只要人们正当合理地行使自己的基本权利,任何人或组织都无权干涉。在这里,涉及三个极容易为人所忽视的问题。其一,怎样行使自己的基本权利才能算作"正当合理"的?对此,有两个基本的判断标准:一个是人际伦理的,即该权利的行使不得侵犯他人的自由或权利;另一个是社会正义伦理的和政治的,即该权利的行使或个人自由不能违背社会的普遍正义伦理原则和基本政治秩序要求。其二,用"不干涉原则"来限定"正当合理"的自由行为,意味着个人自由是有限的。任何不正当的、非理性或反理性的"自由"行为,都不适合"不干涉原则"。同时,"不干涉原则"也绝不意味着任何形式的"道德冷漠"。其三,"不干涉原则"不仅适用于人际,也适用于社会或任何形式和规模的组织或群体。只要个人自由保持在正当、合理的范围内,社会或群体就无权干涉。否则,将被视为反自由的、非正义的。这涉及社会普遍正义的问题。[1] 道德宽容的态度实质上要求给予别人自由,给予别人道德选择的空间和权利,能设身处地为别人、别国着想,而不是用独断、独裁来统治、压制别人,也不是强迫别人的价值观念、行为方式与我们保持绝对同一。不干涉原则恰恰体现了这些要求,但不干涉并不意味着放弃、听之任之,使整个社会处于无序状态,而是为了整个社会的有序、和平、安宁所采取的对他人有利、对社会有益的态度。所以,要实现道德宽容,不干涉原则是一个基本要求。

尊重权利原则是道德宽容最重要的原则。尊重权利原则主要包括尊重犯错误的权利、人格尊严权利、差异性权利、自由权利四个方面。其一,犯错误的权利。人犯错误是在所难免的,是必然的。正如我国学者顾准所说:"一切判断都得自归纳,归纳所得的结论都是相对的。"[2] 恩格斯说:

---

[1] 万俊人:《寻求普世伦理》,商务印书馆,2001,第475页。
[2] 顾准:《顾准文集》,贵州人民出版社,1994,第402页。

"事实上,它(归纳法)是很不中用的,甚至它的似乎最可靠的结果,每天都被新的发现所推翻。"① 列宁说:"由归纳得出的最简单的真理总是不完全的,因为经验总是未完成的。"② 雨果说:"犯错误是人的权力,不犯错误是天使的梦想。"这表明人的认识是相对的、不完全的,而不是绝对的、完全的。换言之,一切认识都难免出错,错误是人的认识的内在构成。认识的可错性是宽容得以存在的认识根据,这里所指的错误是知识理论上的认知错误。人们除了难以避免犯认知错误外,在道德领域也难以避免价值选择的错误。价值选择是:"人们在实践之前,对价值评价在一定'自由度'的范围内,依据客体属性和主体自身需要以及实践的目的的鉴别、比较,从而选择一种最佳价值评价而否定排除其他价值评价的过程。"③ 价值评价是人们对客体属性和主体需要关系之间价值大小的评价,是主体对客体的社会实践意义的评价。由此可以看出,价值选择强调的是一个过程。这个过程包括价值选择的信息搜集过程、备选方案的形成过程以及抉择过程。信息搜集过程是要根据选择主体的价值目标获取信息,并不断地向形成中的备选方案提供新的信息或信息反馈。备选方案的形成也是信息加工、处理以做出价值选择的过程,它既要符合选择主体的意图,又要在所有信息中筛选、识别和剔除虚假信息,以免干扰和影响价值选择的正确性。抉择过程是价值选择最重要的过程,它既要协调前两个过程,又要协调自身与前两个过程,时刻保持信息与备选方案以及抉择的沟通。④ 只有这样,才有可能保证价值选择的正确性。不管是信息搜集的过程、备选方案的形成过程,还是抉择的过程,都要受主客观因素的影响。主观因素指价值选择主体的实践经验、知识积累、认知能力以及情感、意志、直觉、偏好等。选择主体的实践经验、知识积累和认知能力是有限的,这决定了选择主体搜集到的信息和提出的备选方案也是有限的。在有限的信息和备选方案中做出选择,就难以避免错误。任何人都具有情感、意志、直

---

① 贺来:《"宽容"的合法性根据》,《南京社会科学》2002 年第 2 期。
② 贺来:《"宽容"的合法性根据》,《南京社会科学》2002 年第 2 期。
③ 李顺万:《论价值评价与价值选择》,《探索》1996 年第 6 期。
④ 王君琦:《价值选择的合理性及其检验》,《郑州大学学报》(哲学社会科学版)2001 年第 2 期。

觉、偏好等，而任何一种价值选择都是作为主体的人做出的。所以，价值选择会不可避免地受到这些因素的影响。一旦受到这些因素的影响，就会增加错误价值选择的概率，因为这些因素具有很大的偶然性、不确定性和难以把握性，从而使价值选择出现偏差。当然，也不能说这些因素不能做出正确的价值选择，有时凭直觉、情感等因素选择，反而是正确的。客观因素是指在人类选择实践活动中，实践目的与实践结果之间总有一个时间差，这使得人类实践活动永远具有某种"摸着石头过河"的"试错"效应，因此，实际的价值选择必然有正确和错误之分。既然价值选择难以避免错误，就应该允许人们犯错，对人们价值选择的失误持理解、尊重、宽谅的态度，即道德宽容的态度。只有这样，人们才有勇气、有决心、有毅力进行价值选择和价值决策并不断地参与创新性活动，从而推动人类社会向前发展。综上所述，尊重人们价值选择失误的权利，就是道德宽容。当然，尊重人们价值选择失误的权利也是有限度的，不是无止境的，应以社会所容许的范围和失误的程度为界。

其二，人格尊严的权利。对人格尊严，不同学者有不同的观点。有人认为，人格尊严是指"人人所具有的自尊心与自爱心不受伤害，个人价值不遭贬低的权利"[1]。有人认为，人格尊严是指"人的自我评价和自我的社会评价"[2]。还有人认为，人格尊严是指："公民基于自己所处的社会环境、地位、声望、工作环境、家庭关系等各种客观条件而对自己或他人的人格价值或社会价值的认识与尊重。"[3] 笔者认为，人格尊严是人类所特有的，并且是作为每一个人所应当具有的生存的庄严、不容侵犯的身份、地位、资格。人虽然存在天赋、体质、财富、地位、才能等方面的差别，并且这些差别是难以消除的，但就作为人这一点，他们生存的尊贵庄严、不容侵犯的身份、地位、资格，却是没有差别的、平等的，因为这种身份、地位、资格是与生俱来的。一个人既是人类的一分子，又是种族生命与种族精神的负载者。由自然造化赋予及人类通过世世代代、艰苦努力所形成的

---

[1] 徐显明：《公民权利义务通论》，群众出版社，1991，第6页。
[2] 〔苏〕B. 奇希克瓦泽：《社会主义人权概论》，范习新译，社会科学文献出版社，1991，第57页。
[3] 王利明、杨立新等：《人格权法》，法律出版社，1997，第35页。

种族的基本尊严,自然也负载于个人身上,对于他人及社会来说,个人所具有的这些身份、地位、资格,应被视为一种权利,他人及社会有责任和义务,尊重与维护这种权利,包括生存幸福的权利、意志自由的权利和礼仪名分的权利。生存幸福的权利是一种最基本的人格尊严。生命安全、健康、温饱及幸福生活等,是每个人有权要求得到的。贫困、饥饿甚至生命安全没有保障,自然不符合人的尊严。意志自主的权利,指人享有精神和思想自由的权利。精神和思想自由,即不受束缚,自己做出决定。意志是人的本质的一个重要方面,而意志的本质是自由。唯有保持意志自主,人作为一个物种,才能保持相对于万物而言的优越性与尊严;唯有保持意志自主,人作为个人才能在人群中保持健全的精神人格。礼仪名分的权利指每个人享有礼节仪式方面的名分、待遇及社会生活中各种必要的形式化的资格的权利。如前所述,道德宽容必须以道德主体的人格平等和自由为基础,尊重人的人格尊严是道德宽容所要求的最基本、最起码的权利,并且这个权利是不可剥夺的。

其三,价值差异性权利。价值差异性是客观存在的事实。即使在全球化日益深入的今天,亦不例外。全球化对各个国家、民族、地区的经济、政治、文化产生了深刻的影响,使其具有了某些普遍性特点和某些共同利益,但是当今时代仍然是以国家与民族为主体构成的时代,而国家与民族的利益是有差异的,所以,不同的国家与民族必定从自身的利益出发去对待全球化问题。利益的差异也必定形成对全球化进程不同的塑造力量,从而形成全球化格局中的区域特点和政治地理的空间差异。再加之,不同的国家与民族有着不同的历史、文化和传统,这是不可磨灭的民族存在的基因,对于某个民族或国家来说,尽管世界历史的一般进程,必然会影响它的发展进程,但是民族传统与文化的基因必定使自身的演进方式带有自己的特色。事实上,在人类发展史上,一个民族或国家总是依据本民族、本国家的社会特殊性、自然条件和历史传统,同来自国际环境的外部影响和作用进行互动,对社会存在形式进行变革和创新,从而使各个民族、国家的社会形态呈现出与与众不同的特征,即多样性的特征。马克思曾说:"相同的经济基础——按主要条件来说相同——可以由于无数不同的经验的事实,自然条件,种族关系,各种从外部发生作用的历史影响等等,而在现象上显示出无穷无尽的变异和程度差别。"① 这表明存在价值差异性、多样性。也就是说，现实的社会形态不可能只存在一种评判事物的价值准则和价值标准，而是存在多种多样的价值准则和价值标准。而且评判事物的价值准则和价值标准也不是永恒不变的，价值具有相对性，没有永恒不变的价值和价值准则。道德宽容正是针对价值差异性、多样性、相对性的客观现实而提出的，是对价值现象的正确反映，也是为了反对价值霸权主义、价值中心主义。因此，尊重价值差异权，是道德宽容的一个基本要求之一。

其四，自由的权利。自由是现代社会的基本理念之一，也是人们的永恒追求。自由，在英文中有两个词：一个是 freedom，另一个是 liberty。freedom 是指原始社会中无拘无束的自然状态，较为抽象。liberty，则是指权利和义务，较为具体，可以具体化为不同类型的自由。这里所讲的自由主要指权利和义务，包括政治自由的权利、经济自由的权利、个人人身自由的权利、道德自由的权利。政治自由的权利主要指个人作为国家公民所享有的在法律规定范围内的权利，包括选举权和被选举权、结社集会自由的权利、出版自由的权利等。经济自由的权利主要指人类享有经济生活的权利，包括自由贸易的权利、自由交换的权利等。个人人身自由的权利主要包括生命自由权、私人生活自由权和宗教信仰自由权等。道德自由的权利主要指人们有价值选择和价值行为的自由等权利。也就是说，社会应允许、尊重人们在不同的道德价值体系之间自主地做出自己的选择，而不受他人和社会的外在强制、干涉、侵犯。并且这种选择在道德上是正当的，是应当受到保护和尊重的。当然，这种选择的自由也是有限制的。马克思说："自由就是从事一切对别人没有害处的活动的权利。"② 所以，道德选择的自由以不损害国家、社会的整体利益和他人的正当权益为前提。可以说，每个人都有选择自己行为的自由，但又必须在道德上对自己的行为负责任。道德选择是自由和责任的统一。在享有自由的同时，必须承担相应的责任。总而言之，道德选择是既有自由，又有限制。道德宽容之所以可

---

① 《马克思恩格斯全集》第 25 卷，人民出版社，1974，第 892 页。
② 《马克思恩格斯全集》第 1 卷，人民出版社，1956，第 438 页。

能与必要，正是由于人们有道德选择上的自由。而尊重人们道德选择的自由，可以充分发挥人的积极性、主动性和创造性，培养人的平等意识、民主意识、创新意识，最终实现个人的全面发展和促进社会的共同繁荣。所以，道德宽容必须尊重人们道德选择的自由。

道德宽容的终极目标是形成公正、合理、正义的道德秩序。在通常意义上，"秩序"即规范或规范系统。社会法制、宗教信条、政治策略、道德规范等作为价值规导的制度、原则和规范系统，乃是构成人类社会秩序的基本要素。在所有这些社会秩序要素中，道德秩序显然是一种较弱意义上的秩序要素。我们可以大致地把道德秩序界定为一种社会价值生活和行为的道德规范体系以及支配这一体系的道德理念系统和表达与论述这一体系的道德观念解释系统。[1] 所以，道德秩序强调的是整体的范畴，而不是部分的范畴。前文谈到过，道德宽容是基于个人平等、文化多样性而提出的。由此可知，追求个人平等，尊重文化多样性、世界丰富性是道德宽容始终不渝的目标。要达成公正、合理、正义的道德秩序，就必须要求各行为主体在坚持一定原则的前提下，具有一种宽谅的心态，能容得下并尊重异己行为、异己观念，而不是千方百计地排斥、打击、压制异己行为、异己观念。只有这样，整个社会的秩序才处于良性运行当中，才能达到公正、合理、正义。如果社会行为主体对异己行为、异己价值、异己观念进行排斥、打击和压制，那将使社会矛盾与冲突急剧增多和不断升级，引起社会的动荡不安，使整个社会从有序走向无序。这样一来，整个社会的价值规范系统将不能正常运行，由此导致人们无所适从，不知所措，也就谈不上构建公正、合理、正义的道德秩序。道德宽容作为处理人与人、人与社会关系的重要道德规范，本身就蕴含着人们追求公正、合理、正义的价值目标。总而言之，人们提出道德宽容，并不是没有价值目标的，而是有着崇高的价值理想，那就是达成公正、合理、正义的道德秩序。

综上所述，主体的道德自由、不干涉原则、尊重权利原则和建成公正、合理、正义的道德秩序是道德宽容的基本内核。而上述四个方面又有密切的联系。主体的道德自由是前提和基础。只有在主体有道德自由的前

---

[1] 万俊人：《寻求普世伦理》，商务印书馆，2001，第528页。

提下，道德宽容的主体才有可能奉行不干涉原则和尊重权利原则。如果一个主体没有道德自由，他就不可能自主、自觉地选择和支配自己的道德行为，也就有可能做出违背自己良心和原则的事情，即人们通常所说的情非所愿、迫不得已。也只有道德宽容主体遵循了不干涉原则和尊重权利原则，才有可能给予别人充足的道德选择空间以及使别人的自由和权利得到充分享受，才能充分发挥道德行为主体的主动性、创造性，从而建立公正、合理、正义的道德秩序。

二 道德宽容的实现

道德宽容要真正实现，需要两个方面的条件：一是社会要提供良好的条件并营造宽容的氛围；一是个体的需要和努力。

1. 道德宽容实现的社会机制

机制一词源于希腊文 machane，原指工具、机器的构造方式和工作原理。"机"即机能、功能，"制"即制度、规则和程序。机制的本意是指机器运转过程中各个零部件之间的相互作用、互为因果的联结关系及运转方式。后来生物学界和医学界以类比方式使用了生物机制、病理机制等概念，用以表示有机体内发生生理或病理变化时，有机体内部的各个器官和组织之间怎样有机地结合在一起，互相依存、互相制约、互相作用，产生一定的功能，调节生物体的运行。后来，这一概念便被移用到社会领域，主要是类比借用"内在工作方式"和"结构组成部分的相互关系"。[①] 可见，所谓机制是指一个运动着的客体各个组成部分之间在某种状态下所发生的功能性变化及其过程和方式。实现道德宽容的社会机制指从社会层面的角度，影响、制约、保证道德宽容实现的因素，主要包括制度机制、道德商谈机制和道德教育机制三个方面。

制度机制。制度是一定历史条件下形成的法令、礼俗等规范的概称。在我国《易·节》中就记载有"天地节，而四时成。节以制度，不伤财，不害民"。孔颖达疏："王者以制度为节，使用之有道，役之有时，则不伤

[①] 参见《辞海》对"机制"一词的注释。

财，不害民也。"制度是人们行动的依据、行为的指南，也是人们行为评价的依据。制度对人们的行为乃至观念的影响是非常大的。所以，确立一系列的制度来强化道德宽容原则和道德宽容理念，使之具有制度性保障，是十分必要的。只有这样，才不至于让道德宽容成为"呼之即来，挥之即去"，具有随意性、主观性的东西。那应当确立什么样的制度呢？确立允许存在并尊重多元道德价值体系的制度。这一制度，应该允许和承认多元道德价值体系的合理存在；应该允许不同的人持有不同的价值观念、价值信念、价值追求以及生活方式；应该强调尊重多元道德价值，尊重异己行为、异己观念、异己价值。总之，这一制度强调多元道德价值体系并存，反对一元道德价值体系、价值中心主义、价值霸权主义和道德话语霸权。这就从制度本身体现出宽容，即容忍差异性，尊重差异性，给予人们行为选择的自由。这种宽容的制度有助于实现道德宽容。因为在宽容的制度下，人们有权利做出自己的选择，可以充分展示其本质力量、自由个性，同时也会尊重别人的选择和权利，而不会去干涉别人的自由，不会把自己的意志、价值观念、价值选择强加给别人，这主要是由制度的本质和功能所决定的。制度是确定人们行为及其相互关系的一套规则，通过特有的约束机制和激励机制，规定着人们的行为取向与行为方式。所以，制度有两种作用：一是约束作用；一是导向、规导作用。在宽容制度的约束下，人们就有可能接受这种制度，虽然有点不情愿，但是他们出于尊重法律法规、遵守法律法规的目的而执行之，容忍差异性，尊重差异性，尊重别人的选择，不去干涉别人。这样一来，他们的道德宽容意识自然而然就增强了，而道德宽容意识的增强有助于实现道德宽容。制度不仅对人们起约束作用，还起导向、规导作用。在某一制度的影响和规导下，人们会对某一制度产生认同。所谓制度认同是指公民对某一制度体系在价值上的承认与肯定，认为它是基本公正的，自己愿意遵守与维护这一制度体系。制度认同内在包含两个方面的内容：一是价值上的肯定，一是转化为行为的现实趋势与取向。[①] 所以，人们在允许存在并尊重多元道德价值体系制度的同时，也会认同这一制度。也就是说，人们对多元道德价值体系并存的制度

---

① 高兆明：《论多元社会的价值整合》，《伦理学》2002年第2期。

第十八章 道德宽容

做出价值上的肯定，承认它存在的合理性，并且认为它是基本公正的，是因为出于理性，从而表现出自觉、自愿地遵守与维护这一制度的倾向。当这一制度被人们所认同并内化为个体的道德品质后，人们就会自觉地、长期地按照制度所要求的去想、去做，不干涉别人的自由，尊重不同于自己的价值观念、价值选择、价值信仰。这样，人们的道德宽容意识与道德宽容品质就形成了，因而道德宽容的实现也就顺理成章。综上所述，确立允许存在并尊重多元道德价值体系的制度有助于实现道德宽容。但是，也有人心生疑窦，认为这违背了主体的道德自由原则，从而违背了道德宽容原则。主要是因为这一制度的确立对人们起一种强制、约束作用，而强制、约束就含有不得不为和强迫的意味。笔者认为，表面来看，这似乎违背了主体自觉、自愿、自主的原则，但实质上没有违背。因为主体的道德自由是相对于道德必然而言的，是相对的，不是绝对的；是在遵循那种反映和体现历史必然性，并被社会所公认而又公正、合理的道德原则与规范的前提下的自主选择、自主行为。道德宽容是针对当前多元社会的客观现实并为解决多元社会中存在的矛盾与冲突而提出的道德原则与规范，也被社会公认为公正、合理的原则与规范。因此，这一制度的确立并没有违背主体的道德自由的原则，相反，恰恰是主体道德自由的充分发挥，体现了主体的自主性、自觉性、主动性和自为性，使道德主体实现了他律向自律的转化，自在向自为的转化。由此可以得出结论，确立允许存在并尊重多元道德价值体系的制度，不仅没有违背主体的道德自由，还通过营造道德宽容的社会氛围从根本制度上确保了人的道德自由。那怎样确立这一制度？或者是对这一制度的确立有何要求？首先要求这一制度在内容上必须正义；其次要求这一制度在程序上也必须正义。所谓在内容上正义，就是指这一制度既要如实反映当前价值取向多元、价值评价体系并非单一的客观现实，尊重不同的人选择不同的道德价值体系，但又不违背社会基本的正义的价值理念。例如，不能支持人们信仰邪教、参加黑社会势力集团等，因为邪教和黑社会势力集团都会损害其他主体的基本权益，都具有反社会、反人类、反他人的性质，都违背了社会基本的正义的价值理念。所以，这一制度的确立，不能违背社会基本的正义的价值理念。否则，社会将无公理、正义可言，整个社会将处于混乱和无序状态中。因此，只有两者兼顾，整个社会才会既宽容，又有序，才会处于良性运行当中。所谓程序正义，就是指这一制度的制定在程序上应该是宽容的，即不应该由某些组织、某些社会群体、某些个人独断专行，自作主张，随意地指定哪些道德价值体系是合理的、允许存在的，哪些道德价值体系是不合理的或不允许存在的，而应该是组织、社会群体，在平等的前提下，经过充分地协商、讨论、对话而达成的一致意见。为了保证程序的正义性，就要求各道德主体在商谈、讨论、对话的过程中，反对用强权、权威压服人，反对把自己的意志、观念强加给别人，反对道德话语霸权，而要平等地对待他人，对待其他道德价值体系。也就是让每个道德主体都有充分言说的权利，有充分展示其差异性的权利。这样，就能从程序上保证这一制度的确立是宽容的，是符合正义的。总之，不管是从内容上，还是从程序上，都要保证多元道德价值体系制度的确立符合宽容原则和正义理念。当然，制度制定的宽容并不一定能保障道德宽容的实现。要真正实现道德宽容，还需要人们把这一制度加以贯彻、实施、践履，落到实处。这就说明制度的制定和实施不可偏废。

然而，制定和实施多元道德价值体系并存的制度又要反对伦理政治化。因为伦理政治化是与道德宽容格格不入的。伦理政治化是指过分强调政治在伦理中的作用，试图用政治制度和法律制度取代伦理道德的独特作用，忽视伦理道德应有的功能，把伦理问题上升为政治问题的倾向。这样一来，就有可能导致残暴、严苛的统治。大家知道，政治是直接维护阶级统治的工具，具有阶级性、强制性、权威性和排他性等特点，伦理政治化是反道德宽容的。确立这一制度是为了实现道德宽容。所以，制定和实施这一制度必须反对伦理政治化。在这里，反对伦理政治化的实质就是要使这一制度不要成为束缚人们思想和行为的绊脚石，不要成为压制、恐吓人们的手段，而要成为人们自由思考和行动、尊重他人权利的坚实保障。当然，也不能忽视和削弱政治在伦理道德中应有的作用。这样，就既能保证制度的权威性、强制性，又能保证社会秩序的宽容。

道德商谈机制。道德商谈，也就是道德交谈、对话、讨论，是指为了在共同体中达成某种共识和相互理解，在道德主体平等的基础之上所进行的协商、交谈、对话和讨论，它不是强制和压服，也不是独语。就现实形态而言，道德商谈往往呈现多种形式，从生活世界中的日常交谈，到理论层面的观点交流，从一定社会集团内部的讨论，到以社会舆论形式出现的道德声音，广义的道德商谈出现于社会生活的各个层面。这种广义上的道德商谈包括言说行为但又不限于狭义的言说行为，狭义的言说行为往往具有在场（presence）的特点，道德商谈则可以展开于不同的时空。如果从逻辑层面对道德商谈做一番考察，那么，它将大致呈现如下结构：商谈的对象或内容，商谈和交往的过程往往由此引发；商谈的参与者，简单而言也就是说者与听者；商谈的过程，可以取得在场（言说行为）的形式，也可以超越在场，在言说行为（在场）中常常表现为说与听、辩与答等的互动；商谈的背景，包括商谈参与者在社会结构中所处地位和以往的文化历史积累、商谈发生的具体语境。商谈既受到参与者社会身份的影响，也以特定语境、参与者的知识结构为制约因素；理解的过程，同时也是正在说的与已有的知识、立场相互沟通、交融的过程。[①] 对于这个结构，我们着重把握两个方面，一是商谈的对象或内容，二是商谈的参与者（包括商谈参与者的广泛性、平等性以及怎样进行商谈等），因为这两个方面直接关涉道德宽容问题。道德宽容是要尊重别人的权利、价值差异性，不干涉别人的自由，给予别人较大的道德选择空间，不把自己的价值信念、观念强加给别人，反对道德独断论和道德权威主义。而对道德商谈这两个方面的正确把握与运用，有助于践履道德宽容原则，培养主体的道德宽容精神。所以，一定要着重把握好道德商谈的这两个方面。

商谈的对象或内容，主要包括道德规范和道德行为。从具体内容来看，道德商谈首先涉及规范。哈贝马斯提出了交谈伦理学（discoursive ethics），他曾通过交谈而非独语来论证规范和命令的合理性，并视之为交谈伦理学的基本预设之一，其中亦有以道德规范为伦理交谈的内容之意。[②]作为规范系统，道德的社会功能往往通过普遍规范对社会共同体成员的制约来实现；行为的正当性，与行为所依据的规范的合理性和有效性具有逻辑上的联系。虽然康德哲学和分析哲学都考察过道德规范的普遍有效性，

[①] 杨国荣：《伦理与存在——道德哲学研究》，上海人民出版社，2002，第 210 页。
[②] Habermas, *Moral Consciousness and Communication Action*, Polity Press, 1990, p. 68.

但它们都有自身的缺陷和不足。在康德那里，道德规范的普遍有效性便已成为关注的重点；当然，康德主要试图从先天性与形式化的合一来担保道德范性的普遍有效性，这种思路似乎仍具有抽象思辨的倾向。分析哲学虽然放弃了先天的预设，但对包括规范在内的道德问题，仍主要用一种逻辑的、理想化的方式来处理，其考察通常建立在一系列个人假设的基础上，缺乏社会历史的维度。相比之下，将共同体中的对话、交谈、讨论引入道德领域，则意味着放弃抽象的独语，从较为具体的社会历史层面，考察道德规范的合理性、普遍性、有效性。[①] 由此可知，道德商谈是通过交谈而非独语来论证道德规范的普遍合理性。道德商谈、对话不同于单向、独断的道德强制。单向、独断的道德强制过分强调道德规范的普遍性、合理性、有效性，而忽视了主体的自主性、能动性和选择性。朱熹曾说："仁者，天之所以与我，而不可不为之理也；孝悌者，天之所以命我，而不能不然之事也。"[②] 这表明仁、孝悌作为当然之则的道德规范，主体除了服从之外别无选择，人根本没有自主性和选择性，更谈不上道德宽容。而道德商谈、交谈要求参与者之间展开平等的交流，肯定共同体中每一主体都有权利对规范的合理性、公正性提出自己的看法，拒绝定于一尊或权威的主宰，意味着放弃道德话语霸权。可见，道德商谈、对话、讨论，由于将普遍的道德规置于平等的道德行为主体的相互讨论之中，从而为人们承认道德价值的多样性，尊重、理解、容忍异己行为奠定了基础。

在实践领域，普遍的规范往往通过行为者的接受过程而具体化为多种道德行为，后者构成了道德商谈的另一内容。以道德规范为对象的商谈主要围绕着规范本身的合理性、有效性等展开，相对于此，关于行为的商谈则更多地与评价过程相联系。但是普遍规范的商谈和道德行为的商谈又有联系。行为的评价总是以规范为一般准则，而规范的商谈如果离开了具体行为，也容易流于抽象。关于具体道德行为的商谈也体现了宽容。既然是商谈、交流，就要求不同的参与者以一种平等的身份自主地参加商谈，而不能是不平等和强制，这实质上就是宽容。由此可知，不管是参加道德规

---

① 杨国荣：《伦理与存在——道德哲学研究》，上海人民出版社，2002，第209页。
② 朱熹：《论语或问》卷一。

范的商谈,还是参加道德行为的商谈,都能从一定程度上培养参与者的道德宽容精神。

道德商谈的另一个重要方面就是商谈的参与者。商谈参与者怎样商谈是需要着重考虑的问题,因为它与道德宽容原则是否践履有密切联系。如果商谈参与者能以平等、尊重的态度对待其他参与者以及他们的意见和观点,而不是用强制和压服手段来对待他人,那就是道德宽容,否则,就不是道德宽容。哈贝马斯在这方面为我们提供了一些具有借鉴意义的经验。他提出了权利平等、机会均等和非强制原则等三条商谈规则。哈贝马斯说:"(3·1)每一能以言谈和行动的主体都可以参加商谈讨论。(3·2) a. 每人都可以使每一主张成为问题。b. 每人都可以使每一主张引入商谈讨论。c. 每人都可以表示他的态度、愿望和需要。(3·3)没有一个谈话者可以通过商谈讨论内或商谈讨论外的支配性强制被妨碍体验到自由(3·1)和(3·2)确定的权利。"① 哈贝马斯对这些规则做了解释:"规则(3·1)在无例外包括一切主体的含义上确定可能参加者的范围,这些主体具有参加论证的能力。规则(3·2)确保一切参加者机会均等,来对论证做出贡献和使一些论据生效。规则(3·3)要求确立种种交往行动,在这些行动下无论是拥有通向商谈、讨论的普遍途径的权利,还是机会均等地参与商谈、讨论权利,都可以体验到,而还没有什么微妙而隐蔽的压迫(因而是合度的)。"② 哈贝马斯的上述三条商谈规则以及对规则的解释都充分说明商谈需要遵循一些程序性原则来保证商谈的普遍性、公正性和有效性。当然,这三条商谈规则要真正贯彻、实施是相当困难的,但是毕竟给我们提供了一条很好的思路。道德商谈必须保证主体的广泛性、参与者的权利平等和机会均等,每个参与者都有充分言说的权利,对其他参与者的意见持尊重的态度,这对我们来说是富有启发性的。在我们的现实社会中,交谈、对话、讨论或多或少都具有一定的强制性和压服的意味,没有充分考虑主体的广泛性,没有很好地尊重参与者的权利,也没有充分发挥参与者的积极性、主动性和自主性。所以,道德商谈应借鉴哈贝马斯所

---

① 薛华:《哈贝马斯的商谈伦理学》,辽宁教育出版社,1988,第14页。
② 薛华:《哈贝马斯的商谈伦理学》,辽宁教育出版社,1988,第14页。

提供的一些有益经验,来培养、增强人们的道德宽容意识,从而保障社会的良性运转。

如果建立了道德商谈机制,又能遵循商谈的基本规则,那么人们的权利意识、尊重意识、平等意识、价值差异性意识就易于培养,从而有助于实现道德宽容。那怎样建立道德商谈机制呢?首先应从程序上着手。尽量保证商谈主体的广泛性,使每一位有能力参加商谈的人都能参加商谈;在商谈过程中,应尊重其他参与者的言说权利,以宽容、理性的态度对待他人的意见,反对独断的趋向。其次要从商谈的可理解性和真诚性着手。商谈的可理解性,也就是哈贝马斯所说的言说的可理解性。使言说具有可理解性,就必须要求商谈的参与者应当承认语言的公共性,将私人语言排除在论域之外(如维特根斯坦所论证的,事实上不存在私人语言),遵守语言规则,注重概念的清晰性及表述的逻辑性,等等。商谈的真诚性,则要求参与者应当坦诚地表述自己的真实意见,避免言不由衷,或刻意矫饰。[1]在商谈、讨论过程中,这种真诚性首先表现为对待听者或其他参与者的一种态度。《中庸》所谓"唯天下至诚为能化"[2],"是故君子诚之为贵"[3],"唯天下至诚,为能尽其性"[4],这些都强调了真诚的重要性。只有这样,才有可能建立有效的道德商谈机制。

道德教育机制。道德教育是指处于各种社会关系中有道德知识和道德经验的人们,依据一定的道德准则和要求,对其他人有组织、有计划地施加影响的一种活动。[5]人生初始,从道德上讲,只不过是一张白纸,只有通过外在的道德教育,才有养成一定道德品质的可能。中国古代思想家墨子见染丝者而叹曰:"染于苍则苍,染于黄则黄。"[6]18世纪法国唯物主义者爱尔维修认为,人们"只是他们教育的产物"[7]。这表明了外在的道德教育对人的重要性。道德宽容原则与理念不会自动跑到人们的头脑中去,人

---

[1] 杨国荣:《伦理与存在——道德哲学研究》,上海人民出版社,2002,第212页。
[2] 《中庸·二十三章》。
[3] 《中庸·二十五章》。
[4] 《中庸·二十二章》。
[5] 罗国杰:《伦理学》,人民教育出版社,1989,第452页。
[6] 谭家健、郑君华:《墨子选译》,上海古籍出版社,1990,第10页。
[7] 张焕庭:《西方资产阶级教育论著选》,人民教育出版社,1979,第157页。

也不可能天生就具有道德宽容原则与理念，需要社会对人们不断地"灌输"，进行教育与引导。对人们进行道德宽容教育，主要培养三种意识。

首先，培养人们的价值差异性、多样性意识。人们在很多情况下做出道德不宽容的行为，是价值差异性、多样性意识不强的缘故。所以，培养人们的价值差异性、多样性意识是非常重要的。如果一个人不具备价值差异性、多样性意识，他就可能习惯于用自己的价值模式去强求别人，要求别人与自己同一，也就不可能尊重别人的价值观念、价值信念、价值追求和价值选择，从而干涉别人的自由。由此可知，一个不具备价值差异性、多样性意识的人，是不可能具有道德宽容观念的。而要使人们具有道德宽容观念，就必须培养他们的价值差异性、多样性意识。一方面要让人们了解价值差异性、多样性是客观存在的。各个国家、民族、地区的人们由于经济发展水平、历史发展、地理环境、文化传统甚至种族的不同，他们的价值观念、宗教信仰、伦理准则以及心理习惯也不可能是相同的，而是多种多样、千差万别的。即使是同一国家、民族、地区的人们，他们的宗教信仰、价值观念、生活方式、价值选择也不可能是整齐划一、绝对同一的，而是有差别的。这主要受他们的社会地位、受教育程度、性格特征、兴趣爱好、家庭环境、学校社会教育等因素的影响。另一方面要培养人们对待价值差异性、多样性的正确态度——理解、尊重的态度，不要试图排斥、消灭价值差异性和多样性。只有这样，才有可能培养人们的道德宽容意识。

其次，培养人们的平等意识。如前所述，个人平等是道德宽容得以存在的根据之一。没有个人平等，就没有道德宽容。宽容理念的形成与人们平等意识的增强是分不开的。因此，要实现道德宽容，就必须培养人们的平等意识。如果一个人不具备平等观念，就可能持有两种极端观点，即优势论和劣势论。优势论者认为，自己是最好的，"老子天下第一"，因而，对他人采取不屑一顾，甚至贬低、轻视、蔑视的态度，更谈不上理解、尊重别人。劣势论者认为，自己低人一等，习惯用别人的观念、行为来衡量自己，从而丧失了人格尊严、独立性、自主性，以至于成为别人的附庸。因此，他们没有资格，也不可能去宽容别人，因为他们没有道德自由。没有道德自由的容忍，不属于道德宽容，而属于道德容忍或道德纵容。上述两种论断都不利于实现道德宽容。所以,只有先培养人们的平等意识,才可能使人们养成道德宽容的习惯。而培养人们的平等意识,一方面要加强平等教育,提高人们对平等观念的认识水平。毛泽东说:"不论做什么事,不懂得那件事的情形,它的性质,它和它以外的事情的关联,就不知道如何去做,就不能做好那件事。"① 所以,要使人们具有平等意识,就必须先让人们了解和掌握什么是平等、平等包含哪些要素、平等有什么重要性、平等和哪些事物有关联等。只有这样,他们才有可能按照平等的要求去做。另一方面是营造平等的社会氛围,主要从两个方面着手。第一,制度设置以及政策、法律法规的制定与执行上要体现平等。例如,不管是高官还是普通老百姓,不管是有钱人还是穷人,只要是违法犯罪,就都应受到法律的惩罚。如果能做到这些,人们的平等观念就会增强。第二,从舆论导向上大力倡导平等精神,特别要着力宣传:虽然人们在社会地位、受教育程度、天赋资质、职业等方面有别,但他们的人格尊严是平等的,没有高低贵贱之分。舆论部门也要切实做到,既要宣讲大人物为社会所做的贡献,又要宣讲普通老百姓所做的贡献。这种平等的舆论氛围,对人们的思想和行为具有潜移默化的作用,有助于培养人们的平等意识。

最后,培养人们的道德主体性意识。什么是道德的主体性?很明显,道德本身不是主体,也不能成为主体。道德是人的一种特殊活动,是人类实践—精神掌握世界的一种特殊方式。马克思在论述道德特征的这一根本思想时,指出"掌握"一词的含义是"据为己有","使世界成为自己的世界""为我的世界"等。这就说明道德是一种属人的活动、主体性活动。所谓道德的主体性,是指人在道德活动中使人成为主体的性质,指人在一定道德情境中对于所面临的道德客体即以社会或他人的活动为载体的道德准则和规范的自主性、积极性和创造性。② 这具体表现为以下几点。第一,主体具有自觉的道德意识。这种道德意识又具体表现为利益意识和责任意识。利益意识是主体对自己的生存和发展所产生的意识,是主体自主性活动的出发点和归宿。责任意识是主体对自身所具有的义务、职

---

① 《毛泽东选集》第 1 卷,人民出版社,1991,第 171 页。
② 唐凯麟:《伦理大思路——当代中国道德和伦理学发展的理论审视》,湖南人民出版社,2000,第 502 页。

责的认识，是主体自主参与道德活动的内在动力。第二，主体有选择的自主性。也就是主体能够做出自己的选择和决定，有选择的自由。第三，主体具有自我调节性。也就是指当主体的选择受到各方面的干扰和破坏时，主体为了使活动目标得以实现，会调节自身的需要和情感、活动的方法和手段、活动的过程和结果，从而使活动始终是主体"我"的活动和"为我"的活动。

前文讲过，道德宽容意识的产生同人们道德主体性意识的觉醒和增强是分不开的。在这里，培养人们的道德主体性意识，关键在于培养人们的责任意识和自主选择的意识，这有助于培养人的道德宽容意识，把握道德宽容的限度并实施道德宽容行为。道德宽容作为一种伦理关系，强调的是道义责任，需要主体让渡或放弃某些权利，所以，只有当主体认识到自己对他人和社会所承担的义务、责任和使命时，他才有可能放弃某些权力或权利，尊重他人的权利，不干涉他人的自由。否则，他将会固守自己狭隘的天地，而忽视或漠视自己所应承担的职责和履行的义务。由此可知，道德宽容意识的形成与人们责任意识的增强是分不开的。培养人们自主选择的意识实质上就是培养他们独立进行行为选择的能力。如果社会行为主体有能力做出自己的选择，就不会老是看别人脸色行事，不会总是随大溜，而会做出自己的决定。这样一来，他就会对该尊重哪些人、哪些事情，不该干涉哪些人、哪些事情，做出自己的选择，从而正确把握道德宽容的对象，促进道德宽容的实现。制度机制、道德商谈机制、道德教育机制毕竟只是实现道德宽容的社会因素，只能为道德宽容的实现提供外部环境和条件。总而言之，要真正实现道德宽容，还需要考虑实现道德宽容的个体因素。成功的道德宽容实践是离不开社会行为主体的努力的。

2. 道德宽容实现的个体机制

探讨个体机制，就是从社会个体层面来考察，影响、制约道德宽容实现的因素。它主要包括三个方面：宽容成为个体内在的道德需要；提高个体对道德宽容的道德认知水平；个体采取实际的道德宽容行为。

其一，宽容成为个体内在的道德需要。人既是一种感性的生命存在，同时又具有社会的、理性的规定，因而，人的需要也涉及多个层面的内容。马斯洛（Maslow）曾将人的需要分为不同的层面，包括生理的需要、安全的需要、爱的需要、尊重的需要以及自我实现的需要等。[①] 马斯洛的需要层次理论虽有一定缺陷，但为我们理解人的需要提供了很好的思路。人们必须先满足低层次的需要，再过渡到高层次的需要。人的道德需要就属于人的多层次需要中的一种高级需要，是人作为一种有理性的社会动物的精神规定，也是人类区别于动物的主要标志之一。古希腊著名思想家亚里士多德说过："人类不同于其他动物的特性就在于他对善恶和是否合乎正义以及其他类似观念的辨认。"[②] 在中国，从先秦时期的著名思想家孟子到明清之际的著名思想家王夫之，都强调："德之不好""人之所以异于禽兽者几希"[③]。不仅如此，道德需要也是道德活动的直接动力，需要是一种被意识到的欲求不满的状态，是意识到的欠缺。道德需要也是如此。一个具有某种道德需要的人，常常会感到精神上缺少点什么，这种状态会促使他积极活动，以弥补自身的欠缺，也使自己的道德境界得到某种程度的提高。没有道德需要，就不会有自觉的道德活动，正因为有道德需要，才不断促使人们朝着既定的道德目标努力前进。

道德宽容作为人们的一种道德需要，不仅是现代自由民主、多元社会的客观要求，也是个人生存与发展的必然要求。现代社会是一个自由竞争的社会，但这种自由竞争不同于以往的动武和格斗，而是一种合作性竞争、冲突性共谋，因此要采取和平的方式展开竞争。以和平方式竞取有价值的稀缺资源的自由竞争，是现代人发挥其潜能、扩展其交往范围的动力机制，是现代社会不断进步的动力装置。因此，竞争者之间的相互宽容，竞争者对竞争对手（异己）所持价值观、偏好、趣味、探索、尝试（异见）的宽容和尊重，是竞争得以公正、自由地进行的必要条件，是自由主体之间自愿合作体系得以建立的必要条件，就此而言，宽容总是与自由竞争相伴，而不宽容总与独断和垄断相随。[④] 现代社会不仅是一个自由竞争

[①] 林方主编《人的潜能和价值》，华夏出版社，1987，第162~167页。
[②] 〔古希腊〕亚里士多德：《政治学》，颜一、秦典华译，中国人民大学出版社，1999，第6~7页。
[③] 《孟子·告子上》。
[④] 邹吉忠：《论现代制度的宽容功能》，《哲学动态》2000年第7期。

第十八章 道德宽容

的社会，也是一个多元社会。多元社会是一个非排他性的生活世界，在这个生活世界中，所有存在者的身份都是平等的，并以一种理性的态度在经验生活中彼此商谈、交流、构建起主体间关系。[①] 在这样一个多元社会中，人们应当彼此宽容、理解和尊重，而不应当用自己的主观好恶、价值观念去要求别人、衡量别人。上文所说的是现代社会对宽容的需要，个人的生存与发展其实也需要宽容。如果彼此之间能够宽容，个人与个人之间就能和睦相处，不会因为价值观、信仰、目的、兴趣等的差异而产生激烈的冲突。这样一来，就有可能形成稳定的社会环境和良好的社会秩序，从而保障个人的生存与发展。反之，个人的生存、发展将受到威胁。由此可知，现代社会需要宽容，个人的生存与发展也需要宽容。正因如此，宽容才成为人们的道德需要，才具有了价值、意义。只有当宽容成为内在的道德需要时，人们才会觉得精神上缺少点什么，才会想方设法地去得到满足，并时时刻刻激励自己、审视自己、反省自己，有不达目的誓不罢休的坚定信念，从而矢志不渝地去奋斗、拼搏。也只有做到这些，才有可能实现道德宽容的理想。道德宽容的实现不是一朝一夕、一蹴而就的事情，它需要经历许多坎坷、曲折，也需要克服很多艰难险阻。尤其是严酷的社会现实与人类所追求的宽容理想之间存在巨大反差，即道德宽容的实然（是）与应然之间的巨大反差，使人们多少有点寒心甚至丧失信心。这就更需要人们有坚忍不拔的毅力和坚定的道德信念来支撑。宽容成为个人内在的道德需要，并为道德宽容的实现提供了动力支撑。要实现道德宽容，还需要人们对道德宽容的了解和把握。

其二，提高对道德宽容的道德认知水平。道德认知在这里主要指个体对什么是道德宽容，为什么要实现道德宽容，道德宽容的现状，怎样实施道德宽容以及道德宽容的限度等的理解和掌握。它是实施道德宽容行为的先导和前提。古希腊著名哲学家苏格拉底曾说"知识即美德"[②]，这个观点虽有一定的片面性，但是它强调知识、人的认识对道德品质和道德行为的影响是非常有价值、有意义的。道德宽容作为个人美德范畴，如果缺乏对

[①] 高兆明：《论多元社会的价值整合》，《伦理学》2002 年第 2 期。
[②] 叶秀山、傅乐安：《西方著名哲学家评传》第 1 卷，山东人民出版社，1984，第 496 页。

它的正确认知，就不可能养成道德宽容的品质和实施道德宽容行为。所以，要实现道德宽容，就离不开个体对道德宽容的认知。如果个体对道德宽容一无所知，知之甚少，或理解得不够正确，是不可能实施道德宽容行为的。即使有，也是无意和偶然的举动，而不会长久。道德宽容是要在主体自觉、自愿的基础上，长久地对异己行为、异己价值、异己观念持宽谅、理解和尊重的态度。要提高个体对道德宽容的认知水平，需要从两个方面着手：一是从社会方面着手；二是从个体方面着手。在社会方面，正如前文所述，建立制度机制、道德商谈机制和社会道德教育机制，为培养个体的道德宽容意识和提高道德宽容的认知水平提供了前提和可能性。在个体方面主要是个人应当进行系统、扎实的学习，要克服对道德宽容的一些错误看法。人一生下来，什么都不懂，也不具备知识和观念，必须要经过后天的教化和学习。所以，个体提高自身对道德宽容的认知水平亦不例外。道德宽容是一个很抽象的概念，似乎与我们的现实生活相距遥远，把握和学习起来难度更大，这就需要主体不断地学习，并获得情感上的认同。个体只有不断地、系统地学习，才能掌握道德宽容知识，形成道德宽容观念。有人认为，道德宽容就是一种圆滑。其实不然。圆滑是表现出的一种不偏不倚，谁也不得罪的倾向和态度，具有一点不分是非、善恶的意味，对他人和社会是有害无益的，持圆滑态度的人当然只为个人利益着想。道德宽容虽然具有价值中立的意味，但又有鲜明的价值倾向性，是抑恶扬善的。也有人认为，道德宽容就是纵容或放任自流。这种说法也是错误的，因为道德宽容是有限度的。道德宽容的尊重原则和不干涉原则并不是任何时候、任何地点对任何事情都尊重和不干涉，而只是尊重和不干涉对社会和他人有益无害的异己行为、异己价值和异己观念。纵容或放任自流则模糊了道德宽容的限度。综上所述，应当从社会和个体两方面着手，提高个体对道德宽容的认知水平。个体对道德宽容不能仅仅停留在思维领域，还应转化为道德宽容实践。

其三，采取实际的道德宽容行为。这主要指个体应该把对道德宽容的认知转化为真切的道德宽容实践，而不能仅仅停留在认知阶段，停留在口头上。因为人类认识的最终目的不是认识，而是实践，也就是在认识的指导下，正确地改造世界。增强对道德宽容的认知是为了更好地实施道德宽

第十八章 道德宽容

容行为,从而构建公正、合理、正义的道德秩序与世界秩序。采取实际的道德宽容行为,具体来说,就是当他人所持有和选择的价值观念、价值信仰和行为方式与自身的观念、信仰、行为方式有差异时,个体应给予尊重。当然,这种不干涉和尊重并不意味着一定要认同别人的价值观念、价值信仰和行为方式,也不意味着没有原则和放弃原则,而是有原则的不干涉和尊重。我们设想一下,如果人人仅把道德宽容挂在嘴边,停留在认知阶段,而不付诸实际行动,那对道德宽容的认知即使再正确、再高尚,也如同赵括的纸上谈兵一样,没有什么实际意义。这样一来,实现道德宽容也就无从谈起。所以,要实现道德宽容,最为关键的是个体采取实际的道德宽容行为。那在什么样的条件下有利于个体实施道德宽容行为呢?良好的道德氛围有利于这一行为的实施。道德氛围是指个体道德生活的社会道德状态,主要包括社会一般的价值取向和道德风尚倾向、舆论导向、道德评价状况、社会道德示范状况等。① 道德氛围对社会成员的价值观念、道德品质、行为方式具有重要影响。我国先秦著名思想家荀子就曾指出:"居越而越,居夏而夏,是非天性也,积靡使然也","习俗移志,安久移质","注错习俗,所以化性"②。他主张,"君子居必择乡,游必就士,所以邪辟而近中正也"③。爱尔维修指出:"我们在人与人之间所见到的精神上的差异,是由于他们所处的不同环境,由于他们所接受的不同教育所致。"④ 霍尔巴赫认为:"人之变成对他们的同胞有益或有害,乃是由于环境把他引得向善或者向恶……一个邪恶的父亲只能造就堕落的儿女,一个腐败的社会所提供的榜样只适于腐化心灵和精神。"⑤ 这些都说明环境即道德氛围在一定程度上对个体道德行为具有支配作用。一般说来,良好的道德氛围能促使行为主体行善,不良的道德氛围则抑制道德行为主体行善。因此,个体在宽容的道德氛围里,采取道德宽容行为的可能

---

① 高兆明:《道德生活论》,河海大学出版社,1993,第405~406页。
② 《荀子·儒效》。
③ 《荀子·劝学》。
④ 北京大学哲学系外国哲学史教研室编译《十八世纪法国哲学》,商务印书馆,1963,第468页。
⑤ 北京大学哲学系外国哲学史教研室编译《十八世纪法国哲学》,商务印书馆,1963,第645页。

性比较大；在不宽容的道德氛围里，采取道德不宽容行为的可能性则比较大，这主要是因为道德氛围对道德行为具有模塑作用。因而，营造良好的宽容的道德环境，使道德行为主体都能采取实际的道德宽容举动，是实现道德宽容必不可少的要素之一。要使个体采取道德宽容行为，除了良好的道德环境外，还需要个体具有坚强的道德意志和鲜明的道德主体性意识。坚强的道德意志指在实施道德宽容行为遭遇困难和阻力时，在面临严峻的不宽容现实时，须坚定信念而采取行动。鲜明的道德主体性意识指个体不屈从于外在环境的压力，仍然自觉、自为地做出行为选择。只有个体具备坚强的道德意志和鲜明的道德主体性意识，才能在困难、阻力、压力面前，仍然坚守自己的立场，并对他人的行为、观念、价值给予尊重。

三　道德宽容的现代价值及其限度

研究道德宽容的最终目的和归宿是指导道德宽容实践，解决道德领域所出现的一些问题，所以非常有必要探讨道德宽容的价值。

1. 道德宽容的现代价值

普遍伦理的建立呼唤道德宽容的态度。随着世界经济全球化、一体化趋势的加强，人与人、国与国、民族与民族之间的联系日趋紧密，整个世界成为一个不可分割的整体。因此，原有的处理国与国、民族与民族之间的伦理规范、原则已不能适应时代的要求，这就需要建立新的伦理规范、原则，即普遍伦理。普遍伦理无非是要求世界各国、各民族之间在处理全球性问题时，要在有利于整个人类的生存与发展的前提下达成最低限度的普遍性共识。然而，普遍性共识的达成又面临着利益多元和文化多元两只"拦路虎"。利益多元和文化多元是一个不可否认的客观事实。在一个以民族国家为主体的世界，不同国家和地区在经济、文化发展水平上的差异是一个在当下难以克服并客观存在的事实。发达国家和发展中国家之间在许多方面都存在明显的利益冲突。它们对于目前日益严重的全球问题的认识也无法达成共识，这表明存在利益的多元性。文化多元也是不可否认的。由于历史发展、地理环境甚至种族的不同，世界各民族都有自己独特的宗教信仰、价值观念、伦理准则以及不同的心理习惯等。[1] 他们各自有着对什么是"好""善"的理解与追求，并有表达这种取向的独特方式。由此观之，文化多元是难以消除的，也是无法避免的。因此，要建立普遍伦理，要达成普遍性共识，就需要各利益主体、文化主体放弃宰制性心态以及文化霸权主义心态，以平等、尊重、理解的态度对待其他民族与国家，也即采取道德宽容的态度。唯有如此，才有可能达成共识；否则，非但达不成共识，还将引发严重的冲突与矛盾，从而影响世界的和平与发展，甚至威胁全人类的生存。所以，我们要寻求建立普遍伦理的最佳方式。关于普遍伦理建立的路径，西方学者提出了两种不同的方式：一是哈贝马斯的商谈伦理，一是罗尔斯的契约伦理。所谓"商谈伦理"（discursive ethics），是指在交往过程中彼此通过商谈、对话、讨论而达成的一种共识。"契约伦理"是罗尔斯在《正义论》中提出的。罗尔斯认为，要达成普遍正义伦理，首先要建立起公平正义的"社会基本结构"，也即使正义公平获得一定的制度安排，唯其如此，才可能进一步建立一套具有普遍合理性和有效性的正义规范伦理。[2] 罗尔斯假设了"原初状态"（original position），这一状态的特征是"任何人都不知道他在社会中的地位，他的阶级地位和社会地位；任何人都不知道他在自然资产分配的命运、他的能力、他的才智和力量等"[3]，即除了"理性"是任何人都具有的禀赋外，在"原初状态"这一"无知之幕"下的人类活动必定遵循正义原则。因为在互不知晓的情况下，人类的相处易于达成正义原则。相比较而言，笔者比较赞同哈贝马斯的商谈伦理。商谈伦理比较适合普遍伦理的确立，因为商谈可以在不同的道德主体、文化主体之间进行，这就决定了商谈主体的广泛性。商谈主体的广泛性又可以在一定程度上避免文化霸权主义。商谈不是强制、压服，而是在不同的道德主体、文化主体之间进行平等的对话、交流。由此可知，商谈不是靠强力达到某种统一，而是在尊重他国、他族、他人（正当）权利的前提下，达成普遍性共识。这样，普遍伦理才得以建立。所以，商谈伦理比较适合普遍伦理的建立，罗尔斯

---

[1] 高扬先：《走向普遍伦理——普遍伦理的可能性研究》，江西人民出版社，2000，第2页。
[2] 〔美〕罗尔斯：《正义论》，何怀宏等译，中国社会科学出版社，1988，第10页。
[3] 〔美〕罗尔斯：《正义论》，何怀宏等译，中国社会科学出版社，1988，第3页。

的契约伦理则不是很适合。按照罗尔斯的思路，一种普遍伦理之建立必须以普遍的公正的"社会基本结构"为前提，那么，在此未实现之前，人类就不可能达成普遍伦理的共识。而普遍的公正的"社会基本结构"并非在很短的时间内就能实现，但达成普遍共识的愿望却相当强烈，这就形成了一个巨大的反差。当然，罗尔斯的契约伦理对我们建立普遍伦理并非没有借鉴之处。他所提出的建立公正的社会制度与普遍伦理建立的可能性之间的联系是很有价值的。

既然建立普遍伦理需要商谈，商谈又不能建立在空中楼阁之上，而必须建立在不同的道德主体、文化主体的基础之上，不同的道德主体，由于民族伦理文化在价值观上的差异，以及各民族特殊利益之所在，他们的商谈活动是充满了辩论、争讼甚至斗争的。这时，商谈的效果取决于商谈双方是否具有道德宽容精神。否则，商谈将不可能进行下去，也难以取得预期效果。

建立公正的国际秩序需要道德宽容。建立公正、合理、正义的国际政治、经济、道德新秩序，是世界各国、各族人民的共同心愿。而要建立新秩序，自然离不开各国、各民族之间的彼此宽容、谅解和尊重，特别是发达国家要摒弃强权政治和霸权主义。多样性是世界政治、经济、社会、文化发展的一种客观事实。这个世界不仅是多样性的世界，而且是一个发展极不平衡、贫富差距日益扩大的世界。基于社会历史的原因，不合理、不公正的国际政治、经济旧秩序依然存在，导致了世界发展不平衡，贫富差距日益扩大。1999年7月12日，联合国开发计划署发布了1999年度《人类发展报告》。报告指出，占世界人口1/5的收入最高国家的民众，创造了86%的世界国内生产总值，参与了82%的全球出口和68%的国际直接投资，控制着全世界74%的电话线；收入最低的1/5人口，也就是最穷国家的民众，只占每一项的1%。全世界最富有的1/5人口与最贫穷的1/5人口之间的收入差距从1960年的30∶1扩大到1997年的74∶1。三名巨富的财产居然超过了48个不发达国家的国内生产总值之和。[①] 所以，要在一个发展极不平衡的世界建立公正合理的国际政治、经济、道德新秩序，打破旧

---

① 俞可平：《全球化：西方化还是中国化》，社会科学文献出版社，2002，第58页。

第十八章　道德宽容

的国际政治、经济、道德秩序并非易事，但不意味着不能建立，只是需要各国、各民族付出艰辛的努力，发挥各自的作用，承担各自的责任。同时，各国、各民族应彼此尊重、彼此谅解和宽容。因为只有宽容、尊重，才能保持世界的多样性与和平、稳定。总之，各国各民族彼此宽容、尊重、谅解，是建立公正、合理的国际政治、经济、道德新秩序的重要条件。然而，彼此宽容、尊重是有条件的。任何一个国家、民族没有必要也不可能宽容、尊重别国侵犯本国主权，因为主权是一个国家的象征和根本属性，维护国家主权便是维护国家利益的根本所在。任何一个国家、民族都不应该宽容强权政治和霸权主义，强权政治和霸权主义是阻碍世界和平与发展的两大顽疾。灾难深重的两次世界大战、疯狂的军备竞赛以及持续不断的地区冲突和局部战争，贫富差距的日益扩大就是明显的例证，国际政治、经济、道德旧秩序的本质是强权政治和霸权主义。所以，建立公正、合理的国际新秩序必须打破强权政治和霸权主义，特别是发达国家要摒弃它们。只有这样，才能制定公平、合理的国际游戏规则，以打破强国制定的游戏规则。

2. 道德宽容的合理限度

任何事物都有一定的度，超过了这个度，就会走向事物的反面，道德宽容也不例外。在一定限度内的道德宽容，是有价值的、有意义的。正如莫尼克·坎托-斯佩伯所说："在一定的界限内，宽容坏事是一件好事。但跨出这一步后，进一步地宽容坏事，就不再是好事，而是一件坏事，一件几乎和被宽容的坏事一样严重的坏事。""宽容仅仅在一定的限度内是好事。"① 这表明道德宽容是有限度的。

道德宽容的终极目标是建立公正、合理、正义的道德秩序与世界秩序。"公正、合理、正义"六个字说明了道德宽容的尊重和不干涉是有限度的。在一定限度内的道德宽容同公正、合理、正义是相吻合的，如果超出了这个限度，就同公正、合理、正义背道而驰。所以，对道德宽容的目标来说，必须设定道德宽容的限度。同时，真理和善是人们永恒的追求，

---

① 〔瑞士〕莫妮克·坎托-斯佩伯、钟良明：《我们能宽容到什么程度》，《第欧根尼》1999年第1期，第78页。

道德宽容并不意味着人们放弃对真理的追求、对善的追求,而恰恰是为了追求真理和善,才产生道德宽容的需要。因为只有设定了道德宽容的限度,才能使真理和善沿着健康、正常的轨道运行,才能使社会良性运转。另外,道德宽容并不鼓吹道德相对主义、道德虚无主义,这不是道德冷漠。为了把道德宽容与道德相对主义、道德虚无主义、道德冷漠区分开来,从而更好地把握道德宽容的实质,需要设定道德宽容的限度。从表面上看,尊重不同的价值选择、不同的行为模式和生活方式,允许基准道德、道德理想、道德崇高同时存在,拒斥道德权威主义和道德霸权主义,似乎与道德相对主义、道德虚无主义和道德冷漠并无二致,但实质上是有差别的。道德宽容虽然承认道德的相对性,尊重不同的人选择不同的价值观念、行为模式和生活方式,但是这种选择不是"怎样都行",而是有限制的。虽然它也拒斥道德权威主义和道德霸权主义,但并非认为道德上没有善恶之分,并非认为所有的道德价值体系都有平等的生存权,也并不意味着放弃责任和义务、不关心他人。相反,强调个人对他人、对社会的道义责任,是出于关心他人、社会而持有或采取的一种道德态度和行为,它本身就突出了道德的正当性、合理性。总之,道德宽容是需要设置限度的,也是有限度的。因而,也就把它与道德相对主义、道德虚无主义和道德冷漠区分开来了。道德相对主义是将道德的相对性无限夸大,从而模糊善恶的界限,否认人的行为有善恶之分的理论,这将会使整个社会走向无序和混乱。道德虚无主义是道德相对主义的极端形式,比道德相对主义走得更远。道德虚无主义认为根本不存在什么道德,更谈不上承认道德的客观性和道德对社会的作用,属于典型的非道德主义思想。它的危害比道德相对主义更大。道德冷漠是对善行和恶行、好事或坏事都表现出一种漠不关心、无动于衷的态度,或者以不干涉和尊重为借口,对人和事的一种消极的不作为,从而否认和放弃个人对他人、对社会的责任和义务。

上述三个方面,说明了应当确立道德宽容的限度。那什么是道德宽容的限度以及怎样确立和把握道德宽容的限度呢?道德宽容的限度是指应当宽容什么、不应当宽容什么以及宽容与不宽容的界限问题,也就是约安娜·库茨拉底所说的可容忍与不可容忍的界限问题。她说:"当我们以宽容的对象为焦点时所面临的哲学问题,或曰可容忍与不可容忍的问题。这个问题的提出与解决和处理公众事务有关,实际上是三个不同类型的问题。第一个问题是哪些事情——尽管很特别或古怪——可以被容忍,即可以允许;第二个问题是哪些事情不应该被容忍,因此必须予以禁止;第三个问题是哪些事情——尽管在某时某地遭到多数人或一个强大的少数的反对——在公众生活中应该被容忍。前两个问题说的是可容忍与不可容忍的界线,或者说,是宽容的限度;第三个问题与第一个问题有关,说的是关于可以允许与不可禁止的界线。"① 她的看法很有见地,因为深刻地揭示了宽容限度的实质就是可容忍与不可容忍的界限问题。由此可知,确立和把握道德宽容的限度,以及可容忍与不可容忍的界限是至关重要、必不可少的。这也是确立和把握道德宽容限度的第一个方面,即可容忍与不可容忍的界限。

确立和把握可容忍与不可容忍的界限,关键在于确定可容忍与不可容忍的标准。只有先确定这一标准,才能正确区分可容忍的与不可容忍的,从而不至于相互混淆,以至对国家、社会和个人造成不必要的损害。然而,确定可容忍与不可容忍的标准是很难的。因为同样的事情,对有的人来说可以容忍,对另外的人来说则不可容忍;对有的人来说不可容忍的事情,对另外的人来说却可以容忍。简而言之,就是不同的人在同样的问题上有着不同甚至互不相容的观点。那是不是意味着"公说公有理,婆说婆有理"?当然不是。如果真是这样,就没有真理和善可言,也就不可能形成客观、公正、良好的社会秩序和世界秩序。所以,必须制定比较公正、合理而又被大多数人所认同的可容忍、不可容忍的标准。那怎样确定可容忍、不可容忍事物的标准呢?有两个方面的要求。其一,要确定立足点。约安娜·库茨拉底提出了很好的看法,她说:"不可容忍的事实所依据的具体观点和标准是什么——它们与某一时刻在某一国家乃至全世界得到多数人或一个强大的少数赞同的观点和标准是否相同?这就是要为国家或国际选择立法标准和管理公众世界事务或确定在认识论上无可非议的标准,

---

① 〔瑞士〕约安娜·库茨拉底:《论宽容和宽容的限度》,《第欧根尼》1998年第2期,第23页。

亦即确定在一般情况下和特定情况下什么可以容忍、什么不可容忍或不可允许的标准。从哲学上看，问题的核心在于赞同和容忍或反对和拒绝某种观点和标准时要确定立足点。这就关系到对观点和标准做出正确评价的问题。做出这一评价为了了解它们在认识论和价值论上的特征。而并非从在同一问题上的任何一种不同观点或标准的角度去进行评价。"[1] 约安娜·库茨拉底实质上强调了确定立足点的重要性，它关系着对标准做出正确评价的问题。怎样确定立足点？不是从同一问题的任何一种不同观点或标准的角度去看，也不是一定要与多数人或强大的少数所赞同的观点和标准相同，而是要看观点或标准在认识论和价值论上是否符合真理和价值（这里的价值主要指社会正价值，并且是反映社会进步势力、正义力量推动社会向前发展的价值）。其二，要客观、公正。我们确定可容忍、不可容忍的标准，不必考虑什么人是否喜欢它，不必考虑它受到谁的赞成或反对，也不必考虑它的行为者是谁，而必须考虑当时的情况并根据实际经验对它做出评价。这实际上强调了确立标准时要尽量避免人的好恶、情感、错误观念等主观因素的影响，也要避免教条主义和主观主义的错误，即不知道对标准和原则做灵活变通而对问题做出非公正的决断。

根据上述两条原则，约安娜·库茨拉底提出了可容忍与不可容忍事物的标准，即"知识和人权不仅构成了可容忍与不可容忍的事物标准，而且是决定应该容忍什么的标准，而不必考虑什么人是否喜欢它"[2]。知识和人权分别是从真理和善、正当的角度来考察的，真理和善又是人们一直追求的目标。再加上，知识和人权易于达成共识，而且相对容易把握，也就从一定程度上排除了主观因素的影响。因而，用知识和人权作为衡量可容忍、不可容忍事物的标准是比较客观、公正、合理的，是可取的，是值得借鉴。例如，用人权标准来衡量，对恐怖主义是不可容忍的，因为它侵犯了人权、违背了道德的正当性，所以，恐怖主义必须坚决打击。但是，在用知识和人权标准来衡量的时候，要注意一些问题。第一，要注意知识

---

[1] 〔瑞士〕约安娜·库茨拉底：《论宽容和宽容的限度》，《第欧根尼》1998年第2期，第24页。

[2] 〔瑞士〕约安娜·库茨拉底：《论宽容和宽容的限度》，《第欧根尼》1998年第2期，第25页。

为谁所用以及用来干什么的问题。如果知识为正义之士所用,并用来为社会和人类谋福利,那么将它作为衡量的标准就是公正的。如果知识为邪恶之士所用并用来干邪恶的事情,那么将它作为衡量的标准就是非公正的。单将知识本身作为衡量的标准是不行的,还要考虑知识到底为谁所用以及用来干什么的问题。只有这样,才能保证公正、合理、正义。第二,要注意人权内容的丰富多样性以及人权的阶级性和历史性问题。人权包括两类:个人人权和集体人权。个人人权又包括个人的公民权利与政治、经济、文化、社会权利,集体人权主要包括民族自决权和发展权。因此,用人权标准来衡量的时候,不能只用单一人权,而应考虑多种人权的统一,还要注意优先发展的人权是什么。人权还是一个阶级范畴和历史范畴,这表明人权具有鲜明的阶级性和历史性。阶级性是指在不同的社会制度中,不同阶级的人享有的人权是不一样的。历史性是指人权有一个历史发展过程,受各国历史、社会、经济、文化等条件的制约。因此,应允许人们对人权有不同的理解,而不能用同一个标准和固定模式去要求所有的国家和地区。由是观之,用人权标准来衡量的时候,一定要注意不同时代、不同国家、不同阶级有不同的人权,因而,不能用千篇一律的方法对待之。否则,将会造成不公正的局面。总之,不管是用知识标准还是人权标准,或两者兼而用之,都要使它们符合社会正义,而不能违背社会正义。由上可知,知识、人权再加上正义,才是真正衡量可容忍、不可容忍事物的标准。这是确定道德宽容限度第一个方面的要求。

正确把握道德宽容的原则。道德宽容的原则有两条:一是尊重权利原则,二是不干涉原则。正确把握道德宽容的原则,意思是说,道德主体在贯彻、执行这两条原则时要把握分寸,不能放弃一定的原则和失去一定的分寸;同时也指道德主体在贯彻、执行原则时要看条件(时间、地点、程度)和对象(事情、人,这里的人不是依职位高低、权力大小、金钱多少来排序的人,而是去除他们身上所附加的东西,以其行为能力、行为动机以及所做的事情来评定的人),而不能不顾条件,盲目地尊重和不干涉。譬如,尊重信仰自由的权利,是毫无疑问的。因为我国宪法规定,每个公民都有信教的权利。然而,如果有一些公民信仰邪教,我们是否还应尊重他们信教的权利呢?回答当然是不应该尊重。这是由于邪教不是真正的宗教，只是打着宗教的幌子，干着违背人性的罪恶勾当。如果尊重别人信仰邪教的权利，道德宽容就违背了社会正义原则，违背了道德的正当性，也使道德宽容本身成了问题。尊重别人信仰邪教的权利实质上不是道德宽容，而是道德纵容甚至会演变成道德残忍。由此可知，尊重是尊重他人的正当权利，并且要求权利的行使不得危害他人的正当利益，不得危害国家和社会的整体利益。再比如，言论自由是我国宪法规定的公民最基本的权利，任何人都不应干涉别人的言论自由。如果甲在自己家里谈论乙的不良习惯和不良行为，并且这种谈论并未给乙造成名誉上的损害，那甲的行为就不应受到干涉。如果甲在大庭广众之下谈论，而且有造谣、中伤、诽谤之嫌，那甲的言论自由就应该受到干涉。因为他的言论使别人受到了伤害。由此可知，尊重和不干涉都是有它的适用条件和限度的。每个人、每个国家、每个民族都不应以尊重和不干涉为由，纵容恶行、恶人，或者对一些明知不合理、不公正的态度、行为以及对一些民族所特有的但又违背人性的风俗习惯置之不理，听之任之，否则，只能给社会、国家带来损害，对人性造成摧残。例如，我们无论如何不能尊重和不干涉种族主义、霸权主义以及以国家名义和政权形式出现的反人类罪、反人性罪。同样，我们也不能尊重和不干涉一些泯灭人性的习俗等。[①] 总而言之，尊重和不干涉是有合理限度的。只有把握好尊重和不干涉的合理限度，才能使道德宽容不违背社会正义原则，使道德宽容的终极目标得以实现。否则，将使道德宽容违背社会正义，也使道德宽容超出合理的限度，成为道德纵容或道德容忍。

[①] 〔美〕迈克尔·沃尔泽：《论宽容》，袁建华译，上海人民出版社，2000，第61~62页。

第五部分

道德演化

提示语： 当道德从"既定"存在通过"由外至内"和"由内至外"的双重转换变成一种新的"定在"时，就预示着这种"定在"已经不是对"原有"的固化，而是呈现一种新的生命力，即新的"定在"在扬弃中开始萌发。道德适应是人的道德社会化的初始阶段，是进入社会伦理共同体的第一步，当然也会在个体与群体的相互适应中出现伦理共同体的新特质。道德的"轮回"不是心理想象，而是"嵌入"社会形成新的道德空间，这样的空间可以是物理的、社会的，但更多是心理的，甚至是在"稍纵即逝"中换来的；正因为现代人"用时间换空间"，才导致了社会伦理的断裂，使道德连接成为现代道德生活的主题；连接侧重于横断面的道德关联，而道德纵向拓展则需要道德继承，起作用的是一种难以直观的"道德基因"；道德个体与道德群体相互作用，在"共同善"的引领下，实现"类"道德现象的变迁，成为"下一轮"的道德"存在"，这是我们必须恪守的道德"乌托邦"。

第十九章 道德适应

道德个体进入社会境遇，或者从一种境遇进入另一种境遇，都会产生道德不适。要充分使个体德性力量得以彰显，形成社会整体性道义力量，道德适应是首要环节。尽管各种文化形态因产生及传承的差异性而各呈异质，但在构建人类命运共同体的过程中，文化不会用"战胜另一种文化"的姿态存在，相反不同文化间的交融与共生成为必然趋势，其中最大的机理是适应。道德作为文化价值的核心，在文化转型和社会发展过程中，不但要发挥其批判的功能，也要彰显其适应的能力，道德适应是我们应当引起重视的道德学命题和道德实践课题。[①]

一 道德适应：平衡与创造

对国内外文献进行梳理可以发现，对于道德适应（moral adaptation）的界定，尽管确之者凿凿，但言之者寥寥。学界大多从文化适应这一宏观视域展开研究，几乎没有对"适应"进行伦理学深描，由于缺乏伦理学意义上的中观观察，就很难对社会转型过程中的道德主体进行更好的微观观照。从词源学分析，适应（adaptation）这一术语最早源于生物学概念，其含义是通过身体和行为上的相应改变以提升有机体的存活概率。适应的触发机制隐含两种内生力量，即创造力与维持力。文化适应是指"具有不同文化的两个群体之间，发生持续的、直接的文化接触，导致一方或双方原

[①] 本章内容源自刘刚、李建华《论道德适应》，《中州学刊》2017年第4期；李建华、刘刚《道德适应中的信任》，《现代哲学》2018年第6期；《道德适应的衍化逻辑》，《吉首大学学报》2018年第1期；《道德适应何以可能》，《湖南大学学报》2018年第3期等，收入此书时做了相应调整。

有文化模式发生变化的现象"[1]。

道德适应则是文化适应的伦理学解读和考量,是文化适应的一个重要分支领域。本研究将道德适应定义为具有两种不同道德背景的人类共同体直接或间接接触的过程或状态;是互为"他者"的道德主体保持原有优秀的道德元素和创造新的道德元素的双向适应过程;具体表现为外化于道德认识、行为规范和价值准则的社会意识形态在道德接触区逐渐趋于一致的结果。道德适应是区别于社会适应、自然适应、文化适应、心理适应的伦理现象。它以关心人的道德需求为第一要义,以寻找新的社会共同体德性为目标,以形成统一的道德默契为关键,期望寻求自我与他者的平衡点,使道德主体完成在陌生人社会与熟人社会之间的身份转换和价值重建。基于上述研究内容,从伦理学角度对文化适应理论的精细化研究,具有重要的理论意义和实践价值。

从理论层面梳理,道德适应理论从学理上要求我们实现由"以物观之"到"以人观之"的认知角度转换。文化适应的理论研究总是散发着历史人文气息,其研究标的大多拘泥于文化传统以及相关社会背景等"物"的范畴;道德适应的理论研究作为文化适应理论的一个分支,所要处理和解决的终极命题是"在道德文化转换过程中,道德主体该如何生活和行动"。这是一个真正关心"人"的研究取向,尽管"人只不过是一根苇草,是自然界最脆弱的东西,但他是一根能思想的苇草,我们的全部尊严在于思想。因此,我们要努力好好地思想,这就是道德原则"[2]。而对于与人相关的道德原则研究是道德学的应有之义,正如苏格拉底所言,"我们正在讨论的不是小问题,而是应该如何生活的问题"。当然,从伦理的本质来说,我们还应该关心"我们为什么这样生活和行动"。在这里,我们需要指出的是,道德行为规范在道德学上有其特有的行为律令,那就是触发道德行为的内在机理应该是该道德场域所有个体所认同的,抑或是产生某种道义上的共鸣。也就是说,就道德适应过程中每一个道德主体而言,道德

---

[1] R. Redfield et al., "Memorandum on the Study of Acculturation", *American Anthropologist* (1936): 149-152.

[2] 胡军:《哲学是什么》,北京大学出版社,2002,第1页。

第十九章 道德适应

行为的背后都有其令人信服的伦理共识,这在本质上与现代道德哲学的基本态度相吻合。从普遍意义来看,道德适应理论落实的关键在于让道德主体拥有"幸福的生活"和履行隐藏在道德规则中的"道德义务"。这有利于我们对现有的道德生活有一种清晰的理解,可以说,道德适应的深入研究让我们在处理复杂多元的道德文化冲突时有了自信和底气。同时,道德适应研究的通约性、多元性以及实证性在很大程度上有助于我们突破理论的表层差异,实现对文化适应研究新的视野转换。另外,道德适应理论由于具备价值引导和行为规范作用,形成了特定的经验立场,而这种立场在某种程度上具有理性的偏狭。因此,对于道德适应理论语境的反思,追寻道德适应研究的普适价值与局限有其理论意义。

从实践层面来看,道德适应的理论研究是转型期维持社会稳定的内在伦理要求。实践取向是道德适应研究的基本向度。道德适应作为一种道德思维,"是一种从实然到应然的跨度思维,以讲'应该''不应该'为价值特征,以规范的形式来把握道德现象"[①]。当前我国正处于社会转型的关键节点,道德适应作为一种善的指引直接关系着社会的稳定。在农村和城市边界日渐模糊、传统性和现代性逐渐交融的背景下,人们从来没有像今天这般需要道德的理性来协调人们的行为。从现有情况来看,我国流动人口数量日渐庞大,社会的流动性一方面让资源得到更合理的配置,另一方面对道德适应提出了现实要求。城市化将有着不同文化背景的人会集于城市,这种空间文化冲突直接唤起了人们的集体记忆,人们总试图沿用旧有习惯的道德范式去适应现实的道德境遇。然而事实上,城市中的道德适应是无法统驭的,在社会转型的冲击下,社会文化多元化趋势集中体现在道德层面,多元主体间的道德关系错综复杂,由此衍生出不同的道德诉求。传统道德约束日渐式微,现代文明辐射的消解,居民价值观念的嬗变,社会道德秩序的失范,都为道德适应践履提供了有利契机。可以说,道德适应的状况对社会治理秩序的好坏起关键作用,在面对道德适应这一特有的社会现象和道德语境时,我们希望在道德实践中确立与之相适应的基本伦理原则以达成普遍的道德共识。

[①] 李建华、曾钊新:《论道德思维》,《求索》1991年第1期。

道德适应作为一个基础的道德学概念，其意义是特殊的。道德适应作为一种文化感知状况，同时也表征为一种道德现象，它不是作为隐蔽的公理而存在，而是通过直观的叙事而呈现，它总是隐晦而深刻地反映着道德适应主体思想观念的嬗变。总之，基于理论的描绘是灰色的，我们对于道德适应原则的道德学解读要有明朗的色调。

道德适应的要旨是通过创造达成道德共识。在文化接触中，道德适应最大的障碍在于如何建立共同的道德框架，找到一种泛化的道德生活方式和趋于一致的道德语境，以平衡多元文化的基本道德洞见，从而达到共同的"善"。道德作为规范人们行为和心理的准则，在社会交往中体现为一种价值默契。毫无疑问，"道德的普遍目的就是在社会联系中建立一种秩序"[1]，而这种秩序构建的前提是价值默契在社会交往中的实现。因此，道德被人们预设为一种隐含契约，而这样的约定是人们自愿执行和普遍接受的，正如哈曼所说："这样一个隐含协议是通过一个相互调整和隐含协商的过程达到的。"当然这显然是多元利益博弈和道德观念认同的结果。人们在文化接触中依据自己的道德认知形成一个理性的道德临界点，以此为界限，或排斥或接受，这样的一种道德预设以道德话语和行为规范的形式外显于人们的道德生活之中。而在异质或互为他者的文化群体中，有各自信奉的道德预设。换句话说，道德认同的指向性必然是针对某个特定的文化群体而言，不同的群体因各自的伦理基础而形成各自的道德框架。同时，用道德框架的异质性来通约地解释某个文化群体应然或实然的逻辑认知又是一种不合时宜的道德选择。道德观念的排他性显然在于道德分歧超出了人们所能承受的道德临界点，它不止于简单的逻辑或事实认同，而是基于这样的认知：每个群体都有各自认同的"善"，这就决定了不同的群体拥有不同的道德指引。可以说，如果无法对共同的道德框架做出明晰的定义，那么道德观念的衡量将没有一个统一的指标，道德分歧将很难弥合，尽管产生异议的双方或多方在很大程度上是完全理性和信息对称的，道德适应的结果也只能是从样式到样式的移动，并止于样式。"哈贝马斯在对晚期资本主义的批判中所向往的

---

[1] 洪谦：《逻辑经验主义》（下），商务印书馆，1984，第643页。

第十九章 道德适应

是一种'真正的交往'。这种交往根据合理的语言原则进行，同时以'公众的一致'为基础。"[1] 其实，哈贝马斯所谓的"公众的一致"便是共同的道德框架的另一种隐喻，这也是哈贝马斯理想的社会接触样态。在道德生活中，这种社会接触样态显然不是一种天然的存在，往往隐含着多元的利益诉求。尽管普遍的群体行为被打上了工具理性的烙印，以实现根本利益需求为行动出发点，但是在道德适应过程中，必然隐藏着共同的道德框架的可能，等待道德主体在文化接触中加以发掘和建构，并作为构建和谐社会的重要向度。随着我国经济社会改革逐渐步入"深水区"，道德适应的社会样态以利益关系复杂化、组织主体多元化、分配方式多样化的形式呈现，道德主体的工具理性意识导致了价值取向的多元化和利益取向的最大化。在时代呼唤经济全球化、城乡一体化的今天，我们更需要一种道德共识来平衡多元利益，社会主义核心价值观的引领成为现实必然的选择。

道德适应的底线是合乎正义性。道德适应本身应该合乎正义性，按照罗尔斯的观点，社会应该被假定为人与人之间的一种协同体制。他的正义论的目的是把正义作为一种行动指南，为实现善的追求，安排社会的基本制度。道德适应作为社会交往的基本样态，决定了其本身对于正义的价值诉求。道德适应发轫于对多元文化样态的认同和理性对待，倡导包容的理念，要以审慎的姿态去看待异质文化样态，这也是正义的体现。从某种程度上说，"正义的维度是相互承认关系在特定社会互动领域中的具体体现"[2]。在社会转型过程中，相互承认关系的包容精神是值得鼓舞的，因为在不同的社会场域，文化价值和道德观念确有分殊，甚至会产生不可避免的冲突。这时，通过罗尔斯所强调的正义原则来调节"社会上基本的善"的分配或再分配是一种好的选择。值得注意的是，虽然我们在对待文化多元问题上不会按照自己的道德标准进行评判，但是道德适应的伦理底线应该充分体现正义的价值理念。在道德接触中，一些极端非正义的价值理念应该被剔除，因为这样的道德观念突破了伦理底线，会让我们在面对

---

[1] 张康之：《走向合作的社会》，中国人民大学出版社，2015，第87页。
[2] 龚培渝、周光辉：《论正义的维度》，《政治学研究》2014年第3期。

非正义的社会接触中走向道德盲区,"人人为自己"的自然倾向将无可避免地成为社会常态,人们将陷入另一种道德腐化。在道德实践的某些历史片段中,共同体由于群体的盲目性(或从众性)而实施群体意识所谓的道德行动,可怕的是某些被群体意识所标识的极端行为往往被标榜为一种道德义务。在二战期间,希特勒通过"我的奋斗"的演讲自我标榜了所谓的"拿破仑式的生存空间"和"日耳曼民族优越性"的价值理念,蛊惑了大批德国年轻人。可以说,希特勒与人交往所信奉的价值理念突破了道德适应的伦理底线,是与正义背道而驰的。从德国国民道德适应的全过程来看,希特勒所高度重视的"道德义务"虽然一度使德国民众产生了难以言表的激情,达成前所未有的所谓"道德共识",但最终却给他们带来了致命性的灾难。因此,在道德适应过程中,尤其是在道德观念相互抵触时,我们必须有一种底线伦理作为评判这一冲突的基本依据,而这些基本依据在处理冲突时理应是合乎正义的。换句话说,道德适应双方即使不能在具体的道德生活规范上做到一一吻合,但是在基于共同的伦理底线的基础上采用何种方法来解决道德观念的冲突,应该能达成广泛的一致。

道德适应的目标是通过维护与创造实现和谐均衡。道德适应本身蕴含着道德诉求,那就是追求和谐均衡的道德原则。一是追求和谐的道德价值。和谐是人与人之间关系的一种友好、融合状况,是应用伦理学的价值导向和最高指引,是我国特有的"和合"文化的集中体现。在道德主体双边适应过程中,构成社会有机体的各要素融合、互通、和谐,外在表现为社会秩序的"良序化"。和谐作为道德适应的伦理诉求,同时也是人类伦理文化的最终方向。它从本质上要求制度正义与个体美德同时发力,从而构建和谐的社会关系。从和谐这一目标出发来讨论道德适应的问题,重要的一点就是要让那些生而自由的人长期稳定地生活在一起,尽管事实证明他们总会因为各自的道德文化而产生严重的分化。二是追求均衡的道德指引。道德主体处在复杂的多元文化中,为维护自身的利益和道德理念,受到各种理性多元观念的冲击,利益均衡需求便显得尤为迫切。均衡作为一种伦理诉求的实现工具被引入道德适应分析过程中。均衡体现的是一种稳定的状况,或者说是"几乎看不到变革的迹象和趋势"。转型社会从现代性的"固体"阶段过渡到齐格蒙特·鲍曼（Zygmunt Bauman）所谓的"流动的时代"，均衡的理念成为一种时代性需求。当不同文化群体在时空的压缩下进行道德接触时，作为单向度扩散的道德传播与作为双向互动过程的道德涵化成为道德适应的两种不同形式。但不论何种形式，文化净流的趋势往往是从强势文化流向弱势文化。对于道德适应主体来说，均衡的意义在于缓解社会达尔文主义的冲击，在路径清晰的熟人文化与模糊不明的陌生人文化之间建立一个暂时的安全地带。在均衡的价值指引下，道德适应的个体通过道德生活实践找到与他者文化之间的区别与关联，克服对外来文化的恐惧与歧视，改变原有道德传统的路径依赖，以找到两种文化之间最合适的距离。与此同时，整个社会的文化氛围也将随之改变，我们期望构建一种能均衡道德适应各方利益的社会体制，让他们充分、平等地参与道德适应过程。

道德适应有个体、群体与社会三个基本维度。道德适应的基本原则是道德适应践履的行为说明书，它要求道德适应主体在个体、群体、社会维度中对不确定性的伦理对象或道德环境做出相关回应。如若暂时稳定是在确定性视野中出现的图景，那么道德适应所追求的是在多维度视角下保持动态平衡的理想状态。

个体维度的道德适应包容自我与他者之间的差异。道德适应首先是从具象的道德个体开始的。个体的道德需求和道德感知是所有社会变迁和文化适应的原始起点。"在自然的普遍的休戚相关中，社会集体和单个个人构成的是一个性质独特的自律的连续体。"[1] 辩证法要求把人的道德行为理解成自律与他律的统一。自我在与他者的道德接触中不断经受对"善"的价值的确认，道德情感在整体的社会接触中得以进化，道德行为的驾驭具备了鲜明的个体特质。正是这种差异化的形态性质，奠定了"自我之所以为自我，他者之所以为他者"的道德适应要素的基础。可以说，自我通过他者的影响与塑造，个人的差异性和独特性才会在具有浓郁社会色彩的整体框架中脱颖而出，换句话说，他者成就了自我的独特性，自我并非人与

---

[1] 〔德〕诺贝特·埃利亚斯：《个体的社会》，翟三江、陆兴华译，译林出版社，2003，第49页。

生俱来的属性,而是通过与他者的长期互动而获得的。按照这样的逻辑推论,自我在与他者的接触中不可避免地产生了趋同性和类型化,与此同时也带来了个性化。无论是何种道德背景的个体都或多或少地接受了个体化,同时他们也无一例外地受到了社会道德规范的形塑。从本质上说,自我与他者的道德行为预设互有差异,但二者内心的道德行为方式依附于其所属的文化群体,受到自我与他者互动所一致认同的道德律令的塑造与约束。可以这样说,自我与他者在道德适应中互为因果,共同成长。道德适应的微观要义是包容自我与他者之间的差异。在道德适应的文化接触场域中,传统与现代性交织同构,自我与他者的道德观念碰撞交融,在这样一种复杂多元的场景中自我很难做出相应的道德判断。基于认识论的视野,道德适应中的自我在与他者的交往中不可能是信息对称、无所不晓的。任何一个道德个体都存在哈耶克所说的"理性不及"。自我要做的是找到道德适应双方所认同的道德框架,包容自我与他者之间的差异。因为他者的介入让自我的视野得以拓宽,他性的扩张意味着差异化属性得到认同或接受,所以规范他者身份的道德律令得以复刻。正如城市的辐射作用将人们聚集在一起,差异性的存在又导致他们分开一样,流动到城市的新市民被分隔开来以不断适应新的道德规范,但同时也塑造了新的互动和重构的可能——人们的道德边界被反复跨越,道德适应的过程是自我道德认知和重新选择的动态平衡。"尊重他者,包容差异"应该成为道德适应过程中道德主体的理性自觉,这为道德适应中自我和他者的和谐共处提供了可能的"镜鉴语境"。这也从另一个侧面验证了对他者意识的理性接受是道德适应的一剂良方,它真正实现了自我在道德适应中的"自由"。费孝通先生所倡导的"各美其美、美人之美、美美与共、天下大同"理念也将真正得以体现。

群体维度的道德适应:寻找我们与他们之间的平衡。道德适应肇始于道德个体,但其发生发展的好坏情况依赖于群体道德氛围的塑造。更重要的是,群体语境中自发形成的道德默契对于道德适应能力的培养意义重大,道德个体通过寻求群体支持来应对道德适应中的孤立无援。群体层面的道德适应意味着要寻找到我们与他们之间的平衡点。一是要在道德认知上达到"重叠共识"。在道德适应过程中,"没有一个善或价值,或者没有

第十九章 道德适应

一套善或价值,在指导行为时,在任何情况下都是高于一切的"[1]。道德认同的前提是找到我们与他们之间的道德共识,以形成道德场域上的相对平衡。由于不同的群体信奉不同的道德观念,重叠共识的意义在于实现由形而下的利益到形而上的信念之间的重心转换,找到一种不同群体所共同认可的普遍正义,以促进社会的稳定。在社会转型与价值多元的道德适应场景中,道德共识是一种底线共识,寻求的是道德适应双方的某种平衡。对于共识所带来的后果,都已被道德适应双方无条件地接受和认可。重叠共识在道德适应中力求达到这样一种结果:保持道德适应双方的动态平衡,为处于弱势地位的单质文化提供保护性屏障,以维护文化的多样性与差异性。二是要在道德秩序构建中找到"合作属性"。道德适应的过程是道德主体生活范式变迁的深刻写照,同时也是新的道德秩序构建的过程。从某种程度来说,道德适应除了有工具理性的意义考量,还有"寻求合作"这一基于重叠共识的更深层次要求。在新的道德秩序形成过程中,我们要找到道德适应双方的"合作属性",营造一种协同的群体合作氛围。倘若合作成为道德群体间的生活常态,群体层面的道德适应就会显得和谐,群体中的个体行为也将倾向道德化。因为个体行为是自主的,同时镶嵌在群体互动之中,所以个体通常会以群体的名义在道德适应过程中不断地被塑造或重塑。道德适应使人在道德秩序构建中变得碎片化,而群体的合作机制让碎片化的人得以重新整合,于是当人们找到彼此认同的合作属性,就不再是被打碎前的那种道德共同体了,而是重构的道德共同体。在道德适应过程中,人的角色不断从"我们"流动到"他们",或者从"他们"演化为"我们",人们因循合作理念在角色互换中做出道德选择。当群体间的交流变得广泛密切时,在合作视野下的我们或他们开始逐渐接受或认可原来不具有的某些属性,从而实现我们与他们之间的平衡。

社会维度的道德适应:适应熟人社会与陌生人社会之间的转换。如果说个体维度的道德适应强调的是个体差异,群体维度探讨的是关系平衡,那么社会维度则关注的是观念属性。人的观念受到所处社会背景的影响和

---

[1] 〔美〕威廉·A. 盖尔斯敦:《自由多元主义》,佟德志、庞金友译,江苏人民出版社,2005,第41页。

制约，对于道德适应主体来说，其所处的社会背景存在熟人社会和陌生人社会的转换。首先，要重构熟人社会所孕育的道德内化机制。熟人社会意味着人们的道德行为以血缘、地缘为纽带，包含着固有的道德内化机制。熟人社会向陌生人社会演变是道德适应主体面临的空间常态，熟人社会的传统道德影响日渐式微，但并不意味着传统道德在道德适应中功能性的缺失。在道德适应过程中，道德主体被熟人社会留存的道德规范潜移默化，尽管这样的道德内化力量一定程度上会被陌生人社会的制度流程削弱。在这样的道德语境下，我们只有依循"认同、学习、融合、实践"的道德内化逻辑，重构基于道德适应需求的道德内化机制，才能营造转型社会所期望的道德氛围。我国漫长的封建社会所孕育的传统思想完全应用在现代化的今天是不合时宜的，但传统的儒家、道家思想也不乏可资借鉴之处，"仁、义、礼、智、信"等价值理念经过合理的提炼之后可以作为道德内化机制中的有益元素。其次，要发挥陌生人社会所隐藏的制度功能。陌生人社会是相对熟人社会而言的，是针对陌生人的一种伦理态度。熟人社会通常会依靠道德共识来实现道德行为的约束，而陌生人社会由于流动性强，道德行为逻辑趋于理性化，在很大程度上削弱了道德的影响力，这时发挥社会所隐藏的制度功能和彰显程序正义就显得尤为迫切。在道德适应过程中为了应对道德观念分化带来的无序，产生了制度供给的需求。社会程序正义的实现必须打碎旧秩序并构建新秩序，意味着要拥抱并了解陌生人社会的结构，同时依此构建新的制度框架并做出道德行为方式的选择。最后，要促进亲近性伦理与陌生人伦理的耦合。在熟人社会框架下产生的是亲近性伦理规范，"由熟变生，是对亲近性道德的超越；由生变熟，则是开启伦理现代化的序幕"[①]。为此，我们要拓展亲近性伦理的内涵，明确血缘亲情友情在道德适应中的地位与功能，让传统伦理不再湮没于现代理性冰冷的人际关系之中。我们应摒弃传统伦理中诸如"三纲五常""男尊女卑"等落后理念，而在"厚德仁爱""仁者爱人"等传统美德中注入新的时代基因。同时，在陌生人伦理的构建中，制度正义要成为区别于亲近性伦理的重要特质。好的制度让坏人做好事，坏的制度让好人做坏事。所

[①] 程立涛、乔荣生：《现代性与陌生人伦理》，《伦理学研究》2010年第1期。

以，制度的有效构建成为关键一环。在现代道德适应行为框架下，对亲近性论理的再解读让道德适应行为具有了人情味，而对规则的遵守则让道德适应在制度的框架下有序进行。在道德适应中，一方面亲近性伦理天然存在狭隘、封闭的道德排他性；另一方面陌生人伦理又未能完全建立且具有明显的"技术理性"缺陷。只有发挥亲近性伦理与陌生人伦理的耦合效用，才能使二者优势互补、联动增效，使道德适应因为具有了传统道德属性而具备灵活性，从而可以矫正陌生人社会治理体系中客观责任设置的僵化，实现传统性和现代性的有机衔接。

二 道德适应何以可能

研究道德适应，有必要从哲学层面进行反思：道德适应何以可能？亦即探讨道德适应的根据和基础，为深入研究道德适应的理想路径寻求可靠的逻辑前提。我们把注意力聚焦于此，并不是要把道德适应简化为一种"无法重构"的理论碎片，由此破坏规范道德适应行为的可能，而是试图发现一套"特有的词汇"，为道德适应的解读找到本真的阿基米德点。

现代性的解放：道德适应的理论究诘。现代性代表的是一种价值论证方式，意味着一种建构价值秩序的文化逻辑。道德适应在现代性的知识语境下与理性意识、时间意识与他者意识有着不可分割的联系。如果离开现代性去讨论道德适应，就一个系统的理论框架而言，是一个很脆弱的基础。即使它有确切的证明，也很难说明为什么理性可以作为道德适应及其行动的依据。

现代性意味着对传统的改造，"接触未知，寻求差异"成为现代性的基本属性，并形塑了道德适应的理论惯常环境。但是，现代性不仅供辩读，而且总是在道德适应的场景中不断被道德主体所重新解构，现代性的解放由此成为一种合乎时宜的理念。现代性的隐喻在道德适应语境中是一种分析范式，人们总是愿意选择相信并且依从理性的力量，时间意识和他者意识在道德适应的过程中达到了充分的自觉。毫无疑问，在道德适应进程中，道德主体为了证明行为的合法性，则必须明确求助于理性主体、现代性的解放等宏大叙事，这些宏大叙事即是现代性的解放逻辑，道德适应的价值规范隐匿其中,或者更准确地说,道德主体适应行为的伦理指引寓于社会共存与他者共在的诸多样式的可能性之中。

谈及现代性的解放,利奥塔认为,"西方的现代性历程恰似失乐园的再现,不要为失去乐园而悲戚,也不要再妄想恢复乐园"①。按此理解,在道德适应的现代场景中,我们必须承认文化的多元性,承认主体的异质性。他进一步指出,现代社会通过元叙事获得了合法性。现代性的解放意蕴正源于此。对于正确理解道德适应行为的理论背景来说,一致的理性精神可能是必要的。他的焦点不是集中在共识性基础上,而是聚焦于差异性。这种焦点转移无法与利奥塔构想的元叙事相分离,因为这种元叙事所触及的正是现代性最深沉的文化逻辑与价值规范,因而是对现代性解放逻辑的深刻诠释。从更深层面来看,笛卡儿以来的现代性观念确实指涉了这种以唯理主义为核心的"元叙事"。正如我们所见,理性主义的元叙事在道德适应进程中循环地发挥着影响,以便把理性设定为道德主体的原点,由此促使人的理性启蒙。正是这种无休止的循环往复过程,让人从自然的支配中解放出来。于是,道德适应的行为得以有效控制,社会的和谐正义有望实现,意味着它已经作为一种构成性力量有了开端,消弭了客观的异己力量,中和了道德适应过程中多元的冲突和矛盾。黑格尔曾指出:"现代世界的原则就是主体性的自由。"②而主体性的本质属性是理性。在追溯普遍理性的过程中,黑格尔依稀看到了主体性的局限,察觉到了现代性的悖论。然而事实上,黑格尔以对绝对知识的追捧把主体性上升为一种绝对精神。在他看来,主体性的绝对力量在一种预先安置的理性世界中占有一席之地,并坚定地认为主体性的自我关系体现了有限与无限的异质性与同一性。换句话说,黑格尔在本质上不过是"用主体哲学的手段来克服以主体为中心的理性"③。根据黑格尔的观点,理性能够让道德适应双方保持和谐,各种意识会在复合性的道德场域中抛弃成见。可以说,理性为重建人的社会关系奠定了坚实的基础,而这种所谓的基础正是道德适应双方不得不寻求的。这种主体性原则在康德的道德语境中得到了更好的说明,其三

---

① 秦喜清:《让·弗朗索瓦·利奥塔》,文化艺术出版社,2002,第43页。
② 贺来:《边界意识和人的解放》,上海人民出版社,2007,第7页。
③ 〔美〕普鲁斯克:《罗尔斯访谈录》,万俊人译,广东人民出版社,2003,第252页。

大批判以理性为起点,为主体性哲学奠定了可靠的认识论基础。哈贝马斯则认为,与主体性意识哲学的理性相比较,交往理性在现实的道德情境中更具优越性。他希望通过"共识"来确立理性的价值,强调通过理性的力量,并以此为切入点走出现代性的道德困境。

显然,纵观以往的哲学话语,对于现代性的解放逻辑及其内在悖论让人感到困惑。现代性作为道德适应中重要的形塑力量开启了新的叙事过程。通过这个过程,主体意识开始演化和发展,理性逐渐扩展其领地,现代性成为影响道德适应行为趋势的关键要素。在此意义上,对现代性的解放逻辑和道德适应可能走向的深入反思,是最终应对道德适应内在困境和危机的必要途径。

边界意识:道德适应的朦胧表达。边界意识是道德主体适应现代社会的首要意识,体现的是一种存在结构和价值秩序的理解和设定方式。边界意识意味着不存在一个支配道德主体的具有普适性的共同的道德律令。道德主体存在的各个扇面有着相对的自主性与自律性。在边界意识下"放之四海而皆准"将成为一个伪命题,道德主体将置于独立的客观领域。因此,道德适应主体处于相对分离和断裂的状态。由于远离了其他事物的影响,道德适应主体不会轻易地用一种道德行为范式去否定另外一种道德行为范式。从这个意义来说,边界意识是道德适应的朦胧表达。

道德适应的价值边界意识。价值边界意识是道德适应场域中意义运作的产物,涉及价值普遍性和价值多元化的冲突解释与现代注释。价值普遍性和价值多元化有着这样一种关系:一种确定性被否定并且保留在另一种确定性之中。价值的普遍性被否定和价值的多元化被肯定的同时,道德主体又渴望保持两者的同一性。这种由矛盾性的担忧所引发的价值嬗变持续不断地赋予道德适应行为以意义。在道德适应进程中,有意聚合的主体性并未把道德个体与共同体完全统一起来,因为差异性存在是道德个体得以保留的重要因素,即使这种差异性的本质是道德主体性的具体再现。鉴于道德适应行为的理想是保留差异性的同时寻求统一性的临界点,因此价值边界意识成为道德适应行为的一种有益指引。

价值的边界意识是价值普适性和价值多元性的统一问题。需要提及的是,休谟对价值统一性边界提出了疑问,认为要在事实领域与价值领域之间划分界限,指出道德的根源不在理性之中,而在情感之中,道德的判断和规范与事实的描述和判断根本不同,这不是关于是或否的事实判断,而是关于应该与否的价值判断。在道德适应过程中,某些道德主体狭隘地认为他者与自我只有具备了无须反思的同一性,才能真正获得认同。他们热衷于极化自我价值观念的普适性,并试图推而广之,这实际上是一种主体间性的暴力,如果推向极致,则可以理解为对他者的一种敌意的表达。在道德生活中,对于价值边界要客观地看待。自由、平等等价值理念似乎是无边界的,但是具体到每个道德主体却不尽为然,不同的道德适应场域有着不同的价值观念以及相对应的价值边界。道德主体的价值边界类似于一种无形之幕,道德适应的行为框定在这一价值之幕中,这种约束开启了不断增长的道德自律与个性化的进程。换句话说,在价值边界幕后,如若道德主体的价值理念没能得以共享,那么在更普遍更抽象的道德共识上只得重新建构。这种过程在价值边界形成峰值,道德主体的自我认同在价值边界获得自我证实,这样便将道德主体和以此为基础的价值边界紧密地联合在一起。

道德适应的话语边界意识。话语边界意识是道德主体依从内心道德判断,以语言为载体实现对自我道德境界的深刻理解以及对语言逻辑边界的清晰厘定。维特根斯坦曾经说道:"我们的语言是我们存在(思想)的边界。"[1] 就道德行为本身而言,话语边界意识的确立有助于实现自我说与语言说的高度统一、自我与他者话语体系的有效融合。道德主体经过语言的漫长旅途,实现了道德语境的充分理解,如从规定主义到描写主义再到解释主义,都体现出人们对语言的认识不断发生变化。

与理论领域的沉思不同,道德话语更多地应用于实践领域。一般来说,道德主体在道德适应的具体情境中具有获得话语权的行为倾向。尽管话语主导权可能始终无法获得,但关于话语边界意识的确定性却可以获得。诚然,个人事实上被教导,存在一种判定话语边界的道德理性逻辑,并且尽一切可能保持对于这种判断的自信心的道德责任。在道德适应过程中,道德主体所处的道德际遇千差万别,道德取向各有不同,从而形成了

---

[1] 〔奥〕路德维希·维特根斯坦:《逻辑哲学论》,贺绍甲译,商务印书馆,1996。

风格迥异的话语体系。换言之，话语体系表征了道德主体存在的一种方式。这种方式赋予了道德适应行为适当的重要性与连贯性，道德适应与话语边界的相涉相融由此获得了更深层次的根据。相较于道德主体间关系的内在性，道德适应的话语边界意识应当从自身出发走向主体间的对话，从而形成公正的道德话语边界和与此对应的意义世界。在实际的道德生活中，拥有强势文化的道德主体握有道德话语权和舆论的主导权。在公共政策制定和公共服务供给方面享有更多的话语机会，他们甚至利用自己的话语权左右公共事务。这从本质上来说是将自己的话语边界向外拓宽。当然，弱势文化背景下的道德主体不应失语或者沉寂，他们通过道德对话等形式希望获得相应的话语机会，在制约道德主体间的沟通及普遍道德秩序的同时捍卫自身的话语边界。作为历史过程中出现的道德现象，时间空间的转换、利益诉求的多元，正在构建具有多维性质的社会框架，以道德主体独有的语言表达伦理意蕴，道德话语向人格和德性的凝固，在话语边界与道德主体间存在的统一上展示道德话语与道德适应的一致性，正成为拓展话语边界的可能途径。

道德适应的交流边界意识。交流边界意识是道德主体在与客体的博弈互动、融合与守护中形成的。在一定程度上，受道德文化"元叙事"的制约与影响。道德主体与道德客体间存在文化观点的分歧，因此，文化交流时的观点对立与价值共鸣均可能出现。边界交流的观点互动实际上便是产生新的异质性文化的源泉。宽泛地说，道德适应交流也是同一与分化同构的过程。道德适应交流的变化同时遵循这样的规律，当道德适应双方的观点在同一界面上很难达成一致时，旧的交流边界将会被变更，这种改变可能是因道德适应环境的变化而引起的，也可能是因强势文化的闯入而引起的，抑或是因弱势文化的退场而引起的。

道德主体的文化交流总是呈现这样一种趋势，即道德适应双方的伦理关系不只是以静默的方式呈现，还以渗透的方式造成强势文化边界的延伸以及弱势文化边界的回缩。在这种互相博弈和相对均衡的场域中，道德主体遭遇到作为社会连续体的统一或作为区别于他者的自己。从这一角度看，他者文化首先是作为外部世界纯粹的客体而出现的；然而，由于双方有一种内在的相似性，道德主体在交流中被赋予一定的张力和弹性，这使得道德适应双方的交流边界处于一种相对平衡的状态。当弱势文化的交流边界回缩到一定程度，道德适应的某些伦理规则可以充当冲突的缓释剂，并力图创造出一种服务于所有文化的均衡的世界观。针对交流边界的道德情境，哲学家汤一介于20世纪末期提出"和而不同"并将之作为处理文化冲突的重要伦理原则。区别于亨廷顿的文明冲突论，汤一介看到了21世纪人类社会面临的核心命题是"和平与发展"，而不是"战争与冲突"，这就需要处理好不同文化背景下多元主体之间（国家或地域之间）的道德适应，更要明确道德适应的交流边界意识，而中国传统文化积淀而成的"和而不同"可以作为道德适应的重要伦理向度。他认为，"在不同文化传统中应该可以通过文化的交往与对话，在商谈中取得某种共识，这是由不同达到某种意义上的认同的过程"[1]。由此，我们可以把和而不同作为道德文化交流的重要原则，并在道德适应的实际环节加以针对性的运用，从而让"理念照进现实"。

共同体意识：道德适应的可能走向。在道德生活中，人们有着一种最原始的渴望和冲动，那就是试图寻找并找到理想的道德秩序，以此免除边界意识的困扰，从而获得真正的"自由"。共同体意识从根本上还原了道德的动态特征，集中表达了这种渴望和冲动，体现了道德适应进程中"人是目的"的伦理诉求。

共同体是道德适应过程的理想存在。对于共同体作为人类理想存在的真实价值，马克思曾经在创立历史唯物主义时强调，"人的本质是人的真正的共同体"[2]，斐迪南·滕尼斯认为共同体意味着理解性与目标感的统一，是以血缘、地缘或精神为基础的共同生活，因而"共同体也是一种集体身份，它是一种对我们是什么人的定义"[3]。齐格蒙特·鲍曼则认为，"共同体意味着的并不是我们可以获得和享受的世界，而是一种我们热切希望栖息，希望重新拥有的世界"[4]。可以说，在道德适应的实践探索中，共同体作为一种理想存在，化解了道德适应边界的稳定性与自由之间的矛

---

[1] 汤一介：《"和而不同"原则的价值资源》，《学术月刊》1997年第10期。
[2] 《马克思恩格斯全集》第3卷，人民出版社，2002，第394页。
[3] 〔德〕斐迪南·滕尼斯：《共同体与社会》，林荣远译，商务印书馆，1999，第285页。
[4] 〔英〕齐格蒙特·鲍曼：《共同体》，欧阳景根译，江苏人民出版社，2003，第2页。

盾，用具体境遇的共同性去代替抽象的我思。更进一步地说，在道德适应的场域中，将过去带入现在并使现在指向未来的，不是作为单独个体的自我，而是能够提供新的精神支持的共同体。

作为一种理想存在，共同体在道德适应过程中具有多重属性。其一是共在性。道德适应实践倾向于共同体的经验，它主要在行动中得以实现，依赖于道德对象的可接受度，体现了多元主体在特定道德场域的同时在场性。就道德适应领域而言，这种共在性固然有其对应性：一方面道德主体以客观世界为对象，引发人与世界关系的境遇性；一方面，道德主体以他者为对象，导致人与他者关系的共在性。共在性对于道德共同体的意义，可以从黑格尔的话语中看出来，"精神是这样的绝对的伦理实体，它在它的对立面之充分的自由和独立中，亦即在互相差异、各个独立存在的自我意识中，作为它们的统一而存在：我就是我们，而我们就是我"[1]。可以说，道德适应中有关自我、他者与环境的共在意味着道德世界普遍联系的现实性，或者更准确地说，道德适应的结果寓于社会共存与多元共在的诸多样式的可能之中。其二是共生性。道德适应中存在的共生性是指多元道德主体间存在的一种比较紧密的相互关系，道德主体只有在道德适应中把他性置于自我性的核心之中，才能最大化地提升其适应能力，或者说是这种"你中有我，我中有你"的共生关系在道德接触的一般情况下可获得一种有限的适应性。这种和谐共生的状况并不具有道德主体适应原初世界时的陌生性，相反，它的意义在于，认识到人的道德世界的异质性依赖于他者道德活动的共在和联系，这种联系在某种程度上既促进了道德主体间的共享，又促进了道德主体间的同化，从而最终完成了道德共同体的建构。从本质上来说，无论是好的道德适应状况还是现实的道德生活都是一种共同的生活，是一种基于道德共同体的共生共存。道德适应中构建道德共同体意味着道德主体需要在公共生活中重建与他者的关系，"生活的德性就是与他人共处的德性，就是治理公共生活的德性"[2]。其三是共意性。道德共同体需要一种共识的语境去实现道德适应的和谐发展。这种共识的语境

---

[1] 〔德〕黑格尔：《精神现象学》上卷，贺麟、王玖兴译，商务印书馆，1983，第122页。
[2] 金生鈜：《规训与教化》，教育科学出版社，2004，第109页。

即是共意性的基础，它往往意味着一种普遍意义上的共同意识，一种多元道德主体所共同认可的知识经验。也就是说，道德主体在道德适应过程中无法摆脱和道德共同体的联系，因为它们具有天然的利益一致性。这种一致性拥有对其目标匹配的制度供给与源于广泛道德主体压倒一切的态度支持。因为只有在个体理性作为共同体合理性的前提下，道德适应才能有效地实现。共同体基于利益、习惯等所构建的共意性基础影响道德个体的行为选择。共同体的共意性越强，道德主体越能按照共意性内涵产生习惯性的行为反应。所以说，如果道德共同体能够在和谐抑或冲突的道德语境中找到自我与他者的共意性联系，形成一种符合道德适应进程的价值体系与道德框架，那么罗尔斯所呼吁的实质正义与哈贝马斯所提倡的程序正义将以共意性为纽带，达到空前协同。在这一意义上，共同体就是道德适应问题建构和共意动员的价值载体。

共同体意识建构是道德适应的可能归宿。德性蕴含于共同体意识之中。黑格尔认为共同体与德性的产生息息相关，或者说，德性蕴含于共同体意识之中。德性的产生不是归因于道德主体瞬间的冲动，也不是道德适应行为直接后果的期望所引发的。"德性是在共同体内部通过其实践辩证地建立起来的。"[1] 亚里士多德所提倡的共同体在本质上是一个内含德性因子的理想共同体。这种共同体的确立意味着在道德适应环节强制性衰减到最低水平，无论是道德个体之间的关系还是道德个体与共同体的关系，都在不断产生、传播、发展着德性，并且借助德性强调道德生活的社会属性与合作关系而不是脱离道德共同体的任意选择。从霍耐特的观点来看，古希腊与古罗马普遍把共同体意识视为主流观点并加以施行，"从理论上明确德行的伦理秩序，使个体的实践……能够得到充分的展开"[2]。习近平同志在北京大学师生座谈会上论及社会主义核心价值观的重要性时强调，国无德不兴，人无德不立。确立反映全国各族人民共同认同的价值观"最大公约数"，实际上也是在强调德性之于共同体、共同体之于道德适应的重

---

[1] 龚群：《回归共同体主义与拯救德性——现代德性伦理学评介》，《哲学动态》1998年第6期。
[2] 〔德〕阿克塞尔·霍耐特：《为承认而斗争》，胡继华译，上海人民出版社，2005，第11页。

要意义。需要说明的是，在道德适应的场域，共同体与德性互为因果且循环往复。德性使道德个体预设共同的善的存在而建构共同体，共同体使道德个体在德性的追求中成为有德的人。两者在道德适应的过程中必然有着连续性与协同性。即便如结构主义所担忧的那样存在某种程度的结构性断裂，道德适应的逻辑却告诉我们不应把共同体意识的一个新阶段看成是对以往的全面否定和重建。

道德环境的优化依赖于共同体意识。要使道德适应成为可能，首先要使道德环境成为可能。在文化多元的现实社会环境中，道德适应的实现需要伦理精神的指引。宽泛地说，道德适应所面临的诸多难题就是如何把道德个体组织起来过一种共同生活的问题，以及如何以共同体形式来彰显伦理实体的道德主张。因为在强调主体性世界的过程中，共同体意识被主体性价值所覆盖。共同体意识只有通过一种现实的张力，为道德个体的利益实现找到公众所承认的规则和程序的支持，才能塑造符合道德适应进程的社会环境，尽管这样的规则和程序既不等同于共同体意识也不必然意味着道德本身。然而，规则的确立有利于道德环境的优化，形成合乎道德适应进程的伦理取向与富有弹性的社会价值体系。总体来看，共同体意识对于道德环境的优化意义重大。一是对个体的道德教育。就个人的道德行为规范而言，天然的散漫本身是自然进化的结果。但恰恰是这种散漫，催生了人类共同体道德教育的需求及教育之后的种种转变。在道德适应普遍的休戚相关中，道德共同体被认定为一个自律的连续体。共同体将自我与他者相互关联，并归结为一种道德教育的载体。当道德个体以人的德性追求为价值核心时，自我与他者就被统合在良好的道德适应环境中。这样的道德教育将会具有一种无差别的道德超越性，这种超越性促进了良好人格的形成；同时道德的力量又促使道德环境的进一步优化。二是对共同价值观的认同。道德共同体的价值观一旦被认同，就会形成巨大的凝聚力与向心力。与主体性意识相比，共同体意识在道德适应的结果上让道德个体获得了更多善的可能。但是，对于道德共同体来说，在道德适应过程中的行为并不是出于自利的需求，也不会进行精密的谋算，而是基于共同的价值观所开展起来的。因而，对于道德适应过程的把握，需要超越为我还是为他的思维定式，形成对维系伦理实体发展有着决定性影响的共同价值观。这样的共同体意识建构不仅对共同体成员有价值导向作用,对社会舆论也有着明显的引领效应,甚至可以成为主导社会的核心价值体系。

三　道德适应的衍化逻辑

道德适应意味着道德主体离开熟悉的空间环境,去寻求与他者世界的融合。我们所谈及的道德适应是放置在转型社会这一特殊时空背景下进行审视的。转型社会具有显著的开放性与流动性,它总是不断推动着道德主体在异质、多元的空间进行身份转换与对话。要深刻解读道德适应的衍化逻辑,可能远不止需要一种更新了的笛卡尔式沉思。借用韦伯的话语来描述,道德适应的逻辑解读要包含对现代社会变迁的明确回应性,是一个"世界的祛魅"过程。道德适应使人们的交往变得越发频繁与复杂,人们对道德生活的追求也在工具理性与价值理性间寻找平衡。对道德适应行为的逻辑解构必须在两者间维持一个合理的张力,避免任何一方在道德的理性世界中占有压倒性优势。当然,我们对道德适应衍化逻辑的思考不是对理性的盲目推崇,因为理性在这里所代表的不是通向真理世界的唯一选项,而是一种被允诺的亲近。

道德适应的逻辑起点:道德需求与价值认同。道德适应的逻辑起点是人的道德需求与价值认同。一方面,从人的主体性出发我们有了道德需求;另一方面,从人的客体性出发我们需要一种价值认同。两者构成了道德适应理论的意向性基础。按此理解,在道德适应过程中,每个人都在不断地产生道德需求和寻求价值认同,而一个合理的社会应当提供必要的条件,使人们能够实现愿望。在道德适应的自我世界中,道德需求是最先得以考虑的。自我对于道德的需求是一种先天的自然存在。在康德看来,道德理应是一种"日用而不知"的存在。道德之所以对道德适应主体来说是必需品,不是因为它所导致的某种后果,也不是因为它迎合了某种目的,我们认为它是值得拥有的,仅仅是因为它的"天性",换句话说,它本身就是"善"。康德在《实践理性批判》中曾指出:"有两种东西,我们愈是时常愈加反复地思索,它们就愈是给人的心灵灌注了时时翻新、有加无已的赞叹和敬畏——头上的星空和心中的道德法则。"[1] 可见，道德对于道德适应的自我而言，不是可有可无的，而是自我走向幸福的起点。正如我们所理解的，对于亚里士多德来说，具备道德上可接受的品格是获得幸福的一个重要条件，而展示这样一种品格和遵守心中的道德法则则有助于我们获得幸福。

自我对于道德的需求是对道德生活的现实反映。在道德适应过程中，多元的道德主体决定了多元的道德需求，而多元的道德需求根源于多元的道德境遇。道德适应对自我的改造更多地体现为对道德需求的伦理审视，实际上是理性化对自我的思想自由造成的根本性改变。"思想自由不仅要求解除法律的禁锢，而且要求不同思想并存……感觉或价值承赋并不能给一个人自由，给人以自由的是思想，理性的思想。"[2] 因为这"不仅是人的实际生存的转变，更是人的生存标尺的转变"[3]。自我的生存标尺反映了一种道德态度，在很大程度上决定了对道德需求的价值选择。同时，"一切时代任何高尚的交往都致力于深入思考道德问题"[4]。对道德的需求理性化和呈现世俗化一度成为转型社会道德适应的特别标签。道德适应的关键就在于依据自我的生存标尺和和普遍的道德共识，在理性的道德原则框定下，最大限度地满足自我的某些道德需求。而这些道德需求无非是对现实生活的直观回应，又以道德主体的行动投射于道德生活之中。

在道德适应的他者世界中，人们通常把价值认同奉为圭臬。在他者世界中，自我能否被理性地接受，通常取决于价值认同的普及度以及能否在广泛意义上形成一致的道德标准。在道德适应的场域，一种价值观念能否把自我从原有的道德体系中"异化出来"，往往依赖于他者世界究竟是什么样子。价值认同对于道德适应主体的重要性绝不止于解释道德行动在他者世界中的异化，还要在道德适应的实际过程中去影响和约束道德主体，在一致的道德框架内去履行某种隐含的道德义务。价值认同在道德适应的

---

[1] 〔德〕康德：《实践理性批判》，韩水法译，商务印书馆，1999，第7页。
[2] 〔美〕艾伦·布鲁姆：《走向封闭的美国精神》，缪青、宋丽娜译，中国社会科学出版社，1994，第269页。
[3] 〔德〕马克斯·舍勒：《资本主义的未来》，罗悌伦等译，生活·读书·新知三联书店，1997，第82页。
[4] 〔德〕尼采：《作为教育家的叔本华》，周国平译，译林出版社，2012，第9页。

过程中最终要实现道德认同，价值认同意味着德性在自我心中的重要性。而这样的道德意愿在道德适应行动中更多地表现为一种利他性，一种以自觉为前提的道德承诺。应该注意的是，价值认同现象镶嵌在他者世界的情景关联之中，因此对价值认同的关注应该以其情景关联为前置条件。这种关注要通过对他者世界的详尽描述和道德适应主体的直观感受来实现。

他者世界天然与多元化联系在一起，而多元化如果与价值认同相脱离，道德适应的践履就是一种现代意义上的乌托邦。道德适应只有当道德主体把价值认同奉为圭臬，来探讨他者世界与道德发展之间的良性互动时，才具有约束意义。在多元文化的场景转换中，道德适应主体需要摒弃"意识哲学"的范式，转而寻求哈贝马斯所提及的"交往理性哲学"范式，以此作为道德适应主体在转型社会背景下克服现代性难题的立足点。哈贝马斯希望通过与他者世界的接触，对话不同理性的他者，寻找和建构某个特定空间语境中的同一性，为现代性的意义存在找到一个合乎理性的基础。道德主体在他者世界中多大程度地被认同，取决于人们在认识意义上如何规定人与世界的关系。道德适应主体作为具有社会属性的理性行动者，习惯性地把这种关系复刻到一种更具实践性的，或者说是一种现实主义的行动范式之中，使人的主体意识成为这一关系链条中的关键一环。当价值认同升华到一种反思性的理念层次时，道德适应也需要一个相对中立的立场来理性地审视自我的道德行为。在这一意义上，我们可以推论，道德适应的主体如若在他者世界中被完全接受，则必然束缚于某些理性的规制。倘若我们相信价值认同最终导致人的道德平等，那么我们必须在基于偏爱的价值选择中来协调人的道德平等，以实现价值认同与价值多元的和谐共存。

道德适应的逻辑可能：形式之维与实质规定。逻辑可能是"可能世界"在逻辑学范畴内的有效应用。在复杂的多元文化接触中，道德主体能够对一些事情进行清晰的认知和把握，当然也存在一些人们所无法认定的事情，显现于道德适应中，并为道德思维的假设提供了实证的逻辑可能。我们认为，道德适应的逻辑可能主要从道德适应的形式之维与实质规定两方面展开。

具体的道德行为依赖于特定的文化场域，拥有符合道德规范和普遍规定的形态。具体来说,道德适应的形式主要分为道德传播与道德涵化。道德传播是道德适应进程中所呈现的一种单向度的扩张形态。道德传播是在人际沟通、共同行为、大众媒介等方式中,以无结构、非制度为特征而产生的道德影响。[①] 道德传播意味着"共同行为"在特定的"道德场"中产生道德影响。在道德传播过程中,传播者与接受者是互为主客体的关系,符号和意义从强势文化向弱势文化渗透。可以说,道德传播是道德适应的强势方展开的主观游戏,在道德适应过程中渗透着无形的权力,决定着整个道德适应的进程。当然,道德传播的前提是道德适应双方在道德语境中达成一致的符合体系和意义建构,从这一点来看,道德适应从本质上看是彼此间如何进行符号的编码与解码、意义的建构与解读。譬如说,我国儒家思想中的仁、义、礼、智、信、勤、俭、廉、正、中庸之道、忠孝之道等对日本就产生了极大的影响。作为道德传播接受者的日本文化,日本孝德朝就对《孝经》十分推崇,并以行政命令要求民众诵读。由此可知,在对待道德传播的态度上,日本当局者是相对开明与理性的,也正是接受了儒家思想中的某些道德理念,日本特有的道德传统才得以确立。

道德涵化是道德适应进程中所呈现的一种双向适应形态。道德涵化是道德主体依据自身情况有选择地接受道德客体的某些特质,从而使得道德文化观念趋于一致的过程。在道德适应过程中,道德适应双方互相渗透,互相影响。风俗、习惯、信仰不再被打上亘古不变的尘封烙印,需要不断的选择和更新,并由此引发旧有道德观念的再解释和新的道德行为的再取向。值得注意的是,在道德涵化过程中,再弱势的文化也会对强势文化产生影响,尽管这种对他者的影响与自身改变是相当不对称的。美国道德文化与美洲印第安人道德文化的彼此渗透便是很好的例证。同时,道德涵化只有在自我道德视野中找到宜于嫁接之处,才会让道德适应变得和谐。就其本质而言,西方的伦理道德与我国传统道德思想有着较大分歧,道德涵化在农业社会是很难实现的。但是,进入现代工业社会之后,有些学者们深谙我国道德语境的意会性与模糊性特质,通过"术数""礼乐教化"等道家或儒学概念来附会西方的道德理念,这些外来的伦理因子被包装得如

---

① 曾钊新、洛莎、王小平:《论道德传播》,《湖南师范大学社会科学学报》1989年第2期。

此天衣无缝,以致国人很少在意它的起源,道德涵化也逐渐成为一种流行趋势。

道德适应的实质内容一方面体现为价值,以价值的关注为出发点,一方面体现为以人为目的。第一,道德适应以价值的关注为基本出发点。舍勒就特别强调,价值不同于康德主张的"义务的优先",他认为"凡是有价值(善)的,便是应当实现的、应当做的"①。在道德适应过程中,价值直接反映着道德主体的需要和追求,并因为主体的异质性而有所差异,有着深刻的属人特性。当然,价值并不是一成不变的,可能随着道德主体的发展而变化。客观地说,在道德适应的实践基础上,我们无须在价值的多元化与主体的异质性之间做出抉择,因为道德适应的价值选择是这样一种经验循环,它使得道德适应的行为取向不是在于事物,而是基于价值本身。第二,道德适应把以人为目的作为实质根据。道德适应所涉及的方方面面始终与人的自身存在有着千丝万缕的联系,无论这种联系是直接的还是间接的,道德适应领域价值的本质追求,便是以人为目的。康德就将人是目的规定为道德的普遍法则和绝对命令。儒家将"己所不欲,勿施于人"与"仁者爱人"作为道德适应中人伦关系的理念,信奉"修身、齐家、治国、平天下"的伦理思想,以此为基础的伦理系统则相应地表现为一种"爱人"的实质体系。以人为目的的首要设定在于将人理解为具体的存在。作为道德适应行为的具体履行者,人自身受到道德体系各方面的律令约束,唯有确认人的具体性存在,才能为道德理想的实现提供一种可靠的基础。理学家以"存天理,灭人欲"来约束人,对绝对理性的信奉将人描述成抽象的存在,结果是"人们不会在天理的纯粹形式与道德适应主体相悖的现实形态中实现道德"。换言之,当以人为目的这种价值命题无法真正落实时,在一种实质规定的范围内就不会获得其意义。同时,道德适应的形态源于一种被嵌入的起源,当这种起源本身不符合人性时,道德适应的践履就是空中楼阁。

道德适应的逻辑衍化:融合方式与分离边界。逻辑衍化是指逻辑认知

---

① Max Scheler, *Formalism in Ethics and Non-formal Ethic of Value*, Northwestern University Press, 1973, pp. 210-211.

上事情的一般变化与发展的最终态势。道德适应的逻辑衍化以融合和分离的状态显现，最终分化为道德认同、道德学习、道德实践、道德内化四个阶段。

道德认同是道德适应的衍化基础。"道德认同是围绕着一系列道德品质组织起来的自我构想。"[1] 道德认同是道德适应能否得以进行的价值依据，是道德适应逻辑衍化的首要环节。道德主体在道德适应过程中确认自我的道德边界和状态，他者道德观念每一次的出现都会对自我世界中建构的道德图式产生触动，自我的道德结构得以不断更新。当道德适应的过程中确定了道德主体所认同的界限和状态时，道德认同便成为一种包容他性的"生活流动"和理论意义上的"永恒"。道德主体根据自我的道德图式来考量在道德实践中是否接受他者世界的伦理元素，一是对道德适应中所谓道德价值的正确性的应然判断；二是对道德适应情境的责任认同。当然，从某种程度上来说，道德认同在道德适应中不是一个断点，它循环往复地在同一性的重构与他性道德之间扮演着中间者的角色。就道德适应的进程而言，是以道德认同是否达成为前提的，道德认同在很大意义上让自我道德图式添加了新的道德元素，对于道德适应的顺利进行具有开放性意义，尽管对于他者文化的道德认同并不意味着道德适应双方的总体性会完全一致。其重要性在于，道德认同无时无刻不在重塑自我，并让道德适应双方能够换位思考，重新勾勒出道德世界中自我与他者的界限。我们身处的转型社会让道德适应成为一种常态，新旧道德背景的快速转换所带来的直接后果是某种程度上的道德失范。道德失范在肯定意义上预设着对自我世界的偏执，在否定意义上意味着对他者世界的所有道德元素与自我道德意识之间的相对绝缘。只有让道德认同真实地存在于道德适应时，道德失范才会得到控制，它取决于道德主体对他者世界的适应程度和融合状态。在道德适应过程中，通过构建一种让道德适应双方都认同的社会道德价值，来形成一种共有的道德框架，发挥社会主流道德价值的导向作用。这样的道德认同既有助于道德对社会的规范性控制，也有助于促进道德适应

---

[1] K. Aquino and A. Reed, "The Self-importance of Moral Identity," *Journal of Personality and Social Psychology* 83 (2002).

的良性发展。

　　道德学习是道德适应的重要路径。道德学习是在道德认同基础上的逻辑演进，是一种接受他者世界道德元素的有效途径，通过感知、获得、解构等方式，最终重塑道德观念的价值性学习。在道德适应中，当道德学习成为道德主体的行为方向时，道德观念的差异性不仅不是道德学习的阻碍，反而成了道德学习的内在动力。道德学习一方面激发了道德主体了解他者世界的热情，进而有利于找到为我所用的道德元素；一方面试图解释对道德主体确定性行为的质疑。同时，在价值多元化和高度不确定的时代，要处理并维护好道德适应双方的关系。道德学习主体应基于自我道德图式对他者世界的道德元素进行有益而恰当的吸收和改进。同时在道德适应的宏大视野中，道德学习也涉及对传统道德与现代伦理思想的解读。传统道德是对我国五千年文明史人伦传统的历史沉淀，现代伦理思想则是对我国现行价值观的直观反映。如若能够对传统道德思想和现代伦理思想的价值选择做出清晰的判断，道德学习就不会迷失它本来的方向，否则其中任何一种道德辐射都将会边缘化到无须考虑的地步。

　　具体来看，作为道德适应的重要路径，道德学习又可分为三种方式。第一，获得性学习。麦金太尔曾指出，"德性是一种获得性人类品质"①。道德适应中的获得性学习意味着道德主体将道德适应客体的优良道德元素加以吸收，进而间接地获得道德经验，是一种被动的道德学习行为。第二，体验性学习。道德主体在道德适应的特定情境中对道德客体所信奉道德价值的真实体验，是一种自发的道德学习行为。第三，建构性学习。道德主体在道德适应的践履中自主建构伦理价值。这种道德学习方式以建构主义理念为指导，其启发意义在于相较于前两种学习方法，其理论的深度得以延伸，思维的高度得以提升。然而，从道德适应的现实来看，道德学习方式的单一运用往往是不存在的，真实的道德世界通常是多种学习方法齐头并进。

　　道德实践是道德适应的融合过程，道德实践是检验道德学习效果的试金石，是道德适应融合过程的真实体现。亚里士多德曾在《尼各马可伦理

---

① 〔美〕麦金太尔：《德性之后》，龚群译，中国社会科学出版社，1995，第241页。

学》中，把实践性作为人的行为的独特向度加以考量。实践在人类道德生活中的重要性可见一斑。道德适应本质上具有实践性，以自我与他者伦理关系的分殊为逻辑前提，体现了一种特定的人伦关系。我们所讨论的道德适应既是道德共识在道德适应中的实现，也是道德主体德性彰显的实践。两者的实现过程也是道德适应的融合过程。

其一，道德实践预示着道德共识在道德适应中的达成。道德共识可以说是道德适应双方在最广泛意义上达成一致。在道德适应过程中，不论自我与他者存在多大的道德分歧，首先必须承认也必然普遍认同的是，道德实践应该在道德共识的框架下进行，而道德共识在逻辑上必然牵连着道德主体这一特定存在。没有以道德主体出现的存在关联项是不可设想的。道德主体的这一存在特性，使得道德实践把某些认知转换为道德共识，因为这种认知本身预示着道德共识的可能，是道德实践可达到的。其二，道德实践期望德性彰显在道德适应中的实现。康德认为，德性是人的道德的最高境界。"人的道德性在其最高阶段上毕竟不比德性多任何东西。"[①] 德性彰显意味着道德适应双方内在品格的担当，道德主体在道德实践中都有一种"让自我和他者达到最大的善"的道德担当。德性是一种价值在道德实践中的"应当"指向，道德主体将这一道德担当实践于自我之中，构成关于自我的"所是"规范，抑或是超越自我的"普遍之是"。可以说，德性彰显为道德适应的"应当"指向提供了理性依据。我们所认同的"应当"，既有对道德适应过程中道德共识的肯定，也有对道德主体德性的要求，它强调这样一种倾向，即提倡道德主体应有一种"人之为人"的品格担当。

道德内化是道德适应的完美升华，是道德主体基于道德认同，经过道德学习，并接受道德实践的教化，将他者道德意识逐步转化为自我道德意识的过程，是道德适应的完美升华。其一，他者优秀的道德元素内化为自我的道德理性。道德内化要求追问关于他者道德的可能知识体系的适应原则。然而，这一适应原则却不能从道德实践中直接获得。因为，在道德适应语境中呈现的道德原则相对于道德主体所追求的道德价值具有特殊性，而在逻辑上特殊内容推导不出普遍真理。所以，道德适应只能从适当的普

[①] 《康德著作全集》第6卷，李秋零等译，中国人民大学出版社，2007，第369页。

遍原则出发，去他者道德世界中寻找符合自我道德的有益元素。如果没有这样的道德内化过程，他者的道德元素就完全外在于自我世界。这实际上是对道德内化的现实要求，把一种可能的道德现象转化为一种恰当的道德迁移，这种迁移的实质是实现道德适应的完美升华。其二，自我的道德理性逐步沉淀为自我的道德情感。在道德适应场域，道德内化在一定程度上增强了自我的主体性，这一点是不容争辩的。他者道德元素的自我迁移不过是表示主体性的一种外向投射，而不是给道德适应指明一条捷径。道德主体最终需要把他者道德元素内化为道德情感，而自然的情感天然具有非理性与盲目性，我们需要实现道德理性对道德情感的制约和支配。这种制约并没有否认他者道德元素的有益性，其结果是把道德主体间的异质性归结到道德适应的复杂性层次。所以，我们要在清醒认知个体差异性的前提下，以道德理性为基础来培养道德情感。

第二十章　道德空间

当道德成为一种新的存在并进行演化时，总是存在纵横交错的关系。纵向关系就是道德的时间性问题，对此我们提出了道德适应的理论；横向关系是道德的空间性关系，对此我们试图提出道德空间理论。[①] 这种想法的产生得益于后现代理论的诸多启发。20世纪中期在人文社会学科领域兴起的"空间转向"，使得一批学者逐渐将研究重心从时间维度转向空间维度，先后涌现出一批具有较大影响力的社会理论。空间作为解释人类社会生活的重要维度之一，是人类生产劳动与实践的重要场所，也是人与人之间建立伦理性联系的领域。空间不仅具有社会历史性，而且具有"属人"情感性，它往往被社会、群体及个人赋予不同的价值形式。正如美国学者戴维·哈维所指出的，空间绝不只是僵死的物自体，在人类社会发展的进程中它也被烙上了一系列价值符号——诸如公平、正义等。[②] 那么这是否意味着空间概念已经得到了全面的阐释？其内含的价值内容已经被充分发

---

① "伦理学界目前也缺乏对于空间问题的直接关注，但'空间'与'伦理'之间存在着先天的、内在的和固有的联系是不可争议的事实"，具体可参见吴红涛《空间伦理：问题、范畴与方法》，《深圳大学学报》（人文社会科学版）2017年第4期。其中，伦理维度偏重对社会层面"正义问题"的关注，这里的"道德空间"则是基于道德维度对个体善恶观念的理解与研究。郑震曾指出，"当代空间转向在基本的理论层面依然存在着局限性，这些局限性一定程度地影响了其社会解释和批判的效力。无法彻底克服主客体二元论的困扰使之面临着简化主义的还原论或人为地分裂社会行动与社会结构的风险"。为此，他提倡以人与人、人与环境的关系性来补充社会空间理论，即"社会空间就其根本而言即是人与人、人与事物（包括物质环境）之间的关系状态，其分析上的结构形态即是一种关系结构，而在行动者的内在性的分析层面则显示为对这些关系的理解"，具体可参见郑震《空间：一个社会学的概念》，《社会学研究》2010年第5期。笔者认为，关系性的引入为伦理学科的介入提供了前提条件，它将使得人的主体性价值在空间维度得到彰显。但是对于空间理论，特别是空间价值论的建构还有待一个根植于道德层面的奠基，只有将人的"良善生活"视为空间的价值主体而非载体、客体时才能解决这一理论困境。
② David Harvey, *Social Justice and the City*, Edward Arnold, 1973, pp.10-11.

掘？纵观西方学术史的发展脉络，尽管有马克思、涂尔干等学者对空间做了社会、经济方面的论述，[①] 以及后来的列斐伏尔洞见了资本的生产形式具有了空间生产的特点，这些极大地促进了空间理论的发展，但对具有人文价值的"道德空间"的研究却严重不足。由于长期受 20 世纪美国实用主义与科学主义的影响，对空间的研究力求做到价值中立、去情感化，同时对微观层面心理空间的研究，又过于依赖生物学、医学、神经科学等相关理论支撑，这导致了对空间理论的研究不是长期囿于宏观层面的窠臼，就是较少发掘其内含的人文价值并提出道德空间问题，这个任务无疑就摆在道德学研究者的面前。

一　道德空间的特性

20 世纪中后期，对现代性的批判逐渐在学界蔚为大观，加拿大学者查尔斯·泰勒通过反思现代社会中的个体认同危机，开始自觉地把空间概念运用到现代人心理认同机制的研究当中，提出了具有价值导向性的"道德空间"（框架）概念，"当我试图说明，在我们断定某种形式的生活确实有价值……我们发现自己就是在表达我称之为'框架'的东西"[②]。紧接着，齐格蒙特·鲍曼也意识到了空间理论的"价值匮乏"问题，他在《后现代伦理学》中指出，长期以来"关于'物理的'—'客观的'空间、'空间

---

① 关于马克思空间思想的研究，国内学者刘奔最早对马克思的时空观进行了考察，并做了社会历史性的界定，详见其论文《时间是人类发展的空间——社会时—空特性初探》，《哲学研究》1991 年第 10 期。后来俞吾金则进一步指出人的实践活动，即生产劳动是马克思时空观的革命性之所在，马克思的实践唯物主义是其空间思想的理论基础，详见其论文《马克思时空观新论》，《哲学研究》1996 年第 3 期。任平则从马克思对经济生产方式的论述中，发现"在马克思、恩格斯的大量文本中，存在着对资本在空间生产中扩张自己的历史运动的多维度考察"，详见其论文《论空间生产与马克思主义的出场路径》，《江海学刊》2007 年第 2 期。关于涂尔干空间思想的研究，郑震认为他主要是以社会决定论的视角来看待空间的组织形式，详见其论文《空间：一个社会学的概念》，《社会学研究》2010 年第 5 期。林聚任、向维指出涂尔干主要是从认知范畴对社会空间进行界定，并分析了空间的社会性起源，详见《涂尔干的社会空间观及其影响》，《西北师大学报》（社会科学版）2018 年第 2 期。

② 〔加〕查尔斯·泰勒：《自我的根源：现代认同的形成》，韩震等译，译林出版社，2001，第 34 页。

本身'和社会空间之间的区分已经写得够多了"①,强调用认知、美学、道德空间来补充当前"社会空间"的理论研究,认为只有道德空间的复兴与重建才能真正解决后现代社会中存在的伦理失范危机。对"道德"与"空间"概念进行辨析与系统梳理,消除对二者的认知困惑,强化道德学与空间理论的学科关联,在道德学与空间理论面临新发展的历史时刻就显得特别重要。为此,对空间理论进行一种现象学还原,重新开启空间的生活向度,并赋予其道德意义与价值就势在必行了。

伦理学界目前也缺乏对于空间问题的直接关注,但"空间"与"伦理"之间存在先天的、内在的和固有的联系是不可争议的事实②。其中,伦理维度偏重的是对社会层面"正义问题"的关注,这里的"道德空间"则是基于道德维度对个体善恶观念的理解与研究。郑震曾指出,"当代空间转向在基本的理论层面依然存在着局限性,这些局限性一定程度地影响了其社会解释和批判的效力。无法彻底克服主客体二元论的困扰使之面临着简化主义的还原论或人为地分裂社会行动与社会结构的风险"③。为此,他提倡以人与人、人与环境的关系性来补充社会空间理论,即"社会空间就其根本而言即是人与人、人与事物(包括物质环境)之间的关系状态,其分析上的结构形态即是一种关系结构,而在行动者的内在性的分析层面则显示为对这些关系的理解"。我们认为,关系性的引入为伦理学科的介入提供了前提条件,它将使得人的主体性价值在空间维度得到彰显。但是对于空间理论,特别是空间价值论的建构还有待道德层面的奠基,只有将人的"良善生活"视为空间的价值主体而非载体、客体才能解决这一理论困境。

在传统文化观念中,对人心、道德的重视往往体现着一种朴实的人文关怀,它与个体自身的情感、意志、行为密切相关。道德品质高尚的人被视为民族的脊梁、社会的榜样,是国家能够屹立在世界民族之林的精神支柱。诚如民国思想家章炳麟所言:"道德衰亡,诚亡国灭种之根基。"道德

---

① 〔英〕齐格蒙特·鲍曼:《后现代伦理学》,张成岗译,江苏人民出版社,2003,第171页。
② 吴红涛:《空间伦理:问题、范畴与方法》,《深圳大学学报》(人文社会科学版)2017年第4期。
③ 郑震:《空间:一个社会学概念》,《社会学研究》2010年第5期。

不仅关乎个体自身的品德修养，也关乎一个国家的兴衰成败。由此可见，道德之于个人、民族乃至国家的重要作用。道德空间作为个体道德观念的发源地，是其践行自身道德观念的"原初场景"，也是人们在社会中生产生活的价值基础。道德空间，顾名思义就是凸显和构建个体生命意义、价值体系的场所，内在地涵盖了个人道德权利与义务等多个方面的内容，具有主体间的互惠性、空间结构上的开放性以及主体价值判断与选择上的独立性。

在汉语中，"道德"原本是一个组合词。最早可以追溯到先秦诸子百家，如老子《道德经》中写道："道生之，德蓄之，物形之，势成之。是以万物莫不尊道而贵德。"这里的"道"有自然规律的含义，道以无为的方式生育万物之"德"，德即万物之本然状态的意思。韩非子《解老》称"道者，万物之所然也，万理之所稽也"，把蕴含着自然规律的"道"视为自然与人类社会生活所遵循的必然之理。《易经》曰："形而上者为之道，形而下者为之器。"这就赋予了"道"一种形而上的本体论地位，它由此具有了人类文明终极关怀的价值向度，是一切事物所遵循的最高原则。"德"字的含义相对丰富，"殷商时期，甲骨文中的'德'字后被写作'值'，金文写作'悳'，前者是正直行为之意，后者是正直心性之意。后来两种写法统写为'德'，'德'同时含有正直行为和正直心性的含义。"①有时"德"与"得"能够互释通用，如"德者，得也"正是此意。许慎在《说文解字》中把"德"解释为"德，外得于人，内得于己也"。在这里，"德"不仅具有个体维度，同时也具有社会维度，"德"与"得"必然涉及人己与人利之辩。如何处理这一关系成为评判个人是否"有德"的标准。"道"与"德"的连用，被赋予了个体终极价值层面的精神之"善"，也兼顾社会实践层面的人性之"利"。在中国传统文化中，利欲与道德并不必然分家，"道德要义在于每一个人不但要追求个体的利益，而且要考虑群体的利益。也可以说道德在于群体生命的自觉"②。"自觉"说明了道德从根本上讲究的是个体生命情感的自省与自悟，它不外求于人而

---

① 李建华：《伦理与道德的互释及其侧向》，《武汉大学学报》（哲学社会科学版）2020年第3期。
② 《张岱年全集》第7册，河北人民出版社，1996，第568页。

"反求诸己",是自律而非他律的自我约束。

在西方,"道德"最早在希腊文中被写成"ethos",有品性、气禀、风俗与习俗之意。在亚里士多德的著作中,道德也经常被写为伦理,道德与伦理在某种程度上是混用的。① 古罗马哲学家西塞罗对亚里士多德的著作进行了翻译,将其中的"ethos"改译为拉丁语"mores",后又转译为形容词"moralis",以表示国家生活的道德风俗与人们的道德品性。在英文中,"道德"用"moral"表示,它最早出现在书面语中,用来表示该文献所教导的实践性训诫,具有很强的实践性导向。道德所表示的这种实践性特征,即是后来康德、黑格尔所说的道德的实践理性精神。而在古希腊时期,"实践"②的含义并非今天我们所说的个人日常生活中具体的"行事",而是指个体的"为人",它涉及的是个人心理层面的自我认同,是有关人生意义与价值的活动,是生活习惯与方式的选择。在这里,"道德"一词同样具有社会性与个体性,一方面个人的道德品性来自后天社会的习惯养成,一方面道德品性是先天朴素情感的真实流露。

从个体自身的道德实践来看,道德具有明显的主观性、情绪性等倾向。理想状态下,个人在做出道德选择时不受他者、社会等外在干扰,其判断与选择往往取决于个体内心的自觉,是行为者自主做出的决定。因此,根据道德权利与义务的辩证关系,个人在享有某种实践权利的同时也要承担其影响和后果。但是在实际生活中,个体对于某一生活方式、行为习惯、价值观念的选择不仅掺杂着个体自身的主观因素,同时也在不同程度上受到社会大环境的影响。在公共空间,个人的行为习惯经常受到相关准则的约束,如禁止在公共场合大声喧哗、乱扔垃圾、抽烟,遵守这些准则是一个公民应尽的最基本的道德义务。可以看出,个体内心的道德选择一方面具有强烈的主观色彩,一方面必须符合社会的公序良俗。当个体的道德选择与社会环境不相容时,即内在的道德空间与外在伦理空间的联结出现"断裂"时,个体就应当进行道德反思,即在遵循"善"的价值导向

---

① 参见亚里士多德《尼各马可伦理学》中对道德、德性等相关概念的阐述。
② 例如,在《尼各马可伦理学》中,亚里士多德认为个人的实践具有一种道德上的指向性,道德德性被视为一种"实践智慧"(phronesis),它内在蕴含着古希腊人对"善生"与幸福生活等价值观念的不懈追求,"生活幸福"与个体"道德实践"之间存在一种辩证关系。

的前提下，及时调整自我的行为习惯与生活方式。在遭遇社会不公时，则应不受外界的干扰与影响，坚定内心的道德良知与价值信念，做出正确的判断与选择。

从人类历史发展进程来看，人与人之间因生产实践的变化，先后形成了多种社会形态。马克思在《德意志意识形态》中曾把人类社会概括为五大类型：原始社会、奴隶制社会、封建社会、资本主义社会、社会主义社会。从早期的原始部落、乡土社会到近代资本主义的手工业城市、现代化的大都市，都是按照不同所有制形式所搭建的生活场所，这种场所具有公共生活、交往、实践的特点，是人们开展政治、经济活动的社会空间。而不同的社会形态又赋予了空间内部不同的关系结构，例如在古代封建社会，社会空间中的个体按所占资产的不同可以划分为"土地所有者"与"土地租种者"，双方本质上是一种"主奴关系"，二者的血统、身份、地位决定了他们关系的不对等。在实际的交往中，农民往往处于弱势地位，无权约束、问责地主的行为，而地主却有权向农民收租甚至欺压、盘剥农民。这种关系结构使得传统社会中的"纲常礼教"只用来维护地主自身的利益需求，往往带有欺诈性、迷惑性、伪善性。因此，以这种关系结构所构建的人伦规范是脆弱、无力的，无法真正起到道德约束作用，人们为了生存"揭竿而起"也就不受伦理的约束，反而常被后世描绘为具有道德自觉、革命性和天然的价值正当性的群众运动。在前四大社会形态中，人际关系结构都存在不对等的现象，这种社会关系结构将导致个体道德与外在伦理规范之间的"断裂"。只有在消除了阶级压迫、剥削以及关系的不对等之后，人性的道德之光才有可能真正萌发，而这个理想型的社会空间就是我们所说的道德空间。

道德空间并非单向度的空间，而是个体间双向的、交互式的辩证关系空间。美国哲学家赫伯特·马尔库塞曾指出，资本主义所极力打造的单向度的空间，是一种缺乏批判性与反思性的资本权力空间。而道德空间更像是对这一象征着权力、资本的空间的罢黜，它从根本上否定了人对人所具有的特权性、优先性，每一位身处其中的个人都应当享有和履行相应的道德权利与道德义务。如果有人不履行义务则将被视为自愿放弃应当享有的一切道德权利，并被逐出这一空间。与罗尔斯"无知之幕"的思想实验类

第二十章 道德空间

似,道德空间也假设所有身处其中的个人是去掉了社会化身份与背景的"原子式"个人。对于空间中每一位所遇见的他者,"我的责任是无条件的,它同时组成了作为面孔的他者和作为道德自我的我"①。具体来说,道德空间具有以下三个方面的特征。

首先,道德空间基于个体间的生活交往而具有互惠性。个体之间所构成的社会关系,具有主体间的互动性又被称为交互主体性关系,这种关系的联结与发展就构成了一个社会空间。哈贝马斯认为,这种主体间所构成的关系本质上是人与人的交往关系。这种交往实践的空间有工厂、公司、学校、市场、商店、车站、歌厅、餐馆、公交车、地铁等。总而言之,"凡是有人与人相互联系、相互作用的地方就有交往"②。这种人与人自愿结成的交往空间,往往出于维护其内部的交往秩序而被制定了相应的法律规范,人们在交往实践中必须遵守这一规范行事,不同的交往空间因其不同的交往性质而具有不同的规范要求,但仅依靠法律规范去维护空间中的关系结构还远远不够,空间中的行为主体——个人是不可忽视的重要对象。后现代社会是一种以商品与消费为主导的社会,人们的交往实践往往以交换为重要特征,这种交往常以某种物品、信息、知识、劳动产品为交换对象,因此,"交往的均衡或平等原则化为价值对等原则,即等价交换原则"③。这就使得交往平等被异化为一种价值对等,一些不具备相应价值对等的个体,如穷人、残疾人等就无法在其身处的空间中进行正常的交往,并被歧视、隔离与边缘化。道德空间是对遵循商品交换单一逻辑的彻底批判,它否认了商品交换原则的唯一性与正当性,并强调个人在日常生活中应当遵循平等互惠的价值原则,将互惠性看成是每一位行为主体所应享有的道德权利。"交往产生于需要,需要满足于利益。交往和需要的背后隐藏着利益这一目的"④,利益产生于人的内在欲望,是人性使然,刻意无原则地放大与盲目抹杀这一目的都是对人性的根本背离,在这样的社会中是无法真正构筑符合人性、人心的道德空间的。应当看到,互惠互利的

---

① 〔英〕齐格蒙特·鲍曼:《后现代伦理学》,张成岗译,江苏人民出版社,2003,第85页。
② 郭湛:《主体性哲学:人的存在及其意义》,人民出版社,2001,第246页。
③ 郭湛:《主体性哲学:人的存在及其意义》,人民出版社,2001,第249页。
④ 曾钊新:《场合道德刍议》,《江汉论坛》1985年第5期。

价值原则不仅是物物交换的题中之义，个体间的情感、精神交流等非物质层面的交往也同样适用。道德空间的实践不只涵盖个体间的物质交往实践，同时也包括精神交往实践。精神交往实践本身不能以金钱来衡量，却具备个体间互利共赢的性质，这种交往经常是出于人欲而又能够实现超功利的人心交流，中国古话中的"买卖不成仁义在"说的正是这个道理。从根本上来说，它是以个体间人格平等为基础的，以多元化的互惠形式为保障。由此，这种空间中的道德实践类似于"场合道德"[1]，具有"相慰道德""馈赠道德""共勉道德"的特征。相慰、馈赠、共勉等特征说明了道德空间是立足于个体生活实践的交往空间，这种空间中的个体不存在自我与他者的决然划分，只存在一种类型的主体，即道德实践的主体。

其次，道德空间在空间结构上保持开放性。一方面，对空间本身来说，空间的价值取向必须以道德为"底色"。无论是在半公共性质的学校、医院与办公楼，还是网吧、酒吧、歌厅、游乐场等娱乐休闲场所，空间的功能、运行机制都应遵循最基本的道德原则。换言之，社会空间是开展交互活动的生活场所，其中的行为主体——人是空间的重要组成部分，才是确保空间得以存在与运作的关键所在。因此，空间坚持以人为中心（human-oriented）的价值观念就是坚持以道德为导向，自觉把维护个体的人格尊严放在首位。它是确保人际关系对等以及道德主体的基本权利之一，"是人生而具有的本质属性，是作为一个道德存在者的人的彰显，从人享有尊严这一事实中可以引申出尊重的概念"[2]。尊重分为两种，前一种是法律层面的尊重，是针对一般社会空间中的法律规范而言的，具有普遍性与强制性；后一种是道德层面的尊重，主要指个体情感上的尊重。道德空间所坚持的尊重原则不仅是法律层面的强制性措施，而且是以符合人性道德为价值导向的必然要求。它是社会空间得以构建的价值基础，强调尊

---

[1] 曾钊新先生曾把"场合道德"概括为"固定身份的一方在履行责任，满足身份固定的另一方的需要时，被满足者也同时履行责任，实行善意'馈赠'的道德律令体系"。其中场合道德所具有的交互性特征是很重要的一个方面，"需要和给予同时受尊重，利益和责任同时往来的馈赠交流性"。这说明无论是需求者与给予者，还是受益方与责任方，都应秉持互利互惠的原则，都是作为交往场合中的道德主体而存在。具体参见曾钊新《场合道德刍议》，《江汉论坛》1985年第5期。

[2] 王福玲：《尊严：作为权利的道德基础》，《中国人民大学学报》2014年第6期。

重与维护个体基本的道德权利是所有社会空间必须履行的义务。另一方面，道德空间的开放性主要体现为空间中的行为主体不是单个人或固定的人群，而是社会大众。这里的开放性主要是针对那种封闭的、不变的空间来说的，开放性意味着在这样一种空间中，人群的流动性是常态，陌生人的聚集度也是最高的，它不同于封闭狭小的私人化空间。因此，道德空间中的行为主体应该正视这种人群的流动性，适合在一个由陌生人临时组织起来的空间中生活。例如，前几年某地出现的农民工进图书馆看书遭歧视的新闻，说明在很多公共空间，某些社会身份（如工人、中介、清洁工等）会不自觉地成为人们进行价值评判的对象，甚至出现"身份贵贱论"等有辱人格尊严的错误思想。图书馆既然是一个资源共享的公共空间，那么这一空间中就只存在一种合法身份——读者，而读者本身不足以被作为价值评判的客观对象，但由于传统陋习与社会偏见作祟，一些人不自觉地视"弱势、边缘人群"为无权进入某一空间的对象。再如重庆公交车坠桥事件，乘客们心理上的拒斥，使得他们漠视了同一空间场域中的危险，这似乎说明"我们无力在一个临时的陌生人空间形成由道德整合而成的伦理精神及其规约"[①]。这是因为在公共场合中，行为者对陌生他者往往受制于情感上的难以共鸣、距离上的远近等客观因素，而拒绝履行自我的道德义务，具体表现为物理空间上对他者进行隔离、筛选与心理空间上对他者进行排斥、忽视。这使得在现实生活中，构建一个开放、包容与多元的道德空间是非常困难的。法国学者列斐伏尔通过对发达资本主义生产方式的研究，指出资本的空间生产带来了空间的碎片化、同质化、等级化趋势，即按照资本逻辑运作的空间。这种空间的异化在某种程度上导致了人生活的异化，其后果是出现道德冷漠（moral indifference）、盲视（moral blindness）等一系列社会问题。道德空间的开放性可以视为对这一资本权力空间的批判，它是对"仅资本许可"的作为空间通行证的拒绝，并要求空间原则上向全体公民开放。

最后，空间中的道德实践及其评价标准具有相对独立性。在这里，道德实践的主体是指具有独立自主与行为自觉的个人，这种实践的自主性与

[①] 李建华：《伦理连接："大断裂"时代的伦理学主题》，《浙江社会科学》2019年第7期。

自觉性彰显的是主体自身的道德人格（moral personality）。一方面，独立性指道德空间中的个体是具有独立思考与判断能力的主体，另一方面是指空间中的道德评价独立于一般社会化身份的评判体系之外。道德人格"是指个体人格的道德规定性，是一个人做人的尊严、价值和品格的总和"[①]。换言之，道德人格的优劣、好坏成为衡量一个人能否成为道德主体的标准。这里体现的是实然性（is）与应然性（ought）两套概念范畴的划分[②]，个体外在的身份、职业、地位并不能作为衡量他内在道德人格的客观标准。在现代化分工体系中，功利主义的价值评判标准并不能成为检验个体道德人格的"试金石"，而应该注重对其道德人格的把握，个体道德人格是社会公民、职业人格的价值基础。道德人格的养成主要来自两个方面：一方面，个体道德人格的形成受外部社会习俗、价值观念的影响与塑造，是社会伦理规范化的产物，体现的是一个时代与社会的精神风貌；另一方面，道德人格一经形成便具有相对稳定性，能根据自身原有的道德认知与情感做出相对独立的判断，这使得它往往具有道德的反思性与批判性。在道德空间内部，道德主体的行为规范主要依靠自我的道德自觉与自主，而非依赖于外在相关法规的约束与指引，这也是道德空间区别于一般社会空间的地方。应该看到，社会空间中的伦理原则或许能够制度化、规范化、法律化，但个体的道德人格并非都能够制度化、模式化、普遍化。齐格蒙特·鲍曼在分析"现代性与大屠杀"的关系时指出，大屠杀之所以能够有组织、有秩序的高效完成，其中一个关键因素就是依赖现代化的官僚体系——科层制[③]。这种现代制度极力清除个体内在的道德情感而代之以相关的工作伦理与技术规范，使得分工越来越精细化、碎片化、专门化，行为的过程及其内在价值与行为的结果是抽离的，行为的主体（大屠杀的执行者）与行为的客体（犹太人）之间的关系是断裂的，由此造就了大量如艾希曼之流的技术官僚（technocrat）。阿伦特在对"艾希曼现象"的研究

[①] 唐凯麟：《道德人格论》，《求索》1994年第5期。
[②] 大卫·休谟在《人性论》中对实然性与应然性即事实与价值的划分有过专门讨论，他认为我们无法从"是"直接推导出"应当"，"是"是关于事实判断的范畴，"应当"则是关于道德实践的价值范畴。
[③] 关于现代官僚体系与种族灭绝关系的论述，可参考齐格蒙特·鲍曼《现代性与大屠杀》第四章"大屠杀的独特性和常态性"。

中发现，个体的"平庸之恶"（The Banality of Evil）是引发"大屠杀"这一人间悲剧的罪魁祸首。在这样一个依靠工具理性构建的高度技术化的空间中，个体的道德良知、责任被视为一种有碍行政、经济效率的无用之物被处理掉了，只有"权力—服从"的伦理规范是这一空间的主要运作机制。在现代社会，这一空间逻辑泛化导致的后果就是个体将受社会环境、意识形态等的绑架，选择性忽视其本应坚守的道德信仰与道德良知，从而集体造就了"道德的人与不道德社会"的吊诡现象。总而言之，一个缺乏道德自觉、反思与批判的社会是无法真正建构起一个具有独立道德人格的空间的。

上文对道德空间的介绍以及三个方面特征的概括，从不同侧面反映了道德空间的理论意义及其价值取向。对当前社会中出现的"伦理断裂"现象，道德空间可以被视为连接"道德—伦理"的重要一环，它试图重塑道德共识的基础，为个体的道德认同与社会的伦理规范提供一种互补与互释的可能性。

二 道德空间的维度

道德空间是由道德主体自身"善"的品质构建的生活交往空间，表明了道德空间不同于一般的社会空间，它不以某一特定的社会契约或外在规范为主体间交往的价值基石。从发生机制来看，道德空间主要立足于主体自身价值判断的心理空间。正如鲍曼所言，道德空间是"非客观的、人造的"[①] 主观性空间，是个体"通过感觉到的/假定的责任的不平均分配来实现的"[②]。一方面，空间中道德责任、义务的分配以个人的道德自觉为前提，而非依靠外在法律规范的平均分配；另一方面，道德空间的评价性功能表明它是一种个人与个人、个人与社会之间的"关系性"空间，旨在确保个体明确自身的道德权利与义务，并促进个体自觉履行其道德义务。由此可知，道德空间一方面离不开个体自身价值判断的道德自由，一方面旨在促进个体在交往生活中达成道德共识。

[①] 〔英〕齐格蒙特·鲍曼：《后现代伦理学》，张成岗译，江苏人民出版社，2003，第171页。
[②] 〔英〕齐格蒙特·鲍曼：《后现代伦理学》，张成岗译，江苏人民出版社，2003，第172页。

道德空间是一个符合人类普遍利益的理想化空间，是传统、现代社会向理想社会衍变的价值产物，具有扎根于现实又超越现实的价值导向作用。道德空间扎根于现实，主要指它立足于现实个体间的交往活动，以个体间的"互惠互利"为基本原则，并承认与尊重每一个体的人性诉求。同时，它的超越性表现为它从未放弃构建一个以道德自觉、自省为最高人生理想的道德图式（moral schema）。这就使得道德空间不仅在结构上具有多种形态，即在经济、政治、文化等领域都存在与之对应的道德空间，而且其构成要素，包括个体内心及个体间的组织方式也具有多样性与复杂性。具体来看，道德空间包括以下几个维度。

从个体自身的道德发生机制来看，道德空间可以分为身体性与心理性两个维度。

道德空间的身体性维度，指道德空间是将人的身体存在作为空间物性存在的基础，具有先在性与情境性两方面的特征。所谓先在性，是指身体的存在要先于某一特定的客观空间，身体是空间得以产生的前提条件。[1] 不同于一般社会空间中存在的个体，道德空间中的个体面对的是一个临时组织起来的，具有自发性与流动性的生活空间。这对于其中的个人来说，先于他所在的空间，并对将要经历的一切"一无所知"。与之相反，商场、酒店、超市、广场等具有特定功能价值的空间中认识与交往的对象是潜在确定的，如在商店中，对卖家来说，潜在的交往对象主要是顾客，与之形成的交往经验也是现成的，这种经验规范化之后便成为日常生活的伦理框架，即相关的职业、商业伦理规范，它往往具有普遍性、强制性与权威性。在这一固定的空间中，个人的道德实践首先依据的是所要遵守的伦理规范及其扮演的社会角色，他的一言一行早已被塑造为标准化的"惯习"（habitus）。而道德空间中不存在标准化的行为模式，个体必须始终将身体的完整性作为行动的参考。由此推断，道德自我的形成是与身体实践紧密联系在一起的，"对身体的轮廓和特性的觉知，是对世界的创造性探索的真正起源"[2]。所谓情境性，是指身体与特定的情境相联系，它对道德原则

---

[1] 〔法〕莫里斯·梅洛-庞蒂：《知觉现象学》，姜志辉译，商务印书馆，2001，第139页。
[2] 〔英〕安东尼·吉登斯：《现代性与自我认同》，赵旭东、方文译，生活·读书·新知三联书店，1998，第62页。

具有"最终解释权",并决定了某一道德实践的可行性。在实际生活中,个体的道德实践与外部环境具有密切联系,受身体所处位置与距离等客观因素的影响,其道德实践是多样化的,不同的道德实践又会进一步对外部环境产生不同的影响。由此可知,身体与环境之间的相互影响才是道德实践的本真来源。身体作为道德实践的承载体,不仅是感知外部信息的物理接收器,同时也有着道德选择与判断的主观能动性。在具体实践中,道德主体根据自身处境而非某一先验的价值理念,做出相应的道德行为。在一些极端环境中,外在情境对身体及其实践会产生较为明显的影响。安东尼·吉登斯研究发现,威权统治(纳粹)对人的身体会造成伤害,"在极度紧张的场景中,与身体分离的感受毫不奇怪应该是普遍的"[1],个体正是在类似于"精神分裂症"的自闭状态中沦为"沉默的大多数"。为此,我们应该足够重视身体的重要性,"它是一种生理机体,必须受到其拥有者的照料;它是有性别的,也是快乐和痛苦的源泉"[2]。

道德空间的心理性维度,指道德空间是受个体多种心理因素相互作用而形成的一种心理空间,具有主观性、复杂性与多样性。所谓主观性,是指个体的空间体验受内在感受、情绪以及认知的影响。个体对空间的体验,不仅是在某一空间中的体验,也是自我主观的体验。关于这一点,理智主义哲学家如"康德仍然和牛顿、莱布尼茨一样,认为空间是一个单一、同质、无限、连续、各向同性的统一整体"[3],他们之所以没能把握住空间的多样性与复杂性,是因为忽视了对个体内心体验的考察。正是基于对康德绝对性与直观性空间的不满,"通过胡塞尔、海德格尔、梅洛-庞蒂和帕托契卡等现象学家的努力,20世纪的空间现象学试图揭示出某种比形式直观更原初的空间经验"[4]。这种空间经验使得暗藏在空间背后的个体行

---

[1] 〔英〕安东尼·吉登斯:《现代性与自我认同》,赵旭东、方文译,生活·读书·新知三联书店,1998,第66页。
[2] 〔英〕安东尼·吉登斯:《现代性与自我认同》,赵旭东、方文译,生活·读书·新知三联书店,1998,第68页。
[3] 刘胜利:《空间观的"哥白尼革命":康德对传统空间观的继承与批判》,《科学文化评论》2010年第3期。
[4] 刘胜利:《空间观的"哥白尼革命":康德对传统空间观的继承与批判》,《科学文化评论》2010年第3期。

为与环境的辩证关系得到了揭示。社会心理学家库尔特·勒温进一步指出，我们生活的空间不是某一外在的物理空间，而是我们内心所体验到的外部环境。正是这个内在于我们"心理的生活空间"，决定了外在空间对我们的呈现状态。所谓复杂性，是指个体的空间体验往往是复杂多样的，它一方面受个体心理素质的影响，一方面受外部环境的影响。在某一具体的道德实践中，个人的道德判断与选择往往取决于与行为对象的情感联系，这就使得在同一道德实践中，不同的个体面对同一对象会产生各式各样的态度，并采取不同的行为方式。如在发现两人同时落水时，一般情况下人们会毫不犹豫地先去救与自己情感联系更紧密的人。同时，外部环境的实际情况，诸如物理距离、人际关系、自然环境、社会舆论以及意识形态等，都会直接或间接影响个体的道德判断与选择。如某地发生灾难，从地理位置的角度来看，附近的居民会比千里之外的他人更能产生情感上的共鸣。所谓多样性，是指每一个体的心理体验受自身素质与周围环境的影响程度各不相同。一方面，个体由于家庭背景、生长环境、所受教育程度的不同，对于不同的事物可以按民族、职业、阶层等划分成不同的"类看法"；一方面，个体的心理素质受性别、年龄、精神状况等因素的影响，对于同一事物的反应也是各不相同的。这种心理体验的多样性，使得每一个体会构筑符合自我内在价值观念的道德空间，"我们的主观体验可以把我们带入感知、想象、虚构和幻想的领域，它们产生了内心的空间和图像，就像很多想象上'真实的'事物的幻象"[1]，这种主观体验在某种程度上赋予了道德空间客观品质以多样性。重要的是去了解个体产生差异化结果的原因，而那种一味追求消解客观—主观差异性的空间构思注定是难以实现的。

从个人与社会关系的角度来看，道德空间具有私人性与公共性两个维度。

道德空间的私人性维度，指道德空间是隶属于道德主体私人生活范畴的空间，涵盖了亲密双方及其家庭等私人关系领域，由此形成的行为规范

---

[1] 〔美〕戴维·哈维：《后现代的状况：对文化变迁之缘起的探究》，阎嘉译，商务印书馆，2013，第255页。

一般称为"私德",具有亲密距离与私密性两个特征。所谓亲密距离(intimate distance),指这一空间中的双方及其行为实践均受到认知与情感距离的影响。这种距离上的影响为私人空间中的道德实践进行了更为直观的说明,"人们之间的距离从何种角度解释道德,或者更准确地说,让我们简而言之:这里不是要规定行为规范,而是解释在每个情境里个体们是如何被引导到以他们的地位做出伦理判断的"[①]。一般来说,私人领域的交往对象是恒定不变的,如恋人、家人、朋友等关系亲近之人。这种对象的固定化有两方面的好处:一方面,它使得个体容易与对方建立起持久的认知、情感连接;一方面,它能够形成与对方交往的实际经验。因此,私人空间的道德发生机制往往受个体与对象之间的认知程度、情感联系等因素的影响,具有特定性、差异性、非普遍性等特征。例如,中国传统文化就基于个人身份的不同,强调道德权利与义务的多样性与对称性,在家庭范围内有所谓的"父慈子孝,兄友弟恭,夫正妻顺"等道德规范,它们都是相对于不同的行为主体的身份来说的。同时,私人空间的交往具有私密性、利益共生性以及小范围(近距离)等特点,这使得个体常具有"无私""奉献""关怀"等品质,且私人空间中的道德实践常受"家和万事兴""和为贵"等传统观念的影响,在人伦关系的处理上主要采取"宽容原则"。所谓私密性,是指这一空间中的生活与交往属于个人隐私的范畴,拥有不受外界干扰的自治与自决的权利。私人生活,又称"私生活"(private life),是指不受外界窥探与打扰的个体生活领域。但不受窥探与打扰并不影响个体进行道德实践,道德作为一种行为规范,必然渗透进日常生活的方方面面。那么这种道德生活将以何种形式存在?其存在形式是否受社会舆论的监督?这里应该看到,一方面,个体间在生理、地理、文化、意识形态等方面的差异性,使得每一个体的私人生活中都出现了一种道德生活的可能,它在形式上是趋向多元化的;另一方面,"因为'个人自由不受干涉'的权利给了我们'个体自由决定'的空间"[②],所以个体道德自由的权利也是不受外界干涉的。道德自由意味着个人有独立做出道

---

① 〔法〕米歇尔·梅耶:《道德的原理》,史宗义译,知识产权出版社,2015,第1页。
② 袁楚风:《私生活权利保护——基于国际人权法的分析》,《河北法学》2013年第10期。

德选择与判断的自由，它作为道德个体的基本权利，是承担相应道德责任的前提条件。因此我们可以说，在私人生活领域不存在单一形态的道德生活样式，"隐私生活的目的在于维护个人自决与个性发展所必需的不受外界干扰的空间"①。但道德生活的多元化与道德选择的多样化不是绝对的，还必然受到其所在社会的风俗习惯、公众舆论及价值规范的影响与评判。例如，网上热议的"虐猫事件"，当事人公然辩解虐猫属于其私生活，她的行为并不构成违法，他人无权干涉。从道德认知与评价的角度来看，这已然违背了一般性的道德常识，超出了道德底线，更谈不上是一种道德的生活方式。由此可知，虽然私生活的方式具有多样性，个体的价值判断具有独立自主性，但其影响程度却远远超出了这一私人空间所能控制的范围。

道德空间的公共性维度，指道德空间是由多个行为主体共同创建的交往空间，由此形成的行为规范一般称为"公德"，具有公共性、共治性特征。所谓公共性，是指道德空间不属于某一类主体所有，它在结构上具有开放性，是个体间交流与生活的场所。不同于私人领域的私密性，"公共领域是行动着的交互主体所形成的公共空间"②，而交互主体双方事先是不熟悉对方的。由此，公共空间的道德实践在对象上主要是陌生人，他者在认知、情感上处于"真空地带"。在私人领域，道德实践的对象是固定的，对象身份是已知的，与不同身份的对象打交道有不同的道德规范。而在公共生活中，对象以及对象的身份是个体无法控制与辨别的，这就使得个体在私人空间中所形成的道德经验无法被有效地运用于公共领域，它急需一套不同于私人领域所建构的交往规范。如果说在私人空间形成的道德具有差异性、多样性、特定性，那么公共空间所制定的道德规范已经具有普遍性与约束性。它在内容上包括了公共对象、公共事物、公共领域的划分与界定，在处理人伦关系上采用的是公平、公正、公开的原则。这里的道德规范具有了某种伦理属性，在实践中被总结为一套符合公众利益的交往伦理规范。"交往伦理是维系公共空间秩序的主要道德要求"③，具体表现为

---

① 袁楚风：《私生活权利保护——基于国际人权法的分析》，《河北法学》2013年第10期。
② 龚群：《论公共领域与公德》，《中国人民大学学报》2008年第1期。
③ 龚群：《论公共领域与公德》，《中国人民大学学报》2008年第1期。

实际交往过程中对他人的尊重,不损害他者的合法利益,交往双方在人格、权利与义务上的平等性。身处这种交互式的生活空间,意味着"我"已经潜在地融入了这个社会,并与之构成了利益共同体,这使得"我"在处理与他人、群体关系的时候必须参照相应的社会伦理规范。它更多地意味着一份道德责任,"个人意志服从大多人的意志就是最基本的伦理要求,这用道德上的自主自由是无法解释的"①。所谓共治性,是指道德空间的公共秩序与道德规范需要依靠全体公民来自觉维护与遵守。公共空间是通过主体间的交往共同建构起来的,其中共治突出的是主体间的共同治理,而非某单一主体的治理,它具有提高个体参与感的重大意义。"具体而言,治理是多元主体以协商为基础,以合作为支撑,以共赢为目标指向,遵循共同规则共同应对处理公共事务的持续过程。"② 共治是为了共赢、共享,它的核心要义是注重把个体利益与公众利益结合起来,以此培养个体在公共空间的主人翁意识。这就使得作为道德主体的个人,在进行社会治理时必然承担起自身的道德义务与责任,并通过参与公共事务意识到自己的"主体性价值"。由此可见,外在的伦理规范与制度通过再次回归个体的道德实践,并通过不断深入具体的实践来增强主体的道德自觉。"只有透过这种辩证转换,伦理精神才不仅是自在的,而且是自为的。"③ 齐格蒙特·鲍曼一直强调借助个体的道德自治来实现个体道德能力的救赎与社会空间的重新道德化,或许以共治为核心的社会治理模式不失为一种可行的办法。

从空间的构成要素来看,道德空间具有实体性与虚拟性两个维度。

道德空间的实体性维度,是指道德空间是由现实生活中多个"道德实体"④ 构成的,这种道德实体具有实在性、主体性两大特征。所谓实在性,是指这种道德实体具有客观实在性,不以人的主观意志为转移。从空间本身的类型来看,诸如家庭、学校、医院、纪念馆等都是承载某一类道德实

---

① 李建华:《伦理与道德的互释及其侧向》,《武汉大学学报》(哲学社会科学版)2020年第3期。
② 夏锦文:《共建共治共享的社会治理格局:理论构建与实践探索》,《江苏社会科学》2018年第3期。
③ 樊浩:《伦理的实体与不道德的个体》,《学术月刊》2006年第5期。
④ "道德实体"是指潜在的具有道德属性的客观对象。

体的客观场所,其中道德实体的身份各不相同。具体来说,"身份一般有两类:指派身份和自塑身份,前者是个人无法选择的,如出身、成份、性别;后者是主体自我选择并自己塑造的,如职业身份"①。前者主要来自家庭空间的生产,其中承载的道德实体主要是父母、儿女等具有血缘关系的个体,所体现的是以血缘为纽带的亲情道德;后者主要来自学校、医院等公共空间,它所承载的道德实体主要是老师、医生等,所体现的是以某类职业为价值导向的社会性道德。在父母与子女、师生、医患等关系中,每一位道德实体赋予"我"一种特殊的身份,每种身份都意味着一份责任,"就是说我作为人的身份开始于我的责任……责任是我单独负有的,是我在人类范围内所不能拒绝的"②。这种关系的实在性,使得我们可以说"这种道德关系先于存在"③。所谓主体性,是指空间中的道德实体是融入了外在伦理精神的具有道德自我意识的主体。这里的道德实体不同于一般意义上的伦理实体,是潜在的具有主观能动性的道德主体,正如"我们说'人本质上是道德存在',并不表明人在根本上是善的"④一样。青年黑格尔在《精神现象学》中,把伦理实体描述为"在实际存在着的意识的复多性中实现了的绝对精神;这个规定下的绝对精神,即是公共本质(或共体)"⑤,但这种绝对精神只有转化为共同体中自我的道德意识才能实现"自在自为"的存在。这里的道德实体可以看作外在伦理精神的最终实现,是个体性与普遍性、主观性与客观性的统一。由此可见,道德实体之所以具有主体性,正是因为它内部蕴含着某种程度的道德意识,并潜在地有实现这种道德意识的能动性,"它自在地是义务与现实的统一;这种统一于是变成它的对象,成为完成了的道德"⑥。也就是说,道德实体只有通过构建一种"道德世界观",即认识到义务(责任)的绝对必然性,才有可能转化为自

---

① 李建华:《伦理与道德的互释及其侧向》,《武汉大学学报》(哲学社会科学版)2020年第3期。
② 〔英〕齐格蒙特·鲍曼:《后现代伦理学》,张成岗译,江苏人民出版社,2003,第90页。
③ 〔英〕齐格蒙特·鲍曼:《后现代伦理学》,张成岗译,江苏人民出版社,2003,第83页。
④ 〔英〕齐格蒙·鲍曼:《生活在碎片之中——论后现代道德》,郁建兴、周俊、周莹译,学林出版社,2002,序言第2页。
⑤ 〔德〕黑格尔:《精神现象学》,贺麟、王玖兴译,商务印书馆,1997,第7页。
⑥ 〔德〕黑格尔:《精神现象学》,贺麟、王玖兴译,商务印书馆,1997,第135页。

在自为的道德主体。但日常生活中的道德实践是有待于完成的"绝对任务",道德实体只有通过不断的道德实践才能证明自己的主体性价值。因此,我们可以说,道德实体正是通过对道德义务的自觉承担,才逐渐转变为道德主体。

道德空间的虚拟性维度,指道德空间是由虚拟的电子网络世界(赛博空间)构成的,这种空间中个体的道德生活具有流动性与去中心化两大特点。所谓流动性,主要体现为这种空间的架构与构成主体不受传统风俗、社会关系、政治制度、地理环境等外部条件的限制。随着信息化时代的到来,人们的生活方式及交往场所发生了巨大的变化,互联网的出现给人们提供了一个全新的生活空间——赛博空间,"这是一种虚拟空间、精神生活空间和文化空间"[1]。它涉及人们的认知、文化、生活方式以及生产实践多个方面,对人类社会与日常生活产生了巨大的影响。但正是这充满流动性、不稳定性的空间在给人们的生活带来便利的同时,也给传统社会空间的结构与组织形式,如法律、伦理规范、价值观念等带来了巨大的挑战。流动化的空间结构在加速资本主义生产、管理方式变革的同时,也导致了个体身份的多样性、文化的差异性与信息的复杂性。个体在进行交往实践时,面对的通常是"匿名化"的他者,传统公共空间中构建的以强制性、普遍性为特征的伦理规范面临着被解构的危险。那么这是否意味着赛博空间必然产生以"丛林法则"为价值导向的网络文化?这种空间是否将蜕变成道德的"法外之地"?应该看到,一方面,空间中主体交往的各种不确定性因素确实加剧了各种伦理、道德风险;另一方面,这种具有不确定性、流动性的网络空间却戏剧性地创造了一个善恶并存的"道德原初场景",并将为个体的"道德再启蒙"[2] 提供可能。所谓去中心化,是指由互

---

[1] 曾国屏、李正风:《赛博论·赛博空间·社会和文化变革》,《哲学动态》1998年第5期。
[2] 胡言会教授在研究赛博空间的道德规范时指出,传统的规范伦理在很大程度上冲淡了道德的价值本性,从而无法真正建构起以具体境遇为前提、实践经验为基础、自我认同为核心的赛博空间道德。他认为"赛博空间的道德活动努力消解道德形而上学独断论,强调个体的差异性、生活的流动性、时空的变化性,并由此摧毁道德形而上学的合法性根据,从而召唤道德回到生活本身的欲求,关注个体生存道德价值的努力",具体可参见《传统理性的祛魅与道德再启蒙——论赛博空间的现代性道德》,《海南大学学报》(人文社会科学版)2008年第6期。

联网构建的网络虚拟空间为多元化的道德实践提供了广阔空间,打破了由单一伦理或价值形式主导的规范壁垒。如果说传统的伦理规范还停留在单一主体建构的现实生活领域,那么赛博空间中的伦理规范将是多主体协同互利的产物。它基于网络公民的"身份认同"自发构建了多个具有不同价值形态的网络社群,这种社群中的伦理规范通常具有高认同度、高时效性、高灵活性等特征。随着信息社会中生产技术的变革,"互联网+""大数据""云计算""区块链""5G"等新型技术在重塑社会治理结构与模式的同时,也将会瓦解人们旧有的生活方式、思维习惯与价值观念。[1] 法国学者让·鲍德里亚通过对后现代消费社会中"符号经济"的研究,说明了一种由技术控制的"超真实"世界代替了原有的现实生活,这使得人们正日益迷失在互联网所创造的幻象游乐园中。可以预测的是,在未来相当长的一段时间内,网络空间中的道德实践将缺乏一套可供参考的伦理规范标准,在人际交往中容易出现社交障碍、异化、失效等后果。当然,这也将在道德实践中赋予主体更多的自主权与自决权,并对构建一个平等开放、互利共赢的新型交互空间注入新的活力。或许,正如齐格蒙特·鲍曼的思考,"后现代性已使普遍的、根基牢固的伦理规范的现代雄心黯然失色,但它是否也关注着现代性所拥有的任何道德改良机会呢?"[2] 答案似乎在道德主体不断地探索与试错中,变得越发清晰明显。

三 道德空间的"立法"

道德空间是由道德主体、道德规范、道德实践场域三要素组成的,其中道德主体可以分为个体与群体,与之相对应的道德规范有"个体道德"与"群体道德"两种。个体道德关心的是个体自身的道德权利,群体道德则更注重道德义务与责任的划分。这就使得道德空间的功能不仅涉及个体自身的行为规范,也兼顾社会群体的道德评价。但应看到,无论个体道德

---

[1] 其中关于"区块链"技术如何被应用于社会治理,以及如何对传统社会的价值伦理形成挑战,可参见赵金旭、孟天广《技术赋能:区块链如何重塑治理结构与模式》,《当代世界与社会主义》2019年第3期。

[2] 〔英〕齐格蒙特·鲍曼:《后现代伦理学》,张成岗译,江苏人民出版社,2003,第261页。

与群体道德的内容具有多大的差异性，它们都是个体内心认同的产物。也就是说，道德空间主要是立足于个体自律范畴构建的生活空间，"道德在本质上是自律的，而伦理偏重于他律"①。在这个意义上，道德空间可以被视为一种"自我立法的空间"。道德对个体生活的内在指向性与超越性，使其追求的理想型人格是传统文化中"大写的个人"，而非现代社会中"原子式的个体"。道德空间的建构不仅注重对现代职业道德、公民道德的修缮，而且加强了对"弱势群体""边缘人群""亚文化群体"道德实践的关注。道德空间的立法不应是某一阶层、权利主体的特权，它从根本上是对现代文明社会的呼吁。

随着资本主义生产方式的变革，现代化的都市空间成为资本增殖的主要场所，形成了拥有多重身份的陌生人的群体生活空间。其中一种常见的交往模式，即个体间的交往是将身份信息作为认识基础，将等价交换作为交往原则的。"金钱贸易是都市类型交往最重要的体现"②，它使得个体间的交往极力避免情感化、私人化，个人的经济理性成为主导都市生活的实用原则，从而使得一切生活冲突、道德冲突都被简化为单纯的经济冲突、利益纠纷。对私有财产的划分、社会财富的分配、事故责任的判定等代替了传统生活中对个体生活的道德审视，成为现代法律、经济领域研究的重要内容。德国学者西美尔（Georg Simmel）在对现代人生活风格的研究中指出，普遍性的法律形式、货币经济使得实际生活中个体不道德的行为被遮蔽了，算计（rechnende/calculative）成为现代精神的实质性象征。③ 现代化的大都市正成为鲍曼笔下的社会空间，似乎仅是作为一种具有商品交换功能的空间而被建构起来的。

商场构建的消费空间的功能是满足某种物品的等价交换需求，空间的主体是由卖家与买家组成的；学校构建的教学空间的功能是确保知识的传授，空间的主体是老师与学生；医院的功能是挽救生命，主体包括医生与

---

① 李建华：《伦理与道德的互释及其侧向》，《武汉大学学报》（哲学社会科学版）2020年第3期。
② 〔英〕齐格蒙特·鲍曼：《后现代伦理学》，张成岗译，江苏人民出版社，2003，第180页。
③ 〔德〕西美尔：《货币哲学》，陈戎女、耿开君、文聘元译，华夏出版社，2003，第356～360页。

患者。由此可以看出，卖家与买家、老师与学生、医生与患者都是对应于空间结构中的"身份关系"，其中卖家、老师、医生的身份不仅是现代社会化分工的结果，而且被赋予了国家、民族的道德观。这里的社会职业具有两方面的意义：一方面体现了现代人的职业操守与法律规定范围内的权利和自由；另一方面，它在继承传统道德文化的基础上，对职业人更多地意味着道德义务，比如遵循童叟无欺的交易原则、有教无类的教育理念、救死扶伤的医疗策略等，这都是对职业者的道德约束。但随着资本化、殖民化的加剧，空间被异化为某种商品等价交换的场所，空间中的多种关系结构也均被异化为商品的提供者与消费者的利益关系。而消费者由于信息不对称、知识不对等、身体有缺陷等，不仅成为传统观念中受道德保护的"弱势群体"，而且基于"花钱买服务"的顾客心态，要求对方必须满足自己的权益要求。这就使得传统关系中存在于双方之间的不对等状态，经过资本主义社会中经济生活的转化，转变为双方权利的不对等和"双重的不对等关系"，即传统的主—客身份关系中主体之于客体的身份不对等与现代主—客身份关系中客体之于主体的权利不对等。这也就能部分地解释为什么在具体的冲突事件中，双方都自认为是遭遇不公正对待的受害者，而将过失、责任全部推卸给另一方。

在都市空间的交往实践中，这种"双重的不对等关系"加剧了生活中人际关系的紧张化与对立化。具体来看，对某一交易关系中的双方来说，交易必须符合主体方某一利益最大化原则，这迫使个体在实际交往中尽量做到理性化与去情感化，并无形中增加了冲突发生的道德风险。而交易中的客体方常基于"我弱我有理""消费者就是上帝"等心理，容易将主观偏见、情绪加诸服务者身上。空间中的消费者由于道德意识淡薄、道德约束缺失、道德评价失灵最终酿成了社会悲剧。

通过对西方道德谱系学的研究，尼采无情地揭露了传统基督教道德反人性、反自然、反强力意志的伪善性，这种旧道德本质上是对生命本身的戕害。为此，他提出"对一切价值进行重估"。因而有必要对现存道德进行价值重估，努力澄明被资本殖民化空间所遮蔽的生命向度，使得道德空间的立法必然是对每一个体生活本真性的诠释。长期以来，传统主客二分的思维模式，造成了社会公众、媒体对某一关系中主体道德的过分关注，从而忽视了客体行为失范、失德、失信、失声等问题。究其原因，是道德同个体自身与外部空间相异化的结果，它使得个体的道德立法不再可能。如果为了避免出现任何生活风险，而选择将一切道德问题交给超个人的代理机构，如社会组织、资本、法律、伦理规范来处理，"这种新情况将使我们比以前更多地行善、更少地行恶吗？它将使我们生活得更好吗？"[①] 或许，仅依靠职业道德与公民道德建设还远不能解决所有的问题，应该看到，职业道德与公民道德建设的理论基础是人性道德。下面，我们将围绕道德空间的"立法"具体讨论两个问题。

第一个问题是道德空间的"立法"应当解决立什么样的法以及为谁立法的问题。首先，道德空间的立法不是指道德的法律化，这里的立法是指源于个体生活实践的内心法、实践法、善恶法。道德空间本质上是通过空间中个体的日常生活所建构起来的，反映了原始道德与现实生活天然的一体性。从道德发生学的角度来看，道德最初源于个体生活的不断实践，这种实践是一种感性的实践活动，只有当这种原始的、个体性的道德经验上升为一种普遍性、总体性的伦理原则时，才具有了社会控制与理性筹划的价值功能。在不同历史时期，个体道德实践的价值形态最终是通过该社会空间中的经济文化结构展现出来的。从中可以发现，道德与生活的辩证关系是一种互相成就的关系，道德的"善恶性"赋予了个体道德实践以可能性，个体的道德生活又进一步丰富了伦理规范的内容。由此可以推断，这种"立法"在内容上源于个体的生活实践，是个体内心辨别是非善恶的价值依据，立法的形式受制于个体生活的多样性、复杂性并保持着一定的开放性。伦理原则只有不断地复归个体的道德实践，即通过重建个体道德发生的场域——道德空间，才具有生活意义的向度。

其次，道德空间立法不仅是针对空间中日常生活的立法，也是空间本身作为道德实践场域的立法。这里的日常生活是指人的生活，只有人才是道德的载体与主体，没有人就没有道德及一切文化现象，道德只有始终与个体发生关联，才能称之为道德。个体道德立法的对象可以分为两类：一

[①] 〔英〕齐格蒙·鲍曼：《生活在碎片之中——论后现代道德》，郁建兴、周俊、周莹译，学林出版社，2002，第8页。

是个体内在调节机制的心理空间，个体道德良心与道德品格的养成正是通过其中的道德意识、道德情感、道德意志、道德理性、道德行为等多重因素共同塑造的，它是个体构建自我认同与生命意义的价值场域；一是外在于个体的社会物理空间，空间的道德价值主要依靠无数个体的道德实践来实现，是承载道德生活以及展现某种价值观念的公共生活场所。从中可以发现，空间中的自我立法偏重于从精神层面对人的价值观念、行为规范进行塑造，是内化于个体道德生活的自觉与自知。

最后，道德空间的立法需要对"良善生活"进行充分的思考，即寻求一种生命意义的道德奠基。一般来说，对生活真谛的把握需要对"良善生活"的追求，即构建一套合理自洽的价值范式。然而，随着后现代社会中出现了审丑文化、佛系文化、丧文化，个体的生活意义面临着被消解以及虚无化的危险，生活的严肃性、仪式感成为娱乐消费的对象。针对城市中的这一精神症候，麦金太尔认为个体生活的理性化、规范化并不能解决生活意义、价值缺失所带来的社会问题，他提出以个人美德来改变价值相对主义所导致的现代人生活的无根基状态，这是其美德伦理学的核心要义。列斐伏尔则结合空间与个人日常生活之间的亲密关系，在批判资本主义空间生产的基础上提出了"空间革命"，即重新构建一种具有创造性的属人的生活空间。查尔斯·泰勒通过对现代人生活观念史的考察，发现生活意义的缺失引发了个体认同危机，由此提出了以构成性的"善"来修复个体内在的道德框架（空间）。以上三位学者分别从各自的研究领域剖析了现代人的精神状况，并开出了"救世药方"。从中可以看出空间与个体生活的辩证关系，空间天然蕴含着一种"向善"的人性诉求，无论是外在于个体的社会空间，还是内在于个体自身的心理空间，都是构建个体生命意义的价值场域。但是现代都市空间对个体感受性的忽视以及生活向度的遮蔽，使得原有的这一诉求被异化为追求利益的欲望。因此，道德空间的立法必然意味着对个体"善"的价值重建，它作为一种奠基于个体内在良心与人生信仰的指导原则，或许能为当下社会的道德困境提供一种理论上的解决方案。

第二个问题是道德空间应当考虑如何"立法"的问题。首先，个人应当加强对自身道德人格的完善与道德身份的建构，这是道德空间"立法"的充分条件。诚然，现代化都市空间在扩展人类生产实践范围的同时，也极大地丰富了个体日常生活的内容,但是资本主义"以时间换空间"的发展策略,却意外地模糊了空间的界限与个体的身份意识。面对后现代社会兴起的消费文化,城市空间分化成各不相同的消费空间,以至于消费成为日常生活本身。这引发了两个方面的问题:一方面,日趋同质化的消费者身份关注的是其享有的各种权利,而身份应承担的道德义务却被有意消解掉了;另一方面,生活空间的碎片化、多元化使得道德实践也呈现出碎片化、多元化特征,某一空间主体的权利与义务可能在另一空间就不再适用。这就导致了个人在不同身份间来回切换时,经常要面临不同道德选择所带来的矛盾、冲突乃至分裂,甚至出现自我认知障碍、混乱等情况。一般来说,自我认知的形成与发展源于自我意识的不断确证,"自我意识的形成,是将现在的自我意识对以前的自我所具有的社会角色意识的反思和认同,并将过去的这些角色转换为自我发展过程中的一个个环节"[1]。因此,如何缓解社会角色多元化所导致的多重身份间的矛盾、冲突就显得尤为重要。要解决这一难题,个人只有不断提升自我认知的水平与能力,即自我意识将社会角色的价值逐步内化为自身的主体性价值,自觉意识到每一社会身份所承担的道德责任,才能使外在的规范真正转化为个体自身的美德,并为构建一种具有开放性、稳定性、实践性的道德身份奠定基础。

其次,城市应当构建有利于促进个体间情感交流的生活空间,这是道德空间"立法"的必要保障。个体的道德实践不仅受认知水平的影响,而且与个体的心理情感因素有关。从道德与生命体验相统一的角度来看,个人的生命情感较之于理性是一种更为根本的存在,也即是说,"在道德生活中,只有基于情感体验的理性,才是真正的人的理性"[2]。因此,建立一个富有生活气息、人情味的都市空间将更有利于加强个体间的情感联结,为道德的萌发提供强大的物质保障。随着空间理论的发展,都市空间与个体日常生活之间的关系,已逐渐成为许多学科重点关注的对象。例如在城市规划、建筑学、地理学等领域,"对于城市空间的研究热点,也逐渐由物质空间、经济空间逐步转向社会生活空间"[3],如何重新规划与设计社会

---

[1] 〔美〕麦金太尔:《德性之后》,龚群等译,中国社会科学出版社,1995,第274页。
[2] 李建华:《道德主体的情感规定》,《求索》1990年第1期。
[3] 王开泳:《城市生活空间研究述评》,《地理科学进展》2011年第6期。

生活空间成为人们首先要思考的问题。早在20世纪60年代，简·雅各布、芒福德等一批学者就对美国大都市景观进行了批判，指出城市环境与日常生活之间的紧密关系，并反对那种以柯布西耶为主导的机械的、商品化的、千篇一律的现代都市风格，一种更加注重个体空间体验的理论成为后现代建筑学的核心思想。但是对价值相对性、创新性的一味追寻，使得"后现代风格建筑也成为了过分玩世不恭、陈腐的折中主义和败坏趣味的猎物"[1]，这种对私人性空间的过分强调导致了城市中公共空间的衰落。如今公共空间只具有方便资本流通的功能，"公共空间是通过的竞技台，而不是进入的竞技台"[2]，保持社交距离成为个体在公共空间奉行的安全性策略。公共空间作为仅支持交通流动的纽带（traffic flow support nexus），即沟通无数个孤岛式的私人空间的桥梁，结果使附近以及陌生人从个体不安的视野中消失，这意味着个体道德实践所需要的条件将越来越苛刻。为此，城市公共空间的复兴应当注重空间体验的道德维度，即在寻求多元性空间风格时做到以道德为终极性的价值追求，构建有利于个人与他者、环境展开深度交流和产生沉浸式体验的生活空间，以便提高城市道德生活的质量。

综上所述，我们对道德空间的理论内容及其重要意义进行了初步探讨。其中许多问题，诸如如何以传统文化、城市空间理论的视角介入道德空间的理论研究，如何在空间"立法"的过程中结合社会现实等还有待解决。应当看到，道德空间的理论建构离不开人文社会学科"空间转向"的学理启示。"空间转向"作为一种思维方式的变革，与后现代理论的兴起有着千丝万缕的联系，"空间转向"乃是现代性思想或人文社会科学危机的一种反应，从这一角度来说，整个后现代思潮在根上仍是一种"空间转向"[3]；作为一种研究范式的革命，它对社会现实及其内在矛盾有着更为深刻的把握。

总之，笔者所提出的道德空间，是基于自我价值指涉的"认同—实

---

[1] 〔美〕斯蒂芬·贝斯特、道格拉斯·科尔纳：《后现代转向》，陈刚等译，南京大学出版社，2002，第208页。
[2] 〔英〕齐格蒙特·鲍曼：《后现代伦理学》，张成岗译，江苏人民出版社，2003，第208页。
[3] 胡大平：《哲学与"空间转向"——通往地方生产的知识》，《哲学研究》2018年第10期。

践"空间,它在呼唤个体"良善生活"回归的同时,也对现代都市生活背后不道德、不文明的现象展开了深刻反思。提出道德空间理论的意义在于,为当代社会中存在的"伦理断裂"问题,即个体道德与社会群体道德之间的断裂现象,提供一种可供参考的解决方案。这种断裂现象具体表现为个体自身、个体与个体、个体与群体、群体与群体之间存在的价值断裂。现代社会得以维系的传统价值观与伦理秩序正在价值多元化、个人主义、新自由主义的浪潮中走向全方位的崩塌与瓦解。这是资本主义步入后现代社会的必然结果。它遵循的是一种消费逻辑,使得价值所具有的丰富内涵逐渐变为单一的工具性、商品性价值。用鲍德里亚的话来说即流行已成为一种消费艺术[1],它使得艺术变为可供消费的价值符号,什么东西流行就说明它有价值,反之则没有。这种商品的繁荣恰恰以个体生活意义的浅薄化以及人的精神贫瘠为代价,个体沦为消费的奴隶而不是主人。这种资本逻辑泛化的结果就是社会中的人伦关系也将受商品经济的影响,他者不过是潜在的消费对象,而不是应该被伦理关注的对象。因此,传统的共同体价值在消费社会中面临解体的危险,在过度关注主体性自身价值的现代性思潮中,人们奉行的是"权利优先于善"的处事原则,倡导的是精致的利己主义思想,而忘掉了对于他者本应承担的道德责任。道德空间的核心要义就是要重建个体内心的价值之"善",重新恢复道德在日常生活中的主体性地位,借以建立伦理主体间的价值连接。传统伦理学或者说是现代伦理学最大的一个问题就是急于构建一个无所不包的宏大体系,一个追求普遍性与理性化的伦理教条,这无疑割裂了伦理与现实生活的联系。"当代道德哲学,无论是康德的道德哲学还是分析哲学的道德哲学,都把对理性清晰的理解解释为说理理性(discursive rationality),而'这样的解释损坏了伦理思想本身,也扭曲了我们对伦理思想的认知'。"[2] 传统伦理生活中人们关切的"人应该怎样生活",由于无法被有效整合进现代学科的话语机制之中,而被排除在伦理致思的范畴之外,纯粹的逻辑推演、语言分析代替了对现实生活的切身体验,并否认有根植于道德本体论的价值

---

[1] 〔法〕让·鲍德里亚:《消费社会》,刘成富、全志钢译,南京大学出版社,2008,第104页。
[2] 李建华:《伦理连接:"大断裂"时代的伦理学主题》,《浙江社会科学》2019年第7期。

基础。这引发了两个问题：其一，普遍性的伦理规范缺乏"善"的价值奠基，使其不仅无法为个体的日常生活提供有效的价值引导，也难以认同外在"冰冷"的伦理规范，更为严重的是，这最终导致了个体在面对纷繁复杂的价值准则时迷失了自我；其二，在面对某一突发性的社会问题时，道德学科往往陷入"滞后""失声"的尴尬境地，又或是对于技术发展可能带来的负面危害，现代伦理学还不能提供有效的防范与预测机制。[①] 基于此，道德空间深入个体道德发生的原初场所，即通过考察个体内心的价值构建过程，分析现代社会中存在的道德价值失序、规范失效的深层原因，重新开启道德学的生活向度，对个体道德生活中的目标"善"进行价值评估与重建，以期建立道德主体间的价值连接。

[①] 关于如何在由科学技术蓬勃发展带来的风险社会中进行道德生活，齐格蒙特·鲍曼认为只有构建一种区别于传统的后现代伦理学才有可能实现。具体内容详见《后现代伦理学》第七章"私人道德、公共风险"中关于"探寻现代性问题的伦理学解决方案"一节。

第二十一章　道德连接

道德的演化在历史长河中会有一般的规律可循，与此同时，在某些特定的历史阶段也会呈现特殊的变化特征。在西方社会进入"后工业时代"或者是"后现代"之后，道德领域出现了内部断裂并与外部世界逐渐疏离的情况，于是思想家们发出了现代性"道德危机"的预警，也提出了不少解决方案。法国哲学家埃德加·莫兰在《伦理》一书中为我们提供了道德连接的思路与方法论依据，我们循此而述，结合中国道德生活的实际，提出道德连接的思想主张，以适应当代中国的道德演化之情势。可以明确的是，在现代社会转型过程中，道德除了具有规导价值外还必须同时具备连接的功能。这种道德连接既能在时间上"承先启后"，也能在空间中"左右逢源"，绘就了一幅生动的道德画面。

一　"大断裂"时代的道德复杂性

此处所使用的"大断裂"，是借用了弗朗西斯·福山在《大断裂：人类本性与社会秩序的重建》中的一个概念。弗朗西斯·福山认为，西方工业社会向后工业社会转型的最大特点就是社会的"大断裂"，表明社会的各因素、各部分之间失去了有机联系，互不支撑，甚至互相损害，从而使社会处于"支离破碎"的境地，任何一个国家迟早都要受到大断裂的影响。[1]中国社会正处于转型的关键期，各种矛盾频出，各种问题叠加，社会整合能力减弱，无不表现出一种断裂的特征，其中道德的断裂就是统一价值观失效与社会道德失序的表现，对此我们必须理性审度并提出应对策略。

---

[1]〔美〕弗朗西斯·福山：《大断裂：人类本性与社会秩序的重建》，唐磊译，广西师范大学出版社，2015，第28页。

福山认为，工业社会向后工业社会的转型中，社会资本大量流失，主要表现为犯罪率的上升、社区的损毁、家庭的解体、意义的丧失、信任的流失等社会制度危机，原因主要是贫困和不平等、错误的政府决策、文化的转型、不确定因素导致的不安全等。福山认为，这种危机是可以克服的，一是通过自下而上的路径，因为人类有自发合作达到善治的能力；一是通过自上而下的路径，即政府有能力为社会提供社会资本激励机制。所以，福山作为一个"唱衰西方"的思想家，并非悲观于西方资本主义没落的制度性危机，而仅仅是作为一个"清醒者"向世界拉响了个人主义的崛起可能导致人类整体性衰退的警报，所坚持的还是乐观的悲观主义者立场。[1]

其实，考虑到社会转型会导致社会价值观突变、社会伦理关系断裂的思想家远不止福山，美国著名学者罗纳德·英格尔哈特通过对世界上40多个国家的实证调查分析几乎得出了同样的结论。英格尔哈特分别于1990年和1997年出版了《发达工业社会的文化转型》和《现代化与后现代化》两部著作。《发达工业社会的文化转型》用大量的经验数据证明，在西方发达的工业国家，大众的价值观正由"物质主义"向"后物质主义"转变，由此促进了参政态度与方式的变化和基于生活质量问题的新型政治分化，并且赋予非物质要求权以优先地位[2]。《现代化与后现代化》一书则摆脱了前一本书仅仅以发达工业国家为研究样本的局限，从发达国家与发展中国家的比较中，从经济发展、文化转型和政治转变三个维度，进一步论证了"物质主义价值观"向"后物质主义价值观"的转变趋势。他凭借传统权威（traditonal authority）与世俗理性权威（secular-rational authority）、生存价值观（survival values）与幸福价值观（well-being values）两个维度，绘制了世界价值观"地图"，拓展了现代化与后现代理论，认为所谓的现代化从价值观上看就是随着经济的发展，多数工业发达国家从传统价值观转向了世俗理性的价值观，但现代化不是直线性的，不是物质化需求性价值观的

---

[1] 〔美〕弗朗西斯·福山：《大断裂：人类本性与社会秩序的重建》，唐磊译，广西师范大学出版社，2015，第7~31页。
[2] 〔美〕罗纳德·英格尔哈特：《发达工业社会的文化转型》，张秀琴译，社会科学文献出版社，2013，第16页。

持续"上升",相反,当一个社会的工业化完成之后,它会转向一个新的方向:从生存价值观转向更加注重自我的"后物质主义"幸福价值观。这种价值观更加注重环保、社会平等、个人自由、政治参与、包容、自我表现等。[1] 这种价值观的变迁不是线性的,甚至不是"马斯洛式"的梯级提升,而是"条块"式、"板块"式的,即"后物质主义价值观"不一定建立在物质基础之上。罗纳德·英格尔哈特在《现代化与后现代化》中文版序言中认定,中国正向"后物质主义"时代转变,并通过代际变化的形式来实现,以20年左右为一个周期。[2]

当代中国社会的转型其实不是单一性的,而是传统向现代与现代向后现代的双重转型,即现代化的目标(实现发达工业社会)还没有实现(期望2050年初步实现),后现代文化(或后现代问题)即随之而来。社会的双重转型带来了文化转型的混乱或失序,隐含着价值观断裂的可能。一方面,文化的转型必须以现代性为基本参照。现代性的主要特征在于理性主义、自由价值、进步主义、对于个体的肯定以及世俗化倾向。自启蒙运动以来,人们对于社会的理解发生了根本性转向。如果说传统社会理论具有明显的自然主义倾向,那么现代性则具有鲜明的世俗化色彩。社会契约论更是消解了传统权威的神秘主义基础,将自然的社会秩序理解为人类自为的结果——为了使生活富足而相互签订契约。在这一转向中,人的主体性得到了充分尊重与肯定,文化生活更多取决于人类的理性——包括科技理性与道德理性。社会不再是先验的存在,而是人类探索的对象,所以历史的规律可以被把握,历史的进步是以人的自由全面发展为导向的。在中国社会这一文化转型中,由于传统文化的根深蒂固和现代启蒙的式微,如果没有对传统文化的创造性转化和创新性发展,就可能导致文化观念和价值秩序的断裂。

另一方面,中国社会的转型,恰逢经济全球化进程的加速。这种全球化趋势的不可避免性,使我们清醒地认识到经济的全球化必然带来文化的

---

[1] 〔美〕罗纳德·英格尔哈特:《现代化与后现代化》,严挺译,社会科学文献出版社,2013,第17~18页。
[2] 〔美〕罗纳德·英格尔哈特:《现代化与后现代化》,严挺译,社会科学文献出版社,2013,第1~3页。

竞争与融合，经济的相互依赖必然带来文化的取长补短。当西方现代化基本进入"后工业化时代"的时候，我们则在拼命追赶"发达工业社会"的指标，受到前现代与后现代经济模式的双重挤压，在文化上则面临着功利文化与生态文化的剧烈冲突。功利文化侧重的是物质主义的近期自我利益，之所以对诸多共同但有差别的责任无法达成一致，根本原因在于人们以割裂的方式看待自我与他人、目前与长远，宁可无限放大现实利益，也不愿为长远的威胁买单，甚至以非道德的方式追逐额外的利益，并通过排斥道德的方式为自己辩护。与功利文化相比，生态文化注重对社会生活的全面性、整体性和长远性的考量，把社会成员视为社会的有机组成部分，把社会视为自然的有机组成部分，以普遍联系的观念看待人与社会、人与自然、国家与国家的关系。就自然环境而言，环境污染、气候变暖等全球性难题，是人们为了攫取短期利益而采取高排放、高污染生产方式的结果。就人文环境而言，国家主义、狭隘的民族主义、民粹主义、地方主义、单位主义、单边主义、分裂主义等都是割裂性思维的产物。

　　由传统到现代、由现代到后现代，构成了当代中国社会发展的一个完整链条，而这三大形态的演进不是线性的、连贯性的，可能出现断裂。这种断裂既可能是社会要素之间的断裂，也可能是社会主体之间的断裂，更有可能是道德价值观之间的断裂。这就急需基于社会断裂现象的连接性思维，这种连接性思维源于社会治理各领域之间的依赖性，姑且叫作社会治理的依赖性原理。如果从人类社会存在和发展的递进性来看，这是一个由经济基础到上层建筑再到意识形态的过程，这种由低到高的过程的背后其实是人的需要的层次性升华，是人性的攀越性实现，会呈现各要素、各层次之间的"依赖链"。人要生存，首先要解决基本生存问题，这就决定了以生产力为核心的经济基础的先决性，但是解决经济问题往往又依赖于科技创新，经济内部的"打转"无法从根本上解决问题。科学技术问题往往与政治相关联，只有在政治昌明的时代，科学技术才能突飞猛进。政治文明又往往需要法治文明，或者说，政治无法完全解决政治的问题时就需要法治，通过法治建设来实现政治体制改革是社会治理的通规。但法治也有自身的局限性，需要道德来滋养和补充，如此法治的难题就交给了道德。但道德是一种规则与信仰的中介存在，说道德学"顶天立地"，就是说它立足法律，头顶宗教，所以，道德解决不了的问题就交给了宗教。一旦进入信仰层次，人类所有的"谜团"就将交给宗教来解决，如此也就不难理解，一些大科学家和人文大师，为什么最终选择皈依宗教，与神同一。这就是所谓"归宗"，就是圆满，就是终极，而这个过程的解释系统主要是哲学、文学和艺术。从道德上讲，对于自主和负责任的个人来说，道德是联结的律令的表达。让我们不断地去重复：一切道德行为事实上都是一种联结行为，与他人的联结，与共同体的联结，与人类的联结，最后是置身宇宙之中的联结。我们越是自主就越要承担不确定性，也就越需要联结。我们越是意识到在宇宙中的自我迷失和对未知的探险，就越需要与我们的兄弟姐妹相联结。宇宙联结通过生物联结达至于我们，通过人类联结达至于我们，自我呈现为互助、博爱、友谊和爱。因此，我们所探讨的道德联结，就是在道德理念、道德主体、道德动力等要素构成的道德结构中，通过增加过渡性机制，使之保持有机、开放、具有再生力的必然联系，确保社会道德秩序的稳定。

所以，在一个断裂的时代，道德的存在是异常复杂的。首先，道德更多的表现为一种主观内在需求。一个人成为主体，意味着将自己置于世界中心的一种自我肯定。这一自我肯定包含了排斥原则和包容原则。排斥原则意味着除自我之外，没有任何人可以占据自我的中心位置。排斥原则是利己主义的根源，可以极端到一切为我的地步。然而，主体还以对立互补的方式坚持着包容原则，这一原则使主体将"我"包容在我们（配偶、家庭、祖国、党派）当中，也使他相应地将我们包含在他自身当中，即把我们置于他的世界中心之中。包容原则使自我为了亲人、共同体、所爱的人而不顾一切。排斥原则确认个体的独特身份，而包容原则把"我"融入与他们的关系之中，并且这种关系是与生俱来的，正如初出蛋壳的雏鸟跟着妈妈一样。"任何一个主体就仿佛配备了一个双向软件，一个指挥他'利己'，另一个指挥他'为我们'或'为他们'。一个决定利己主义，另一个决定利他主义。"[①] 一般而言，根据不同的时间、环境，主体可能会变换

[①] 〔法〕埃德加·莫兰、陈一壮：《伦理的思想和思想的伦理》，载《伦理学与公共事务》第4卷，北京大学出版社，2011。

原则，利己主义可以克制利他主义，而利他主义也可能克制利己主义。有时，我们完全为自己服务，有时则为他们或者我们的亲友服务。我们每个人都活在为我和为他的二向逻辑中，也就是说我和他之间既是互补的又是对立的。把利己主义和利他主义结合起来，就形成了主体。利己主义对于维持自我生存必不可少，利他主义则有着发展的根本潜力，这是任何道德都应该认识和关注的。

其次，道德是一种联结行为。"个人道德意识将个体—社会—种属联系起来"，"所有对伦理的关注都应当看到，道德行为是一种连接的个体行为：与他人连接，与社区连接，与社会连接，直到与人类种属连接"[1]。莫兰通过对宇宙的溯源指出，在原始大爆炸的作用下倾向于自我消散，那么联结的力量便在我们悲壮的战斗中抵抗强大的消散力量，将原子、恒星、星系等聚合起来。的确，与那些分离、虚化、离散的力量相比，联结的力量是微小的。根据热力学第二定律，从星辰组织到生命机体最终都会消散和死亡，但正是这些联结的力量，在创造了原子核、粒子和星系之后，又在地球上创造了分子、高分子和生命。在一个由消失了的星体碎片组成的流离失所的小行星上，可能发生的是暴风骤雨、地震，而生命却作为联结美德的奇迹出现了。一个在高分子之间进行联结，在整合一体中生成自身差异性的旋涡，可能创造出一种更高级的组织，一种自发生态组织，并具备生命的所有品质和属性。"生命在运用死亡中抵抗死亡。"群星生于火中，而火焰却将它们吞噬，它们的生命是闪耀的末日，因为正是自身内存的燃料滋养着它们炽热的火焰，直至不可逆转地消逝。我们的生态系统也一样，哺乳类、灵长类、人类都是在细胞和分子的永续再生中存活的，这种再生始于它们的死亡和毁坏。我们的社会也是如此再生着，老的一代在衰老死亡，同时预示着新一代的成长。生命组织的第一个联结，是联结到一种自主性中，使它免受外部环境的侵扰。原子的联结力量是极为强大的，使分解变得相当困难。电磁的联结力量相对而言不那么强大，分解也相对容易，使得内部组织更具有灵活性，造就了原子的多样化。我们的机体组织，具有一种内部的自主性，并通过交流和信号相互联结。生命组织

---

[1] 〔法〕埃德加·莫兰：《伦理》，于硕译，学林出版社，2017，第35页。

第二十一章 道德连接

的第二个联结，是自主性与环境相联结。生命组织必须获得外部的能量才能再生，需要外部的信息存活。这就是为什么我们可以将生命组织构想为自发生态组织，它执行着关乎生死存亡的与环境的联结。所以那些复杂的生命，如人类，从对其文化和社会的依赖开始组织其自主性；社会越复杂，就越是从对生物的多元依赖开始进行组织。于是，自发生态组织实行联结和自主性的结合：生命是结合的结合和分离的结合。

最后，道德是一种不确定性存在。即便假定善和义务的意识能够得到保证，伦理还是会遇到诸多困难，它们不能只在"尽善尽美"、"行善"和"担当义务"的意识中获得出路，因为在意愿和行动之间存在断裂。即便道德意愿尽量预先考虑其行为后果，也仍然存在不可预见的困难。如同所有人类活动那样，道德必然要遭遇不确定性。"通向地狱的道路通常由良好的意愿铺砌而成"，这句谚语说明：一个出于道德意愿的行为可能会变成不道德的，相反一个不道德的行为的结果可能是道德的。荷兰作家曼德维尔在《蜜蜂的寓言》中提出了"曼德维尔悖论"："私人恶德即公共利益。"在英国人亚当·斯密的经济理论体系中，他将"经济人"（每个人都是理性的，人们做出的任何选择都是为了实现自我利益的最大化）假设作为其思想的重要立足点。原来，尽管人们做出任何选择都是出于利己心，但是最终都能够意外地得到利他的结果。可以说，利己推动了利他的实现。因此，"当我们对道德行为的意愿和结果做整体考虑时，存在着一种既互补又对立的关系。之所以是互补的，是因为道德意愿只能在行动的结果中获得意义；之所以是对立的，是因为我们看得见道德行为可能的不道德结果和不道德行为可能的道德结果。"[1] 为了理解所有行为的效果问题，包括道德在内，我们需要参照行动生态学。"任何行动在逐渐进入'互动—反馈—作用'的过程中，会越来越偏离行为者的意志。行动不只是冒着失败的危险，还有可能偏离其意义发生逆转。"[2] 比如，行动可能像回旋镖一样，返回来打中了它的发射者。莫兰曾以政治领域的历史事件为例：法国旧时代的贵族为了重新获得特权而引发了1789年大革命，不但导致了

---

[1] 〔法〕埃德加·莫兰：《伦理》，于硕译，学林出版社，2017，第64页。
[2] 〔法〕埃德加·莫兰：《伦理》，于硕译，学林出版社，2017，第65页。

贵族特权的消失，而且摧毁了贵族阶级的存在。戈尔巴乔夫在苏联发起的改良主义行动，为西方国家解体苏联提供了可乘之机。因此，行动的结果不仅仅依赖于行动者的愿望，也依赖于行动发生时的特定条件。由于环境条件给道德学行为目的的实现带来的不确定性，道德行为其实就是一种"博弈"，并使道德学与复杂性认识论不可分离。道德行为需要采取"策略"，行动前，要对环境开展全面考察，使行动计划周密；行动中，要根据形势的变化随时调整；在必要时，为了实现次级道德目标，需要做出一定妥协等。

我们不可能预想一个复杂环境（这里所指的是历史社会环境）中互动—反馈作用的全过程，除非是在极为简单的、严格被控制并持续时间较短的情况下，才可能在社会生活场域看到某种有限的可预测性，也包括那些介入其中的行动。法国启蒙学家、文学家伏尔泰在《查第格》中揭示了我们在认识未来方面的无能为力。由于对行动预见的不可能性，查第格忍受了他的高尚行动带来的一系列灾难性后果。相反一个无所不晓的老祭司却眼见一个孩子被淹死而不救，因为他知道这个孩子成人以后就会杀死他的父母。在当时的情形之下，他的不道德的态度其实是唯一道德的。然而，没有任何一个人是全知全能的，而道德总是要求我们去救助落水的婴儿希特勒。我们的知识分割模式造就了习惯性的无知，或者我们行动之后才意识到那些被认为是单纯至善的行为带来的恶果。就比如一些药物，会引起某些有害的后发副作用，或者对某些器官的治疗会损害其他的器官。

犹太裔美国政治理论家汉娜·阿伦特，1961年作为《纽约客》的特派记者赴耶路撒冷旁听了对纳粹战犯艾希曼的审判，写出了《艾希曼在耶路撒冷》一书。她在书中有个观点是"平庸之恶"，并对极权体制下人们丧失良知和常识、助纣为虐的"平庸之恶"和对犹太人不关心政治进行了揭露和批判，引发多方评判。"20世纪的人类经历了极权主义统治下生活的刻骨铭心经验，对极权主义批判怎么激烈都不过分。阿伦特揭示'平庸之恶'，对生活在和平年代的人民警惕极权主义死灰复燃、检讨自己的公共责任，是非常有益的。"[①] 人类史不断地向我们表明，爱、博爱作为道德的

---

① 周穗明：《当代西方政治哲学》，江苏人民出版社，2016，第91页。

最高表现都极容易使人上当受骗。比如政治欺骗或者将人们关进集中营，他们相信有一种以解放普罗大众为目的的至上而正当的伦理让他们做出这些反人类的行为，以实现革命的神圣。正所谓："恐怖主义在向赤手空拳的民众扔出炸弹的时候，他们相信自己正在完成一个道德行动。"[1]

二 多重复杂性与道德连接

根据现代复杂性理论，批判复杂性、建构复杂性、实践复杂性与道德连接总是密切相关的。[2]

道德学中涉及价值与事实讨论的首要问题就是对"应该"与"能够"这对范畴的辩证分析。近代道德哲学兴起以来出现了"事实"与"价值"的二分，并且强调由"是什么"推不出"应当如何"。其实，"是"与"应该"讨论的是事实价值化问题，通常这对范畴（事实与价值）属于价值事实化的反向论域。从分析哲学来看，前者主要是逻辑学问题而后者主要涉及语言分析。"能够"包括了事实规律和价值冲突所带来的事实性资源限制两个层次的内容。后一部分涉及前文讨论的价值异质带来的冲突问题，这里要注意的是不能违背逻辑规律。从道德存在来看，道德属于事实存在，而事实规律包括自然科学规律、社会科学规律与人的心理活动规律三类，其对价值实现的制约并不是决定性的。一般而言，不同层次的规律对于道德"应该"的制约力不同，越基础，其制约性越强。离价值内容的特性越远，规律制约问题的焦点性反而越突出。值得注意的是，复杂性科学家普利高津创立的耗散结构理论可以成为沟通无生命事实世界与有生命价值世界的自然科学（事实规律）的桥梁，为理解价值与事实关系提供了重要启发。19世纪存在两种对立的发展观。一种是以热力学第二定律为依据推演出的退化观念体系。它认为，由于能量的耗散，世界万物趋于衰弱，宇宙趋于"热寂"，结构趋于消亡，整个世界随着时间的推移而走向死亡。另一种是以达尔文的进化论为基础的进化观念体系。它指出，社会

---

[1] 〔法〕埃德加·莫兰：《伦理》，于硕译，学林出版社，2017，第87页。
[2] 笔者指导的博士后研究报告《道德复杂性理论研究》，由董伟完成，此处吸纳了他的部分思想观点。

进化的结果是种类不断分化、演变、增多，结构变得复杂而有序，功能不断进化而强化，整个自然界和人类社会都向着更为高级、更为有序的组织结构发展。二者针锋相对，直至耗散结构的出现弥补了二者之间的理论真空。耗散结构论认为，负熵是维持和发展结构有序化过程的"能源"。通过不断地向系统内输入负熵流以抵消其内部产生的熵增，可阻止系统的无序化，维持和促进系统的有序化运动也是完全可能的。

事实规律的制约是价值实现的逻辑必然，与自由不但不矛盾而且是其实现的必由途径。更进一步来说，事实价值化还是价值获得具体内容的有效方法。通过隐喻式的价值化手段，事实规律领域的概念、范畴和原理可以直接丰富价值科学的内容。隐喻作为复杂性科学研究的重要方法，广泛地应用于系统论、数学定性理论之中。但在伦理学研究中要特别注意其合理性风险，比如选择性和有限性。以进化伦理学、心理伦理学为例，存在自然主义和自发主义问题。价值事实化的制约和事实价值化的合理性风险同时存在表明，价值与事实的关联具有理论上的不确定性。

其实，求善与求真的双向合理化是人类自由实践的本质要求，求真的价值引导与求善的客观化是其两个基本方面。而伦理实践中价值事实化与事实价值化过程包括了从道德观的行为化到事实事件价值化的广阔地带，也是人的自由创造的广阔空间。本章的很多地方都与对这个问题的解答有关。社会化、规则化、习惯化是事实与价值整合的重要方式，其中包括了传统文化、意识形态、生活实践等诸多背景因素参与的复杂过程。事实与价值在实践过程中能否有效整合，主要是看是否有与环境及人的实践活动能力相协调的社会性（或稳定个体性）意愿行为出现。道德价值观的社会化与道德规范的行为动机化又是事实与价值整合的关键环节。共产主义和社会主义道德的建设史表明，价值与事实整合是一个复杂的过程而绝不能简单对待甚至忽视。社会经济基础的建设并不能带来个体道德水平的提高，而道德水平的提高又不能仅凭理论灌输和行为奖惩来实现。事实与价值的整合易诱发实践中的规则主义、教条主义，以及文化相对主义和道德虚假性。所谓规则主义是指拘泥于道德规范的个别具体条款，特别是特定社会中的道德行为标准，而未能理解道德规范之实质精神。教条主义指片面地理解道德规范，在新约中受到批判的所谓"律法主义"就是一种规则主义或教条主义错误。文化相对主义是指以文化背景不同为由将道德规范的差异绝对化。道德虚假性则是指脱离具体环境制约的"人有多大胆,地有多大产"式不切实际地提高道德规范要求。

斯蒂文森、辛格等人提倡道德视角研究,拜尔、弗兰肯纳对此进行了系统探索。拜尔提出了颇具社会性的"规范道德视角"说,道德主要是一种社会性要求,用以协调个人利益。而弗兰肯纳强调了元伦理学对道德视角论研究的参与,目的也是确定"道德"。"我应该如何生活?"所有的道德理论都直接或间接蕴含在对这个问题的回答中。首先体现为一种选择的基本态度,有没有这个问题本身就是属人的自由世界区别于必然世界的标志。如何回答这个问题则表明了基本的哲学立场,直接回答还是间接回答又代表了伦理学研究的不同部门。道德视角问题的开放性与复杂性科学的精神气质最相吻合。以批判性思考为前提,生活意义追寻导向的实践合理性(practical pationality),特别要求提供多向度的道德知识答案,并允许多层次的道德行为合理化方案,这是一种从批判复杂性立场得出的结论。

复杂性科学以系统论为学科本体模型。系统论的核心思想是系统的整体观念。[①]贝塔朗菲强调,任何系统都是一个有机整体,它不是各个部分的机械组合或简单相加,系统的整体功能是各要素在孤立状态下所没有的新质。可见,现代系统论创始人持有一种整体论态度。贝塔朗菲的系统论思想渊源可以追溯到公元前6世纪的米利都学派。古希腊思想家中对他影响最大的是亚里士多德,他用亚里士多德"整体大于部分之和"的名言来说明系统的整体性。而对他产生最直接影响的思想来源则是机体论。20世纪20年代,生物学领域的机械论与活力论产生了激烈论争,生物学的机械论运用分析方法把生命现象还原为物理化学过程,但最终难以回答复杂生命现象的原因。活力论则抓住机械论这一弱点,把生命现象归结为机体内存在一种超自然的外来赋予的神秘活力。德国生物学家杜里舒在20世纪初做过一次海胆胚胎再生实验,认为这用机械论观点无法解释,只能用灵魂之类的活力论来解释。英国哲学家怀特海主张用机体论代替活力论和机械

---

① 〔美〕贝塔朗菲:《一般系统论:基础、发展、应用》,林康义等译,清华大学出版社,1987,第3页。

论，认为只有把生命作为一个有机整体才能解释生命现象。贝塔朗菲接受了机体论纲领，认为机体论纲领是一般系统论的萌芽。

贝塔朗菲的一般系统论所体现的整体观概括地说有这样几点。（1）强调一般系统论就是对"整体"和"整体性"的科学探索。或者说，一般系统论是关于"整体"的一般科学，在此之前"整体"被人们看作一个不明确的、模糊的半形而上学概念。（2）贝塔朗菲把生命现象作为动态的整体，即组织起来的复合体。组合性特征不能用孤立部分的特征来解释。生命现象是生物整体的组织特征，生命一旦解体，生命现象的整体特征就会瓦解。其实质就是前文已经介绍过的弱整体主义，后者正是复杂性科学的基本方法论，同时区别于传统科学的强整体主义和单纯分析方法。就道德学而言，人格整体、生活共同体、宇宙共同体是需要整体性思考才能得到准确理解的概念。这是一种建构复杂性的道德思维。

道德的开放性也可以作为一种特殊的道德整体性。道德的开放性首先是指道德系统的开放性，但更多的是强调思维方式的开放性。开放系统是指与外界环境有物质、能量和信息交换的系统，是与开放系统相对立的封闭系统。在客观世界中封闭系统的存在是相对的，而开放系统的存在是绝对的。复杂系统都是开放系统，比如钱学森学派研究的就是开放复杂巨系统。但开放性概念更多的应用于思维方式。有限实践理性能力与无限德性追求的矛盾需要开放性的伦理思维，即向一切有伦理潜能的资源领域开放，包括对经验伦常、行为实验、超越性态度以及其他社会文化资源的整合。杂性理论家莫兰创造性地提出了元范式（跨范式）思维概念[①]，涉及整体性与开放性但更具有知识论和认识论色彩。元范式思维强调跨越层次和类别的批判性反思能力，需要主体以批判和辩证哲学思维素质为基础，对伦理学基础概念和基本原理进行哲学反思，从而培养主体跨范式道德学的知识建构能力和思维素质。

突现的系统学模型被表述为"整体不等于部分之和"，但其在复杂性科学中的表现形式通常包括物理学、网络学和控制论三大类。突现的物理学原理包括形式条件、能量条件与环境条件。耗散结构特别是临界现象指

---

① 〔法〕埃德加·莫兰：《方法：思想观念》，秦海鹰译，北京大学出版社，2002，第223页。

出,相变突现的复杂性的形式条件主要体现为非线性即微粒运动的高阶、长程的临界关联。而普利高津早就指出,远离平衡态的能量耗散和环境嵌入是突现决定性的使能条件。临界点附近的物质运动呈现出特殊的复杂性质。[1] 临界点是两相的化学势对压力的一阶导数相等的点。在关于相变的热力学理论中,把相变时化学势的一阶导数不连续的相变称为一级相变,一阶导数连续的称为二级相变或连续相变。临界现象是指在连续相变点邻近的现象。连续相变往往是体系的对称性的改变,可以定义一个或几个序参量来描述连续相变。它(或它们)在一个相(通常是对称性高的相)为零,在另一个相(通常是对称性低的相)不为零,而在相变点为零。相变时序参量连续变化,然后是突现的网络学原理。随着网络模型在理论物理研究中的深入运用,无标度与"小世界"特性被发现。复杂网络强调"群落""社区",特别是由适度复杂的格点关联带来的"小世界"现象非常有名。[2] 突现的控制论原理也经常被论及。从控制论角度看,自组织是复杂系统稳态的基本建构方式。[3] 关于复杂性问题,欧洲学派主要研究的是物理—化学系统的自组织(哈肯的协同学和艾根的超循环理论都是这样),而圣菲研究所研究的诸多对象都直接被称为"突现"。在普利高津看来,物理—化学系统的自组织就证明了"复杂性的诞生"。这些研究在组织控制论领域影响深远。在通向有组织结构的过程中,适度的内部复杂性是必要条件,这就是有名的"最优复杂性"。

用突现原理理解和合理促成人类的"道德共相"。道德形成与正义带来的困难可统称为"道德共相"突现之难。这不仅是个体或管理者的难题,同时也是伦理学研究面临的复杂性挑战。在前面所述不确定性理论的背景下,这就不仅是践行复杂性问题,而且本身具有伦理学意义。从复杂性角度看,"个体道德共相"和"社会道德共相"的形成均是各自系统"突现"的结果。在环境因素影响下,个体道德心理动态稳定结构的形成,个体间交互结构的形成都是"道德共相"成熟的标志。每种伦理体系首先表现为个体的品格习惯,继而表现为一种人格习性,宏观上看又表现为一

---

[1] 何大韧等编《复杂系统与复杂网络》,高等教育出版社,2008,第43页。
[2] 何大韧等编《复杂系统与复杂网络》,高等教育出版社,2008,第152页。
[3] 〔美〕N. 维纳:《控制论》,郝季仁译,科学出版社,1963,第179页。

种生活风格,对于族群来说表现为习俗,对于社会则能组织正义。

个别行为习惯、个体道德习性与社会道德习俗形成的分层突现道德习惯指个体的一种规律性道德行为。比如在外工作按时问候父母、公共场所不抽烟等。道德习惯的养成受个体道德认知水平和外在条件等因素的影响。亚里士多德认为美德体现为一种习惯。[①] 道德习性指个体身上体现出的一种充分稳定的道德行为倾向性。比如,好客、贪小便宜、易怒等。道德习性受道德修养、气质性格、习俗文化等因素的影响。道德习俗指一种社会性的道德文化现象,比如端午节纪念爱国诗人屈原、以长者为尊的敬老文化等。道德在拉丁语中指的正是习俗。习俗是重要文化现象,习俗化是社会化的最深厚形式。道德习俗的形成受社会意识与实践活动水平的制约。从道德的个体发生学角度看,道德习惯与习性均受到道德习俗的影响,良好道德习惯的养成有助于道德习性的形成。从道德发展的宏观角度看,个体间道德习惯的大量涌现也会形成社会道德新风尚,甚至成为一种道德新俗。

道德形成突现的"小世界"原理。美国康奈尔大学理论和应用力学系博士生瓦茨及其导师斯托伽思于1998年在 Nature 杂志上发表了题为《小世界网络的群体动力行为》的论文,提出了一种介于规则网络和随机网络之间的网络模型——小世界网络模型。随之,美国圣母大学物理系巴拉巴斯教授及其博士生阿尔贝特在 Science 杂志上发表了题为《随机网络中标度的突现》的论文,提出了一个无标度网络模型,引起了全世界的高度重视。小世界网络和无标度网络模型的提出标志着网络科学进入了一个新时代。[②] 随后的许多研究表明,真实世界网络既不是规则网络,也不是随机网络,而是兼具小世界和无标度特性,并具有与规则网络和随机网络完全不同的统计特性。面对快速发展的因特网和万维网,以及其他各种社会、生物、物理网络,科学家们发现已无法用规则网络和随机网络理论来解释它们的结构和演化的许多新问题,因而粗略地称这类网络为复杂网络。复杂网络至今还没有一个公认的定义。人们通常采用复杂网络表现出来的不

[①] 〔古希腊〕亚里士多德:《尼各马可伦理学》,廖申白译,商务印书馆,2008,第37页。
[②] 何大韧等编《复杂系统与复杂网络》,高等教育出版社,2008,第151页。

同于规则网络和随机网络的特性来表征复杂网络，如小世界特性、无标度特性、层次特性、自相似特性、自组织特性等。其中，小世界网络在社会科学领域和应用领域非常著名。比如英文名为 Six Degrees of Separation 的"六度分割"理论，该理论指出：你和任何一个陌生人之间所间隔的人不会超过六个，也就是说，最多通过六个人你就能够认识任何一个陌生人。六度分割理论是通常所说的小世界理论，其原理可用复杂网络工具来证明。小世界原理对道德形成的启发是通过人际互动，道德风尚等社会性道德共相就可以快速形成并扩散。这对于德俗传承与现代创新非常有意义。

三 道德断裂的文化特征

社会断裂在道德上的表现就是道德结构的拆解与道德主体间的互损（害），这构成道德断裂的两大特性。拆解是对道德关系及规则的结构性支离，让原本具有的连接性变得毫不相干，如儒家所倡导的"修身、齐家、治国、平天下"就是一个存在有机联系的道德序列，但如果淡化了家风家教，修身与治国之间就可能断裂，"内圣"与"外王"之间也会出现阻隔，要么可能是"独善其身"，要么可能是"无德之王"。互损是不同道德主体之间由于某一主体过分突出自身利益而损害其他利益所导致的利益链中断。如埃德加·莫兰认为，西方社会个人主义价值观的主导性，使人日益分子化、孤独化、自私化，最后导致互助与爱的消解，使自我道德、社会道德、人类道德之间发生断裂。

英国伦理学家 B. 威廉斯在《伦理学与哲学的限度》一书中明确指出，"现代世界对伦理思想的需要是没有前例的，而一大半当代道德哲学所体现的那些理念无法满足这些需求"[1]。他一开始就以"人应该怎样生活"这个"苏格拉底问题"辨析道德与伦理、德性的区分，明确提出伦理的特殊性，伦理"就是它与他人有关，它把他人的要求、需求、主张、欲望以及一般说来把他人的生活与我们及我们的行为联系在一起"[2]。也就是说，人

---

[1] 〔英〕B. 威廉斯：《伦理学与哲学的限度》，陈嘉映译，商务印书馆，2017，第 1 页。
[2] 〔英〕B. 威廉斯：《伦理学与哲学的限度》，陈嘉映译，商务印书馆，2017，第 16 页。

们完全可以不按道德哲学的普遍性行事（如效忠），因为"伦理的位置会在一组对照的两端之间移动，相对于我的个人利益，市镇的利益或民族的利益可能表现为一种伦理要求，但若伦理要求来自更大尺度的共同体，我们就可能把市镇的利益视作自利"①。这是对近代以来道德哲学所倡导的普遍主义和绝对主义的质疑，同时提出了现代伦理学的区间性、选项性、相对性等限度要求。

法国思想家埃德加·莫兰在《伦理》一书中断言："我们人类不仅处于一个不确定的时代，而且处于一个危险的期。"② 这种社会的不确定性，常常使我们的伦理设计陷入困境，良好的意愿足以证明我们行动的道德性，但行动一开始就会生成新的关系，甚至走向意愿的反面，所以，在现代社会，"伦理是一种涌现，它甚至不知道自己从什么当中涌现"③。一切都在"可能"与"不可能"之间，道德处在"大拆解"的现代性断裂时期，个体道德、社会道德与种属（类）道德无法支撑甚至互损，所以，我们需要的是复杂性思维和复杂性道德。复杂性道德的核心就是通过道德联结来解决道德的断裂问题，一切用可能性思维来代替必然性思维，从而以"大蜕变"的方式为人类道德找到新路。

由于社会结构的松弛化、社会分层的等级化、人口流动的快速化，人的存在空间出现了多重性甚至叠加，加上科学技术的发展，专业化、区隔化和碎片化成为现代生活的基本样态，由此带来了伦理断裂的危险，这种断裂将会在伦理与道德的断裂、伦与理的断裂、德与得的断裂、个人道德与社会道德的断裂、国家道德与人类道德的断裂中展开。

伦理与道德无论是在学理上还是在行动中原本是一体的，有时甚至是可以互换的，二者具有相同的渊源，均是指社会风俗习惯与个人品性。在中国传统语境中，"伦理"就是伦之序、礼（理）之分、道之德，而"道德"始于老子的《道德经》，其义较伦理更为广泛，后与之趋近，具有自然人伦之大道、天地本性之大德。伦理就是"人伦之理"，是处理关系之理，而道德就是守道而"得"，"德者，得也"。李泽厚先生对伦理与道德

---

① 〔英〕B. 威廉斯：《伦理学与哲学的限度》，陈嘉映译，商务印书馆，2017，第21页。
② 〔法〕埃德加·莫兰：《伦理》，于硕译，学林出版社，2017，第5页。
③ 〔法〕埃德加·莫兰：《伦理》，于硕译，学林出版社，2017，第7页。

第二十一章 道德连接

做过区分,"我将伦理界定为外界社会对人的行为规范和要求,从而通常是指社会的秩序、制度、法制等等","与伦理的外在规范不同,我将道德界定为人的内在规范,即个体的行为、态度及其心理状态"。[1] 在西学语境中,亚里士多德的《尼各马可伦理学》实际上研究的是"德性"。康德虽然想用道德哲学来统摄伦理学,但终未实现伦理与道德的统一。黑格尔把道德与伦理视为绝对精神发展的不同阶段,以消除对伦理与道德的偏颇,但终因"绝对精神无处安放"而无法缓解伦理与道德的紧张关系。其实,无论是二者归一的学术主张还是二者分殊的致思路径,前提都是承认二者有差别。不区分伦理与道德及各自的使用情境,是当代中国伦理学的一个缺陷。那么伦理与道德的区别到底在哪里?无非是侧重点不同:伦理侧重客观的伦理关系及其外在规约,重具体情境分析;而道德侧重主观的内在追求及自律,重原则坚守如一。现代伦理与道德断裂的根本原因不在于其"本义稀释",而在于社会流动铸成的伦理"新空间"中道德难以起作用。在当代,中国道德之应当在伦理之现实中根本行不通,难以找到应证;同样伦理之关系难以体现道德之精神,如重庆公交车坠江事件说明,我们无力在一个临时的陌生人空间通过道德整合来达成伦理精神及其规约。

道德断裂也与社会伦理的断裂有关,其中主要表现为伦与理的内在断裂:或者有伦无理,或者有理无伦。"有伦无理"是当代社会生活的新主体与新样态,是伦理学理论的滞后造成的。随着科学技术的发展和人类对自身生活认识的加深,许多原来不在伦理生活范围内的事物进入伦理视域,如自然、动物、植物、宇宙、太空、机器人,外在物"人化"之后就有了"人伦",但如何相处、如何协调,还处于"厘不清"的状态。特别是随着智能人的出现,人伦关系中的主客地位开始模糊甚至颠倒,加之由人机关系扩展到机机(如果机器人真有意识)关系,是否会出现人人关系、人机关系、机机关系的多层"人伦世界",原来的"伦理"是否有效,其"理"如何统一,这些都是我们必须解决的难题。即便是在人伦世界,许多人伦场域也已经没有理了,如高铁霸座中"我为什么要让座"之理的穷词就是例证。"有理无伦"是当代占主导地位的道德哲学忽视人类生活

---

[1] 李泽厚:《伦理学纲要》,人民日报出版社,2010,第102页。

本身的必然结果。当代道德哲学，无论是康德的道德哲学还是分析哲学的道德哲学，都把理性解释为说理理性（discursive rationality），而"这样的解释损害了伦理思想本身，也扭曲了我们对伦理思想的认知"①。任何道德哲学如果离开了"人应该怎样生活"这个最根本的"苏格拉底问题"，理则不过是"天理""上帝之理"，而非人伦之理。康德以来西方伦理学的最大病根是热衷于在"理性王国"中想象道德生活，脱离人的真实性存在特别是人的情感性存在，把人当作抽象、纯粹理性的人，把人与人的关系当作纯粹的逻辑关系，所以，这样的"理"在现实的人伦生活中根本找不到印证。

从同源性来看，道德断裂就是"德"与"得"的分离。如果我们承认"德者，得也"是中国道德哲学的基本法则，那么，就不得不承认现实生活中出现了"得者不德"与"德者无得"的情况。在中国文化中，"道德的根本不是游离于'得'，而是在处理现实的利益关系中体现'得'；道德的真谛不是不要'得'，而是如何符合'道'的方式'得'。故如何处理'德'与'得'的关系，成为道德必须解决的基本课题"②。中国传统道德哲学是围绕"德得相通"的基本原理展开的，具体可以演化为"'得'必须'德'"的道德合宜主义、"'德'为了'得'"的德治主义、"'德'必然'得'"的道德理想主义、"'德'就是'得'"的道德终极主义、"'得'就是'德'"的道德美化主义。"德""得"分离的实质是权利与责任（义务）的不对等，主要原因是随着市场经济的发展、民主法治意识的增强，个人的权利得到了重视，而责任和义务却被忽略。与此同时，也可能是由于社会赏罚机制不健全，好人得不到好报，恶人当道、小人得势，这也会导致"德""得"相悖抑或分离。

道德断裂从主体性来讲表现为个人道德与社会道德的断裂。对于个人伦理与社会伦理的冲突与断裂，莱茵霍尔德·尼布尔在《道德的人与不道德的社会》一书中早有提及。其认为，道德有理性与宗教两个层面，理性的本质是实现各利益主体之间的平衡，而宗教道德的本质是超越现实利益

---

① 〔英〕B. 威廉斯：《伦理学与哲学的限度》，陈嘉映译，商务印书馆，2017，第 2 页。
② 樊浩：《中国伦理精神的现代构建》，江苏人民出版社，1997，第 618 页。

的冲突，所以理性道德中容易出现个人道德与社会道德的冲突，因为社会最高的道德理想是公正，而个人最高的道德理想是无私，但现实中的人性是自私的，如果用个人道德去要求社会，就无法实现公正。同样，社会所谓的公正，也是以压制个人利益来实现的，是一种更大的利己，如爱国主义。[1] 所以，道德的个人不一定会促进道德社会的形成。埃德加·莫兰在《伦理》中明确提出："近代社会造成了全体—社会—种属三位一体关系的拆解和断裂。"[2] 这主要是因为受到了世俗化、过度自主化、个人主义、去道德化等的影响。

在全球化背景下出现了国家道德与人类道德的断裂。随着政治国家的出现，特别是国家主义的强化，国家利益高于一切成为国际事务中最常见的道德主张和行为准则，而全球化进程的加剧，亟待建立一种超越国家利益的全球伦理。伦理学家如罗尔斯有《万民法》的努力，政治学家有《世界人权宣言》的宣示，宗教学界有世界宗教大会倡导的《全球伦理宣言》，但人类伦理始终无法超越国家间的利益，人类伦理构建成为最大的"乌托邦"。全球性的环境、资源和气候问题的出现，直接威胁着世界各国的生存与发展，但与此同时，霸权主义、单边主义、国家主义仍然是各国价值观的主流，人类命运共同体的构建刻不容缓。

根据莫兰的观点，道德不仅具有不确定性，而且存在内在矛盾。当只需要履行一种简单和明确的义务时，只靠勇气、力量和意志就可以实现，并不存在伦理问题。伦理难题发生在两种义务出现冲突的时候。所有情形通行的唯一律令在世界上是不存在的，对立的律令常常同时出现，并引发义务之间的冲突。道德律令太多并且相互对立是道德最大的问题。

其一，对立的道德律令。一个逃亡中的贝都因人，被他在氏族仇杀中杀死的人的兄弟追捕。黄昏时，他来到了受害人妻子的帐篷前请求避难。这个女人在内心同时收到了款待法则和复仇法则的双重指令。她解决这一道德难题的做法是：给逃亡者提供一夜的避难之所，然后在第二天与丈夫的兄弟们一起追杀这个凶手。我们很少会遇到正义法则和款待法则之间的

---

[1] 〔美〕莱茵霍尔德·尼布尔：《道德的人与不道德的社会》，蒋庆等译，贵州人民出版社，1998，第257页。
[2] 〔法〕埃德加·莫兰：《伦理》，于硕译，学林出版社，2017，第39页。

冲突。不过，还能看到另一些同等强大的律令之间的冲突。1940年6月，贝当政府提出停战，并准备与凯旋的敌人合作；与此同时，戴高乐将军在伦敦号召法国的自由力量联合起来共同作战。很多法国人受到了两种矛盾的爱国主义的影响：一种是服从贝当将军的合法权力，另一种是服从反叛将军的权力。两者都具有合法性，两者都将自己作为民族荣誉的守护人。在同一时期，即《苏德互不侵犯条约》签署之前的几年，曾经带领大众展开反法西斯运动的法国共产党，出于对苏维埃的忠诚而支持这一协定；接着在1940年失败之后，却将戴高乐将军领导的抵抗运动和英国谴责为"帝国主义的"。许多忠诚的党员和党外积极分子在这两个矛盾的指令面前进退两难。直到1941年德国对苏维埃进攻，才摆脱了上述的双重约束。在中国也有很多"忠孝两难全"的典故。汉代的李密写《陈情表》，说自己是老祖母抚养长大的，现在老祖母老了，自己要辞官回家赡养。三国时期的徐庶是个孝子，他南下时曹操派人掳获其母亲，徐庶知道后立即辞别刘备，加入了曹营。

其二，多目标道德律令。在必须服从于多种道德（价值）目的性的情况下，我们必须使谋略变得丰富和复杂，因为自我设计的多种目的性存在内在的对立。因此，法国大革命提出的"自由、平等、博爱"三个目标之间也存在分歧，当涉及这"三重"目的时，我们应当根据不同时期的情况赋予其中一个以优先性，但不能忘记其他的两个。于是，面对独裁统治，我们把优先性给予自由；当不平等甚嚣尘上的时候，我们把优先性给予平等；而在互助精神瓦解的今天，我们把优先性给予了博爱，因为博爱本身有助于实现自由和减少不平等。

其三，多层次道德律令。莫兰指出，由于人的现实存在包含个人、社会、族类三个实体，伦理目的本身就有着极其深刻的内在冲突。我们有以个人为中心的义务，这是生存所必需的，其中每个人都是自身参照和偏向的中心。我们有以种族为中心的义务，其中先人、子嗣、家庭、家族建构了参照和偏向的中心。我们还有以社会为中心的义务，其中社会被作为参照和偏向的中心。最后还有微弱而又姗姗来迟的以人类为中心的伦理，它首先从世界上几个大的普遍宗教中浮现出来，然后在人道主义的思想中获得确认：这一伦理承认人类的"我他"（一个如同自我的主体），要求将

"他我"（另一个自我）视为兄弟。这些义务是互补的，但它们同时出现时就是对立的。我们总是面临着普遍的指令和近距离的指令之间的冲突：是否应该为了亲人的特殊利益而牺牲普遍的利益，或相反地为了普遍利益而牺牲亲人的利益？普遍利益具有抽象空洞的危险，尤其可能在判断上出现失误，正如过去许多以为是在为人类解放而战的斗士们，其实都在为奴役效劳。

其四，生命性道德律令。我们对人的生命的定义非常清晰：人的出生是从婴儿自母腹呱呱坠地的一刻算起，人死亡之时则是其心脏停止跳动的那一刻。而今，人的生死边界变得模糊起来。我们知道胎儿会有感觉，甚至也会微笑。我们也知道，在不可恢复的昏厥中，一个植物人会出现精神死亡。

那么我们进一步考察，人作为人的存在究竟始于什么时候：受精卵？囊胚？胚胎成形？第三个月？第六个月？诞生？显然，人们不好给出答案。关于胚胎：他（她）还不是一个人，但他（她）也不再只是一个潜在的人；他（她）在子宫的发育使得他（她）有越来越少的潜在性、越来越多的现实性。一旦胚胎的各种器官成形并具有了感受性，他（她）事实上就有了一个认同的内在矛盾：他（她）还不完全是人类，但他（她）已经是人类。拒绝将胚胎作为人的身份，其实是在躲避一个矛盾。一方面是妇女通过打掉自己不想要的胎儿来维护自由的权利，另一方面是胚胎出生的权利，还有一方面是社会维护其人口的权利。三者呈现出权利间的对立。

四　连接与规训：道德学的功能

道德学不但要提出对行为主体的道德规范，也要注重主体间、规范间的有机连接与过渡，这在中外伦理思想史上都有充分体现，特别是在古典时期。如古希腊的柏拉图在《理想国》中就设计了完整的"城邦伦理"，不但提出了"四元德"说，认为城邦应该有"智慧""节制""勇敢""正义"四种美德理念，而且有特定的伦理主体"配置"——统治者要"智慧"，市民要"节制"，军人要"勇敢"，如果三者都得到充分实现，就是"正义"的城邦。这实际上是美德的"配位"，体现了社会伦理之间的不可分割性，并构成一个有机整体。近代以来，西方社会之所以把"自由"作为最基本的道德价值，是因为它以独立的个人为社会基座并具有价值优先性，在此基础上构成两人以上的关系才能谈"平等"的问题。所以，从"自由"到"平等"再到"民主"，不但体现了道德理念的递进性，而且体现了社会道德秩序的有机性和连接性，同时用"博爱"这样的宗教道德价值观来统摄过度个体化带来的矛盾与冲突。当然，20世纪特别是二战以后，由于极端个人主义、利己主义、功利主义的影响，西方社会出现了严重的道德危机，这种危机用麦金太尔的话说就是道德变成了纯主观的东西，失去了客观性和权威性，传统意义上的美德也发生了质的变化。[1] 因此，他主张回到传统的德性伦理和共同体伦理，恢复道德的整体性和连接性。罗尔斯则坚守自由主义的价值立场，在强调个人至上性的同时，主张通过确立"作为公平的正义"的社会制度，来克服当代的道德危机，因为正义是社会制度的首要美德，这种正义的核心就是"权利优先于善"，如果使正义原则普遍化，就可实现从社会正义到国家正义再到国际正义的有效且有序的推进，实现道德的连接。罗尔斯甚至在《万民法》中提出，通过"万民社会"来实现正义。正义理论具有完整性和连接性，尽管其前提性假设难以证实，但其致思路径是可取的，体现了对道德连接性的追求。

中国传统伦理思想特别是儒家伦理思想更是体现了道德的连接性特征。儒家总是从"人伦"而设"理"，或者说是因"伦"而"理"，在人伦关系的有机构成中寻找伦理的连接性。第一，在道德承载上，注重由己及家、国、天下的整体连接。"推己及人"是儒家的伦理思维方式，由"己"出发，确保了伦理的真实性。无数个"己"构成了家庭，家庭是宗法社会最基础的伦理实体，由此产生了一系列伦理关系。家的扩大或延伸就是国，国是家的"缩影"，没有家就没有国，同样没有国就没有家，家国同构，家国一体，就可实现伦理秩序的有效扩展。"家国一体、由家及国的社会结构所形成的文化理念，就是所谓'天下'"，"'国家'是政治的组织，'家族'是血缘的实体，而'天下'则是一个文化意义上的概念"[2]，只

---

[1] 〔美〕麦金太尔：《德性之后》，龚群等译，中国社会科学出版社，1995，第2页。
[2] 樊浩：《中国伦理精神的现代构建》，江苏人民出版社，1997，第58页。

是指文化力量所达到的范围,由此实现血缘—政治—伦理三位一体、直接同一,形成伦理政治化与政治伦理化的独特文化类型。第二,在道德规范设计上,注重与具体人伦关系的对应性连接。如孟子的"五伦"被称为中国伦理最经典的设计。《孟子·滕文公上》记载:"使契为司徒。教以人伦:父子有亲,君臣有义,夫妇有别,长幼有序,朋友有信。"在这里,孟子不但将复杂多样的人际关系归纳为五种人伦关系,建立起社会最基本的人伦关系坐标,还提出了与之对应的伦理规范——"亲、义、别、序、信",实现了规范与连接的统一。又如,起于董仲舒完成于朱熹的中国儒家最经典的伦理主张"三纲五常"。董仲舒认为,在人伦关系中,君臣、父子、夫妻存在天定的、永恒不变的上下服从关系:"君为臣纲、父为子纲、夫为妻纲"或"君臣义、父子亲、夫妻顺"。但为了维护这种上下尊卑的关系,还须辅以"仁、义、礼、智、信""五常"之道,这就从纵向与横向上建立了调节人伦关系的规范体系。与此同时,还强调了"君为臣纲"对于"三纲"的基础性意义,以及"仁"对于"五常"的前提性意义,以此层层推动,循序渐进。

上述道德秩序设计给我们的启示是,一切道德行为事实上都是一种连接行为,与他人连接,与共同体连接,与人类连接,最后是置身宇宙之中的连接,我们越是自主就越要承担不确定性,也就越需要连接。我国处于由传统社会向现代社会与现代社会向后现代社会的双重转型发展过程中,各种社会结构化因素错综复杂地交织在一起,再加上波谲云诡的国际形势、复杂敏感的周边环境、艰巨繁重的改革发展任务,我们必须保持清醒的头脑,不断提高防范化解重大风险的能力。道德学如果仅仅停留在规范约束的层次而不具有预测的抗风险意义,没有连接各个层面道德的功能,就将失去其存在价值。人类生活的本质是连接性,所以,道德是连接的律令表达,道德的本质就是连接,从而形成共同体精神。我们这个时代的伦理危机不是麦金太尔所说的规范性危机,也不是德性重要还是规范重要的问题,更不是个人与共同体何者优先的问题,而是连接的危机,是道德规范与规范之间、道德主体与主体之间,甚至德性之间出现了断裂,需要有一场道德连接的整体化行动,我们可以从强化具有连接性的道德入手。

强化基于承认的利他道德。现代性伦理道德危机出现的原因是个人主义的过度张扬。个人主义造成的自我中心,使社会整体越来越外化和无名化,使利他主义道德彻底丧失,使个体—种属—社会之间严重断裂,使去道德化成为时髦,并导致了"伦理的各种源泉不事灌溉,个人源泉被自我中心主义阻滞,共同体源泉因互助精神的消泯而干涸;社会源泉在社会现实的条块分割、官僚主义化和原子化中浑浊,被各种各样的贪污腐败玷污;生物—人类源泉被个人对种属的优先性弱化"①。强化利他道德,不是鼓励自我牺牲,而是不将他人排除在社会和人类之外,这是基于每个人类主体都有被承认的需要的客观事实,也是黑格尔所说的承认,即被另外一个人类主体承认为人类主体。一个人之所以伤害他人,是因为不承认他人具有与自己同样的不能被伤害的权利,我们要通过"重回生命整体的爱的感觉"建立一种相互承认的利他道德,以消除个人与他者、群体之间的隔阂。

强化基于理解的宽容道德。理解与宽容是连接主体的重要途径,是克服道德障碍和道德断裂的良方,宽容要以理解为前提。道德上的理解不同于心理认知层面的理解,它排除了人的意图和行为的因果联系解释,强调意义、意图自始至终渗透于人的行为和生活之中,强调主体对生活意义的自我认可与赋予。所以道德上的理解对人生有双重意义:它使人与生活及文化传统建立起意义联系的同时,也彰显了人的自我理解。道德生活没有理解是无法想象的,理解自身即是人的生活。理解是人生经验的表达方式,意味着对所理解的人与事采取一种同情的态度或情感的介入。"理解也是一种再体验,体验他人的人生同时体验自己的人生,因为理解他人总是在自己的生活经验中进行。"② 理解的最高境界是理解不理解,这就是宽容。宽容是化解道德矛盾与冲突的润滑剂,也是道德共同体的黏合剂,因为它是对多元权利的承认,也是对自身权利的克制,更是对自由价值的尊重,因为"自由的边界就是宽容的边界"③。

强化基于平等的爱的道德。"爱是人与人最基本的连接体验,爱在连接中使我们蓬勃生长"④,爱是防止主体分裂的黏合剂,爱既有可能将利他

---

① 〔法〕埃德加·莫兰:《伦理》,于硕译,学林出版社,2017,第45页。
② 郑文先:《社会理解论》,武汉大学出版社,1998,第39页。
③ 张凤阳等:《政治哲学关键词》,江苏人民出版社,2006,第275页。
④ 〔法〕埃德加·莫兰:《伦理》,于硕译,学林出版社,2017,第161页。

道德推向极致，也有可能因自私而排他，即将爱禁闭在充满妒忌的占有中，所以真正的爱要建立在平等的基础上，要求每一个人在平等的层面上担当起自己的责任，认清自己的生存处境，用利他主义精神去感化每一个人。中国儒家所倡导的"仁爱"是有差别的爱，爱的施予是同关系远近、亲疏有关联的，我们要把这种"仁爱"精神转化为一种超越狭隘的人己关系的真正的人道主义精神，或者叫世界人道主义。这种人道主义将人类意识提升到道德的层面，可以"在全部人类属性中承认统一性，在整体统一性中承认多样性，由此产生了到处保护人类统一性与多样性的使命"[①]。

强化基于担当的人类道德。我们可以将人类道德定义为担当人类命运的道德模式。担当是一种责任道德的主动态，是对人类现在和未来的深沉忧虑，是对人类在宇宙中的有限性的觉悟。倡导构建人类命运共同体就是一种人类道德建设的智慧主张。构建人类命运共同体，不同于其他抽象的、虚构的主义论证，它既是一种抽象理论系统，也是一份具有实践性的现实指南；它维护的不是作为"特殊群体"的国家的"私利"，而是全人类范围的"公利"，即促进人类文明的和平延续与可持续发展。和平与发展的人类进化方向决定了在构建人类命运共同体过程中必须超越狭隘的民族国家视角，构建整体的人类观。整体的人类观包含平等的自由原则与公平的机会平等原则，同时这也是对冷战思维、霸权主义、不公平贸易、新殖民主义、丛林法则等思潮的超越，因为它是以全人类视角看待人类文明的问题，换言之，整体的人类观是一种复杂性视角，能够避免复杂问题被抽象化与简化。当然，何为人、人何以成"类"、"类"何以成共同体、究竟怎样理解人类的"命运"等都是值得我们思考的"元问题"。无论如何思考，无论得出何种结论，连接性思维都是必不可少的。

总之，中国道德学的社会历史文化背景与自身内在要素的复杂化，构成了复合型伦理建设的紧迫性，这种复合型道德思路的特点就在于超越个体、超越单一性，强化连接，进而在复杂中求明晰，在不确定中求选择，在选择中求再生，在再生中求蜕变，建立基于"人类"思维的共同体道德，从而避免伦理道德的区隔化和碎片化。

---

① 〔法〕埃德加·莫兰：《伦理》，于硕译，学林出版社，2017，第232页。

第二十二章　道德继承

　　如果说道德连接主要是从横断面来思考道德演化，那么道德继承则是对道德纵向连接的思虑。在道德学中，道德继承尽管是种"老"现象，但却是个"新"概念，道德学家们很少专门论及普遍意义上的道德承续，因为它常常被看作一个伪概念，从而不被理睬，即使偶有关注，终究也像"倒洗澡水"一样，把这个"澡盆里的婴儿"一起倒掉了。不过，现实生活中的道德继承及其带来的问题并不会因为道德学家的漠视和理论探究的阙如而自动消解，它始终就像一个幽灵徘徊在传统与现代之间，并用冷冰冰的事实证明了一个大家不屑一顾的真理：立足当下、直面未来，倘若能够在其所处的道德生态中正视道德文化传统，肯定道德继承的意义及作用，充分利用和转化处于不同历史时期道德生态中的优秀道德文化元素，无疑可以助推社会的全面发展；反之，如果忽视道德文化传统，否弃道德继承的存在及作用，那么，人类社会的发展极有可能遭遇挫折。因此，对道德继承进行探究除了一贯具有的道德理论意义之外，在我们栖身的时代还具有重大的实践指导价值。[①]

一　道德继承，何种继承

　　所谓道德继承，是指对历史上积累的道德价值和道德规范加以分析、批判和改造，使之成为服务新时代、新社会的道德价值和规范。道德继承是以承认普适性道德价值及其规范和特殊性道德价值及其规范的存在为前提的。倘若否认普适性道德价值及其规范的存在，那么道德就没有了继承

[①] 本章内容主要源自李建华、冯丕红的《论道德继承》（《伦理学研究》2011年第4期）、《论道德继承的特性》等，收入本书时略有调整。

的可能性；相反，倘若否认特殊性道德价值及其规范的存在，那么道德就没有了继承的必要性。因此，讨论道德继承须从道德的类型学分类开始，这是其逻辑可能性与必要性使然。

1. 道德类型学分类：一般道德与特殊道德

冯友兰先生认为，一切道德行为具有共同性，其共同性在于：一社会内之分子，依照其社会之理及其所规定之基本的规律以行动，以维持其社会之存在。[①] 质言之，所谓道德，就是符合社会之理并维持社会存在的人的行为价值和规范。社会之理即是贯穿于一切社会现象或社会事物之间的本质的、必然的联系，社会之理乃是道德之大经，社会之理不存，道德之义不附。

社会就其一般性和特殊性而言，可区分为"社会"和"某种社会"，社会之理之于"社会"和"某种社会"乃是"月印万川""理一分殊"的关系。"社会"和"某种社会"所依之理虽然不变，但实际社会可变。实际社会除了必须依照一切社会之理外，还可由依照一种社会之理的社会变为依照另一种社会之理的社会。各种社会虽种类不同，形态各异，但均为社会。就"某种社会"而言，所依之理故可小异，但就其均是"社会"而言，则必然要遵循各种社会所共同依照之理之大同。"社会"之理是一切人都必须遵循的，不论其所处社会类型如何，"某种社会"之理仅需"某种社会"中的人遵循即可。所以，"某种社会"中人的言行合乎"某种社会"之理，即称为道德的，否则即视为不道德的或者非道德的。

因此，依据道德之于"社会"和"某种社会"的普遍性和特殊性，我们可以将道德划分为一般道德和特殊道德。

一般道德和特殊道德，前者适用于一切社会，后者适用于"某种社会"，二者效用不同，这源于各自构成部分的性质的差异。不论是一般道德还是特殊道德都由道德规范和道德价值两部分构成：道德规范是形式，道德价值是内容。道德价值是行为事实对于道德目的（社会创造的道德的目的、社会的道德需求）的效用，因而道德价值又由道德目的和

[①] 冯友兰：《冯友兰学术精华录》，北京师范学院出版社，1988，第196页。

行为事实两个要素构成：行为事实是道德价值实体；道德目的乃道德价值标准。① 因为道德规范是道德价值的外在形式，其性质取决于道德价值。因此，从道德结构中各组成部分的性质来看，一般道德和特殊道德的效用差异最终取决于各自价值的性质差异。在一般道德的构成部分中，其道德价值适用于一切社会，能够满足一切社会的普遍道德需要、符合一切社会的道德目的，也就是作为道德价值实体的行为事实具有符合一切社会的一般道德需要和道德目的的效用性。换言之，一般道德的道德价值具有普适性。② 那么根据道德价值决定道德规范的性质原理，与一般道德的道德价值相符的道德规范也具有普适性。同理，在特殊道德的构成部分中，其道德价值只适用于"某种社会"，能够满足"某种社会"的道德需要、符合"某种社会"的道德目的，也就是作为道德价值实体的行为事实仅仅符合"某种社会"的道德需要和道德目的的效用性。换言之，特殊道德的道德价值是不具有普适性的，至少不满足普适性的第一层含义。

把道德分为一般道德和特殊道德，旨在消解道德继承的理论迷雾。中国近现代史上关于道德继承有过三次大的讨论：一次是在五四新文化运动时期，一次是在20世纪60年代初期，一次是在1978年以后。其中20世纪60年代初的讨论最值得时人省思。讨论是由吴晗的《说道德》和《再说道德》两文引起的，相继发表的讨论文章主要有：许启贤《关于道德的阶级性与继承性的一些问题》，吴晗《三说道德》，李之眭《〈三说道德〉一文提出了什么问题》《关于道德的继承性和阶级性》，石梁人《试论道德的阶级性和继承性》，高仲田《关于道德的批判继承问题》以及步近智、唐宇元《对目前道德继承问题讨论的几点商榷》等。讨论主要围绕以下几个问题展开：阶级的道德含义；统治阶级道德与被统治阶级道德的关系；封建道德和资产阶级道德能不能继承等。吴晗认为，所谓阶级的道德，在一般情况下，也就是统治阶级的道德，统治阶级总是把维护自己阶级利益的道德强加于人，并作为全人类的道德。统治阶级利用道德来说服、控

---

① 王海明：《新伦理学》，商务印书馆，2008，第155页。
② 这里的普适性有两层含义：其一，指对所有的社会都适用；其二，指在某一实际社会中具有普遍性。

制、剥削他的臣民,并通过各式各样的办法进行道德的宣传、教育,这样统治阶级的道德论也就成为被统治阶级的道德论。因此,统治阶级道德与被统治阶级道德之间相互影响和相互作用。无论是封建道德,还是资产阶级道德,无产阶级都可以批判地吸取其中某些成分,使之发生本质变化,从而为无产阶级的政治、生产服务。许启贤、李之眭、石梁人等人不同意吴晗的观点,认为阶级的道德既包括统治阶级的道德也包括被统治阶级的道德,对立的阶级道德之间的关系只能是相互斗争的关系,因为阶级道德所反映的阶级利益是不可调和的、不可改变的,对于封建道德和资产阶级道德,无产阶级必须抛弃而不能继承。无产阶级只能继承历史上劳动人民的道德遗产。江峰等人认为,对于历史上统治阶级道德的基本原则、主要的道德规范,无产阶级是不能继承的,应当全盘否定。但统治阶级中某些思想家、历史人物所留下的一些思想命题、道德品质等,无产阶级则可以批判地吸收和继承。[①] 20 世纪 60 年代初这场关于道德阶级性和继承性问题的学术讨论虽早已结束,但所造成的理论迷雾至今犹存:其一,所有道德都是阶级道德,道德继承似乎只能在阶级对立、阶级斗争的前提下理解;其二,无产阶级道德与阶级社会道德截然对立,前者才是神圣教条;其三,历史上劳动人民的道德遗产都是好的,都要继承。上述理论迷雾始于特殊时期道德类型学的错误分类,即把政治领域的"阶级"作为划分伦理领域道德的依据,从而使道德阶级化、对立化,抹杀了道德的一般性和普适性。因此,在阶级二元对立语境下的道德只能是被"阉割"的道德,不具有完满性。所谓的道德继承也只能是片面的继承。

因此,为了复归道德的本真,避免片面地继承,我们以道德之于"社会"和"某种社会"的普遍性和特殊性为依据,将道德划分为一般道德和特殊道德。一般道德基于其内在价值及由之决定的规范的普适性,所以是抽象的,特殊道德则基于其内在价值及由之决定的规范的特殊性,所以是具体的。抽象的一般道德决定了之于"某种社会"的特殊道德具有共同性,而具体的特殊道德则决定了之于"社会"的一般道德具有实在性。一般道德的抽象性和特殊道德的实在性不仅满足了二者可继承的

[①] 汝信、陈筠泉:《20 世纪中国学术大典·哲学》,福建教育出版社,2002,第 335~337 页。

前提，而且决定了二者继承的方法，即前者为抽象继承，后者为批判继承。

2. 道德命题及意义：传承载体与两层意义

探讨道德命题似乎不是深究道德继承的题中之义，道德继承与道德命题之间似乎没有太多纠缠。时下道德继承研究中对道德命题的忽略或多或少确证了这种猜测。然而，"皮之不存，毛将焉附"，如若把未经道德类型学分类就高谈道德批判继承的行为视为一种无知的盲从，那么忽略作为道德价值和道德规范传承载体的道德命题阔论道德继承的理论无疑就是一堆空洞的说辞。纵观人类道德发展历程，历史上积累的道德价值和道德规范无论采取何种表述方式，抑或远古时期的壁画，抑或某些少数名族至今犹存的禁忌与习俗，终究可以用语言或文字的形式表述为一个道德命题，因此，道德命题是论及道德继承问题时无法逾越的话题。

命题，即判断，是指具有真假意义的语句。所谓的道德命题是指以善恶价值为内容、对某一道德状况或某一道德要求用逻辑语言所做的判断和陈述。① 道德命题通常包括两个层面：一是形式的或者逻辑的层面，二是实际的或者经验的层面。前者表征的是道德命题的一般意义，后者表征的是道德命题的特殊意义。因为道德命题的形式或者逻辑是超脱经验、跨越时空的，所以，其表征的道德命题的一般意义是不变的；而道德命题的实际或经验层面是内在于时空和历史的，所以，其表征的道德命题的特殊意义是可变的。

道德命题主要由"道德名词"构成。从逻辑上讲，道德名词具有内涵和外延。内涵，是道德名词概念，指的是道德名词的一般意义或者抽象意义；外延，是道德名词表示的类的分子，所指的是道德名词的特殊意义或者抽象意义。因为道德名词的内涵与外延分别表征了其一般意义和特殊意义，所以，二者共同规定之下的道德名词也就具有了一般意义和特殊意义。

道德命题是历代思想家构筑道德体系的主要质料，道德命题并不脱离道德体系而孤立存在，道德命题之于道德体系不仅是"砖瓦"与"大厦"

---

① 朱贻庭：《伦理学大辞典》，上海辞书出版社，2002，第23~24页。

的关系，而且是"鱼"与"水"的关系。纵观道德文化发展史，道德命题通常会被一代又一代的思想家所传承，因为思想家总是生活在不同的时代，而且不同的思想家有不同的立场、观点和方法，所以他们对道德命题的判定也存在很大差异。毋庸置疑的是，经过继承判定的道德命题都是一般意义与特殊意义的有机统一体：特殊意义就是思想家提出、继承或者判定这些道德命题时所附加的新的意义，而一般意义是这些道德命题所表现出来的思想价值的普遍意义。因此，在现实生活中，道德命题的一般意义和特殊意义是结合在一起的，二者的区分仅存在于理智的抽象和逻辑的分析之中。

如前所述，道德命题是道德价值和道德规范传承的重要载体，历史上的道德价值和道德规范通常都是以道德命题的形式传承下来的。这与道德命题的自身特质不无关系。其一，道德命题不仅在本质上要求道德语言的简洁性，道德概念和道德范畴的正确性，而且在形式上要求内在逻辑的一致性。因此，道德命题通常就是一个句子，言简意赅，极易记诵。其二，由于道德命题形式或者逻辑的超脱性和跨越性，其所表征的道德命题的一般意义具有普适性，因此，具备了多重理解的可能性和创造发挥的自由度，可以广泛应用于不同历史阶段、不同类型的社会。其三，由于道德命题的实际或者经验层面具有时空性和历史性，该层面所表征的道德命题的特殊意义具有实在性，因此，具备了解决现实问题的客观性和针对性，可以为生活于不同历史阶段、不同类型社会的人的道德继承提供一个参照的"样板"或承袭的"范型"。

因为道德继承的对象——历史上积累的道德价值和道德规范是以道德命题的形式传承下来的，因此，道德继承从某种意义上讲就是对历史上传承下来的道德命题的继承。或许，有人会驳斥该观点，认为历史上许多道德价值和道德规范是一个复杂的伦理系统，而并非某一简单的道德命题，封建社会的"三纲五常"即是最佳例证。的确，以伦理系统出现的道德价值和道德规范的继承与可表述为某一单一道德命题的道德价值和道德规范的继承存在较大差异，因为前者在继承过程中势必要考察其系统相关性，后者则不存在这方面的顾虑。但这不能构成对"道德继承从某种意义上讲就是对历史上传承下来的道德命题的继承"的反驳，因为以某一伦理系统出现的道德价值和道德规范同样可以表述为与之相对应的道德命题系统，继承者同样可以做到在不脱离系统整体性和相关性的前提下对其中的每一个道德命题进行考察、继承。

正如一般道德和特殊道德的性质决定了各自的继承方法一样，道德命题自身的性质也决定了其特殊的继承方法。道德命题在理论上有"两个层面"的划分，逻辑或者形式的层面表征其一般意义，而实际的或者经验层面则表征其特殊意义，因此，前者适宜采用抽象继承法，而后者倾向于采用批判继承法。因为逻辑或形式层面与实际或经验层面统一于同一个道德命题，理论上做此种划分，仅仅是为了提供一种方法论，即对道德命题的继承要坚持抽象继承和批判继承相结合的方法。

3. 道德的继承方法：抽象继承与批判继承

提到道德的抽象继承，就不得不谈及冯友兰先生提出的哲学"抽象继承法"。冯友兰先生在1975年1月8日在《光明日报》第3版发表的题为《中国哲学遗产的继承问题》的文章中首次提出了有关哲学"抽象继承"的观点。文章说："在中国哲学史中，有些哲学命题，如果做全面了解，应该注意到这些命题的两个方面的意义：一是抽象意义，一是具体意义。……在了解哲学史中的某些哲学命题时，我们应该把它的具体意义放在第一位，因为，这是跟做这些命题的哲学家所处的具体社会情况有直接关系的。但它的抽象也应该注意，忽略了这方面是不够全面的。……如果有可以继承底价值，它底抽象意义是可以继承的，具体意义是不可继承的。"[①] 冯先生以《论语·学而》中的"学而时习之，不亦说乎"为例进行了说明：从具体意义上看，孔子叫人学的是诗、书、礼、乐等传统的东西。从此方面理解，这句话于今无太多用处，无须继承；但若从抽象意义上看，这句话就是说：无论学什么东西，学了之后，都要及时温习，这是很快乐的事。如此理解，它现在依旧是正确的，对我们依然有用。冯先生还认为，马克思继承黑格尔客观唯心主义哲学的辩证法内核，无疑就是在其抽象意义上的继承。对于哲学遗产，如果过于注重其具体意义，可继承的东西就很少了。过于注重其抽象意义，可继承的东西又太多了，故两方

---

① 冯友兰：《中国哲学遗产的继承问题》，《光明日报》1975年1月8日，第3版。

面都须加以适当的注意、适当的照顾。冯友兰的上述观点后来被人们称为抽象继承法。① 由此可知，冯先生抽象继承法的核心思想有以下几点。其一，可以对中国哲学史上的某些命题做具体意义和抽象意义的析取。其二，具有继承价值的哲学体系的主要命题，其抽象意义可以继承，具体意义则不能继承。其三，某些哲学命题含有超阶级性成分，其抽象意义对一切阶级都有用。根据冯友兰"抽象继承法"的实质，结合前文的道德类型学分类，我们可以尝试推导出道德的抽象继承的定义：所谓道德的抽象继承，就是对普适性道德价值和规范的继承。在道德类型学及其道德命题语境下，普适性道德价值和规范有两种存在指向：其一，指一般道德；其二，指道德命题的逻辑或者形式层面。"社会"与"某种社会"具有统一性，所以之于"社会"的一般道德与之于"某种社会"的特殊道德也是统一的；历史上的道德价值和道德规范的传承均以道德命题为载体，因此，理论上对之于"社会"的一般道德继承落实到某一社会现实生活中就是对道德命题的逻辑的或者形式层面所表征的一般意义的继承。

  道德的抽象继承是以道德命题的逻辑或者形式层面与实际或者经验层面的划分为逻辑先决条件的。道德命题的逻辑或形式层面与实际或者经验层面的划分均以抽象的方式在人的理智世界或思维过程中得以完成。然而，理智世界或思维过程并不具备促使道德命题的逻辑或形式层面所指称的一般意义付诸实践的能力，固然在方法论意义上，道德命题的逻辑或形式层面所指称的一般意义存在于理智世界中，但是一旦进入现实生活，这种抽象的一般意义就不得不内含于该道德命题的实际或经验层面所指称的特殊意义之中（因为在现实生活中一般意义所附着的道德命题的逻辑或形式层面不能离开该道德命题的实际或经验层面而独立存在）。因此，人们在道德继承中往往首先看到的是道德命题的实际或经验层面所指示的特殊意义，而常常忽略潜藏其中的普遍有效的一般意义。这也从侧面充分说明了道德继承仅仅依靠理智世界的抽象继承是不可能圆满实现的。

  批判继承是除抽象继承之外的另一种重要的道德继承方法。所谓的道

---

① 蒋大椿、陈启能：《史学理论大辞典》，安徽教育出版社，2000，第789~790页。

德的批判继承是马克思主义伦理学在自身的发展过程中,对历史上形成的道德遗产的基本处理方法。其特定含义是:从无产阶级和广大人民的利益出发,以批判的态度全面清理人类道德的历史遗产;根据社会发展的客观必然性和无产阶级社会实践过程提供的经验,对道德遗产一一加以审视和检验,判明其在历史上的本来意义和实际作用,以及在现实社会生活中有无生命力,分解出其中的精华和糟粕;抛弃其陈腐的过时的原有体系,剔除其反动的或落后的内容和倾向,清算其唯心主义和形而上学的思想路线,剥取、改造和利用一切有价值的因素。[1] 鉴于前文所说的理论迷雾,结合马克思主义伦理学所给的道德的批判继承的定义,以及当今社会发展的需要,我们同样可以尝试给道德的批判继承下个新定义:所谓道德的批判继承是指以服务新时代、新社会发展需要为旨归,从广大人民的根本利益出发,以批判的态度全面清理人类道德的历史遗产,对道德遗产一一加以审视、分解和检验,取其精华、去其糟粕的过程。

道德的批判继承有三个步骤:其一,确定道德遗产的历史地位,考察其发生作用的历史条件和历史氛围;其二,估量道德遗产的现实作用,将其放到现实生活中加以考察,看它能否在改造后,满足和维护当代社会发展的需求和广大人民的根本利益;其三,批判地改造和吸收。任何道德遗产都带有时代的烙印,因此不能原封不动地直接移用,而只能作为一种原料,根据新的历史条件、社会利益和时下道德本身的需要对它进行必要的改造创新。

道德的批判继承和道德的抽象继承密不可分,通常情况下道德的批判继承是在道德的抽象继承之后发生的,因为抽象继承总是存在于人的理智世界中,究其实质就是一个总结某一道德命题的抽象意义的过程,抽象意义具有普适性,因此作为具体行为实践或应用层次的道德的批判继承过程只有在前者的导引之下才能获得正确性。道德的批判继承不能离开道德的抽象继承,否则,道德继承将被禁锢于实际经验层面,而不可能取得具有普遍性的道德规范和价值。

---

[1] 罗国杰:《中国伦理学百科全书·伦理学原理卷》,吉林人民出版社,1993,第173~175页。

4. 道德继承的模式:"一体两面相结合"

结合上述分析,我们可以尝试构建一个"一体两面相结合"的道德继承模式,如图1所示:

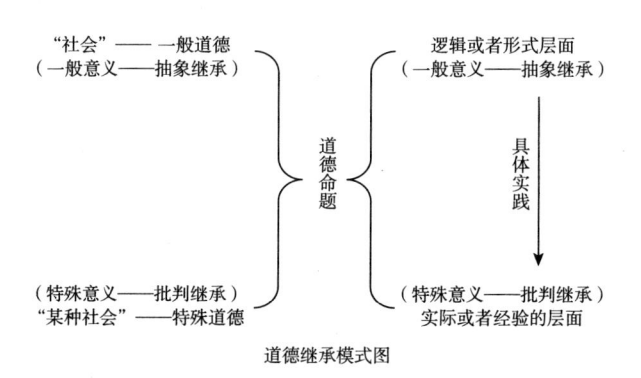

```
"社会"——一般道德          逻辑或者形式层面
(一般意义——抽象继承)      (一般意义——抽象继承)
                                          │
              道                          具│
              德                          体│
              命                          实│
              题                          践│
                                          ↓
(特殊意义——批判继承)      (特殊意义——批判继承)
"某种社会"——特殊道德      实际或者经验的层面
              道德继承模式图
```

图1 "一体两面相结合"的道德继承模式

"一体"是指"道德命题","两面"是指道德命题的两个层面,即逻辑或者形式的层面和实际或者经验的层面。历史上积累的道德价值和道德规范,不管是远古时期的壁画、图腾,还是至今犹存的禁忌与习俗,无论采取何种表述方式,终究可以用语言或者文字的形式表述为一个道德命题。因此,道德继承实质是对道德命题的继承。

所谓的道德命题是指以善恶价值为内容、对某一道德状况或道德要求用逻辑语言所做的判断和陈述。道德命题通常包括两个层面:一是形式的或者逻辑的层面,二是实际的或者经验的层面。前者表征的是道德命题的一般意义,后者表征的则是道德命题的特殊意义。道德命题形式的或者逻辑的层面是超脱经验、跨越时空的,所以,其表征的道德命题的一般意义是不变的,而道德命题实际的或者经验的层面是内在于时空和历史的,所以,其表征的道德命题的特殊意义是可变的。道德命题主要由"道德名词"构成。从逻辑上讲,道德名词具有内涵和外延。内涵,是道德名词概念,指的是道德名词的一般意义或者抽象意义;外延,则是道德名词表示的类的分子,指的是道德名词的特殊意义或者具体意义。因为道德名词的内涵与外延分别表征了其一般意义和特殊意义,所以,二者共同规定的道德名词也就具有了一般意义和特殊意义。道德命题是历代思想家构筑道体系的主要质料,纵观道德文化发展史,道德命题通常会被一代又一代的思想家所传承,因为思想家总是生活在不同的时代,且不同的思想家有不同的立场、观点和看法,所以他们对道德命题的判定存在很大差异,但毋庸置疑的是,经过继承判定的道德命题都是一般意义与特殊意义的有机统一体:其特殊意义就是思想家提出、继承或者判定这些道德命题时所附加的新的意义,而一般意义就是这些道德命题所表现出来的思想价值的普遍意义。因此,在现实生活中道德命题的一般意义和特殊意义是结合在一起的,二者的区分仅存于理智的抽象和逻辑的分析之中。

如前所述,道德价值和道德规范是以道德命题为载体得以传承的,道德继承究其实质就是对历史上积累的道德命题的继承,而道德命题从理论上可以分解为两个层面——逻辑或者形式的层面和实际或者经验的层面。前者采用抽象继承,而后者采用批判继承,且二者在现实生活中不可分离:道德继承不能仅仅依靠抽象继承,而必须借助于批判继承来付诸实践;作为行动性的、具体实在的批判继承也必须依靠抽象继承的指导来获得具有普适性的道德价值及规范。因此,二者不可偏废,须相互结合,出于此种考虑,我们姑且称之为"一体两面相结合"的道德继承模式:"一体"即为"道德命题","两面"是道德命题的逻辑或者形式的层面和实际或者经验的层面。"一体两面相结合"实质上是道德命题的逻辑或者形式层面的抽象继承和实际或者经验层面的批判继承相结合。"一体两面相结合"的道德继承模式的提出,更多的是出于对道德继承方法论的考虑,尽管不成熟但不失为一种行之有效的方法,笔者在此略做梳理和澄清,以为时下的道德学研究和道德建设提供借鉴。

二 道德继承的基本属性

道德继承的基本属性指的是分析、批判和改造历史上积累的旧的道德价值和规范,使之成为服务于新时代、新社会的道德价值和规范这一过程所固有的特征、特性或特点。道德继承是一个继往开来的系统过程,具有三大基本属性。

第一,以人为本:道德继承的价值旨归。

第二十二章　道德继承

古往今来，想在道德史长河中觅拾到不变真理的人们不管愿不愿意总要面临着"为何需要道德承续"这一问题的诘责。从伦理学与本体论统一的视域看，道德承续既是人的存续方式，又是人的存在保障。道德承续作为人的存续方式是对其何以必要的解答，作为人的存在保障则是对"人的存续何以可能"的伦理回复。在"道德承续何以必要"和"人的存续何以可能"的二重问答中，道德继承的人本价值属性得到了充分的确证和彰显。

道德继承是人的存续方式。它是"传统—道德传统"语境下特有的词语，如若脱离传统，撇开"道德传统"的语境，那么道德继承只能是一个毫无意义的概念。传统是从历史上沿袭下来的社会风俗和行为常规。"几乎任何实质性内容都能够成为传统。人类所成就的所有精神范型，所有的信仰或思维范型，所有已形成的社会关系范型，所有的技术惯例，以及所有的物制品或自然物质，在延传过程中，都可以成为延传对象，成为传统。"[①] 道德作为人类所独创的精神产物在延传过程中无疑可以成为传统。在生活世界中，"当某些道德原则、规范，经过社会舆论、教育和人们内心信念的长期作用，被世世代代重复而具有异常的稳定性，使人们感到习以为常时，它就成其为道德传统了……作为一种评价的精神力量，道德传统源远流长，它通常和民族情绪、社会心理、风俗习惯交织在一起，表现为一种根深蒂固的习惯势力，常常被视为不言自明的行为常规"[②]。"大部分人——我们中的大部分——更多的时候依据习惯和常规行事，我们以一种与昨天相同的方式活动，以一种与周围的人相同的方式活动。只要没有人没有事情能阻止我们遵循'惯例'，我们将会一直这样下去。"[③] 传统是人的一种存在方式，不管如何挣扎我们始终逃脱不了"过去的掌心"。[④] 不管是生活实践还是理论研究，不管是恩格斯所断言的"传统是一种巨大的阻力，是历史的惰性力"，[⑤] 还是爱德华·希尔斯所坚持的"传统不仅仅是

---

① 〔美〕爱德华·希尔斯:《论传统》，傅铿、吕乐译，上海人民出版社，2009，第17页。
② 彭克宏主编《社会科学大词典》，中国国际广播出版社，1989，第170页。
③ 〔英〕齐格蒙·鲍曼:《生活在碎片之中——论后现代道德》，郁建兴、周俊、周莹译，学林出版社，2002，第3页。
④ 〔美〕爱德华·希尔斯:《论传统》，傅铿、吕乐译，上海人民出版社，2009，第37页。
⑤ 《马克思恩格斯选集》第3卷，人民出版社，1995，第717页。

沿袭物，而且是新行为的出发点，是这些新行为的组成部分"[①]，传统之于人的重要性都是不言而喻的。传统作为一种习以为常的生活方式已在不经意间深深地浸染了每一个站在已有传统史基上建构新传统的理性存在者的灵魂。

　　道德继承不仅是人的存续方式而且为人的存在和发展提供了担保。人首先是一种生命的存在，作为生命的存在，生命本身的生产和再生产是人存在过程所面临的基本问题。正是在生命本身的生产和再生产过程中，形成了最初的人伦形式之一：以配偶、亲子等为内容的社会关系。从这种最原始的、奠基于自然血缘之上的人伦中，逐渐衍生出宽泛意义上的家庭关系；家庭关系的进一步展开，则是家族及或近或疏的亲属网络；与之相关的尚有邻里间的交往等等。邻里关系尽管并非以血缘为纽带，但却以家庭为中介：从社会学的角度看，邻里之间并非仅仅呈现为空间位置上的彼此并存，作为一种社会联系的形式，邻里关系乃是通过家庭成员之间的交往而建立起来的，它在某种意义上可以看作家庭关系的外在延伸；而邻里与家庭、家族、亲属等相互交融，又构成了生活世界的一个重要方面。在这里，广义的家庭关系在人的存在中无疑具有某种本源的意义：作为人的生命生产与再生产借以实现的基本形式，它从本体论层面将人规定为关系中的存在。当然，生命的生产与再生产并未囊括人的存在的全部内容，与生命的生产与再生产相辅相成的是物质资料的生产与再生产。物质资料的生产与再生产始终贯穿人的存在的整个历史过程，它以劳动分工为内在规定，劳动分工不仅使物质资料的生产和再生产成为可能，而且赋予物质资料的生产与再生产更为明显的社会性，这种社会性把人的生命生产与动物的繁衍彻底区分开来，从而构成了人的生命生产和再生产的历史前提。如果说家庭关系作为生命生产与再生产的基本形式构成了人的存在的基础性社会关联，那么物质资料的生产与再生产借以展开的劳动分工则在前者的基础上建构了更为广泛的社会联系。因此，植根于人的存在过程的各个方面的社会关系作为人无法摆脱的存在境遇，时时处处制约着存在本身。唯有当肇始于生命、物质二重生产的诸种关系得到较为适当的安置的时候，

---

① 〔美〕爱德华·希尔斯：《论传统》，傅铿、吕乐译，上海人民出版社，2009，第50页。

人的存在才是可能的。那么，如何才能使与生命、物质的二重生产相关的诸种关系获得较为妥当的安置呢？道德在此显现出其存在的价值。道德作为人的社会性的重要表征，构成了社会秩序与个体整合的必要担保。从家庭成员到生活世界中的交往各方，如果社会成员之间未能在正义、平等、仁道等基本道德原则之下妥当定位彼此的关系，并由此建构和遵循一定的道德秩序，那么，生命与物质资料的二重生产以及在此基础上的广义社会生活的生产与再生产便难以正常开展。然而，从另一方面来看，生命的生产与再生产和物质的生产与再生产在将人规定为关系中存在的同时，也相应地导致了存在本身的分化。当生命的生产与再生产过程衍生出亲子、兄弟、朋友等社会关系时，它同时也将人定位在某种存在状态中；同样，物质资料的生产与再生产在形成劳动者之间联系的同时，也使人成为分工系统中彼此相异的一员。随着两重生产的展开，社会关系日渐多样化，作为关系中的存在，人也相应地被定格在这种逐渐分化的关系项中，成为承担某种固定功能的角色。不难看出存在的这种分化，同时也意味着存在的分裂，它在逻辑与历史两重向度上都使人的存在蕴含着导向片面化的可能。以分裂、片面化为规定，存在显然很难达到人真实的形态。在此，走向真实的存在与扬弃存在的片面性从而回归存在的具体形态构成了同一过程的两个方面。那么如何回归存在的本真呢？道德继承的价值无疑在这种追问中得到了彰显。道德继承是对历史上积累的道德价值和道德规范加以分析、批判和改造，使之成为服务新时代、新社会的道德价值和规范的过程。人既是生命与物质二重生产的承担者，又是道德继承的实施者，历史上延传下来的道德价值和规范在"传统—道德传统"境遇下无疑都是道德继承的内容，它不仅从逻辑上为理性存在者回归本真、扬弃生命、物质二重生产所造成的片面与分裂提供了承袭的质料和范型，而且站在历史的高度为理性存在者所依存的道德文化理念的流变规定了方向。道德继承固然不能承续肇始于生命生产与再生产、物质生产与再生产的诸种关系，但它可以超越生命、物质的生产与再生产为妥善安置、处理各种关系树立舰标，提供指导，从而为人的存在和发展提供担保。

第二，承启超越：道德继承的对象蜕变。

道德继承作为人存在和发展的担保，主要是借助道德继承对象的蜕变来实现的。从形式上看,承载着道德价值和规范意义的道德命题是道德继承的对象。道德命题是以善恶价值为内容、用逻辑语言对某一道德状况或道德要求所做的判断和陈述。[①] 因此,道德继承可理解为在时代精神的监督之下"旧道德命题的输入—新道德命题的输出"过程。

道德命题具有新旧之分。道德继承是在同一文化共同体中发生的、历时性的道德命题迁移过程。[②] 该过程如下。(1)在时代精神(核心价值)的推动和监督下,同一文化共同体中的理性存在者,纷纷把目光投向其逃脱不了的道德文化传统,希冀从中找到扬弃与弥合生命、物质二重生产所造成的片面、分裂所需要的道德价值和道德规范。(2)在同一文化共同体中,历史上承载着道德价值或道德规范的介质(壁画、图腾、故事、谚语等)可以抽象为一个道德命题。该道德命题具有经验与形式两个层面,形式层面概括了道德的抽象价值,表征道德的一般性价值,具有不以时空为转移的普遍有效性;经验层面涵括了道德的具体内容,表征道德的特殊性价值,具有历史性、民族性、地域性等特征。道德命题并非现成的,而是由理性存在通过对蕴藏于传统文化中的道德规范、道德价值的分析、梳理、归纳,最后总结出来的。(3)道德命题作为"原材料"输入道德继承系统中。道德继承系统是由道德继承主体、继承对象、发生机制和转化机制共同组成的体系。(4)在时代精神的"丈量"下,作为"原材料"的道德命题的形式层面所具有的抽象价值和实质层面所囊括的具体内容分别被立足于当下或未来效用的理性存在者所取舍。(5)在总结旧道德命题形式层面的一般性价值和赋予经验层面新的时代内容后,新道德命题随之诞

---

① 杨国荣:《伦理与人的存在》,华东师范大学出版社,2009,第23~24页。
② 所谓的文化共同体是指在同一核心价值观念的约束和引导下,持有共同的文化记忆、接受大致相同的文化理念、拥有共同的文化精神生活的相对稳定的社会群体。所谓道德继承的历时性指的是在道德继承系统中,道德继承对象——道德命题的输出在时间上具备由古而今的指向性。文化共同体界定了道德继承主体的范围,历时性则规定了道德继承的方向,当且仅当同时满足前后两个条件的时候道德继承才有可能发生。因此,就同一时刻(或时代)而言,同一个文化共同体中不存在道德继承而仅仅存在主体间道德价值与规范的传播、借鉴;就不同的时刻(或时代)而言,身处不同文化共同体中的主体间的道德价值规范的传播借鉴也不能称为道德继承。此外,就历时状态而言,以现在为起点指向未来的道德价值与规范的传递狭义上只能称为道德传承而不能叫作道德继承,道德继承是由古而今的。

生，道德命题亦完成新旧更替。因为时代在变迁，各个时代的精神也在不断地形成和消解，与时代精神的变迁历程相适应，道德命题亦不断进行自身的新陈代谢。以道德命题的新旧"蜕变"为视角，道德继承无疑可以看作一个"肯定（旧的道德命题的输入）—否定（在时代精神推动、监督下的继承过程）—否定之否定（新的道德命题的输出）"的发展过程。因此，在道德继承系统中，道德命题的新旧是相对的，这种相对性主要基于以下理由。其一，从传统中总结概括出的道德命题与经过道德继承系统处理后适用于新时代的道德命题是不同的，前者的价值规范以传统中某一特定的时代精神为指向，后者的价值规范则以继承主体所处的时代精神为准绳，两者都有具体的道德时空坐标，前者是历史上的，而后者是当下的。因此，从价值指向来看，前者称为旧道德命题，而后者称为新道德命题。其二，就道德继承系统的历时性指向而言，作为"原材料"输入的道德命题称为旧道德命题，作为"新产品"输出的、符合时代精神的道德命题则称为新道德命题，因为从进入道德继承系统的先后次序来看，作为"原材料"输入的道德命题在先而作为"成品"输出的道德命题在后。

新道德命题相对于旧道德命题具有承启超越性。如前所述，道德命题有两个层面，形式层面意谓道德的普遍价值规范表征其一般意义而经验层面意谓道德的具体价值规范表征其特殊意义。因此，理论上前者采用抽象继承而后者采用批判继承。抽象继承是对道德命题形式层面所指的普遍有效性价值规范的继承，批判继承则是以服务新时代、满足新社会发展需要为旨归，从广大人民的根本利益出发，以批判的态度对道德命题的经验层面的具体价值规范加以审视、分解和检验，取其精华、去其糟粕的过程。因此，道德继承实质上是批判继承与抽象继承相结合的过程。道德命题通过这一过程实现蜕变，道德价值规范的损益也借此完成。新道德命题对于旧道德命题具有承启性，原因就在于道德命题形式层面所表征的普遍有效的道德价值规范是超脱经验、跨越时空的，因此，一般道德价值和规范对传统社会适用，对当今社会也适用，对同一文化共同体中的甲适用，对乙丙丁……也适用。因此，尽管时代不同，社会背景不同，意识形态各异，但蕴含于道德命题形式层面的普遍适用性价值规范是一脉相承的。也正是因为道德中存在普遍有效的价值和规范，道德继承才得以可能。与形式层面相对应，道德命题经验层面所表征的道德特殊意义具有实在性，因此具备了解决现实问题的客观性和针对性，可以为生活于同一文化共同体中不同历史阶段、不同类型社会的人的道德继承提供一个参照的"样板"或者"范型"。道德的具体意义决定了道德命题经验层面的继承方法为批判继承。在时代精神的督促下，道德批判继承的步骤如下。其一，确定道德遗产的历史地位，考察其发生作用的历史条件和历史氛围（道德命题的经验层面）；其二，估量道德遗产的现实作用，将其放到现实生活中加以考察，看它能否在改造后，满足和维护当代社会发展的需求和广大人民的根本利益；其三，批判地改造和吸收。① 从上述步骤可以看出，道德命题的经验层面通常会被同一文化共同体中一代又一代的理性存在者所传承，因为理性存在者所栖身的时代精神不同，对待传统的立场、观点和方法不同，所以他们对道德命题经验层面的认识、判定也存在很大差异。在理解、提炼、运用传统道德价值规范的过程中，理性存在者会赋予道德命题经验层面新的含义，这种新含义未必比原有的更加正义，但毋庸置疑的是它可以促使理性存在者站在传统的基石上更好地生活。从这个角度看，附加了新含义的道德命题无疑是对原道德命题的一种超越。当然，道德命题两个层面的划分仅仅存在于理智的抽象和逻辑的分析之中，在实际生活中道德命题的两个层面是紧紧结合在一起的，道德命题的形式层面和经验层面共同决定了道德继承的承启超越性。

第三，系统完备：道德继承的整体表征。

道德继承是一个系统过程，从整体上看具有完备性，主要表现在三个方面。首先，道德继承具有明确的目标，包括工具性目标和价值性目标。道德继承的工具性目标主要是针对继承的形式提出的，道德继承就其形式而言是一个旧道德命题的输入和新道德命题输出的过程，该过程通过对道德命题形式层面的抽象继承和经验层面的批判继承来实现。因此，道德继承的工具性目标在于实现承载着道德价值和规范的道德命题的时代转化。道德继承的价值性目标在于通过对传统道德资源中固有的价值和规范的挖掘、提炼和升华，妥善地处理与理性存在者的生命、物质二重生产相关联

---

① 李建华、冯丕红：《论道德继承》，《伦理学研究》2011 年第 4 期。

第二十二章 道德继承

的诸种关系，从而扬弃人在社会关系中的分裂和异化，复归于统一。如前文所述，人是一种建立在生命、物质生产与再生产基础上的关系存在。"所有的人都处在一定的、必然的关系之中，这种关系是不以他们的意志为转移的。……每个人，不管他愿意不愿意，都有自己的社会关系，而理解历史进程的条件就是要懂得这些超个人的社会关系。"[1] 人在被定格于两重生产关系所编制的网络之中成为一个个社会关系网络节点的同时，也被与这一节点相连的、更多的随着二重生产而形成的关系所分化，那么，各种以人为节点的、不断分化后的关系以及与此相对的角色价值规范如何才能得到妥善的安置，从而实现人的完满呢？这无疑需要人们从已有的道德传统中寻找资源以提炼新的价值规范，这一过程就是道德继承。因此，从价值层面来说，道德继承的目标在于回归人的完满状态，为人的存在和发展提供保障。

其次，道德继承具有完整的要素。前文指出，道德继承系统由继承主体、对象、发生机制和转化机制组成。其中，道德继承的主体指的是人。因为道德是人特有的，除了理性存在者之外的其他存在并不具有理性，更不具有道德，因此道德继承的主体只能是人。历史上流传下来的道德价值规范是道德继承的对象，道德继承对象通常借助于特定的介质或载体（如图画、文字等）展示其意义，它可以被总结为一个道德命题，因此道德继承从形式上可以理解为对道德命题的继承。道德继承主体和对象之间是一种交互促进的关系，一方面人们根据需要对历史上的道德价值和规范进行挖掘、梳理、提炼，通过抽象继承和批判继承，使之成为新的道德价值规范；另一方面，道德价值规范随着时间的流逝由新而旧，逐渐积淀为道德遗产，反过来成为人们寻求更新的价值规范的资源。道德继承的发生对主体和对象有特定的要求：其一，作为继承主体的人所处的文化共同体与继承对象所处的文化共同体必须是同一的，例如儒家文化共同体中的中国人去学习、借鉴基督教文化共同体中美国人的博爱价值观及规范，是不能称为道德继承的；其二，道德规范和价值必须是历史上遗留下来的。道德继承除了满足历时性条件外，还要求继承对象——道德命题——的输出在时

---

[1] 〔法〕雷蒙·阿隆：《社会学主要思潮》，葛秉宁译，华夏出版社，2000，第99页。

间上具备由古而今的指向性。以现在为起点指向未来的道德价值与规范的传递不能称为道德继承。道德继承的两个基本条件中,前者为主体划界,后者为对象定时,当且仅当两者同时满足时,道德继承才有可能发生。

最后,道德继承具有系统的运行机制。如前所述,主体划界和对象定时条件的同时满足是道德继承的必要而不充分条件,道德继承如要发生,还需要一套运行机制。道德继承的运行机制包括两个部分:发生机制和转化机制。道德继承的发生机制要解决的问题是道德继承为什么发生。道德继承的转化机制解决的问题是分别蕴含着不同道德价值和道德规范的道德命题如何实现新旧转化。关于道德继承的转化机制,其实就是前文所提到的在时代精神的督促和引导下输入旧道德命题,通过对旧道德命题形式层面的抽象继承和经验层面的批判继承来输出新道德命题的过程,故不予以赘述。此处重点论述了道德继承的发生机制。道德文化与物质文化在变迁中出现的"堕距"是道德继承得以发生的根由。一般而言,文化变迁具有滞后性,并表现在两个方面:一是文化的变迁滞后于政治、经济变迁;二是文化中非物质文化的变迁滞后于物质文化变迁。"现代的许多变迁都源于物质文化,物质文化的变迁又引起文化其他部分的变迁。人们认为由于某种独特的力量和原因,非物质文化比物质文化变迁扩散得慢。因此,在很多情况下都是物质文化变迁在先,所引起的其他变化在后。"[1] "道德作为人类行为和关系的一种最广泛有效的调节方式和规范系统,是人类自原始社会以来在不断实践、不断提高生产力水平的过程中实现的一个最鲜明的主体自觉性表征,也是人类文化生活的一个极其重要的成果"[2],它是非物质文化的重要组成部分。道德文化的变迁滞后于物质文化的变迁。当道德文化变迁滞后于物质文化的时候,二者间的"堕距"随之产生。随着政治、经济的推进,道德文化与物质文化间的"堕距"和随之引起的社会失调会不断积累,如果累积到一定程度,整个文化方式就会改变,文化或社会革命就可能发生。[3] 随着道德文化与物质文化之间"堕距"的形成和发展,

---

[1] 〔美〕威廉·费尔丁·奥格本:《社会变迁:关于文化和先天的本质》,王晓毅、陈育国译,浙江人民出版社,1989,第144页。
[2] 郑祖泉:《简论道德文化》,《道德与文明》2003年第3期。
[3] 郑祖泉:《简论道德文化》,《道德与文明》2003年第3期。

道德无序和道德失调的现象随之产生，人们为了构建与物质文化相适应的新的道德价值规范，不得不将眼光投向传统道德文化，希望从中汲取"营养"，此时道德继承就不可避免地发生了。我国近代史上关于道德继承问题的三次论争都是在道德文化变迁滞后与物质文化变迁的情况下发生的。因此，缩减和消除道德文化与物质文化在变迁过程中产生的"堕距"以及随之引起的社会失调是道德继承发生的动因。

综上所述，道德继承是一个继往开来的系统过程。生活在同一文化共同体中的理性存在者是道德继承的主体，而历史上遗留下来的道德规范和价值是道德继承的对象，对道德文化与物质文化在变迁中产生的"堕距"以及随之而来的社会失调的减小和消除是道德继承得以发生的动因。道德继承在形式上是在时代精神的监督和导引下，旧道德命题的输入和新道德命题的输出过程。该过程是通过对道德命题形式层面的抽象继承和经验层面的批判继承来实现的。新道德命题相对于旧道德命题具有承启超越性。道德继承有工具性目标和价值性目标，前者在于实现新旧道德命题的时代转化，后者在于促使与生命、物质的二重生产相关联的诸种关系获得较为妥当的安置，从而确保理性存在者的幸福。

三 道德基因与道德继承

作为道德继承的背景和前提，道德传统中一定隐藏了某种更为重要的信息，这种信息使得道德承续成为可能，这也是前文强调"背景"是抽象意义上的、不同于"时代境况"等的重要原因。由此观之，道德传统不仅仅是道德继承的背景，还是道德继承的质料——继承发生的"基因"信息的载体。就像生物遗传可能是由于基因或遗传因子的存在一样，道德继承之所以可能是否也是因为道德传统中携带了某种"基因"呢？这就是道德基因。

道德基因是道德传统得以延传的基本单元，与做人资格以及社会组织、运行公理直接相关的伦理、道德精神、价值、理念都可以被称为道德基因，它们保证了道德传统的同一性。众所周知，道德与语言都是文化基因，文化基因（meme）是理查德·道金斯（Richard Dawkins）仿照生物学

"基因"提出来的人类思想文化的遗传单位,就像生物体的遗传信息可以通过基因一代又一代的传递一样,人类思想文化的"遗传信息"也可以通过模仿、转化(换)从一个人传给另一个人,或者从这一代传给另一代。[①]那么,道德作为文化的精髓是否也有基因?如果道德没有基因,道德传统何以能够延续?如果道德有基因,道德的基因又是什么?不可否认,道德是有基因的。首先,道德基因概念在逻辑上是成立的。基因(gene)源于希腊文,本意是"生"或"给予生命",后用来指生物体的遗传因子。道德基因在概念上成立至少要满足两个条件:第一,像生物体一样具有生命力;第二,生命信息可以通过某种方式或者载体得以延传。道德无疑可以满足这两个条件:道德具有生命力,道德的生命力集中体现为道德传统的延续力;道德可以被延传,道德传统的存在即为确证。因此,仅从概念和逻辑上看,道德基因是成立的。那么,什么是道德基因?既然生物体的基因是保证其生命信息得以遗传并控制生物性状的基本遗传单位,那么,以此类推,我们也可以说道德基因就是延续道德传统之生命的遗传因子,是控制道德传统同一性的基本遗传单位。其次,道德传统的延续性和同一性证明了道德基因的存在。如果概念在逻辑上的推演尚且不能证明道德基因的存在,那么,我们可以道德现象的视角再次进行考察。我们在生活世界中可以看到个别道德传统延续千年而不消亡的事实,如儒家伦理道德传统、基督教伦理道德传统等,为什么它们会有如此强大且持久的生命力?尽管我们目前不能给出完满的回答,但这种现象本身确证了此类道德传统背后一定存在某种重要的"密码"从而保证了其延续的持久性和同一性。按照爱德华·希尔斯的观点,同一性是事物之所以成为传统的重要原因之一,也是传统之所以能够持久的关键,道德传统也不例外。那么,持续上千年的道德传统的同一性又是如何保证的?不管隐藏在背后的这种"密码"是什么,我们都有足够的理由将其称为道德基因。最后,在道德传统中我们可以找到相应的道德基因,并指出其具体内容。假如把具备道德传统延续性和同一性的某种"密码"称为道德基因还只是一种根据客观现象

---

① 〔英〕理查德·道金斯:《自私的基因》,卢允中、张岱云等译,科学出版社,1981,第263页。

的反推,那么,我们只有明确指出这种"密码"是什么并充分说明其运行机制才能从根本上让人们相信道德基因确实存在。探究道德传统的同一性得以保证的缘由依旧要从道德本身入手。道德与人直接相关,是人的内在规定和生活方式,既然如此,道德传统也应当是围绕着人的内在规定和生活方式展开的,人的内在规定就是人类与非人类区分开来的基本特质,而人的生活方式主要是社会组织与运行方式,并且从道德意义上看是最基本的组织、运行方式,近似于人类社会的"底线"伦理。因此,一切关于人的内在规定性以及保证人的生活得以顺利展开的、基础性的伦理道德内容都应该是保持道德传统同一性的重要原因,因为人的内在规定性以及基本的生活方式不会因为时空的变迁或者境遇的不同而发生质的变化,"只要是人,有人类社会,都应该如此"。在此意义上,与做人资格以及社会组织、运行公理直接相关的伦理、道德精神、价值、理念都可以称为道德基因。尽管它们不可能像生物基因那样被精确编码,但对于道德传统来说却发挥着和生物基因一样的功能。如果把道德传统看作道德生态中的生命结构,就像人是自然生态中的有机生命结构一样,那么,道德基因就是道德传统的延传"密码",正是道德基因的存在及"复制"——评估、选择及其转化(换)——确保了道德传统的同一性,就像人的基因作为人的遗传密码确保了人的基本性状得以遗传一样。

道德基因具有可复制性、变异性特征。道德基因的可复制性并不是生物学意义上的遗传信息原封不动的转录,而是通过评估、选择、转化(换)之后,可以在新的境遇中加以利用,主要表现为从同一民族共同体中的这一代传给下一代,此处的代不仅是人生命意义上的辈代,而且包括道德生态上的前后状态,因为道德生态本身也是变迁的,既有道德传统或者"被建构的道德传统"所栖居的道德生态可以称为上一代,与之相对应的新的道德传统或"建构的道德传统"可以称为下一代。上一代的道德生态与下一代的道德生态之间具有连续性,也存在明显的不同,例如,民国时代的道德生态还保留着清代的道德遗风,如爱国、诚信等,同时也与清代存在明显的不同,加入了西方的民主、自由等元素。下一代对上一代的复制性展示了道德基因本身所具有的强大的适应能力。在复制的过程中,道德基因也会变异。道德基因的变异是指关于人的内在规定性以及保证人的生活得以顺利展开的基础性伦理、道德内容在评估、选择、转化（换）过程中发生了异化，即承载着基本伦理、道德精神、价值、意义等信息的道德基因在从上一代传递给下一代的过程中，由于种种原因发生了变异，主要表现为从为了人走向了反人性，当然，也不排除部分道德基因在复制过程中，从原来的反人性变成了为人服务。道德基因的可复制性与变异性进一步确证了道德传统的开放性与变迁性，但都离不开人的作用，就像"传统依靠自身是不能自我再生或自我完善，只有活着的、求知的和有欲求的人类才能制定、重新制定和更改传统"[1] 一样，道德基因也不能够实现自我的复制或者变异，只有作为理性存在者的人才能使之发生，这或许是道德基因不同于生物基因的重要方面。

在界定道德基因的内涵、明确其特征的基础上，我们可以对道德传统做出新的理解：道德传统是道德基因库。或许以道德基因的视角，我们能够更加清晰地看到道德传统的价值，不可否认，道德传统中包括了部分僵死的、不合时宜的要素，我们可以将其称为坏死的道德基因，这些坏死的道德基因使道德传统的新陈代谢成为必然，但也要看到道德传统中还包含着可资复制的鲜活的道德基因，正是这些鲜活的道德基因的存在使道德传统本身具有了延续的可能和生命力。因此，从宽泛的意义上看，道德传统就是道德基因库。道德承续的根本任务就是要从道德基因库中发掘鲜活的道德基因，并根据所处的道德生态对其进行复制，以更好地为人服务。

道德基因包括道德生物基因与道德文化基因。基因除了简单地分为死、活两类之外还可以细分为多种，道德基因按照道德作为人的内在规定和生活方式的基本内涵也可以分为两类：一种是道德生物基因，另一种是道德文化基因。前者是人这一物种特有的道德基因，集中体现为做人的资格或人的内在规定性；后者是人的生活方式得以展开的道德基因，集中体现为确保社会顺利组织、运行的具有相对普遍性的伦理、道德精神、价值、理念或者规范等。前者旨在从生物角度与非人类划清界限，后者旨在从文化维度说明问题。上述分类尽管不是严格类型学意义上的分类，但是

---

[1] 〔美〕爱德华·希尔斯：《论传统》，吕乐、傅铿译，上海人民出版社，2009，第15页。

第二十二章 道德继承

能大致解释或说明伦理道德世界中的一些基本问题,如为什么有且只有人才有道德并且可以代代相传,为什么人类社会每一代(道德生态变迁意义上的)的道德(主要是社会伦理)都彼此不同,但不同之中似乎又能找到共同之处。因此,我们姑且以道德生物基因、道德文化基因称之。

道德生物基因具有普适性。道德生物基因就是人作为人这一特有的生物,与生俱来的、基本的道德规定或能力,也可称为人性以及内省、反思、学习等人性能力,是从"类"或者"物种"意义上界定的。只要是人,不分地域、种族、肤色、性别、年代甚至文化都具有人之为人的内在规定性(孟子的"四端"就是最好的例子),这就是道德生物基因。不可否认,目前来自动物学、进化心理学以及心脑科学的一些证据会对此提出疑问,如动物学家伊恩·道格拉斯-汉密尔顿(Iain Douglas-Hamilton)在研究中就发现大象有同情心,有证据显示,大象会帮助象群中受伤或生病的成员;黑猩猩也有正义感,那些背离群体行为准则的成员会遭到其他成员的惩戒……类似证据还有很多,但我们认为来自科学领域的证据某种程度上是依照人类的道德对某些动物本能的臆测,或者是带着人性的眼镜去评估动物性,所谓动物的"正义感""同情感"一定就是人性或者人的道德意义上的吗?起码目前没有充足的证据加以确证。相比动物学、心理学等学科研究中不成体系的证据,我们更愿意相信达尔文基于物种起源和进化论的观点,因为他强调,在物种中,只有人"能将道德扩展到一个独一无二的境界。他们能够借助复杂的语言系统,准确地习得什么样的行为是那所谓的'公共的善'要求他们做的。他们也可以审视过去,回想那些因为放任更底层的本能凌驾于'社会本能'所造成的极端痛苦的后果,并可以因此而下决心将来做的更好。达尔文认为,在这个意义上,道德这个词的确应该只为我们人类而保留"[1]。因此,道德生物基因主要是从达尔文的生物进化论意义上讲的,具有普适性。

道德文化基因具有相对性。与道德生物基因不同,道德文化基因是指贯穿在人类社会组织、运行过程中基本的伦理、道德精神、价值、观念或意义等构成人类文化精髓的核心单元。只有在生命机体中才有基因,基因

---

[1] 〔美〕罗伯特·赖特:《道德动物》,周晓林译,中信出版社,2013,第201页。

并不是脱离生命机体的纯粹的独立存在,道德基因也是如此。道德生物基因要以人这一类生物为载体,道德文化基因则要以特定的道德传统或道德生态为载体。人在类意义上尽管存在生理差异,如肤色、性别等,但却有着共同的人性规定和能力。道德传统或道德生态则具有多样性,并呈现出明显的差异性。因此,渗透在其中用以指导人类社会组织、运行过程的基本的伦理、道德精神、价值、观念或者意义等也呈现多种存在样态。道德文化基因并不能像道德生物基因那样具有广泛的适用性,其中固然包含了"社会共通之理",但这种共通性是通过抽象的方式在评估、选择、转化(换)的基础上获得的。因此,道德文化基因具有相对性,需要结合具体的道德生态或道德传统语境进行抽象概括与"转译"。

道德生物基因与道德文化基因同时存在并相互作用。二者同时存在于一个道德传统或一个民族共同体之中,并相互作用:一方面,道德生物基因为道德文化基因提供基础和指导;另一方面,道德文化基因又反过来进一步强化道德生物基因。当然,二者除了相互促进也会相互制约,道德生物基因如果缺失,那么,道德文化基因即便存在也没有意义;反之,道德文化基因如果发生变异,那么,道德生物基因也会受其影响。尼布尔在《道德的人与不道德的社会》中讨论的部分问题就与此二者相关联,从广义上看,道德的人是从道德生物基因角度展开的认知,不道德的社会则是从道德文化基因角度做出的论断,这两者相互影响。

道德生物基因与道德文化基因都能够被复制,并且都有可能发生变异。道德生物基因与道德文化基因的不同性质决定了各自的复制方式不同。对于道德生物基因,人们通常可以采取"拿来主义",直接对其加以运用;但对于道德文化基因,则须采取审慎的态度,尽管都是关于人类生活得以展开的社会组织、运行之公理,具有相通之处,但毕竟存在于不同的道德生态或传统之中,因此有必要对其进行客观地评估、选择和转化(换),在此基础上再进行运用。因此,从道德承续的角度看,二者采用的是完全不同的方法。

道德基因从道德学的知识形态来讲就是道德单元、道德命题。目前道德学研究中对道德的宏观探究较多,而对其微观探讨较少,固然,伦理、道德的微观结构不足以决定其整体性质,但它毕竟是影响伦理、道德性质的重要因素；同理，伦理、道德的微观构件纵然不能直接决定其整体轮廓，但它毕竟影响着伦理、道德的宏观图景呈现的清晰度。因此，不管是整体性质的判定，还是宏观图景的呈现，我们都不能回避对伦理、道德的微观结构的探讨。依循这一思路，如果继续对道德基因进行微观分析，那么，我们会进一步发现它是由道德单元或道德命题组成的。

道德单元是从道德基因中抽取出的最小单位。道德单元"是指借助于思维的抽象化过程而从道德意识中提取的最小单位，是构筑任何一个道德体系所必需的最基本的道德要素。诸如勇敢、节制、勤勉、忠诚等等，当将它们从与其它各种因素的联系中剥离出来，仅剩下其自身的规定性时，它们便是此处所谓的道德单元"[①]。结合道德基因的基本定义可以看出，道德基因中的伦理、道德精神、价值、理念、意义等也可称为广义上的意识，因此，道德单元也适用于道德基因。在此基础上，我们将用道德单元来指称道德基因中最小的构成单位。以道德单元是否被赋予价值方向性为依据，我们可以将其分为两类：标量形态的道德单元和矢量性的道德单元。标量形态的道德单元是只具有基本含义，保持着单纯性、价值中立性的道德单元；矢量性的道德单元则是被赋予特定价值指向的道德单元。

道德命题是由道德单元构成的或以善恶价值为内容所做的判断和陈述。事实上，道德基因中不仅包括道德单元，而且包括一些基本的道德命题。有部分矢量性的道德单元事实上已经是道德命题。例如在"文化大革命"的道德生态中，"忠"看似是标量形态的道德单元，事实上已经被赋予了特定的价值取向，如忠诚于领袖等，是一个典型的矢量形态的道德单元，同时也是一个命题，因为已经蕴含着"忠于领袖"是应该的价值判断。当然，有一些道德命题不是由道德单元构成的，如"己所不欲，勿施于人"的规则，其中并没有明显的道德单元，但却反映了一种价值判断。一个道德命题通常包括两个层面——一是形式的或逻辑的层面，二是实际的或经验的层面，前者表征道德命题的一般意义，后者表征道德命题的特殊意义。因为道德命题的形式或逻辑是超脱经验、跨越时空的，所以，其

[①] 吕耀怀、李升兴：《道德教育：从道德单元到德性的形成》，《大学教育科学》2006年第3期。吕耀怀：《论道德单元》，湖南人民出版社，2008，第3页。

表征的道德命题的一般意义是不变的；而道德命题的实际或经验层面是内在于时空和历史的，所以，其表征的道德命题的特殊意义是可变的。

　　固然，道德单元的分类以及道德命题的两个层面的分析都只是一种思维上的抽象，但是可以为我们理解道德基因的复制、变异以及道德承续提供良好的视角。道德基因的构成部分中有着标量与矢量、一般与特殊或形式与内容的区分，因此，（1）标量性的道德单元可以在特定的道德生态、道德传统、道德基因或道德命题中被赋予价值，从而成为一个矢量性的道德单元，矢量性的道德单元也可以结合所处的具体境遇抽象或者还原为一个标量性的道德单元，从而可以在其他境遇之中延用；（2）对于同一个道德命题，我们既可以抽象出一般意义，也可以概括出特殊意义，一般意义可以与具体境遇相结合、被延用，特殊意义的存在则使道德命题一般意义的抽象和转化（换）延用成为必要。因此，道德单元的分类以及道德命题两个层面的存在使道德基因有了复制与变异的可能，也正是因为道德基因可以复制、变异，才使道德承续变为可能的和必需的。

第二十三章　道德变迁

新西兰道德哲学家理查德·乔伊斯在《道德的演化》中提出了两个问题：人类道德是先天的吗？如果是，我们又能够以某种方式维护吗？[1] 当然，理查德·乔伊斯作为一个反现实主义的道德怀疑论者，坚持自己的道德虚构主义，但他一方面强调用演化维护道德，另一方面强调用演化拆穿道德，与适应的心灵共存的才是道德。这样一种适应主义的立场相比社会进化论，更有利于正确解释道德的变化。就中国社会发展而言，改革开放所带来的道德生活的变化是不可回避的，同时也是积极意义占主导的。而最能凸显中国社会道德变迁的是从熟人社会向陌生人社会的转变，陌生人社会道德秩序的构建成为道德变化中的主要议题。在道德变迁中，"世道"与"人心"具有某种同步性，"世道"坏了，"人心"也一定会坏。这就决定了不管世事如何变，守望好人类自身的道德"乌托邦"是亘古不变的主题。

一　从适应性看道德变化

尽管不大认同伦理、道德或伦理—道德有所谓"发展"一说，但面对时代巨变和社会变迁，如果对道德这种文化现象的变化未有所察觉，那只能说我们是"睁眼瞎"和认知麻木；尽管不大认同将伦理与道德互用或连用，基于伦理与道德自近代以来论域侧重的不同，"道德变化"这个问题还是可以成立的；尽管不大认同伦理或道德的"发展"有所谓规律可言，甚至要千方百计地"找出"规律，从而对原本十分复杂的道德现象进行简

---

[1] 〔新西兰〕理查德·乔伊斯：《道德的演化》，刘鹏、黄素珍译，译林出版社，2017，第2页。

单化处理,但从"道德发展没有规律本身也是规律"这一纯粹思辨出发,也得谨慎思考道德的动态性变化。

道德无论是作为一种心灵秩序,还是行为规范的德性呈现,或是特殊文化形态(风俗习惯)的存在,本身是难以直观到的,道德是一个异常复杂的系统,即使能直观到某种群体性道德行为的发生并通过统计学的处理得出"规律",也可能只是表象性的,并带来无法想象的动态性把握的困难,更不用说发现什么"科学规律"了。但是,我们也不能由此认为,道德的变化是无从把握的,抑或没有打入道德"迷宫"的通道和手段,适应性就是其中之一。

道德是一种"隐秩序"。之所以认为对道德现象难以把握,或者说凭直观经验不能切实科学地理解道德,更不存在通过统计学规律就能证明道德变化有规律的理由,是因为道德并不完全是一种显性存在,而是一种"心灵秩序"或"隐秩序"(hidden order)。"隐秩序"是遗传算法之父约翰·H. 霍兰在解决复杂性问题时提出的一个概念,尽管他并没有明确这一概念的具体内涵是什么,但他为综合研究复杂性如何涌现与适应设定了一个路标,这种复杂适应系统是看不见的,更适合对文化价值领域深度变化的分析。也就是说,复杂性研究已经摆脱了"突现"等本体论的局限,逐渐转变为对事物的动态性把握,具有了深刻的认识论意义。从混沌现象中产生的"不可预测性"到非线性统计物理学,从算法论不可计算性问题到描述复杂性理论,从经济学理性模型开始处理不确定性问题到"不完全理性"理论的提出,直至莫兰提出的正视"逻辑缺口"和探索元逻辑新思维范式,复杂性科学已经取得了非常有价值的科学认识论成果。如法国复杂性范式理论家莫兰在《伦理》一书中就对道德复杂性进行了专门的研究,讨论了伦理的不确定性以及伦理与科学、政治的复杂关系,认为伦理学必须面对个人、社会和人类的三重复杂性,否则都是过于简单的。这些成果是我们认识、把握和理解社会道德现象的有效方法。如果我们还是停留在简单、线性、平面思维层面,去武断道德发展性状,难免会产生误判和误导。

从道德的呈现状态来看,可以分为理念型和经验型。理念型的道德实际上是道德理念的体系化,特别是强义的道德理念体系化,不但可以使道德理论论证完美，而且德目推导完全可以演绎化，是过渡到经验型道德的重要形式。但要整体把握一个社会的道德状况，有赖于一种用非体系化方法建立的、重视经验伦常的道德体系。这里的经验伦常是一种非概念化、非体系化的道德形态。或者说道德本身的非概念化和非体系化是道德存在的常态，它存在于人们的交往规则之中。这些规则并不像法律那样是文法体系，而是存在于人们内心并彼此认可的精神自律，不会轻易改变。从这个意义上讲，道德只会出现代际适应而不会出现所谓线性的"发展"，更谈不上现代意义上的"进步"。如荷马时代的道德箴言主义、中国远古时期的道德人格垂范模式其实依靠的都是人类经验伦常的自在自为而不是人为的推动发展。一系列非常值得深思的问题是：为什么这些时期往往因道德水平高而被称为人类的"黄金时期"？这是否真的意味着道德变化与社会发展存在某种同步性？如果存在同步性，那么又如何解释唱了几千年的"礼崩乐坏""道德沦丧"的哀歌而社会历史却发生了翻天覆地的变化？既然"人心不古"是道德的倒退，而世上最难测的是人心，度量道德的发展又何以可能？所以，从道德哲学上确认道德变化作为经验化人伦纲常中的"隐秩序"就显得非常重要。首先是所有非认识主义道德哲学的合理性证成，都是到经验化人伦纲常中寻找无限丰富的道德动力学资源。如在实用主义理论或现象学看来，经验既不是主观的，也不是客观的，而是超越物质和精神的对立的"纯粹经验"或"原始经验"，经验是"原始"的，物质和精神都不过是对原始经验进行反省分析的产物。作为经验化的伦理（道德生活）除了是一种结构复杂的存在外，很难想象为时间意义或空间意义上的发展，而只能用心去感受。同时，作为非理论文字、非演绎体系的道德符号其实就是经验化人伦纲常的表述工具，具有意义开放性和实践有效性，根本不需要用发展与否来衡量。非体系道德自身的有限性是可以反思的，但道德创造力特别是意义开放和实践有效的合理性，在伦理学或道德学日益科学化的今天，却往往被严重忽视。

  道德是否可以"发展"的问题，不但涉及对道德存在样态的认识，也涉及道德演化问题，与其沿着机械主义和进步主义的思路去谋求道德发展（进步），还不如用适应性去解释道德变化更真切可靠。适应（adaptation），最早源于生物学概念，其含义是通过身体和行为上的相应改变以提高有机体的存活概率。适应不是发生学意义上的"改变""革新",而是对"面对"的认可与顺从,与此同时,"面对者"也成为他者的"面对",进而形成彼此的"面对"与认可、顺从,所以适应是相互性。当然,适应的触发机制隐含着两种内生力量,即创造力与维持力。如果"面对"的是亲和力与新生力,是彼此认同的,这时适应可能就是单向度的,会实现"一往无前"的线性"进化"。道德适应属于文化适应的范畴,而文化适应是指具有不同文化的两个群体之间,发生持续的、直接的文化接触,导致一方或双方原有文化模式发生变化的现象。但道德适应常常是个体为融入群体而改变自身,一是群体性规范具有约束力,二是因为个体力量太弱,如果拒绝"就范",可能会被"离群",这时个体会做必要的"道德潜藏",一旦条件成熟就会力图改变这个群体的规则,这就使道德的复杂性在具体实践中变得更加明显。复杂性科学中的"突现"理论和"嵌入性"概念很好地说明了这一点。

突现的系统学模型可简单表述为"整体不等于部分之和"。从复杂性角度看,社会道德"共相"的形成是"突现"的结果。在环境因素影响下,个体道德心理动态稳定结构的形成,个体间交互结构的形成都是社会道德"共相"成熟的标志,因此可以称为"道德现象"的东西均为个体的品格习惯,继而发展为一种人格习性,宏观上又表现为族群习俗。所以,个体道德突现的形式是"非线性"的,合理需求、积极内省的人格本身是有道德的表现或是一种道德能力。我们很难说有社会整体层面上的道德状况,更无法科学描述其发展规律,因为个体道德"共相"往往大于或小于社会道德"共相",个体道德才是最真实的、可变的。"嵌入"(embeddedness)这个概念已成为新经济社会学的核心概念之一,是解释集群现象的有力工具。从文化人类学的角度看,社会道德就是一种价值规则集群;从复杂系统嵌入角度看,这种道德集群现象的形成无非是心理嵌入与社会嵌入的结果。科尔伯格认为个体道德发展依理性认识水平可分为不同阶段,精神分析理论则将人格结构分为本我(id)、自我(ego)与超我(super-ego),现代心理学研究还有寻找其生理学基础的趋势,心理嵌入最终部分地与道德生理学问题有关。

当然,道德的形成本质是社会性的,是社会环境嵌入的结果。斯金纳所倡导的强化理论是以学习的强化原则为基础的关于理解和修正人的行为的一种学说。强化是一种增强适应性的手段,从其最基本的形式来讲,是对一种行为肯定或否定的后果,它至少在一定程度上决定了这种行为在今后是否会重复发生。如果对大多数人认可的行为进行肯定性强化,就体现为一种"符合道德的"评价效应,反之则是"不道德"的。个体为了合群的需要自然会去适应"道德的"行为,这就是道德适应,道德是适应的结果,而不是先天产生的。进化论伦理学则强调生存环境压力对道德的关键作用,虽然在规范性论证上存在缺陷,但在强调人整体性的生存价值导向上却又具合理性,特别是强调道德行为是适应环境的必然结果,任何形式的道德最终都要受到生存环境的挑选,这无疑看到了道德发生的根本。马克思结合人的阶级性明确提出了道德的阶级适应问题。既然人由于阶级利益的不同而遵循自己的道德标准,对于生活在某一阶级阵营中的个体而言就必须适应本阶级的道德,否则就是站在了阶级的"对立面"。这些理论解释虽然比较宏观,但对个体道德最终形成的环境嵌入问题提供了动力学解释,对通过道德适应形成道德习俗文化具有非常重要的意义。当然,复杂性科学中的嵌入性适应并不是决定论立场,相反,道德的嵌入性适应只是有助于理解和解决个体道德发展与形成过程中的复杂性问题,环境因素和心理因素只是促成道德适应的必要条件而非充分条件,何况适应常常是相同条件的不断反复。

  对当今中国的道德是进步了还是退步了,学术界有过关于"道德滑坡"还是"道德爬坡"的争论,在经验层面上当然是谁也说服不了谁。其实,与其说是道德进步或退步,还不如说是道德的转型,而道德的转型与社会转型大体同步,相反,道德发展与社会发展往往是不同步的。

  对于中国的社会转型,笔者曾提出两种解释:一是由单一性经济转型到社会的全面转型;二是社会的双重转型,即传统社会向现代社会以及现代社会向后现代社会同时转型。第二种转型更加复杂,几乎没有历史参照,而社会转型的必然结果是产生新型伦理共同体,这就离不开一种普遍化的机制,即道德适应。道德适应是植根于人的基础物质需求与精神交往需要的"道德认知—认同"过程,是人类得以整体发展的独特的精神生活方式,是对自然生物主义伦理观的超越。适应从本质上说是生物有机体通过身体或行为上的相应改变以应对持续变化的环境，这意味着一旦触发适应机制，生物在外力作用下便会做出回应，并难以恢复它的原初状态。道德适应是互为"他者"的道德主体在多元文化碰撞中的伦理学考量，一方面，它是道德主体生存、发展的内在需求；另一方面，它是促进社会稳定、良序发展的必然要求。尽管各种文化形态因其产生及传承的差异性而各呈异质，但在构建伦理共同体的过程中，道德不会用"战胜另一种道德"的姿态存在，相反不同道德间的交融与共生成为必然趋势，其中最大的机理是适应。道德适应是区别于社会适应、自然适应、文化适应、心理适应的伦理现象，以关心人的道德需求为第一要义，以寻找新的社会共同体德性为目标，以形成统一的道德默契为关键，希望寻求自我与他者的平衡点，使道德主体完成在陌生人社会与熟人社会之间的身份转换和价值重建，具体存在个体、群体、社会三个维度。

道德适应首先是从道德个体开始的。个体的道德需求和道德感知是社会变迁和文化适应的原始起点。在自然的普遍的休戚相关中，社会集体和单个个人构成的是一个性质独特的自律的连续体。自我在与他者的道德接触中不断对"善"的价值进行确认，道德情感在整体的社会接触中得以进化，道德行为的驾驭具备了鲜明个体特质的形态性质。正是这种差异化的形态性质，奠定了"自我之所以为自我，他者之所以为他者"的道德适应的基础。可以说正是通过他者的影响与塑造，个人的差异性和独特性才会在具有浓郁社会色彩的整体框架中脱颖而出，换句话说，他者成就了自我的独特性，自我并非与生俱来的属性，而是在与他者的长期互动中获得的。按照这样的逻辑推论，自我在与他者的接触中不可避免地产生了趋同性和类型化，与此同时也带来了个性化。无论有着何种道德背景的个体都或多或少地接受着个体化，同时也无一例外地受到了社会道德规范的精雕细琢。从本质上来说，自我与他者的道德行为预设互有差异，但二者内心的道德行为方式依附于其所属的文化群体，受到自我与他者互动中所一致认同的道德律令的塑造与约束。可以这样说，自我与他者在道德适应中互为因果、共同成长，并形成了"道德场"。

道德适应肇始于个体，但其变化的好坏情况依赖于群体道德氛围的塑造，群体语境中自发形成的道德默契对于道德适应能力的培养意义重大。

个体间的适应毕竟是有限的，因为无论是对社会道德规则的认同与践行，还是生活中积累的道德经验，都是不周全的。同时，道德个体与他人的交往不是一对一的，而经常是一对多（群）的，必须通过寻求群体支持来应对道德适应中孤立无援的现象，从而获得群体性的道德认可，这样才能产生道德上的安全感。可见，群体层面的道德适应意味着要寻找到我们与他们之间的平衡点，这就是道德共识的形成。尤其在社会转型与价值多元的道德适应场景中，道德共识是一种底线共识，寻求的是道德适应双方的某种平衡，而道德共识所带来的后果，都得到了道德适应双方的接受和认可。重叠共识在道德适应中力求达到这样一种效果：保持道德适应双方的动态平衡，为处于弱势地位的单质道德文化提供保护性屏障，以维护道德文化的多样性与差异性，为道德本身留下一定的空间。

如果说个体维度的道德适应强调的是个体差异，群体维度强调的是道德关系平衡，那么社会维度则关注道德观念属性。人的道德观念受到所处社会背景的影响和制约，就道德适应主体而言，其所处的社会背景存在熟人社会和陌生人社会的转换。从社会建构的角度看，熟人社会框定下的伦理共同体建构是在同一性、普遍性原则下进行的，而陌生人社会的到来打破了原来封闭、权威的社会体系。道德适应成为新的道德要义、文化价值与适应行为标准的整合系统，使得特定的伦理共同体需要理解新的社会道德规范，分享共同的道德价值理念，确认彼此的互信合作关系。在熟人社会体系中，人们共同行动所采取的是一种合作模式，陌生人社会让文化意义体系如屏障般将"非我族类"的共同体隔离开来，伦理共同体需要由合作共同体进化到命运共同体。或者说，解决陌生人社会的道德适应问题，需要建构一种超越血缘、地缘、利益的命运共同体模式。我们今天就需要完成这一繁重的任务。

二 成功例证：改革开放的道德价值

无论道德是否有现代性意义上的"进步"与"发展"，对于中国社会的道德变迁来说，改革开放以来的道德变化是不容忽视的，也许从自然主义抑或规范主义的角度都无法准确描述这种变化，但其具有的内在道德价值足以强化我们的道德信心。改革开放铸就的伟大精神,极大丰富了民族精神的内涵,成为当代中国人民最鲜明的精神标识。这充分表明,改革对当代中国的精神解放和精神铸造之意义是伟大的和深远的,其中必然隐含着道德革新和伦理转型的重大意义。然而,在改革与道德的关系上,理论界一直存在"无关论"与"代价论"的理论纠缠甚至混乱,有意无意地淡化或否定改革开放的道德价值(道义性),对此必须要有明确的伦理立场及理论回应,从而真正使改革开放精神这一当代中国人民的精神标识,成为改革开放再出发的强大精神动力。①

首先,我们必须明确的是,改革需要正确的道德价值导向。改革就其实质而言,是社会制度的自我完善和发展,不同于一般意义上的"改良",也不是社会制度的"革命"或重新选择,是在既定社会制度不变的前提下体制、机制与政策的创新,并通过这种创新以求实现生产力与生产关系、经济基础与上层建筑的协调发展。中国40余年的社会主义改革是制度的自我更新,其初始目的是改变束缚生产力发展的经济体制,建立充满生机和活力的社会主义市场经济体制,并在此基础上推进政治体制及其他方面的改革,以实现社会主义现代化。

利益是道德的基础,更是社会伦理关系本质的集中体现,道德与利益不可分,这是马克思主义的基本立场。改革作为一种调整社会利益关系的手段或方式,并不是原本或可以做到"价值中立"的,并不是道德"价值无涉",相反,改革的目标与过程、手段与结果,都体现了特定的价值追求,换言之,改革本身就是一种价值选择的行为,从而体现善与恶的性质。正因如此,我们党才有"该改的、能改的我们坚决改,不该改的、不能改的坚决不改"的政治站位与道德判断力。偏离正确道德价值导向的改革,不但会使改革沦为基于个人利益或行业本位、单位本位的"乱来",而且会从根本上动摇社会主义社会和谐利益关系的根基。中国的改革是从经济改革起步的,而在经济改革过程中,人们深受西方新自由主义经济学派的影响。新自由主义经济学盛行时恰逢中国改革开放之初,其强调对市场的自由放任、绝对私有化等,在经济学领域一直占主导地位并被世界各

---

① 李建华:《改革的道德价值》,《中国教育报》2019年4月11日,第5版。

国所推崇,无论是西方资本主义国家的私有化浪潮、俄罗斯的"休克疗法",还是拉美国家以"华盛顿共识"为基础的经济改革,遵循的都是新自由主义经济学主张。新自由主义在反对国家干预的同时,也反对道德的"介入",认为市场就是一切,效率就是最大的价值。这种基于新自由主义的"道德无关论"或"道德有害论"给改革期间的社会道德生活带来了严重的负面影响。

社会主义改革所坚持的正确的价值导向就是以人民为中心,不断满足人民日益增长的美好生活需要。改革开放的具体实践表明,为中国人民谋幸福,为中华民族谋复兴,是中国共产党人的初心和使命。我们的改革必须以最广大人民根本利益为一切工作的根本出发点和落脚点,坚持把人民拥护不拥护、赞成不赞成、高兴不高兴作为评价改革是否成功的道德标准。这就需要在未来的改革中,更加尊重人民主体地位,尊重人民群众在实践活动中所表达的意愿、所积累的经验、所拥有的权利、所发挥的作用,充分激发蕴藏在人民群众中的创造伟力,着力解决人民群众所需所急所盼,让人民共享经济、政治、文化、社会、生态等各方面发展成果,有更多、更直接、更实在的获得感、幸福感、安全感,不断推进人的全面发展和全体人民共同富裕。

不宜有意夸大改革的道德代价。正确认识改革的道德价值,还涉及"代价论"问题。所谓"代价论",即认为虽然改革开放是正确的,并取得了令世界惊讶的成绩,但也付出了极大的道德代价,而且这种代价是无法弥补的。代价论又有"必要代价论"与"无必要代价论"之分。前者认为要发展市场经济,付出一定的道德代价是值得的、必要的;后者认为,改革开放以来,经济虽然发展了,但道德却退步了,这不值得也没有必要。道德代价论特别是"无必要代价论"成为淡化甚至反对改革开放的重要借口或理由,因为在一个具有悠久的德治主义文化传统的国度,道德具有某种天然的绝对性和至上性。

这里实际上涉及两个问题,一是改革是否真的付出了道德代价,二是如果付出了道德代价,那是不是值得,前者关涉社会历史发展与道德进步的关系,后者关涉如何看待市场经济的道德负效应。关于社会历史发展与道德进步的关系,历来存在历史主义与伦理主义两种不同的立场和方法。

伦理主义以抽象的人性论为基础，认为存在一种可以超越历史的绝对善，由此才可以把对人的价值的确认、人的尊严提到一个绝对重要的地位，同时也试图为动荡不安的世界提供一个永恒不变的道德价值标准。基于这种伦理主义的立场，认为改革开放以来，市场经济的发展导致了道德退步或付出了道德代价是可以理解的。当年卢梭就批判过科学技术带来的道德退步，他认为，科技进步导致了私有制的产生，私有制使人类天然的善良本性趋于败坏，包括聚财的狂热使所有人产生了损害他人的念头。

道德作为一种思想意识存在，是社会关系的反映，是由一定的社会经济基础所决定的，没有脱离社会历史的抽象不变的人性和伦理主义，也没有永恒不变的善恶观念，道德的发展与历史的发展基本上是同步的，即便出现所谓的历史与道德的"二律背反"，也只能从历史进程中寻找答案，诚如恩格斯所说，"我们拒绝想把任何道德教条当作永恒的、终极的、从此不变的伦理规律强加给我们的一切无理要求，这种要求的借口是，道德世界也有凌驾于历史和民族差别之上的不变的原则"[①]。从历史主义立场来看，是改革开放和市场经济推动了中国社会的道德进步。道德进步不但有质的标准，也有量的标准。道德进步的质的标准主要是看这个社会所倡导和实施的道德原则是什么样的道德原则，虽然我们社会中有很多不尽如人意的地方，如腐败、不讲信用等，但自改革开放以来一直坚持的是集体主义原则和社会主义道德规范体系。道德进步与否的量的标准就是我们所倡导的道德实施程度和我们的信仰程度，目前大多数人还是坚信我们所倡导的社会主义道德。由此看来，我们的道德并没有退步，反而进步了。

一般说来，当新旧经济关系更替之时，新的社会道德必将取代旧道德而居于主导地位。在人类道德史上，一切道德上的兴衰起伏、进退消长，从根本上说总是源于社会经济关系的变革。不容回避的客观事实是，改革开放以来，确实出现了诸多道德负效应，需要我们正确认识。一是负效应的可能与必然。改革开放和市场经济所带来的道德负效应和我们的道德只存在可能性关系，不存在必然性关系，道德问题不是市场经济的必然结

[①] 《马克思恩格斯选集》第3卷，人民出版社，1995，第435页。

果,而是可能性结果。二是道德负效应的内生与外生。市场经济带来的道德负效应不完全是内生的,是由于市场经济环境或体制不健全而外在产生的,如贪图享乐等是封建残余遗留下来的,而不是市场经济带来的。三是道德负效应的现在与隐在。市场经济带来的道德负效应更多的是一种隐性存在,不像我们现在所说的那么危险,很多东西可能还是一种隐在的状态,这就需要我们提高防范道德风险的能力。

在再出发中彰显改革的道德价值。改革开放铸就了伟大的改革开放精神,同时也彰显了改革的道德价值,这些道德价值是全方位的,如革故鼎新的超越价值、敢为人先的创新价值、脚踏实地的务实价值、直面难题的担当价值等。改革的再出发意味着改革广度的再拓展,意味着改革深度的再挖掘,意味着改革难度的再增加,同时也意味着改革的道德价值需要更加彰显。

道德的功能需要由协调转向进取。道德不但有协调功能,也有进取功能,由单一的协调型道德转向以进取型道德为主是改革再出发的现实需要。在自然经济条件下,道德关系主要有两种,一是纵向型,以忠孝来调节君臣父子的关系;一是横向型,以仁、义、礼、智、信等规范来调节同辈、同僚、同族、亲友等的关系。所以,中国传统社会中有着大量的"三从四德""三纲五常"式的协调型道德规范。相反,在改革开放、社会主义市场经济条件下,人的等级观念和人身依附关系被解构,更多地追求自由、平等、自尊、自爱,不但要做好人,还要做能人,所倡导的道德更多的是热情、勇敢、勤奋、乐观、坚定、自信、自尊自爱、自由平等这类进取型的。在此基础上,道德的功能也发生了很大变化,不再简单、被动地化解利益矛盾,更多的是激励个体,包括每一个社会组织自身的发展,由此构成了新时代的道德精神。

道德的评价需要由动机转向效果。尽管在道德评价上动机论和效果论都有理论思维上的缺陷,但效果论无论如何都比动机论更客观,因为人的动机是无法直观的,并且动机和行为之间有很大的差异。在动机和效果不统一的情况下如何进行道德评价?笔者认为还是应该以效果为主。以效果来分析效果而不是以动机来分析效果,说明了人对自己的认识负责、对社会历史负责。过去我们的道德评价依据侧重动机,主要看态度,态度问题是根本问题,导致无过必是功、无功便是德,培养了大量通过讲假话、写假日记来证明自己态度好的人。在今天,少空谈、拒假话、灭虚势、讲效率、重实效、看结果,应该成为一种全新的道德风尚。

道德的选择需要由社会设定转向个人自主。自由是道德的前提,没有自由选择也就无所谓道德,这是道德哲学的最基本设定。在自然经济条件下,人与人之间、人与共同体之间都是依赖性关系,每一个人的社会角色都是社会所设定的,这就限制了人们进行道德选择的自由,一切都是由社会制定好的,所以服从就是最高的道德,而在市场经济社会和民主法治社会,人们会遵从自我意识,自由意志不再被社会规范完全包容或宰制,而是自由支配自己的行为,自己对自己的行为负责,所以自主意识、责任意识成为现代伦理精神的基本要素。

道德人格塑造需要注重从君子型转向强者型。中国传统社会历来信奉君子型人格,如忠臣、孝子、节妇、义友等。君子型道德人格的最大特点是守成、遵规、克己,相反,改革开放的社会是一个强者型社会,市场经济运行机制的最大特点就是为强者准备了一份丰厚的礼品。同时,近代西方伦理学的一大特点也是把道德的桂冠给予强者,包括英国的功利主义、美国的实用主义、尼采的权力意志、萨特的自由选择等,都是在为强者唱赞歌。强者型人格代表的是披荆斩棘、扫除障碍的人格。这表明,我国在发展的道路上阻力很大,每推进一步都相当艰难,这就需要一种披荆斩棘的精神,即扫除障碍的革命精神。改革要以自我革命推动社会革命,既要通过自我革命革除自身肌体的"病毒",也要通过社会革命革除社会弊端。只有这样的改革,才能真正触及问题的本质,才能既改造主观世界,也改造客观世界,是一种"杀出一条血路"、不顾一切的强者精神,在中国"强起来"的过程中显得弥足珍贵。

改革开放是我们党的一次伟大觉醒,正是这一伟大觉醒孕育了我们党从理论到实践的伟大创造。改革开放是中国人民和中华民族发展史上的一次伟大革命,正是这一伟大革命推动了中国特色社会主义事业的伟大飞跃!改革开放只有进行时没有完成时,我们的使命更光荣、任务更艰巨、挑战更严峻,也更需要对改革道德价值的认同。

三 陌生人社会的道德性状

道德变迁的特殊性于中国社会而言,莫过于从熟人社会向陌生人社会的转变。一般而言,一定的社会结构存在相应的道德秩序,而社会结构的变化无疑会改变社会的道德秩序。改革开放以来,中国社会结构也发生了深刻的变化,传统意义上的熟人社会逐渐演变成大多具有公共场域的陌生人社会,人与人之间的互动关系发生了变化,亲近性伦理逐渐朝陌生人伦理发展。然而,陌生人社会中的道德秩序对于尚在社会转型的当代中国还是陌生物,道德上的不适应必然带来严重的道德焦虑感和道德无助感,以至于遇到重大道德选择时要么恐慌、要么冷漠。如何构建一种随时可能进入的陌生人场域的公共道德秩序,是我们思考道德演化所不能回避的问题。[1]

1.陌生人社会的道德呈现特性

道德秩序从根本意义上说是一种道德价值秩序,既包含了基本的价值理念,也暗示了某种价值序列,更呈现出由社会秩序决定的相关价值特性。社会学家涂尔干(Emile Durkheim)认为,个体层面的人是整体的一部分,个体的伦理、道德在保障社会联结的时候具有重要作用。[2] 社会结构则是一种相对稳定、持久的规范化的社会规范系统。[3] 因此,人口流动的加快与社会结构的改变,实质上是人与人之间互动关系的改变,马克思则把人的本质描述为社会关系的总和。[4] 研究社会道德秩序的重建问题,首先应该落脚到个体道德与社会关系的变化上来。

改革开放以来,中国一直处于飞速发展期,发展改变了国家的面貌、社会的结构、人民的生活。新时代的社会转型存在不少挑战与机遇,因为它意味着社会各层面的整体转型和传统向现代、现代向后现代的双重

---

[1] 李建华、江梓豪:《陌生人社会道德秩序如何构建》,《中国治理评论》2020年第1期。
[2] 〔法〕埃米尔·涂尔干:《社会分工论》,渠东译,生活·读书·新知三联书店,2015,第4页。
[3] 黄晓京:《默顿及其结构功能主义理论》,《国外社会科学》1982年第8期。
[4] 《马克思恩格斯文集》第1卷,人民出版社,2009,第505页。

转型。费孝通先生认为传统中国社会属于"差序结构",即人与人之间的关联是通过熟人之间的私人联系构成的。① 随着时代的变化,熟人社会不可避免地走向了陌生人社会,这首先与农耕经济、差序格局、人格信任等有密切关联。自古以来中国都是以土地为核心的农业社会,但随着经济发展模式的演变,农业生产模式逐渐朝商业模式转变。从事农业的人口逐渐变少,大量人口脱离农村涌入城市,1978 年中国城镇人口达 1.72 亿人,如今城市人口已经达到 8.13 亿人,城镇人口逐年增加并保持稳定的增长态势。② 人离开世代耕种的农村意味着"血缘、地缘、业缘"的传统农业社会的削弱。农业经济中人通过农业劳动获取物质资源,通过交易农产品获得经济资源。人的流动性被土地所限制,离开土地意味着要承担巨大的风险。因此,农耕经济中的劳动人口很少流动,人与人之间的联结多是通过"私人关系",整个社会呈现出"差序格局"的特点。

差序格局社会中的人多半都是熟人,熟人意味着长期、稳定的社会交往。熟人之间会产生天然的"亲密性",人与人之间存在一个"亲密圈",因此熟人社会也可称作"亲密型社会"。③ 这样的社会结构下,人与人之间很少会发生激烈的矛盾与冲突,即使有矛盾、冲突,也可通过固化的道德风俗和道德权威加以调节,伦理秩序对于整个社会的运行起着非常重要的作用,不遵守伦理秩序的人,则可能被关系中的熟人所孤立,被孤立则意味着边缘化。从人际关系来看,被边缘化的人可能被"他者"认定为"不受欢迎者""行为怪异者""需要躲避者",因此关系层面的边缘化会使"自我"产生巨大的心理压力。

"自我"对于"他者"的信任构成了熟人社会信任的根本。这种信任的建立既源自"差序格局"也受到"亲密圈"的影响,个体失信的成本极高,因此处于熟人社会中的人会严格遵守社会道德秩序。道德秩序的良性运行,意味着人与人之间冲突与矛盾的缓和与约束,所谓"乡里乡亲"就经常出现在熟人社会矛盾调节的场景之中。在熟人社会中,身份制建立在

---

① 费孝通:《乡土中国 生育制度》,北京大学出版社,1998,第 30 页。
② 国家统计局编《中国统计年鉴 2018》,中国统计出版社,2018。
③ 陈弱水:《公共意识与中国文化》,新星出版社,2006,第 28 页。

熟人伦理之上，它规范了人的行为，有助于整个社会按照一定的既定规则运行。中国传统社会是以农业经济为基础，整体呈现出差序格局的社会结构，通过人格信任来维系的熟人社会。熟人社会中存在稳定、有效的道德秩序，为整个社会的良性运转提供了约束与支撑。

陌生人社会来临的不可避免性也与协作经济、流动格局、共同价值有关。现代化经济模式不同于中国传统的农业经济，呈现出分工、协作的特点。它的生产资料由土地演变成资本，资本通过契约、认同、交易等方式把不同个体的人凝聚在一个共同体中。与农业经济最大的差异就在于人的生产技术，农业经济的生产资料是土地，生产技能则是体力劳动；现代化协作经济的生产资料变成了资本，生产技能则是通过职业化教育所形成的专业技能。农耕经济中的生产技能具有同质化特点，但协作经济的生产技能则呈现分工合作的特点。

分工合作以及专业化技能，促进了人口流动的加快，传统的稳定、静止的以农业经济为轴的社会格局逐渐改变。现代化经济发展加快了人口的流动，劳动层面的分工合作促使陌生人之间产生了相互关联，人口流动的加快则逐渐瓦解了人际关系网、社会结构、身份制等熟人社会的组成要素。由此，熟人社会在经济模式转变的社会转型期逐渐式微，陌生人社会逐渐取而代之。

陌生人所组成的社会，通过共同价值进行维系，而不是熟人社会之间的私人关系与人格信任。共同价值可能是契约、法律、协作、宽容、尊重、冷漠等抽象价值，陌生人社会的共同价值呈现出三个特点。一是价值功利化。陌生人社会与经济模式的改变有一定关联，现代化的经济模式呈现逐利的特点。因此，陌生人社会中的价值倾向也更偏向于功利化，一种更加自私的功利化倾向。二是价值多元化。与熟人社会中稳定的人员组成差异很大，陌生人社会中成员的构成非常复杂，不同的个体有着各自独特的文化、习俗、价值观等。因此，陌生人社会的价值体系呈现多元化特点，多元化也暗含着一定的矛盾与冲突的可能性。三是价值动态化。熟人社会一般存在稳定、静态的价值体系，但陌生人社会基于人员的流动性与价值的多元化，使整体价值呈现出动态变化的特点。

陌生人社会的来临更与信任危机、道德转型有关。特定形态的道德有着特定形态的社会结构，结构的转型必然要求道德相应地转型。① 陌生人社会的到来一方面意味着传统社会结构的瓦解，以及传统道德秩序的式微；一方面意味着新社会结构的动态变化，以及新社会道德秩序的动态调试。传统社会的道德秩序具有长期、稳定、静态的特点，但逐渐形成的陌生人社会则呈现出动态调整的特点，动态意味着不稳定、不系统、未被广泛接纳。因此，可以说传统熟人社会的信任模式式微之后，新的陌生人社会还未建立起稳定、可靠、有效的信任系统。信任危机考验着陌生人社会，也考验着社会中的每一个人，信任是道德秩序建构的关键，缺乏信任则意味着道德秩序的混乱。关于转型社会的道德样态，学界有三种主要观点，一种是"道德滑坡论"，一种是"道德爬坡论"，还有一种是"道德转型论"。通过比较发现，陌生人社会的道德并不存在"滑坡与爬坡"，而更类似于一种道德秩序的转型。② 道德转型是社会结构变化的必然趋势，转型并不意味着道德水准的变化，而是道德秩序为了适应新型社会结构而做出的改变与适应。当下的道德转型尚未彻底完成，稳定、可靠的道德秩序尚未被构建出来。如此则可能引发一系列社会问题，如社会主流价值观念的弱化、居民道德能力的下降、道德秩序的约束力下降等。道德秩序是一个社会良性运转的重要因素，它不同于法律制度具有强制性、权威性，而是具有潜移默化、稳定持续、内在约束等特点。与此同时，道德秩序却能够很好地填补法律秩序的空白，既能够减少法治社会的压力，也能够对社会的良性发展起保障作用。

2. 陌生人社会的道德风险

传统熟人社会向陌生人社会的转型，带来了社会运行的不确定性和社会道德规范的模糊性，由此引发了道德排他主义、信任危机、道德秩序混乱等问题。这些问题影响了社会的良序运行，给人们的社会生活带来了严峻的挑战，整个社会呈现出普遍的道德焦虑而又无所适从，由此预示着道德风险的加剧，具体表现在如下三个方面。

一是道德排他主义。传统的中国社会是以"熟人"关系为联结的"亲

---

① 王小章、孙慧慧：《道德的转型：迈向现代公德社会》，《山东社会科学》2018年第9期。
② 王小章、孙慧慧：《道德的转型：迈向现代公德社会》，《山东社会科学》2018年第9期。

近型社会",传统社会中以"血缘、地缘"为纽带的熟人社会随着社会生产方式与经济模式的改变而改变。新中国成立初期"合作社"一类的工作单位出现,并形成了以"血缘、地缘、业缘"为基础的社会模式,但该模式下的社会依然属于传统的"亲近型社会"。① 这样的社会中人与人之间比较熟悉,并且存在长期以及稳定的社会交往关系,但"熟人社会(亲近型社会)"却具有明显的"排他性"。传统熟人社会中,有"血缘"关系的人比有"地缘"关系的人更亲近,对于没有这两层关系的人持"警惕与敌视"态度。业缘的形成在一定程度上拓展了熟人社会的范围,但没有真正消除熟人社会天然的"排他性"。随着改革开放的深入,中国的人口流动逐渐加强,截至2017年中国的流动人口已经达到2.45亿人。② 人口流动的加速削弱了"亲近型社会"的稳定性,但个体层面的"排他性"特质依然保留在不同的个体当中。社会虽然由熟人社会进入了陌生人社会,但陌生人社会同样是被具有"排他性"观念的人组成的,因此"排他性"依然是陌生人社会的主要特质,并且在"血缘、地缘、业缘"大大削弱的背景下表现的更为显著。比如在学校教育中告诫学生要"警惕陌生人",公共场所提示语中告诫人们"注意行为举止不端者,谨防被骗",乘坐公共交通工具时需要接受无差别的安全检查等。陌生人社会中几乎所有人都被"客体化",连自己也变成了一个"陌生人"。③ 重庆公交车坠江事件就是一个典型的道德排他主义事件。④ 道德排他主义的一个显著特质就是,"人与人之间发生矛盾之时,首先考虑到自己的利益"。其间车上还有十三位乘客,但无人进行劝说与制止,结构语言冲突升级为一出惨剧。及时分析产生类似事件的原因,或许是防范悲剧再次发生的关键所在。道德排他主义很好地解释了为什么无人主动劝架。车上其余的乘客可能普遍认为,"他者(他人)"之间的冲突并不会直接伤及自身的利益,所以对于外界

---

① 任学丽:《转型社会伦理秩序的重构——从"熟人社会"到"陌生人社会"》,《长白学刊》2013年第5期。
② 国家统计局编《中国统计年鉴2018》,中国统计出版社,2018。
③ 〔英〕齐尔格特·鲍曼:《通过社会学去思考》,高华译,社会科学文献出版社,2002,第51页。
④ 《重庆通报公交车坠江原因:乘客与司机互殴》,新浪网,https://news.sina.com.cn/c/2018-11-02/doc-ihmutuea6238882.shtml。

的冲突采取了"道德冷漠"的态度。事实上处于公共场所的人都是"他者",因此如果不能转化以自我为中心的思维方式,那么与他人发生矛盾与冲突的可能性就会增大。处于公共空间的时候,首先应该把"他者的利益放在第一位""履行为他者而在的道德义务",这样才能够防范道德排他主义所引发的风险。

二是道德信任危机。信任具有非常重要的社会作用,是减少社会交往复杂性的重要机制之一。① 熟人社会中信任建立在私人关系的基础上,这种信任方式也可以称为"人格信任"。"找熟人、找关系"本质上是相信人,也就是相信人的品行。随着陌生人社会的来临,以私人关系为基础的信任体系逐渐让位于以"契约、法律"等抽象价值为核心的信任模式。古代中国用"夜不闭户"来称赞国家统治者通过"善政"而实现"好的治理"。"夜不闭户"其实是社会上有信任体系的表现,但现代社会的信任体系则出现了危机,许多严重背离信任体系的事件出现,如"毒奶粉""电信诈骗"等。美国政治学家福山则把中国归为"低信任度国家",中国社会严重缺乏社会资本,并可能带来潜在的社会问题。② 陌生人社会以"契约、法律"为核心,出现信任危机的情况可能包含两种情况,要么这种信任模式无法产生效力,要么这种信任模式本身不具备效力。处于道德转型期的中国可能包含了上述两种情况,因此首先应该重构信任体系。信任体系的重塑需要"契约"产生效力,必须建立起严格有效的契约体系,更要对违约行为进行惩罚,对于守约行为进行赞赏。契约还需要被社会广泛接纳,不能被接纳的契约,很难对行为形成有效的约束力。同时,道德秩序需要对契约进行监督与约束,对于守约或能够增进共同体利益的行为表示赞赏,对于相反的行为进行惩罚。只有道德秩序与法律秩序相互配合,才能建立起稳定的社会信任机制。

三是道德秩序式微。道德秩序是社会秩序的一个重要组成部分,道德秩序在维持社会良性运转方面有着非常重要的作用。道德秩序转型的过程

---

① 〔德〕尼克拉斯·卢曼:《信任:一个社会复杂性的简化机制》,翟铁鹏、李强译,上海人民出版社,2005,第10~11页。
② 〔美〕弗朗西斯·福山:《信任:社会美德与创造经济繁荣》,彭志华译,海南出版社,2001,第11页。

是一个渐进的、缓慢的过程，转型可能带来两个层面的问题，一是旧道德秩序的瓦解与新秩序尚未建立所产生的"道德秩序真空"引发的风险如何应对；二是新道德秩序应该如何构建。陌生人社会道德秩序的式微属于第一个问题，秩序真空或秩序混乱可能引发社会的广泛焦虑。一个没有良好秩序的社会，就如同霍布斯在《利维坦》中所讲述的"人与人之间处于战争状态"一样相互敌视、猜忌。[1] 一般而言，道德秩序式微表现在宏观与微观两个方面。宏观层面的道德秩序式微是指道德秩序权威性的丧失，从某种程度来说意味着多元化的道德秩序出现。多元化是现代社会的必然趋势，现代社会中很难出现一种拥有绝对权威的道德秩序，传统单一化的道德秩序的式微是必然趋势，但道德秩序式微并不意味着道德不再重要，而是指多元化的道德秩序共同取代了比较单一的道德秩序。多元化的道德秩序更加符合人的需求以及时代的特点，它也能够在更宽泛的层面上解放人，但多元秩序不是"灵丹妙药"，并具有一定的局限性。微观层面的道德秩序式微是指人与人之间的互动关系以及人对于道德的感知与认同感的下降。多元的道德观念能够满足不同个体的道德需求并产生新的道德认同，但道德认同的差异化会使人们被不同的道德观念与取向所分化，出现所谓"道不同不相为谋"的道德排异现象。现代社会是一个分化的社会，充斥着不同的观念与秩序要求，熟人社会中的道德秩序约束很大程度上已被"忘记"，而"去道德化"的倾向反而是陌生人社会的显著特征。转型社会中的道德秩序呈现出"弱化、去道德化"的特点，意味着人与人之间互动关系的不稳定，陌生人的"在场"如何达成道德共识、共情与共为，将是陌生人社会道德秩序构建的关键。

3. 陌生人社会道德秩序构建的制度性考虑

陌生人社会道德秩序的构建有多种路径，其中法治基础上的制度化不失为重要途径。道德秩序从内在性来讲是一种心灵秩序，从外在性来看表现为既定的风俗习惯，是一种"软约束"。在熟人社会，这种"软约束"是非常有效的，因为熟人社会中彼此相识而产生的"面子"与"羞耻心"非常重要，到了陌生人社会因彼此不认识而没有了面子问题，没有了"低头不见抬

---

[1] 〔英〕托马斯·霍布斯：《利维坦》，黎思复等译，商务印书馆，1996，第94页。

头见"的道德恐惧,所以必须诉诸"硬约束",没有强制力量的保驾护航,道德秩序就难以发挥其真正效果。法律是最低限度的道德,既是底线与红线,也是道德秩序的防火墙。道德秩序发挥效力不能仅依靠法律制度,还需要形成道德机制,道德机制更需要以社会与个人为主体的"执法者"。道德秩序在法律与道德机制的双重作用下需要逐渐内化为人们心中的"道德律",道德秩序的最终目的是形成一种广泛存在并具有隐形约束力的道德文化。

首先,要破解道德秩序的制度性匮乏难题。中国传统的伦理道德秩序呈现一种制度性匮乏,集中表现为道德约束层面重视"自律"缺少"他律";道德施教层面重视"宣讲"轻视"制度约束";道德分别层面重视"私德"轻视"公德"。① 因此,处于转型期的陌生人社会的道德秩序构建,需要破解传统道德秩序的制度性匮乏难题,因而要从如下三个层面入手。一是要以"他律"为主、"自律"为辅。中国传统的儒家文化认为,道德的根本目的就是实现人内在品行的完善,"良心主导型"的伦理对于自身道德素养与修养的提高具有很大的价值。但并不是所有人都如儒家语境中的"君子"一样完成"良心主导型"的内在道德修养,社会中还普遍存在与"君子"相对的"小人"。这一套道德秩序能够对"君子"产生很强的约束力,但对于"小人"则缺乏约束力,由此在当下社会中很难有实际的操作性。从道德约束的角度来看,外在的约束必然强于内在的约束,因此任何道德规范首先应该表现出"他律性"。鲍曼也认为人需要履行对于"他者"的道德义务,并需要把"他者"的利益放在自身利益之前。② 因此,陌生人社会中的道德秩序构建,首先应该重视"他律性",其次还需要发扬"自律性"的优良传统。二是要以"制度"为主、"宣讲"为辅。中国传统的儒家文化重视道德施教层面的"宣传、鼓动、讲授",但缺乏相应的"制度、机制、规范"并对违规者进行惩罚。传统的道德宣讲呈现出权利与义务的不对等性,很难适应现代社会的发展规律。美国经济学家布坎南认为,人具有自私的天性,会采取各种手段实现自身利益的最大化。传统的法律、道德、习惯都是设计出来为了防止少数人获得短期利

---

① 李建华:《法治社会中的伦理秩序》,中国社会科学出版社,2004,第69页。
② 〔英〕齐尔格特·鲍曼:《通过社会学去思考》,高华译,社会科学文献出版社,2002,第51页。

益而破坏多数人利益的手段。只有成功运用这些制度，每个人的利益才可能实现最大化。[①] 因此，陌生人社会中的道德秩序构建，需要重视道德权利与义务的对等性，需要合理运用道德宣讲的手段。三是要以"公德"为主、"私德"为辅。中国传统的社会结构决定了"私德"占主导地位，但处于社会转型期的中国的社会结构已经发生了变化，"私德"很难适应新的人际关系。建设"公德"乃是大势所趋，公共道德建设是道德秩序的基准，只有构建良好的公共道德秩序，才能够满足陌生人社会的道德需求。因此，在道德秩序构建中，应该以"公德"建设为主要目标。

其次，用法治保障道德秩序的运行。法律具有强制性与威慑力，法律是社会运行的重要制度保障，道德秩序的运行需要依托法律制度，法律秩序与道德秩序的协同发力则有着出人意料的效果。法律能够保障道德秩序的良性运行，但同样需要处理好法律与道德之间的关系，如此二者才能取长补短、相互配合。法律制定需要符合道德规范。从形式上来看，法律是一种强制性规范，道德则是一种非强制性规范。强制性规范意味着有一定的惩罚措施，但如果在法律执行过程中违反了道德原则，那么法律则可能是不义之法。法律体现的是社会公正，法律制度的前提乃是符合公正的道德原则，只有在法律执行过程中遵从公开原则，接受"他者"的道德约束，法律才能够成为道德秩序的保障，才不会成为违背道德的不义之法。同时。司法主体也需要道德能力的保障。法律的执行需要通过人来完成，好的法律可能会在一些人的执行中变成恶法。因此，司法过程中人的道德能力建设，既是道德职业的需要，也是保障司法正义的重要方式。道德制约公民遵守法律。培养"以违法为耻"的自责心态是法律实现的道德前提，如此道德约束才能督促人们自觉遵守法律，从而既能够增强法律的威慑力，又能够减少法律运行的成本。陌生人社会中的法律秩序主要起到"底线"的作用，即一个人能够不遵守道德，但不能不守法，道德秩序则起着约束作用。没有法律的保障，道德秩序的约束则可能成为空谈，因此，法律对于道德秩序的构建具有决定性作用。在法治社会中，人首先需

[①] 〔美〕詹姆斯·布坎南：《自由、市场和国家》，吴良健等译，北京经济学院出版社，1989，第89页。

要遵守法律，虽然法律不能培养"君子"，但起码可以培养"良民"，这种"良民"就是现代社会的守法人。所以，维护好公共生活秩序特别是道德生活秩序是现代公民的基本要求。

最后，使道德机制保障道德发挥效力。道德秩序能够产生效果需要依托法律的"底线"，同样需要借助于道德本身的机制，陌生人社会构建道德秩序还需要建立相应的道德机制进行保障。道德机制构建应该凸显两个原则，一是群体道德优先原则。道德秩序约束的不仅仅是个体，更侧重于某一个或某几个群体，因此让道德秩序产生效果的道德机制也需要凸显群体优先原则。群体道德优先则需要满足三个方面的要求：其一是符合普遍性，即道德机制能够适用于多数人，而不是少数个体；其二是符合可行性，道德机制的目的是让道德秩序发挥作用，因此要制定相适应的道德奖惩措施；其三是具有可调适性，道德机制的构建不是一劳永逸的，机制需要随着社会的发展与道德秩序的改变而演变，可调适意味着不断改进，进而适应新的目的。二是凸显社会强势群体道德建设优先原则。陌生人社会最大的特点在于生活空间的公共化，一个人公共化程度越高，其道德要求也越高，因为他利用了公共平台使自己"名人化"，而社会对名人的道德期望是很高的。社会强势群体无非是掌控公共权力、公共资源、资本财富的人，他们在社会生活中产生了十分重要的道德示范效应，而真实的道德生活是，这些人并没有获得大众的道德认可，相反成了社会道德风气败坏的"领头羊"。在社会强势群体中，官员更具有代表性。自古以来中国的官员都是"士大夫"群体，这部分人的道德言行对于普通人有着很重要的影响，这个群体的道德建设应该优先于民德建设。[①] 当下中国官员的道德品行具有重要的示范作用，这既是历史传统，又呼应了中国共产党从严治党的要求。

四 道德的预测功能

观察道德变迁有内外两种视角，就道德内部考察而言，道德本身具有预测功能。道德是以"实践—精神"的特殊方式来把握现实世界的，其目

[①] 李建华：《法治社会中的伦理秩序》，中国社会科学出版社，2004，第103页。

的是按照善的规则创造性地完善社会关系和人自身。道德的创造性本质既表现为对现有社会道德关系的能动反映和合理调节,又表现为对应有道德价值取向的积极追求。这种通过对未来道德价值目标的理性确证,指明社会道德发展的美好前景,促使人们的行为方式从"现有"向"应有"转化的能力,就是道德的预测功能。[1]

我们曾囿于道德是"行为规范的总和"这一片面认识,视规范性、约束性为道德的唯一本质特征。由此出发,道德自然是通过调节人的行为来实现社会关系的和谐。这样道德就成为实存规范的集合体,道德建设也降格为一种"对症下药"的补救性社会控制模式,道德的预测功能被忽视甚至否定了,就连本来具有预测性质的道德认识功能和教育功能也停留于经验主义水平的注释。其实,道德的预测功能是其他功能无法代替的独立功能。

道德所反映的是人和现实世界之间的价值关系,因而也是使人理解和认识社会发展的一种特殊手段。这种手段不是通过科学实证,而是借助于道德价值的评价和道德理想的憧憬来实现的。当人们对社会道德关系的认识和调节发出"应当如何"的指令时,实际上就暗含了对某种道德生活的预测和追求,并借此预见社会发展的前景。在一定的历史阶段,即当人们对社会发展前景的认识还没有形成科学的定义时,对社会制度未来轮廓的道德预测往往是历史转折的第一个信号。正如恩格斯所说:"如果群众的道德意识宣布某一经济事实……是不公正的,这就证明这一经济事实本身已经过时了。"[2] 因此,道德是从社会利益关系这一角度来提供现实社会状况的价值信息,显示现实社会的生命力和历史必然趋势,展望或预测社会未来发展的因素。

人们在道德实践中,不仅要认识目前所面临的各种道德矛盾关系并加以合理的调节,即"现在怎么办"的问题,还须认识道德生活的发展趋向,更新道德观念,改变道德思维模式,发挥作为道德主体的历史主动性和社会积极性,提出新的时代道德精神,塑造理想的道德人格,即"将来

---

[1] 李建华:《论道德的预测功能》,《有色金属高教研究》1995年第2期。
[2] 《马克思恩格斯全集》第21卷,人民出版社,1965,第209页。

怎么办"的问题。这种从现在到将来、从"实有"到"应有"的超前跨越，只有建立在科学认识基础上的道德预测方能顺利进行。尤其是当社会发展处在激烈变革之际，帮助人们合理地进行道德选择，提供一个经过科学预测的伦理标准，消除道德生活变化带来的心理上的困惑和行为上的不适，显得尤为重要。由于我们忽视了道德的预测功能，当改革和商品经济的浪潮滚滚而来的时候，道德就显得有些惘然。只有根据未来发展的趋向，确定具有适应力和再生力的道德，引导人们向前看，道德才能在时代发展中起积极作用，否则，就会阻碍时代进步。

同样，没有"应有"的未来指令意识的道德不是科学意义上的道德；凡不具有预测性的道德都是毫无生命力的道德，只能是人们的精神枷锁。共产主义道德之所以成为无产阶级所追求的目标，就在于它反映了社会发展的必然趋势，同对未来的共产主义社会的理想性预测紧密相连。任何一种社会意识都是对社会存在的反映，但其反映方式各不相同，道德总是以应有的尺度来反映和衡量现实的。这种应有的价值关系不仅仅存在于现实的行为与规范之中，更重要的是发出了"将来如何"的指令。只有这样人们才能感受到道德的活力和道德矢量的清晰，而不致视道德为限制人、约束人的精神枷锁。因为道德约束只有注入理想性激素方能显示出"必要的张力"。

道德的本质决定道德的功能。道德的预测功能是由道德的理想性本质决定的。道德作为一种肯定形式的社会现象，总是同理想的道德生活和道德关系以及由此体现出来的道德理想人格联系在一起。道德以"应当如何"为价值指令，这不单纯是"评价—命令"式的，而且是"理想—预测"式的。理想是一种理性预见，是一种创造性超越。人类道德生活正是循迹于"理想—现实—理想……"的途径才实现道德的进化。没有理想，就没有道德追求，道德生活就会中止，理想性是道德不可忽视的一个本质特征。德国法学家郭林格说："法律是最低的道德。"这意味着道德不满足对现有行为的评判与调节，而是着眼于未来，具有超前性和预见性。

道德的预测功能主要表现为两种形式：第一，道德本身就是一种特殊的社会预测，即道德预测功能的直接表现；第二，道德对人们的预测活动有积极影响，即道德预测功能的间接表现。

道德预测功能的直接表现就是道德本身对社会发展的预测作用。道德作为一种社会意识同样是社会存在的反映。这种反映不是对社会存在的机械观照,而是蕴含了对社会存在的理性提升和能动超越。作为社会意识的道德之所以具有预测社会发展的功能,一方面在于社会意识的内在本性,即社会意识具有相对独立性和现实意识与理想意识的对立互补。社会意识相对独立性的主要表现是它对社会存在发展有不同步性,落后或超越于社会存在。这种超越本身就是对社会发展的预测。同时,社会意识是现实意识和理想意识的统一,任何一种具体的社会意识形式都是在现实与理想的对立统一中不断丰富与进化的。如果只有现实意识而没有理想意识,满足于既定的社会现实,就会失去改变现实、促进社会发展的动力。另一方面,作为社会意识的道德的预测功能与社会现实的矛盾状态有关。社会意识既包含着社会"是如何"的意识,又包含着"应如何"的意识,这就是关于社会状态的"本然"认识与"应然"认识。"本然"认识侧重于反映社会的实际状况,"应然"认识侧重于反映社会发展的趋势。道德就是对社会的一种"应然"认识。这也是道德区别于其他社会意识形式的重要特点之一。

道德预测功能的间接表现是指道德对人们的预测活动有积极作用。预测是存在(现时)对事物或事件(即系统)的未来行为与状态做出的主观判断。预测活动是人类活动区别于动物活动的根本标志,因为人的活动是有目的、有计划的,而动物是本能的盲动。预测的目的是为决策系统提供必要的未来信息,因此,从古到今,人们用各种方式预测未来,因为"凡事预则立,不预则废"。在科学技术飞速发展和人们的理性能力普遍提高的今天,预测成为社会实践的关键。没有预测,就没有科学的决策,也就不可能有科学有效的社会控制,不可能有科学技术的发展、经济的繁荣和思想文化的昌盛。人们的预测活动要受到多种因素的制约,其中道德对预测活动有重要作用。

首先,道德对人们的预测活动起激化作用。从广义上讲,道德是包含着人生观、理想、信念、道德情感、道德意志等精神因素的综合体。它不但是社会控制的约束力量,而且是社会活动的激活力量。无论是社会还是个人,具有了正确的人生观、远大的理想、坚定的信念,就有了自觉活动的动机,就有了预定的行为目标,就会产生对未来的强烈向往,就会积极主动地预测未来。相反,一个道德沦丧的社会或德性差的个人,就不会有对未来的憧憬和对新生活的渴望,只能是鼠目寸光、及时行乐、僵化保守,最终自我毁灭。其次,道德对人们的预测活动起定向作用。道德是从利益关系的角度来反映社会的。从根本上讲,道德具有一定的世界观性质,道德所包含的人生观、理想、信念、情操等都是世界观的具体化。而人们在进行预测时,世界观及其具体表现对此具有定向作用。预测是一种主观判断,与人们对世界的看法有关。而对世界的看法,既是对物质世界的认识,也是对精神世界的认识。道德观是世界观的重要组成部分,是对道德世界的根本认识。道德不同,人们预测的目的、角度和方法也不同。一个极端利己主义者,就会认为人都是自私的,人生就是为己、就是及时行乐,不要有什么崇高的理想追求;一个集体主义者,就会为他人谋幸福,以和谐人际关系的建立为出发点,从而表现出道德上的乐观主义。道德的思维方式不同,所做的预测自然不同。最后,道德影响人们预测的科学性。预测的科学性在于主观判断与客观实际的契合程度。对未来的预测之所以可能,就在于客观世界运动变化的必然性规律。一切成熟的科学无不包含着预测。这就要求人们有实事求是、尊重规律、坚持真理、诚实可信的道德精神,从而做出科学的预测。要在随机中求必然,在起伏中求平静,在无序中求有序,在变化中求稳定,没有埋头苦干、自信自强、开拓创新等道德品格做保证是不可能的。因此,主客观相符问题,不仅是认识和实践问题,而且是道德问题。

科学认识和注重道德的预测功能,对加强道德建设具有十分重要的作用。注重道德的预测功能,有利于促进道德观念的更新,尽快建立符合改革开放精神的新型道德价值准则。我国正处于前所未有的变革时期,新旧道德观念的冲突严重制约着人们的思想和行为。如何加快道德观念的更新,从更高的站位上,为经济发展提供道德指南,从更深层次上破除旧道德对经济发展的阻碍,以提高人们的道德适应力,真正为改革开放"保驾护航",实乃当务之急。中国道德建设的最大失误,就在于理论脱离实际。这种脱离主要表现为道德理论落后于实际和无法解决实际问题。改革开放中的道德问题纷繁复杂,如果作为一种理论研究,只是等出了问题再去解决，再去开"药方"，要么无济于事，要么亡羊补牢，最终的后果只能是理论的降格和庸俗。任何一种理论的生命力不在于它多么贴近现实，而在于它自身的超越性，走在时代的前面。中国的道德建设要取得令人满意的成绩，就必须在理论研究上具备超前意识，预测中国从现在到将来的社会利益格局的新变化和与此相适应的道德原则，以及人们所应具备的新品格。

注重道德的预测功能，有利于提高道德教育的水平。道德教育是一种有组织、有计划、有目的地对他人施加系统的道德影响的社会道德活动。一种道德，最终能否被社会所接受，关键在于它能否反映社会道德关系的本质，是否符合社会发展的必然性，但是，这种道德究竟在何种范围和程度上为人们所容纳，却取决于它的传播程度，取决于道德教育的实施效果。没有道德教育，任何一种道德要服务于社会发展是不可想象的，新型道德尤其如此。道德教育本身应当是一种预测性活动，它倡导的道德总是要高于现实道德水平，否则，教育就失去了原本的价值。因为一种价值观念或原则，一旦变成了既定的实然状态，就说明无须加以普及。中国传统的道德教育习惯于"对症下药"的经验主义方法。这种方法之所以有一定的适应性，仅仅在于"老药方"可以治"老病"。但就社会控制论而言，补救性措施远不如预防性措施有益。因此，道德教育作为一种重要的社会控制手段，必须坚持"预防为主"。等出了毛病和问题，再去研制"药方"实乃下策。道德教育不能满足于对现有不道德现象的矫正和医治，更应积极主动倡导新的伦理道德精神，其中道德预测是首要条件。

注重道德的预测功能，有利于树立科学的道德理想，培养健康的人格，真正发挥道德楷模的感召力。道德理想是人们对未来道德生活追求的目标指向，往往要以一定的道德理想人格体现出来，从而激发人们的崇敬感和模仿欲。现实生活中，有许多道德楷模之所以感召力不大，原因不在于太理想化或离现实太远，而在于这种楷模未能体现时代精神，甚至显得过时。道德楷模之所以昙花一现或常学常新，就在于前者没有预测意识，后者却反映了道德理想之必然，符合时代的发展趋势，有极强的生命力。我们应当从社会发展趋势的预测上树立道德理想，塑造道德人格，而不是根据某种政治需要搞"大树特树"。社会道德的进步，离不开一些先行者和开拓者,这些先行者可能由于背离现在的道德观念而招致"不道德"的罪名。我们必须为这些"离经背道"者给予道德上的支持,支持的基点在于道德预测。没有道德预测,没有远见卓识,先行者们就会在"道德近视"中被扼杀。这些年,人们对典范的漠视和道德人格自身的分裂,不得不引起我们的重视。

五 "世道"与"人心"

道德虽然具有预测功能,但道德学绝非预测学,很难精准把握道德现象,但也不意味着我们对鲜活的道德生活演化毫无感觉、一无所知,也可以遵循"从现象到本质"的路径进行可能性分析。从道德经验层面衡量道德演化,人们常常有两把"尺子",一把叫"世道",一把叫"人心",并且二者似乎是相通的,世道变坏了,人心也会变坏。但它们又不属于同一层次,二者虽均为"隐性存在",但"世道"是"天道"在人伦社会中的具体体现,直指社会的基本道德法则,而且是基于人性恒定的道德法则,具有某种天然的合法性和权威性;"人心"则是对"世道"的体认与践行,就是个体道德心性或社会道德心理倾向性,往往因世事的变化无常而浮涌,是社会道德生活变化的"晴雨表"。感受"世道"与"人心"的变或不变,就是对道德演化的真切认知。

"世道"即"人道"。如果把"道"分为"天道"与"人道"的话,那么前者为自然之道,后者为人世之道或世人之道,简称"世道",二者都是"道"的体现。《说文解字》云:"道,所行道也,从辵,从首,一达谓之道。"道的本义就是人行之路,具有一定方向的路,后引申为天和人所必须遵循的轨道或规律。"道"在《尚书》等古文献中多次出现,但作为哲学范畴却始于老子。在老子思想中,"道"是宇宙的本原。"有物混成,先天地生,寂兮寥兮,独立而不改,周行而不殆,可以为天地母。吾不知其名,字之曰道,强为之名曰大。"(《道德经》二十五章)这样,"道"就具有了无形无象、无始无终、不可感知等特点。虽然"道"为本于"无"的精神实体,但也否定了鬼神的存在,并且是天地自然法则的体现。"道法自然""道常无为而无不为",这就为"道"从单纯的宇宙论层面过渡到人世层面提供了可能,不是脱离客观事物独立存在的,而是寓于自然和人事中的规律与规则。"天之道,损有余而补不足;人之道则不然,损不足以奉有余。孰能有余以损天下?唯有道者。"(《道德经》七十七章)"道"是存在于天人之间的,并不在天地之外,人世间的一切规则秩序都是"道"的体现,或者本身就是"道",因为"道外无物","道"特别是"世道"具有某种恒定性,因为瞬息万变的东西充其量也只是现"象","世道"是不轻易变动的,如果要变,无非是"天"变了,此所谓"天不变,道亦不变"。

"天不变,道亦不变"是董仲舒在《举贤良对策》中提出的一个哲学命题:"道之大原出于天,天不变,道亦不变。"这里的"道"就是"世道",是封建社会据以存在的根本原理,核心是"三纲五常"。"天"主要是指自然界的最高主宰或天意。董仲舒认为,封建社会的最高原则是由天决定的,天是永恒不变的,因而按天意建立的封建社会之"道",也是永恒不变的。其实"天不变,道亦不变"的命题同时暗含了另一个道理:如果天变,道也是会变的。我们常说的"变天了",一定是整个世界(社会)发生了"翻天覆地"的变化。在中国文化中,"天"具有自然与人事两重属性,即有自然之天与人格之天。当我们说"天变了"时,要么是自然秩序发生了重大变化,主要是自然灾难;要么就是发生了"人祸",如改朝换代、政权更替、改旗易帜。也就是说,只有发生天灾人祸时,"道"才会变。特别是当朝代更替时,一个新朝代的君王,受天命统治人民,必须改制,徙居处,更称号,改正朔,易服色,就起居饮食等制度的具体形式做出改变,但治理封建社会所必须遵循的根本大道,是不能改变的。在董仲舒看来,"王道之三纲"取诸阴阳(天)之道。阳为主,阴为从,"君为阳,臣为阴,父为阳,子为阴,夫为阳,妻为阴"。董仲舒以"天不变,道亦不变"来论证封建制度和君主统治的合理性和稳定性,后来成了束缚人们的精神枷锁。但是,问题在于,董仲舒面对"天变"而强求"三纲五常"道德之恒久,又认为"天变"而"道亦不变",明显自相矛盾。所以,问题的根本在于承不承认"天会变"。历史的发展告诉我们,无论是自然之天还是人格之天都是变化的,只是周期不同而已。"世道"会变,这是天意,也是事实,尽管它不会与"天道"的变化同步,但"变"总是"常理"。天道即天运,世道则为人性。因为"天之善即继,则人性之善即成天道。成此天道即性。继外无天道之显，性外无天道之凝也。故曰人能弘道，非道弘人；苟不至德，至道不凝也"①。

如何观察或预测"世道"的变化，是件十分困难的事。既然人们能发出"世道变了"的感叹，自然是有感觉或预见的。这种视觉或感受的来源无非有这么几个方面：一是社会伦理道德、行为规则发生了变化，如从封建社会的纲常伦理道德，到近代以来的以"科学、民主、自由、人权"等为核心的道德，再到以"全心全意为人民服务"为核心和以"集体主义"为原则的社会主义道德规范体系，这是社会道德的质的变化，是"世道"变化的显著特征；二是社会道德规范体系的形式没有变，但其内容在变化，或具体要求出现差异性，如从中国传统社会一直到今天，我们都在倡导"孝道"，但内容和形式甚至本质性要求都发生了根本性变化，基于等级家长制的孝道与基于人格平等的孝道有质的差别；三是在道德生活的经验层面出现了新的内容，这些内容在过去的道德生活和规范体系中是未曾出现的，也是不被容许的，如改革开放初期的"奇装异服""流行歌曲""未婚先孕"等均被划为道德异类；四是社会道德价值观念的变化引起人们道德心理的变化，如道德冷漠、信任危机等。这一类恐怕就属于"人心"的范畴。可见，"人心"是随"世道"的变化而变化的。"世道"相对于社会显现的"物道"是内在，而"人心"相对于"世道"而言更是内在的，所以，"世道"难料，"人心"更难测。

可见，"人心"相对于"世道"而言，也有内外两个维度。"人心，应当是总括着人类生命之全部活动能力而说的。然一般说到人心却多着眼在人之对外活动的一面。实则人类生命之全部活动能力，应当从其机体内外两面来看它。"② 人心的对外一面，就是人对外部环境的感受，但不是人心之全部；人心的另一面是个体生命所赖以维持其机体内部活动的能力。③人心虽然内外结合，但不至于固化，作为人类生命的全部活动能力从进化发展而来，是持续发展的，"而且发展到人之后再向前发展，总不过是可能性的更发展——更发展出有可能如何如何——而非发展出一定的新面

---

① 丁耘：《道体学引论》，华东师范大学出版社，2019，第247页。
② 梁漱溟：《人心与人性》，上海人民出版社，2018，第31页。
③ 梁漱溟：《人心与人性》，上海人民出版社，2018，第31页。

貌，所以又是很难讲的"①。

可见，所谓"人心"，用现代科学语言来讲，实际上就是社会心理学意义上的，社会心理就是"人心"，如果再进行道德限制，社会道德心理即"人心"。② 如果说当代中国的精神文化生活出现了问题，那首先肯定是道德问题；如果说我们的道德生活出了问题，那首先肯定是道德心理出了问题；如果说道德心理出了问题，那首先肯定是社会道德心理出了问题，即所谓"人心不古"。人类道德生活，不仅需要道德知识、道德理论的扩展和构建，还需要道德的认同与内化。道德内化是道德教育的最高目标，也是道德行为产生的本质基础。只有外在的道德规范成为个人的品德和人格，道德行为才能从依据外在情景的或然性行为转化为具有独立性的稳定行为。道德内化的程度则主要依赖道德心理的形成和道德情感的培育。社会道德心理是人们对道德知识、道德行为、道德文化的心理反应，其过程主要由道德认知、道德情感、道德意志和道德行为四部分构成。道德心理的形成对于塑造高尚的道德品质、完满的道德人格发挥着至关重要的作用。健康的社会道德心理机制将有助于道德主体建立正确的价值观、人生观体系，培育持久的道德行为动机。所以，就道德心理的内涵而言，其具有社会性。人总是依据自身的需求产生相应的欲望和行为的动机。人产生道德需求的最初原因在于，人们能够通过对于社会道德的遵循实现自我价值。道德本身兼具社会和个体的双重意义。从社会意义来说，道德总是表现为一定历史时期、一定社会环境中的风俗、文化和主要价值观念。就道德的本质而言，它就是一种社会关系。心理学家们认为，需求产生动机，动机激发行为，行为又创造新的需求，如此循环往复。道德心理则在这一过程中不断发展、深化。作为道德的原初需求，就是人的社会化本质。人类对于社会生活的依赖是道德需求的本质来源。只有在人与人之间、在社会生活中，才能产生对于道德的需求。人要在社会层面实现自我价值，就必须在相应的社会环境和社会关系中遵循一定的规则，调节自我与他人的关系。因此，就道德心理的需求层次而言，它本质上属于社会认同的需求。如果离开

---

① 梁漱溟：《人心与人性》，上海人民出版社，2018，第32页。
② 李建华：《道德的社会心理维度》，湖南教育出版社，2011，第2页。

社会生活的前提，独立的个人与他人没有交集和联系，也就不存在对于道德的欲求。对于道德的欲求源于参与社会生活的必要，目的在于使主体获得社会的接受与认同。

从道德心理的内容来分析，其是对道德知识、规范、原则的反映，包括对道德知识、现象、行为的评价、反思和内化。道德知识、规范和原则都受到社会背景的深刻影响。从历史角度来看，道德本身就是人类社会的产物。心理学认为，道德内化就是通过一定形式的学习，把社会的道德原则、规范转化为自身稳定的道德品质，塑造自我的道德人格。社会性的道德知识、规范和原则都是道德内化的对象。道德心理的内容中有着难以消除的社会性因素。因此，无论是道德心理的本质驱动，还是道德心理的内容，都凸显了社会性的特点，任何道德心理变化都体现了社会生活的内容。这些内容主要体现为社会道德和社会内在化的道德价值体系。心理素质是社会文化心理的最低层次，主要表现为人们的愿望、情绪、情感、意志等。过硬的社会心理素质是保证社会良性运行的重要条件。通过观察国人道德生活，我们不无惊讶地发现，许多恶行的产生，并不是当事人不懂事理，而是道德情感匮乏所致。同情、宽容、大度、理解、正义等既是人之为人的表征，也是社会道德建设的基本内容。如果一个社会没有这些最基本的道德心理素质作为保证，就只会导致冷漠、敌视、猜忌、争斗、残酷、绝情、灭义等，任何道德高调也无济于事。内在化的道德价值规范是社会心理素质经过世代相传、不断转换，凝聚成理性观念的。如"甘食悦色"的自我愿望，变成了"无处不均匀，无人不饱暖"的大同境界。社会主义道德建设不能仅仅停留于一般的感性水平，必须上升到理性层次，设计出一整套切实可行的价值规范，进行正面引导，使人们的道德行为选择有规可循，克服道德生活中的自然主义和盲目主义。所以"人心"对社会道德生活具有某种"宰制性"。"人心非一物，不得取来放在面前给大家去认识。但人莫不有心，凡我之所云云，却可各自体认之。心为主宰之义，以主动、宰制分析言之，是一种方便。"[1]

总之，"世道"与"人心"都属于"隐秩序"，非常重要，因为它们

---

[1] 梁漱溟：《人心与人性》，上海人民出版社，2018，第35页。

既是社会道德生活演化的基础，又是表现，自为因果；因为它们是"隐蔽性"存在，难以直观，并有些"神秘"，无意中不断地刺激着人们的探究欲。如果按照梁漱溟的说法，无论是人心还是世道，可以言说出来，是为了某种方便，那么，世道与人心的存在状态大致有三种情形：一是世道与人心的一致，这应该是道德生活的有序状态，但并不意味着更新与活力，属于保守状态；二是世道与人心的背离，或世道滞后于人心，或人心滞后于世道，二者相互"埋怨"、唱着"反调"，甚至"二律背反"，这预示着道德更新的到来；三是世道与人心同步变更，呈现出二者相互作用、交替回应、同步提升的道德景象，这往往预示着"道德盛世"的到来。这三种状态正好是世道与人心"正、反、合"内在逻辑演绎的结果。

结语　守护道德"乌托邦"[*]

道统万物万邦万民于宇宙玄妙之光
天人合一标示着人类挣脱了茹毛饮血的野蛮，从洪荒中走来
不问来龙去脉，人类开始为自己设定道德理想
道德理想就是可以值得永久守护的"乌托邦"

天下于是便有了柏拉图理念世界中的理想国
谷底升腾出足以使共同体和谐的正义高亢
天外有天，一座希波达摩斯城
上演了分工明确而又平等相处的千古绝唱
持重之余，亚当主义者从中分离
载荷再重也要尽可能重建"罪孽"前的人间天堂

三思慎虑，英国人莫尔发明了"乌托邦"
五湖四海容自由、民主、博爱、富有的核心价值
宠用那些长相俊美、能力超凡的神族
视外观还被无数黄金与白银美化豪装

古道者康帕内拉曾建起一座"太阳城"
致诚深信"现实生活就会变成天堂"[①]
太阳城里的美好国家只是奇妙

---

[*] 以《道德经》八十一章的起首字为头而作。
[①] 此为康帕内拉的十四行诗中的一句，见〔意〕康帕内拉《太阳城》，陈大维等译，商务印书馆，1982，第87页。

结语 守护道德"乌托邦"

大美洲的印第安人也产生了同样的社会准则
绝对集体主义一定会颠覆你的想象

唯拉伯雷的《巨人传》以泰莱姆修道院代替恶的政府
孔得之旨在于拆除所有包裹罪恶的"围墙"
曲尽其妙，一个呢绒商的儿子夏尔·傅立叶
希望建一个"法伦斯泰尔"的城堡
企求用法朗吉的共同体替代天堂

有印度蓬笛谢里曙光城的理想实验[1]
重温旧梦于"星系"
善待苍生的法国女哲学家米拉·阿尔法萨
知名孟加拉国哲学家奥罗宾多·高斯
将乌托邦公社的美好向世界推广
以圣西门《一个日内瓦居民给当代人的信》
夫子自道于罗伯特·欧文的《新道德世界书》

道常虽无名，却可虚实灵动而自反
知《美丽的新世界》里"野人"的形象[2]

---

[1] 这是印度中央直辖区，1962年由蓬笛谢里、加里加尔、亚南和马埃4个前法国殖民地组成，这里在历史上有过几次最有意义的乌托邦公社实践。1968年，孟加拉国哲学家斯里·奥罗宾多·高斯和法国女哲学家米拉·阿尔法萨着手在曙光城创建一座理想村。按他们的设计，其外形应酷似一个星系，光从中央的球状部分射出，照亮村内各处。两位哲学家等待着各国人士前来。后来，在这里生活的主要是一些寻求绝对乌托邦的欧洲人。

[2] 1932年英国赫胥黎所著的《美丽的新世界》是反乌托邦主义的代表作。在新世界，处于"幸福"状态的人们安于自己的"等级"，热爱自己的工作，每天享用定量配给的"索麻"——一种让人忘掉七情六欲、"有鸦片之益而无鸦片之害"的药品。作者描写了一个保留区内的"野人"，他来到了盼望已久的"新世界"，开始时为物质环境的改变而涕零，欢呼到达了美丽新世界，随后终因他还有血性，无法适应在流水生产的社会中的白蚁式生活，加上他认为自己的心上人放荡而无法忍受（新世界的名言：每一个人属于每一个人，故无所谓"放荡"可言），使他最后的精神寄托破灭，终于在孤独、绝望中自尽身亡。在这个"新世界"里，社会安定就是一切，影响安定的思想、艺术、宗教、家庭、情绪及各种差异荡然无存。"野人"的形象就是今天人类的化身，他的处境和悲剧性结局令人不寒而栗。

大肆放纵非理性的《我们》①
执念于《动物庄园》里的牲畜②
将极权主义乌托邦推至《1984》
道德"乌托邦"在反乌托邦过程中美梦黄粱

上古中华自有盘古开天辟地
昔日孔孟鼓噪着中华道德精神的震荡
反观儒家大同理想至小康境界
上溯老庄小国寡民至今和谐社会
道德乌托邦成为中华民族的精神想象

天下兴亡匹夫有责担当意识的高扬
名至精忠报国振兴中华的爱国情怀
大引孝悌忠信礼义廉耻的荣辱观念
天就崇德向善见贤思齐的社会风尚
不知不觉在我们的血液中流淌
为讲仁爱重民本守诚信崇正义尚和合求大同千古吟唱

圣人之道非常道,历史的车轮无法阻挡
出胜于星换斗移,我们走到了新旧世纪的交点上
道之尊而潮来潮往,波涛汹涌的改革大潮
天然地将中国这艘整装待发的希望之舟推向了风口浪尖
使变革成为摧枯拉朽般涤荡人们精神世界的唯一力量

善恶也许会从人伦生活层面流变
含垢忍辱也是因道德标准的参照变量

---

① 《我们》是一部融科幻与社会讽刺于一体的长篇小说,讲述了"我"——未来的大统一王国的数学家、设计师的故事。大统一王国由大恩主领导,人们高度一致,都没有独特的姓名,只有编号。我的号码是 503。这个王国的人们连作息都严格按照王国下发的《作息时间戒律表》执行。
② 《动物庄园》和《1984》由乔治·奥威尔(George Orwell)分别于 1945、1948 年写就。

结语 守护道德"乌托邦"

知其不可而为之的道德坚守胜过铁壁铜墙
以善之不变应万变乃人性之底色
其所谓道德滑坡只不过是糊涂表象

治德而不敬德只会丧其道用
治人事天从来靠的是向上向善的坚定信仰
大道之行而必然天下为公
道泽国运而正趋繁荣美丽富强
为的是天下百姓与芸芸众生
其自由平等公正法治势不可挡

古往今来爱国主义乃国家认同的血脉
江河日月中国优秀传统美德源远流长
天地人和正奔向"强起来"的美好前景
善治天下才能确保正确方向

用道德楷模提振道德追求的信心
吾辈吾心只求能济世安邦
知天者知地者知人者终归为道
民道才是天下第一宪章

勇者无道枉为勇
民守大德护纲常
民贵生而唯自恤自立
人间正道尽管沧桑万变
天下厚德尽显正义光芒

天若有情世界终归命运共同体
和衷共济笑看世界风云激荡
小康后速抵现代化之境
信而有征,道德理想始终撑起中华文明的脊梁

参考文献

《马克思恩格斯文集》，人民出版社，2009。
《马克思恩格斯选集》，人民出版社，1995。
格雷：《人类幸福论》，张草纫译，商务印书馆，2017。
曼海姆：《重建时代的人与社会：现代社会结构的研究》，张旅平译，生活·读书·新知三联书店，2002。
孟德斯鸠：《论法的精神》（上），张雁深译，商务印书馆，1961。
博登海默：《法理学——法哲学及其方法》，邓正来、姬敬武译，华夏出版社，1987。
约翰·罗尔斯：《正义论》，何怀宏等译，中国社会科学出版社，1988。
约翰·罗尔斯：《道德哲学史讲义》，张国清译，上海三联书店，2003。
哈特：《法律的概念》，张文显等译，中国大百科全书出版社，1996。
齐格蒙·鲍曼：《生活在碎片之中——论后现代道德》，郁建兴、周俊、周莹译，学林出版社，2002。
柏拉图：《理想国》，郭斌和译，商务印书馆，2002。
亚里士多德：《尼各马可伦理学》，廖申白译，商务印书馆，2004。
康德：《实践理性批判》，韩水法译，商务印书馆，2003。
康德：《道德形而上学原理》，苗力田译，上海人民出版社，1986。
黑格尔：《法哲学原理》，范扬等译，商务印书馆，1995。
洛克：《人类理解论》，关文运译，商务印书馆，1997。
休谟：《人性论》，关文运译，商务印书馆，1997。
休谟：《道德原理探究》，王淑琴译，中国社会科学出版社，1999。
亚当·斯密：《道德情操论》，蒋自强等译，商务印书馆，2004。
萨特：《存在与虚无》，陈宣良等译，生活·读书·新知三联书店，1997。

麦金太尔：《追求美德》，宋继杰译，译林出版社，2003。

约翰·密尔：《论自由》，许宝骙译，商务印书馆，2006。

以赛亚·伯林：《自由论》，胡传胜译，译林出版社，2003。

约瑟夫·拉兹：《自由的道德》，孙晓春等译，吉林人民出版社，2006。

里奇拉克：《发现自由意志与个人责任》，许泽民译，贵州人民出版社，1994。

别尔嘉耶夫：《论人的奴役与自由》，张百春译，中国城市出版社，2002。

伯里：《思想自由史》，宋桂煌译，吉林人民出版社，2003

斯金纳：《自由主义之前的自由》，李宏图译，上海三联书店，2003。

哈特：《法律、自由与道德》，支振锋译，法律出版社，2006。

彼彻姆：《哲学的伦理学》，雷克勤等译，中国社会科学出版社，1995。

拉斐尔：《道德哲学》，邱仁宗译，辽宁教育出版社，1998。

布劳德：《五种伦理学理论》，田永胜译，中国社会科学出版社，2002。

齐格蒙特·鲍曼：《后现代伦理学》，张成岗译，江苏人民出版社，2002。

恩斯特·卡西尔：《人论》，甘阳译，上海译文出版社，2005。

科恩：《自我论》，佟景韩等译，生活·读书·新知三联书店，1998。

弗洛姆：《为自己的人》，孙依依译，生活·读书·新知三联书店，1988。

弗罗姆：《逃避自由》，刘林海译，国际文化出版公司，2000。

马斯洛：《动机与人格》，许金声译，华夏出版社，1987。

马斯洛：《人性能达到的境界》，林方译，云南人民出版社，1987。

安东尼·阿皮亚：《认同伦理学》，张容南译，译林出版社，2013。

迈克尔·斯洛特：《从道德到美德》，周亮译，译林出版社，2017。

迈克尔·斯洛特：《源自动机的道德》，韩辰锴译，译林出版社，2020。

米歇尔·梅耶：《道德的原理》，史忠义译，知识产权出版社，2015。

艾里克斯·弗罗伊弗：《道德哲学十一讲》，刘丹译，新华出版社，2015。

詹姆斯·雷切尔斯、斯图尔斯·雷切尔斯：《道德的理由》，杨宗元译，中国人民大学出版社，2014。

乔纳斯·沃尔夫：《道德哲学》，李鹏程译，中信出版社，2019。

尼采：《论道德的谱系》，周红译，生活·读书·新知三联书店，1992。

亨利·伯格森：《道德和宗教的两个来源》，王作虹、成穷译，贵州人民出版社，2000。

罗伯特·赖特：《道德动物》，周晓林译，中信出版社，2013。

安德鲁·J. 德洛里奥：《道德自我性的基础》，刘玮译，中国社会科学出版社，2008。

克里斯托弗·博姆：《道德的起源》，贾拥民、傅瑞蓉译，浙江大学出版社，2015。

理查德·J. 伯恩斯坦：《根本恶》，王钦、朱康译，译林出版社，2015。

埃德加·莫兰：《伦理》，于硕译，学林出版社，2017。

伯纳德·威廉斯：《道德运气》，徐向东译，译文出版社，2007。

理查德·麦尔文·黑尔：《道德语言》，万俊人译，商务印书馆，2000。

弗兰西斯·哈奇森：《论美与德性观念的根源》，高乐田等译，浙江大学出版社，2009。

弗兰西斯·哈奇森：《道德哲学体系》，江畅等译，浙江大学出版社，2010。

尤尔根·哈贝马斯：《包容他者》，曹卫东译，上海人民出版社，2002。

查尔斯·泰勒：《自我的根源：现代认同的形成》，译林出版社，2001。

安东尼·吉登斯：《现代性与自我认同》，赵旭东、方文译，生活·读书·新知三联书店，1998。

倭铿：《人生的意义与价值》，周新建、周洁译，译林出版社，2013。

西田几多郎：《善的研究》，代丽译，光明日报出版社，2009。

威廉·詹姆斯：《心理学原理》，田平译，中国城市出版社，2003。

埃利希·诺伊曼：《深度心理学与新道德》，高宪田等译，东方出版社，1998。

皮亚杰：《儿童的道德判断》，傅统先、陆有铨译，山东教育出版社，1984。

科尔伯格：《道德发展心理学》，郭本禹译，华东师范大学出版社，2004。

乔治·弗兰克尔：《道德的基础》，王雪梅译，国际文化出版公司，2007。

《论语》，山西古籍出版社，2004。

《孟子》，山西古籍出版社，2004。

《老子》，山西古籍出版社，2004

《庄子》，山西古籍出版社，2004

唐君毅：《道德自我之建立》，广西师范大学出版社，2005。

杨国荣：《存在之维》，人民出版社，2005。

赵汀阳：《论可能生活》，中国人民大学出版，2004。

万俊人：《现代性的伦理话语》，黑龙江人民出版社，2002。

江畅：《幸福与和谐》，人民出版社，2005。

樊浩：《伦理精神的价值生态》，中国社会科学出版社，2001。

邓安庆：《启蒙伦理与现代社会的公序良俗》，人民出版社，2014。

徐向东：《自我、他人与道德》，商务印书馆，2007。

余涌：《道德权利研究》，中央编译出版社，2002。

高兆明：《道德失范研究》，商务印书馆，2016。

李咏吟：《审美与道德的本原》，上海人民出版社，2006。

李湘云：《道德的悖论》，九州出版社，2009。

李蜀人：《道德王国的重建》，中国社会科学出版社，2005。

李建华：《道德情感论》，北京大学出版社，

李建华：《趋善避恶论》，北京大学出版社，

曾钊新、李建华：《道德心理学》，商务印书馆，2017。

高国希：《道德哲学》，复旦大学出版社，2005。

崔宜明：《道德哲学引论》，上海人民出版社，2006。

任丑：《道德哲学理论及应用》，西南师范大学出版社，2016。

陈根法：《心灵的秩序——道德哲学的理论与实践》，复旦大学出版社，1998。

温公颐：《道德学》，台北：台湾商务印书馆，1937。

丁耘：《道体学引论》，华东师范大学出版社，2019。

李亚彬：《道德哲学之维——孟子荀子人性论比较研究》，人民出版社，2007。

吴灿新：《辩证道德论——道德流变的立体图式》，中国社会科学出版社，2004。

703

图书在版编目(CIP)数据

道德原理:道德学引论/李建华著.--北京:社会科学文献出版社,2021.5
 ISBN 978-7-5201-8323-9

Ⅰ.①道… Ⅱ.①李… Ⅲ.①道德-研究 Ⅳ.
①B82

中国版本图书馆CIP数据核字(2021)第080575号

道德原理
——道德学引论

著　　者 / 李建华

出 版 人 / 王利民
责任编辑 / 周　琼
文稿编辑 / 韩宜儒

出　　版 / 社会科学文献出版社·政法传媒分社(010)59367156
　　　　　地址:北京市北三环中路甲29号院华龙大厦　邮编:100029
　　　　　网址:www.ssap.com.cn
发　　行 / 市场营销中心(010)59367081　59367083
印　　装 / 三河市东方印刷有限公司

规　　格 / 开本:787mm×1092mm　1/16
　　　　　印张:45.75　插页:0.5　字数:712千字
版　　次 / 2021年5月第1版　2021年5月第1次印刷
书　　号 / ISBN 978-7-5201-8323-9
定　　价 / 188.00元

本书如有印装质量问题,请与读者服务中心(010-59367028)联系

▲ 版权所有 翻印必究